W0251459

Einführung

Das vorliegende Lehrbuch gibt eine grundlegende und umfassende Einführung in die Pädagogik. Es enthält alle wichtigen Informationen, die für eine Einführung in die wissenschaftliche Pädagogik von Bedeutung sind. Als solche bietet es ***pädagogisches Grundlagenwissen***, welches Ausgangspunkt für spezielle pädagogische Themen sein kann, für die dann fachspezifische Bücher erforderlich sind.

Die Lehrpläne formulieren bestimmte **Lernziele** und **Kompetenzen**, die mithilfe der jeweiligen Inhalte erreicht werden sollen. Dabei geht es um drei Fragen:

1. Welche Kompetenzen sollen die Schülerinnen und Schüler erwerben?
2. Welches Wissen benötigen sie dafür? (= Lerninhalte)
3. Welche Anwendungssituationen (Handlungen/Aufgaben) sind hierzu erforderlich?

Vorliegendes Lehrbuch legt seinen Schwerpunkt auf die **Vermittlung von Wissen** und auf die **Aufgaben** – die Kompetenzerwartungen sind vorgegeben und das unterrichtliche Vorgehen ist Sache der Lehrerin/des Lehrers.

Ausgehend von der Überzeugung, dass es den „richtigen" Unterricht nicht gibt, folgt das Buch keinem bestimmten Unterrichtskonzept; eine schüler- bzw. handlungsorientierte oder auch eine andere Unterrichtsgestaltung kann nur die Lehrkraft selbst leisten. So bleibt es ihr überlassen, die richtigen didaktischen Entscheidungen für den Unterricht zu treffen. Das Buch ist didaktisch jedoch so aufbereitet, dass es sich sowohl für angeleitetes wie eigenständiges Erarbeiten von Wissen und für einen handlungsorientierten Unterricht als auch zur Sicherung, zum Verstehen, Übung sowie zur Anwendung und Vertiefung des Gelernten eignet.

Sigmund, der Wichtel, stellt sich vor.

Aufbau des Buches

Auf der kapiteleinleitenden Seite werden die Lernziele vorgestellt. Durch offene Fragen, ein Fallbeispiel, die Gegenüberstellung von Meinungen und Ähnlichem wird zum Thema des jeweiligen Kapitels hingeführt. Am Ende dieser **Hinführung** wird mitgeteilt, worum es in diesem Kapitel geht und welche ***Kompetenzen*** angestrebt werden.

Im **Informationsteil** wird der eigentliche Lerninhalt verständlich und gut strukturiert dargestellt. Fachtermini sind bewusst in den Text aufgenommen und hinreichend erklärt, um eine größtmögliche Exaktheit zu erreichen. Beispiele, Übersichten, Fotos und Ähnliches machen die Ausführungen anschaulich. Gedichte, Karikaturen und vor allem der schon bekannte Wichtel *Sigmund* lockern sie zusätzlich etwas auf und helfen, den Text besser zu behalten.

Die Informationen sind bewusst ausführlich gehalten, damit sie besser verstanden, angewendet und Zusammenhänge klarer erkannt werden können.

Mit diesem Symbol werden Hinweise gekennzeichnet.

Dieses Symbol bezeichnet Beispiele.

Mit einem blauen Kasten werden Begriffsdefinitionen hervorgehoben.

Mit diesem Symbol werden Zitate gekennzeichnet.

Am Ende eines größeren Abschnitts folgt eine **Zusammenfassung „Auf den Punkt gebracht“**, die nochmals den „roten Faden“ der wichtigsten Lernergebnisse aufzeigt. Sie ist in einzelne Abschnitte gegliedert, die man sich leicht einprägen kann.

Auf die Zusammenfassung folgen die zu diesem größeren Abschnitt zugehörigen **Aufgaben – Wissen & Verstehen, Anwenden , Reflektieren**. Sie beinhalten verschiedene Anforderungen durch drei Kompetenzniveaus: Reproduktion (Wissen & Verstehen), Transfer (Anwenden) und Reflexion (Reflektieren)[1].

- ***Reproduktion:*** Aufgaben dieses Kompetenzniveaus bieten zum einen die Möglichkeit, das Gelernte zu sichern und zu verarbeiten sowie zu verstehen (**wiederholen, reproduzieren, wiedergeben, wissen, verstehen, definieren, klären, bestimmen**[2]). Das Wissen soll dabei strukturiert und zusammenhängend wiedergegeben und entsprechend der Aufgabenstellung eingesetzt werden. Eine solche Aufgabenstellung wird eingeleitet mit den handlungsanleitenden Verben (= Operatoren) „benennen“, „beschreiben“, „darstellen“, „aufzeigen“ und dergleichen.
- ***Transfer:*** Aufgaben dieses Kompetenzniveaus beinhalten die Möglichkeit, das Gelernte auf andere Situationen anzuwenden (**anwenden, transferieren, reorganisieren**). Dabei ist der Anwendungsbezug – die selbstständige Anwendung des Wissens in neuen Zusammenhängen – insgesamt von großer Bedeutung.

---

[1] *reflectere (lat.): (seine Gedanken zu etwas) hinwenden*
[2] *Im Gegensatz zum Definieren bedeutet Begriffsklärung bzw. -bestimmung die Beschreibung des entsprechenden Begriffs in seinen Begriffsmerkmalen.*

Diese Art von Aufgabenstellung wird veranlasst mit Hilfe der Operatoren „erklären" (mit Erklären ist die wissenschaftliche Begründung eines pädagogischen Themenkomplexes gemeint, siehe S. 22), „begründen", „vergleichen", „auswerten", „einordnen" bzw. „zuordnen", „erstellen", „differenziert darstellen", „erläutern"[1] usw.

- ***Reflexion:*** Aufgaben dieses Kompetenzniveaus zielen auf eine Vertiefung des Lehr-/Lernstoffs ab. Es geht in erster Linie um eine Reflexion von Wissen, von gewonnenen Erkenntnissen, Zusammenhängen, Theorien und Anwendungen wie zum Beispiel Erziehungs- oder Psychotherapiekonzepten (**nachdenken, reflektieren, bewerten, beurteilen**). Hierzu zählt auch, einen Sachverhalt – zum Beispiel eine Veröffentlichung, einen belletristischen Text, einen Ausschnitt aus einer Illustrierten, einen Zeitungsartikel, Ergebnisse von Untersuchungen – auf einzelne Merkmale – sprich Kriterien – hin zu untersuchen, zu durchleuchten bzw. zu überprüfen. Eine Reflexion will die Thematik von allen Seiten betrachten und abwägen, sie kritisch aufzeigen und würdigen. Dieser Aufgabentyp wird durch die Operatoren „reflektieren", „beurteilen", „bewerten", „überprüfen", „interpretieren", „analysieren", „(kritisch) betrachten" und dergleichen eingeleitet.
- Zu guter Letzt wird durch die **ganzheitliche Erfassung** der Lernstoff erfahrbar bzw. „erlebbar" gemacht. Das Gelernte soll hier aufgrund von eigenen Erfahrungen und Erlebnissen nachvollzogen und sowohl geistig als auch emotional erfasst werden können.

Aufgaben-Anforderungen			
1. Kompetenzniveau: **Wissen wiedergeben, Wissen verstehen, reproduzieren**	2. Kompetenzniveau: **erklären, anwenden, reorganisieren, transferieren**	3. Kompetenzniveau: **bewerten, beurteilen, reflektieren**	4. Kompetenzniveau: **ganzheitlich erfassen**

Ein gut organisiertes **Stichwortverzeichnis** macht das Lehrbuch zu einem unentbehrlichen Nachschlagewerk, in welchem bestimmte Informationen und Fachbegriffe schnell gefunden werden können.

Viele konstruktive Anregungen von Leserinnen und Lesern halfen auch bei der Herausgabe dieser neuen Auflage – herzlichen Dank dafür! Wir hoffen, dass Lehrer/innen und Schüler/innen auch an der aktuellen Auflage dieses Lehrbuches viel Freude haben, und vor allem, dass es ihnen Erfolg bringt. Für Anregungen, Verbesserungsvorschläge und sachliche Kritik sind wir weiterhin sehr dankbar.

Verlag, Herausgeber und das Team der Autorinnen und Autoren

---

[1] *Im Unterschied zum Operator „erklären" meint der Operator „erläutern", einen Sachverhalt zu verdeutlichen, ggf. durch Beispiele.*

1 Pädagogik als Wissenschaft

Sie können ...

1. *... die Begriffe „Pädagogik" und „Erziehungswissenschaft" klären und erläutern, womit sich Pädagogik und Erziehungswissenschaft beschäftigen.*
2. *... Richtungen und Disziplinen der Pädagogik beschreiben. Sie können beurteilen, um welche Richtung bzw. Disziplin es sich in der Praxis jeweils handelt.*
3. *... den Begriff „Wissenschaft" beschreiben und die Wissenschaftlichkeit der Pädagogik reflektieren.*
4. *... wissenschaftliche Methoden der Pädagogik beschreiben und vergleichen.*
5. *... Aufgaben der Erziehungswissenschaft beschreiben und diese anhand von verschiedenen Beispielen differenziert darstellen.*
6. *... einen Zusammenhang zwischen Theorie und Praxis aufzeigen.*
7. *... die Begriffe „Integration" und „Inklusion" definieren und die Bedeutung inklusiver Pädagogik reflektieren.*
8. *... erläutern, womit sich inklusive Pädagogik beschäftigt und beurteilen, welche Chancen und Risiken sie birgt.*

1.1 Pädagogik und Erziehungswissenschaft

Die meisten Wissenschaften kennen für ihr Fach nur einen Namen: Psychologinnen und Psychologen bezeichnen „ihre“ Wissenschaft als Psychologie, Biologinnen und Biologen als Biologie und Mediziner/innen als Medizin. Bei den Pädagoginnen und Pädagogen ist das anders: Für „ihre“ Wissenschaft gibt es zwei Begriffe: Pädagogik und Erziehungswissenschaft.

1.1.1 Die Begriffe „Pädagogik“ und „Erziehungswissenschaft“

Pädagogik[1] ist der ältere Begriff von beiden und galt zunächst als Sammelbezeichnung für alle Formen, die das praktische Erziehungsgeschehen betrafen. Man spricht in diesem Zusammenhang von **Erziehungspraxis**. Damit wird das Handeln – das ist jede Aktivität, mit welcher eine bestimmte Absicht verfolgt wird – in erzieherischen Situationen bezeichnet.

> **Erziehungspraxis bezeichnet das Handeln in der Erziehung – jede Aktivität, mit welcher eine bestimmte Absicht verfolgt wird.**

Pädagogik hat also mit ***Erziehung*** und allem, was damit zusammenhängt, zu tun. Das Phänomen Erziehung kann heute grundsätzlich von zwei unterschiedlichen Standpunkten aus betrachtet werden:

- Die eine Sichtweise hebt – wie in der Vergangenheit – das konkrete Erziehungsgeschehen hervor, die **Erziehungspraxis,**
- im anderen Fall geht es um das Nachdenken, das Reflektieren über das praktische Erziehungsgeschehen, um das Bemühen, Zusammenhänge und Gesetzmäßigkeiten zu finden und Theorien aufzustellen – kurz: um die **wissenschaftliche Erhellung** eben dieser Erziehungswirklichkeit.

Zwar hat man zu allen Zeiten über Erziehung nachgedacht und Regeln für das erzieherische Handeln aufgestellt und überliefert. Doch erst im 20. Jahrhundert formierte sich hieraus eine eigenständige Wissenschaft. Mit dem Bemühen um die Grundlegung einer wissenschaftlichen Pädagogik wurde dieser Begriff doppelsinnig: Er bezeichnete ***sowohl die wissenschaftliche Erhellung der Erziehungswirklichkeit als auch das praktische Erziehungsgeschehen selbst***.

Als Wissenschaft musste die Pädagogik natürlich eigene und eindeutige Begriffe entwickeln. Sie musste sich abgrenzen können von subjektiven Meinungen über Erziehung und sie hatte das Verhältnis von Erziehungspraxis und wissenschaftlicher Erziehungstheorie

---

[1] *paîs (griech.): das Kind; ágein (griech.): führen, leiten, ziehen; als „paidagōgós“ wurde ursprünglich jener Diener bezeichnet, der das Kind bei seinen Gängen, zum Beispiel zur Schule, zu begleiten hatte. Dieses „Führen der Kinder“ erhielt dann zunehmend die Bedeutung von „Erziehen“ in einem umfassenden Sinn.*

genau zu bestimmen. Es bestand somit zunehmend Bedarf an einem Begriff, der allein die wissenschaftliche Erhellung des Erziehungsgeschehens bezeichnete: der Begriff **Erziehungswissenschaft**. Gegenüber dem vieldeutigen Begriff „Pädagogik" sollte durch die Einführung dieser neuen Bezeichnung die Wissenschaftlichkeit dokumentiert werden.

Die Einführung des Begriffes „Erziehungswissenschaft" hat auch noch andere Gründe, auf die in diesem Zusammenhang nicht eingegangen wird.

Doch der Terminus „Pädagogik" blieb weiterhin bestehen, zumal er mit vielen anderen Begriffen wie Schulpädagogik, Heil- bzw. Sonderpädagogik, Gruppenpädagogik usw. zusammenhängt.

Nach diesen Überlegungen können die beiden Begriffe „Pädagogik" und „Erziehungswissenschaft" folgendermaßen voneinander abgegrenzt werden: **Pädagogik bildet den Oberbegriff** sowohl für alle Formen des praktischen Erziehungsgeschehens als auch für die wissenschaftliche Erhellung eben dieser Erziehungswirklichkeit, während der Begriff **Erziehungswissenschaft für die wissenschaftliche Erhellung** des Erziehungsgeschehens und seiner Voraussetzungen als Teil der Pädagogik verwendet wird.

Nach dieser Begriffsabgrenzung sind Wissenschaftler/innen „vornehmlich" Erziehungswissenschaftler/innen, aber auch Pädagogen/Pädagoginnen. Die in der Erziehungspraxis Tätigen – Eltern, Erzieher/innen, Lehrer/innen und dergleichen – dagegen sind „nur" Pädagogen/Pädagoginnen.

Unter Pädagogik werden sowohl alle Formen des praktischen Erziehungsgeschehens als auch die wissenschaftliche Erhellung der Erziehungswirklichkeit verstanden.
Erziehungswissenschaft bezeichnet die wissenschaftliche Erhellung des Gegenstandsbereiches der Erziehung, der Erziehungswirklichkeit.

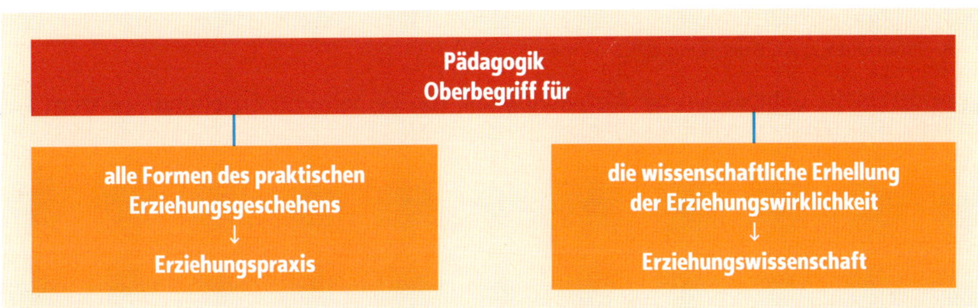

1.1.2 Der Gegenstand der Pädagogik

Der Gegenstand der Pädagogik ist die **Erziehungswirklichkeit**. Die Erforschung der Erziehungswirklichkeit bezieht sich dabei auf folgende grundlegende Bereiche:

- Erziehungswissenschaftler/innen entwerfen verschiedene Vorstellungen über Erziehung. Je nach Menschenbild und Ansicht über das Wesen der Erziehung geht die Pädagogik der Frage nach der Art und Weise der Einwirkung der Erzieherin/des Erziehers auf die zu Erziehenden nach (vgl. *Kapitel 4.2.1*).

→ So gibt es beispielsweise die Vorstellung, das Kind durch Erziehung zu beeinflussen und zu formen, damit es fähig wird, etwa mit sich selbst zurechtzukommen und das soziale Leben bewältigen zu können. Es wird aber auch die Auffassung vertreten, dass der Mensch von Natur aus entsprechende Wachstumspotenziale besitzt, die dadurch entfaltet werden, dass durch Erziehung möglichst nicht in seine Entwicklung eingegriffen wird.

- Erziehungswissenschaftler/innen machen sich Gedanken über die Beziehung zwischen Erzieher/in und zu Erziehenden. Erziehung ist immer ein wechselseitiger Prozess zwischen erziehender und zu erziehender Person – also zwischen Erzieher/in und zu Erziehender/Erziehendem. Von der Art und Weise der Beziehung zwischen Erzieher/in und zu Erziehender/Erziehendem hängt in einem nicht unerheblichen Maße der Erfolg der Erziehung ab.
- Erziehungswissenschaftler/innen treffen Aussagen über Absichten und Ziele der Erziehung. Erziehung geschieht nicht um ihrer selbst willen, sondern verfolgt immer bestimmte Absichten und Ziele. Der wissenschaftlichen Pädagogik kommt die Aufgabe zu, Ziele der Erziehung aufzuweisen und zu begründen.
- Erziehungswissenschaftler/innen stellen Überlegungen über Handlungen in der Erziehung an. Die Zielgerichtetheit der Erziehung erfordert, durch bestimmte erzieherische Handlungen das Verhalten der/des zu Erziehenden dahingehend zu ändern, dass es gesetzten Erziehungszielen entspricht. Diese Frage führt unter anderem zu ***Unterrichts- und Erziehungsmethoden*** sowie zu ***Erziehungsmaßnahmen***, welche es aufzuweisen und zu begründen gilt.
- Erziehungswissenschaftler/innen untersuchen Voraussetzungen von Erziehung. Dabei geht es einerseits um die ***Möglichkeit*** des Lernens und der Erziehung – also inwieweit der Mensch Objekt oder Adressat erzieherischer Handlungen sein kann.

→ Die Möglichkeit der Erziehung betrifft die Frage nach dem Ausmaß der Lernfähigkeit und Erziehbarkeit des Menschen – ob seine Entwicklung beispielsweise genetisch vorprogrammiert ist und dadurch Erziehung so gut wie nichts vermag oder ob sie das Produkt von Erfahrungen ist und dadurch Erziehung alles vermag.

Andererseits geht es um die ***Notwendigkeit*** von Lernen und Erziehung – warum der Mensch erzogen werden muss –, also um das Angewiesensein des Menschen auf Erziehung.

- Erziehungswissenschaftler/innen ergründen und analysieren die Bedingungen der Erziehung. Erziehung findet immer in einer konkreten Situation statt, die beeinflusst und bestimmt wird von der Umwelt und den darin agierenden Menschen. Erziehung geschieht nicht in einem luftleeren Raum, sondern ist vielen bedeutsamen Einflussfaktoren ausgesetzt, die den Erziehungsprozess in einem nicht unerheblichen Maße (mit-) bestimmen.
- Schließlich beschäftigen sich Erziehungswissenschaftler/innen mit Erziehungseinrichtungen. Erziehung findet immer in Einrichtungen wie Familie, Kindergarten, Heim, Schule, Jugendarbeit, Erwachsenenbildung und dergleichen statt, die in jeweils eigener Weise pädagogisch auf unterschiedliche Personenkreise – Kinder, Schüler/innen, Jugendliche, Menschen mit Behinderung, Erwachsene – einwirken.

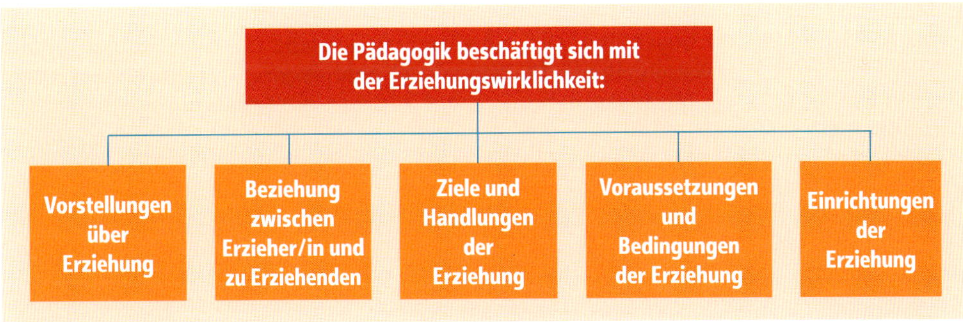

1.1.3 Disziplinen der Pädagogik

Um den Gegenstand, die Erziehungswirklichkeit, genau erfassen und bestimmen zu können, haben sich bestimmte Teilgebiete entwickelt, die als „Disziplinen der Pädagogik" bezeichnet werden. Sie beziehen sich jeweils auf einen bestimmten Teilbereich der Erziehungswirklichkeit und betreffen sowohl das praktische Erziehungsgeschehen als auch die wissenschaftliche Erhellung der Erziehungswirklichkeit.

- **Allgemeine Pädagogik**
  Die allgemeine Pädagogik, manchmal auch ***systematische Pädagogik*** genannt, versucht grundlegende Erkenntnisse über den Gegenstandsbereich der Pädagogik, die Erziehungswirklichkeit, zu gewinnen und diese Erkenntnisse zu systematisieren.

- **Geschichte der Pädagogik**
  Die Geschichte der Pädagogik verfolgt die Entfaltung von erzieherischen Ideen und Vorstellungen in der Vergangenheit. Dabei befasst sie sich mit der Erziehungswirklichkeit in den einzelnen Epochen, mit der Interpretation von Texten sowie mit dem Leben und Werk bedeutender Pädagoginnen und Pädagogen der Vergangenheit.

- **Schulpädagogik**
  Die Schulpädagogik beschäftigt sich mit der Erziehung sowie dem Lehren und Lernen in der Bildungseinrichtung Schule[1]. Eng mit der Schulpädagogik hängt die **Didaktik** zusammen, die sich mit dem Lehren und Lernen generell, also nicht nur in der Schule, beschäftigt. **Didaktik bezeichnet die Theorie des Lehrens und Lernens** und beantwortet zwei Fragen, das ***„Was" und das „Wie" des Unterrichts***. Das „Wie" betrifft die **Methodik** des Unterrichts und ist ein Teilgebiet der Didaktik.

- **Berufspädagogik**
  Die Berufspädagogik behandelt und klärt alle mit Beruf und Arbeitswelt zusammenhängenden erzieherischen Fragen.

- **Freizeitpädagogik**
  Die Freizeitpädagogik möchte Hilfen für sinnvolle Freizeitgestaltung bieten und die Einzelne/den Einzelnen befähigen, den Spielraum persönlicher Freiheit gegenüber dem von verschiedenen Mächten und Interessengruppen ausgehenden Konsumzwang zu behaupten.

- **Sexualpädagogik**
  Sexualpädagogik befasst sich mit Aspekten der menschlichen Sexualität und den damit verbundenen erzieherischen Konsequenzen.

---

[1] *Die Schule als Bildungseinrichtung ist in Kapitel 12.4 dargestellt.*

- **Medienpädagogik**
  Die Medienpädagogik beschäftigt sich mit allen erzieherischen Fragen, Problemen und Themen, die mit den verschiedenen Medien zusammenhängen. Ein Teilbereich der Medienpädagogik ist die **Medienerziehung**, unter der man die Erziehung zum kritischen Umgang mit Medien versteht.

- **Soziale Arbeit**
  Soziale Arbeit fasst die beiden Bereiche der **Sozialarbeit** und **Sozialpädagogik** zusammen und beinhaltet die berufsmäßige, wissenschaftlich fundierte Hilfeleistung an Menschen aller Altersgruppen zur Verhinderung und Bewältigung von unterschiedlichen Notsituationen individueller und sozialer Art.

- **Heil- bzw. Sonderpädagogik**
  Die Heil- bzw. Sonderpädagogik ist die Theorie und Praxis der Erziehung von Menschen, bei denen spezielle Lern- und Erziehungshilfen notwendig sind. Ihr Gegenstand ist also die Erziehung von Kindern, Jugendlichen und Erwachsenen, die im Rahmen der allgemeinen und üblichen Erziehung nicht hinreichend gefördert werden können und deshalb spezieller Hilfe bedürfen.

- **Erwachsenenbildung**
  Erwachsenenbildung, im Fachausdruck **Andragogik**[1] genannt, versteht sich als organisiertes Lernen nach Schule und Berufsausbildung im Erwachsenenalter. Die bekannteste Einrichtung der Erwachsenenbildung ist die ***Volkshochschule***.

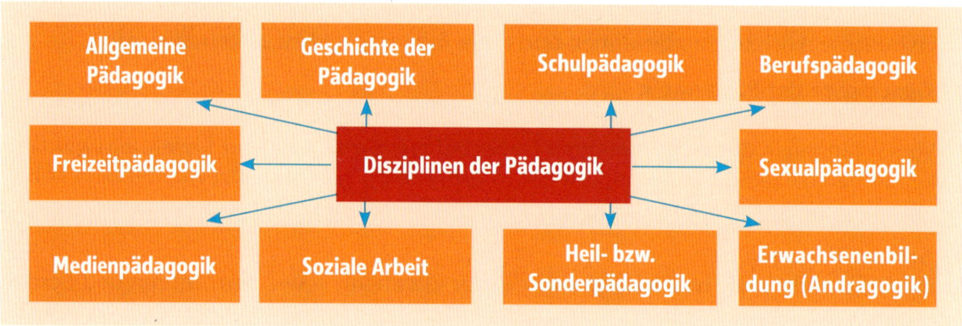

Auf den Punkt gebracht

- Unter Pädagogik werden sowohl alle Formen des praktischen Erziehungsgeschehens als auch die wissenschaftliche Erhellung der Erziehungswirklichkeit verstanden. Erziehungswissenschaft bezeichnet die wissenschaftliche Erhellung des Gegenstandsbereiches Erziehung, der Erziehungswirklichkeit. Die Pädagogik ist eine relativ junge eigenständige Wissenschaft. Erst nach 1920 hat sie an den Universitäten im deutschsprachigen Raum den Status eines selbstständigen wissenschaftlichen Bereiches erhalten.
- Der Gegenstand der Pädagogik ist die Erziehungswirklichkeit. Deren Erforschung bezieht sich auf Vorstellungen über Erziehung, die Beziehung zwischen Erzieher/in und zu Erziehenden, Ziele und Handlungen in der Erziehung, auf Voraussetzungen und Bedingungen der Erziehung sowie auf Erziehungseinrichtungen. Um die Erziehungswirklichkeit genau erfassen und bestimmen zu können, haben sich bestimmte Teilgebiete, die Disziplinen der Pädagogik entwickelt.

---
[1] *andrós (griech.): der Mann*

Aufgaben – Wissen & Verstehen, Anwenden, Reflektieren

1. *Klären Sie die Begriffe „Pädagogik“ und „Erziehungswissenschaft“ und grenzen Sie beide Begriffe voneinander ab.*
2. *Beschreiben Sie den Gegenstand der Pädagogik und verdeutlichen Sie diesen an geeigneten Beispielen.*
3. *Erläutern Sie anhand von Beispielen, womit sich Pädagogik und Erziehungswissenschaft beschäftigen.*
4. Pädagogik-ABC
   → *Bilden Sie Vierer- bzw. Fünfergruppen und notieren Sie zu jedem Buchstaben des Alphabets einen Begriff bzw. eine Aussage aus der Pädagogik.*
   → *Lesen Sie Ihre Ideen zu jedem Buchstaben in der Klasse vor und hängen Sie sie an die Pinnwand.*
5. Der Begriff „Pädagogik“ im Alltag
   → *Fragen Sie Ihre Verwandten und Bekannten, welche Bedeutung sie mit dem Wort „Pädagogik“ verbinden, was sie unter Pädagogik verstehen.*
   → *Notieren Sie die Antworten und diskutieren Sie darüber in Ihrer Klasse.*
   → *Vergleichen Sie dabei auch die Antworten mit den Aussagen in Abschnitt 1.1.1.*
6. *Bilden Sie in Ihrer Klasse bis zu sieben Gruppen. Jede Gruppe stellt mit Plastilin einen der sieben grundlegenden Bereiche der Erziehungswirklichkeit dar, wie sie in Abschnitt 1.1.2 beschrieben werden.*
7. *Beschreiben Sie wichtige Disziplinen der Pädagogik und veranschaulichen Sie diese an je einem Beispiel.*
8. Disziplinen der Pädagogik
   → *Bilden Sie Gruppen mit je sechs Mitgliedern.*
   → *Jeweils drei Mitglieder der Gruppe schließen sich zusammen und schreiben auf ein Blatt Papier drei Beispiele, in welchen jeweils eine Disziplin der Pädagogik deutlich wird.*
   → *Anschließend tauschen die Teilgruppen die Blätter aus.*
   → *Jede Teilgruppe begründet, um welche Disziplin es sich bei dem jeweiligen Beispiel handelt.*
9. *Teilen Sie sich in Ihrer Klasse in möglichst viele, wenn möglich in zehn Gruppen auf. Jede Gruppe zeichnet eine bestimmte Disziplin der Pädagogik, wie sie in Abschnitt 1.1.3 dargestellt ist.*

1.2 Die Wissenschaftlichkeit der Pädagogik

Die Pädagogik ist eine relativ junge eigenständige Wissenschaft. Erst nach 1920 hat sie an den Universitäten im deutschsprachigen Raum den Status eines selbstständigen wissenschaftlichen Bereiches erhalten. Bis dahin war sie anderen Wissenschaften untergeordnet, insbesondere der Philosophie und der Theologie.

1.2.1 Der Begriff „Wissenschaft"

Es ist ein großes Bedürfnis der Menschen, über die Welt Bescheid zu wissen sowie Kenntnisse, Erkenntnisse, Einsichten, Daten und Fakten über die Beschaffenheit der Wirklichkeit zu gewinnen.

> *„Wissenschaft ist nur ein Mittel, um Zugang zur Erkenntnis der (...) Realität zu erhalten."*
> *(Maslow, 1989, S. 35)*

Dieses Wissen bezieht sich sowohl auf die Gegenwart, die Vergangenheit und Zukunft als auch auf Naturvorgänge und -erscheinungen, auf kulturelle Inhalte sowie auf gesellschaftliche Strukturen und Prozesse.

Diese Aufgabe, Wissen über die Beschaffenheit der Wirklichkeit zu gewinnen, haben sich die vielen existierenden Wissenschaften gesetzt. Dabei konzentriert sich jede Wissenschaft auf einen ganz bestimmten **Bereich der Wirklichkeit**, ihren Gegenstand, das **Objekt**.

→ Die Biologie beispielsweise befasst sich mit den Lebensweisen der Organismen, die Physik erforscht den Aufbau und das Verhalten der unbelebten Materie, die Geschichte beschäftigt sich mit der Entwicklung der Menschheit und ihren Kulturleistungen und die Soziologie untersucht das regelhafte Zusammenleben und Zusammenwirken von Menschen.

Um Wissen über einen Bereich der Wirklichkeit zu gewinnen, benötigen Wissenschaften bestimmte **Methoden**, die je nach Gegenstand der jeweiligen Wissenschaft unterschiedlich sind.[1]

→ Wissenschaftlerinnen und Wissenschaftler kommen etwa durch Beobachtung oder Experimente zu ihrem Wissen oder führen Tests und Interviews durch, um zuverlässige Daten zu gewinnen.

Das durch bestimmte Methoden gewonnene Wissen wird in einen Ordnungszusammenhang, in ein **System**, gebracht. Verschiedene Aussagen werden zu einem geordneten Ganzen gefügt – systematisiert – und in einen größeren Zusammenhang gestellt, wodurch sich das Wissen einordnen und einander zuordnen lässt.

System bedeutet in der Wissenschaftstheorie einen Ordnungszusammenhang, in welchem Einzelerkenntnisse miteinander in Beziehung gesetzt und vernetzt werden (vgl. *Tschamler, 1996², S. 26*).

Das Gefüge von sinnvoll aufeinander bezogenen Erkenntnissen wird als **Theorie** bezeichnet.[2]

→ Bei der Psychoanalyse oder den Lerntheorien[3] zum Beispiel handelt es sich um Theorien, die jeweils aus sinnvoll aufeinander bezogenen Aussagen bestehen.

Je nach Betrachtungsweisen der Erziehungswirklichkeit gibt es unterschiedliche Theorien.[4]

---

[1] *vgl. Abschnitt 1.2.3*
[2] *Der Begriff „Theorie" wird in Abschnitt 1.3.1 erläutert.*
[3] *Die Psychoanalyse ist in Kapitel 5, die Lerntheorien sind in Kapitel 6 und 7 dargestellt.*
[4] *vgl. Abschnitt 1.2.2*

Zur Wissenschaft gehören allerdings nicht nur das Gewinnen von Wissen durch bestimmte Methoden und seine Einordnung in einen Ordnungszusammenhang, sondern auch die **Formulierung von Aussagen** über die gewonnenen Erkenntnisse und deren Mitteilung, die in der Regel durch eine Veröffentlichung geschieht. Aus dieser Sicht ist Wissenschaft ein methodisch gewonnenes System von Aussagen über einen Gegenstandsbereich.

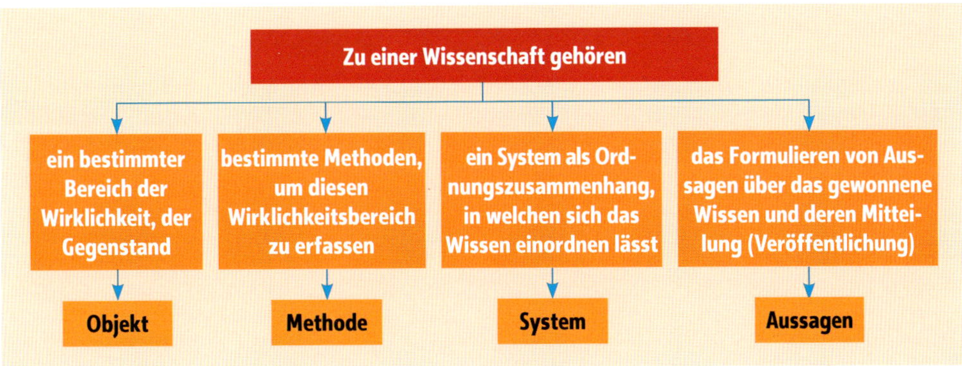

> **Wissenschaft bedeutet methodisch gewonnenes und in ein System gebrachtes Wissen und die Formulierung von Aussagen über einen Bereich der Wirklichkeit.**

1.2.2 Betrachtungsweisen der Erziehungswirklichkeit

Die Wirklichkeit, mit der sich Wissenschaftlerinnen und Wissenschaftler auseinandersetzen, kann aus zwei verschiedenen Blickwinkeln betrachtet werden: Zum einen besteht die Wirklichkeit aus der **Natur**, der Mensch ist ein Teil davon und funktioniert als Naturwesen nach Naturgesetzen. Zum anderen ist sie Produkt des menschlichen **Geistes**, als geistiges Wesen hat der Mensch Kultur geschaffen und kann bewusst und zielgerichtet handeln.

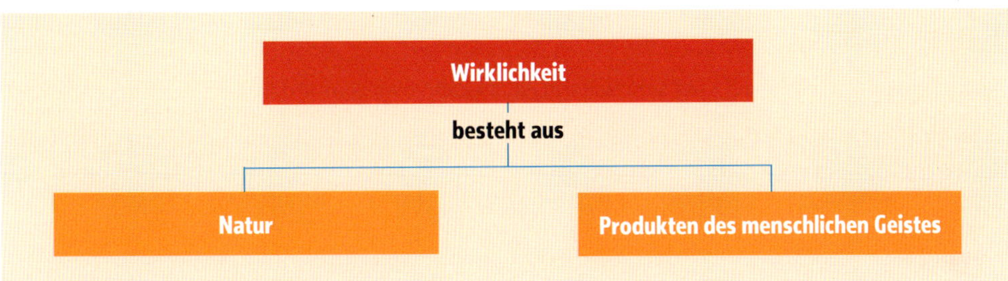

Entsprechend diesen beiden Wirklichkeiten kennt die Wissenschaft verschiedene Positionen, die für die Pädagogik bedeutsam sind:

- Wissenschaften haben sich zum einen als Ziel gesetzt, die Wirklichkeit zu beobachten und zu beschreiben, Zusammenhänge zu erkennen sowie Gesetze und Gesetzmäßigkeiten aufzustellen. Sie gehen davon aus, dass die reale Welt bestimmten ***Gesetzlichkeiten*** unterliegt und mithilfe von Gesetzen und Gesetzmäßigkeiten erklärt werden kann. Dabei geht es darum, ***Beziehungen und Zusammenhänge zwischen einzelnen beschriebenen Merkmalen – zwischen Ursache und Wirkung – herauszufinden***.

Forscher/innen versuchen zum Beispiel herauszufinden, welche Umstände bei einem Kind aggressives und gewalttätiges Verhalten verursachen, ob es beispielsweise einen Zusammenhang gibt zwischen Medienkonsum von Gewaltdarstellungen und dem Auftreten von Gewalttaten des Kindes.

Erklären heißt, Beziehungen zwischen beschriebenen Merkmalen, die als Ursache-Wirkungs-Zusammenhänge gesehen werden, herzustellen.

Vor diesem Hintergrund könnten die Forscher/innen hinsichtlich des Ursache-Wirkung-Zusammenhangs von Medienkonsum und aggressivem Verhalten bei Kindern beispielsweise folgende Vermutung formulieren: Der Medienkonsum von Gewaltdarstellungen ist die Ursache für das Auftreten von Gewalttaten. Würde durch entsprechende Untersuchungen bestätigt, dass es einen Zusammenhang zwischen Gewaltdarstellungen in den Medien und dem Auftreten von Gewalttaten des Kindes gibt, so ist dieser Sachverhalt erklärt.

Dabei wird der Begriff „Erklärung" in der Wissenschaft nicht wie im Alltagssprachgebrauch – etwa im Sinne von Offenlegen (Zollerklärung, Liebeserklärung) oder im Sinne von Klarlegen (Texterklärung, die Erklärung der Funktionsweise eines bestimmten Gerätes) – verwendet (vgl. *Küttner/Lenk, 2000, S. 68*).

Die Position des Erklärens finden wir vornehmlich in den **Naturwissenschaften**, die Vorgänge und Gesetze der Natur erforschen.

Der Begriff „Naturwissenschaften" fasst alle Wissenschaften zusammen, die Vorgänge und Gesetze der Natur erforschen.

- Zum anderen haben sich Wissenschaften zum Ziel gesetzt, sich mit Sachverhalten zu beschäftigen, ***mit denen ein Sinn, ein Zweck verbunden ist***. Dabei geht es darum, **Sinn- und Bedeutungszusammenhänge von Gegebenheiten**, zum Beispiel des menschlichen Tuns, **zu erkennen und aufzudecken**. Menschliches Erleben und Verhalten kann zwar einerseits bedingt sein durch bestimmte Ursachen, es wird aber andererseits auch von den Zielvorstellungen, den Absichten des handelnden Menschen bestimmt.

Wenn zum Beispiel ein Kind sehr wütend ist, so kann dies einmal daran liegen, dass die Mutter dem Kind etwas verboten hat, das es unbedingt will. Die Ursache für das Wütendsein des Kindes liegt im Verhalten der Mutter. Auf der anderen Seite kann es möglich sein, dass das Kind mit seiner Wut erreichen will, dass die Mutter ihr Verbot aufhebt. Das Ziel des Wütendseins des Kindes ist die Änderung des Verhaltens der Mutter.

„Ein Mensch reagiert nicht einfach auf äußere Einflüsse, (...) sondern er verbindet mit seinem Tun einen Sinn: Er verfolgt Ziele, hat (...) Erwartungen, Befürchtungen. Um also menschliches Tun zu erfassen, kann ich es nicht nur von außen beobachten, (...) sondern muss menschliches Tun verstehen."

(König, 1997⁵, S. 325)

Das Herausfinden des Sinn- bzw. Bedeutungszusammenhanges einer bestimmten Wirklichkeit und das Erfassen von Sinnstrukturen werden in der Wissenschaftstheorie als **Verstehen** bezeichnet. Pädagogisches Handeln kann durch das Herausfinden des Zieles und durch die Ermittlung von Sinnzusammenhängen nicht erklärt, sondern verstanden werden.

> **Verstehen heißt, das Ziel, den Zweck einer bestimmten Wirklichkeit und ihren Sinnzusammenhang zu erfassen.**

Der Begriff „Verstehen" ist in diesem Zusammenhang nicht zu verwechseln mit dem Verstehen als Grundhaltung der Erzieherin/des Erziehers oder der Therapeutin/des Therapeuten, in welcher sich Verstehen als das Einfühlen in die innere Welt einer Anderen/eines Anderen, die vorstellungsmäßige Vergegenwärtigung der subjektiven Welt eines anderen Individuums, äußert.[1]

Verstehen in diesem Sinne betrifft Schöpfungen und Produkte des menschlichen Geistes, insbesondere Inhalte der Kultur sowie vergangenes, gegenwärtiges und zukünftiges Handeln. Diese Position finden wir aus diesem Grund auch vorwiegend in den **Geisteswissenschaften**, die sich mit Erzeugnissen des menschlichen Geistes und der Kultur beschäftigen.

> **Der Begriff „Geisteswissenschaften" bezeichnet alle Wissenschaften, die sich mit Erzeugnissen des menschlichen Geistes und der Kultur beschäftigen.**

Die Pädagogik muss sich beiden Positionen verpflichtet fühlen, da sie es mit dem Menschen sowohl als Naturwesen als auch als Geisteswesen zu tun hat. Entsprechend dieser doppelten Ausrichtung der Erziehungswirklichkeit haben sich viele Hauptströmungen herausgebildet, die als **Richtungen der Pädagogik** bekannt und in *Abschnitt 1.3.2* dargestellt sind.

1 vgl. Kapitel 8.6.2

1.2.3 Methoden der Erziehungswissenschaft

Um die Erziehungswirklichkeit in all ihren Formen zu erfassen, benötigt die Erziehungswissenschaft bestimmte Methoden, durch welche sie zuverlässig Wissen gewinnen kann. Methode[1] bedeutet das Vorgehen bzw. das Verfahren zur Erreichung eines bestimmten Zieles – in der Forschung zur Gewinnung von Wissen über einen Objektbereich. Wissenschaftler/innen müssen, um zu „richtigen“ Ergebnissen zu kommen, **planmäßig, gezielt und systematisch** vorgehen. Systematisch bedeutet in diesem Zusammenhang das geplante und organisierte Vorgehen nach ganz bestimmten wissenschaftlichen „Regeln“.

Wissenschaftliche Methoden sind systematisch geplante Vorgehensweisen oder Verfahren, um Wissen über einen Objektbereich zu gewinnen.

Methoden können nicht für sich betrachtet werden, sondern müssen in Hinsicht auf ihre Funktion, nämlich Wissen über einen Objektbereich zu gewinnen, gesehen werden. Entsprechend den zwei in *Abschnitt 1.2.2* dargestellten Positionen der Pädagogik können wir auch das methodische Vorgehen unterscheiden:

Erfahrungswissenschaftliche Methoden

Die Erziehungswissenschaft benötigt Methoden, die dazu beitragen, die **Erziehungswirklichkeit zu beobachten und zu beschreiben**. Mit ihrer Hilfe ist es möglich, von der Person der Forscherin/des Forschers unabhängige (= intersubjektive) und überprüfbare Daten zu gewinnen, um beispielsweise Häufigkeiten feststellen, Gesetzmäßigkeiten aufstellen und Theorien bilden sowie Zusammenhänge erkennen und ***erklären*** zu können.

→ So möchte zum Beispiel ein/e Erziehungswissenschaftler/in Erkenntnisse darüber gewinnen, wie sich Gewaltdarstellungen im Fernsehen auf Kinder auswirken. Durch ihre/seine Untersuchungen kann sie/er möglicherweise zu der Erkenntnis gelangen, dass sich etwa bei vermehrtem Fernsehkonsum gewalttätige Verhaltensweisen häufen und dass ein Zusammenhang zwischen medialem Gewaltkonsum und gewalttätigem Verhalten besteht. Möglicherweise kann sie/er aufgrund ihrer/seiner Untersuchungen die Gesetzmäßigkeit aufstellen, dass vermehrter medialer Gewaltkonsum zu gewalttätigem Verhalten führt. Doch um zu diesem Wissen zu gelangen, brauchen Wissenschaftler/-innen Methoden, die ihnen helfen, die Erziehungssituation genau beobachten und beschreiben zu können sowie intersubjektiv überprüfbare Daten zu erhalten.

Beobachtbar bedeutet grundsätzlich „der Erfahrung zugänglich“. Deshalb werden Methoden, die der Beobachtung eines bestimmten Sachverhaltes dienen, **erfahrungswissenschaftliche Methoden** oder auch **empirische**[2] **Methoden** genannt.

Methoden, die der planmäßigen Beobachtung und Beschreibung eines bestimmten Bereiches der Wirklichkeit und der Gewinnung von intersubjektiv überprüfbaren Daten zum Zwecke der Erklärung dienen, werden als „erfahrungswissenschaftliche“ bzw. „empirische“ Methoden bezeichnet.

Die wichtigsten empirischen Methoden sind die **Beobachtung**, die **Befragung** bzw. das **Interview**, der **Test** und das **Experiment.** Die mittels empirischer Methoden gesammelten Daten werden mithilfe statistischer Verfahren ausgewertet.

Seit den 1970er-Jahren verwendet die Erziehungswissenschaft auch die Methode der **Aktions- bzw. Handlungsforschung**, die darauf abzielt, verändernd in die Erziehungspraxis einzugreifen. Sie verwendet empirische Methoden wie zum Beispiel die Befragung.

---

[1] *méthodos (griech.): entlang eines Weges; eine Methode ist der Weg entlang zu einem gesetzten Ziel*
[2] *émpeiros (griech.): erfahren, kundig, auf Erfahrung beruhend*

Geisteswissenschaftliche Methoden

Die Erziehungswissenschaft benötigt aber auch Methoden, die dazu beitragen, durch das Herausfinden von Wert- und Sinnzusammenhängen dem ***Verstehen*** zu dienen. Solche Methoden werden als **geisteswissenschaftliche Methoden** bezeichnet. Mit ihrer Hilfe ist es möglich, Ziele des Handelns herauszufinden sowie Wert- und Sinnzusammenhänge menschlichen Erlebens und Verhaltens zu erfassen.

Methoden, die durch das Herausfinden von Wert- und Sinnzusammenhängen dem Verstehen dienen, werden als geisteswissenschaftliche Methoden bezeichnet.

Die wichtigsten geisteswissenschaftlichen Methoden sind die **Hermeneutik**, die **Phänomenologie** und die **Dialektik**.

Anfang der 1970er-Jahre entstand als weiteres geisteswissenschaftliches Vorgehen die **qualitative Forschung**, die davon ausgeht, dass menschliches Handeln eine Bedeutung besitzt und Menschen aufgrund dieser handeln. Ziel der qualitativen Forschung ist es, diese Bedeutung menschlichen Handelns zu erfassen (vgl. *König/Zedler, 2007[3], S. 156*). Es gibt kein einheitliches Konzept der qualitativen Forschung, sie bedient sich unterschiedlicher Vorgehensweisen.

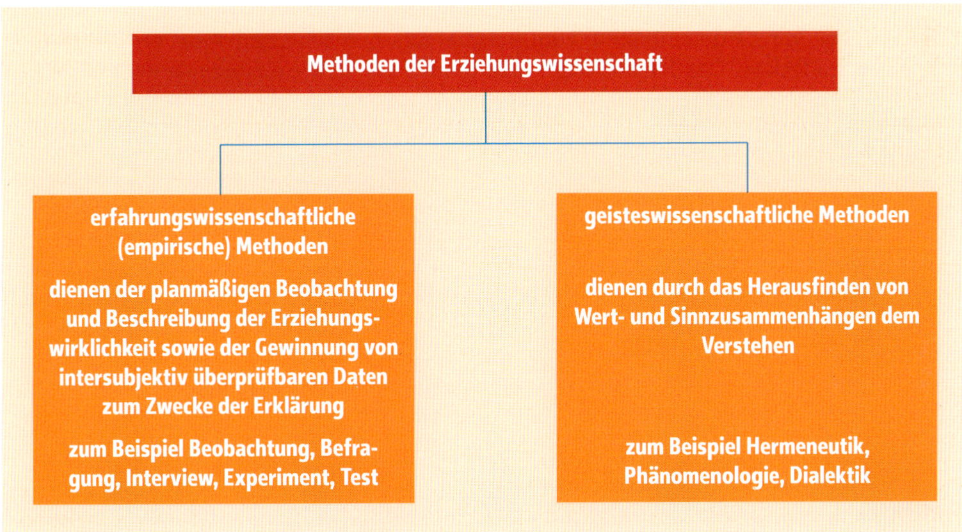

Die ganzheitliche Erfassung erfordert eine **Methodenintegration** von naturwissenschaftlichem (empirischem) und geisteswissenschaftlichem Vorgehen. Beide sind voneinander abhängig und aufeinander bezogen. Eine einseitige Betrachtung würde dem Menschen nicht gerecht werden (vgl. *Zierer u. a., 2013, S. 17*).

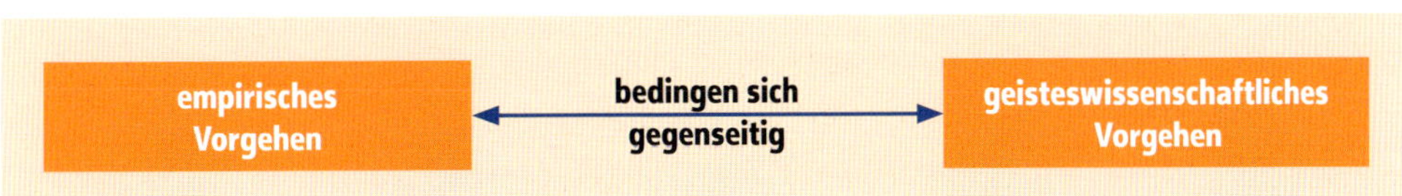

Auf den Punkt gebracht

- Wissenschaft bedeutet methodisch gewonnenes und in ein System gebrachtes Wissen und die Formulierung von Aussagen über einen Bereich der Wirklichkeit. Die Wirklichkeit, mit der sich die Wissenschaft auseinandersetzt, kann aus zwei verschiedenen Blickwinkeln betrachtet werden: Zum einen besteht die Realität aus der Natur und zum anderen ist die Wirklichkeit Produkt des menschlichen Geistes.
- Diesen beiden Wirklichkeiten entsprechend kennt die Wissenschaft zwei verschiedene Positionen: Einerseits hat sie sich zum Ziel gesetzt, die Wirklichkeit zu beobachten und zu beschreiben, Zusammenhänge zu erkennen sowie Gesetze und Gesetzmäßigkeiten aufzustellen. Sie geht davon aus, dass die reale Welt bestimmten Gesetzlichkeiten unterliegt und mithilfe von Gesetzen und Gesetzmäßigkeiten erklärt werden kann. Dabei geht es darum, Beziehungen und Zusammenhänge zwischen einzelnen beschriebenen Merkmalen herauszufinden. Das Herstellen von Beziehungen zwischen beschriebenen Merkmalen – zwischen Ursache und Wirkung – wird als „Erklären" bezeichnet.
- Andererseits beschäftigt sich die Wissenschaft mit Sachverhalten, mit denen ein Sinn, ein Zweck verbunden ist. Dabei geht es darum, Sinn- und Bedeutungszusammenhänge von Gegebenheiten, zum Beispiel des menschlichen Tuns, zu erkennen und aufzudecken. Das Herausfinden des Sinn- bzw. Bedeutungszusammenhanges einer bestimmten Wirklichkeit und das Erfassen von Sinnstrukturen werden in der Wissenschaftstheorie als „Verstehen" bezeichnet. Die Pädagogik muss sich beiden Positionen verpflichtet fühlen.
- Wissenschaftliche Methoden sind planmäßige Vorgehensweisen oder Verfahren, um Wissen über einen Objektbereich zu gewinnen. Dabei können zwei verschiedene Arten von Methoden unterschieden werden, mit denen die Erziehungswissenschaft zu ihren Erkenntnissen gelangt: erfahrungswissenschaftliche (= empirische) Methoden, die der planmäßigen Beobachtung und Beschreibung der Erziehungswirklichkeit sowie der Gewinnung von Daten zum Zwecke der Erklärung dienen, und geisteswissenschaftliche Methoden, die durch das Herausfinden von Wert- und Sinnzusammenhängen auf das Verstehen ausgerichtet sind.

Aufgaben – Wissen & Verstehen, Anwenden, Reflektieren

10. *Bestimmen Sie den Begriff „Wissenschaft" und erläutern Sie die Betrachtungsweisen der Erziehungswirklichkeit.*
11. *Stellen Sie dar, was in der Wissenschaft „Erklären" bedeutet, und erläutern Sie diesen Begriff an einem Beispiel aus der Pädagogik.*
12. *Zeigen Sie auf, was die Wissenschaft mit „Verstehen" meint, und erläutern Sie diesen Begriff an einem Beispiel aus der Pädagogik.*
13. *Klären Sie den Begriff „wissenschaftliche Methode" und beschreiben Sie die Arten von Methoden, mit denen die Erziehungswissenschaft zu ihren Erkenntnissen gelangt.*
14. *Zeigen Sie den Unterschied zwischen „Erklären" und „Verstehen" auf.*

1.3 Grundauffassungen von Pädagogik

In der Literatur findet man keine „einheitliche" Pädagogik bzw. Erziehungswissenschaft vor, sondern meist eine Ansammlung von unterschiedlichen Ansätzen. Der Vielgestaltigkeit der Erziehungswirklichkeit und den Aufgaben der Erziehungswissenschaft entsprechend haben sich in ihr verschiedene Hauptströmungen herausgebildet, die als **Richtungen der Pädagogik** bekannt sind. Jede dieser Richtungen betrachtet dabei das Erziehungsgeschehen aus einem anderen Blickwinkel und hebt einen unterschiedlichen methodischen Zugang zu diesem hervor.

1.3.1 Aufgaben der Erziehungswissenschaft

Erziehungswissenschaftler/innen haben die Aufgabe, die **Erziehungswirklichkeit zu beobachten und zu beschreiben**, um diese interpretieren bzw. **verstehen** sowie Zusammenhänge **erklären** und Möglichkeiten der **Vorhersage** und der praktischen **Anwendung** aufstellen zu können.

Aufgrund der Beschreibung erhält eine Wissenschaft Erkenntnisse, welche – wie in *Abschnitt 1.2.1* ausgeführt – in einen Ordnungszusammenhang, in ein **System**, gebracht werden. Dieser Ordnungszusammenhang, also der systematisierte Inhalt einer Wissenschaft, wird als **Theorie** bezeichnet. Es ist auch Aufgabe der Erziehungswissenschaft, Theorien aufzustellen, mit deren Hilfe Vorhersagen gemacht und Handlungsanweisungen gegeben werden können, wie man Erleben und Verhalten gezielt ändern kann.

Je nach Gegenstand und Sichtweise von Wissenschaft wird der Theoriebegriff anders ausgelegt. Einig ist man sich jedoch darüber, dass Theorien den Inhalt einer Wissenschaft bilden und aus einzelnen zusammenhängenden und aufeinander bezogenen Satzsystemen bestehen. In Theorien sind also wissenschaftliche Erkenntnisse systematisch zusammengefasst. Zudem wird der Terminus „Theorie" häufig als Gegensatz zur „Praxis" verwendet, wie etwa die Theorie in der Führerscheinausbildung im Gegensatz zur „Praxis" der Fahrstunden.[1]

> **Eine wissenschaftliche Theorie bildet den Inhalt einer Wissenschaft und besteht aus einzelnen zusammenhängenden und aufeinander bezogenen Satzsystemen.**

Die Erziehungswissenschaft beschränkt sich jedoch nicht auf die Erforschung der Erziehungswirklichkeit und das Aufstellen von Theorien, sondern macht auch Aussagen darüber, **wie Menschen erzieherisch handeln und welche Ziele sie anstreben sollen**.

> „Das Kind soll zu Verantwortungsbewusstsein und Kritikfähigkeit erzogen werden" oder „Eltern sollen tägliches, stundenlanges Fernsehen ihrer Kinder nicht dulden" sind Beispiele für Aussagen, die die Realität nicht mehr beschreiben und erklären, mit denen sich die Pädagogik aber ebenfalls beschäftigen muss.

Eine weitere Aufgabe der Erziehungswissenschaftlerin/des Erziehungswissenschaftlers ist es also, **Ziele und Handlungen in der Erziehung aufzuweisen und zu begründen**. Dabei handelt es sich um Aussagen darüber, wie Menschen sich verhalten *sollen* und welche Ziele angestrebt werden *sollen*.

---

[1] *vgl. Abschnitt 1.4*

→ So formuliert die Pädagogik bestimmte Erziehungsziele wie zum Beispiel „pädagogische Mündigkeit" und versucht diese zu begründen. Sie macht auch grundlegende Aussagen darüber, wie sich beispielsweise Eltern und andere Erzieher/innen verhalten sollen, um das Ziel der pädagogischen Mündigkeit zu erreichen.

Aufweisen von Zielen und Handlungen als Aufgabe der Pädagogik bedeutet das Treffen von Aussagen, wie Menschen sich verhalten und handeln sollen und welche Ziele in der Erziehung angestrebt werden sollen.

Die Pädagogik hat also die Aufgabe, nicht nur die Wirklichkeit zu erfassen, sondern gleichzeitig die Normen für das erzieherische Handeln aufzustellen (vgl. *Tschamler, 1996*^{3}*, S. 94*). Solche „Soll-Vorstellungen" bedürfen der Begründung. Begründen bedeutet in diesem Zusammenhang das Fundieren, das Rechtfertigen der Ziele des Handelns und der Handlungen selbst mithilfe allgemein geltender Grundsätze. Solche Grundsätze können zum Beispiel in einer Gesellschaft vorherrschende Moral, Wert- oder Normvorstellungen, allgemeingültige Aussagen wie beispielsweise Aussagen über das Wesen des Menschen oder andere wissenschaftliche Erkenntnisse sein (vgl. *König/Zedler, 2007*^{3}*, S. 21 f.*).

→ So lässt sich das Erziehungsziel der „pädagogischen Mündigkeit" mithilfe von Aussagen über die Würde und das Wesen des Menschen oder mit für das gesellschaftliche Zusammenleben notwendigen Werten und Normen rechtfertigen; das Nichtanwenden von Schlägen in der Erziehung kann beispielsweise mit allgemeingültigen Aussagen über Gewalt in der Erziehung oder mithilfe entsprechender wissenschaftlicher Untersuchungen fundiert werden.

Begründen heißt, Ziele des Handelns und das Handeln selbst mithilfe allgemein geltender Grundsätze, allgemeingültiger Aussagen oder anderer wissenschaftlicher Erkenntnisse zu fundieren, zu rechtfertigen.

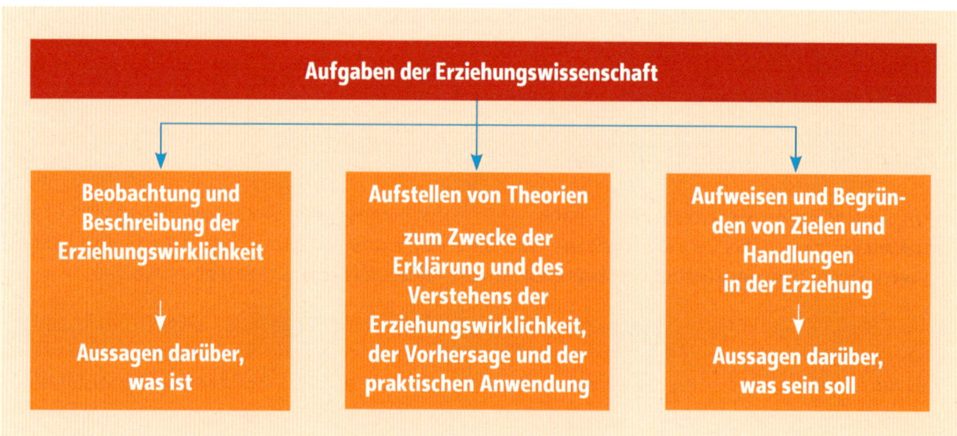

1.3.2 Richtungen der Pädagogik

Die Vielgestaltigkeit der Erziehungswirklichkeit und die Aufgaben, einerseits die Erziehungswirklichkeit zu beobachten und zu beschreiben, sie zu verstehen und zu erklären sowie andererseits Ziele und Handlungen in der Erziehung aufzuweisen und zu begründen, haben zu verschiedenen Auffassungen innerhalb der Pädagogik geführt. Man kann somit kaum von „der" Pädagogik sprechen, sondern allenfalls von dieser oder jener Auffassung, die uns als Richtungen bzw. Schulen der Pädagogik bekannt sind.

- Die älteste Richtung ist die **normative[1] Pädagogik**, die mit dem Anspruch auftritt, ***Ziele und Handlungen in der Erziehung aufzuweisen und zu begründen***. Dabei geht es darum, wie Menschen sich verhalten und handeln sowie welche Ziele angestrebt werden sollen. Der bekannteste Vertreter der Vergangenheit ist *Johann F. Herbart*, der die Pädagogik auf der Philosophie und der Psychologie begründete. Aufgabe der Philosophie sei es, Erziehungsziele festzulegen und diese wissenschaftlich zu begründen.

  Innerhalb der normativen Pädagogik finden sich wiederum unterschiedliche Ansätze, deren Unterschied in der Ableitung und Begründung der Werte und Normen für die Pädagogik liegt.

  > *„Die normative Richtung findet sich in den Ansätzen, die Pädagogik als Prinzipienwissenschaft verstehen, d. h. die den Wissenschaftsbegriff von der Transzendentalphilosophie herleiten und die Aufgabe der Pädagogik in der Begründung und dem Aufweis von Normen und Werten für die Erziehung sehen."*
  > *(Tschamler, 1996³, S. 94)*

Johann Friedrich Herbart *(1776–1841) war zunächst Professor in Königsberg, später in Göttingen. Für ihn ist die Philosophie die Grundlagenwissenschaft für alle anderen Wissenschaften, so auch für die Pädagogik.*

- Eine weitere Position ist die **geisteswissenschaftliche Pädagogik**, die in unterschiedlicher Weise an *Wilhelm Dilthey* anschließt. In ihr geht es darum, ***Sinn- und Bedeutungszusammenhänge von Gegebenheiten***, zum Beispiel vom menschlichen Tun, ***zu erkennen und aufzudecken***. Die verschiedenen Ansätze orientieren sich dementsprechend an der Methode des ***Verstehens***, der Auslegung von geschichtlichen Sinnganzheiten (**hermeneutische Wissenschaftstheorie**) und an der Erfassung des Wesens einer Sache (**phänomenologische Wissenschaftstheorie**). Auch innerhalb dieser Position lassen sich verschiedene Ansätze unterscheiden.

Wilhelm Dilthey *(1833–1911) gilt als der Begründer der Erkenntnistheorie der Geisteswissenschaften und ist einer der wichtigsten Vertreter der hermeneutischen Wissenschaften.*

- Die dritte Position ist die **empirische bzw. erfahrungswissenschaftliche Pädagogik,** die von konkreten Beobachtungen und Beschreibungen erzieherischer Sachverhalte ausgeht und diese mithilfe von Gesetzmäßigkeiten und Theorien ***erklärt***. Ein bedeutender Ansatz innerhalb dieser Richtung ist der **Kritische Rationalismus** von *Karl Popper*, *Hans Albert* (* *1921*) und *Wolfgang Brezinka* (* *1928*): Gesetzesaussagen sind immer wieder empirisch zu über-

[1] *norma (lat.): die Regel, der Maßstab*

prüfen, da sie in den seltensten Fällen Bestand haben. Zudem vertritt der Kritische Rationalismus die These der ***Wertfreiheit***: Wissenschaft hat Tatsachenaussagen zu treffen und darf keine Wertaussagen sowie keine Werte und Normen aufstellen; sie beschränkt sich auf die Erforschung von Beziehungen und Zusammenhängen im Bereich der Erziehung.

Sir Karl Raimund Popper *(1902–1994) war ein österreichisch-britischer Philosoph, der mit seinen Arbeiten zur Erkenntnis- und Wissenschaftstheorie sowie zur politischen Philosophie den Kritischen Rationalismus begründete.*

Die Wertfreiheit von Wissenschaft ist nicht unumstritten. Viele Wissenschaftlerinnen und Wissenschaftler betonen, dass Wissenschaft nicht wertfrei sein kann und auch nicht darf. *Otto Speck* vom Institut für Sonderpädagogik der Ludwig-Maximilians-Universität in München zum Beispiel betont, dass die Erziehungswissenschaft, insbesondere die Heil- bzw. Sonderpädagogik, immer eine wertorientierte Wissenschaft sein wird, die sich an ethischer Gebundenheit und bestimmten Werthaltungen ausrichten muss (vgl. *Speck, 2008⁶, S. 80 f.*).

- Eine weitere Position ist die **Kritische Erziehungswissenschaft**, deren bedeutendste Vertreter *Klaus Mollenhauer (1928–1998)*, *Wolfgang Klafki (1927–2016)* und *Hermann Giesecke (* 1932)* sind. Sie geht auf die **Kritische Theorie** von *Max Horkheimer (1895–1973)*, *Theodor W. Adorno (1903–1969)* und *Jürgen Habermas (* 1929)* zurück. Ausgangspunkt ist die These, dass Wissenschaft Bestandteil gesellschaftlicher Arbeit ist, die Einfluss auf gesellschaftliche Prozesse hat (vgl. *König/Zedler, 2007³, S. 116*). Ihr Bestreben ist es, durch ***Aufklärung über gesellschaftliche und soziale Tatsachen zu einer Veränderung von gesellschaftlichen Prozessen beizutragen***. Ziel dieser Aufklärung ist die **Emanzipation**[1], wobei der Abbau von willkürlichen, nicht gerechtfertigten Machtverhältnissen von Menschen über Menschen, die Befreiung von ungerechtfertigter und unbegründeter Abhängigkeit, Zwang und Unterdrückung sowie die Verfolgung des Zieles der individuellen Selbstbestimmung und gleichberechtigten Mitbestimmung bei gesellschaftlichen und politischen Entscheidungen im Mittelpunkt der Bemühungen stehen (vgl. *Weber, 1999⁸, S. 492*).
- Eine in letzter Zeit sehr verbreitete Position ist die **systemisch-konstruktivistische Pädagogik**, die sich gegen das Wissenschaftsverständnis des Empirismus[2] wendet. Bei der systemischen Pädagogik bilden die wechselseitigen Beziehungen zwischen Erzieher/in und zu Erziehender/Erziehendem sowie die zwischen den beiden und ihrer Umwelt den Schwerpunkt der wissenschaftlichen Betrachtung.

Unter einem System wird in der systemischen Pädagogik eine Ganzheit verstanden, die aus einzelnen Elementen besteht, welche untereinander in einer wechselseitigen Beziehung stehen und sich gegenseitig beeinflussen.

→ In der Familie beeinflussen die Elemente sich gegenseitig: Das Elternpaar beeinflusst sich gegenseitig, die Kinder beeinflussen ihre Eltern und umgekehrt und die Kinder beeinflussen sich untereinander.

Im Mittelpunkt pädagogischer Beziehungen stehen also die ***Beziehungen zwischen den handelnden Personen*** in einem System.

---

[1] *emancipatio (lat.): die Entlassung aus der väterlichen Gewalt, die Freilassung*
[2] *siehe dritte Position der pädagogischen Richtungen*

An den Systemgedanken knüpft der Konstruktivismus[1] an: Das, ***was wir wahrnehmen, ist eine Konstruktion unseres Gehirns*** und keine wirkliche Abbildung der Welt. Die Lebenswelt eines Menschen ist seine eigene Erfindung, er entwirft sich seine Wirklichkeit in seinem Kopf. Menschliche Wahrnehmung ist also eine Konstruktion aus Sinnesreizen und Gedächtnisleistung eines Individuums.

Der Konstruktivismus ist eine Sammelbezeichnung für Positionen, die davon ausgehen, dass das menschliche Gehirn die Welt nicht so abbildet, wie sie wirklich ist, sondern der Mensch sich seine eigene Welt entwirft und formt.

„Wahrheit ist die Erfindung eines Lügners." *(von Förster/Pörksen, 2008[8], S. 11)*

Damit ist der Mensch von Kindheit an aktiver Gestalter seiner Welt, der sein eigenes Leben selbst strukturiert. ***Er ist Erfinder, Entdecker und Enttarner seiner Wirklichkeit*** (vgl. *Reich, 2010[6], S. 119 ff.*).

Die Pädagogik kennt noch weitere Richtungen, die sich jedoch alle auf die aufgezeigten „Grundrichtungen" zurückführen lassen.

„Es gibt nicht die Erziehungswissenschaft, sondern es gibt verschiedene erziehungswissenschaftliche (...) Konzepte, die sich in den jeweiligen Grundbegriffen, den Forschungsmethoden und den Konsequenzen für praktisches Handeln unterscheiden." *(König/Zedler, 2007[3], S. 240)*

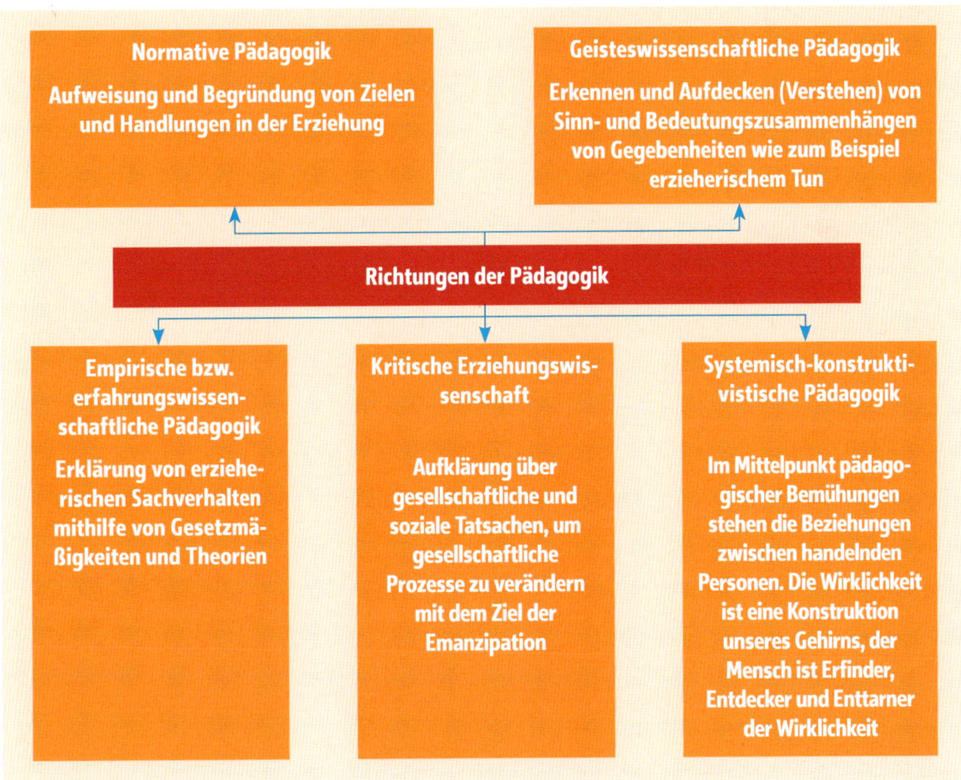

---
[1] *construere (lat.): bauen, erbauen, verbinden, zusammenfügen*

Auf den Punkt gebracht

- Die Aufgaben der Erziehungswissenschaft bestehen zum einen in der Beobachtung und Beschreibung der Erziehungswirklichkeit sowie in der Aufstellung von Theorien über die Erziehungswirklichkeit, um diese verstehen bzw. erklären sowie Möglichkeiten der Vorhersage und der praktischen Anwendung aufstellen zu können (Erforschung dessen, was ist). Zum anderen bestehen sie in der Aufweisung und Begründung von Zielen und Handlungen in der Erziehung (Formulierung und Begründung von Aussagen darüber, was sein soll).
- Die Vielgestaltigkeit der Erziehungswirklichkeit und die Aufgaben, einerseits die Erziehungswirklichkeit zu beobachten und zu beschreiben, sie zu verstehen und zu erklären sowie andererseits Ziele und Handlungen in der Erziehung aufzuweisen und zu begründen, haben zu verschiedenen Auffassungen innerhalb der Pädagogik geführt, die als Richtungen bzw. Schulen der Pädagogik bekannt sind. Die bedeutendsten „Grundauffassungen" sind die normative Pädagogik, die geisteswissenschaftliche Pädagogik, die empirische bzw. erfahrungswissenschaftliche Pädagogik, die Kritische Erziehungswissenschaft und die systemisch-konstruktivistische Pädagogik.

Aufgaben – Wissen & Verstehen, Anwenden, Reflektieren

15. Stellen Sie die Aufgaben der Erziehungswissenschaft dar und verdeutlichen Sie diese an geeigneten Beispielen.

16. Definieren Sie den Begriff „Theorie" und zeigen Sie, welche Bedeutung diese in der wissenschaftlichen Pädagogik hat.

17. Beschreiben Sie die
a) normative Pädagogik.
b) geisteswissenschaftliche Pädagogik.
c) empirische Pädagogik.
d) kritische Pädagogik.
e) systemisch-konstruktive Pädagogik.

18. Arbeiten Sie die Unterschiede zwischen den verschiedenen Richtungen der Pädagogik heraus.

1.4 Das Theorie-Praxis-Problem

Seit der Zeit, als sich die Pädagogik aus der Praxis heraus zu einer eigenständigen Wissenschaft entwickelte, stehen die Begriffe „Theorie" und „Praxis" im Mittelpunkt pädagogischer Auseinandersetzungen. Es gibt fast keine Diskussion auf pädagogischem Gebiet, in der nicht die Fronten zwischen Theoretikerinnen und Theoretikern und Praktikerinnen und Praktikern immer wieder sichtbar werden.

1.4.1 Die Wechselwirkung zwischen Theorie und Praxis

Von vornherein wirken Theorie und Praxis zusammen. Sie sind nicht unabhängig voneinander, sondern bedingen und beeinflussen sich wechselseitig: Theorie und Praxis sind aufeinander angewiesen.

- **Die Theorie ist auf die Praxis angewiesen.**
  Die erziehungswissenschaftliche Theoriebildung braucht die Erziehungswirklichkeit bzw. -praxis. Um wissenschaftlich fundierte Aussagen treffen zu können, muss die Wissenschaftlerin/der Wissenschaftler die Realität bzw. die Praxis beobachten. Ohne Praxis kann diese weder wissenschaftlich erhellt noch können über sie gültige Aussagen getroffen werden. Ohne Anregungen und Problemstellungen aus der Praxis wären weder ein Wissensfortschritt noch die Notwendigkeit, Begründungszusammenhänge aufzuzeigen und zu vertiefen, denkbar. ***Die Erziehungswissenschaft wird deshalb auch oft als „Theorie der Praxis" bezeichnet***.

- **Die Praxis ist auf die Theorie angewiesen.**
  Eine Praxis ohne Einschaltung einer Theorie ist nicht möglich. Solange Menschen handeln, gibt es auch Theorie. Jeder Mensch handelt immer nach bestimmten Vorstellungen und mit bestimmten Absichten. Auch jede Erzieherin oder jeder Erzieher hat grundsätzlich „ihre"/„seine" Theorie, nach der sie/er erzieht und ohne die Erziehung unmöglich wäre. Dabei kann es sich um eine bestimmte Vorstellung handeln, die die Praxis der/des praktisch Tätigen leitet, um persönliche Erfahrungen, die sie/er gemacht hat, oder um wissenschaftliche Theorien, an denen sie/er sich orientiert. Aus dieser Sichtweise gibt es ***überhaupt keine Praxis ohne die Einschaltung einer Theorie*** (vgl. *Tschamler, 1996[3], S. 112*).

Das Verhältnis von pädagogischer Theorie und Erziehungspraxis kann also als wechselseitige Beziehung gesehen werden.

Theorie ist nicht ohne Praxis, Praxis nicht ohne Theorie möglich.

Es ist gelegentlich zu beobachten, dass Forscher/innen nicht für die Praxis forschen, sondern eigene Ziele verfolgen, die mit der Praxis nur wenig gemein haben. „Es ist bedauerlich, dass Forscher Praktiker nicht als mögliche Adressaten ihrer Arbeit betrachten. Allerdings sehen auch die Praktiker in den Forschern keinen Gesprächspartner." (*Edding, 2009, S. 75*)

1.4.2 „Private" und wissenschaftliche Theorie

Jeder Mensch handelt nach einer Theorie, auch die Erzieherin/der Erzieher hat ihre/seine Vorstellung, wie sie/er das Kind erziehen will. Der Unterschied liegt lediglich darin, nach welcher Theorie sich die/der praktisch Tätige richtet.

Viele Eltern orientieren sich in der Erziehung an ihren persönlichen Erfahrungen, die sie im Laufe ihres Lebens gemacht haben. **Das aufgrund persönlicher Lebenserfahrung gewonnene Wissen wird als „private" Theorie oder auch als „Alltagstheorie" bezeichnet**. Aus Einzelerfahrungen können jedoch keine allgemeinen Schlüsse gezogen werden, sie sind deshalb auch nicht ohne Weiteres auf andere Situationen übertragbar. Das aber ist oft der Fall: Persönliche Erfahrungen werden häufig verallgemeinert und als „richtig erklärt". Darin liegt die Gefahr einer „privaten" Theorie: Zusammenhänge werden nicht oder falsch gesehen, was für die Entwicklung der/des zu Erziehenden fatale Folgen haben kann.

→ Ein Vater hatte sich vor Gericht zu verantworten, weil er seinen Sohn mit einem Gartenschlauch verdrosch. Weinend gestand er dem Richter, dass er es mit seinem Sohn doch nur gut gemeint habe. Ihm habe das ja auch nicht geschadet.

Der „privaten" Theorie steht die ***wissenschaftliche Theorie***[1] gegenüber, die der/dem praktisch Tätigen wichtige Zusammenhänge verdeutlichen und damit eine große Hilfe für die sinnvolle Gestaltung des Erziehungsgeschehens sein kann. Auch wenn wissenschaftliche Theorien keine „Rezepte" liefern können, so sind sie für die Erzieherin/den Erzieher doch von großem Nutzen.[2]

Nutzen einer wissenschaftlichen pädagogischen Theorie:

- Mithilfe wissenschaftlicher Aussagen lassen sich Verhaltensweisen und Situationen ***voraussagen***.
- Dadurch kann verhindert werden, dass in der Praxis „blind" gearbeitet wird.
- Wissenschaftliche Theorien können ***Orientierungshilfe*** in konkreten Situationen bieten.
- Wissenschaftliche Theorien geben Hinweise, welche Ziele in der Erziehung angestrebt werden können.
- Mithilfe wissenschaftlicher Aussagen lassen sich ***Handlungshinweise*** für das Erzieherverhalten aufstellen.
- Mithilfe wissenschaftlicher Aussagen kann Erzieherverhalten ***reflektiert*** werden.
- Wissenschaftliche Aussagen können aus der Befangenheit von unüberprüft übernommenen Vorstellungen befreien, die Vielzahl möglicher Gesichtspunkte eines Problems vor Augen führen und Einseitigkeiten erkennen lassen.

Wissenschaftliche Theorie ist notwendig, um die Praxis sinnvoll und effektiv zu gestalten, und dient grundsätzlich der Verbesserung der Praxis. Ohne Berücksichtigung wissenschaftlicher Erkenntnisse läuft man Gefahr, nach subjektiven und „hausgemachten" Theorien zu handeln, die in der Regel mit der Wirklichkeit nicht übereinstimmen.

1.4.3 Das Problem der Rezeptologie

Oft jedoch kann man von praktisch Tätigen den Satz hören: „Schöne Theorie, aber die Praxis sieht anders aus!" Der Umgang mit wissenschaftlichen Theorien in der Praxis gestaltet sich bisweilen sehr problematisch, was bis zur Ablehnung wissenschaftlicher Theorien führen kann.

Im praktischen Erziehungsgeschehen handelt es sich immer um Einzelfälle, die sich erheblich voneinander unterscheiden. Keine erzieherische Situation gleicht der anderen. Aufgrund des Anspruches wissenschaftlicher Theorien auf ***Allgemeingültigkeit*** (Einheitlichkeit) können sie der ***Mannigfaltigkeit der Erziehungspraxis*** kaum gerecht werden.

---

[1] *vgl. Abschnitt 1.3.1*
[2] *vgl. Abschnitt 1.4.3*

(Tschamler, 1996[3], S. 107)

Die Mannigfaltigkeit des Erziehungsgeschehens ist vor allem bedingt durch

- die Einmaligkeit der menschlichen Persönlichkeit der an der Erziehung beteiligten Personen mit ihren Interessen, Fähigkeiten, Fertigkeiten, Gefühlen, Bedürfnissen oder bisherigen Erfahrungen,
- die konkrete Situation, in der sich die Erziehung abspielt,
- die Umwelt, in die Erziehung eingebettet und die für den Erziehungsprozess nicht unerheblich ist, sowie
- gesellschaftliche Ansprüche, wie die bestimmter Gruppen, die durch politische Entscheidungen auf die Erziehung Einfluss nehmen.[1]

Praktisch Tätige haben oft falsche Erwartungen an die Theorie: Sie erhoffen sich von ihr spezielle Verhaltensvorschriften und Lösungen für ihr erzieherisches Problem. Wegen des Charakters der Allgemeingültigkeit ist jedoch keine Theorie imstande, „Rezepte" zu liefern. Sie kann lediglich als **Orientierungshilfe** dienen und **allgemeine Handlungshinweise** geben, die erst auf den jeweiligen Einzelfall übertragen werden müssen.

Doch die Fähigkeit, allgemeingültige Erkenntnisse auf konkrete Einzelfälle übertragen und anwenden zu können, bereitet vielen praktisch Tätigen erhebliche Schwierigkeiten. Die Kenntnis der Theorie bedeutet nämlich noch lange nicht, dass man zum erzieherischen Handeln befähigt ist.

Häufig wird deshalb auch in der älteren pädagogischen Literatur die Fähigkeit des Umsetzens von allgemeingültigen Erkenntnissen auf den jeweiligen Einzelfall als die ***Kunst des Erziehens*** bezeichnet.

Die **pädagogische Handlungskompetenz** als die Fähigkeit, theoretische Erkenntnisse auf die mannigfaltige Erziehungspraxis übertragen zu können, muss im Laufe des Lebens, wie jede andere Fähigkeit auch, durch die Praxis erst erlernt werden.

[1] *Diese Bedingungen der Erziehung sind in Kapitel 3.3.1 dargestellt.*

Auf den Punkt gebracht

- Theorie und Praxis können nicht getrennt voneinander betrachtet werden; von vornherein wirken beide zusammen und sind nicht unabhängig voneinander. Mithilfe wissenschaftlicher Theorien lassen sich Verhaltensweisen und Situationen voraussagen, Handlungshinweise für das Erzieherverhalten aufstellen und kann Erzieherverhalten reflektiert werden. Wissenschaftliche Aussagen können zudem eine Orientierungshilfe für die Erziehung in ganz konkreten Situationen sein. Ohne Berücksichtigung wissenschaftlicher Erkenntnisse läuft man Gefahr, nach subjektiven und „hausgemachten" Theorien zu handeln, die in der Regel nicht mit der Wirklichkeit übereinstimmen. Wegen des Charakters der Allgemeingültigkeit ist keine Theorie imstande, „Rezepte" zu liefern. Sie kann daher lediglich allgemeine Handlungshinweise geben, die erst auf den jeweiligen Einzelfall übertragen werden müssen.

Aufgaben – Wissen & Verstehen, Anwenden, Reflektieren

19. *Beschreiben Sie die Wechselwirkung von Theorie und Praxis und stellen Sie diese an einem Beispiel dar.*
20. *Erläutern Sie an Beispielen mögliche Gefahren einer „privaten" Theorie.*
21. *Stellen Sie den Nutzen von wissenschaftlichen pädagogischen Theorien dar.*
22. *Erläutern Sie an Beispielen Probleme, die sich im Umgang mit wissenschaftlichen Theorien in der erzieherischen Praxis ergeben können.*
23. *Wissenschaftliche Theorien werden von praktisch Tätigen häufig abgelehnt. Zeigen Sie mögliche Gründe für diese ablehnende Haltung auf.*
24. *Diskutieren Sie in der Klasse folgende Frage:* Wäre es sinnvoller, künftige Erzieher/innen wie beispielsweise Lehrer/innen wie in den früheren Jahrhunderten bei erfahrenen Pädagoginnen und Pädagogen in die Lehre gehen zu lassen, um dort die „Kunst des Erziehens" zu erlernen, anstatt sie mit Theorien der Erziehungswissenschaft zu „füttern"?
25. „Schöne Theorie, aber die Praxis sieht anders aus!"
    → *Stellen Sie in der Klasse je sechs Sessel gegeneinander gerichtet auf. 5 Mitschüler/innen, die gegen die wissenschaftliche Theorie argumentieren, setzen sich in die eine Reihe, weitere 5 Mitschüler/innen, die die Notwendigkeit der Wissenschaft für die Praxis verteidigen, nehmen auf den Sesseln gegenüber Platz. In jeder Reihe bleibt ein Sessel leer.*
    → *Die zehn Mitschüler/innen diskutieren die These „Schöne Theorie, aber die Praxis sieht anders aus!" kontrovers aus ihrer jeweiligen Sichtweise.*
    → *Wer aus der Klasse einen Diskussionsbeitrag leisten möchte, setzt sich auf den leeren Sessel. Sie bzw. er nimmt auf derjenigen Seite Platz, die sie bzw. er mit ihrem bzw. seinem Beitrag unterstützen will. Nach dem Beitrag verlässt die Schülerin bzw. der Schüler den Sessel wieder.*

1.5 Inklusive Pädagogik

Bisher wurden aus (heil-) pädagogischer Sicht Beeinträchtigungen wie zum Beispiel Behinderung mehr aus individuumszentrierter Sicht gesehen, in der individuelle Defizite im Mittelpunkt stehen.

> Ein Mensch mit einer Behinderung beispielsweise hat bestimmte „Defizite", die mithilfe einer speziellen Erziehung auszugleichen versucht wird.

Heute stößt diese Sichtweise zunehmend auf Kritik und es treten Erkenntnisse in den Mittelpunkt, unter denen Beeinträchtigung – insbesondere Behinderung – als gesellschaftlich bedingt angesehen wird. Menschen sind nicht behindert, sie *werden* behindert.

1.5.1 Akzeptieren der Verschiedenartigkeit von Menschen

Die Alltagswelt ist nicht auf Menschen ausgerichtet, die beeinträchtigt sind, und schließt solche Menschen oft von gesellschaftlichen Vorgängen aus. Der Unterricht in separaten Einrichtungen (Sonderkindergarten, Sonderschulen) sowie das Arbeiten in besonderen Werkstätten verringern den Kontakt zur Alltagswelt und verstärken die sozialen Folgeerscheinungen einer Beeinträchtigung. Die Heil- bzw. Sonderpädagogik geht davon aus, dass viele Kinder und Jugendliche im Rahmen der allgemeinen und üblichen Erziehung nicht hinreichend gefördert werden können und deshalb einer speziellen Hilfe bedürfen.

In den 1980er-Jahren entstand in der Pädagogik eine neue Sichtweise, die eine Trennung von beeinträchtigten und nicht beeinträchtigten Menschen überwinden soll. Grundlage bildet die ***UN-Konvention über die Rechte von Menschen mit Behinderungen***: Schulen und Universitäten sollen für alle Menschen – ganz egal, ob mit oder ohne einer Beeinträchtigung – offen sein, Menschen mit Beeinträchtigung – zum Beispiel Behinderung – sollen überall mitwirken und gleichberechtigt an allen gesellschaftlichen Prozessen teilhaben können (vgl. *Flieger/Schönwiese, 2011, S. 27, 17*). Das *Österreichische Bundesbehindertengleichstellungsgesetz* von 2006 hat zum Ziel, „(...) die Diskriminierung von Menschen mit Behinderungen[1] zu beseitigen oder zu verhindern und damit die gleichberechtigte Teilhabe von Menschen mit Behinderungen am Leben in der Gesellschaft zu ermöglichen." (*§ 1 BGStG*)

Den Ansatz der gemeinsamen Erziehung bezeichnen wir als **inklusive[2] Pädagogik**. Sie betont die ***Vielfalt***, die ***Diversität***[3], in Erziehung und Bildung und betrachtet diese Verschiedenartigkeit von Menschen als „normale" Gegebenheit.

Das Konzept der inklusiven Pädagogik sieht die gemeinsame Erziehung und Unterrichtung aller Kinder und Jugendlichen in pädagogischen Einrichtungen (Kindergarten, Schule) von vornherein vor – ungeachtet ihrer individuellen Unterschiede und Beeinträchtigungen.

---

[1] *Die Inklusion bezieht sich nicht nur auf Menschen mit Behinderung, sondern auf alle Menschen mit einer Beeinträchtigung (vgl. Abschnitt 1.5.3).*
[2] *inclusio (lat.): die Einschließung, der Einschluss*
[3] *diversity (engl.): die Vielfalt, die Verschiedenheit*

Diese gemeinsame Erziehung und Unterrichtung von beeinträchtigten und nicht beeinträchtigten Kindern beginnt schon in der Kinderkrippe, im Kindergarten und setzt sich fort in Schule, Berufsausbildung und Beruf.

Inklusive Pädagogik „stellt (...) eine Aufforderung dar, Kinder in ihrer Unterschiedlichkeit wahrzunehmen und anzuerkennen" sowie „Unterschiedlichkeit nicht zu bewerten."

(Sulzer, 2013, S. 14 f.)

Inklusive Pädagogik will so „bejahte und gewollte Heterogenität" (*Wocken, 2006², S. 101*). Sie betrachtet die Verschiedenartigkeit von Menschen als „normale" Gegebenheit, welche sich in Bildung und Erziehung widerspiegeln muss.

„Tutti uguali, tutti diversi." – „Es ist normal, verschieden zu sein." *(Wocken, 2006⁷, S. 100)*

Die inklusive Pädagogik ist ein Ansatz, der von der Vielfalt der Menschen ausgeht und eine gemeinsame Erziehung und Unterrichtung von allen Kindern und Jugendlichen mit und ohne Beeinträchtigung will.

Inklusive Pädagogik hat den Anspruch, „Aussonderung möglichst umfassend zu überwinden bzw. Hindernisse beim Lernen und bei der Entwicklung für alle Kinder zu beseitigen" (*Flieger/Schönwiese, 2011, S. 29*), und stellt damit ein Gegenmodell zur **Exklusion**[1] dar, was „soziale Ausschließung" bedeutet: Eine wachsende Zahl von Menschen, zu denen auch Menschen mit Beeinträchtigungen zählen, hat keinen Anteil (mehr) an den zentralen Lebensvollzügen der Gesellschaft. Sie sind aus ökonomischen und kulturellen Prozessen ausgeschlossen.

In einem kleinen Dorf boykottierten einige Eltern einen gemeinsamen Konfirmationsgottesdienst mit behinderten und nicht behinderten Jugendlichen, weil sie sich fragten, ob das Niveau passe. Ein Gericht gab einem Ehepaar Recht, das klagte, dass im Urlaub das Ansehen-Müssen von Menschen mit einer Behinderung eine Zumutung sei.

Der inklusiven Pädagogik geht es in erster Linie nicht darum, Menschen mit einer Behinderung anzupassen, zu „normalisieren", sondern ihre Lebenswelt so zu gestalten, dass sie in ihr überall gleichberechtigt teilnehmen können (*vgl. Becker, 2015, S. 25*).

Die österreichische Regierung hat sich 2008 mit der Konvention über die Rechte von Menschen mit Behinderungen verpflichtet, ein inklusives Schulsystem aufzubauen. Dieses Abkommen definiert Ziele und Maßnahmen, die die Umsetzung einer umfassenden Partizipation aller Menschen am gesellschaftlichen und beruflichen Leben sicherstellen sollen.

[1] *exclusio (lat.): die Ausschließung*

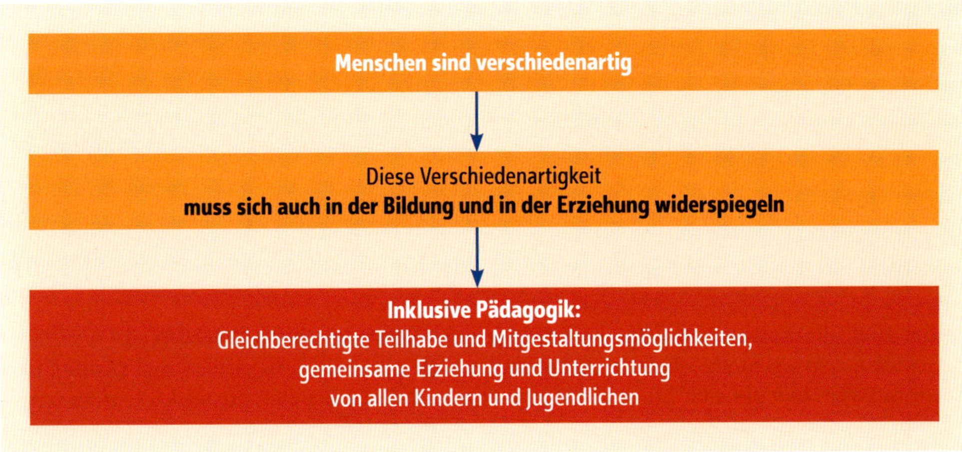

1.5.2 Inklusive Pädagogik und Beeinträchtigungen

Inklusive Pädagogik im weiteren Sinn konzentriert sich auf die Unterschiedlichkeit, die Vielfalt von Menschen – ganz egal mit welchen Fähigkeiten, welcher sozialen oder ethnischen[1] Herkunft, welcher Nationalität, welchen Alters, welcher Rasse, Weltanschauung bzw. Religion, welchen Geschlechts oder welcher sexuellen Orientierung sie ausgestattet sind. Sie will die Rahmenbedingungen so gestalten, dass alle Menschen sich optimal entfalten können und sich von Anfang an vollständig und gleichberechtigt[2] an allen kulturellen, gesellschaftlichen, politischen und wirtschaftlichen Prozessen beteiligen können.

Dabei geht es beispielsweise darum, wie Flüchtlinge oder Migrantinnen und Migranten in unsere Gesellschaft miteingeschlossen, Menschen mit einer anderen Religion akzeptiert werden können oder etwa wie Homosexualität in der Gesellschaft als gleichberechtigt angesehen werden kann.

In diesem Zusammenhang wird von **Diversity Management** gesprochen, was die erfolgreiche Nutzung der sozialen Vielfalt meint. Es ist ein Teilbereich des Personalmanagement und bezeichnet die Anerkennung und Nutzbarmachung der sozialen Vielfalt in Organisationen, insbesondere in Unternehmen. Es handelt sich dabei um äußerlich wahrnehmbare Unterschiede wie Geschlecht, Herkunft, Alter und Behinderung sowie um subjektive Unterschiede wie sexuelle Orientierung, Religion und persönlicher Lebensstil.

Diversity Management meint die Anerkennung und die Nutzbarmachung der sozialen Vielfalt in Organisationen für ihre Ziele.

Eine große Herausforderung der heutigen Zeit ist die Eingliederung von ausländischen Mitbürgerinnen und Mitbürgern, Asylbewerberinnen und Asylbewerbern, Flüchtlingen sowie Migrantinnen und Migranten. Auch hier muss die inklusive Pädagogik ihren Beitrag zur Eingliederung leisten.

---

[1] *ethnisch (ethnikos, griech.: zum Volk gehörig): einer kulturell einheitlichen Volksgruppe mit gleicher Sprache angehörend*

[2] *Gleichberechtigung heißt nicht Gleichheit für alle, sondern gleiches Recht für alle; Gleichberechtigung heißt auch nicht, dass alle das Gleiche tun (müssen), sondern alle ihren Fähigkeiten, Neigungen und dergleichen entsprechend leben und sich entfalten können.*

Inklusive Pädagogik im engeren Sinn hat dagegen die gemeinsame Erziehung und Unterrichtung von beeinträchtigten und nicht beeinträchtigten Menschen, insbesondere von behinderten und nicht behinderten Menschen, zum Gegenstand.

Von einer **Beeinträchtigung** spricht man, wenn die Entwicklung eines Menschen aufgrund verschiedener Bedingungen **erschwert** ist.

→ Wenn beispielsweise ein Kind aufgrund einer spastischen Lähmung seine Gliedmaßen nicht frei und ungehindert bewegen kann, kann es viele Tätigkeiten gar nicht bzw. nur erschwert ausführen. Es handelt sich um eine Beeinträchtigung.

Dabei sind alle Formen von Beeinträchtigungen (Behinderungen, Verhaltens- und Erlebensstörungen) gemeint, welche vielgestaltig sind und sich hinsichtlich des Grades und der Intensität, wie sie sich für den Betroffenen und seine Umwelt auswirken, unterscheiden. In der inklusiven Pädagogik im engeren Sinn ist Beeinträchtigung der ***Oberbegriff für Behinderungen und Erlebens- und Verhaltensstörungen aller Art***.

Die inklusive Pädagogik hat sich aus der ***integrativen Pädagogik*** entwickelt. Integration[1] meint die Eingliederung von Menschen mit einer Beeinträchtigung, insbesondere einer Behinderung, in alle Teilbereiche des öffentlichen Lebens.

Integration bedeutet die Eingliederung von Menschen mit einer Beeinträchtigung in alle Teilbereiche des öffentlichen Lebens.

In der heutigen Literatur wird der Begriff der **Inklusion** verwendet, welche die gemeinsame Erziehung und Unterrichtung von allen Kindern und Jugendlichen mit und ohne Beeinträchtigungen ***von vornherein*** fordert. Kinder und Jugendliche werden also nicht erst im Laufe der Zeit in Teilbereiche des öffentlichen Lebens eingegliedert, sie sind von vornherein „drinnen“, „eingeschlossen“.

Inklusion bedeutet die gemeinsame Erziehung und Unterrichtung von allen Kindern und Jugendlichen mit und ohne Beeinträchtigungen von vornherein.

„Inklusion im Bildungsbereich bedeutet, dass allen Menschen die gleichen Möglichkeiten offen stehen, an qualitativ hochwertiger Bildung teilzuhaben und ihre Potenziale zu entwickeln, unabhängig von besonderen Lernbedürfnissen, Geschlecht, sozialen und ökonomischen Voraussetzungen. (...) Inklusive Bildung geht auf die verschiedenen Bedürfnisse von Kindern, Jugendlichen und Erwachsenen ein. Erreicht wird dies durch verstärkte Partizipation an Lernprozessen, Kultur und Gemeinwesen, sowie durch eine konsequente Reduktion von Exklusion in der Bildung.“

(Deutsche UNESCO-Kommission, 2014[3], S. 9)

[1] *integratio (lat.): die „Wiederherstellung eines Ganzen“*

Der Unterschied von Inklusion und Integration ist nicht eindeutig und wird in der Literatur unterschiedlich gesehen. Der in der UN-Konvention über die Rechte von Menschen mit Behinderungen verwendete englische Begriff der „inclusion“ wurde mit „Integration“ übersetzt, und einige Heilpädagoginnen und Heilpädagogen folgten ihr wie zum Beispiel *Hans Wocken* von der Universität Hamburg, der unter Integration die „gemeinsame Unterrichtung behinderter und nicht behinderter Kinder in allgemeinen Schulen“ versteht (*Wocken, 2006², S. 99*). Aus dieser Sicht wären Integration und Inklusion bedeutungsgleiche Begriffe. So handelt es sich bei der Inklusion auch nicht um einen völlig neuen Ansatz, die „Pädagogik der Vielfalt“ wird schon seit Längerem vertreten und propagiert (vgl. *Hinz, 2006², S. 99*).

> *„Inklusion billigt allen Kindern und Jugendlichen gleichberechtigte Teilhabe und Mitgestaltungsmöglichkeiten bei gleichzeitiger Berücksichtigung ihrer individuellen Bedürfnisse zu.“*
> (*Träbert, 2012, S. 225*)

Inklusion betrifft auch die volle und barrierefreie Teilhabe an allen Lebensbereichen, das heißt, die öffentlichen Verkehrsmittel und die Infrastruktur, die Schulen sowie die öffentlichen Einrichtungen und Dienste. Hier ist aber nicht Inklusion im pädagogischen Sinn gemeint. Inklusion im weiteren Sinn gilt – wie schon erwähnt – nicht nur für Beeinträchtigte, sondern für alle Ausgegrenzten wie Langzeitarbeitslose, Obdachlose, Arme, Ausländerinnen und Ausländer, Migrantinnen und Migranten, Asylbewerberinnen und Asylbewerber, Flüchtlinge, Homosexuelle und andere.[1]

Meist wird heute jedoch unter Integration die Eingliederung von bisher ausgesonderten Menschen verstanden, während Inklusion das „Eingeschlossensein“, die Dazugehörigkeit aller Menschen von vornherein, bedeutet. Bei der Integration geht es also darum, in ein bereits bestehendes System von außen eingegliedert werden; der Mensch mit einer Beeinträchtigung wie einer Behinderung steht also zunächst „außen“ und soll dann in ein bestehendes System eingegliedert, „integriert“, werden. Inklusion dagegen geht davon aus, dass alle Menschen in ihrer Vielfalt von vornherein in dem bestehenden System „drin“ sind und deshalb nicht eingegliedert, integriert zu werden brauchen. Integration meint die Eingliederung in Bestehendes, Inklusion dagegen den „Zusammenschluss von Vielfalt“ von vornherein (*Becker, 2015, S. 17*).

Wo niemand ausgeschlossen wird, muss auch niemand wieder einbezogen werden.

Exklusion (Ausgrenzung)	**Separation** (Trennung)	**Integration** (Eingliederung)	**Inklusion** (Dazugehörigkeit)

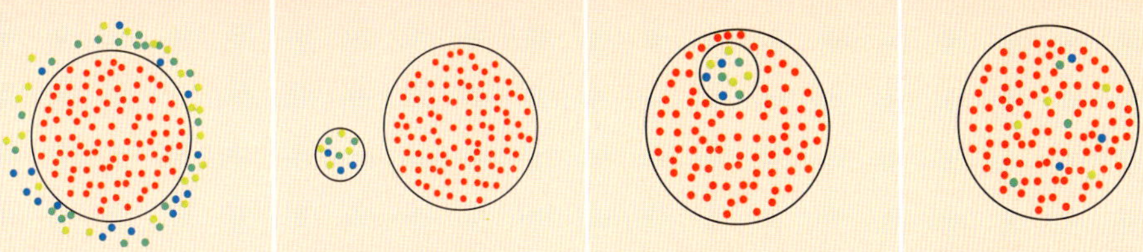

Ausgrenzung/ Ausschluss von bestimmten Menschen von den zentralen Lebensvollzügen der Gesellschaft.	**Abtrennung von bestimmten Menschen von den zentralen Lebensvollzügen der Gesellschaft.**	**Die Eingliederung von bisher ausgesonderten Menschen in die zentralen Lebensvollzüge der Gesellschaft.**	**Die Dazugehörigkeit aller Menschen in den zentralen Lebensvollzügen von vornherein.**

[1] *vgl. Abschnitt 1.5.2*

1.5.3 Gemeinsame Erziehung – eine kritische Würdigung

Befürworter von Inklusion in Kindergarten und Schule führen neben der in *Artikel 3* genannten Grundsätze der *UN-Behindertenkonvention* die **volle und wirksame Teilhabe an der Gesellschaft** an – auch der Mensch mit einer Behinderung kann überall dabei sein, in der Kinderkrippe, im Kindergarten, in der Schule, am Arbeitsplatz, im Wohnviertel, in der Freizeit und dgl. Davon profitieren alle Menschen aufgrund des **Abbaus von Hürden**, durch weniger Barrieren in den Köpfen sowie durch mehr Offenheit, Toleranz und ein besseres Miteinander. Dies hat zur Folge, dass **Diskriminierung und Stigmatisierung abgebaut** werden.

Gegen eine Trennung von Menschen mit und ohne Behinderung spricht auch die Erkenntnis, dass sich der jeweilige Intelligenzquotient (IQ) im Verlauf der Entwicklung ändern kann. Dafür macht sich der Neurobiologe *Gerald Hüther* stark: Er meint, dass Inklusionsgruppen und -klassen eine erfolgreiche Hirnentwicklung versprechen. Auf diese Weise findet eine **Steigerung des Lern- und Bildungsniveaus** bei allen Kindern statt. Ebenso **verbessern sich** durch Inklusion **die sozialen Kompetenzen**. Vor allem gemeinsame Projekte geben Schülerinnen und Schülern mit einer Behinderung die Gewissheit, dazuzugehören; nicht behinderte Kinder lernen dadurch Toleranz, Offenheit und Verantwortung (vgl. *Bernard, 2016, S. 28*).

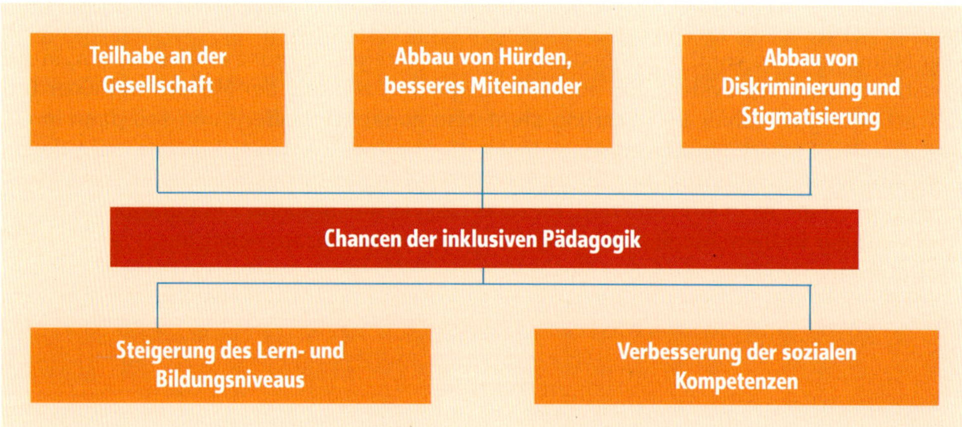

Inklusion ist an sich der richtige Weg, doch sie birgt auch große Risiken in sich. Das Abschaffen von Förderkindergärten und -schulen im Sinne der Parole **„Eine Schule für alle!"** stellen die Chancen inklusiver Bildung infrage. Eine solche Inklusion ist nicht überall und für jede/n in gleicher Weise möglich und auch sinnvoll (vgl. *Speck, 2011², S. 65*).

So meinen Gegnerinnen und Gegner dieses extremen Inklusionsgedankens, dass die Förderung von Kindern entsprechend ihrer Individualität und ihrer Fähigkeiten ausschließlich in der Regelschule nicht in jedem Fall der bessere Weg sei. Die Förderung aller Kinder und Jugendlichen könne in vielen Fällen nicht durch den Besuch einer Regelschule erreicht werden. Viele Schülerinnen und Schüler – so einer der bekanntesten Inklusionsforscher *Bernd Ahrbeck* – können eine Regelschule besuchen, „aber einige sind in speziellen Schulen oder Klassen besser aufgehoben" (*Fleischhauer/Friedmann, 2014, S. 38*). Und viele heilpädagogische Forscherinnen bzw. Forscher und Verbände befürchten, dass die Inklusion Menschen mit einer schwerwiegenderen Beeinträchtigung bzw. Behinderung nicht gerecht wird, ja, sie eher sogar stärker ausschließt (vgl. *Bernard, 2016, S. 28*).

„(...) Stigmatisierung endet nicht einfach durch den Übergang in die Regelschule. Durch die Bildung von ‚Inklusionsklassen' in den Regelschulen (...) wird vielfach die Stigmatisierung innerhalb des Klassenverbandes auf der ‚Ebene des einzelnen Kindes' fortgesetzt."

(Becker, 2015, S. 35)

Schülerinnen und Schüler mit Behinderungen sind in der Regel von Tests wie PISA, TIMSS, PIRLS und dgl. ausgeschlossen, ihre Leistungen sind nicht in den jeweiligen Ergebnissen enthalten (vgl. *Hörmann/Hopmann, 2011, S. 105*).

Eine gänzliche Inklusion ist sicher bezüglich des Wohnens und Lebens in der Gemeinde, der Teilhabe am Arbeitsmarkt, des Gesundheitssystems und des Freizeitbereichs möglich, nach Speck (*2011², S. 70 f.*) und anderen, aber nicht im Bereich der Bildung. Es geht nicht darum, dass jede/r „das Gleiche" bekommt, sondern jede/r das für sie bzw. ihn persönlich geeignete.

„Nicht: Eine Schule für Alle! Sondern: Alle Schulen für Einen!" *(Kobi, 2010², S. 42)*

Damit die Chancen inklusiver Bildung auch tatsächlich realisiert werden können, müsste das Ziel sein: ***„So viel Inklusion wie möglich!"*** (vgl. *Speck, 2011², S. 135*).

„Inklusion könnte das deutsche Bildungssystem langfristig ruinieren, wenn die Grenzen des Möglichen und Sinnvollen nicht gesehen werden." *(Ahrbeck; in: von Bredow u.a., 2017, S. 101)*

Auf den Punkt gebracht

- Die inklusive Pädagogik ist ein Ansatz, der von der Vielfalt der Menschen ausgeht und eine gemeinsame Erziehung und Unterrichtung von allen Kindern und Jugendlichen mit und ohne Beeinträchtigung will.
- Integration bedeutet die Eingliederung von Menschen mit einer Beeinträchtigung in alle Teilbereiche des öffentlichen Lebens.
- Inklusion dagegen meint eine gemeinsame Erziehung und Unterrichtung von allen Kindern und Jugendlichen mit und ohne Beeinträchtigungen von vornherein. Inklusive Erziehung bietet große Chancen wie Teilhabe an der Gesellschaft, den Abbau von Hürden und ein besseres Miteinander, den Abbau von Diskriminierung und Stigmatisierung, die Steigerung des Lern- und Bildungsniveaus sowie die Verbesserung der sozialen Kompetenzen. Inklusion erfährt aber auch Kritik: Es geht zum einen nicht darum, dass jede/r „das Gleiche" bekommt, sondern jede/r das für sie bzw. ihn persönlich Geeignete. Das bedeutet, nicht eine Schule für alle, sondern alle Schulen für einen.
- Eine gänzliche Inklusion im Bildungsbereich ist nicht durchführbar, deshalb muss der Grundsatz lauten: „So viel Inklusion wie möglich!"

Aufgaben – Wissen & Verstehen, Anwenden, Reflektieren

26. *Stellen Sie den Gegenstand der inklusiven Pädagogik im weiteren Sinn dar.*

27. a) *Bestimmen Sie die Begriffe „Integration", „Inklusion" und „Exklusion".*
    b) *Stellen Sie anhand eines Beispiels den Unterschied zwischen Integration und Inklusion dar.*

28. *Veranschaulichen Sie den Begriff „Inklusion" an einem Beispiel.*

29. *Zeigen Sie mögliche Chancen von Inklusion für Menschen mit und ohne Behinderung auf.*

30. *Erläutern Sie mögliche Risiken inklusiver Erziehung.*

31. *Inklusion als Phantasma?*
    „Statt vieler Schulen gibt es nur noch ‚eine Schule für alle', die jedes Kind indi-viduell fördert und seine Interessen beachtet. Alle Pädagoginnen und Pädago-gen können alle Kinder unterrichten. Hilfestellungen dazu werden bei Bedarf bereitgestellt." *(Wocken, 2009, S. 20)*
    Der Heilpädagoge Otto Speck fragt sich: „Haben solche Sätze noch etwas mit der Schulwirklichkeit zu tun?" Und Hans Wocken stellt fest: „Mit derartigen ‚Phantasmen' wähnt man sich im Wunderland [...]." *(Speck, 2011², S. 77)*
    Diskutieren Sie diese beiden Aussagen.

Aufgabe zum gesamten Kapitel

32. Fertigen Sie in Gruppen ein Clustering zu dem Thema „Pädagogik als Wissenschaft" an.
    → *Schreiben Sie in die Mitte eines größeren Blattes das Thema in einen Kreis und notieren Sie zunächst den ersten Gedanken, den Sie zu diesem Thema haben.*
    → *Verbinden Sie ihn dann mit dem Mittelkreis.*
    → *Schreiben Sie nun alle weiteren Gedanken zum Thema auf dieselbe Weise auf das Blatt und verbinden Sie jeden Kreis mit dem vorigen durch einen Strich.*

2 Die Möglichkeit und Notwendigkeit der Erziehung

Die „Wolfskinder" von Midnapore

1920 fand der indische Missionar und ehemalige Leiter des Waisenhauses von Midnapore, *Joseph Amrito Lal Singh*, im Dschungel zwei verwilderte Mädchen, die er *Amala* und *Kamala* nannte.

Bei ihrem Auffinden waren die beiden Kinder scheu und teilnahmslos. Wenn man in ihre Nähe kam, schnitten sie Grimassen und zeigten die Zähne. Sie wehrten sich durch Kratzen und Beißen. Knie und Handballen nahe dem Handgelenk wiesen dicke, ausgedehnte Hornhaut auf. Sie blickten tagsüber schläfrig drein, aber nachts nach 24 Uhr waren ihre Augen weit geöffnet. Ihr „Sprechen" beschränkte sich auf das Ausstoßen von Erregungslauten und Knurren sowie Heulen im Dunkel der Nacht. Sie besaßen einen ausgeprägten Hörsinn: Der geringste Laut weckte ihre Aufmerksamkeit. Lachen war ihnen fremd. Nachts strichen sie ganz ohne Furcht umher; nach Sonnenaufgang mochten sie nicht mehr im Freien sein. Sie liefen auf allen Vieren, indem sie die inneren Handflächen beider Hände flach auf den Boden aufsetzten. Sie liefen sehr schnell, kein Mensch konnte ihnen folgen. Aber sie konnten weder aufrecht stehen noch aufrecht gehen. Jede Nahrung, die man ihnen gab, berochen sie, bevor sie sie aßen. Sie hatten rohes Fleisch und Milch am liebsten. Nahrung schlappten sie wie junge Hunde vom Boden auf.

Trotz intensiver Förderung entwickelten sich bei *Kamala* – *Amala* starb bereits ein Jahr nach ihrem Auffinden – spezifisch menschliche Verhaltensweisen nur kümmerlich: Sie erwarb erst nach fünf Jahren den aufrechten Gang, konnte aber nie auf zwei Beinen laufen; ihr aktiver Wortschatz bestand lange nur aus wenigen Silben, mit denen sie Personen und Gegenstände bezeichnete oder Bedürfnisse zum Ausdruck brachte. Bis zu ihrem Tod erwarb sie nur etwa 50 Wörter. Als sie starb, war sie auf der Entwicklungsstufe eines Menschen mit einer schweren geistigen Behinderung. *(vgl. Singh u. a., 1964)*

Seit Jahrhunderten wird immer wieder über Kinder berichtet, die von ihren Mitmenschen getrennt wurden, in der Wildnis lebten oder unter Tieren aufwuchsen.

Sie können ...

1. ***... reflektieren, dass der Mensch lernfähig und erziehbar ist.***
2. ***... verstehen, dass der Mensch lernen und erzogen werden muss.***
3. ***... die Lernfähigkeit und Erziehbarkeit sowie die Lern- und Erziehungsbedürftigkeit des Menschen begründen.***
4. ***... die Möglichkeit und Notwendigkeit von Erziehung darstellen.***
5. ***... mögliche Folgen erläutern, wenn Lernen und Erziehung ausbleiben, unzureichend sind oder misslingen.***

2.1 Naturwissenschaftliche Erkenntnisse zur Erziehungsbedürftigkeit und Erziehbarkeit des Menschen

Mit **Lernfähigkeit und Erziehbarkeit** (Erziehungsfähigkeit) des Menschen wird die ***Möglichkeit des Lernens und der Erziehung*** angesprochen. **Lern- und Erziehungsbedürftigkeit** bedeutet die ***Notwendigkeit des Lernens und der Erziehung***. Die Lernfähigkeit und Erziehbarkeit sowie die Lern- und Erziehungsbedürftigkeit des Menschen werden von einem Teilgebiet der **Anthropologie**[1], der **pädagogischen Anthropologie**, untersucht.

Unter Anthropologie versteht man die Wissenschaft vom Menschen und seiner Entstehung; sie untersucht das Wesen „Mensch" in seiner Eigenart sowie seiner besonderen Stellung in der Natur und in der Geschichte.

Anthropologen und Anthropologinnen haben viele Erkenntnisse zur Lernfähigkeit und Erziehbarkeit sowie zur Lern- und Erziehungsbedürftigkeit zusammengetragen. Dabei stützen sie sich auf Ergebnisse aus den **Naturwissenschaften** sowie den **Geistes- und Sozialwissenschaften.**[2]

Wenn hier und im Folgenden zwischen naturwissenschaftlichen Erkenntnissen einerseits und geistes- und sozialwissenschaftlichen andererseits unterschieden wird, so darf diese Grenze nicht absolut gesehen werden. Die folgenden Positionen über die menschliche Eigenart stellen keine Gegensätze dar, sondern zeigen die Lernfähigkeit und Erziehbarkeit sowie die Lern- und Erziehungsbedürftigkeit lediglich aus verschiedenen Sichtweisen auf.

2.1.1 Der Mensch, ein Gehirnwesen

Die spezielle Beschaffenheit des menschlichen Gehirns lässt die Ausbildung höherer Funktionen wie Gedanken, Vorstellungen, Wortsprache, Planen u. Ä. zu. Beim Menschen sind sehr komplexe Informationsverarbeitungs- und Informationsspeicherungsprozesse möglich. *Alfred K. Treml (1987, S. 48)* bezeichnet deshalb den Menschen als **Gehirnwesen**, der durch die Überlegenheit seiner internen Informationsverarbeitung die „Unterentwicklung" seiner Sinne – seiner externen Informationsverarbeitung – ausgleichen kann.

„Der Mensch ist also in erster Linie ein Gehirnwesen und kein Sinneswesen. (...) Die interne Umweltverarbeitung des Menschen ist um das 100 000-fache leistungsfähiger als die externe durch die Sinne. (...) Das Gehirn ist also des Menschen wichtigstes Sinnesorgan."

(Treml, 1987, S. 48)

Babys kommen mit einem Überschuss an Nervenzellen, **Neuronen**[3] genannt, zur Welt, etwa jede zweite Hirnzelle stirbt wieder ab, während sich die anderen je nach Anregungen und emotionaler Sicherheit behaupten und ausbauen.

---

[1] *ánthrōpos (griech.): der Mensch; lógos (griech.): die Lehre, die Wissenschaft*

[2] *Natur- und Geisteswissenschaften sind in Kapitel 1.2.2 näher bestimmt; mit dem Begriff „Sozialwissenschaften" bezeichnen wir alle Wissenschaften, die mit dem Zusammenleben und -wirken von Menschen zu tun haben. Geistes- und Sozialwissenschaften werden heute häufig unter dem Begriff **Humanwissenschaften** zusammengefasst (vgl. Zimmerli, 2000, S. 88).*

[3] *neuron (griech.): der Nerv, die Sehne*

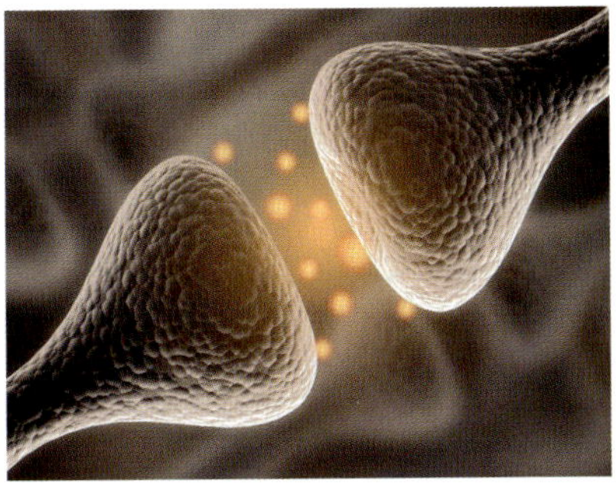

Unmittelbar nach der Geburt verändert sich das menschliche Gehirn in einem atemberaubenden Tempo; es bilden sich fast explosionsartig neue Kontaktstellen – sog. **Synapsen**[1] – aus, die die Nervenzellen miteinander verknüpfen und so Lernen ermöglichen. Die Entwicklung des Gehirns basiert vor allem auf diesen **Verknüpfungen von Nervenzellen**. Je mehr Verbindungen entstehen, desto dicker werden die Faserbündel. Je dicker ein Faserbündel ist, desto schneller leitet es die Information weiter.

Entscheidend für geistige Leistungen sind also nicht die Anzahl der Nervenzellen, sondern die Verbindungen zwischen ihnen.

„Gebrauchsabhängige Trampelpfade, Spuren, gibt es nicht nur im verschneiten Park, sondern auch im Gehirn! Nicht umsonst spricht man von Gedächtnisspuren, und diese entstehen letztlich auf die gleiche Weise wie die Spuren im verschneiten Park (...). Jeder einzelne Gebrauch, d. h. jede einzelne Erfahrung schlägt sich nur ganz geringfügig nieder, aber nach vielen Erfahrungen verbleiben (...) sie (...) in Form fester Spuren im Gehirn." *(Spitzer, 2006, S. 59)*

Hat ein Neuron an ein zweites Neuron Signale übermittelt, so ist es möglich, dass dieses zweite Neuron diese Signale an ein drittes weiterschickt usw. Auf diese Weise können Neuronen miteinander kommunizieren, auch wenn sie nicht direkt durch Synapsen verbunden sind (vgl. *Seung, 2013, S. 47*).

Jedoch nur richtig und erfolgreich verknüpfte Nervenzellen bleiben bestehen, die anderen gehen wieder verloren.

Frühe Schule Entwicklung von Synapsen im Gehirn

Nervenzellen / **Synapsen** – **Elektrische Impulse** z. B. durch Sinneseindrücke

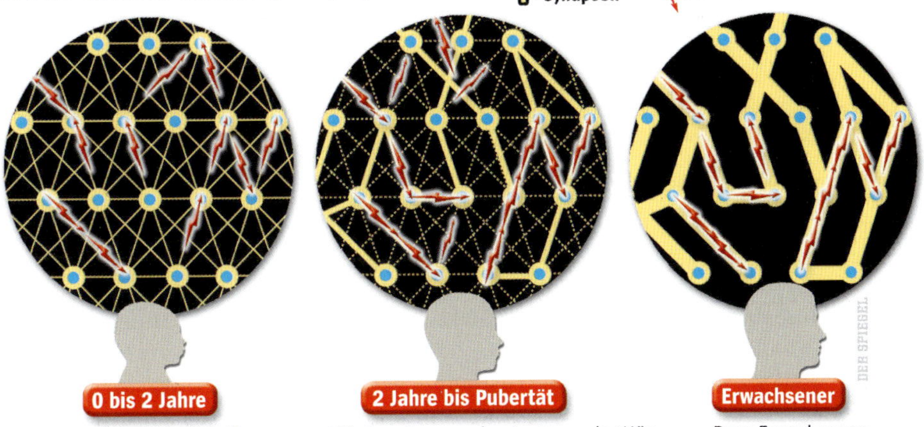

0 bis 2 Jahre: Beim Neugeborenen sind die **Nervenzellen** wie ein gleichmäßiges, **dichtes Netz** verbunden, das Impulse in alle Richtungen weiterleitet. Bis zum 2. Lebensjahr nimmt die Zahl dieser Verbindungen zu.

2 Jahre bis Pubertät: Mit dem Prozess des Lernens, der Häufung der Impulse in bestimmten Bahnen, **bilden und verstärken sich Synapsen.** Die weniger genutzten Verbindungen verkümmern. Je vielfältiger die Anregungen, desto komplexere Strukturen bilden sich.

Erwachsener: Dem Erwachsenen steht zum Lernen **weitgehend nur das bis dahin gebildete Netz** zur Verfügung.

(Der Spiegel 43/2003, S. 200)

[1] *synapsis (griech.): die Verbindung; Synapsen sind die Kontaktstellen zwischen den Nervenzellen*

„Dem Säugling fehlen (...) noch weitgehend die Verknüpfungen, die sich durch Erfahrung erst im Laufe des Lebens herausbilden. (...) Während der ersten Lebensjahre gehen alle Nervenzellen zugrunde, die keine sinnvolle Funktion erlangen. (...) Eine aktive Funktion auszuüben ist also für ein Neuron überlebenswichtig.“ *(Kasten, 2007, S. 20)*

Die Entstehung dieser Verknüpfungen hängt zum einen von der ***emotionalen Grundversorgung des Säuglings bzw. Kleinkindes*** ab. Denn nur eine gute emotionale Zuwendung gibt dem Kind die Sicherheit, die Voraussetzung für die Erforschung seiner Umwelt ist[1].

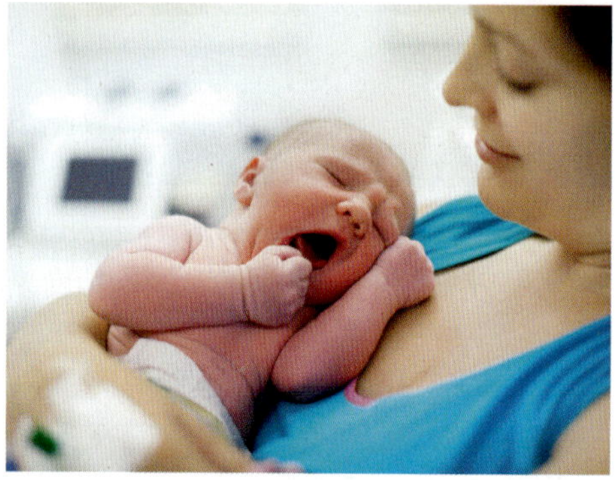

„Positive Beziehungserfahrungen hinterlassen Spuren im Gehirn (...).“ *(Buchheim/Bertram, 2012, S. 25)*

Zum anderen ist die Entstehung der Verknüpfungen ***von den Erfahrungen, die ein Kleinkind macht, abhängig***; fehlen diese, kann die Ausbildung des Gehirns nicht stattfinden. Nervenzellenverbindungen müssen also „benutzt“ werden, damit sie sich festigen. Diese Prozesse verlaufen in der frühesten Kindheit besonders rasch.

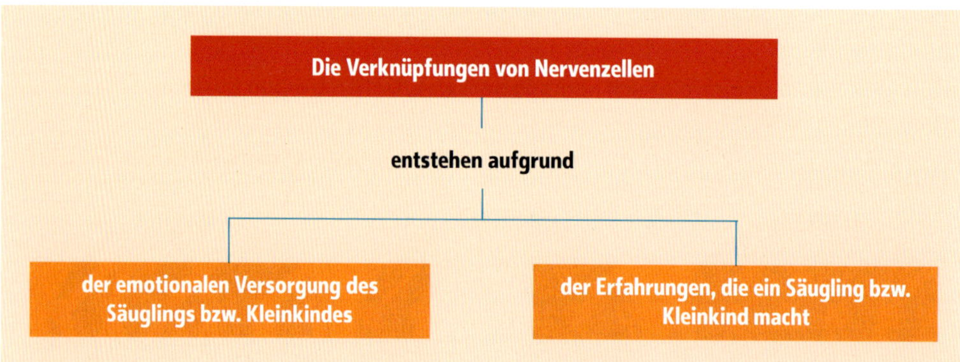

In den ersten drei Lebensjahren werden so viele Verbindungen gebildet wie später nie mehr im Leben. Ein zweijähriges Kind verfügt über doppelt so viele Synapsen wie ein/e Erwachsene/r. Verknüpfungen, die nicht (mehr) gebraucht werden, werden wieder abgebaut. Dieser Abbau von neuronalen Verknüpfungen wird als **Pruning**[2] bezeichnet (vgl. *Markowitsch/Staniloiu, 2014, S. 77*). Unser Gehirn ist also plastisch und verändert sich im Laufe des Lebens ganz unterschiedlich (vgl. *Roth, 2011[2], S. 41*).

Lange galt als ausgemacht, dass nach der Geburt keine Neuronen mehr entstehen, was als „Beweis“ für das erbliche Festgelegtsein menschlicher Fähigkeiten angesehen wurde. Ebenso war man früher davon überzeugt, dass die Nervenzellen nicht mehr nachwachsen können und abgestorbene Zellen für immer verloren seien. Heute weiß man jedoch, dass Nervenzellen auch im Erwachsenenalter noch nachwachsen und neue Verbindungen herstellen können. Zudem wird des Öfteren behauptet, dass wir gemeinhin nur etwa 10 Prozent unserer Gehirnkapazität nutzen würden. Neuere neurowissen-

[1] *vgl. Kapitel 10.1.3*
[2] *Pruning (engl.): das Wegschneiden, das Beschneiden von Bäumen und Sträuchern*

schaftliche Untersuchungen haben jedoch ergeben, dass diese Auffassung nicht stimmt (vgl. *Becker, 2009, S. 74 f.*).

Schreckliche Erfahrungen vor allem in der frühen Kindheit wirken sich nachhaltig auf die Verschaltungen von Neuronen aus. Sie können meist nicht mehr abgebaut werden, so dass die Entwicklung des sozialen Verhaltens beeinträchtigt werden kann (vgl. *Markowitsch/Staniloiu, 2014, S. 77*)

Folgerungen für die Möglichkeit und Notwendigkeit des Lernens und der Erziehung:

- Die spezielle Hirnstruktur macht den Menschen extrem lernfähig und erziehbar.
- Die Funktionen des Gehirns sind in ihrer Entfaltung auf Anregung und Lernhilfe seitens der Umwelt angewiesen, was den Menschen in hohem Maße lern- und erziehungsbedürftig macht.
- Emotionale Zuwendung und eine anregende Umwelt aktivieren und bewahren jene Nervenbahnen, die im Falle ungenügender Erfahrungen aufgrund von mangelndem Gebrauch absterben würden. Diese Tatsache macht die enorme Bedeutung der frühen Entwicklungsanreize deutlich.

Nicht nur mangelnder Empfang von Sinnesreizen, sondern auch ein Überangebot an Lernanreizen sowie aufgezwungene Lernzumutungen verhindern richtige Nervenverbindungen. Entscheidend für die Weiterentwicklung des Gehirns ist die ungestörte Aktivität des Kindes „von sich aus", die im ***freien Spiel*** (im Gegensatz zum „Spiel" als planvolle, angeleitete Aktivität) am besten gegeben ist.[1] Es sei auf das Missverständnis der Aussage hingewiesen, „je früher, desto besser" und kindliche Gehirne würden jegliches Wissen und Können aufsaugen wie ein Schwamm. Ein Kind kann sich immer nur dasjenige Wissen aneignen, das seiner Entwicklungsstufe entspricht. Es sucht solche Erfahrungen, die seiner Entwicklungsstufe entsprechen. Kindern etwas aufzudrängen, was sie – noch – überfordert, würde zu Störungen in der kindlichen Entwicklung führen. Das Kind ist – so *Remo H. Largo*, langjähriger Leiter der Abteilung für Wachstum und Entwicklung in Zürich – „kein Gefäß, das sich mit beliebigem Inhalt bzw. Erfahrungen füllen lässt." (*Largo, 2011^{21}, S. 91*)

2.1.2 Der Mensch, ein Wesen ohne ausreichende Instinkte

Die Lebensweise der Tiere wird weitgehend durch bestimmte Steuerungsmechanismen der Natur, durch **Instinkte** geregelt. Dabei handelt es sich um eine ererbte Reaktionsweise, die durch einen ganz bestimmten Reiz – den sogenannten ***Schlüsselreiz*** – ausgelöst wird und allen Mitgliedern einer Art gemeinsam ist. Die Reaktion auf einen Schlüsselreiz läuft stets gleichförmig und automatisch ab. Instinkte dienen der Selbst- und Arterhaltung.

Beispiele für Instinkte bei Tieren sind Nahrungsaufnahme, Sexualverhalten, Brutpflege, Aufzucht oder Nestbau.

Dass die Lebensweise der Tiere durch Instinkte geregelt wird, darf nicht absolut gesehen werden; ebenso finden wir bei den „höheren" Tieren neben Instinkten auch erlernte Verhaltensweisen vor.

Instinkte sind ererbte Verhaltensweisen, die durch entsprechende Reize, sogenannte Schlüsselreize, ausgelöst werden und stets gleichförmig und automatisch ablaufen.

[1] *vgl. Kapitel 9.4.4*

In der Umgangssprache wird der Begriff „Instinkt" mehrdeutig gebraucht. Wenn etwa gesagt wird, der Mensch handele „instinktiv", dann ist damit so etwas wie eine unbewusste Ahnung gemeint, die automatisch zu einem richtigen Verhalten führt. Aus anthropologischer Sicht ist diese Ansicht jedoch nicht brauchbar.
Im Gegensatz zu Instinkten, die in der Regel komplexere ererbte Verhaltensweisen sind, versteht man unter einem ***Reflex*** eine sehr einfache, direkte und unmittelbare ererbte Reaktion auf einen Reiz wie zum Beispiel Schreck- oder Fluchtreaktionen oder das Handwegziehen von sehr heißen Gegenständen.

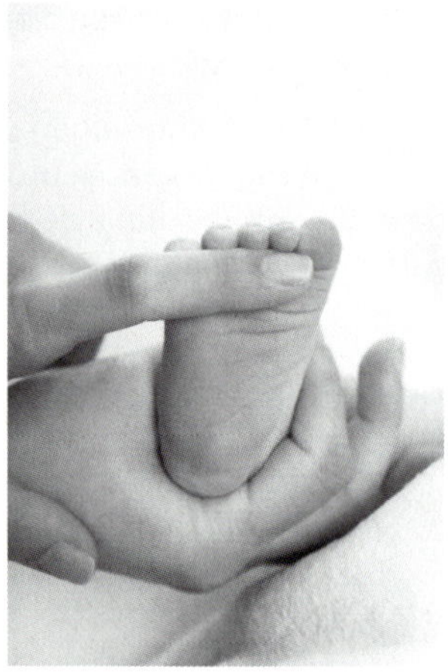

Beim Menschen sind nur noch ***Instinktreste*** vorhanden, auf die er sich nicht verlassen kann. Die wenigen Instinktreste reichen zur Regulierung der menschlichen Lebensweise nicht aus: Sie können ihm nicht helfen, sich in seiner Umwelt zurechtzufinden.

„Dem Menschen sind (...) keine festgelegten Triebziele angeboren; er bringt keine festgelegten Werthaltungen und Welteinstellungen mit auf die Welt." *(Roth, 1991[5], S. 117)*

Der niederländische Zoologe *Nikolaas Tinbergen*[1] bezeichnet den Menschen deshalb als ein **instinktreduziertes Wesen**.

Menschliches Verhalten bleibt zwar wegen seiner Instinktarmut störbar und gefährdet, bildet aber die Voraussetzung für die ***Befreiung des Menschen vom Zwang der Natur***. Sie gibt ihm die Freiheit, zwischen mehreren Verhaltensweisen zu wählen, überlegte Entscheidungen zu treffen und produktive Lösungen zu finden. Wir bezeichnen den Menschen deshalb als ein **weltoffenes Wesen** *(Max Scheler*[2]*)*. Während das Tier in seine Umwelt „eingebettet", „eingebunden" ist und nur jeweils sein eingegrenztes Lebensfeld hat, das für es notwendig ist, kann der Mensch die Welt als Ganzes erfassen; er ist nicht nur auf Anpassung ausgerichtet, sondern auf Veränderung, auf aktive Gestaltung der Umwelt eingestellt (vgl. *Roth, 1991[5], S. 125*).

Der Mensch hat in der Welt kein eingegrenztes Lebensfeld.

Folgerungen für die Möglichkeit und Notwendigkeit des Lernens und der Erziehung:

- Die Instinktarmut ermöglicht die enorme Lernfähigkeit und Erziehbarkeit des Menschen. Wäre menschliches Verhalten durch Instinkte festgelegt, dann wäre Erziehung gar nicht möglich.
- Weil die menschliche Lebensweise instinktiv nicht ausreichend geregelt wird, ist der Mensch auf Lernen und Erziehung angewiesen; er muss die zum Leben und Überleben notwendigen Verhaltensweisen, die die Natur nur unzureichend hervorgebracht hat, im Laufe seines Lebens erst erlernen.

---

[1] *Nikolaas Tinbergen (1907–1988) war Professor in Leiden und Oxford und ist Mitbegründer der vergleichenden Verhaltensforschung. 1973 erhielt er zusammen mit Karl von Frisch (1886–1982) und Konrad Lorenz (1903–1989) den Nobelpreis für Physiologie.*

[2] *Max Scheler (1874–1928) war deutscher Philosoph, Anthropologe und Soziologe und an verschiedenen deutschen Universitäten tätig.*

- In der Weltoffenheit des Menschen liegt einerseits seine Lern- und Erziehungsfähigkeit begründet, andererseits muss er das Leben in der Welt sowie die aktive Gestaltung seiner Umwelt durch Erziehung erst erlernen.

2.1.3 Der Mensch, ein Wesen, das biologisch mangelhaft ausgestattet ist

Im Vergleich mit den Tieren ist der Mensch aus biologischer Sicht recht mangelhaft ausgestattet. Der Philosoph und Soziologe *Arnold Gehlen* bezeichnet den Menschen deshalb als **unspezialisiertes biologisches Mängelwesen**.

Arnold Gehlen (1904–1976), Philosoph und Soziologe, war Professor in Leipzig, Königsberg, Wien, Speyer und Aachen. Bekannt geworden ist Gehlen vor allem durch sein Hauptwerk „Der Mensch. Seine Natur und seine Stellung in der Welt", erstmals 1940 erschienen und 1950 grundlegend überarbeitet.

- Der Mensch ist **organisch unspezialisiert**: Er ist „‚organisch mittellos' ohne natürliche Waffen, ohne Angriffs- oder Schutz- oder Fluchtorgane, mit Sinnen von nicht besonders bedeutender Leistungsfähigkeit, denn jeder unserer Sinne wird von den ‚Spezialisten' im Tierreich weit übertroffen." *(Gehlen, 1984, S. 46)*

  Affen zum Beispiel übertreffen den Menschen in ihren einmaligen Kletterleistungen, Adler mit ihren Augen („Adleraugen") und Hunde mit ihrem hervorragenden Geruchssinn.

- Der Mensch ist **organisch unfertig**: Er besitzt beispielsweise kein Haarkleid und keinen Pelz; einzelne Organe sind „unterentwickelt" wie zum Beispiel der Aufbau seiner Hand, die sich nicht zu Spezialleistungen (Greif-, Krallen-, oder Schaufelhände) eignet.
- Der Mensch ist, wie bereits in *Abschnitt 2.1.2* dargestellt, **instinktreduziert**, was auch die Ursache dafür ist, dass die menschlichen Antriebskräfte, zum Beispiel die Sexualität, nicht auf bestimmte, natürlich fixierte Ziele ausgerichtet und im Überschuss vorhanden sind.

> *„Es fehlt das Haarkleid und damit der natürliche Witterungsschutz; es fehlen natürliche Angriffsorgane, aber auch eine zur Flucht geeignete Körperbildung; (...) er hat einen geradezu lebensgefährlichen Mangel an echten Instinkten (...) Mit anderen Worten: Innerhalb natürlicher, urwüchsiger Bedingungen würde er als bodenlebend inmitten der gewandtesten Fluchttiere und der gefährlichsten Raubtiere schon längst ausgerottet sein."*
>
> *(Gehlen, 2013[16], S. 33)*

Tiere werden als Spezialisten geboren, Menschen sind zum „Mängelwesen" erkoren.

Die organische Unspezialisiertheit und Unfertigkeit sowie die Instinktreduktion ermöglichen **zielbewusstes und geplantes Handeln** des Menschen. Diese Möglichkeit zum Handeln ist dem Menschen durch die **Struktur seines Großhirns** gegeben.[1] Intellektuelle Fähigkeiten erlauben ihm planendes, schöpferisches Handeln, wodurch er imstande ist,

[1] *vgl. Abschnitt 2.1.1*

seine biologischen Mängel auszugleichen. Er gestaltet die Natur so um, dass er in ihr leben und überleben kann. **Die vom Menschen ins Lebensdienliche umgearbeitete Natur** bezeichnet *Gehlen* als **Kultur**[1].

Durch die Gestaltung der Umwelt und Schöpfung der Kultur ist der Mensch selbst Teil davon und muss deshalb „kultiviert" werden. Dies geschieht nach *Gehlen* durch sogenannte Außenstützen, durch **Institutionen**, die menschliches Verhalten regulieren. Mit Institution meint er ein ***Regelsystem wie alle geschriebenen und ungeschriebenen Normen, Sitten und Gesetze sowie die Einrichtungen, die die Realisierung dieser Normen, Sitten und Gesetze sicherstellen***.

Folgerungen für die Möglichkeit und Notwendigkeit des Lernens und der Erziehung:

- Organische Unspezialisiertheit und Unfertigkeit des Menschen sowie seine Instinktreduktion und die spezielle Struktur des Großhirns ermöglichen seine enorme Lernfähigkeit und Erziehbarkeit.
- Die Fähigkeit zur vielseitigen Verwendung der Organe muss durch Lernen und Erziehung erst entwickelt werden.
- Intellektuelle Fähigkeiten, zum Beispiel Denken, Planen und Kreativität, entfalten sich organisch nicht von selbst, sondern benötigen Anregung und Lernhilfe von außen.
- Als „Kulturwesen" muss der Mensch durch Erziehung lernen, in seiner Kultur leben bzw. Kultur schaffen und ändern zu können.[2]

---

[1] *vgl. Abschnitt 2.2.2*
[2] *vgl. Abschnitt 2.2.2*

- Die noch nicht auf bestimmte Ziele gerichteten und im Überschuss vorhandenen Antriebskräfte des Menschen müssen über Lernvorgänge geregelt und in kulturelle Bahnen gelenkt werden. Dazu sind **Institutionen**[1] von größter Bedeutung.
- Die Schaffung von Institutionen ist sowohl für die Einzelne/den Einzelnen als auch für die Gesellschaft wichtig: Einerseits kann sie/er nur durch sie ihre/seine spezifisch menschlichen Verhaltensweisen wie Denken, Sprache, die Fähigkeit, geplant zu handeln, und Umweltbeherrschung entwickeln; andererseits kann auch die Gesellschaft nur durch Institutionen weiter bestehen und sich erneuern.

2.1.4 Der Mensch, ein Wesen, das zu früh zur Welt kommt

Bei Säugetieren gibt es zwei typische Formen des Geburtszustandes:

- Die **Nesthocker**, die nach kurzer Tragzeit in völlig hilflosem Zustand zur Welt kommen, mit noch verschlossenen Sinnesorganen und unfähig zur Fortbewegung.

  Hierzu gehören zum Beispiel niedere Säuger wie Katzen und Mäuse.

- Die **Nestflüchter**, deren Entwicklung im Mutterleib viel länger dauert, weshalb die Neugeborenen über funktionsfähige Sinnes- und Bewegungsorgane verfügen.

  Höhere Säugetiere wie beispielsweise Pferde und Affen können sich gleich nach der Geburt ihrer Art gemäß verhalten.

Der Mensch bildet hier eine Ausnahme: Seine Sinnesorgane funktionieren bereits, jedoch spezifisch menschliche Verhaltensweisen wie aufrechter Gang, Sprache und einsichtiges Denken und Handeln, vermag er noch nicht zu vollbringen. Erst gegen Ende des ersten Lebensjahres erreicht er den Ausbildungsgrad, den ein seiner Art entsprechendes höheres Säugetier zum Zeitpunkt der Geburt aufweist.

Der Schweizer Biologe *Adolf Portmann*[2] (*1956², S. 29 ff.*) charakterisiert deshalb die Eigentümlichkeit des menschlichen Geburtszustandes als **hilflosen Nestflüchter**. Er kommt zu dem Ergebnis, dass die Schwangerschaft beim Menschen insgesamt 21 Monate – also ein Jahr länger – dauern müsste, um bereits bei seiner Geburt den Entwicklungsstand der übrigen höheren Säuger zu erreichen. Der Mensch ist also eine **physiologische**[3] **Frühgeburt**, da er im Vergleich zu höheren Säugetieren zu früh zur Welt kommt. Im ersten Lebensjahr, dem **extrauterinen**[4] **Frühjahr**, wie *Portmann (1956², S. 49 f.)* es nennt, muss das Kind seine Entwicklung außerhalb des Mutterschoßes unter dem Einfluss seiner Umwelt vollenden, für die ein solches Wesen noch ganz untauglich ist.

---

[1] *Institution (lat.) meint alle Ordnungs- bzw. Verhaltensmuster von menschlichen Beziehungen.*
[2] *Adolf Portmann (1897–1982) war Professor und Direktor der Zoologischen Anstalt in Basel; er schrieb u. a. Arbeiten zur Biologie und zur Entwicklungsgeschichte des Menschen.*
[3] *physiologisch (griech., phýsis: natürliche Beschaffenheit): die Lebensvorgänge betreffend*
[4] *uterus (lat.): die Gebärmutter; extrauterin (lat.): außerhalb der Gebärmutter*

Bernhard Hassenstein (*2007, S. 50 f.*) relativiert die Aussagen Portmanns und charakterisiert den Menschen als ***Tragling***, der einerseits angeborene Verhaltensweisen wie beispielsweise Klammer- und Greifreflexe besitzt und andererseits ein starkes Bedürfnis nach körperlicher Nähe und Zuwendung hat und ohne diese nicht überleben könnte.[1]

Folgerungen für die Möglichkeit und Notwendigkeit des Lernens und der Erziehung:

- In der Eigentümlichkeit des Geburtszustandes des Menschen liegen seine enorme Lernfähigkeit und Erziehbarkeit begründet.
- Das, was die Natur nur unzureichend hervorgebracht hat, nämlich die menschliche Lebensweise, muss der Mensch im „sozialen Mutterschoß" erlernen.
- Dem ersten Lebensjahr wird in der Erziehung eine Schlüsselrolle zugewiesen. Grundlage ist dabei das Herstellen einer Bindung, die sich in emotionaler Zuwendung und ausreichender Reizvermittlung zeigt.[2]

Gegebenheiten der Natur	Folgerungen für die Erziehung
Der Mensch, ein Gehirnwesen (Alfred K. Treml)	Entfaltung der Hirnfunktionen und der Struktur der Nervenzellen durch emotionale Zuwendung und aufgrund von Erfahrungen
Der Mensch, ein instinktreduziertes Wesen (Nikolaas Tinbergen)	Erlernen der menschlichen Lebensweise und der zum Zusammen- und Überleben notwendigen Verhaltensweisen
Der Mensch, ein weltoffenes Wesen (Max Scheler)	Erlernen der dem Menschen weltoffen aufgegebenen Lebensführung
Der Mensch, ein unspezialisiertes biologisches Mängelwesen (Arnold Gehlen)	Erlernen der Fähigkeit zur vielseitigen Verwendung der Organe; Entfaltung der intellektuellen Fähigkeiten; Erlernen der kulturellen Lebensweise; Formierung der Antriebsenergie
Der Mensch, eine physiologische Frühgeburt (Adolf Portmann)	Entfaltung von spezifisch menschlichen Verhaltensweisen; emotionale Zuwendung, Geborgenheit, Sicherheit und Reizvermittlung vor allem im ersten Lebensjahr

„Erziehungsbedürftigkeit meint: Der Mensch braucht Erziehung, um das ihm als Aufgaben gegebene Menschsein ausformen, ausprägen zu können. Der Mensch kommt nicht als ‚fertiges Lebewesen' in die Existenz, sondern als ‚lebendige Möglichkeit'; Menschsein heißt Menschwerden."
(Badry, 2003⁴, S. 166)

[1] *vgl. Abschnitt 2.3.3*
[2] *vgl. Abschnitt 2.3.3*

Auf den Punkt gebracht

- Insbesondere die Neuropsychologie lehrt, dass eine anregende Umwelt jene Nervenbahnen aktiviert und bewahrt, die im Falle ungenügender Erfahrungen aufgrund von mangelndem Gebrauch absterben würden. Diese Tatsache macht die enorme Bedeutung der frühen Entwicklungsanreize deutlich.
- Naturwissenschaftliche Erkenntnisse wie die biologische Sonderstellung des Menschen, seine „Instinktreduktion“ und „Weltoffenheit“ sowie die Aussagen vom „unspezialisierten, biologischen Mängelwesen“ und der „physiologischen Frühgeburt“ lassen deutlich werden, dass der Mensch einerseits extrem lernfähig und erziehbar, andererseits jedoch in hohem Maße lern- und erziehungsbedürftig ist.

Aufgaben – Wissen & Verstehen, Anwenden, Reflektieren

1. *Erläutern Sie die These „Der Mensch, ein Gehirnwesen“ und stellen Sie dar, welche Folgerungen sich aus dieser These für die Möglichkeit und Notwendigkeit des Lernens und der Erziehung ergeben.*
2. Eine Politikerin sagte einmal: „Wenn mein Instinkt mir sagt, das ist falsch, dann mache ich das auch nicht.“
   Definieren Sie den Begriff „Instinkt“ und beurteilen Sie, ob dieser in der Aussage der Politikerin richtig verwendet wurde.
3. a) *Erläutern Sie an geeigneten Beispielen, was gemeint ist, wenn man den Menschen als „ein instinktreduziertes und weltoffenes Wesen“ bezeichnet.*
   b) *Zeigen Sie die Bedeutung dieser beiden Thesen für die Lern- und Erziehungsfähigkeit sowie für die Lern- und Erziehungsbedürftigkeit des Menschen auf.*
4. *Erläutern Sie, wie* Arnold Gehlen *die Möglichkeit und Notwendigkeit der Erziehung begründet. Stellen Sie dabei dessen Aussagen und die daraus folgenden Konsequenzen für die Möglichkeit und Notwendigkeit des Lernens und der Erziehung dar.*
5. *Beschreiben Sie die These von* Adolf Portmann *„Der Mensch ist eine physiologische Frühgeburt“ und zeigen Sie die daraus folgenden Konsequenzen für die Lern- und Erziehungsfähigkeit sowie Lern- und Erziehungsnotwendigkeit auf.*

2.2 Geistes- und sozialwissenschaftliche Erkenntnisse zur Erziehungsbedürftigkeit und Erziehbarkeit des Menschen

Die bisher dargestellten Aussagen begründen die Lernfähigkeit und Erziehbarkeit sowie die Lern- und Erziehungsbedürftigkeit des Menschen lediglich aus naturwissenschaftlicher Sicht. Um das Wesen des Menschen jedoch vollständig zu erfassen, müssen sie durch geistes- und sozialwissenschaftliche Erkenntnisse wie über die Geistigkeit des Menschen sowie über Einsichten aus dem Verhältnis zwischen ihm und seiner ihn umgebenden und sich wandelnden Gesellschaft und Kultur ergänzt werden.

2.2.1 Der Mensch, ein Wesen mit Geist und Vernunft

Der Mensch ist das einzige Wesen, das mit **Bewusstsein, Verstand, Erinnerungsvermögen, Begriffssprache sowie Urteils- und Reflexionsvermögen** ausgestattet ist. Er ist ein **geistiges Wesen**:

- Der Mensch kann abstrakt denken und seine Gedanken und die von anderen in Sprache fassen sowie ihre Bedeutung verstehen und mitteilen.
- Er kann eigene Gedanken formulieren, Gegenstände benennen sowie Sachverhalte darstellen.
- Er kann Objekten einen Sinn verleihen, (sich) Werte und Ziele setzen sowie zweckbewusst und geplant handeln.
- Er kann die Welt gestalten und umgestalten sowie Gegebenes infrage stellen und ändern.
- Er kann sich seine Zeit einteilen, über sie verfügen und die Gegenwart für sich sinnvoll gestalten.
- Er ist nicht nur auf das Hier und Jetzt beschränkt, sondern kann unterscheiden zwischen Gegenwart, Vergangenheit und Zukunft sowie sich vergangene und zukünftige Situationen vorstellen.
- Er kann die Zukunft gedanklich vorwegnehmen und sie durch sein geplantes Handeln beeinflussen.
- Er kann sich nach (selbst gewählten) Zielen richten und diese als Wertmaßstab für die Beurteilung eigenen und fremden Verhaltens einsetzen.
- Er kann sich in die innere Welt eines anderen hineinversetzen und sich diese vorstellungsmäßig vergegenwärtigen.
- Er kann sich Wissen und Können aneignen und dies über Generationen hinweg sammeln.

„Diese Geistigkeit des Menschen stellt sich dar im Denken, in der Sprache, in seiner Wertempfänglichkeit und kulturellen Schaffenskraft, in all den menschlichen Fähigkeiten und Kräften, die Voraussetzung sind für Kunst und Wissenschaft, Vernunft und Weisheit, Sittlichkeit und Religion, Zivilisation und Kultur." *(Roth, 1991[5], S. 134)*

Aufgrund seines Geistes kann sich der Mensch gegenüber sich selbst distanzieren und sich selbst zum Objekt der Betrachtung machen. Diese Tatsache befähigt ihn, sich als Person zu erfassen.

„Cogito ergo sum." – Ich denke, also bin ich. *(René Descartes[1])*

„Dass der Mensch in seiner Vorstellung das Ich haben kann, erhebt ihn unendlich über alle anderen auf Erden lebenden Wesen. Dadurch ist er eine Person (...)." *(Kant[2], 1983, S. 407)*

Folgerungen für die Möglichkeit und Notwendigkeit des Lernens und der Erziehung:

- Die Ausstattung des Menschen mit Geist und Vernunft befreit den Menschen vom Zwang der Natur und ermöglicht ihm eine enorme Lern- und Erziehungsfähigkeit.
- Die Geistigkeit des Menschen entfaltet sich nicht von selbst, sondern muss durch Lernprozesse und Erziehung im Laufe des Lebens hervorgebracht werden. Dies ist eine sehr schwierige Aufgabe der Erziehung, weil von deren Realisierung das Schicksal des Menschen und seiner Kultur abhängt.

Zeitgemäß
Ein Mensch, der mit Descartes gedacht,
Dass Denken erst das Leben macht,
Gerät in Zeiten, wo man Denker
Nicht wünscht – und wenn, dann nur zum Henker.
Er kehrt den alten Lehrsatz um
Und sagt: non cogito, ergo sum!
(Eugen Roth, 2015[7], S. 137)

2.2.2 Der Mensch, ein Kulturwesen

Der Mensch lebt immer in einer Kultur, er ist ein **kulturelles Wesen**.

„Der Mensch ist ein Naturwesen, das nur als Kulturwesen leben kann und nur als Kulturwesen seine Bestimmung findet." *(Mittelstraß, 2008, S. 82)*

Mit Kultur[3] bezeichnet man das, was der Mensch selbst geschaffen hat – im Gegensatz zur Natur, die nicht von ihm erzeugt ist. Kultur ist all das, was sich der Mensch zur Bewältigung seines Daseins aufgebaut hat und aufbaut; sie ist also eine von ihm selbst geschaffene bzw. veränderte Umwelt (vgl. *Wössner, 1986[9], S. 91)*.

Dazu gehören beispielsweise die Sprache, die Neuschaffung und Veränderung von Wohnverhältnissen, Kunst, Religion, Recht, Wissenschaft, Wert- und Normvorstellungen ebenso wie die Veränderung und Umgestaltung der Natur selbst.

Kultur ist die umfassende Bezeichnung für das, was der Mensch im Gegensatz zur Natur selbst geschaffen hat; eine von ihm selbst geschaffene bzw. veränderte Umwelt.

Es gibt die Unterscheidung zwischen Kultur und Zivilisation, wobei Kultur geistigschöpferische und Zivilisation technische, ökonomische und „rational verfügbare" Errungenschaften meint. Vielfach wird auch unter Kultur die ganze Lebensweise einer Gesellschaft verstanden im Gegensatz zur Zivilisation, welche die jeweils höchste Form der menschlichen Kultur meint. Doch diese Trennung wird heute nicht mehr aufrechterhalten.

---

[1] *René Descartes (1596-1650) war französischer Philosoph und Mathematiker und ist Begründer des modernen Rationalismus.*

[2] *Immanuel Kant (1724–1804) war deutscher Philosoph und Professor für Logik und Metaphysik in Königsberg. Bekannt wurde Kant vor allem durch sein Werk „Kritik der reinen Vernunft" und seinen sog. kategorischen Imperativ, ein Prinzip zur Begründung moralischen Handelns.*

[3] *cultura (lat.): Bearbeitung, Pflege, Bebauung; ursprünglich: Nutzbarmachung des Bodens.*

In einer demokratischen, pluralistischen[1] Gesellschaft, innerhalb derer Wert- und Normvorstellungen vielgestaltig und nebeneinander – gleichwertig – existieren sowie verschiedene Gruppierungen mit unterschiedlichen Interessen vorhanden sind, kann es nicht nur die eine Kultur geben. Diese enthält immer auch **Subkulturen**, die aus einer Gruppierung von Menschen besteht, die in ihren Werten, Normen und Interessen von der Gesamtgesellschaft abweichen.

Der Mensch ist ein **Kulturwesen im doppelten Sinn**: Einerseits gestaltet sich der Mensch durch planendes und schöpferisches Handeln seine eigene „Welt“; er ist also aktiver Erzeuger der Kultur. Durch die Gestaltung und Schöpfung der Kultur wird er andererseits selbst Teil dessen und somit auch ein Erzeugnis seiner Kultur. ***Kultur ist also ein Produkt des Menschen und der Mensch ein Produkt seiner Kultur***.

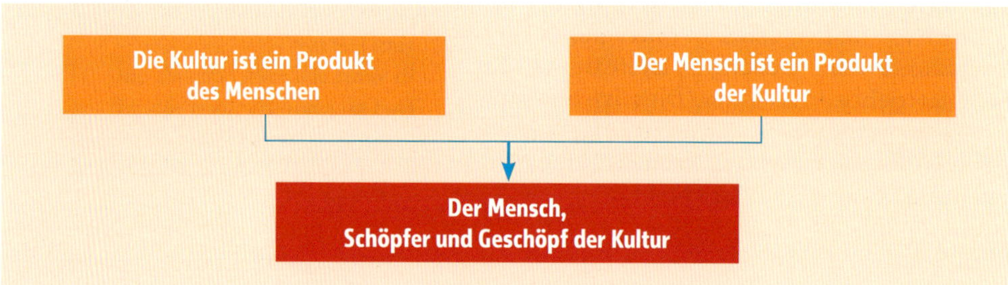

Folgerungen für die Möglichkeit und Notwendigkeit des Lernens und der Erziehung:

- Um in einer Kultur leben zu können, muss der Mensch die jeweilige kulturelle Lebensweise erlernen. Dabei kommt es bei der Erziehung vor allem auf den Erwerb von Kulturtechniken an, welche die Erhaltung und Weitergabe der jeweiligen Kultur ermöglichen.

  Dazu gehören beispielsweise Sprache, Denken, Lesen und Schreiben, Wertbewusstsein und Moralvorstellungen.

- Durch Lernen und Erziehung muss aber auch die Fähigkeit zu produktivem Neuschaffen und zur Veränderung von kulturellen Verhältnissen vermittelt werden. Hierzu zählen Kompetenzen wie Kritikfähigkeit, Kreativität, Produktivität, Engagement und Verantwortungsbewusstsein sowie die Fähigkeit, fehlerhafte Entwicklungen zu erkennen.

Wie zum Beispiel Umweltverschmutzung, Waldsterben, Rohstoffvergeudung und Strahlenverseuchung zeigen, ist der Mensch auch in der Lage, seine eigene Lebensbasis zu zerstören. Deshalb kommt es heute in der Erziehung auch darauf an, zu einer mit der Natur stimmigen Lebensweise durch bessere Einsicht zurückzufinden. Hier wird sich entscheiden, ob Kultur in Zukunft eine Bedrohung oder eine Chance für die Menschheit bedeuten wird.

Die Natur braucht uns nicht, aber wir brauchen die Natur.

---

[1] *pluralistisch (lat.): eine innerhalb einer Gesellschaft bzw. eines Staates vorhandene Vielfalt, deren Gruppen in der Regel gleichberechtigt nebeneinander stehen*

2.2.3 Der Mensch, ein soziales Wesen

Der Mensch lebt nicht isoliert und allein, sondern ist von vornherein in ein umfassendes Ganzes, in eine soziale Situation eingebettet. Er ist auf eine gesellschaftliche Lebensweise hin angelegt und von Geburt an auf Mitmenschen und soziale Beziehungen angewiesen. Nur durch das Zusammenleben mit anderen kann er existieren und zum Menschen im humanen Sinne werden.

„Man is not born human." – „Der Mensch wird nicht als ‚Mensch' geboren, sondern erst dazu gemacht." (Burgess/Locke, 1945, S. 213)

Der Mensch ist ein **soziales Wesen**: Seine Daseinsform ist das Zusammenleben, welches sich in verschiedenen Gruppen und Einrichtungen wie Familie, Schule, Betrieb usw. vollzieht und durch Verhaltensvorschriften geregelt wird. Ein Verstoß gegen diese Regeln kann die Einzelne/den Einzelnen mit sich selbst und anderen in Schwierigkeiten bringen bzw. Störungen in der menschlichen Existenz nach sich ziehen.

„Biologisch gesehen ist ein einzelner Mensch undenkbar. Er würde das Ende der Menschheit bedeuten. (...) Der Mensch wird nur unter Menschen ein Mensch (...)." (Lassahn, 1997³, S. 117)

Wie in *Abschnitt 2.1.1* ausgeführt, ist das menschliche Gehirn auf Beziehung angelegt, es ist – wie es *Daniel Goleman (2008)* bezeichnet – ein „geselliges Hirn". Das Bedürfnis nach Kontakt mit anderen Menschen ist quasi „in uns eingebaut".

„Der Mensch wird am DU zum ICH." *(Martin Buber[1])*

Folgerungen für die Möglichkeit und Notwendigkeit des Lernens und der Erziehung:

- Um mit anderen Menschen zusammenleben zu können, müssen über Erziehung die für das Zusammenleben notwendigen sozialen Verhaltensregeln erlernt werden.
- Neben der Anpassung an bestehende soziale Spielregeln und soziale Lebensformen soll Erziehung zur Neuerung und Veränderung von sozialen Verhältnissen befähigen.

Die aufgezeigten naturwissenschaftlichen, geistes- und sozialwissenschaftlichen Erkenntnisse belegen, dass ***der Mensch in einem hohen Maße lern- und erziehungsfähig ist sowie*** im Vergleich mit anderen Lebewesen besonders stark ***auf Lernen und Erziehung angewiesen ist***.

[1] *Martin Buber (1878–1965), jüdischer Religionsforscher und -philosoph, lehrte zunächst jüdische Religionswissenschaft und Ethik an der Universität Frankfurt am Main. 1938 ging er nach Palästina, wo er Philosophie und Soziologie lehrte. Sein bekanntestes Werk ist „Ich und Du", welches auch die christliche Theologie und vor allem die Ethik nachhaltig beeinflusste.*

„Der Mensch ist das einzige Geschöpf, das erzogen werden muss. (...) Der Mensch kann nur Mensch werden durch Erziehung. Er ist nichts, als was die Erziehung aus ihm macht.“

(Kant, 1983, S. 697 und 699)

In der heutigen Zeit besteht die Notwendigkeit des Lernens für den Menschen nicht nur im Kindes- und Jugendalter, sondern lebenslang. Kulturelle und gesellschaftliche Lebensbedingungen wandeln sich ständig und jedem Menschen wird ein lebenslängliches Um- und Weiterlernen abverlangt. Deshalb wird der Mensch in der heutigen Zeit als **Homo discens**[1] bezeichnet: ***Er ist ein Wesen, das ständig in jedem Lebensabschnitt und unvermeidlich auf Lernen angewiesen ist***.

„Für die Rolle der Erziehung im Menschenleben haben beide Positionen die gleichen Konsequenzen: Ob der Mangel oder Reichtum des Menschen zum anthropologischen Ausgangspunkt genommen wird, was seine Mängel ausmacht, ist gleichzeitig sein Reichtum: Die Kehrseite seiner Lern- und Erziehungsbedürftigkeit ist seine unendliche Lern- und Erziehungsfähigkeit.“

(Roth, 1991[5], S. 149)

Auf den Punkt gebracht

- Allein durch die Herausstellung der Unterschiede zwischen Mensch und Tier ist das Wesen des Menschen noch nicht ausreichend erfasst. Geisteswissenschaftliche Gesichtspunkte und sozialwissenschaftliche Überlegungen („der Mensch, ein geistiges und rationales, kulturelles und soziales Wesen“) stellen Wesensmerkmale des Menschseins heraus, die Lernen und Erziehung ermöglichen, aber auch durch Lernen und Erziehung erst hervorgebracht werden müssen.

Aufgaben – Wissen & Verstehen, Anwenden, Reflektieren

6. a) *Erläutern Sie die These* „Der Mensch, ein Wesen mit Geist und Vernunft“.
   b) *Stellen Sie die Bedeutung dieser These für die Lern- und Erziehungsfähigkeit sowie für die Lern- und Erziehungsbedürftigkeit des Menschen dar.*
7. Menschen sind nicht an eine bestimmte Umwelt gebunden, sie „haben“ Welt, über die sie verfügen können.
   Diskutieren Sie in der Klasse oder in Gruppen folgende Fragen:
   → *Welche Gefahren liegen in dieser dem Menschen weltoffen aufgegebenen Lebensführung in unserer heutigen Zeit?*
   → *Wie beurteilen Sie aus anthropologischer Sicht das aktuelle Problem, ob die Menschheit mit diesen Gefahren fertig werden kann?*

---

[1] *homo (lat.): der Mensch; discere (lat.): lernen; homo discens: der lernende Mensch*

8. „Der Mensch, ein kulturelles Wesen" – *Stellen Sie diese These und ihre Bedeutung für das Lernen und die Erziehung dar.*

9. Bestimmt der Mensch die Kultur oder wird er von der Kultur bestimmt? *Erörtern Sie diese Frage unter Berücksichtigung von anthropologischen Aussagen.*

10. *Der Künstler und Pädagoge Willi Baumeister sagte einmal:* „Jedermann ist von der Kultur, in der er aufgewachsen ist, so sehr geprägt, dass sie ihm als das einzige Normgerechte, als das Natürliche schlechthin erscheint."
    - → *Suchen Sie nach Aussagen von Ihnen selbst, von Freundinnen und Freunden oder Verwandten, die dieses Zitat bestätigen könnten.*
    - → *Was könnten Sie diesen Aussagen aufgrund anthropologischer Erkenntnisse entgegnen?*

11. Was die Mängel des Menschseins „ausmacht, ist gleichzeitig sein Reichtum: Die Kehrseite seiner Lern- und Erziehungsbedürftigkeit ist seine unendliche Lern- und Erziehungsfähigkeit" *(Roth, 1991[5], S. 149).* *Begründen Sie diese Aussage von* Heinrich Roth *auf der Grundlage von anthropologischen Aussagen zur Lern- und Erziehungsfähigkeit sowie Lern- und Erziehungsnotwendigkeit.*

12. „Die Fähigkeit, lernen zu können, bedeutet gleichzeitig auch, lernen zu müssen." *(Scheunpflug, 2001, S. 52)* *Begründen Sie diese Aussage mithilfe von anthropologischen Aussagen zur Lern- und Erziehungsfähigkeit sowie Lern- und Erziehungsnotwendigkeit.*

13. *Stellen Sie die Bedingungen der Möglichkeit von Erziehung dar.*

14. *Begründen Sie die Lernfähigkeit und Erziehbarkeit des Menschen mithilfe anthropologischer Erkenntnisse.*

15. *Zeigen Sie die Notwendigkeit der Erziehung auf.*

16. *Begründen Sie die Lern- und Erziehungsbedürftigkeit des Menschen mithilfe anthropologischer Erkenntnisse.*

2.3 Folgen fehlender und unzulänglicher Erziehung

Bisher wurde versucht zu klären, warum der Mensch lernen und erzogen werden muss. Die Frage ist aber auch: Was geschieht, wenn Erziehung fehlt bzw. unzulänglich ist? Wo Erziehung ausbleibt, unzureichend ist oder misslingt, kommt es zur Gefährdung bzw. Verhinderung der Menschwerdung des Menschen.

2.3.1 Verwilderung von Kindern

Berichte, die beschreiben, dass es zur Gefährdung bzw. Verhinderung der Menschwerdung des Menschen kommt, wenn Erziehung ausbleibt, gab und gibt es immer wieder. Das eingangs geschilderte Beispiel über die ***„Wolfskinder von Midnapore"***, welches wegen der Aufzeichnungen und Fotos von *Joseph A. L. Singh*, als gesichert gelten kann, zeigt eindrucksvoll, wie Kinder ohne Erziehung „verwildern" können.

Neben dem geschilderten Beispiel gibt es u. a. auch einen Bericht über den **„Wolfsjungen“**: *Victor von Aveyron*, der 1799 elfjährig in einem französischen Forst entdeckt wurde und dessen Lebensgeschichte *François Truffaut* nach der Erzählung von Victors Lehrmeister *Jean Itard* verfilmte. Sehr bekannt ist auch die Begebenheit des Findelkindes ***Kaspar Hauser***, der am Pfingstsonntag (26.05.) 1828 etwa 16-jährig in Nürnberg auftauchte, von Paul Johann A. Feuerbach und dem Religionsphilosophen und Dichter *Georg Friedrich Daumer* aufgezogen wurde. 1833 verstarb Hauser an einer tödlichen Schnittverletzung. Nach eigenen Angaben wuchs *Kaspar Hauser* in einem dunklen Verlies auf. Sein Schicksal ist Gegenstand verschiedener Filme, u. a. des nach ihm benannten Filmes von *Werner Herzog*.

Kaspar Hauser, Radierung, koloriert

Aus diesen Berichten lassen sich für die Möglichkeit und Notwendigkeit des Lernens und der Erziehung folgende Einsichten ableiten:

- Der Mensch wird nicht als Mensch im humanen Sinne geboren, er wird erst dazu geformt.
- Er ist von Natur aus noch nicht auf eine bestimmte Lebensform festgelegt.
- Das, was die Natur nur unzureichend hervorgebracht hat, nämlich die menschliche Lebensweise, muss der Mensch im Laufe seines Lebens, insbesondere in der frühen Kindheit erlenen.
- Die Ausprägung der menschlichen Lebensweise benötigt langjährige Anregung und Lernhilfe. Diesbezügliche Versäumnisse in der frühen Kindheit sind später kaum mehr auszugleichen
- In den ersten Lebensjahren eines Menschen wird weitgehend über das Ausmaß seiner späteren Lernfähigkeit und Erziehbarkeit vorentschieden.

2.3.2 Störungen in der Entwicklung und sozial abweichendes Verhalten

Unzureichende, misslungene oder fehlende Erziehung bringt es oft mit sich, dass Kinder und Jugendliche Entwicklungsverzögerungen, Entwicklungsstörungen und/oder ein sozial abweichendes Verhalten entwickeln. Eine Entwicklungsstörung liegt vor, wenn die Entwicklung eines oder mehrerer Teilbereiche – beispielsweise der Motorik, der Wahrnehmung, der Sprache, der Intelligenz und des Denkens, des Gedächtnisses, der Gefühle und Bedürfnisse und/oder des Sozialverhaltens – von der „normalen“ Entwicklung abweicht.

→ Dabei kann es sich beispielsweise um eine Funktionseinschränkung oder Entwicklungsverzögerung handeln.

Eine Entwicklungsstörung bezeichnet die Abweichung der Entwicklung eines oder mehrerer Teilbereiche eines Kindes von der „normalen“ Entwicklung.

Sozial abweichendes Verhalten liegt dann vor, wenn ein Individuum den Anforderungen des geregelten Zusammenlebens nicht bzw. nicht mehr gerecht wird. Die Folge ist, dass es dadurch immer wieder zu Schwierigkeiten für das Individuum selbst und/oder für seine Umwelt kommt. Um von einem sozial abweichenden Verhalten zu sprechen, müssen diese Schwierigkeiten jedoch erheblich und relativ dauerhaft sein.

Sozial abweichendes Verhalten kann sich beispielsweise in aggressiven Verhaltensweisen wie Streitsucht, Zerstörungswut und Brutalität, in sozialen Auffälligkeiten wie Schuleschwänzen, Streunen, Davonlaufen, Diebstahl oder Kontaktgestörtheit, in der Unfähigkeit, soziale Beziehungen befriedigend gestalten zu können, in Leistungsproblemen und -verweigerung oder in der Neigung zu kriminellen Handlungen äußern.

Ein sozial abweichendes Verhalten liegt vor, wenn ein Individuum den Anforderungen des geregelten Zusammenlebens nicht bzw. nicht mehr gerecht wird. Es kommt dadurch immer wieder zu erheblichen und relativ dauerhaften Schwierigkeiten für das Individuum und/oder seine Umwelt.

In der älteren Literatur ist in diesem Zusammenhang oft von ***Verwahrlosung*** die Rede. Das bedeutet eine Abweichung von Einstellungen und Verhaltensweisen von in einer Gesellschaft für gültig gehaltenen Wert- und Normvorstellungen aufgrund eines Mangelzustands an Pflege und Erziehung. Doch dieser Begriff ist kaum mehr brauchbar, da es in einer pluralistischen und multikulturellen Gesellschaft schwierig geworden ist, eine solche Abweichung eindeutig und einmütig zu bestimmen.

2.3.3 Der Mensch, ein Wesen das ohne Bindung verkümmert

Die Befriedigung von Primärbedürfnissen reicht bei einem Säugling und Kleinkind nicht aus. Sie benötigen zu einer gesunden Entwicklung eine verlässliche Bezugsperson, zu der sie eine sichere Bindung aufbauen können. Bei einer solchen bekommt das Kind Sicherheit und eine positive Einstellung zu sich selbst, zu anderen Personen und zur Umwelt, so dass es sich auf diese einlässt und erforscht.[1] Diese positive Einstellung lässt sich nach dem Psychoanalytiker *Erik H. Erikson* umschreiben als ein Gefühl des **Sich-verlassen-Könnens** (vgl. *Erikson, 2005*[14]*, S. 15*).

Fehlt dieses Gefühl, entstehen große **Unsicherheit** und eine mutlose Einstellung zu sich selbst, zu anderen Personen und zur Umwelt. Die Auseinandersetzung mit sich selbst und mit der Umwelt wird be- bzw. verhindert. Das Gefühl des **Sich-*nicht*-verlassen-Könnens** wirkt sich auf die weitere Entwicklung des Kindes negativ aus. Einem Kind, das keine sichere Gebundenheit erfährt, fehlt die „Sicherheitsbasis“, auf die es seine Weiterentwicklung stützen könnte. Es erlebt, dass auf Menschen in seiner Umwelt kein Verlass ist und fühlt sich im Stich gelassen.

[1] *vgl. Kapitel 10.1.3*

Folgerungen für die Möglichkeit und Notwendigkeit des Lernens und der Erziehung:

- Der Mensch ist von Anfang an auf mitmenschliche Fürsorge angewiesen.
- Säuglinge und Kleinkinder benötigen eine stabile, dauerhafte und nicht abreißende emotionale Zuwendung und ausreichende Vermittlung von Reizen.
- Sie sind von Anfang an auf das Herstellen einer Bindung angewiesen, die sich in einer stark emotionalen Beziehung zwischen ihm und einer Bezugsperson oder auch mehreren anderen Personen offenbart.[1]
- Sie brauchen eine verlässliche und feinfühlige Bezugsperson, die die Signale des Kindes wahrnimmt und diese richtig interpretiert sowie die dahinter steckenden Bedürfnisse prompt und angemessen befriedigt (vgl. *Grossmann/Grossmann, 2017[7], S. 121 f.*).[2]

Gesunde Kinder brauchen keine speziellen Förder- und Lernprogramme, sie benötigen in erster Linie emotionale Sicherheit und ausreichend Gelegenheit, ihre Umwelt erforschen und mit allen Sinnen Erfahrungen sammeln zu können. Dies geschieht am optimalsten im freien Spiel (im Gegensatz zum „Spiel" als planvolle, angeleitete Aktivität).[3]

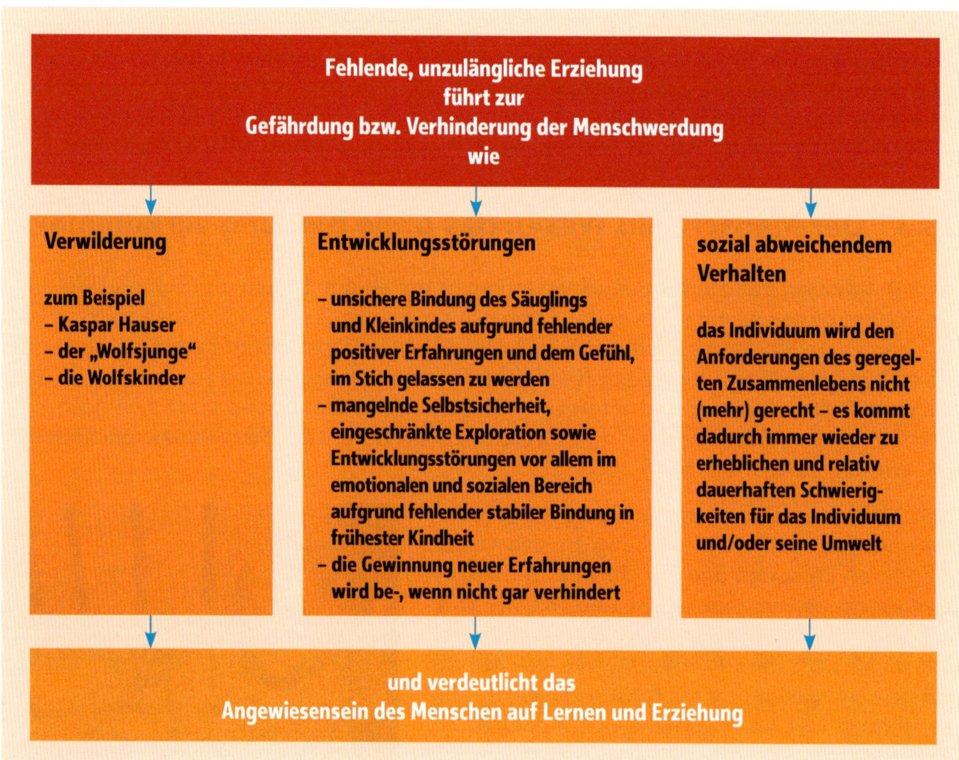

[1] *vgl. Kapitel 10.1.2 und 10.1.3*
[2] *vgl. Kapitel 10.1.4*
[3] *vgl. Kapitel 9.4.4*

Auf den Punkt gebracht

- Wo Lernen und Erziehung ausbleiben, unzureichend sind oder misslingen, kommt es zur Gefährdung bzw. Verhinderung der Menschwerdung des Menschen. An Erscheinungen wie Verwilderung (zum Beispiel „Wolfskinder"), Bindungsverhalten und sozial abweichendem Verhalten ist abzulesen, welche Bedeutung Lernen und Erziehung für den Menschen haben.

Aufgaben – Wissen & Verstehen, Anwenden, Reflektieren

17. *Stellen Sie mögliche Einsichten dar, die sich aus Berichten über „verwilderte Kinder" für die Möglichkeit und Notwendigkeit des Lernens und der Erziehung ableiten lassen.*
18. *Bestimmen Sie, was man unter einer Entwicklungsstörung versteht, und zeigen Sie an einem Beispiel eine solche auf.*
19. Sozial abweichendes Verhalten
    a) *Beschreiben Sie, was unter sozial abweichendem Verhalten verstanden wird, und zeigen Sie auf, wie sich ein solches Verhalten äußern kann.*
    b) *Zeigen Sie auf, worauf sich sozial abweichendes Verhalten zurückführen lässt.*
    c) *Erläutern Sie Konsequenzen, die sich aus den Erkenntnissen über sozial abweichendes Verhalten für die Erziehung ableiten lassen.*
20. *Stellen Sie die Folgerungen für die Möglichkeit und Notwendigkeit der Erziehung dar, die sich aus der These „Der Mensch, ein Wesen, das ohne Bindung verkümmert" ergeben.*
21. *Erläutern Sie mögliche Folgen, wenn Lernen und Erziehung ausbleiben, unzureichend sind oder misslingen.*
22. Der Psychologe *Wolfgang Metzger* hat festgestellt, dass bereits in den ersten Lebensjahren über das Ausmaß der späteren Lernfähigkeit und Erziehbarkeit eines Menschen weitgehend vorentschieden wird.
    Begründen Sie diese Aussage auf der Grundlage wissenschaftlicher Erkenntnisse.

Aufgabe zum gesamten Kapitel

23. *Fertigen Sie in Gruppen eine Mindmap zu dem Thema „Möglichkeit und Notwendigkeit der Erziehung" an.*
    → *Das Thema wird als Stichwort in die Mitte eines Blattes geschrieben und stellt sozusagen den Baumstamm dar.*
    → *Von diesem Stamm gehen Äste ab, welche die zum Thema gehörenden Hauptgedanken (wiederum in Stichworten) beinhalten.*
    → *Von den Ästen abgehende Zweige und schließlich Zweiglein gliedern das Thema weiter auf und beinhalten stichwortartig die Nebengedanken.*
    → *Präsentieren Sie Ihre Mindmaps und vergleichen Sie diese.*

3 Möglichkeiten und Grenzen der Erziehung

Sie können ...

1. *... beurteilen, inwieweit der Mensch überhaupt lernfähig und erziehbar ist und darstellen, welche Auffassungen es zu diesem Thema gibt.*
2. *... die Anlage-Umweltproblematik darstellen.*
3. *... argumentieren, ob bzw. inwieweit der Mensch „von sich aus" zu seiner Entwicklung beiträgt.*
4. *... die Bedeutung der Selbststeuerung erläutern.*
5. *... darstellen, welche Bedingungen die Erziehung beeinflussen und welche Bedeutung diese haben.*
6. *... den gesellschaftlichen Wandel als Bedingung für pädagogisches Handeln erläutern und reflektieren.*
7. *... die Grenzen der Erziehbarkeit erörtern.*

3.1 Erziehung – Schatten oder Schrittmacher der Entwicklung?

Mit Lernfähigkeit und Erziehbarkeit (Erziehungsfähigkeit) des Menschen wird – wie in *Kapitel 2.1* ausgeführt – die ***Möglichkeit des Lernens und der Erziehung*** angesprochen. Die Frage nach dem Ausmaß der Lernfähigkeit und Erziehbarkeit des Menschen – gelegentlich wird auch von ***Bildbarkeit*** gesprochen – lässt sich nicht allgemein beantworten, sondern betrifft das **Anlage-Umwelt-Problem**, das sowohl in den Medien als auch in der wissenschaftlichen Literatur für viel Aufsehen gesorgt hat und immer noch sorgt.

3.1.1 Die Begriffe „Anlage" und „Umwelt"

Mit **Anlage** ist die genetische Ausstattung eines Lebewesens gemeint, die bei der Befruchtung festgelegt wird. Die Übertragung der Anlagen, die nach bestimmten Erbgesetzen vor sich geht, wird als **Vererbung** bezeichnet. Die Grundlagen, Vorgänge und Gesetze der Vererbung werden von der **Genetik**[1], der Wissenschaft von der Vererbung, erforscht. **Gene**[2] sind bestimmte individuelle Vererbungseinheiten, die die Chromosomen[3] bilden und in der Generation weitergegeben werden.

Mit Anlage bezeichnen wir die genetische Ausstattung eines Lebewesens, die bei der Befruchtung festgelegt wird.

Die Gesamtheit der Erbinformation, die eine befruchtete Eizelle enthält, bezeichnet man als **Genotyp**[4]. Wir sehen jedoch den Menschen nur in der Form, wie er sich aus dem Genotyp im Verlauf seines Lebens verändert. Diese zu einem bestimmten Zeitpunkt sichtbare Erscheinungsform eines Menschen nennt man **Phänotyp**[5].

Es ist genau zu unterscheiden zwischen ***(v)ererbt, angeboren und erworben***: Vererbt bedeutet, dass ein Individuum von seinen Eltern bestimmte Erbanlagen erhalten hat. Angeboren heißt wörtlich: bei der Geburt vorhanden. Damit sind alle vererbten und alle im vorgeburtlichen Leben erworbenen Eigenschaften gemeint, also auch Einflüsse, denen der Embryo bzw. Fötus von der Zeit der Empfängnis bis zur Geburt ausgesetzt ist. Erworben bedeutet „durch Umwelteinflüsse zustande gekommen".
Zu unterscheiden von den Erbanlagen ist der Begriff ***endogen***[6]. Diese Bezeichnung setzt sich von dem Verständnis der Erbanlagen als alleinige Ursache für Entwicklungsveränderungen ab. Sie nimmt innere Ursachen für ein bestimmtes Erleben und Verhalten an (vgl. *Klein u. a., 1999*[10]*, S. 61*). Solche inneren Ursachen können zum Beispiel Stoffwechsel, Organsystem oder auch Infektionen sein.

Umwelt bezeichnet alle direkten und indirekten Einflüsse, denen ein Lebewesen von der Befruchtung der Eizelle (= Empfängnis) bis zu seinem Tod von außen her ausgesetzt ist.

Oft wird in diesem Zusammenhang von ***exogen***[7] gesprochen. Exogen bedeutet „durch Umwelteinflüsse hervorgerufen". Damit werden also alle Einflüsse auf das Individuum bezeichnet, die „außerhalb des Individuums", also in der Umwelt liegen und Veränderungsprozesse bewirken. Mit ***Erfahrung*** meint man alles, was uns im Laufe unseres Lebens widerfährt, und umfasst die Aufnahme von Informationen in der Auseinandersetzung mit der Umwelt.

---

[1] *génesis (griech.): die Zeugung, die Schöpfung*
[2] *génos (griech.): das Erbgut*
[3] *chroma (lat.): die Farbe; sõma (griech.): der Körper*
[4] *„Der durch Gene festgelegte Typ" (Klafki, Band 3, 1989, S. 16).*
[5] *phaínesthai (griech.): erscheinen; Phänomen: die Erscheinung, das sich den Sinnen Zeigende*
[6] *endogenes (griech.): von innen entstanden*
[7] *éxõgenẽs (griech.): von außen verursacht*

3.1.2 Auffassungen zur Erziehbarkeit des Menschen

Die Auffassungen, inwieweit der Mensch lernfähig und erziehbar ist, gehen weit auseinander. Im Folgenden werden zwei gegensätzliche Standpunkte aufgeführt, die in der Praxis jedoch kaum so extrem vertreten werden.

Für die **Erbtheoretiker/innen** ist die Entwicklung des Menschen genetisch vorprogrammiert. Das, was aus einem Menschen wird, ist vorherbestimmt und weitestgehend festgelegt. Erbtheoretiker/innen sind folgerichtig der Ansicht, dass ***Erziehung so gut wie nichts vermag***. Man spricht in diesem Zusammenhang von einem **pädagogischen Pessimismus**, der in seiner extremsten Ausprägung von der **Ohnmacht der Erziehung** überzeugt ist.

Dieser Standpunkt hat vor allem in früheren Jahrhunderten das erzieherische Handeln bestimmt und wurde von der damaligen Philosophie und Theologie vertreten. Die ***Evolutionstheorie*** und die ***Verhaltensforschung***[1] betonen sehr stark die biologischen Grundlagen und brachten infolgedessen viele Theoretikerinnen und Theoretiker dazu, den Schwerpunkt erneut auf die Erbanlagen zu legen. In jüngster Geschichte war diese Auffassung vornehmlich in den 1920er- und 1930er-Jahren vorherrschend, sie entsprach dem damaligen Zeitgeist. Vor allem der Ideologie des Nationalsozialismus kam diese Überzeugung sehr entgegen.

Wenn auch nicht in dieser extremen Form, so gehen doch einige Biologinnen und Biologen, Mediziner/innen, Genetiker/innen und Verhaltensforscher/innen auch heute noch davon aus, dass die menschliche Lernfähigkeit durch die Erbanlagen sehr stark eingeschränkt sei. Vor allem in jüngster Zeit ist eine Rückkehr zur Betonung der Erbanlagen zu beobachten. ***Evolutionsbiologinnen und -biologen*** sowie ***Neurowissenschaftler/innen*** meinen nachgewiesen zu haben, dass der Mensch ein biologisch festgelegtes Wesen sei.

Namhafte Neurowissenschaftler/innen beispielsweise vertreten aufgrund ihrer Hirnforschung die These, dass der Mensch ein biologisch festgelegtes Wesen ist, dessen Gehirn alle Entscheidungen trifft – das menschliche Handeln ist durch Verschaltungen im Gehirn vorherbestimmt. Die ***Epigenetik***[2], ein neues Spezialgebiet der Biologie, hat diese Auffassung jedoch widerlegt (vgl. *Spork, 2010*[4]).

Für die **Milieutheoretiker/innen** hingegen ist der neugeborene Mensch ein unbeschriebenes Blatt, eine „Tabula rasa"[3]: Er ist noch in keiner Weise vorgeprägt und das, was aus einem Menschen wird, ist allein das Produkt seiner Erfahrungen. Die Milieutheoretiker/-innen sind folglich der Auffassung, dass ***Erziehung alles vermag***. Man spricht in diesem Zusammenhang von einem **pädagogischen Optimismus**, der in seiner radikalsten Form von der **Allmacht der Erziehung** überzeugt ist.

---

1 vgl. Kapitel 2.1

2 Die Epigenetik (epí, griech: hinterher, zusätzlich) beschäftigt sich mit der Weitergabe von Erbinformationen auf die Nachkommenschaft aufgrund einer Änderung der Genregulation (siehe Abschnitt 3.1.4) – also nicht aufgrund von Abweichungen in der DNA-Sequenz, wie das bei der Vererbung üblich ist.

3 lat.: abgeschabte Schreibtafel; in der Antike war eine Tabula rasa eine wachsüberzogene Schreibtafel, von der die Schrift nach dem Beschreiben wieder vollständig entfernt werden konnte.

„Überlasst mir die Erziehung und in einem Jahrhundert ist Europa umgestaltet!“ (Gottfried W. Leibniz[1])

Ihren Ursprung hat diese Auffassung in der Aufklärung des 18. Jahrhunderts. In den 1970er-Jahren wurden ebenfalls Positionen vertreten, die der Erziehung unbegrenzte Wirkungsmöglichkeiten zutrauen. Hier ist vor allem die aus den USA kommende bedeutende Richtung der Psychologie, der **Behaviorismus**[2], mit seinen Vertretern *James Watson* und *Burrhus F. Skinner* zu nennen.

3.1.3 Gefahren dieser Auffassungen zur Erziehbarkeit

Über die Wirkanteile von Anlage- und Umweltfaktoren gibt es aus wissenschaftlicher Sicht keine zuverlässigen Aussagen. Verfechter/innen der einen oder der anderen Position kamen deshalb auch häufig nicht durch exakte wissenschaftliche Untersuchungen zu ihrem Standpunkt, sondern mehr aufgrund ihrer ***weltanschaulich-politischen Ansicht***. Dabei schrecken selbst Wissenschaftler/innen nicht vor Datenfälschungen zurück.

---

1 *Gottfried Wilhelm Leibniz (1646–1716) war deutscher Philosoph und Universalgelehrter.*

2 *Der Behaviorismus (behavior, engl.: das Verhalten), die „Lehre vom Verhalten“, sieht als seinen Gegenstand ausschließlich das beobachtbare Verhalten. Zudem geht er davon aus, dass alles Verhalten erlernt ist und wieder verlernt werden kann. Der Begründer des Behaviorismus ist John Broadus Watson (1878–1958). Behavioristische Lerntheorien sind in Kapitel 6.1 und 6.2 ausführlich dargestellt. Dort befindet sich auch eine kurze Biografie von Burrhus F. Skinner.*

So glaubten der britische Psychologe *Cyril Burt* und seine Schüler *Arthur R. Jensen* und *Hans-Jürgen Eysenck* in den 1960er- und 1970er-Jahren nachgewiesen zu haben, dass die Ausprägung der Intelligenz zu 80 bis 85 Prozent erblich festgelegt und nur unwesentlich von der Umwelt beeinflusst sei. „Abschied vom Milieu" betitelte seinerzeit ein bekanntes deutsches Magazin einen Artikel über *Burts* Ergebnisse. Später wurden in diesen Arbeiten methodische Fehler und gefälschte Daten gefunden. Auch *Jensen* wurden methodische Fehler nachgewiesen (vgl. *Mietzel, 2002[4], S. 64*).

„Was hat der immer wieder aufflammende Streit um (...) Vererblichkeit gebracht? (...) Eine ernüchternde Erkenntnis: Die nicht enden wollende Debatte speist sich in erster Linie aus ideologischen Scharmützeln." *(Wolf, 2013, S. 40)*

Die Auffassungen über die Wirkungen von Anlage und Umwelt sind deshalb so umstritten, weil sie vor allem **gesellschaftspolitisch große Bedeutung** haben. Elitebewusstsein, Machtstreben und Machterhaltung oder auch rassistisches und Auslesedenken führen konsequenterweise zu einer Auffassung wie die der Erbtheorie. Anhänger/innen dieser Anschauung gehen auch davon aus, dass soziale Ungleichheit kein gesellschaftliches, sondern hauptsächlich ein „naturgesetzliches" Problem sei, und betrachten beispielsweise unzureichende Begabungen, mangelndes Leistungsverhalten oder destruktives Verhalten als unabwendbares Schicksal.

Die Anlagen „müssen dann als Rechtfertigung dafür herhalten, dass der Mensch in allerlei Belangen ‚eben so ist' (...). Beispiele wären Polygamie nur für Männer – schließlich sei das ja etwas Natürliches – oder die Ableitung eines unvermeidlichen ‚natürlichen Instinkts der Revierverteidigung' zur Rechtfertigung rassistischer Aggression. Die Arbeiten des späteren Nobelpreisträgers Konrad Lorenz waren im Dritten Reich wohlgelitten, seine Haltung gegenüber dem Nazi-Regime war lange durch Anbiederung geprägt." *(Hoffrage/Vitouch, 2008[2], S. 669)*

Andererseits müssen diejenigen, die eine radikale Kritik der gegenwärtigen Gesellschaft vertreten und einen „neuen Menschen" in einer „herrschaftsfreien Gesellschaft" wollen, von der Allmacht der Erziehung überzeugt sein. Oft spiegelt die Vertretung der einen oder anderen Position den **jeweiligen Zeitgeist** einer Gesellschaft wider.

So kommt es nicht von ungefähr, dass die Milieutheorie vor allem in der Zeit der Aufklärung viele Anhänger/innen gefunden hat, während die Erbtheorie beispielsweise in der jüngsten Geschichte vor allem in den 1920er- und 1930er-Jahren vorherrschend war.

Für ***die praxisorientierte Pädagogin bzw. den praxisorientierten Pädagogen*** bergen beide Positionen Gefahren in sich: Der pädagogische Pessimismus verleitet zu einer **schicksalsgläubigen Resignation**, durch die das Kind aufgrund einer untätigen Erzieherhaltung um seine Begabung und damit um seine Persönlichkeitsentfaltung gebracht werden kann. Zudem neigt er dazu, jedes Scheitern in der Erziehung zu entschuldigen und größere erzieherische Anstrengungen als nicht gerechtfertigt abzustempeln. Andererseits führt der Glaube an die Allmacht der Erziehung sehr leicht zur **Überforderung des Kindes**, weil Grenzen der Erziehbarkeit, die in der zu Erziehenden/im zu Erziehenden selbst liegen oder aber auch durch ihre/seine Umwelt bedingt sein können, nicht gesehen werden.[1]

---

[1] *vgl. Abschnitt 3.3.2*

3.1.4 Das Zusammenwirken von Anlage und Umwelt

Die Wissenschaft geht heute davon aus, dass **Anlage und Umwelt** von vornherein **zusammenspielen**: Die Auswirkungen von Erbanlagen und Umweltfaktoren sind nicht unabhängig voneinander, vielmehr bedingen und beeinflussen sie sich wechselseitig.

> *„Eine Anlage gibt es nur im Hinblick auf eine Umwelt und eine Umwelt nur im Hinblick auf eine Anlage. Wofür keine Anlage vorhanden ist, dafür wird auch keine Umwelt wirksam, wofür keine Umwelt vorhanden ist, dafür wird auch keine Anlage wirksam."*
> *(Roth, 1991⁵, S. 166 f.)*

Dieser Standpunkt wird als **Wechselwirkungsmodell** bezeichnet, welches betont, dass ***Anlage und Umwelt wechselseitig ineinander greifen und kein Faktor vom anderen getrennt betrachtet werden kann***.

Die Erbanlagen stellen **Möglichkeiten zur Verwirklichung von Fähigkeiten** dar, die durch Umwelteinflüsse angeregt, **aktiviert** werden müssen. Erbanlagen werden dementsprechend als ***Werdemöglichkeiten*** verstanden, die durch entsprechende Umwelteinflüsse entfaltet werden müssen. Gene können – so der Psychoneuroimmunologe *Joachim Bauer* (*in Ernst, 2008, S. 75*) – allein rein gar nichts bewirken, sie erhalten ihre Ausprägung erst durch die Wechselbeziehung mit der Umwelt auf dem Weg über das Gehirn.

Erbanlagen sind wie eine DVD, auf der Informationen gespeichert sind. Aber eine DVD ohne Abspielgerät nützt gar nichts *(vgl. Wolf, 2009, S. 28)*.

Gene und Umwelt stehen sich also nicht alternativ gegenüber, sondern wirken stets zusammen. Der über Jahrzehnte hinweg strapazierte Gegensatz zwischen „Nature" und „Nurture", zwischen genetischem Erbe und Erziehungseinfluss – so *Bauer (2007, S. 65)* – sei nur ein scheinbarer, und die Frage, ob Gene oder Erfahrungen wichtiger sind, sei überflüssig.

So zum Beispiel ist die Frage nach der Erblichkeit der Intelligenz aus wissenschaftlicher Sicht eine falsch gestellte.

> *„Die Frage, welche Eigenschaften wir von unseren Vorfahren geerbt und welche wir durch Erziehung, Kultur und die Interaktion[1] mit unserer Umwelt erworben haben, stellt sich in dieser Form nicht mehr. Beide Seiten sind keine Gegensätze, sie ergänzen sich. Die Umwelt beeinflusst das Erbe und umgekehrt."* *(Spork, 2010⁴, S. 18)*

Umwelteinflüsse aktivieren nicht nur unsere Erbanlagen, sie verändern sie auch, wie das die **Epigenetik** eindrucksvoll nachweist. ***Erfahrungen prägen unser Erbgut***; dieses ist demgemäß nicht ein für alle Mal gegeben, sondern ändert sich je nach Umwelteinflüssen und wird verändert auf die Nachkommenschaft weitergegeben. Diese Veränderungen können also weiter vererbt werden.

Traumatische[2] Erlebnisse wie Vernachlässigung, Gewalt, Missbrauch oder dramatische Ereignisse zum Beispiel hinterlassen Spuren im Erbgut, indem sie dieses manipulieren und ändern. Die Folgen von solchen traumatischen Erlebnissen werden dann sogar an die Nachkommenschaft vererbt *(vgl. Gehirn & Geist, 2013, S. 79)*.

---

[1] *Der Begriff „Interaktion" ist in Kapitel 4.1.2 geklärt.*

[2] *Trauma (griech.): Verletzung, Wunde, seelischer Schock oder starke seelische Erschütterung*

Was der Mensch tut und erlebt, schlägt sich also auf seine DNA nieder. Auf diese Weise sind unsere Gene formbar, sie sind plastisch.

> *„Nicht die Gene sind die höhere Gewalt über das Leben. Vielmehr hat das Leben eine höhere Gewalt über die Gene."*
> *(Berndt, 2014[10], S. 143)*

Anlagen sind jedoch nicht unbegrenzt entwickelbar; sie haben eine ***genetisch vorgegebene Spannbreite***, die individuell und von Fähigkeit zu Fähigkeit unterschiedlich ist. Innerhalb dieser Spannbreite wird in der Auseinandersetzung des Organismus mit der Umwelt die Wirklichkeit des Phänotyps hervorgebracht (vgl. *Weber, 1996[9], S. 74*).

→ So ist es zum Beispiel allein aufgrund der individuellen Begrenztheit der Anlagen nicht möglich, aus jedem Menschen selbst bei optimalen Umweltgegebenheiten ein Genie zu machen.

Aus pädagogischer Sicht sprechen wir in diesem Zusammenhang von einem **pädagogischen Realismus**, aus dem heraus alles irgendwie Mögliche zu einer optimalen Förderung des Kindes getan wird, der aber auch die ***Grenzen der Erziehbarkeit*** deutlich sieht und berücksichtigt. Die Erzieherin/Der Erzieher wird einerseits bemüht sein, alle möglichen und Erfolg versprechenden Lernhilfen zu bieten. Andererseits weiß sie/er, dass sich die Gestaltung der Umwelt an den Anlagen orientieren muss und dass durch optimale Gestaltung der Umwelt nicht jedes beliebige Persönlichkeitsmerkmal erzielt werden kann.

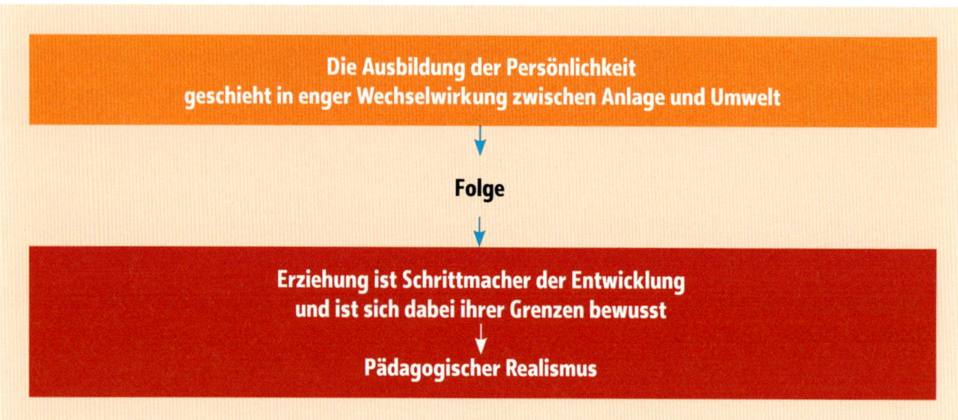

Auf den Punkt gebracht

- Die Frage nach dem Ausmaß der Lernfähigkeit und Erziehbarkeit des Menschen betrifft das Anlage-Umwelt-Problem. Mit Anlage bezeichnen wir die genetische Ausstattung eines Lebewesens, die bei der Befruchtung festgelegt wird. Umwelt bedeutet alle direkten und indirekten Einflüsse, denen ein Lebewesen von der Befruchtung der Eizelle (= Empfängnis) bis zu seinem Tod von außen her ausgesetzt ist. Wir unterscheiden vier Umweltbereiche: die natürliche, die kulturelle, die ökonomische und die soziale Umwelt.
- Die Frage, inwieweit der Mensch lernfähig und erziehbar ist, wird je nach weltanschaulich-politischer Ansicht unterschiedlich beantwortet: Während Erbtheoretiker/innen, nach denen die Entwicklung der Persönlichkeit genetisch vorherbestimmt ist, von der Ohnmacht der Erziehung überzeugt sind (= pädagogischer Pessimismus), glauben die Milieutheoretiker/innen, die allein Umweltfaktoren als bedeutsam für die Ausbildung der Persönlichkeit ansehen, an die Allmacht der Erziehung (= pädagogischer Optimismus). Beide Auffassungen sind aus wissenschaftlicher Sicht nicht haltbar.
- Die meisten Wissenschaftler/innen gehen heute von der Wechselwirkung von Anlage und Umwelt aus: Anlage und Umwelt greifen wechselseitig ineinander und kein Faktor kann vom anderen getrennt betrachtet werden. Die Erbanlagen stellen Möglichkeiten zur Verwirklichung von Fähigkeiten dar, die durch Umwelteinflüsse angeregt, aktiviert werden müssen. Für die Pädagogin/den Pädagogen bedeutet dies, dass einerseits alles irgendwie Mögliche zu einer optimalen Förderung des Kindes getan werden muss, andererseits aber die Grenzen der Erziehbarkeit berücksichtigt werden müssen (= pädagogischer Realismus).

Aufgaben – Wissen & Verstehen, Anwenden, Reflektieren

1. *Bestimmen Sie die Begriffe „Anlage“ und „Umwelt“ und stellen Sie die Auffassungen der Erb- und Milieutheoretiker/innen dar.*
2. Max, 8 Jahre alt, zeigt eine gute musikalische Begabung. Wie würden sich Eltern und Erzieher/innen, die verschiedene Auffassungen zum Grad der Erziehbarkeit vertreten, verhalten?
   Unterziehen Sie das jeweilige Erzieherverhalten einer kritischen Reflexion.
3. Ihre Umwelt
   → *Stellen Sie mit Bauklötzchen (oder einem anderen Material) Ihre Umwelt dar, in der Sie erzogen worden sind.*
   → *Sprechen Sie anschließend in Gruppen darüber, wie diese Ihre Entwicklung beeinflusst hat.*
4. *Stellen Sie Anlage-Umweltproblematik dar.*
5. *Aus welchen Gründen vertreten sogenannte Wissenschaftler/innen und Erzieher/innen oft die Erbtheorie bzw. die Milieutheorie? Gehen Sie dabei auch auf Gefahren ein, die sich hinter diesen Positionen verbergen.*
6. *Beschreiben Sie am Beispiel der Ausbildung eines Persönlichkeitsmerkmales (zum Beispiel Intelligenz) das Wechselwirkungsmodell von Anlage und Umwelt.*

7. *Beurteilen Sie, inwieweit der Mensch überhaupt lernfähig und erziehbar ist.*
8. Viele Wissenschaftler/innen stellen nicht mehr die Frage nach den Wirkanteilen, sondern nach dem Zusammenspiel von Anlage und Umwelt.
   Zeigen Sie den Unterschied dieser beiden Sichtweisen am Beispiel der Entstehung von Angst auf.
9. Die eineiigen Zwillinge Claus und Hoimar, die von frühester Kindheit an getrennt aufwuchsen, trafen sich nach über 30 Jahren Kontaktpause am Flughafen. Beide staunten, denn jeder hatte die gleiche Brille auf, einen Bart und den gleichen Pullover an. Auch die Wohnungseinrichtungen der beiden hatten auffallende Ähnlichkeiten.
   → *Diskutieren Sie in Gruppen folgende Frage: Welche wissenschaftlichen Fehler würde man begehen, wenn man diese Begebenheit als Beleg für die große Bedeutung der Vererblichkeit ansehen würde?*
   → *Halten Sie die wichtigsten Ergebnisse fest.*
   → *Die Klasse veranstaltet nun eine „Talkshow“:*
   - *Die Klasse wählt (bestimmt) eine/n Moderator/in und eine/n Schriftführer/in.*
   - *Jede Gruppe entsendet ein Gruppenmitglied in die Talkshow.*
   - *Zunächst erhält jede Teilnehmerin/jeder Teilnehmer der Talkshow die Gelegenheit, das Ergebnis ihrer/seiner Gruppe vorzustellen.*
   - *Die Schriftführerin/Der Schriftführer hält die Begründungen an der Tafel fest.*
   - *Die anderen Diskussionsteilnehmer/innen können zurückfragen und/oder der/die Moderator/in stellt an sie eine bestimmte Frage.*
   - *Die Zuhörer/innen der Talkshow (= restliche Klasse) können sich, wenn sie einen Beitrag leisten mochten, bei der Moderatorin/beim Moderator melden.*
10. In einem Eröffnungsreferat sagte ein Politiker: „Der Begriff der Chancengleichheit ist falsch. Es ist eben so, dass die Menschen nicht nur weiß oder schwarz sind, sondern auch dumm und gescheit, und das von Geburt an. Gerade in der Bildungspolitik haben wir darauf wieder mehr Gewicht zu legen. Es gibt eben eindeutig Menschen und auch ganze Rassen mit mehr oder auch weniger Intelligenz.“
    Ein Kommentar hierzu lautete folgendermaßen: „Eine Theorie, die versucht, individuelle Unterschiede in der Begabung quasi naturgesetzlich zurückzuführen auf vererbte und daher kollektive Differenzen zwischen ethnischen Gruppen, und dies tut mit dem Ziel, unterschiedliche Strategien der (...) Behandlung solcher ethnischen Gruppen zu rechtfertigen, eine solche Theorie wird gewöhnlich rassistisch genannt.“
    → *Diskutieren Sie diese beiden Aussagen.*
    → *Welche Folgen hatte die Aussage dieses Politikers möglicherweise auf die Bildungspolitik?*
    → *Finden Sie den Kommentar (un)berechtigt? Begründen Sie Ihre Meinung.*

3.2 Die aktive Selbststeuerung des Individuums

Die Frage ist nun, ob die Persönlichkeit eines Menschen nur das Produkt von Erbanlagen und Umwelt ist oder ob nicht auch die Person selbst, „von sich aus" zu ihrer Entwicklung beiträgt.

3.2.1 Der Mensch, ein aktives Wesen

Der Mensch ist von Natur aus nicht nur reaktiv, sondern ein aktives Wesen, welches sich von vornherein aktiv mit seiner Umwelt auseinandersetzt und „von sich aus" die Umwelt erforscht. Diese aktive Selbststeuerung des Individuums kann die Ausbildung der Persönlichkeit fördern oder auch hemmen.

Eine Schülerin oder ein Schüler beispielsweise kann unabhängig von vorhandenen schulischen Begabungen und von der elterlichen sowie schulischen Förderung den eigenen Schulerfolg erheblich mitbeeinflussen.

Mit Selbststeuerung werden alle Kräfte bezeichnet, mit denen das Individuum als aktives Wesen „von sich aus" seine Entwicklung beeinflusst.

Diese aktive Selbststeuerung, die bereits in der frühesten Kindheit zu beobachten ist, führt das Kind aus der passiven Haltung der Umwelt gegenüber heraus in den Bereich der ***aktiven Auseinandersetzung*** mit ihr und spielt bei der Entfaltung der individuellen Eigenart eines Menschen eine entscheidende Rolle.

„Der Mensch selbst wird als Mitgestalter seiner Entwicklung angesehen." Er „reagiert nicht mechanisch auf äußere Gegebenheiten, sondern (...) deutet und interpretiert sie und richtet sein Verhalten an diesen Deutungen aus. (...) Der Mensch ist im Laufe der Entwicklung immer besser in der Lage, ziel- und zukunftsorientiert zu handeln und damit gestalterischen Einfluss auf seine eigene Entwicklung zu nehmen." *(Montada, 2008[6], S. 10)*

In der Entwicklungspsychologie werden alle Kräfte, mit denen das Individuum „von sich aus" seine Entwicklung beeinflusst, häufig als ***autogene Faktoren*** bezeichnet.

Neben Erb- und Umwelteinflüssen kommt es also darauf an, was der Mensch aus seinen Anlagen sowie vergangenen Erfahrungen und Erlebnissen macht – oder wie es der Begründer der Individualpsychologie[1], *Alfred Adler (2010[24], S. 116)*, einmal formuliert hat: Vom „Besitz" wird „Gebrauch gemacht".

Alfred Adler (1870 – 1937)

[1] *Die Individualpsychologie ist neben der Psychoanalyse eine bedeutende Richtung innerhalb der Tiefenpsychologie, die im Gegensatz zur Freud'schen Psychoanalyse sehr stark die aktive Selbststeuerung des Menschen als „schöpferische Kraft" betont.*

Der Mensch ist nicht nur Gestalter seiner Entwicklung, sondern auch die Art und Weise, wie er die Gegebenheiten seiner Umwelt wahrnimmt, erlebt und interpretiert, beeinflussen seine Entwicklung (vgl. *Krettenauer, 2014, S. 9*).

3.2.2 Die Wechselwirkung von Anlage, Umwelt und Selbststeuerung

Erbanlagen, Umwelt und aktive Selbststeuerung des Individuums **bedingen und beeinflussen sich wechselseitig**; alle drei Faktorengruppen sind voneinander abhängig und lassen gleichwertig im Zusammenspiel miteinander die Entwicklung des Menschen voranschreiten:

- Die Auswirkungen von Umwelteinflüssen sind von der genetischen Ausstattung und der individuellen Selbststeuerung abhängig.
- Die Auswirkungen der genetischen Ausstattung sind von Umwelteinflüssen sowie der Art und Weise der Selbststeuerung abhängig.
- Die Art und Weise der Selbststeuerung ist sowohl von der genetischen Ausstattung als auch von Umwelteinflüssen abhängig.
- Gleiche Anlagen und gleiche Umweltbedingungen wirken aufgrund der Selbststeuerung in unterschiedlicher Weise.
- Gleiche genetische Ausstattung und die gleiche Art und Weise der Selbststeuerung haben unter der Einwirkung verschiedener Umweltbedingungen unterschiedliche Wirkung.
- Gleiche Umwelteinflüsse und die gleiche Art und Weise der Selbststeuerung können bei unterschiedlicher Anlage verschiedene Wirkungen hervorrufen.

→ Eineiige Zwillinge, die bekanntlich die gleichen genetischen Voraussetzungen haben und beide sehr streng erzogen werden, können aufgrund der Selbststeuerung durchaus verschiedene Persönlichkeitsmerkmale entwickeln. Andererseits kann eine stark autoritäre Erziehung ein schwaches Ich erzeugen, während ein partnerschaftliches, wohlwollendes Erzieherverhalten ein starkes Ich zur Folge haben kann mit der Befähigung, „das Leben selbst in die Hand zu nehmen".
Anlagen zur Entstehung der Selbstständigkeit können bei einer sehr autoritären Erziehung mehr zu einer Gefügigkeitshaltung führen, bei einem partnerschaftlichen Erzieherverhalten eher zu einem gesunden Selbstwertgefühl, einem eigenen Willen und Durchsetzungsvermögen. Andererseits kann sehr autoritäre Erziehung bei einer Anlage zur Sensibilität Erlebensweisen wie Ängstlichkeit und völlige Gehemmtheit bewirken, sie kann bei einer Anlage zur Vitalität aber auch Machtstreben und Herrschsucht hervorrufen.
Bemühungen der Bezugsperson, das Kind schon vor dem 18. Monat zur Reinlichkeit zu bringen, bleiben erfolglos, weil es von seiner Reifung her noch nicht dazu fähig ist; ebenso wird die Bezugsperson ihr Ziel der Reinlichkeit kaum erreichen, wenn sich das Kind von sich aus dagegen sträubt. Auf der anderen Seite wird ein Kind, das von seinen Eltern wenig gefördert wird und kaum Anregungen erhält, seine Anlage zur Intelligenz kaum entwickeln können, es sei denn, es versucht von sich aus, möglichst viele Erfahrungen zu sammeln.

Anlage, Umwelt und Selbststeuerung spielen also von vornherein zusammen, sie bedingen und beeinflussen sich wechselseitig.

Entwicklung ist stets das Produkt des Zusammenwirkens von Anlage, Umwelt und aktivem Individuum (Selbststeuerung).

„Was er [der Mensch] im Laufe seines Lebens wird, ist nicht nur ‚Werk der Natur', sondern auch ‚Werk der Gesellschaft' und ‚Werk seiner selbst'." (Brezinka, 1999[3], S. 40)

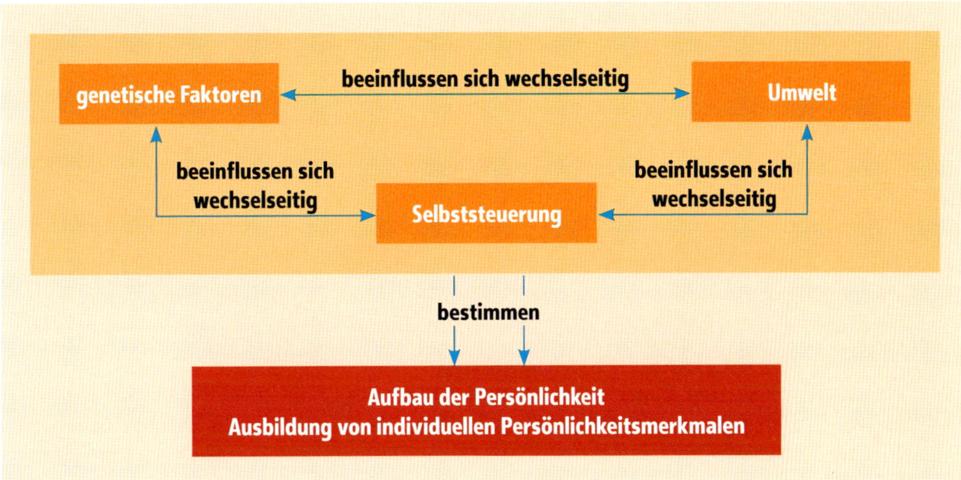

Auf den Punkt gebracht

- Der Mensch ist von Natur aus nicht nur reaktiv, sondern ein aktives Wesen, welches sich von vornherein aktiv mit seiner Umwelt auseinandersetzt und „von sich aus" die Umwelt erforscht. Diese aktive Selbststeuerung des Individuums kann die Ausbildung der Persönlichkeit fördern oder auch hemmen. Die Ausbildung der Persönlichkeit geschieht demnach im Zusammenspiel von Anlage, Umwelt und aktiver Selbststeuerung.

Aufgaben – Wissen & Verstehen, Anwenden, Reflektieren

11. *Bestimmen Sie, was Selbststeuerung bedeutet, und erläutern Sie an einem Beispiel, wie die Selbststeuerung des Menschen die Entwicklung bestimmter Verhaltensweisen beeinflussen kann.*
12. *Stellen Sie an einem Beispiel die aktive Selbststeuerung des Individuums dar und begründen Sie diese mithilfe anthropologischer Aussagen.*
13. *Beschreiben Sie an einem Beispiel die Wechselwirkung von Anlage, Umwelt und aktiver Selbststeuerung.*
14. „Im Leben kommt alles, wie es eben vom Schicksal bestimmt ist."
    „Jeder ist seines Glückes Schmied."
    Stellen Sie die Auffassung dar, die hinter der jeweiligen Aussage steht, und erläutern Sie deren Konsequenzen für die Erziehung.
15. *Diskutieren Sie die Frage, ob bzw. inwieweit der Mensch „von sich aus" zu seiner Entwicklung beiträgt.*
16. *Erläutern Sie die Bedeutung der Selbststeuerung.*

17. ***Fallbeispiel „Klaus“***
Der siebenjährige Klaus hat in der ersten Klasse der Grundschule massive Schulschwierigkeiten. Deshalb wird seine Mutter zu einem Beratungsgespräch mit der Klassenlehrerin gebeten.

Aussagen der Klassenlehrerin: Klaus hat kaum Kontakt mit anderen Kindern. Wenn er zum Beispiel in der Pause angesprochen wird, schweigt er oder läuft weg. Er beteiligt sich von sich aus nicht am Unterricht, schaut oft zum Fenster hinaus und träumt. Leistungen kann er nur mit individueller Zuwendung der Lehrerin erbringen. Insgesamt arbeitet er viel zu langsam und bricht, wenn er nicht mitkommt, die geforderte Tätigkeit einfach ab. Wenn er aufgerufen wird, ist er aufgeregt und manchmal so verängstigt, dass er zu weinen anfängt. Neue Anforderungen wehrt er sogleich mit der Äußerung ab: „Ich kann das nicht." Die Klassenkameraden dulden Klaus, aber es kommt oft vor, dass sie ihn wegen seines unsicheren Verhaltens auslachen oder zum Schnellermachen drängen.

Aussagen der Mutter: Klaus ist Einzelkind. Er war eine Früh- und Risikogeburt und musste in den ersten Lebensjahren aufgrund von Stoffwechselstörungen mehrmals für einige Wochen im Krankenhaus behandelt werden. Dadurch war die Mutter in dieser Zeit sehr belastet und entwickelte eine übertriebene Ängstlichkeit im Umgang mit dem Kind, die sie auch später beibehielt. So durfte er zum Beispiel nicht allein zum Spielen nach draußen gehen, weil die Mutter befürchtete, die anderen Kinder würden zu rau mit ihm umgehen. Sie erzog Klaus mit besonderer Liebe und Fürsorge, da er weiterhin ein krankheitsanfälliges und sensibles Kind war, das wenig Aktivität zeigte. Die Mutter ist eine sehr häusliche Frau. Sie hatte viel Zeit für Klaus, sie spielte ausgiebig mit ihm und vermittelte Sicherheit und Geborgenheit. In dieser Zeit orientierte sich der Junge stark an der Mutter, da der Vater sich bisher wenig an der Erziehung beteiligte.

Klaus hat morgens schon Angst vor der Schule. Er behauptet, es sei ihm schlecht, sodass er den Unterricht nicht besuchen könne. Die Mutter versteht Klaus gut und nimmt ihn gegenüber dem Vater in Schutz, der sich oft über die Weinerlichkeit und Ängstlichkeit seines Sohnes lustig macht.

Mit den Leistungen von Klaus ist der Vater sehr unzufrieden. Er überwacht Klaus' Hausaufgaben streng und arbeitet jeden Abend mit ihm, was oft mit Tränen bei Klaus endet. Klaus erlebt, dass sich die Mutter bei Auseinandersetzungen mit dem Vater weinend zurückzieht. Klaus reagiert ähnlich, indem er aufgrund der Vorwürfe des Vaters selbst meint, er sei zu dumm und müsse auf eine Sonderschule.
Als die Klassenlehrerin dringend eine Therapie für Klaus empfiehlt, wehrt die Mutter empört ab. Der Vater werde das nie zulassen.

Beschreiben Sie die Entwicklungsfaktoren Anlage, Umwelt und Selbststeuerung. Erläutern Sie die Wechselwirkungen dieser Faktoren am Beispiel der Entwicklung von Klaus.

18. Zeichnen Sie Ihr persönliches „Entwicklungsbedingungsprogramm“:
→ *Wo liegen Ihrer Meinung nach anlagemäßig Ihre Fähigkeiten und Stärken?*
→ *Wer hat Sie (besonders) in Ihrer Entwicklung beeinflusst?*
→ *Wo beeinfluss(t)en Sie Ihre Entwicklung selbst? Wo setzten Sie in Ihrer Entwicklung eigene Akzente?*

19. „Du bist für dich und für das, was du sagst und tust, selbst verantwortlich." *(Ruth Cohn)*

→ *Reflektieren Sie in der Klasse über die Frage: Was bedeutet die Aussage von Ruth Cohn für unser Zusammenleben mit anderen Menschen, insbesondere in Konfliktsituationen?*

→ *Bilden Sie Kleingruppen und entwerfen Sie auf der Grundlage dieser Aussage „Regeln" für das Zusammenleben und für ein Gespräch mit einer Partnerin/einem Partner. Schreiben Sie diese „Regeln" auf ein Plakat und hängen Sie es im Klassenzimmer auf.*

→ *Sprechen Sie in der Klasse darüber, inwieweit diese Regeln besonders in Konfliktsituationen in der Klasse eine Hilfe sein können.*

20. ***Fallbeispiel „Arthur und James"***

Arthur, 15 Jahre alt, und James, zwei Jahre jünger, sind Brüder. Obwohl beide zu Hause bei ihren Eltern aufgewachsen sind, ist ihre Entwicklung völlig unterschiedlich. James ist sehr schüchtern und spricht auch sehr wenig. Am liebsten ist es ihm, wenn er von anderen in Ruhe gelassen wird und sich allein in seinem Zimmer beschäftigen kann. Lernen und Schule bereiten ihm jedoch große Freude, und er hat auch auf dem Gymnasium überdurchschnittliche Noten. Arthur dagegen ist in der Schule nicht besonders gut und hat auch den Übergang auf das Gymnasium nicht geschafft. Er ist jedoch sehr gesellig und ständig mit Freunden unterwegs. Je mehr dabei los ist, desto lieber ist es ihm.

Diese verschiedenartige Entwicklung der beiden Brüder ist Gegenstand einer Diskussion im Zentrum für Lern- und Erziehbarkeit, kurz ZLE genannt.

Spielen Sie dieses Gespräch mit verteilten Rollen. Personen:

→ *Herr Gemsen und Herr Bleysem, beide Erbtheoretiker*

→ *Frau Gotsen, Milieutheoretikerin*

→ *Frau Bloht, von der WAU-Schule (WAU: Wechselwirkung von Anlage und Umwelt)*

→ *Frau Fadler, vom Arbeitskreis „Selbstbestimmung des Individuums"*

3.3 Bedingungen der Erziehung

Erziehung geschieht nicht in einem luftleeren Raum, sondern ist vielen bedeutsamen Einflussfaktoren ausgesetzt, die den Erziehungsprozess in einem nicht unerheblichen Maße (mit)bestimmen und den gesamten Komplex der Erziehung oft unüberschaubar machen.

3.3.1 Das Bedingungsfeld der Erziehung

Folgende Faktoren beeinflussen den Prozess der Erziehung:

- Die **Erzieherin**/Der **Erzieher**, die/der bestimmte Persönlichkeitseigenschaften wie Fähigkeiten, Fertigkeiten, Begabungen, Interessen, Erfahrungen, Überzeugungen, Einstellungen, Weltanschauungen, Erwartungen, Wünsche, Bedürfnisse und dergleichen besitzt und die/der zahlreichen Einflüssen (zum Beispiel Bezugsgruppen, Beruf, Trends) ausgesetzt ist. Zudem hat jede Erzieherin/jeder Erzieher ein bestimmtes ***Menschenbild***, welches sich nicht unerheblich auf die Vorstellungen von Erziehung auswirkt.[1]

[1] *vgl. Kapitel 4.2.1.*

- Die/Der **zu Erziehende**, die/der ebenfalls zahlreichen Einflüssen (beispielsweise Freundeskreis, Medien und Werbung) ausgesetzt ist und aufgrund ihrer/seiner persönlichen Lerngeschichte durch ihre/seine Fähigkeiten, Fertigkeiten, Begabungen, Interessen, Erfahrungen, Überzeugungen, Einstellungen, Weltanschauungen, Erwartungen, Wünsche, Bedürfnisse u.a. die Erziehung mitbestimmt.
- Der Bereich bzw. die konkrete Situation, in der die Erziehung stattfindet – oft auch Lernbereich oder **Lernsituation** genannt. Damit ist die ***momentane bzw. aktuelle Umwelt*** gemeint, in der sich die Erziehung abspielt.

→ Dies kann zum Beispiel die Familie, der Kindergarten, die Schule oder das Heim sein.

- Die **Umwelt**, in die Erziehung eingebettet und die für den Erziehungsprozess nicht unerheblich ist.

→ Dies kann zum Beispiel die direkte und indirekte Umgebung sein wie etwa die Wohnsituation oder -gegend; dies kann auch ein umfassendes kulturelles, soziales, ökonomisches, juristisches oder auch politisches System sein, das die Erziehung in Gestalt von gesetzlichen Regelungen, Traditionen, Religionen und dergleichen beeinflusst.

Hinsichtlich der Umwelt sind viele Einflussfaktoren bedeutsam wie zum Beispiel ***vorherrschende Wert- und Normvorstellungen, politische Interessen und Gegebenheiten, Weltanschauungen und Ideologien, kulturelle und soziale Gegebenheiten*** sowie ***ökonomische Interessen und Gegebenheiten***.

- **Gesellschaftlichen Ansprüche**, wie bestimmte Gruppen, die durch politische Entscheidungen auf die Erziehung Einfluss nehmen können.

→ Die Gesellschaft bzw. ihre Regierenden versuchen beispielsweise durch staatliche und pädagogische Einrichtungen wie den Kindergarten, die Schule oder die Jugendarbeit auf Ziele und Inhalte der Erziehung einzuwirken.

- Auch der **gesellschaftliche Wandel** stellt eine bedeutende Bedingung für das erzieherische Handeln dar. Erziehung kann – wie in *Kapitel 8.2.3* ausgeführt – nur aus der jeweiligen historischen Struktur einer Gesellschaft und Kultur heraus verstanden werden. Gesellschaftliche, kulturelle, soziale, politische und ökonomische Verhältnisse bedingen grundsätzlich einen Wandel der Erziehung.

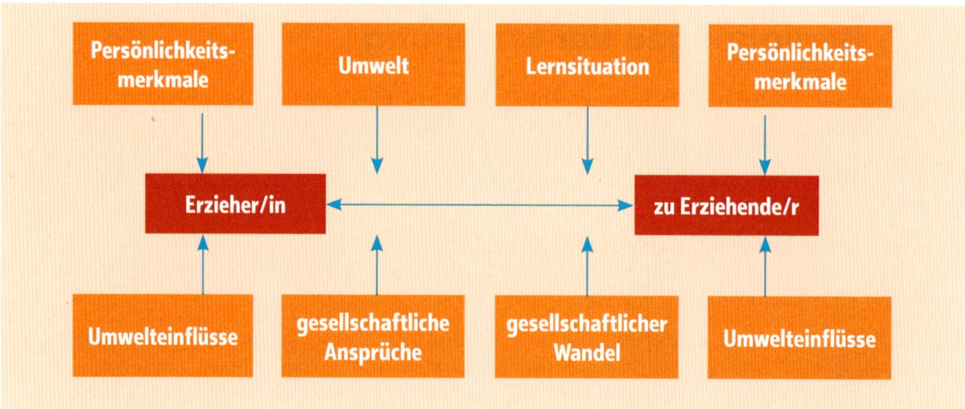

3.3.2 Die Begrenztheit erzieherischer Einflussnahme

Erziehung ist grundsätzlich eingebettet in eine natürliche, kulturelle, ökonomische und soziale Umwelt und kann nicht losgelöst von diesen Bereichen, die sich zum Teil überschneiden, gesehen werden. Diese Umweltbereiche können die **Erziehung unterstützen oder ihr entgegenwirken**, sie können sie begünstigen, aber auch einschränken.

> Es kann beispielsweise der Fall sein, dass Bekannte einer Familie mehr oder weniger bewusst durch ihr Verhalten die elterliche Erziehung unterstützen, während etwa gleichaltrige Freundinnen und Freunde diese eher erschweren können.

Die Umwelt kann die Erziehung begünstigen oder beeinträchtigen.

Erziehung kann demnach **nur aus der Verflochtenheit der an der Erziehung beteiligten Personen mit der sie umgebenden Umwelt verstanden werden**. Diese Sichtweise lässt Erziehung nicht als ein einfaches Ursache-Wirkung-Prinzip erscheinen, sondern eingebettet in eine Ganzheit: Die Entstehung von bestimmten Persönlichkeitsmerkmalen ist nicht das Ergebnis lediglich eines bestimmten Erzieherverhaltens, sondern wird durch eine Vielzahl von Bedingungen bestimmt.

> So ist beispielsweise die Behauptung, dass sich aggressives Verhalten allein auf die Erziehung zurückführen lässt, nicht haltbar; es ist durch eine Vielzahl von Bedingungen entstanden, an der auch die Erziehung beteiligt ist und dabei eine mehr oder weniger große Rolle spielt.

Erziehung ist demzufolge **immer nur begrenzt plan- und steuerbar**: Die Erzieherin/Der Erzieher kann einerseits viele positive Einflussmöglichkeiten für sich nutzbar machen; sie bzw. er kann versuchen, bestimmte Faktoren in den Griff zu bekommen; sie/er kann sie möglicherweise ändern oder so gestalten, dass sie ihren/seinen Absichten entsprechen oder zumindest nicht widersprechen.

> Ein Beispiel hierfür ist die Medienerziehung: Medien können die Entwicklung von Kindern fördern, wenn sie bewusst von Eltern und anderen Erzieherinnen und Erziehern eingesetzt werden. Dies kann sogar aus pädagogischen Gründen wünschenswert und erforderlich sein. So etwa kann man Sexualaufklärung effektiver mithilfe eines Bilderbuches oder eines entsprechenden Filmes durchführen. In vielen Fällen kann sich die Erzieherin/der Erzieher Medien positiv zunutze machen und auf symbolische Modelle aus den Medien zurückgreifen. Angesichts der Tatsache, dass Medien zum Beispiel auch negative Auswirkungen haben können und Gefahren in sich bergen, ist es notwendig, dass Eltern und andere Erzieher/innen eine bewusste Auswahl von Medien und Medieninhalten treffen. Sie müssen sich genau überlegen, welche Medien bzw. Inhalte sie auswählen, welche Fernsehsendungen oder Videos das Kind anschauen, was und wie lange es fernsehen, welche Zeitschriften und Bücher es lesen darf usw.

Andererseits muss die Erzieherin oder der Erzieher aber auch die **Grenzen der Erziehung**, die u.a. in der Umwelt liegen, sehen und erkennen, dass ***durch Erziehung nicht alles machbar ist***.

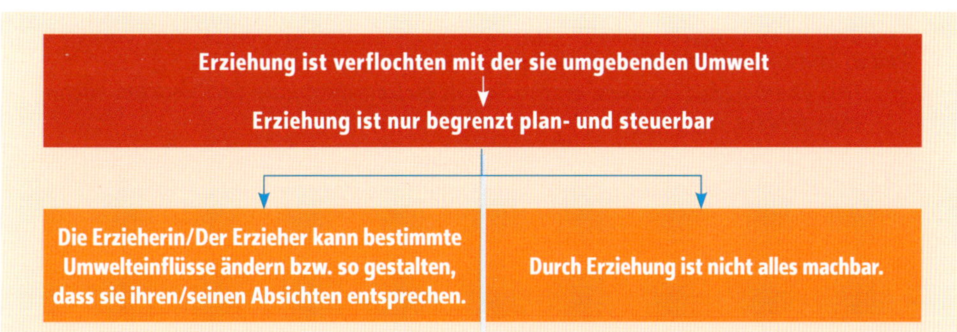

Auf den Punkt gebracht

- Erziehung geschieht nicht in einem isolierten Freiraum, sondern ist vielen bedeutsamen Einflussfaktoren ausgesetzt, die den Erziehungsprozess in einem nicht unerheblichen Maße (mit)bestimmen und den gesamten Komplex der Erziehung oft unüberschaubar machen. Die Erzieherin/Der Erzieher und die/der zu Erziehende, die Lernsituation die Umwelt sowie gesellschaftliche Ansprüche und gesellschaftlicher Wandel ergeben das Bedingungsfeld, in welchem sich Erziehung abspielt.
- Erziehung kann immer nur aus der Verflochtenheit der an der Erziehung beteiligten Personen mit der sie umgebenden Umwelt verstanden werden. Erziehung ist demzufolge immer nur begrenzt plan- und steuerbar, was aber nicht die „Auflösung von Erziehung" oder Resignation in der Erziehung bedeutet. Einerseits ist es dem/der Erzieher/in möglich, bestimmte Umwelteinflüsse zu ändern bzw. so zu gestalten, dass sie seinen/ihren Absichten entsprechen, andererseits muss die Erzieherin/der Erzieher aber die Grenzen der Erziehung sehen und erkennen, dass durch Erziehung nicht alles machbar ist.

Aufgaben – Wissen & Verstehen, Anwenden, Reflektieren

21. Beschreiben Sie anhand einer Erziehungssituation in einem Ihnen bekannten Lebensbereich (zum Beispiel Familie, Schule, Kindergarten) das Bedingungsfeld der Erziehung.

22. Beschreiben Sie am Beispiel einer pädagogischen Einrichtung (zum Beispiel Kindergarten, Schule, Jugendzentrum) die Bedeutung von Umwelteinflüssen für die Erziehung.

23. a) Erläutern Sie den gesellschaftlichen Wandel als Bedingung für pädagogisches Handeln.
b) Unterziehen Sie in Gruppen den in Teilaufgabe 23 a) erläuterten gesellschaftlichen Wandel einer kritischen Würdigung.
c) Stellen Sie der Klasse Ihre Würdigung vor.

24. Zeigen Sie an zwei Beispielen auf, wie Erzieher/innen Bedingungen der Erziehung so gestalten können, dass sie ihren Absichten entsprechen oder zumindest nicht widersprechen.

25. Erläutern Sie anhand eines Beispiels die Grenzen erzieherischer Einflussnahme.

Aufgabe zum gesamten Kapitel

26. Fertigen Sie in Gruppen einen hierarchischen Abrufplan zu dem Thema „Möglichkeiten und Grenzen der Erziehung" an:
→ Das Thema wird in einem ersten Schritt zu Begriffen bzw. Stichworten zusammengefasst.
→ Danach werden diese Begriffe in Oberbegriffe, Unterbegriffe, untere Unterbegriffe usw. gegliedert.

4 Grundlagen und Aufgaben der Erziehung

Sie können ...

1. *... den Begriff „Lernen“ bestimmen.*
2. *... wesentliche Merkmale von Erziehung aufzeigen.*
3. *... den Begriff „Autorität“ klären.*
4. *... verschiedene Vorstellungen von Erziehung darlegen und bedeutende reformpädagogische Erziehungskonzepte erläutern.*
5. *... die Montessori- und die Waldorfpädagogik beschreiben.*
6. *... die Aufgaben der Erziehung erläutern.*
7. *... Sozialisation und ihre Arten sowie verschiedene Sozialisationsträger beschreiben und diverse Sozialisationstheorien nennen.*
8. *... den Zusammenhang zwischen Erziehung und Gesellschaft erörtern.*
9. *... den Begriff „Bildung“ beschreiben und den Zusammenhang zwischen Erziehung und Bildung darstellen.*

4.1 Merkmale von Erziehung

Die Pädagogik hat es mit dem Menschen als ***Homo discens***, als lernendem Wesen, zu tun, das, wie in *Kapitel 2* ausgeführt, von Natur aus auf Lernen angewiesen ist und erst durch das Lernen zum Menschen im humanen Sinne wird. Der eigentliche Oberbegriff aller pädagogischen Bemühungen ist demnach der Begriff **Lernen**. Manche Erziehungswissenschaftler/innen wie zum Beispiel *Hermann Giesecke (2004[7], S. 47)* würden auch lieber von „Lernwissenschaft“ als von Erziehungswissenschaft sprechen.

4.1.1 Der Begriff „Lernen“

Häufig wird unter Lernen die Anhäufung von schulischem Wissen, die bewusste, teilweise anstrengende Arbeit des Einprägens und Übens von Begriffen, Wissen, Kenntnissen oder Fertigkeiten verstanden, zum Beispiel „Vokabeln lernen“, „Gedichte lernen“, „Tanzen lernen“ und „Skifahren lernen“.

Die Wissenschaft fasst diesen Begriff jedoch wesentlich weiter und versteht darunter zum einen den **Erwerb neuer bzw. die Änderung bestehender Verhaltens- und Erlebensweisen als Folge von Erfahrung und Übung**. Man spricht also nur dann von Lernen, wenn der Erwerb neuer und/oder die Änderung bestehender Verhaltens- bzw. Erlebensweisen durch die **Auseinandersetzung mit bestimmten Umweltsituationen** zustande kommt. Damit wird der Begriff „Lernen“ abgegrenzt von angeborenen Reaktionsweisen wie zum Beispiel das Angsthaben bei Lärm, von Reifungsvorgängen, die primär organisch bedingt sind, und von vorübergehenden oder andauernden Zuständen des Organismus wie Ermüdung, Stress, Rausch, Drogen, Krankheit u. a.

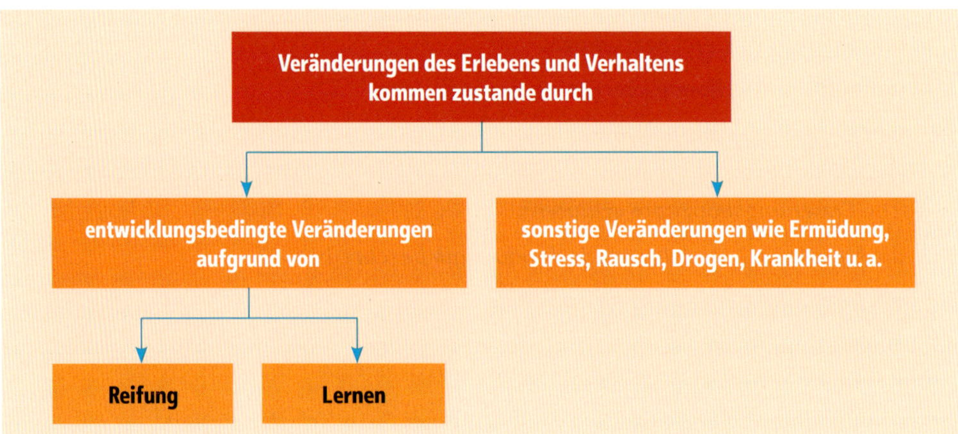

(Krapp, 1997[5], S. 82, verändert)

In der älteren Literatur wird der Begriff „Lernen“ eingeengt auf das beobachtbare Verhalten; neuere Ansätze berücksichtigen auch Veränderungen von Erleben wie beispielsweise Denken, Emotionen und Motivationen, Wertüberzeugungen und Einstellungen.

„Gewohnheiten sind das Uhrwerk unseres Lebens. Neue Erfahrungen sind seine Uhrzeiger.“
(André Maurois[1])

Dieses erworbene bzw. veränderte Verhalten und Erleben darf nicht nur zufällig zustande kommen, es muss den Augenblick überdauern, also **relativ beständig** sein.

Wenn ein Kind beispielsweise zufällig einmal das Hemd richtig anzieht, so spricht man hier nicht von Lernen.

Zum anderen umfasst Lernen neben dem Prozess des Erwerbs und der Änderung, also der **Aneignung**, auch den **Prozess der Verarbeitung von Informationen** und **der Speicherung**. Die Verarbeitung von Informationen beinhaltet die innere Organisation von Wissen und Fertigkeiten.

In neueren Ansätzen der Lernpsychologie beinhaltet der Begriff „Lernen“ den Aufbau und die Veränderung von ***kognitiven***[2] ***Strukturen*** aufgrund von Erfahrungen. Diese Strukturen zeigen sich aufgrund eines Lernprozesses in einer Änderung der Wissensstruktur. In sogenannten ***informationstheoretischen Konzepten*** wird Lernen als die Veränderung des Verhaltens und Erlebens aufgrund der stattfindenden Informationsverarbeitung gesehen.[3] In beiden Ansätzen werden Annahmen darüber angestellt, was im Organismus vor sich geht.

Im Prozess der Speicherung wird das Erworbene relativ andauernd gespeichert und kann bei Bedarf sofort abgerufen werden.

Das Lernen selbst ist ein Prozess, der **nicht beobachtbar** ist. Unmittelbar beobachtbar sind die Ursachen, die diesen Prozess ausgelöst haben, und die neue bzw. geänderte Verhaltens- oder Erlebensweise als Ergebnis des Lernvorganges. Wir können beobachten, wie sich ein Mensch in einer früheren Situation A und in einer späteren Situation B verhält. Daraus schließen wir auf dazwischenliegende Lernprozesse.

Man kann beispielsweise beobachten, dass das kleine Kind ein Wort spricht, zu einem späteren Zeitpunkt können wir wahrnehmen, dass es plötzlich schon zwei Wörter sagt. Den dazwischenliegenden Lernprozess können wir jedoch nicht beobachten.

Lernen stellt also immer einen **innerpsychischen Vorgang** dar, der nicht beobachtbar ist.

Lernen ist ein nicht beobachtbarer Prozess, der durch Erfahrung und Übung zustande kommt und durch den Verhalten sowie Erleben relativ dauerhaft erworben oder verändert und gespeichert werden.

---

[1] *André Maurois (1885–1967), ursprünglich Émile Herzog, war französischer Schriftsteller.*
[2] *cognoscere (lat.): erkennen; bezeichnet alle psychischen Vorgänge, die der Aufnahme, der Verarbeitung, der Speicherung sowie des Abrufens und Weiterverwendens von Informationen dienen (vgl. Kapitel 6.2.6)*
[3] *vgl. Kapitel 7.2.2*

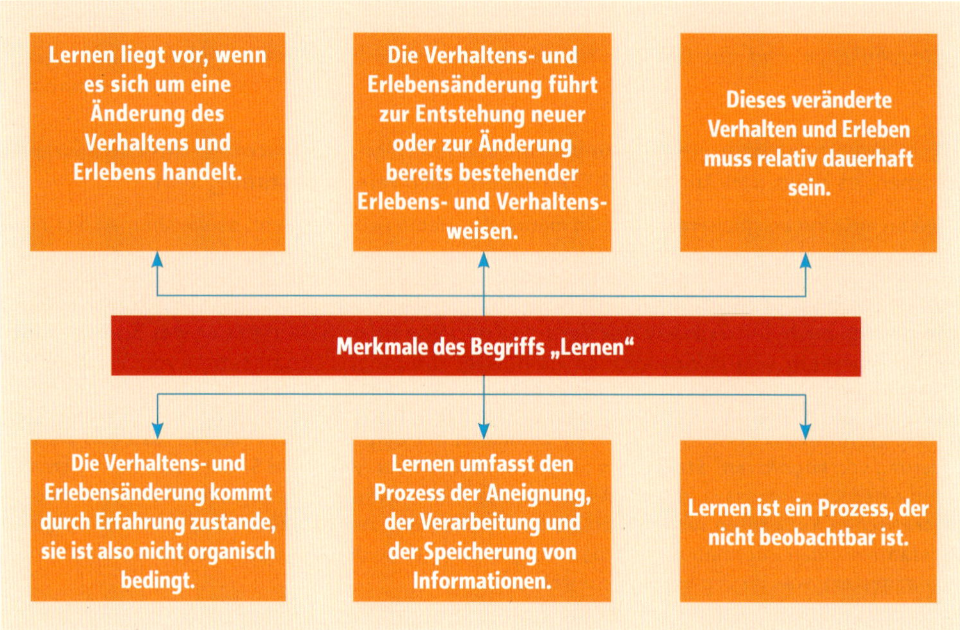

Im Hinblick auf die Erziehung können wir zwischen **intentionalem und funktionalem Lernen** unterscheiden: Intentionales Lernen umfasst alle Lernprozesse, die von einem selbst oder von anderen Personen mit einer bestimmten Absicht (= Intention) bewusst ausgelöst werden.

Karl-Heinz möchte das Skifahren lernen. Hierbei handelt es sich um einen Lernprozess, der bewusst mit einer bestimmten Absicht herbeigeführt wird.

Wir lernen aber auch vieles im Leben zufällig, ungeplant und ohne Absicht, meist gar nicht bewusst.

Karl-Heinz hat die Mimik und Gestik seines Vaters übernommen. Ihm ist das aber gar nicht bewusst.

Solche unbeabsichtigten, meist nicht bewusst wirksam werdenden Lernvorgänge bezeichnen wir als funktionales Lernen (vgl. *Giesecke, 2004[7], S. 64 f.*).

„Wir glauben, Erfahrungen zu machen, aber die Erfahrungen machen uns.“ *(Eugène Ionesco[1])*

4.1.2 Erziehung als wechselseitige Beeinflussung

Zur Erziehung gehören immer mindestens zwei Personen: eine **Erzieherin**/ein **Erzieher**, ***die/der bestimmte Lernprozesse bei der/dem zu Erziehenden herbeiführen, auslösen bzw. unterstützen*** will, und eine **zu Erziehende**/ein **zu Erziehender**, ***die/der diese Lernprozesse vollbringen muss***.

---

[1] *Eugène Ionesco (1909–1994) war französischer Dramatiker rumänischer Herkunft und einer der Hauptvertreter des absurden Theaters.*

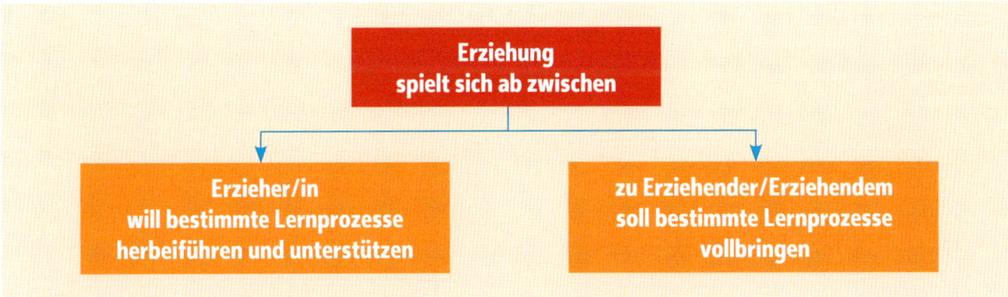

Erziehung ist damit eine ***gegenseitige Beeinflussung*** zwischen Erzieher/in und zu Erziehender/Erziehendem und wird als **soziale Interaktion** gesehen: Erzieher/in und zu Erziehende/r agieren und reagieren ständig aufeinander, beeinflussen und steuern sich gegenseitig.

Die Erzieherin bzw. der Erzieher beispielsweise schimpft mit dem Kind, weil es ein Glas hat fallen lassen. Sie/Er reagiert auf das Kind, zugleich ist dieses Schimpfen Anlass dafür, dass das Kind weint. Das wiederum ruft bei der Erzieherin/beim Erzieher hervor, dass sie/er das Kind in den Arm nimmt. Dieses hört daraufhin auf zu weinen.

Soziale Interaktion beschreibt das wechselseitig aufeinander bezogene Verhalten zwischen Menschen, das Geschehen zwischen Personen, die agieren und wechselseitig aufeinander reagieren, die sich gegenseitig beeinflussen und steuern.

Erziehung ist immer ein Wechselspiel von Aktionen und Reaktionen. In der Regel orientiert sich die Erzieherin/der Erzieher an dem Alter der/des zu Erziehenden, an ihren/seinen Interessen, Fähigkeiten und Fertigkeiten, an ihren/seinen Bedürfnissen und dergleichen. Die Erzieherin/Der Erzieher kann gar nicht anders – so der Erziehungswissenschaftler *Hans-Christoph Koller* (*2014*[7], *S. 60*) von der Universität Hamburg –, als sich in ihrem/seinem erzieherischen Handeln auf die „Intentionen" ihres/seines Gegenübers zu beziehen und einzustellen. Indem sie/er sich dem Verhalten der/des zu Erziehenden fortwährend anpasst und ihre/seine Handlungen auf sie/ihn abstimmt, verändert sie/er sich auch selbst.

Der Prozess der Erziehung verändert sowohl die/den zu Erziehende/n als auch den/die Erzieher/in selbst.

Die/Der zu Erziehende ist von vornherein auf wechselseitige Beziehung angewiesen: Nicht allein die Zuwendung und Feinfühligkeit[1] ist für die gesunde Entwicklung des Kindes von Bedeutung, auch angemessene Reaktionen auf seine Signale, die den frühen Kommunikationsprozess in Gang bringen und weiterentwickeln, sind wichtig. Zudem verstärkt das erwidernde Verhalten der Eltern seine Selbstwirksamkeit[2] und trägt auf diese Weise dazu bei, dass sich die/der zu Erziehende als aktiv Handelnde/r erlebt (vgl. *König, 2010, S. 24*).

---

[1] *Feinfühligkeit besteht darin, dass die Bezugsperson in der Lage ist, die kindlichen Signale wie zum Beispiel Weinen wahrzunehmen, sie richtig zu deuten und zu interpretieren sowie angemessen und prompt darauf zu reagieren (vgl. Kapitel 10.1.4).*

[2] *Selbstwirksamkeit: die eigene subjektive Überzeugung, bestimmte Verhaltensweisen ausüben und Situationen bewältigen zu können, etwas bewirken und sein Leben selbst kontrollieren zu können (vgl. Kapitel 7.1.5).*

„Responsives[1] *Verhalten gibt Kindern ein Gefühl von Sicherheit, welches das Neugierverhalten unterstützt und so Möglichkeiten eröffnet, neue Lernerfahrungen zu machen."*

(König, 2010, S. 24)

Eine wechselseitige Beziehung bleibt nicht nur in den ersten Lebensjahren, sondern in allen Erziehungssituationen und in jedem Alter wesentlicher Bestandteil der Erziehung.[2]

„Kinder lernen vor allem von Menschen in sozialen Interaktionen und durch emotionale Beziehungen zu ihnen. Deshalb hängt der Ertrag früher Bildungsprozesse von Beziehungs- und Bindungsprozessen ab". Das Handlungsmotiv eines Kindes liegt „nicht im Inhalt der Tätigkeit, zu der man das Kind auffordert, sondern in seinen Beziehungen zu den Erwachsenen."

(Ahnert, 2010, S. 239)

Wo die Beziehung nicht stimmt, hat Erziehung wenig Chancen.

Aus dieser Sicht ist es verwirrend, von ***Selbsterziehung*** zu sprechen: Erziehung geschieht immer im Wechselspiel zwischen der Erzieherin/dem Erzieher, die/der absichtlich bestimmte Lernprozesse herbeiführen und unterstützen will, und der/dem zu Erziehenden, die/der diese Lernprozesse bewältigen soll. Was auch immer mit „Selbsterziehung" gemeint sein mag, dieser Sachverhalt sollte eher „intentionales Lernen" genannt werden.[3]

4.1.3 Erziehung als Austausch von Informationen

Wer andere beeinflusst und steuert, teilt ihnen auch zugleich etwas mit, das heißt, bei jeder sozialen Interaktion werden Informationen vermittelt, aufgenommen und ausgetauscht. Diesen Teil der sozialen Interaktion bezeichnen wir als **soziale Kommunikation**.

Soziale Kommunikation ist derjenige Teil einer sozialen Interaktion, in welchem Informationen zwischen zwei oder mehreren Personen vermittelt, aufgenommen und ausgetauscht werden.

Erziehung ist auch stets soziale Kommunikation: Jedes Verhalten in einer Beziehung hat Mitteilungscharakter. Selbst wenn sich die Erzieherin/der Erzieher vom Kind abwendet oder die/der zu Erziehende mit ihrer Erzieherin/seinem Erzieher nicht mehr sprechen will, teilen sie sich gegenseitig etwas mit. In jedem Erziehungsprozess werden also Informationen ausgetauscht.

---

[1] *responsum (lat.): Antwort; responsiv: durch einen Reiz ausgelöste Reaktion*
[2] *Auf dieses Merkmal der Erziehung wird ausführlich in Kapitel 8.6.1 eingegangen.*
[3] *vgl. Abschnitt 4.1.1*

Manche Erziehungswissenschaftler/innen wie beispielsweise *Klaus Mollenhauer* (*1995*[4], *S. 84 ff.*) sehen Erziehung als **symbolischen Interaktionismus**[1]: Mit Interaktionismus wird die Theorie über die Wechselbeziehungen zwischen Personen bezeichnet (vgl. *Brumlik, 2006*[2], *S. 224*). Symbole[2] sind in diesem Zusammenhang bestimmte Schrift- oder Bildzeichen, Sinnbilder oder bestimmte Begriffe, die für einen bestimmten Sachverhalt stehen.

Das Wort „Hund“ zum Beispiel steht für eine bestimmte Tierart, ein „Fingerzeig“ für eine Belehrung. ←

Nach dem symbolischen Interaktionismus erfolgt der Informationsaustausch zwischen Menschen mithilfe von Symbolen, die für alle an der Kommunikation Beteiligten die gleiche Bedeutung haben (vgl. *Hobmair, 2014*[3], *S. 187*).

Solche Symbole sind in der Erziehung zum Beispiel ein grimmiges Gesicht, was bedeutet, dass die Erzieherin/der Erzieher ein bestimmtes Verhalten der/des zu Erziehenden nicht für „gutheißt“, der Fingerzeig, der für eine Belehrung steht, oder ein Schließen der Augen mit nach oben gehaltenem Daumen, was etwa „toll“ oder „gut gemacht“ ausdrückt. Auch Sprache besteht aus Symbolen. ←

Soziales Handeln wird von *George H. Mead* als Prozess symbolisch vermittelter Interaktion verstanden, in welchem wechselseitig Bedeutung ausgetauscht wird.

Eine Bezugsperson, die ein grimmiges Gesicht macht, vermittelt ihrem Kind bereits ohne Worte, was es tun soll, nämlich mit dem Schlagen auf den Kochtopf aufzuhören. Für das Kind ist klar, was die Bezugsperson will. Das Kind legt den Kochlöffel weg und teilt auf diese Weise seiner Bezugsperson mit, dass es aufhört, Krach zu machen. Durch das Umdrehen und Weggehen der Bezugsperson teilt sie ihrem Kind mit, dass jetzt wieder alles in Ordnung ist. ←

Damit findet ein ständiger wechselseitiger Interpretationsprozess durch Sender und Empfänger – in unserem Fall durch Erzieher/in und zu Erziehende/Erziehender – statt. Jeder Handlungssequenz wird eine Bedeutung für die Folgehandlung zugeschrieben. Erziehung vollzieht sich stets mithilfe von Symbolen, was zur Konsequenz hat, dass die erzieherischen Handlungen der Beteiligten von diesen wechselseitig interpretiert, gedeutet oder entschlüsselt und damit verstanden werden müssen (vgl. *Koller, 2014*[7], *S. 62*).

4.1.4 Erziehung als beabsichtigte Lernhilfe

Wenn Menschen miteinander in Beziehung treten, so tun sie das immer mit einer **bestimmten Absicht, sie verfolgen ein Ziel**. Und um dieses Ziel zu erreichen, tauschen sie miteinander Informationen aus und beeinflussen und steuern sich gegenseitig.

Menschen treten miteinander in Beziehung, um eine bestimmte Absicht, ein bestimmtes Ziel zu erreichen.

Auch in der Erziehung werden Ziele verfolgt: Die Erzieherin/Der Erzieher findet die zu Erziehende oder den zu Erziehenden in einem gewissen „Istzustand“ vor.

Das Kind kann beispielsweise noch nicht laufen und sprechen; es ist noch nicht selbstständig oder es sagt bzw. tut Dinge, die ihm schaden könnten. ←

Auf der anderen Seite hat die Erzieherin/der Erzieher einen „Sollzustand“ vor Augen.

---

[1] *Der symbolische Interaktionismus geht auf den Soziologen, Sozialphilosophen und Sozialpsychologen George Herbert Mead (1863–1931) zurück. Mead beschäftigte sich vorwiegend mit Interaktionen zwischen Einzelnen und Gruppen.*

[2] *symbolon (griech.): das Erkennungszeichen*

Das Kind soll beispielsweise laufen und sprechen können, soll selbstständig werden und ein Verhalten lernen, das es nicht gefährdet.

Aufgabe der Erzieherin oder des Erziehers ist es nun, durch **bestimmte Handlungen** das Verhalten und Erleben der/des zu Erziehenden **relativ dauerhaft** dahingehend **zu ändern**, dass Soll- und Istzustand übereinstimmen (vgl. *Brezinka, 1999[3], S. 81*). Erziehung strebt also stets ein Ziel an: Sobald die Erzieherin/der Erzieher auf die zu Erziehende bzw. auf den zu Erziehenden einwirkt, will sie/er etwas erreichen. Hat die Erzieherin oder der Erzieher kein Ziel mehr vor Augen, würde sie/er sich auch nicht mehr genötigt sehen, auf die zu Erziehende oder den zu Erziehenden Einfluss zu nehmen. **Erziehung ist also ohne Erziehungsziel undenkbar.**[1]

In diesem Zusammenhang wird gelegentlich von Erziehung als ***wertorientiertem Handeln*** gesprochen, womit ausgedrückt werden soll, dass erzieherische Handlungen stets bestimmten Werten und Normen verpflichtet sind (vgl. Koller, 2014[7], S. 52).

Zusammenfassend kann das Wesen der Erziehung folgendermaßen umschrieben werden:

Erziehung geschieht im Wechselspiel zwischen

- der/dem zu Erziehenden, die/der bestimmte Lernprozesse bewältigen muss,
- der Erzieherin/dem Erzieher, die/der diese Lernprozesse absichtlich und bewusst herbeiführt, auslöst oder unterstützt und mit bestimmten Handlungen das Verhalten und Erleben der/des zu Erziehenden relativ dauerhaft ändern will, und
- dem Erziehungsziel, das die Erzieherin/der Erzieher vor Augen hat.

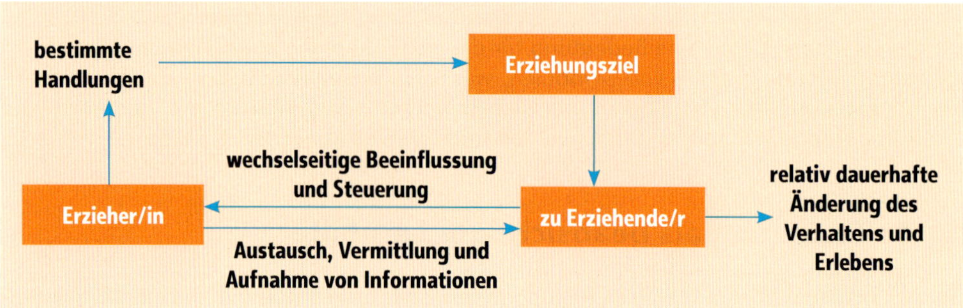

4.1.5 Erziehung als soziales Handeln

Wie aus dem *vorigen Abschnitt* hervorgeht, ist mit Erziehung immer ein **Handeln** verbunden, mit welchem die Erzieherin/der Erzieher ein ganz bestimmtes Ziel – ein Erziehungsziel – erreichen will.

Der Vater führt zum Beispiel ein Gespräch mit seinem Sohn, lobt oder ermahnt ihn und stellt ihm Belohnungen in Aussicht, um zu erreichen, dass der Sohn in der Schule mitlernt.

Handeln meint jede menschliche Aktivität, mit welcher bewusst und überlegt eine bestimmte Absicht, ein bestimmtes Ziel verfolgt wird.

[1] *vgl. hierzu auch Kapitel 8.1.1*

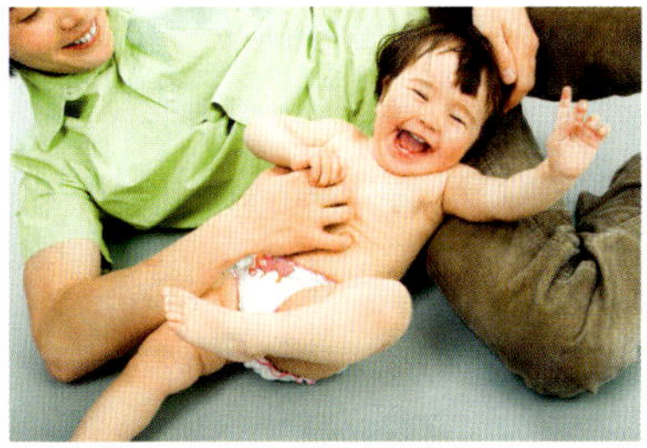

Erziehung ist **soziales Handeln**, welches im zwischenmenschlichen Kontakt von Erzieher/in und zu Erziehender/Erziehendem stattfindet. Erzieherische Handlungen werden „sozial" genannt, weil sie sich auf einen oder mehrere andere Menschen – auf die zu Erziehenden – beziehen. Pädagogisches soziales Handeln ist eine besondere Art des Handelns, welches **bewusst und willentlich auf andere Menschen bezogen** ist und auf die Gestaltung bzw. Veränderung von anderen Menschen abzielt.

„Soziales Handeln ist eine besondere Art des Handelns, die sich durch eine bestimmte Intention von anderen Arten unterscheidet: Es ist bewusst und willentlich auf andere Menschen bezogen; es ist sinnhaft orientiert am vergangenen, gegenwärtigen oder für künftig erwarteten Verhalten anderer." *(Brezinka, 1990[5], S. 75)*

Erziehung ist aus dieser Sichtweise ein ***bewusstes und überlegtes Handeln***; sie betrifft also nicht alle Arten des kindlichen und jugendlichen Lernens, sondern nur die, die bewusst und planmäßig zu diesem Zweck organisiert werden.

„Erziehung meint also immer nur das, was bewusst und planvoll zum Zwecke der optimalen kindlichen Entwicklung geschieht." *(Giesecke, 2004[7], S. 71)*

Gelegentlich werden in der Literatur unter Erziehung auch alle unbeabsichtigten, ungewollten Einwirkungen auf die zu Erziehende/den zu Erziehenden verstanden, soweit sie Wirkungen im Sinne der Erziehungsziele erkennen lassen; dieses ohne erzieherische Absicht erfolgende Lernen wird missverständlich ***funktionale Erziehung*** genannt. Davon wird dann die ***intentionale Erziehung*** unterschieden als ein mit erzieherischer Absicht (Intention) ausgeführtes soziales Handeln. Eine solche Ausweitung des Erziehungsbegriffes ist jedoch nicht sinnvoll: Erziehung ist stets soziales Handeln, das bestimmte Lernprozesse bewusst und absichtlich auslösen will, um ein bestimmtes Ziel zu erreichen. Erziehung ist nur als „intentionaler" Akt denkbar, dem unbeabsichtigte und nicht bewusste Einflüsse von allen möglichen Bereichen (zum Beispiel Medien, Gruppen, ungewolltes Vorbild der Eltern) gegenüberstehen.[1]

4.1.6 Der Begriff „Erziehung"

Geht man nun davon aus, dass bei einem sozialen Handeln die daran beteiligten Personen ständig wechselseitig aufeinander reagieren, sich gegenseitig beeinflussen und steuern, so kann man Erziehung als ein soziales Handeln definieren, welches bestimmte Lernprozesse bewusst und absichtlich herbeiführen und unterstützen will. Diese Lernprozesse streben solche dauerhaften Veränderungen des Verhaltens und Erlebens an, die bestimmten Erziehungszielen entsprechen.

Erziehung ist ein soziales Handeln, welches bestimmte Lernprozesse bewusst und absichtlich herbeiführen und unterstützen will, um relativ dauerhafte Veränderungen des Verhaltens und Erlebens zu erreichen, die bestimmten Erziehungszielen entsprechen.

Erziehung kann unmittelbar, ***direkt***, von Angesicht zu Angesicht, stattfinden oder mittelbar, ***indirekt***, indem der beabsichtigte Einfluss über eine Situation, ein Objekt oder über die entsprechende Gestaltung der Umwelt geschieht.

---

[1] *vgl. Kapitel 3.3.1*

Spricht beispielsweise die Erzieherin/der Erzieher mit der/dem zu Erziehenden, um sie/ihn „aufzuklären“, so handelt es sich um eine direkte Erziehung. Setzt die Erzieherin/der Erzieher jedoch ein Buch oder einen bestimmten Film ein, um ihrer/seiner „Aufklärungspflicht“ nachzukommen, so spricht man von indirekter Erziehung.

Sowohl erfolgreiche als auch erfolglose Bemühungen der Erzieherin/des Erziehers fallen unter den Begriff „Erziehung“. Dabei rechnet – wie es *Michael Winkler* (*2009*[9], *S. 74*) nennt – Erziehung mit „offenen Situationen“, das heißt, über ihren Ausgang lässt sich vorab nicht befinden.

Der Prozess der Erziehung darf nicht auf das Kindes- und Jugendalter beschränkt werden. Kulturelle Lebensbedingungen wandeln sich ständig und jedem Menschen wird ein lebenslängliches Um- und Weiterlernen abverlangt. So sind auch Erwachsene immer wieder auf erzieherische Lernhilfen angewiesen (zum Beispiel Erwachsenenbildung). Damit umfasst Erziehung auch Vorgänge wie Unterricht (schulisch organisierte Lernhilfe), Weiter- und Fortbildung, Umschulung oder auch Soziale Arbeit (vgl. *Brezinka, 1990*[5], *S. 92 f.*). Während jedoch bei Kindern und Jugendlichen die Erzieherin/der Erzieher die Verantwortung für die Erziehung trägt, beanspruchen Erwachsene Lernhilfen in der Regel in eigener Verantwortung.

Es geht „nicht mehr nur um das ‚Mündigwerden‘, sondern auch um das ‚Mündigbleiben‘, damit der volljährige Erwachsene in unserer hoch dynamischen, pluralen und komplexen Welt nicht wieder in Unmündigkeit zurückfällt.“ (*Weber, 1999*[8], *S. 233*)

Wesentliche Merkmale von Erziehung:

- **Erziehung ist beabsichtigte Lernhilfe:** Die Erzieherin/Der Erzieher will bewusst und absichtlich bei der/dem zu Erziehenden bestimmte Lernprozesse herbeiführen und unterstützen. Diese Lernprozesse muss die/der zu Erziehende vollbringen.
- **Erziehung ist zielgerichtet**: Die Erzieherin/Der Erzieher strebt mit zielgerichteten Handlungen solche dauerhaften Veränderungen des Verhaltens und Erlebens bei der/dem zu Erziehenden an, die bestimmten Erziehungszielen entsprechen.
- **Erziehung ist soziales Handeln**, welches zum einen auf andere Menschen bezogen ist und zum anderen immer bewusst und überlegt geschieht. Damit meint Erziehung nur diejenigen Arten des Lernens, welche willentlich und planmäßig zu diesem Zweck organisiert werden.
- **Erziehung ist soziale Interaktion**: Sie findet im zwischenmenschlichen Kontakt statt, in welchem Erzieher/in und zu Erziehende/r wechselseitig aufeinander reagieren, sich gegenseitig beeinflussen und steuern.
- **Erziehung ist soziale Kommunikation**, in der Informationen zwischen Menschen mithilfe von Symbolen vermittelt, aufgenommen und ausgetauscht werden. Diese Symbole haben für alle an der Kommunikation Beteiligten die gleiche Bedeutung. Erziehung ist demnach ein Prozess symbolisch vermittelter Interaktion, in welchem wechselseitig Bedeutung ausgetauscht wird.
- Die wechselseitige Beziehung zwischen Erzieher/in und zu Erziehender/Erziehendem ist durch eine **besondere zwischenmenschliche und persönliche Beziehung** gekennzeichnet. Von dieser Art und Weise, wie sich die persönliche Beziehung gestaltet, hängt in einem nicht unerheblichen Maße der Erfolg der Erziehung ab.

4.1.7 Autorität in der Erziehung

Die Frage, wie eine pädagogische Beziehung erfolgreich gestaltet werden kann und welche Erzieher/innen von der/dem zu Erziehenden auch akzeptiert werden, führt zu dem Problem der Autorität[1] in der Erziehung.

> **Autorität bedeutet das Innehaben von sozialer Macht und sozialem Einfluss über eine oder mehrere Personen.**

Autorität hat also diejenige Person, die soziale Macht über jemanden hat und daher sozialen Einfluss ausüben kann. **Erziehung ohne Autorität ist also nicht denkbar:** Macht und Einfluss sind entweder von vornherein gegeben und müssen erhalten oder neu erworben werden, wenn die Erzieherin/der Erzieher mit zielgerichteten Handlungen das Verhalten und Erleben der/des zu Erziehenden dauerhaft ändern will. Es geht also nicht – wie manchmal gefordert – um eine „autoritätsfreie Erziehung", sondern darum, wie die erziehende Person ihre Machtausübung auf die zu Erziehenden begründet, ***wie sie ihre Macht und ihren Einfluss legitimiert*** (vgl. *Metzger, 1976^3, S. 62 f.*):

- Die erziehende Person kann das Recht zu bestimmen, was geschieht, daraus begründen, dass sie mächtiger ist, dass sie die Macht besitzt anzuordnen, was ihr beliebt, und dass sie mit der/dem zu Erziehenden umgehen kann, wie sie es will. **Autorität beruht hier auf Zwang sowie persönlicher Willkür** und lässt sich nicht von der Sache her, um die es in der Erziehung geht, rechtfertigen. Diese Art von Autorität ist eher Ausdruck des Spiels mit der Macht als Ausdruck echter erzieherischer Förderung.

- Erzieherische Einflussnahme lässt sich aber auch von den Forderungen der Sache, die Erziehung notwendig macht, und von den Ordnungen des Zusammenlebens her begründen: ***Beeinflussung und Einwirkung sind notwendig für das Wohlergehen der/des zu Erziehenden, zur Abwendung von Schaden sowie zur Förderung und Entfaltung ihrer/seiner Persönlichkeit.***

> *Echte Autorität hat keine Anordnungen notwendig, „die nur den Zweck haben, zu beweisen, wer Herr im Hause ist, und auch keine, die nur ‚die Folgsamkeit prüfen' oder den Zögling ‚im Gehorsam üben' sollen. Auf Rückfragen nach dem Zweck einer Anordnung gibt es kein ‚weil ich es so will' und kein ‚weil ich es gesagt habe'."* (*Metzger, 1976^3, S. 63*)

Erzieherische Förderung ist ohne **sachlich begründete („echte") Autorität** undenkbar; sie verbreitet Einsicht und Akzeptanz der Anweisungen und Bestimmungen, Achtung vor der Erzieherin/dem Erzieher und ihren/seinen Anordnungen sowie Vertrauen. Von diesem Standpunkt aus ist Autorität eine Form von sozialem Einfluss, der dadurch entsteht, dass bestimmten Personen von anderen Personen eine Überlegenheit zugesprochen wird und diese auch Anerkennung findet.

Es ist genau zu unterscheiden zwischen ***autoritär und Autorität***: Autorität, die auf persönlicher Willkür beruht, arbeitet überwiegend mit autoritären Mitteln wie Zwang, Drohung, Strafe und Gewalt und setzt auf „blinden Gehorsam". Echte Autorität dagegen bedeutet, nicht autoritär zu sein.[2] *Alexander Sutherland Neill* (1883–1973) beispielsweise, der Begründer der Internatsschule Summerhill, besaß eine große pädagogische Autorität, die er sich mit nicht autoritären Mitteln erworben hatte.[3]

---

[1] *augere (lat.): fördern, mehren; wer den Anderen fördert, hat Ansehen (auctoritas, lat.: das Ansehen)*
[2] *Das autoritäre Erzieherverhalten ist in Kapitel 8.5.2 dargestellt.*
[3] *Abschnitt 4.2.2*

Wer Macht und sozialen Einfluss ausübt, fordert von der/dem Anderen **Gehorsam**. Autorität und Gehorsam sind also zwei aufeinander bezogene Begriffe. Gehorsam bedeutet, den Willen einer/eines anderen zu befolgen; gehorsam ist also derjenige Mensch, der tut, was man ihm sagt, und lässt, was man ihm verbietet.

Gehorsam bedeutet, den Willen eines Anderen zu befolgen.

Ohne Gehorsam ist Erziehung nicht möglich, es kommt jedoch auf die Art des Gehorsams an: Autorität, die auf Macht und Willkür beruht, fordert einen ***blinden Gehorsam***, bei dem man tut, was eine andere Person will, weil diese es so haben möchte. Sachlich begründete Autorität dagegen beruht auf ***einsichtigem Gehorsam***, bei dem man begreift, dass das, was die/der „Mächtigere“ will, sinnvoll und notwendig ist und keiner Willkür entspringt.

> *„Gehorsam soll immer nur ein Mittel sein, um das Kind zu einem sinnvollen Verhalten hinzuführen. Wird Gehorsam zum Zweck an sich, dient er nur noch der Durchsetzung von Macht...“*
> *(Largo, 2013[12], S. 33)*

Diese Einsicht ist jedoch nicht von vornherein vorhanden, sie muss durch Erziehung erst hervorgebracht werden.

→ So ist es zum Beispiel nicht möglich, mit einem 2-jährigen Kind zu verhandeln, ob es in die Steckdose fassen, auf das Fensterbrett steigen oder auf einer sehr befahrenen Autostraße spielen darf.

> *„Wenn ein Mensch nur gehorchen und nicht auch den Gehorsam verweigern kann, ist er ein Sklave.“*
> *(Erich Fromm[1], 1981, S. 369)*

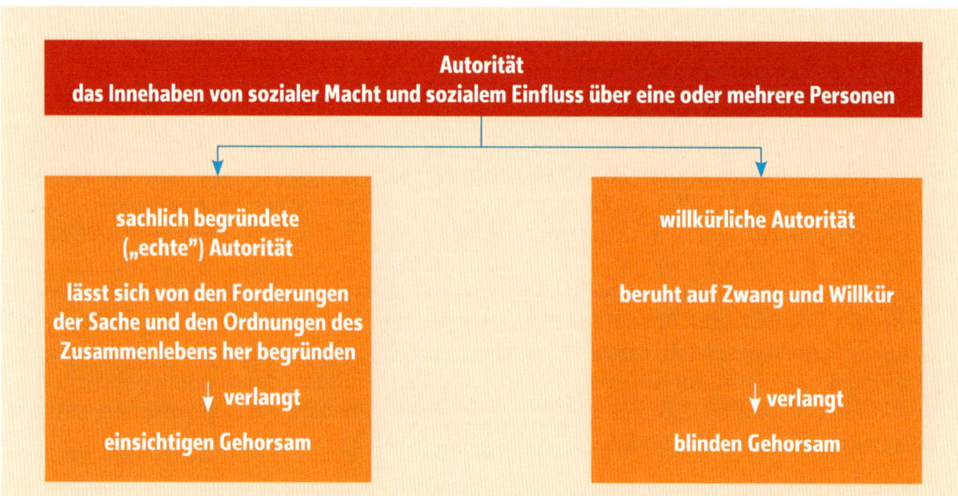

[1] *Erich Fromm (1900–1980) war deutsch-amerikanischer Neopsychoanalytiker. Vor allem seine Gesellschaftskritik fand auch außerhalb der Fachwelt große Beachtung.*

Auf den Punkt gebracht

- Lernen ist ein nicht beobachtbarer Prozess, der durch Erfahrung und Übung zustande kommt und durch den Verhalten sowie Erleben relativ dauerhaft erworben oder verändert und gespeichert werden. Erziehung ist ein soziales Handeln, welches bestimmte Lernprozesse bewusst und absichtlich herbeiführen und unterstützen will, um relativ dauerhafte Veränderungen des Verhaltens und Erlebens zu erreichen, die bestimmten Erziehungszielen entsprechen.
- Autorität bedeutet das Innehaben von sozialer Macht und sozialem Einfluss über eine oder mehrere Personen. Dabei geht es darum, wie Erzieher/innen ihre Macht und ihren Einfluss legitimieren: Autorität kann auf Zwang und persönlicher Willkür beruhen und blinden Gehorsam fordern; sachlich begründete („echte") Autorität hingegen lässt sich von den Forderungen der Sache und den Ordnungen des Zusammenlebens her begründen und verlangt einsichtigen Gehorsam. Gehorsam bedeutet, den Willen von Anderen zu befolgen.

Aufgaben – Wissen & Verstehen, Anwenden, Reflektieren

1. *Bestimmen Sie den Begriff „Lernen" und beschreiben Sie an einem Beispiel die Merkmale dieses Begriffes.*
2. *Erläutern Sie das Verständnis von „Erziehung als soziale Interaktion" an einem Beispiel aus Ihrer eigenen Erziehung.*
3. *Beschreiben Sie Erziehung als einen Prozess symbolisch vermittelter Interaktion, in welchem wechselseitig Bedeutung ausgetauscht wird.*
4. *Stellen Sie Erziehung als beabsichtigte Lernhilfe dar und erläutern Sie diese an einer Erziehungssituation aus der frühen Kindheit.*
5. *Beschreiben Sie an einer Erziehungssituation in einer pädagogischen Einrichtung (zum Beispiel Familie, Kindergarten, Schule, Heim) die Zielgerichtetheit der Erziehung.*
6. *Zeigen Sie anhand eines Beispiels, was „Erziehung als soziales Handeln" bedeutet.*
7. *Bestimmen Sie am Beispiel einer pädagogischen Einrichtung (zum Beispiel Kindergarten, Schule, Jugendzentrum) den Begriff „Erziehung".*
8. ***Fallbeschreibung „Max"***
   Der zehn Jahre alte Max ist seit drei Monaten in einem Heim für Kinder und Jugendliche untergebracht. Bei zu hohen Anforderungen an ihn oder Ärger mit den anderen Kindern in der Gruppe fängt er immer an zu kaspern. Zu dieser Zeit wird festgestellt, dass er sehr schlecht hört. Als er schließlich das Hörgerät erhalten hat, hoffen vor allem die Sozialpädagoginnen/Sozialpädagogen, dass es schnell aufwärts geht mit ihm.

   Max bekommt eine intensive Betreuung sowohl im schulischen als auch im sozialen Bereich. Er selbst ist sehr neugierig und wissbegierig, was die Sozialpädagoginnen/Sozialpädagogen in jeder nur erdenklichen Weise unterstützen. Will er bestimmten Anweisungen nicht Folge leisten, sagt er immer: „Ich höre dich nicht", und hält sich dabei die Ohren zu. Die einzelnen Sozialpädagoginnen/Sozialpädagogen reagieren darauf unterschiedlich: Die einen schimpfen, andere reden ihm lange gut zu und wieder andere nehmen ihn bei der Hand und führen mit ihm das durch, was er zu tun hat. Bei größerem Ärger mit Sozialpädagoginnen/Sozialpädagogen oder anderen Kindern der Gruppe sperrt er sich immer in der Toilette der Wohngruppe ein. Nach einiger Zeit finden die Sozialpädagoginnen/Sozialpädagogen heraus, dass er ca. 15 Minuten später von allein wieder herauskam und man dann mit ihm reden konnte.

a) Stellen Sie an diesem Beispiel „Erziehung als wechselseitige Beeinflussung" dar.

b) Beschreiben Sie an diesem Beispiel „Erziehung als einen Prozess symbolisch vermittelter Interaktion", in welchem wechselseitig Bedeutung ausgetauscht wird.

c) Bestimmen Sie den Begriff „Erziehung" und weisen Sie anhand der Merkmale dieses Begriffes nach, dass es sich in der Fallbeschreibung „Max" um Erziehung handelt.

9. „So erlebe ich Erziehung."
Stellen Sie mithilfe einer Collage dar, wie Sie Erziehung erleben und erlebt haben.

10. „So wünsche ich mir Erziehung."
→ *Reflektieren Sie in Gruppen Ihre eigene Erziehung unter folgenden Gesichtspunkten:*
- „So wünsche ich mir Erziehung."
- „So möchte ich meine eigenen Kinder erziehen."

→ *Bilden Sie einen Innenkreis, in welchem die vorher bestimmte Gruppensprecherin bzw. der Gruppensprecher Platz nimmt. Stellen Sie einen Sessel mehr in diesen Kreis – dieser bleibt aber leer. Die „restliche" Klasse bildet einen Außenkreis.*
→ *Die Gruppensprecherin bzw. der Gruppensprecher teilt den anderen Mitgliedern des Innenkreises ihre bzw. seine in der Gruppe diskutierten Vorstellungen über Erziehung mit. Wer jedoch aus dem Außenkreis etwas ergänzen oder sich an der Diskussion des Innenkreises beteiligen möchte, kann hineingehen, sich auf den leeren Sessel setzen, einen Beitrag leisten und dann wieder in den Außenkreis zurückgehen.*

11. Sina, 16 ½ Jahre alt, soll von ihrem Discobesuch spätestens um 22:30 Uhr zu Hause sein. Doch Sina kommt erst gegen 0:30 Uhr heim. Die Eltern warten auf sie...
→ *Spielen Sie die Situation zwischen den Eltern und Sina, die zu spät nach Hause kommt.*
→ *Halten Sie auf einem Blatt fest, wie die Eltern und Sina agieren und aufeinander reagieren und wie sie sich gegenseitig beeinflussen und steuern.*
→ *Diskutieren Sie im Anschluss über die Merkmale von Erziehung, die in dieser Situation zu erkennen waren.*

12. *Ist Autorität in der Erziehung notwendig oder können wir auf sie verzichten? Begründen Sie Ihre Ausführungen.*

13. *Bestimmen Sie die Begriffe „Autorität" und „Gehorsam" und zeigen Sie an einem Beispiel, dass Autorität und Gehorsam zwei aufeinander bezogene Begriffe sind.*

14. *Stellen Sie mit Bauklötzchen dar, wie Sie in Ihrer Erziehung Autorität erlebt haben. Sprechen Sie anschließend in Gruppen darüber.*

4.2 Pädagogische Konzepte

Im Zuge der Reformpädagogik und in jüngerer Zeit entstanden in Abhängigkeit vom Menschenbild und von bestimmten Vorstellungen über Erziehung neue pädagogische Konzepte, die bis heute nichts an Aktualität verloren haben.

4.2.1 Vorstellungen über Erziehung

Jeder Mensch geht bei seiner Erziehung von einem bestimmten **Menschenbild** aus, welches auch das Bild vom Kind beinhaltet. Je nach Menschenbild gibt es verschiedene Erziehungsvorstellungen. Bei einem Menschenbild handelt es sich um eine ***tief verankerte Überzeugung, um eine Vorstellung, die jemand vom Wesen des Menschen hat***.

Jean-Jacques Rousseau
(1712–1778)

So wird der Mensch etwa als ein „von Natur aus" aggressives Wesen gesehen, der dem anderen Menschen ein Wolf ist (*Thomas Hobbes*[1]) und der destruktive Antriebskräfte besitzt, die zu einem „Kampf aller gegen alle" führen. Nach anderen Vorstellungen wie beispielsweise der von *Jean-Jacques Rousseau*[2] ist der Mensch „von Grund auf" gut und muss nur in seiner Entfaltung gefördert werden.

Ein Menschenbild ist eine Überzeugung, eine Vorstellung, die jemand vom Wesen des Menschen hat.

Ein Menschenbild ist in eine bestimmte Weltanschauung oder Lehre eingebunden, die jemand vertritt. So gibt es beispielsweise ein christliches, ein buddhistisches, ein humanistisches, ein darwinistisches oder auch ein ökonomisches Menschenbild. Bei wissenschaftlichen Theorien bestimmt es in einem nicht unerheblichen Maße, worauf die Forscherin/der Forscher das Augenmerk lenkt und von welchen Fragestellungen sie/er ausgeht (vgl. *Flammer, 2009*[4], *S. 23*). Insofern ***besteht ein Zusammenhang zwischen dem Menschenbild der Wissenschaftlerin/des Wissenschaftlers und ihren/seinen theoretischen Aussagen***.

Abhängig von Menschenbild bzw. der Ansicht über das Wesen des Menschen gibt es verschiedene Vorstellungen über Erziehung. Die verbreitetste Auffassung ist die, durch Erziehung auf das Kind einzuwirken, damit es fähig wird, mit sich selbst zurechtzukommen sowie das kulturelle und soziale Leben bewältigen zu können. Hier wird ***Erziehung als „bewusstes Einwirken"*** verstanden, in der durch Handlungen bestimmte Fähigkeiten, Fertigkeiten, Bereitschaften, Eigenschaften, Kompetenzen und dergleichen hervorgebracht werden.

Eine weitere, aktuelle Auffassung ist, dass der Mensch von Natur aus entsprechende Wachstumspotenziale besitzt, die dadurch entfaltet werden, dass durch Erziehung mög-

---

[1] *Thomas Hobbes (1588–1679) war englischer Philosoph und Staatstheoretiker. Ihm wird der Satz „Homo homini lupus est." – Der Mensch ist dem Menschen ein Wolf – zugeschrieben. Doch Hobbes hat diesen Satz nur aufgegriffen. Er stammt von dem römischen Dichter Titus Maccius Plautus (250–184 v. Chr.).*

[2] *Jean-Jacques Rousseau (1712–1778) war Schriftsteller, Kulturkritiker und Erziehungstheoretiker. In seiner politischen Philosophie forderte er schon im 18. Jahrhundert gleiche Rechte für alle Bürger/innen in einem demokratischen Staat mit sozialer Kontrolle. Bekannt wurde Rousseau vor allem durch seinen Roman „Émile oder Über die Erziehung", der nachhaltigen Einfluss auf die heutige Pädagogik hat.*

lichst nicht in seine Entwicklung eingegriffen wird. Hier wird ***Erziehung als „Wachsenlassen"*** verstanden. Ihre Aufgabe besteht zum einen darin, dass sie als eine Art Resonanzboden zu fungieren hat, auf welchem sich das Kind aufgrund eigener Erfahrungen selbst regulieren kann. Zum anderen muss sie darauf achten, dass dieser Prozess nicht durch fragwürdige kulturelle bzw. gesellschaftliche Einflüsse gestört oder gar verhindert wird. Das Kind ist imstande, von sich aus alle lebensnotwendigen Erfahrungen zu erwerben, und es benötigt keine direkte Lernhilfe. Erziehung hat die Aufgabe zu verhüten, dass etwas gegen die Natur des Kindes geschieht; sie soll lediglich schädliche Umwelteinflüsse fernhalten, damit es ungestört und natürlich wachsen und sich entfalten kann.

Jean-Jacques Rousseau vertrat als Erster diese Auffassung des „Wachsenlassens". Die Reformpädagogik griff zu Beginn des 20. Jahrhunderts diesen Gedanken von Rousseau auf, indem sie das Schlagwort ***„Pädagogik vom Kinde aus"*** postulierte.

> *„Ruhig und langsam die Natur sich selbst helfen lassen und nur sehen, dass die umgebenden Verhältnisse die Arbeit der Natur unterstützen, das ist Erziehung. (...) Das eigene Wesen des Kindes zu unterdrücken und es mit dem anderer zu überfüllen, ist noch immer das pädagogische Verbrechen, das auch die auszeichnet, die laut verkünden: dass die Erziehung nur die eigene individuelle Natur des Kindes ausbilden solle!"* *(Key[1], 2000[2], S. 77)*

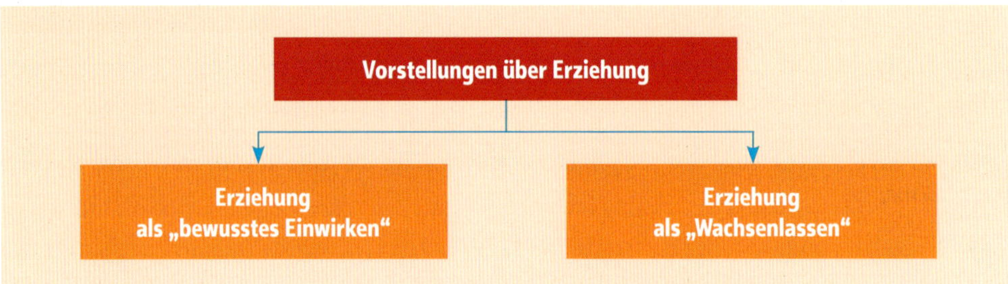

4.2.2 Reformpädagogische Erziehungskonzepte

In der Praxis schlugen sich die Ideen der Reformpädagogik vor allem in der **Freinet-** und **Reggio-Pädagogik**, in der **Montessori-Pädagogik**, in der **Internatsschule „Summerhill"** und den **Sudbury-Schulen**, in der **Arbeitsschul-** und der **Einheitsschulbewegung**, in den **Landschulheimen**, sowie in den **Jenaplan-** und **Daltonplan-Schulen** nieder.

Bei vielen reformpädagogischen Schulen fehlt die staatliche Anerkennung, so dass externe Prüfungen unter der Aufsicht des Staates abgelegt werden müssen.

Die Freinet-Pädagogik

Die Freinet-Pädagogik geht auf den französischen Lehrer *Célestin Freinet* (1896–1966) zurück und bedeutet ein reformpädagogisches Schulkonzept, welches eine lebensnahe und ganzheitliche Sichtweise von Lernen in natürlichen Lernanlässen mit basisdemokratischen Organisationsformen beinhaltet. Grundsätze der Freinet-Pädagogik sind die freie Entfaltung der Persönlichkeit, eine kritische Auseinandersetzung mit der Umwelt, die Selbstverantwortlichkeit des Kindes, Zusammenarbeit und gegenseitige Verantwortlichkeit. Das Kind wird als handelndes Subjekt gesehen, welches Konstrukteur seines eigenen

[1] *Ellen Key war eine schwedische Schriftstellerin und Reformpädagogin.*

Lebens ist. Dabei wird es ermutigt, seinen Lernprozess selbst zu gestalten und eigentätig zu entdecken, zu ertasten, zu experimentieren und zu versuchen (vgl. *Klein, 2007[4], S. 33*).

Lernen findet außerhalb der Schule oder in sogenannten ***Ateliers*** statt. Darunter werden Bereiche im Klassenzimmer verstanden, die einen Wirklichkeitsbezug aufweisen und eine motivierende Arbeitsatmosphäre schaffen sollen. Dabei werden hauptsächlich Materialien verwendet, die es den Schülerinnen und Schülern ermöglichen, sich selbst mit einem bestimmten Lerngebiet auseinanderzusetzen. Die Ateliers werden nach den Arbeitsbereichen der Schüler/innen strukturiert.

> *„Wer eine Freinet-Klasse betritt, findet sich unvermittelt in einer reichhaltigen Arbeitsatmosphäre voller Leben wieder. Parallel und, wie es scheint, ganz selbstständig arbeiten die Kinder an sehr unterschiedlichen Aufgabenstellungen."* *(Klein, 2007[4], S. 34)*

Schon bei der Organisation und Planung der Lernprozesse wirken die Kinder mit. Lernen soll nach *Freinet* nicht erzwungen, sondern von den Schülerinnen und Schülern als sinnvoll erlebt werden. Sie machen sich selbst ihren persönlichen Arbeitsplan und bedienen sich all der Materialien, die im Raum bereitstehen.

Solche Materialien sind je nach Arbeitsbereich zum Beispiel Nachschlagewerke, Arbeitskarteien oder Holz, Metall und Keramik, Musikinstrumente und dergleichen.

Das Lernen ist individuell: Während die einen schreiben oder mit Nachschlagewerken arbeiten, experimentieren die anderen mit Holz oder spielen auf einem Instrument. Die Schüler/innen kontrollieren sich selbst, ob und wie sie die Aufgaben gelöst haben.

Die Reggio-Pädagogik

Wie in allen reformpädagogischen Konzepten werden in der Reggio-Pädagogik, benannt nach der italienischen Stadt *Reggio Emilia*, Kinder als eigenständige Persönlichkeiten gesehen. Sie geht auf den Pädagogen *Loris Malaguzzi* (1920–1994) zurück. *Malaguzzi* setzte seine Ideen zuerst in Reggio Emilia um. Grundlage der Reggio-Pädagogik ist die Kommunikation aller am Erziehungsprozess beteiligten Personen. Eltern, Kinder, Erzieher/innen und Lehrer/innen tauschen sich regelmäßig über die pädagogische Praxis aus (vgl. *Brockschnieder, 2007[4], S. 42*).

Zentrum der Einrichtung ist deshalb die ***Piazza***, Treffpunkt der Generationen, Ort der Kommunikation, des Sehens und Gesehenwerdens und dergleichen (vgl. *Brockschnieder, 2007[4], S. 44*).

Nach *Wassilios E. Fthenakis* und *Martin R. Textor* (*2000, S. 183 ff.*) kann man die Reggio-Pädagogik durch folgende Merkmale näher charakterisieren (vgl. *Kühne/Wagner, 2009, S. 71 f.; siehe Info-Material im Bereich „Konzepte" unter: www.pro-kita.com; 28.02.2019)*

- Forschungsdrang und Kreativität sind den Kindern angeboren. Kinder sind die Konstrukteure ihrer eigenen Entwicklung. Deshalb werden sie als „Forscher/innen und Wissenschaftler/innen" betrachtet, die mit bestimmten Materialien selbstständig umgehen und experimentieren können. Ähnlich der Freinet-Pädagogik bieten die Lernräume viele Möglichkeiten zum Er-fassen und Be-greifen an.

> *„Es herrscht ein gewolltes und geplantes Nebeneinander unterschiedlichster Materialien und Medien. (...) Kinder sind hier nicht Benutzer von Vorfabriziertem, sondern Erfinder, Gestalter von Neuem. Alles ist variierbar, veränderbar."* *(Brockschnieder, 2007[4], S. 44)*

- Ganzheitliches Lernen spielt eine große Rolle. Den Kindern werden Erfahrungen im sozialen, emotionalen, körperlichen und geistigen Bereich ermöglicht.

- Künstlerisches Arbeiten und Möglichkeiten der Kommunikation (Sprechen, Zuhören, Mimik, Gestik) haben in der Reggio-Pädagogik einen hohen Stellenwert.
- Sehr bedeutend ist die Projektarbeit, deren Initiative auf die Kinder zurückgeht und die bei der Verwirklichung von ihren Erzieherinnen und Erziehern begleitet werden.
- Räume, die ästhetisch und anregend gestaltet sind, werden in Reggio-Einrichtungen als „aktive Gesprächspartner" des Kindes betrachtet.

Die Erzieherin bzw. der Erzieher versteht sich als Begleiterin bzw. Begleiter, die bzw. der das Kind selbstständig Erfahrungen sammeln lässt, ihm hohe Wertschätzung und Vertrauen entgegenbringt sowie Freiheit ermöglicht. Viele Reggio-Kindergärten haben ein „Kinderparlament". Kinder werden in die Planung miteinbezogen, um den Wünschen und Interessen dieser gerecht werden zu können.

Die Sudbury-Schulen und „Summerhill"

Sudbury-Schulen entstehen erst allmählich im deutschen Sprachraum. Seit 2008 gibt es die Neue Schule Hamburg, die sich auf die Sudbury Valley School (Framingham, Massachusetts) beruft und auf die Popsängerin *Nena*, zusammen mit drei weiteren Gründerinnen bzw. Gründern, zurückgeht.

***Nena** (* 1960) heißt eigentlich Gabriele Susanne Kerner und ist deutsche Popmusikerin. Mit dem Hit „99 Luftballons" erlangte sie 1983 internationale Bekanntheit.*

Sudbury-Schulen wie die Neue Schule Hamburg gehen davon aus, dass Kinder von sich aus neugierig sind und lernen wollen. Zentraler Bestandteil der Sudbury-Schulen ist deshalb, dass jede Schülerin bzw. jeder Schüler über ihre bzw. seine Zeit frei verfügen kann und selbst entscheiden kann, was, wann, wie und mit wem sie bzw. er lernt. Es gibt keine Klassenräume, keine Fächer, keinen Lehrplan und auch keinen Stundenplan. Die Kinder lernen altersübergreifend in Lerngruppen, es gibt denn auch keine Versetzungen. Unterrichtskurse werden erst abgehalten, wenn Schülerinnen und Schüler dies wollen. Grundsätze der Verwaltung und die Neueinstellung von Mitarbeiterinnen und Mitarbeitern werden von der Schulversammlung bestimmt, die sich einmal in der Woche trifft und in der jede Mitarbeiterin bzw. jeder Mitarbeiter und jede Schülerin bzw. Schüler eine Stimme hat. Lehrer/innen und Schüler/innen sind gleichberechtigt. Werden Schulregeln verletzt oder liegt eine Beschwerde vor, so ist hierfür das mehrheitlich von Schülerinnen und Schülern besetzte Justizkomitee zuständig.

Die Sudbury-Schulen haben sehr große Ähnlichkeit mit dem Konzept der *antiautoritären Erziehung* von *Alexander S. Neill*. Er gründete 1921 die private Internatsschule *Summerhill*, die es heute noch gibt und die von 5- bis 15-jährigen Buben und Mädchen besucht wird. Heute wird die Schule von seiner Tochter *Zoe Neill Readhead* geleitet.

Unterdrückung, Zwang, Machtausübung und emotionale Kälte wurden von den Befürworterinnen und Befürwortern der antiautoritären Erziehung abgelehnt. Antiautoritäre Erziehung *Neill'scher* Prägung ist gekennzeichnet durch ein hohes Maß an Wertschätzung und Verständnis[1] sowie durch einen größtmöglichen Raum an Freiheit für die zu Erziehenden. Sie geht vom „Guten im Kinde" aus, das Kind besitzt alle Voraussetzungen, am Leben interessiert zu sein und an ihm teilzuhaben. Erziehung muss sich nach *Neill* an den Interes-

[1] *vgl. Kapitel 8.6.2*

sen, Fähigkeiten und Bedürfnissen des Kindes orientieren (vgl. *Fromm, 2012[50], S. 14*). Wichtigstes Erziehungsziel ist der glückliche Mensch, wobei Glück für *Neill* etwa Wohlbefinden, Ausgeglichenheit, Lebensfreude und eine optimistische Lebenseinstellung, Aufrichtigkeit und vor allem Angstlosigkeit bedeutet.

Landschulheime

Landschulheime, auch ***Landeserziehungsheime*** genannt, sind Schulen mit einem Internat außerhalb größerer Städte. Ihre Ideen sind ganzheitlicher Unterricht, Orientierung am Kind, Leben und Erziehung in natürlicher Umgebung und Förderung der musischen Begabung. Ihr Begründer war der deutsche Reformpädagoge *Hermann Lietz* (1868–1919). Die bekanntesten Landschulheime sind die ***Odenwaldschule*** im hessischen Heppenheim, die aus finanziellen Gründen schließen musste, die ***Ecole d'Humanité***, eine Schweizer Internatsschule – beide gegründet von *Paul Geheeb* (1870–1961) – und ***Schloss Salem*** am Bodensee, das auf *Kurt Hahn* (*1886–1974*) zurückgeht.

Landschulheime sind nicht zu verwechseln mit Schullandheimen. Das sind Heimstätten abseits von größeren Städten in natürlicher Umgebung, in denen eine oder mehrere Schulklassen zusammen mit ihren Lehrerinnen und Lehrern über einen bestimmten Zeitraum – in der Regel eine bis drei Wochen – Tag und Nacht zusammenleben sowie dort unterrichtet, betreut und versorgt werden.

Die Arbeitsschule

Die Arbeitsschule zur Bildung breiter Bevölkerungsschichten geht auf *Georg Kerschensteiner*[1] zurück und will der Schülerin bzw. dem Schüler die Lerninhalte durch manuelle Selbsttätigkeit vermitteln. Entsprechend wird unter Arbeitsunterricht ein Unterricht verstanden, der sich durch eigenständiges Umgehen der Schülerinnen und Schüler mit gegebenen oder selbst ausgewählten Materialien und selbstständiges Finden von Ergebnissen auszeichnet.

Die Einheitsschule

Die Einheitsschule entstand aus den Forderungen, eine Schule für alle Menschen und der Erziehung ohne Trennung der Geschlechter (Koedukation) und der Konfessionen zu schaffen. Heute ist sie eine Form der Gesamtschule, in der das System der beweglichen Leistungsgruppen mindestens bis zur 9. Jahrgangsstufe etabliert ist.

Der Jenaplan

Der Jenaplan stammt von *Peter Petersen*[2] und enthält eine Form schulischen Lernens, welche die Nachteile der herkömmlichen Schule überwinden will: Auflösung der Jahresklassen zugunsten von Gruppen, die drei Jahrgangsstufen umfassen, sowie Ersetzen der Lerninhalte durch einen Wochenarbeitsplan (kein nach Fächern geordneter Stundenplan). Gruppenbezogenes Lernen, Gespräch, Arbeit, Spiel und Feiern nehmen einen hohen Stellenwert im Unterricht ein. Zudem werden über die Lernvorgänge im Schuljahr Berichte statt Zeugnisse angefertigt. Schulen, die den Jenaplan verwirklichen, werden Jenaplan-Schulen genannt.

---

[1] *Georg Kerschensteiner (1854–1932), Honorarprofessor an der Ludwig-Maximilians-Universität in München, war von 1895 bis 1919 Stadtschulrat in München.*
[2] *Peter Petersen (1884–1952) war Professor an der Universität Jena.*

Die Daltonplan-Schulen

Daltonplan-Schulen gehen auf den Daltonplan – genauer: Dalton Laboratory Plan – von *Helen Parkhurst*[1] zurück, der ein möglichst hohes Maß an Individualisierung und Differenzierung im Unterricht fordert. Die Jahrgangsklassen werden durch Fach- und Arbeitsgruppen ersetzt, um sich an den Neigungen, Interessen und Fähigkeiten der Schülerin bzw. des Schülers zu orientieren. Die Schülerin bzw. der Schüler kann unter verschiedenen Angeboten und Unterrichtsmaterialien unterschiedlichen Schwierigkeitsgrades auswählen sowie Zeitvorgaben, Form der Zusammenarbeit und der Leistungskontrolle selbst bestimmen (freedom). Zudem wird die Zusammenarbeit der Schülerinnen und Schüler sehr betont (cooperation). Und letztlich spielt das Erlernen der selbstständigen Planung und Organisation des Lernens eine große Rolle (budgeting time). Die erste Daltonplan-Schule im deutschsprachigen Raum war die ***Steyrer Handelsschule***, in der unter der Leitung von *Helga Wittwers und Georg Neuhausers* der Daltonplan umgesetzt wurde.

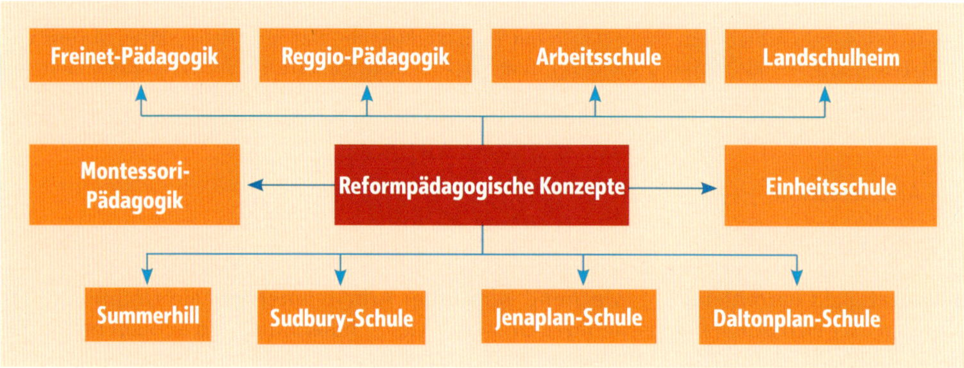

4.2.3 Die Montessori-Pädagogik

Maria Montessori *(1870-1952) war die erste Ärztin Italiens. Sie begann die Schriften von Jean-Marc Gaspard Itard und Édouard Séguin zu studieren. In den Werken dieser beiden Ärzte, die sich mit der Erziehung von Kindern mit einer Schwerhörigkeit und Taubheit sowie mit einer geistigen Behinderung beschäftigten, fand Montessori eine Reihe von Grundlagen und Anregungen für ihre eigene Arbeit mit Kindern. 1900 kam es unter Mithilfe von Montessori zur Gründung einer Schule, in der sie eine ideale Gelegenheit fand, die Prinzipien und Erziehungsmethoden von Itard und Séguin anzuwenden, sie weiterzuentwickeln und gleichzeitig den Lehrerinnen und Lehrern zu vermitteln. Im Jahre 1907 ergab sich für Montessori die Möglichkeit, ihre Methode an normal entwickelten Kindern zu erproben. Im Elendsviertel von San Lorenzo in Rom gründete sie ihr erstes Kinderhaus. In den darauffolgenden Jahren kam es zu weiteren Gründungen von Kinderhäusern.*

Montessori geht von der Existenz eines **inneren natürlichen Bauplans** aus, der die Entwicklung des Kindes leitet. Da dieser Bauplan jedoch weitgehend unbekannt ist, muss er

[1] *Helen Parkhurst (1887–1973) machte als Lehrkraft an einer Landschule in Waterville (USA) die ersten „Experimente" für die späteren Daltonplan-Schulen („Waterville-Experiment"). Später wurde sie Direktorin der grundschuldidaktischen Abteilung am „Central Teachers College" in Wisconsin (USA). 1920 erfolgt die Umsetzung ihrer Ideen – ihres Planes – an der Public High School Dalton (deshalb Daltonplan).*

wissenschaftlich erforscht werden. Dazu bedarf es einer genauen Beobachtung des Kindes. Zur Entwicklung braucht ein Kind eine Vielzahl von Umwelteindrücken. Mithilfe des **absorbierenden Geistes** – eine geistige Kraft mit der Fähigkeit, Umwelteindrücke aufzunehmen und sie im Unbewussten zu speichern – nimmt es während der ersten Lebensjahre ständig Reize aus der Umgebung in sich auf. Bei seiner Arbeit steht der absorbierende Geist unter der Lenkung zeitlich begrenzter, sensibler Perioden.

Unter einer sensiblen Periode versteht man einen bestimmten Zeitraum in der menschlichen Entwicklung, in welchem das Lebewesen für bestimmte Reize aus der Umwelt in einem besonderen Maße empfänglich ist.

Während eines solchen Zeitraumes konzentriert sich der absorbierende Geist auf jeweils ganz bestimmte Umweltreize. Durch dieses Absorbieren baut das Kind allmählich kulturelle Verhaltensweisen auf. Es lernt, sich in seiner Umwelt zurechtzufinden.

Montessori fordert eine neue Erziehung. Diese soll neben den erforderlichen hygienischen Notwendigkeiten besonders den inneren Bauplan sowie die psychischen Bedürfnisse von Kindern berücksichtigen. Um das dritte Lebensjahr richten Kinder ihr Interesse bewusst auf Objekte aus der Umgebung. Hier besteht die Möglichkeit, das Kind gezielt zu fördern. Hierzu hat *Montessori* eine Vielzahl von ***Arbeitsmaterialien*** bereitgestellt. Sie weisen in der Regel bestimmte Merkmale auf und erlauben es dem Kind, Fehler selbst zu erkennen und zu verbessern.

Montessori-Material

Das goldfarbige Perlenmaterial wird zur Einführung der Kinder in das Dezimalsystem benutzt. Es lassen sich Längen, Flächen und Volumen veranschaulichen.

Die Rahmen dienen dazu, verschiedene Fertigkeiten zu üben, die im täglichen Leben ständig gebraucht werden.

Sandpapierbuchstaben, die auf Holzbrettchen aufgeklebt sind (Konsonanten und Vokale auf verschiedenartigem Grund): Sie dienen zur Vorbereitung auf das Schreiben. Das Kind kann die Buchstaben mit dem Finger nachfahren und sie somit auch über die Motorik erfassen.

Die konstruktiven Dreiecke dienen zur Vorbereitung auf geometrische Formen.

Durch ihre Anziehungskraft fördern die Arbeitsmaterialien in der Motessori-Pädagogik die ***Eigeninitiative*** (Selbsttätigkeit) ***des Kindes***.

Zur kindlichen Umgebung gehört auch die bzw. der Erwachsene. Verhält sie bzw. er sich dem Kind gegenüber falsch, so verursacht sie oder er eine Abweichung der kindlichen Entwicklung von ihrem natürlichen Weg. Es kommt zur **psychischen Deviation**[1].

Unter psychischer Deviation versteht man nach Montessori die Abweichung der kindlichen Entwicklung von ihrem natürlichen Weg.

Diese kann jedoch korrigiert werden, indem das Kind sich **normalisiert**.

Unter Normalisierung bzw. Normalisation versteht man den Prozess, in dem das Kind zu seiner normalen Entwicklung zurückkehrt, die von seinem inneren Bauplan geleitet wird.

Hierzu braucht es aber eine vorbereitete Umgebung, denn allein durch die konzentrierte Arbeit mit dem Material gelangt es zur Normalisierung.

Das Kind entwickelt sich in einer vorbereiteten Umgebung.

Aus der geschilderten Sichtweise der kindlichen Entwicklung und der Bedeutung der Umgebung ergibt sich eine Reihe von Aufgaben für die Erzieherin bzw. den Erzieher. Ihr bzw. ihm obliegt es, die Umgebung vorzubereiten. Sie bzw. er gestaltet sie anziehend und macht das Kind mit dem Material vertraut. Somit wird die Voraussetzung für eine konzentrierte Arbeit und damit für die Normalisierung geschaffen.

Bedeutung der Umgebung bei der kindlichen Entwicklung:

- Die/Der Erwachsene achtet auf den inneren Bauplan des Kindes; es erfolgt keine Unterdrückung der natürlichen Entwicklung.
- Sie/Er kennt die psychischen Bedürfnisse des Kindes, die Umgebung ist deshalb den kindlichen Bedürfnissen angepasst.
- Die Umgebung ermöglicht eine gesunde Entwicklung und fördert sie.

---

[1] *deviare (lat.): (vom Weg) abweichen; die Abweichung*

4.2.4 Die Waldorfpädagogik

Die Waldorfpädagogik ist kein reformpädagogisches Konzept, sondern beruht auf *Steiners* Grundgedanken, die er **Anthroposophie**[1] nannte.

Anthroposophie ist die von Rudolf Steiner geschaffene Weltanschauungslehre vom Menschen und seinen besonderen geistigen und seelischen Entwicklungsmöglichkeiten.

Der Name „Waldorf" geht auf die erste Verwirklichung der werkseigenen Schule der Waldorf-Astoria-Zigarettenfabrik für die Kinder ihrer Arbeiter/innen zurück.

__Rudolf Steiner__ (1861 – 1925) promovierte als 30-Jähriger zum Doktor der Philosophie. Bald darauf erschien sein Buch „Die Philosophie der Freiheit". In diesem Werk fanden sich bereits wesentliche Grundgedanken seiner geisteswissenschaftlichen Lehre der Anthroposophie. 1913 erfolgte die Gründung der Anthroposophischen Gesellschaft, in der Steiner als Berater, Lehrer und Mitarbeiter tätig war. Sechs Jahre später entstand in Stuttgart die erste Waldorfschule. In der Folgezeit hielt Steiner eine Reihe von pädagogischen Kursen, Seminaren, Vorträgen und Veranstaltungen ab.

Rudolf Steiner sieht im Menschen ein Wesen, das aus Körper, Seele und Geist besteht. Will man richtig erziehen, so bedarf es einer genauen Kenntnis des ganzen Menschen. Die Anthroposophie versteht sich als Geisteswissenschaft und wendet eigene Arbeitsweisen an, mit deren Hilfe sie zu unmittelbaren Erkenntnissen über Geist und Seele kommt. Hieraus ergibt sich eine spezielle Sichtweise vom Wesen des Menschen. Der Mensch setzt sich demnach aus vier Wesensgliedern zusammen: einem **physischen Leib**, einem **Ätherleib**, einem **Astralleib** und dem **Ich**.

- Der physische Leib besteht aus chemischen Substanzen, die von sich aus kein Leben hervorbringen können.

  Der physische Leib ist ein menschliches Wesensglied, das aus Materie besteht und in dem chemische und physikalische Kräfte wirksam sind.

- Die dafür notwendigen Kräfte befinden sich im Ätherleib. Er bringt Wachstum und Fortpflanzung hervor und ist zusätzlich beim Menschen der Träger des Gedächtnisses, der Gewohnheiten und Neigungen.

  Der Ätherleib als zweites Wesensglied des Menschen ist Träger der Wachstums- und Fortpflanzungskräfte, der Gewohnheiten und Neigungen sowie des Gedächtnisses.

- Empfindungen wie Lust, Unlust und Begierde haben dagegen im Astralleib ihren Sitz.

  Der Astralleib als drittes Wesensglied ist Träger der menschlichen Empfindungen, insbesondere der Lust, Unlust und Begierde.

---

[1] *anthropos (griech.): Mensch, sophia (griech.): Weisheit; Erkenntnis vom Menschen*

- Das höchste Wesensglied stellt schließlich das Ich dar. Es ist der unsterbliche Wesenskern eines Menschen.

> **Das Ich als höchstes menschliches Wesensglied ist der Träger des Bewusstseins, der Individualität, des unsterblichen Wesenskerns des Menschen.**

Nach *Steiners* Auffassung werden diese vier Leiber zu unterschiedlichen Zeitpunkten geboren, sodass die menschliche Entwicklung einem ***Siebenjahresrhythmus*** folgt. Im ersten Jahrsiebt muss das Kind in Auseinandersetzung mit der Umwelt seine physischen Organe strukturieren. Es ist in dieser Zeitspanne vor allem ein nachahmendes Wesen. Im Alter von etwa sieben Jahren wird der Ätherleib geboren. Das Kind bedarf im besonderen Maße einer Person, zu der es aufschauen und die es bewundern kann. Mit dem Eintritt der Geschlechtsreife im dritten Jahrsiebt erfolgt die Verselbstständigung des Astralleibes. Die bzw. der Jugendliche ist nun zu sehr intensiven seelischen Empfindungen fähig. Im vierten Jahrsiebt wird das Ich geboren. Diese Zeitspanne zeichnet sich aus durch den Eintritt von Mündigkeit und Persönlichkeitsreife.

Aus diesem Entwicklungsverlauf ergeben sich erzieherische Aufgaben: In der **ersten Entwicklungsphase** muss die Erzieherin bzw. der Erzieher die Umwelt so gestalten, dass sich das Kind mit ihr tätig auseinandersetzt und seine physischen Organe strukturiert. Künstlerisch-musische Angebote sowie Möglichkeiten zum freien Fantasie anregenden Spiel dienen dabei der Erziehung des kindlichen Willens. Daneben sind Rhythmus und die Vorbildfunktion der Erzieherin bzw. des Erziehers von zentraler erzieherischer Bedeutung.

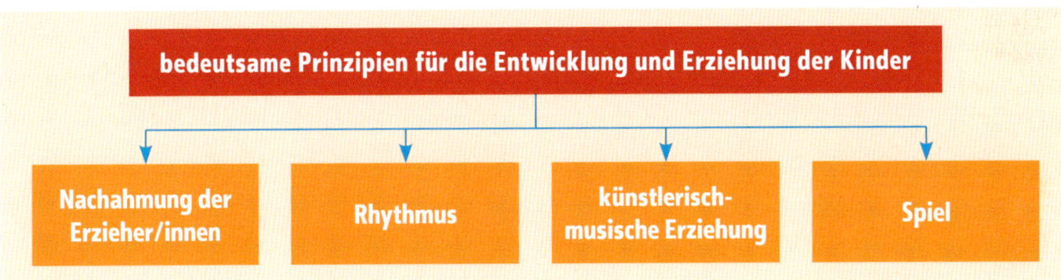

Im **zweiten Jahrsiebt** soll das kindliche Gedächtnis besonders gefordert werden. Ferner benötigen die Heranwachsenden vor allem die Autorität der Erzieherin bzw. des Erziehers, die von anderen Vorbildern aus der Geschichte ergänzt werden soll. Mit Eintritt der Geschlechtsreife erfolgt im **dritten Entwicklungsabschnitt** zunehmend die Förderung des Verstandes, die die Jugendliche und den Jugendlichen zur eigenen fundierten Urteilsfähigkeit befähigen soll. Im **vierten Jahrsiebt** findet keine Erziehung mehr statt, da sich der Mensch selbst steuert.

Waldorfschulen unterscheiden sich methodisch, didaktisch und organisatorisch stark von herkömmlichen Schulen. Als freie, unabhängige Einrichtungen bestimmen sie über die inneren Belange der Schule. Ein Schulverein fungiert als wirtschaftlicher und rechtlicher Träger der Einrichtung, die Lehrkraft ist in der Regel im Angestelltenverhältnis beschäftigt. Ihr werden große pädagogische Spielräume beim Erfüllen der Lehrpläne zugestanden. Die Elternarbeit wird in Waldorfeinrichtungen besonders betont und praktiziert.

Mithilfe spezieller Unterrichtsformen wie dem **Epochenunterricht**, der sich über drei bis vier Wochen in den ersten beiden Unterrichtsstunden erstreckt, will die Waldorfschule ein effektives und konzentriertes Arbeiten der Schüler/innen ermöglichen. Ein und dieselbe Lehrkraft führt die Schüler/innen vom 1. bis ins 8. Schuljahr. Die Notengebung wird in der Regel durch verbale Beurteilungen ersetzt. Der Verzicht auf eine Auslese nach dem Leistungsprinzip sowie auf das Wiederholen einer Schulstufe sticht ebenso besonders hervor wie das Betonen des praktischen und künstlerischen Tuns.

Auf den Punkt gebracht

- Ein Menschenbild ist eine Überzeugung, eine Vorstellung, die jemand vom Wesen des Menschen hat. Abhängig von Menschenbild und Ansicht über das Wesen der Erziehung gibt es verschiedene Vorstellungen über Erziehung, beispielsweise Erziehung als „bewusstes Einwirken" oder Erziehung als „Wachsenlassen". Entsprechend dem Menschenbild haben sich in jüngerer Zeit mehrere pädagogische Konzepte entwickelt wie zum Beispiel die Freinet- und Reggio-Pädagogik, die Internatsschule „Summerhill" und die Sudbury-Schulen, die Arbeitsschul- und die Einheitsschulbewegung, Landschulheime, Jenaplan- und Daltonplan-Schulen sowie die Montessori-Pädagogik und die Waldorfpädagogik.

Aufgaben – Wissen & Verstehen, Anwenden, Reflektieren

15. *Beschreiben Sie die Bedeutung des Menschenbilds in der Erziehung.*
16. *Zeigen Sie zwei verschiedene Vorstellungen von Erziehung auf und stellen Sie diese gegenüber.*
17. Internetrecherche und Biografie
    → *Suchen Sie in Gruppen im Internet nach Informationen über das Leben und Werk von:*
    - *Gruppe 1: Jean-Jacques Rousseau*
    - *Gruppe 2: Célestin Freinet*
    - *Gruppe 3: Hermann Lietz*
    - *Gruppe 4: Alexander S. Neill*
    - *Gruppe 5: Paul Geheeb und Kurt Hahn*
    - *Gruppe 6: Maria Montessori*
    - *Gruppe 7: Rudolf Steiner*

    → *Fertigen Sie eine Übersicht zur Biografie Ihrer jeweiligen Wissenschaftlerin/Ihres jeweiligen Wissenschaftlers an.*
    → *Erarbeiten Sie wichtige Abschnitte ihres/seines Lebens.*
18. *a) Geben Sie eine Übersicht über verschiedene pädagogische Konzepte.*
    b) Stellen Sie ein Konzept näher dar.
19. *Beschreiben Sie wesentliche Grundlagen der Montessori-Pädagogik.*
20. Das Montessori-Kinderhaus
    → *Machen Sie mit der Klasse und Ihren Lehrerinnen oder Lehrern eine Exkursion in ein Montessori-Kinderhaus und lassen Sie sich das didaktische Material zeigen und beschreiben.*
    → *Beobachten Sie die Kinder bei den Übungen des praktischen Lebens, die dem Anspruch der Montessori-Pädagogik entsprechend eine Hilfe zum Leben sein sollen.*
    → *Sprechen Sie in Ihrer Klasse über Ihre Eindrücke, die Sie im Montessori-Kinderhaus gewonnen haben.*
    → *Reflektieren Sie anhand der besuchten Institution die Pro und Contras von Montessori-Pädagogik in der Praxis.*
21. *Stellen Sie wesentliche Grundlagen der Waldorfpädagogik dar.*

22. *Unternehmen Sie mit der Klasse und Ihren Lehrerinnen oder Lehrern eine Exkursion in einen Waldorfkindergarten oder eine Waldorfschule. Notieren Sie Ihre Eindrücke und sprechen Sie anschließend in der Klasse darüber.*

23. Rollenspiel
An Waldorfschulen gibt es weder Noten noch das Wiederholen einer Klasse aufgrund schlechter Leistungen.
Spielen Sie eine „öffentliche Podiumsdiskussion", in der ein/e Vertreter/in oder mehrere Vertreter/innen der Waldorfpädagogik dieses Prinzip verteidigen und ein/e Vertreter/in oder mehrere Vertreter/innen des herkömmlichen Schulsystems versuchen, dieses Prinzip zu widerlegen.

24. *Rudolf Steiner* behauptet, industriell hergestelltes Spielzeug könne nicht dazu beitragen, die Fantasie des Kindes anzuregen.
Versuchen Sie, unter Berücksichtigung der in Kapitel 9.4 dargestellten Erkenntnisse diese Behauptung zu stützen oder zu widerlegen, indem Sie käufliches Spielzeug unter diesem Gesichtspunkt analysieren.

4.3 Aufgaben der Erziehung

Erziehung will Lernprozesse bewusst und absichtlich herbeiführen, um relativ dauerhafte Verhaltens- und Erlebensänderungen zu erreichen. Fragt man sich, warum Erzieher/innen das Verhalten und Erleben der/des zu Erziehenden zu ändern beabsichtigen, so kann Erziehung als Hilfe zur ***Eingliederung in Kultur und Gesellschaft sowie zur Entfaltung der eigenen Persönlichkeit*** verstanden werden.

4.3.1 Erziehung als beabsichtigte Hilfe zum Erlernen der Kultur

Der Mensch lebt immer in einer Kultur; er ist ein Kulturwesen, das seine kulturelle Lebensweise erlernen muss.[1] Diesen Vorgang des Erlernens der Kultur, der Übernahme der jeweiligen kulturellen Lebensweise bezeichnet man als **Enkulturation**.

Enkulturation bezeichnet das Erlernen der Kultur, den Prozess der Übernahme der jeweiligen kulturellen Lebensweise.

Enkulturation bedeutet nicht nur die Anpassung an die jeweils gegebene Kultur, sondern auch die Fähigkeit zu produktivem Neuschaffen und zur Veränderung von kulturellen Verhältnissen. Die Erziehung hat beim Erlernen der Kultur „Hilfestellung" zu leisten, sie ist aus dieser Sicht ***beabsichtigte Enkulturationshilfe***.

Erziehung ist jenes soziale Handeln, das beabsichtigte Hilfe und Unterstützung beim Erlernen der kulturellen Lebensweise bieten will.

[1] *vgl. Kapitel 2.2.2*

Dabei kommt es einerseits darauf an, Lernhilfen beim Erwerb von Kulturtechniken zu geben, welche die Erhaltung und Weitergabe der jeweiligen Kultur ermöglichen, wie etwa das Erlernen der Sprache, der Formen der Verständigung, Gefühle und Ausdrucksweisen, des Denkens, des Lesens und des Schreibens, des Wertebewusstseins und der Moralvorstellungen. Andererseits hat Erziehung auch solche Lernprozesse zu organisieren, die den Menschen befähigen, seine Lebensverhältnisse zu ändern bzw. neu zu gestalten. Hierher gehören Techniken wie Kritikfähigkeit, Kreativität, Produktivität, Engagement, Verantwortungsbewusstsein und die Fähigkeit, fehlerhafte Entwicklungen zu erkennen.

4.3.2 Erziehung als beabsichtigte Hilfe zum Erlernen des Sozialverhaltens

Der Mensch ist nicht nur ein kulturelles, sondern auch ein soziales Wesen, das auf eine gesellschaftliche Lebensweise hin angelegt und von Geburt an auf Mitmenschen und soziale Beziehungen angewiesen ist.[1] Diesen Vorgang des Erlernens des sozialen Verhaltens, den Prozess, in welchem der Mensch in der Gesellschaft bzw. in einer ihrer Gruppen handlungsfähig wird, bezeichnet man als **Sozialisation**.

Sozialisation bezeichnet das Erlernen des sozialen Verhaltens, den Prozess, in welchem der Mensch in der Gesellschaft bzw. in einer ihrer Gruppen handlungsfähig wird.

Die Erziehung hat es dabei mit der Herbeiführung und Unterstützung von Lernprozessen zu tun, die dem Hineinwachsen des Menschen in „seine" Gesellschaft dienen. Aus dieser Sicht ist sie ***beabsichtigte Sozialisationshilfe***.

Erziehung ist auch jenes soziale Handeln, das beabsichtigte Hilfe und Unterstützung beim Erlernen des sozialen Verhaltens bieten will.

Um sich sozial verhalten zu können, muss der Mensch die **sozialen Werte und Normen** der betreffenden Gesellschaft bzw. Gruppe erlernen. Soziale Werte drücken Vorstellungen aus, was eine Gesellschaft für „wünschenswert" bzw. „erstrebenswert" hält, und bilden allgemeine Orientierungsmaßstäbe für das Verhalten von Menschen in einer Gesellschaft.

→ Solche erstrebenswerten Vorstellungen und Orientierungsmaßstäbe in unserer Gesellschaft sind zum Beispiel Ehrfurcht vor dem Leben, Ehrlichkeit, Wahrhaftigkeit, Selbstverwirklichung und Lebensqualität.

Soziale Werte sind in einer Gesellschaft oder in einer ihrer Gruppen vorherrschende Vorstellungen über das Wünschens- und Erstrebenswerte und bilden allgemeine Orientierungsmaßstäbe für das Verhalten von Menschen.

Jede Gesellschaft besitzt Werte, ohne die ein Zusammenleben nicht möglich wäre; sie bilden sozusagen die **Grundlage eines jeden Zusammenlebens**. Das grundsätzliche Verhalten der Menschen, ihr Tun und Lassen, wird durch sie angeregt, ***motiviert***. Werte sind von entscheidender Bedeutung für das menschliche Handeln, für die Motivation des Handelns überhaupt, und der Mensch bezieht aus solchen Werten die Grundlage seines Engagements. Werte geben einer Gesellschaft auch Sinn und Bedeutung.

---

[1] *vgl. Kapitel 2.2.3*

In der heutigen Zeit gewinnt aufgrund des beklagten gesellschaftlichen „Wertemangels“ bzw. „Werteverlusts“ die Erziehung zu Werten wieder an Bedeutung. Doch ein gesellschaftlicher Konsens in Bezug auf „richtige“ Werte in der Erziehung ist in einer pluralistischen und multikulturellen Gesellschaft nur sehr schwer möglich.

Soziale Werte bilden das Grundelement menschlicher **Einstellungen**, auch **Haltungen (attitudes)** genannt: Wertvorstellungen wirken als gemeinsame Einstellungen, indem ein bestimmtes Objekt – Personen, Einrichtungen, Gegenstände oder Sachverhalte – aufgrund der verinnerlichten Werte positiv oder negativ bewertet wird. Die Mitglieder einer Gesellschaft stehen der Vielfalt an Personen, Einrichtungen, Gegenständen und Sachverhalten grundsätzlich nicht neutral gegenüber, sondern bewerten diese positiv oder negativ, haben bestimmte Vorstellungen von ihnen und verhalten sich entsprechend. Eine solche Tendenz, die dadurch zum Ausdruck kommt, ein bestimmtes Objekt mit Zustimmung oder Ablehnung zu bewerten, wird als **soziale Einstellung** bezeichnet.

Als soziale Einstellung wird die Tendenz eines Individuums bezeichnet, ein bestimmtes Objekt positiv oder negativ zu bewerten.

Soziale Werte sind in unterschiedlicher Weise auslegbar und sagen der/dem Einzelnen bzw. einer Gruppe oder Gesellschaft nichts darüber, wie sie zu erfüllen sind und wie nach ihnen gehandelt werden soll. Doch jede Gesellschaft muss sich darüber Gedanken machen, wie Werte zu realisieren sind.

Für viele Eltern gilt beispielsweise Anstand als erstrebenswert. Dieser Wert als solcher sagt noch nichts darüber aus, wie er „realisiert“ werden soll. Es gibt hierzu verschiedene Ausführungsbestimmungen, die von Kultur zu Kultur unterschiedlich sind – zum Beispiel, dass man grüßt, wenn man einer/einem Bekannten begegnet, dass man beim Essen nicht rülpst und dass man sich bedankt, wenn man ein Geschenk bekommt.

Solche Ausführungsbestimmungen, die das Tun und Lassen der Mitglieder einer Gesellschaft oder Gruppe regulieren, werden als **soziale Normen**[1] bezeichnet.

Soziale Normen sind mehr oder weniger verbindliche Verhaltensvorschriften, die bestimmen, wie die Werte einer Gesellschaft oder Gruppe zu erfüllen und zu befolgen sind, und so das Tun und Lassen der Mitglieder dieser Gesellschaft oder Gruppe regulieren.

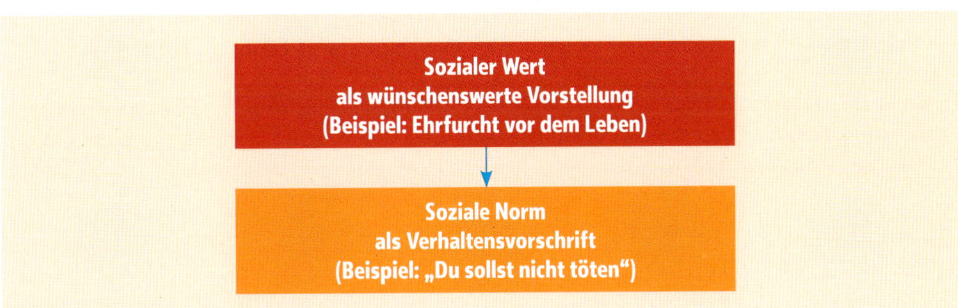

Verhaltensvorschriften im Sinne von sozialen Normen sind immer mit bestimmten **Verhaltenserwartungen** verbunden.

[1] *norma (lat.): Winkelmaß, Richtschnur, Regel*

→ So erwartet man von einer Lehrerin/einem Lehrer, dass sie/er einen guten, anregenden und mitreißenden Unterricht hält, dass sie/er gerecht beurteilt usw. Ebenso sehen sich auch Mütter und Väter in der Familie vielen Erwartungen, zum Beispiel seitens ihrer Partnerin/ihres Partners und ihrer Kinder, ausgesetzt.

Solche Verhaltenserwartungen sind immer an eine **soziale Position** gebunden, das ist der Platz, den ein Individuum in einem sozialen Gebilde[1] einnimmt.

→ So nimmt die Lehrerin und der Lehrer neben der Schulleitung, dem Verwaltungspersonal, den Schülerinnen und Schülern u. a. eine bestimmte soziale Position in dem System „Schule" ein, die Mutter und der Vater im System der „Familie".

Die Gesamtheit an Verhaltenserwartungen, die an eine soziale Position gestellt werden, wird als **soziale Rolle** bezeichnet. Jeder Mensch erfüllt in einer Gesellschaft und im Laufe seines Lebens eine große Anzahl sozialer Rollen.

Die Gesamtheit der Verhaltenserwartungen, die an eine soziale Position gestellt werden, bezeichnet man als soziale Rolle.

Aus dieser Sicht wird Sozialisation als das Erlernen und Übernehmen von sozialen Rollen verstanden, die die/der Einzelne in der Gesellschaft auszuüben hat. Diesen Aspekt der Sozialisation hebt vor allem der Begründer der strukturfunktionalen Theorie, *Talcott Parsons* (1902–1979), hervor.

Während dieses Prozesses lernt das Kind allmählich, welche Wert- und Normvorstellungen sowie Einstellungen bzw. welche Verhaltenserwartungen erwünscht sind. Zunächst orientiert es sich ausschließlich an Geboten und Verboten, die ihm von Eltern und anderen Erzieherinnen und Erziehern auferlegt werden. Mit der Zeit verinnerlicht es diese Vorschriften und bildet so ein **Gewissen** aus, welches für eine Übereinstimmung des menschlichen Verhaltens mit den Wert- und Normvorstellungen sowie mit den Verhaltenserwartungen einer Gesellschaft bzw. einer ihrer Gruppen sorgt.

Gewissen ist diejenige Instanz, die das menschliche Verhalten hinsichtlich seiner Übereinstimmung mit den Wert- und Normvorstellungen sowie mit den Verhaltenserwartungen einer Gesellschaft bzw. einer ihrer Gruppen gleichsam als „innere Stimme" reguliert.

[1] *Soziales Gebilde bezeichnet eine soziale Einheit, die aus mehreren Personen besteht und in der soziale Beziehungen sowie soziales Handeln stattfinden, wie zum Beispiel die Gruppe oder Gesellschaft (vgl. Hobmair 2014[3], S. 19).*

Häufig wurde und wird Sozialisation lediglich als Eingliederungsprozess eines Individuums in die Gesellschaft oder in eine ihrer Gruppen verstanden. Neuere Ansätze kritisieren die Einseitigkeit einer Begriffsvorstellung, die Sozialisation lediglich als ***Vergesellschaftungsprozess*** auffasst, in welchem das Subjekt eher passiv gesehen wird. *Klaus Hurrelmann* (*2006⁹, S. 7*), einer der bedeutendsten Sozialisationsforscher der heutigen Zeit, geht davon aus, dass sowohl gesellschaftliche als auch persönliche Faktoren den Prozess der Sozialisation beeinflussen und dass der Mensch selbst aktiver Erschließer und Gestalter seiner Umwelt ist. Deshalb wird in der Gegenwart der Sozialisationsprozess allgemein als ein Vorgang gesehen, in dem einerseits der Mensch als Mitglied der Gesellschaft in dieser handlungsfähig wird und durch den sich andererseits die Gesellschaft erhält und reproduziert – und dies eben durch die Tatsache der gesellschaftlichen Handlungsfähigkeit ihrer Mitglieder.

Sozialisation ist nicht mit dem Ende der Kindheit oder des Jugendalters abgeschlossen, sie bleibt ein lebenslanger Prozess. In jeder Gesellschaft ändern sich die sozialen Verhaltenserwartungen und -muster, sodass der Mensch in seinem ganzen Lebenslauf auf ein Um- und Weiterlernen angewiesen ist. In der Forschung der Sozialisation unterscheidet man deshalb auch verschiedene ***Phasen der Sozialisation***:

- Die **primäre Sozialisation** in der frühesten Kindheit, in welcher die Voraussetzungen für alle späteren sozialen Lernprozesse geschaffen werden: In dieser Phase werden die Grundlagen für Werte und Normen, Einstellungen und Verhaltenserwartungen gelegt. Untersuchungen, vor allem unter dem Einfluss der Psychoanalyse, haben ergeben, dass die Prägekraft in der frühesten Kindheit, besonders im ersten Lebensjahr, sehr groß und für den weiteren Sozialisationsvorgang von enormer Bedeutung ist.[1]

  Von einer primären Sozialisation sollte man nach *Benno Biermann* (*2013⁶, S. 51*) nur dann sprechen, wenn diese am Beginn der menschlichen Entwicklung steht und innerhalb solcher sozialer Beziehungen stattfindet, die für den Menschen „grundlegend" sind. Aus diesem Grund wird statt von primärer auch von **basaler Sozialisation** gesprochen. Als ***Sozialisationsträger*** fungieren in der Regel die ***Familie*** und andere „engere" Bezugspersonen des Kindes wie zum Beispiel die Großeltern oder die Tageseltern und Kindergartenpädagoginnen bzw. Kindergartenpädagogen.

---

[1] *vgl. Kapitel 2.3.1*

- Die **sekundäre Sozialisation** in der späteren Kindheit bis einschließlich dem Jugendalter, in der ausgebaut bzw. verändert wird, was in der primären Sozialisation angelegt wurde: In diese Phase fällt auch das Jugendalter, in welchem die/der Jugendliche wichtige Entwicklungsaufgaben zu erfüllen hat. Träger der sekundären Sozialisation sind vorschulische Einrichtungen, insbesondere der Kindergarten, Schulen, Gleichaltrigengruppen (Peergroups) und Massenmedien, die oft in erheblichem Maße den Elterneinfluss überlagern.
- Die **tertiäre Sozialisation**, die gelegentlich auch als Erwachsenensozialisation bezeichnet wird und in der es vor allem um Entwicklungsaufgaben geht, die ein/e Erwachsene/r zu erfüllen hat: Sie wird als Prozess angesehen, der ein Leben lang andauert.

Solche Aufgaben sind zum Beispiel die Partner/innenwahl, Familiengründung oder der Einstieg in die Berufsrolle, welche Anpassungen eigener Art verlangen.

In mancher neueren Literatur wird zudem von einer ***quartären Sozialisation*** gesprochen, in der es um besondere Anpassungsprobleme im Alter geht, das neue Gestaltungsmöglichkeiten einschließt.

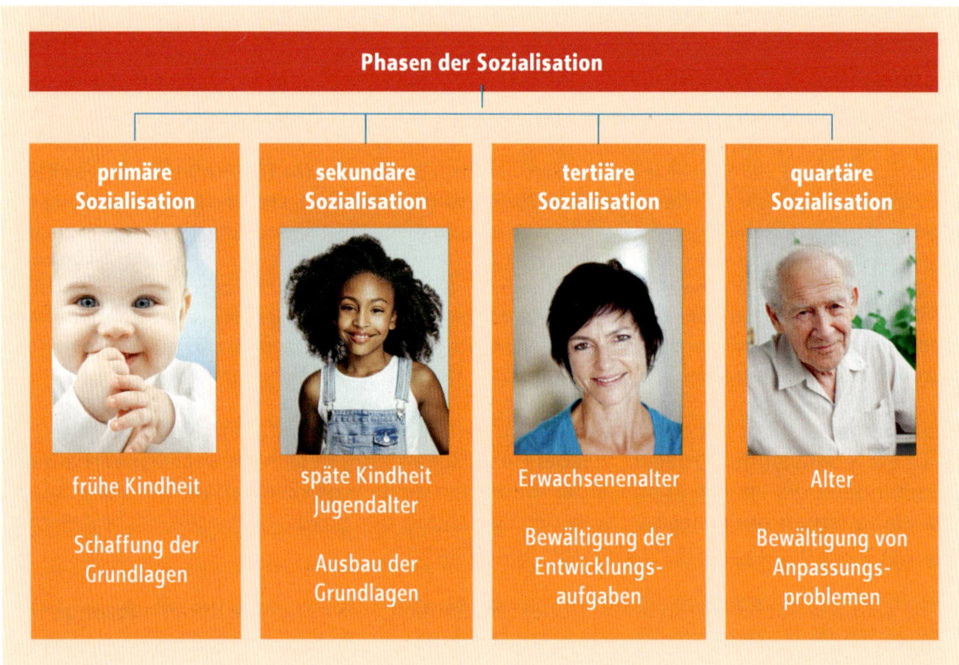

4.3.3 Theorien der Sozialisation

In Bezug auf die Erforschung der Sozialisation haben sich verschiedene Theorieansätze herausgebildet. Häufig werden sie eingeteilt in **psychologische und soziologische Theorien** der Sozialisation.

In der Psychologie haben sich vor allem **Persönlichkeitstheorien**, insbesondere die ***Psychoanalyse*** von *Sigmund Freud* und die ***Individualpsychologie*** von *Alfred Adler*, **Entwicklungstheorien** wie zum Beispiel die ***Theorie der kognitiven Entwicklung*** von *Jean Piaget*, die ***Theorie der psychosozialen Persönlichkeitsentwicklung*** von *Erik H. Erikson* oder die

ökologische Theorie von *Urie Bronfenbrenner* und **Lerntheorien** bewährt.[1]

Aus soziologischer Sicht sind **Systemtheorien, Handlungstheorien** und **Gesellschaftstheorien** von Bedeutung. **Systemtheorien** gehen davon aus, dass alle einzelnen Elemente eines Lebensbereiches, dem ein Mensch angehört, zueinander in einer wechselseitigen Beziehung stehen und sich gegenseitig beeinflussen. Jegliches Verhalten und Handeln wird also im sozialen System entwickelt und aufrechterhalten, sodass Handeln nur aus der Verflochtenheit eines Menschen mit seiner ihn umgebenden Umwelt verstanden und erklärt werden kann. Zu den Systemtheorien gehören auch die **Strukturtheorien**, die sich mit dem Gefüge und dem Aufbau gesellschaftlichen Zusammenlebens befassen. Die bekanntesten Strukturtheorien sind die **soziale Systemtheorie** von *Niklas Luhmann* und die **strukturfunktionale Theorie** von *Talcott Parsons*.

Handlungstheorien erforschen das Handeln der Individuen, um Erkenntnisse über eine Gesellschaft zu bekommen (vgl. *Korte, 2011[2], S. 97*).[2] Die bekanntesten Handlungstheorien sind die ***Theorie des symbolischen Interaktionismus*** von *George Herbert Mead* und die ***Handlungstheorie*** von *Max Weber*.

Gesellschaftstheorien untersuchen und analysieren die ***sozialen Probleme*** einer Gesellschaft wie zum Beispiel Armut, Arbeitslosigkeit und Kriminalität (vgl. *Wiswede, 1998[3], S. 36f.*). Die bekanntesten Gesellschaftstheorien sind die **Kritische Theorie der Frankfurter Schule**, die **Theorie der kommunikativen Kompetenz** von *Jürgen Habermas* und der **Historische Materialismus** von *Karl Marx* und *Friedrich Engels*.

Theorien der Sozialisation

psychologische Theorien

Persönlichkeitstheorien – zum Beispiel:
- Psychoanalyse von Sigmund Freud
- Individualpsychologie von Alfred Adler

Entwicklungstheorien – zum Beispiel:
- Theorie der kognitiven Entwicklung von Jean Piaget
- Theorie der psychosozialen Persönlichkeitsentwicklung von Erik H. Erikson
- ökologische Entwicklungstheorie von Urie Bronfenbrenner

Lerntheorien – zum Beispiel:
- Konditionierungstheorien
- sozial-kognitive Theorie von Albert Bandura

soziologische Theorien

Systhemtheorien – zum Beispiel
- soziale Systemtheorie von Niklas Luhmann
- struktur-funktionale Theorie von Talcott Parsons

Handlungstheorien – zum Beispiel:
- Theorie des symbolischen Interaktionismus von George Herbert Mead
- Handlungstheorie von Max Weber

Gesellschaftstheorien – zum Beispiel:
- Kritische Theorie der Frankfurter Schule
- Theorie der kommunikativen Kompetenz von Jürgen Habermas
- Historischer Materialismus von Karl Marx und Friedrich Engels

---

[1] *Die Psychoanalyse ist in Kapitel 5, die ökologische Entwicklungstheorie von Urie Bronfenbrenner in Kapitel 13.2.4 und die Lerntheorien sind in Kapitel 6 und 7 dargestellt.*

[2] *Auf das soziale Handeln wird in Abschnitt 4.1.5 eingegangen.*

4.3.4 Erziehung als beabsichtigte Hilfe zum Aufbau der Persönlichkeit

Wie schon im vorigen *Abschnitt* klar geworden ist, ist der Mensch nicht nur ein soziales Wesen, sondern auch ein **personales Wesen**, das sich als Individuum begreifen kann und eine einmalige, unverwechselbare Persönlichkeit darstellt. Der Mensch wird – wie in *Kapitel 2.3.2* ausgeführt – jedoch nicht als Mensch im humanen Sinne geboren, er muss sein Personsein, seine „Personwerdung" erst ausbilden und lernen, sich als Individuum zu begreifen. Diesen Vorgang der Entfaltung des Personseins bezeichnet man als **Personalisation**.

Personalisation bezeichnet den Prozess der Ausbildung des Personseins, der „Personwerdung".

Personalisation bezieht sich zum einen auf das Individuum selbst mit seinen eigenen Befindlichkeiten, Gefühlen, Kräften, Konflikten usw. und zum anderen auf seine Beziehung zur Welt, in der es lebt und mit der es sich auseinandersetzen muss (vgl. *Weber, 1999[8], S. 208*). Die Erziehung ist dabei für die Herbeiführung und Unterstützung von Lernprozessen zuständig, die der Entfaltung des Personseins eines Menschen dienen. Aus dieser Sicht ist sie ***beabsichtigte Personalisationshilfe***.

Erziehung ist auch jenes soziale Handeln, das beabsichtigte Hilfe und Unterstützung bei der Ausbildung des Personseins bieten will.

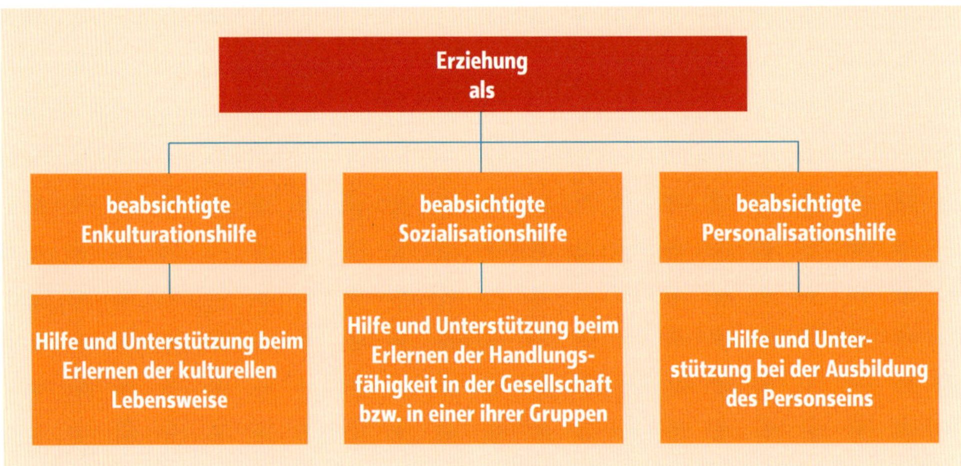

4.3.5 Erziehung zwischen Individuum und Gesellschaft

Die Gesellschaft hat ein großes Interesse an der Erziehung, weil sie sich von ihr einen gesellschaftskonformen Nachwuchs mit dem von ihr benötigten Ausbildungsstandard verspricht. Sie erwartet von der Erziehung einen an ihre Wert- und Normvorstellungen angepassten Menschen, der einem bestimmten Beruf nachgeht und seine „gesellschaftlichen Pflichten" erfüllt. Deshalb versucht die Gesellschaft bzw. deren Regierung durch staatliche und pädagogische Einrichtungen wie beispielsweise den Kindergarten, die Schule oder die Jugendarbeit auf Ziele und Inhalte der Erziehung Einfluss zu nehmen. **Erziehung soll** also **einerseits gesellschaftlichen Forderungen gerecht werden**.

Andererseits hat die/der zu Erziehende das Recht auf freie Entfaltung ihrer/seiner Persönlichkeit und ihrer/seiner individuellen Fähigkeiten sowie auf Selbstbestimmung ihres/seines Handelns. **Erziehung muss** also auch **der Freiheit der/des Einzelnen, ihren/seinen Interessen und individuellen Fähigkeiten Rechnung tragen und sich am Menschen als einem einmaligen, unverwechselbaren Individuum orientieren**.

Diesen beiden Forderungen von Gesellschaft und Individuum muss die Erziehung gerecht werden: Sie muss die Einzelne/den Einzelnen dazu befähigen, einerseits gesellschaftliche Ansprüche zu erfüllen und andererseits ihr/sein individuelles Selbst auszubilden. Sie muss einerseits Hilfe und Unterstützung geben, dass sie/er in der Gesellschaft leben und überleben sowie auch in der Gesellschaft bestehen kann; andererseits darf sie/er kein willfähriger Gehilfe von gesellschaftlichen Interessen werden.

Aufgabe der Erziehung ist es deshalb,

- Hilfen zur Entfaltung der Handlungsfähigkeit des Menschen und zur Bewältigung des sozialen Lebens in der Gesellschaft bzw. in einer ihrer Gruppen zu geben,
- den Menschen zur kreativen und engagierten Gestaltung der Zukunft sowie zur Neuerung und Veränderung von gesellschaftlichen Verhältnissen zu befähigen,
- die Entfaltung des individuellen Selbst zu unterstützen und
- den Menschen gegenüber ungerechtfertigten Abhängigkeiten und Zwängen, persönlichem Machtstreben und Willkür sowie Unterdrückung im sozialen Leben zu sensibilisieren, um gegebenenfalls auch Widerstand leisten zu können.

„Wer Unrecht von seinen Menschen nicht abwehrt, ist ebenso schuldig wie jeder, der es begeht." *(Ambrosius von Mailand[1])*

Schon in den 1960er-Jahren wies der Deutsche Ausschuss für das Erziehungs- und Bildungswesen (*1964, S. 27*) darauf hin, dass sich im Gegensatzpaar von ***Anpassung und Widerstand*** der Prozess der Bildung vollzieht. „Im Feld der Polarität von Anpassung und Widerstand vollzieht sich der Prozess der Bildung; in der Fähigkeit zu bestimmen, wo Anpassung und wo Widerstand geboten ist, bewährt sich die Freiheit des Menschen in dieser Welt." Und *Erich Weber* (*1999[8], S. 529 f.*) hält zusammenfassend fest, dass die Erziehung doppelseitige Lernhilfen zu bieten hat, „die den Einzelnen befähigen, einerseits den soziokulturellen Anforderungen der (modernen) Welt zu entsprechen und andererseits jene Gegenkräfte hervorzubringen, die er benötigt, um sich dem totalen Anpassungsdruck entziehen zu können." Die/Der Einzelne muss durch Erziehung lernen, sich in gesellschaftliche Gegebenheiten aktiv und kritisch-konstruktiv einzuschalten sowie am sozialen und politischen Leben produktiv mitzuwirken. Dabei dürfen Anpassung und Widerstand nicht einseitig angestrebt werden, es handelt sich um sich gegenseitig ergänzende Polaritäten.

---

[1] Ambrosius (wahrscheinlich 339–397) war Kirchenvater (ein christlicher Autor der ersten acht Jahrhunderte, der zur Lehre und zum Selbstverständnis des Christentums beigetragen hat) und Bischof von Mailand.

„Es bedarf (...) bedeutender Anstrengung (...), um möglichst viele Menschen der gegenwärtig lebenden Generation so zu bilden, dass sie in Anpassung und Widerstand sowohl sich selbst bewahren als auch ihren Beitrag zu einem glimpflichen Ausgang unserer Epoche leisten können.“ *(Deutscher Ausschuss für das Erziehungs- und Bildungswesen, 1964, S. 29)*

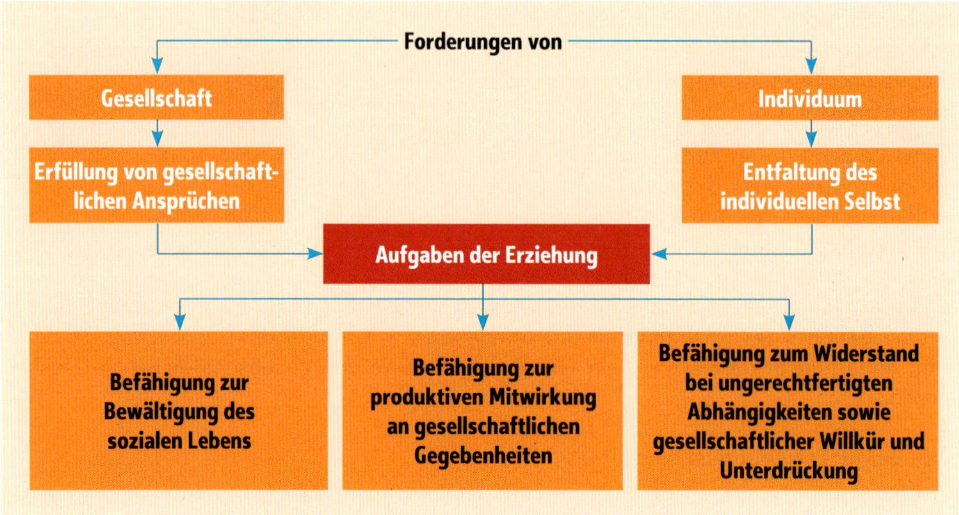

Auf den Punkt gebracht

- Aufgabe der Erziehung ist es, Hilfe und Unterstützung zu bieten beim Erlernen der jeweiligen kulturellen Lebensweise (Erziehung als beabsichtigte Enkulturationshilfe), beim Erlernen des sozialen Verhaltens (Erziehung als beabsichtigte Sozialisationshilfe) und bei der Ausbildung des Personseins (Erziehung als beabsichtigte Personalisationshilfe). Den Vorgang des Erlernens der Kultur, der Übernahme der jeweiligen kulturellen Lebensweise bezeichnet man als Enkulturation, den Prozess, in welchem der Mensch in der Gesellschaft bzw. in einer ihrer Gruppen handlungsfähig wird, als Sozialisation und den Vorgang der Entfaltung des Personseins als Personalisation.
- Sozialisation als Prozess, in welchem der Mensch sich sozial zu verhalten lernt, bedeutet im Einzelnen das Erlernen der Wert- und Normvorstellungen der jeweiligen Gesellschaft oder Gruppe, die Ausbildung von Einstellungen, die Übernahme von sozialen Rollen, die an eine soziale Position geknüpft sind, sowie die Ausbildung des Gewissens. In Bezug auf die Erforschung der Sozialisation haben sich verschiedene Theorieansätze herausgebildet. Häufig werden sie eingeteilt in psychologische und soziologische Theorien der Sozialisation.
- Erziehung muss einerseits den Ansprüchen der Gesellschaft und andererseits denen des Individuums gerecht werden. Daraus erwächst ihre Aufgabe zur Bewältigung des sozialen Lebens, zur produktiven Mitwirkung an gesellschaftlichen Gegebenheiten sowie zum Widerstand bei ungerechtfertigten Abhängigkeiten und Zwängen, bei persönlichem Machtstreben und Willkür sowie bei Unterdrückung im sozialen Leben zu befähigen.

Aufgaben – Wissen & Verstehen, Anwenden, Reflektieren

25. Bestimmen Sie den Begriff
    a) *„Enkulturation" und beschreiben Sie an einem Beispiel „Erziehung als beabsichtigte Enkulturationshilfe".*
    b) *„Sozialisation" und beschreiben Sie an einem Beispiel „Erziehung als beabsichtigte Sozialisationshilfe".*
    c) *„Personalisation" und beschreiben Sie an einem Beispiel „Erziehung als beabsichtigte Personalisationshilfe".*
26. *Geben Sie einen Überblick über die Theorien der Sozialisation.*
27. *Beschreiben Sie am Beispiel einer pädagogischen Einrichtung (zum Beispiel Kindergarten, Schule) Forderungen, die Gesellschaft und Individuum an die Erziehung stellen. Zeigen Sie die Aufgaben auf, die sich für die Erziehung aus diesen Forderungen ergeben.*
28. „Erziehung zwischen den Ansprüchen der Gesellschaft und des Individuums"
    → *Überlegen Sie in Gruppen eine Situation, in der diese konfliktreiche Aufgabe der Erziehung deutlich wird.*
    → *Einigen Sie sich in der Klasse auf eine Situation.*
    → *Spielen Sie diese Situation, indem eine oder mehrere Personen die Vertreter/innen der Gesellschaft und eine oder mehrere das Individuum mit seinen Wünschen und Bedürfnissen darstellen.*

4.4 Erziehung und Bildung

Der Begriff „Bildung" zählt zu den ungenauesten Fachausdrücken der Pädagogik. Er wird sehr unterschiedlich verwendet, was nur vor dem Hintergrund deutscher Geistesgeschichte verständlich ist. Eine genaue Klärung bereitet Schwierigkeiten, weil das, was mit „Bildung" gemeint ist, von der jeweiligen kulturellen Epoche abhängt. Der Terminus „Bildung" ist verwandt mit dem Wort „Bild" und bedeutet wörtlich so viel wie „im Bilde sein", was meint, die Welt zu verstehen und zu begreifen.

4.4.1 Der Begriff „Bildung"

Als pädagogischer Fachbegriff taucht der Begriff „Bildung" zum ersten Mal in der Aufklärung (18. Jahrhundert) auf mit der Bedeutung, sich seines eigenen Verstandes zu bedienen verbunden mit der Infragestellung aller Fremdbestimmung. Sehr stark geprägt wurde dieser Begriff in der **klassisch-idealistischen Epoche** und im **Neuhumanismus** von *Wilhelm von Humboldt*.

Wilhelm von Humboldt *(1767–1835) war ein deutscher Gelehrter, Staatsmann und Mitbegründer der Universität Berlin, der heutigen Humboldt-Universität. Er zählt zu den großen, fortwirkend einflussreichen Persönlichkeiten in der deutschen Kulturgeschichte. Seine Schwerpunkte lagen in der Beschäftigung mit kulturwissenschaftlichen Zusammenhängen wie der Bildungsproblematik, der Staatstheorie, der analytischen Betrachtung von Sprache, Literatur und Kunst sowie in aktiver politischer Mitgestaltung als Reformmotor im Schul- und Hochschulwesen und als preußischer Diplomat.*

Humboldt ging es um die im Menschen angelegten Fähigkeiten, die durch die Auseinandersetzung mit den Dingen der Welt entfaltet werden (vgl. *Wiater, 2013, S. 87*). Dies steht im Gegensatz zum ***Idealismus***, wo Bildung aufgrund der Selbstbestimmung geschieht.

Wo man heute am Bildungsbegriff festhält, geht es um die Entfaltung der eigenen Individualität, die Ausgestaltung des Menschseins; es geht darum, aus sich selbst etwas zu machen. Diese Selbstentfaltung ist aber nur möglich in der **aktiven Auseinandersetzung mit der Welt**, insbesondere mit den Inhalten der Kultur sowie mit der sozialen, politischen und sachhaften Wirklichkeit. In dieser Auseinandersetzung erschließt sich für den Menschen die Welt, sie wird für ihn durchschaubar, durchsichtig, vertraut, zugänglich; er lernt, Zusammenhänge zu erkennen, mit der Welt umzugehen und sich in ihr angemessen zu verhalten. Bildung ist aus dieser Sicht der **Vorgang der Erschließung der Welt für den Menschen**.

Dabei erschließt sich aber auch der Mensch selbst, wodurch für das Individuum das eigene Ich erfahrbar wird; ihm wird seine eigene Stellung in der Welt und unter den Menschen verständlich. Der Mensch selbst wird aufgeschlossen für die Wirklichkeit und wird fähig, in ihr zu leben sowie sein Leben in der Welt selbstbestimmt und verantwortlich zu gestalten. In diesem Sinne ist Bildung auch der **Vorgang der Erschließung des Menschen für die Welt**.

Durch das Einlassen auf die Wirklichkeit erlangt der Mensch Wissen und Kenntnisse auf verschiedenen Gebieten und entwickelt seine Anlagen, Fähigkeiten und Möglichkeiten wie Sprache, Wahrnehmung, logisches Denken, Kreativität, Urteilsfähigkeit, technisches Verständnis, Fertigkeiten, Entschlusskraft, Durchsetzungsvermögen u. a. In der Auseinandersetzung mit der Welt formt er sich also folglich selbst.

> *„Bildung ist der Inbegriff von Vorgängen, in denen sich die Inhalte einer dinglichen und geistigen Wirklichkeit ‚erschließen', und dieser Vorgang ist – von der anderen Seite her gesehen – nichts anderes als das Sich-Erschließen bzw. Erschlossenwerden eines Menschen für jene Inhalte und ihren Zusammenhang als Wirklichkeit."* *(Klafki, 2010, S. 43)*

Es handelt sich also bei der Bildung um eine **„doppelseitige Erschließung"** (*Wolfgang Klafki*[1]) – der Erschließung der Welt für die/den Einzelne/n und der Erschließung der/des Einzelnen für die Welt.

Bildung bedeutet jedoch nicht nur den **Prozess** der Erschließung der Welt für den einzelnen Menschen und des einzelnen Menschen für die Welt („sich bilden"), sondern auch dessen **Ergebnis** („gebildet sein"). Bildung besteht darin, dass der Mensch über das, was er sich in der Auseinandersetzung mit der Welt zu eigen gemacht hat, verfügen kann. Bildung ermöglicht ihm einen angemessenen Umgang mit seiner Umwelt und ein verantwortliches Leben ohne Fremdbestimmung.

---

[1] *Wolfgang Klafki (1927–2016) war deutscher Erziehungswissenschaftler, der vor allem durch die Studien zur Bildungstheorie bekannt wurde. Seine Beiträge zur Bildung haben nach wie vor große Bedeutung.*

Bildung ist der Prozess und das Ergebnis der Erschließung der Welt für den Menschen und des Menschen für die Welt durch die aktive Auseinandersetzung der bzw. des Einzelnen mit ihr.

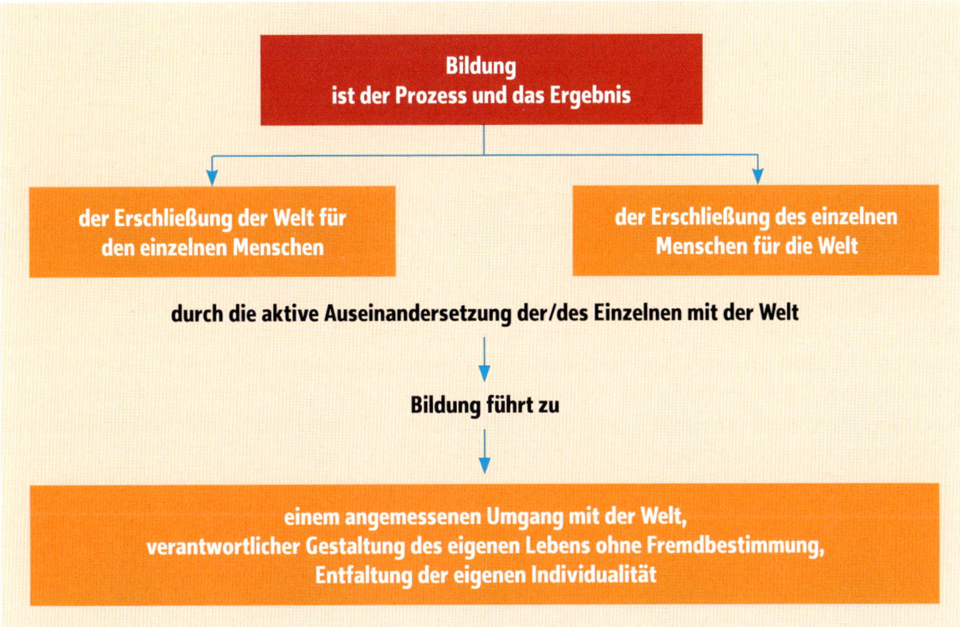

Bildung wird dementsprechend als Entfaltung der eigenen Individualität und Ausgestaltung des Menschseins gesehen, die durch die Auseinandersetzung mit der Lebenswelt entsteht. Somit ist Bildung immer ein Prozess, der sich im Gegensatz zur Erziehung am Menschen selbst vollzieht. Erziehung ist ein Vorgang, der sich zwischen Menschen abspielt. Aufgabe der Erziehung ist es, der/dem zu Erziehenden diese Auseinandersetzung zu ermöglichen und Voraussetzungen dafür zu schaffen.

So können Eltern und andere Erzieher/innen beispielsweise die zu Erziehenden mit der Wirklichkeit in Verbindung bringen, sie Erfahrungen sammeln lassen, sie ermuntern, vor Überforderung schützen, günstige Bedingungen für Lernprozesse schaffen usw.

Erziehung ist auch jenes soziale Handeln, das beabsichtigte Hilfe und Unterstützung bei der aktiven Auseinandersetzung der/des zu Erziehenden mit der kulturellen, sozialen, politischen und sachhaften Welt bieten will.

„Bildung ist das, was übrig bleibt, wenn wir vergessen, was wir gelernt haben.“ (Lord Halifax[1])

---

[1] *Lord Halifax (1881–1959) war britischer Politiker und gilt als einer der Väter der Appeasement-Politik (eine Politik der Zugeständnisse, der Zurückhaltung, der Beschwichtigung und des Entgegenkommens, um einen Krieg zu vermeiden) vor dem Zweiten Weltkrieg. Während seiner politischen Laufbahn bekleidete er verschiedene Ministerposten, u. a. als Außenminister von 1938–1940.*

4.4.2 Bildung und Ausbildung

Bildung ist kein Privileg für bestimmte Klassen, Schichten oder für eine bestimmte Gruppe von Menschen; sie ist ein subjektiver, persönlicher Vorgang, der sich in jedem Menschen vollziehen kann, wenn er sich mit der Welt auseinandersetzt. Bildung bedeutet auch nicht eine Anhäufung von bloßem Wissen oder ein lediglich Belesensein in bestimmten Dingen. „Gebildet" ist diejenige Person, die Zusammenhänge erkennen, Beziehungen herstellen, mit der Welt angemessen umgehen, ihr Leben selbst gestalten und sich selbst verwirklichen kann sowie zu einer mit der Welt stimmigen Lebensweise fähig ist. Dieser Prozess ist prinzipiell unabschließbar; er stellt eine lebenslängliche, durch Auseinandersetzung mit der Welt immer wieder neu zu bewältigende Aufgabe dar, die durch Erziehung unterstützt werden kann.

Seit der Veröffentlichung der ersten PISA, TIMSS und IGLU-Studien[1] hat sich der Bildungsbegriff verengt und wird gleichgesetzt mit jenen Kompetenzen[2], die im Rahmen dieser Studie gemessen und mit anderen Ländern verglichen werden. *Werner Wiater* von der Universität Augsburg spricht gar von einer „Trivialisierung" und meint, dass Bildung dadurch zu einer ‚literacy'[3], einem Test von messbaren und standardisierbaren Schreib- und Lesekompetenzen, degradiert wurde (vgl. *Wiater, 2013, S. 87*).

> *„Diese weiteren Dimensionen des Bildungsanspruchs der Schule, die sich weniger auf die Erfordernisse der ‚brauchbaren geistigen Arbeitskraft' und der ‚entwickelten intellektuellen Problemlösefähigkeiten', sondern eher auf die Aspekte des ‚mündigen, kritischen und engagierten Bürgers' und des ‚lebenstüchtigen, selbstbewussten Subjekts' beziehen, sind bei der realen Durchführung der PISA-Studie ... weitgehend durch die Maschen des methodischen Designs gefallen. Wohl deshalb, weil es einfach zu schwierig ist, sie in einem Large-Scale-Assessment angemessen zu erheben."*
>
> *(Göppel, 2008³, S. 250 f.)*

Bildung ist zudem nicht gleichzusetzen mit Ausbildung, bei der es um den Erwerb von Kenntnissen, Fähigkeiten und Fertigkeiten – um berufliche **Qualifikationen**[4] – geht, die zur Ausübung eines bestimmten Berufes erforderlich sind.

Eine Qualifikation ist eine erworbene Befähigung zu einer bestimmten, meist beruflichen Tätigkeit und damit gleichzeitig Voraussetzung für diese Beschäftigung etwa in Form von Nachweisen oder Zeugnissen.

Bildung ist grundsätzlich unter dem Aspekt der Zweckfreiheit zu sehen. Sie dient in erster Linie nicht äußeren Zwecken, sondern der Ausgestaltung des inneren Menschseins, zu der eine bestimmte Ausbildung dazugehört. Sollte diese jedoch nicht nur einen ökonomischen Sinn haben, dann muss sie dem Bildungsbegriff untergeordnet werden: Jede Spezialisierung und jede Ausbildung muss durch eine umfassendere Bildung abgesichert werden.

---

[1] *PISA (Programm for International Student Assessment – Programm zur internationalen Schülerbewertung), TIMSS (Trends in International Mathematics and Science Study – Internationale Mathematik- und Naturwissenschaftsstudie) und IGLU (Internationale Grundschul-Lese-Untersuchung) sind bestimmte Tests, die in Schulen verschiedene Kompetenzen messen und diese mit anderen Ländern vergleichen.*

[2] *Der Begriff „Kompetenz" ist in Kapitel 8.4.1 geklärt.*

[3] *Literacy steht im weitesten Sinn nicht nur für Lese- und Schreibfähigkeit, sondern auch für Sinn- und Textverständnis, Vertrautheit mit Literatur und anderen Medien sowie Erfahrungen mit der Lese-, Bild- und Erzählkultur.*

[4] *qualificare (lat.): näher bestimmen, mit einer bestimmten Eigenschaft versehen*

Wo Ausbildung nicht der Bildung zugeordnet wird, „verzweckt sie den Menschen, liefert ihn der Entfremdung aus; sie nimmt ihm die Verantwortung für den Umgang mit seinen Qualifikationen; die Folgen können angesichts der in den Qualifikationen gewonnenen Verfügungsmöglichkeiten gegenwärtiger Technik nicht ernst genug bedacht werden." (Heitger, 1983, S. 117)

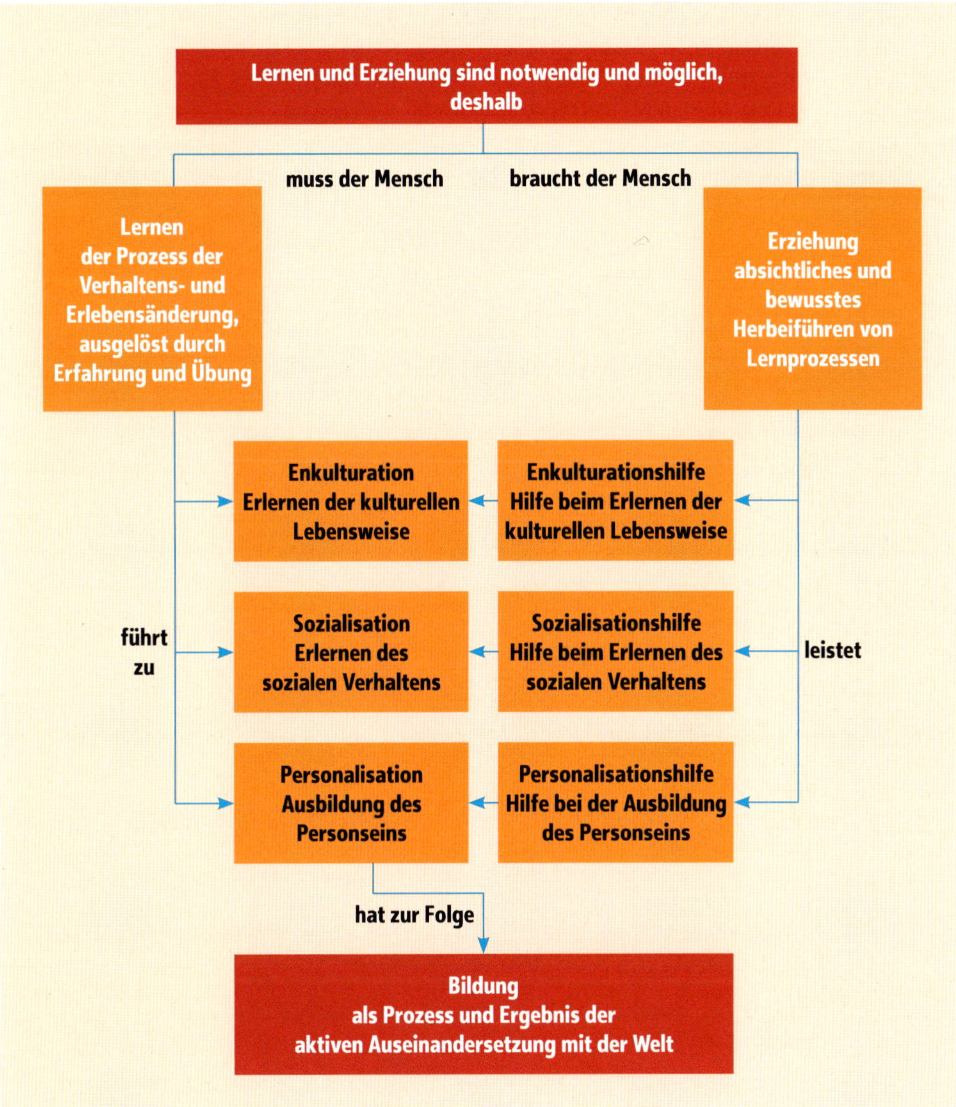

Auf den Punkt gebracht

- Bildung ist der Prozess und das Ergebnis der Erschließung der Welt für den Menschen sowie des Menschen für die Welt durch die aktive Auseinandersetzung der/des Einzelnen mit ihr. Bildung ist so gesehen immer ein Prozess, der sich im Gegensatz zur Erziehung am Menschen selbst vollzieht. Bildung ist nicht gleichzusetzen mit Ausbildung; jede Spezialisierung und jede Ausbildung muss durch eine umfassendere Bildung abgesichert werden.

Aufgaben – Wissen & Verstehen, Anwenden, Reflektieren

29. *Bestimmen Sie den Begriff „Bildung" und erläutern Sie die Merkmale dieses Begriffes an einer geeigneten Situation.*
30. *a) Bestimmen Sie die Begriffe „Erziehung" und „Bildung".*
    b) Grenzen Sie die beiden Begriffe „Erziehung" und „Bildung" voneinander ab und verdeutlichen Sie dies an einem Beispiel.
31. *Erläutern Sie an einem geeigneten Beispiel den Unterschied zwischen Bildung und Ausbildung.*
32. *Begründen Sie, warum reine Ausbildung die Bildung nicht ersetzen kann.*
33. Was heißt „gebildet"? Wer ist gebildet?
    → *Sammeln Sie bei Verwandten, Freundinnen und Freunden sowie Bekannten Äußerungen, was diese mit Bildung meinen.*
    → *Vergleichen Sie diese Äußerungen mit den Ausführungen in Abschnitt 4.4.*

Aufgaben zum gesamten Kapitel

34. Wer wird Millionär?
    → *Erstellen Sie in Kleingruppen je 10 Fragen zu dem Thema „Grundlagen und Aufgaben der Erziehung".*
    → *Jeder Frage sind vier Antwortvorschläge zuzuordnen, wovon nur eine Antwort richtig sein darf.*
    → *Mischen Sie anschließend die Fragen der verschiedenen Kleingruppen und spielen Sie in der Klasse das Spiel „Wer wird Millionär?"*
35. *Erstellen Sie als Festigung zum Thema ein Online-Quiz auf „Kahoot!" (https://kahoot.com[1]).*

---

[1] *Kahoot! ist eine spielbasierte Lernplattform, der Zugang ist kostenlos.*

5 Erziehung aus der Sicht der Psychoanalyse

Das Bild erinnert wohl an Tiefenpsychologie, *Sigmund Freud* und die Psychoanalyse.

Sie können ...

1. ***... grundlegende Begriffe und Aussagen der psychoanalytischen Theorie darstellen.***
2. ***... den Aufbau der Persönlichkeit und deren Entwicklung unter verschiedenen erzieherischen Verhaltensweisen aus psychoanalytischer Sicht beschreiben.***
3. ***... die Entstehung und Änderung von Erlebens- und Verhaltensweisen aus psychoanalytischer Sicht erklären.***
4. ***... den Zusammenhang zwischen Verhaltensweisen von Pädagoginnen/Pädagogen und dem Erleben und Verhalten der/des zu Erziehenden aufzeigen.***
5. ***... erzieherische Aufgaben von der psychoanalytischen Theorie in der frühen Kindheit ableiten.***
6. ***... seelische Fehlentwicklungen aus psychoanalytischer Sicht begründen.***
7. ***... Erziehungsfehler analysieren.***

5.1 Die Grundannahmen der psychoanalytischen Theorie

Die Psychoanalyse hat in den mehr als 100 Jahren ihrer Existenz große Akzeptanz und Verbreitung gefunden. *Sigmund Freud*, ihr Begründer, hat mit seiner Theorie über die menschliche Psyche bahnbrechend gewirkt. Obwohl *Freuds* Lehre immer wieder kritisiert wurde und heftig umstritten ist, hat sie bis heute nicht an Aktualität verloren.

Sigmund Freud *(1856–1939) widmete sich zunächst der neurologischen Forschung, später interessierte ihn als praktizierender Nervenarzt die Analyse psychisch bedingter Erkrankungen, vor allem befasste er sich mit Hysterie[1]. Zu diesem Zweck ging er 1885 als Privatdozent nach Frankreich und arbeitete dort mit dem Pariser Neurologen Jean-Martin Charcot zusammen, der Hysterien mithilfe von Hypnose[2] heilte. Hysterische Symptome – so die Meinung – könnten verschwinden, wenn die unbewussten Erlebnisse, die den Symptomen zugrunde liegen, in der Hypnose erinnert und abreagiert werden können. Doch Freud schätzte die Hypnose wenig und entwickelte, wieder in Wien, mit dem Arzt Josef Breuer ein eigenes Verfahren zur Heilung von psychischen Störungen. Er eröffnete in Wien, Berggasse 19[3], eine ärztliche Praxis. Dort wohnte und arbeitete er fast 50 Jahre lang bis zu seiner Emigration. Hier arbeitete er auch seine eigene Theorie, die Psychoanalyse, aus. 1930 erhielt er den Goethepreis. 1938 emigrierte er nach London – Freud war jüdischer Abstammung – und starb dort ein Jahr später.*

Sigmund Freud hat seine theoretischen Überlegungen im Laufe seines Lebens immer wieder geändert. Dies ist sicher ein Grund dafür, warum über die Psychoanalyse viel Falsches verbreitet wird. Sie ist eine Theorie, die sowohl eine **Persönlichkeitstheorie** (*Abschnitt 5.2*) als auch eine **Entwicklungstheorie** (*Abschnitt 5.3*) umfasst. Beide Theorieteile zusammen bilden ein ***psychotherapeutisches Konzept*** zur Behandlung von psychischen Störungen.

5.1.1 Das Unbewusste und das Vorbewusste

Die grundlegenden Begriffe der psychoanalytischen Theorie sind das **Unbewusste** und das **Vorbewusste**. Nur ein geringer Teil der seelischen Vorgänge, die im Menschen ablaufen, ist bewusst. Die meisten Vorgänge finden unter der Oberfläche des Bewusstseins statt, sie spielen sich im Vorbewussten und Unbewussten ab. Seelische Vorgänge, die ein Mensch nicht oder nicht mehr weiß, die also ***nicht bewusstseinsfähig*** sind, die aber sein Erleben und Verhalten maßgeblich beeinflussen, werden als **unbewusst** bezeichnet.

---

[1] Hysterie bezeichnet eine Störung, bei der neben psychischen Auffälligkeiten, wie etwa Wahnvorstellungen oder Wein- und Schreikrämpfen, körperliche Störungen (zum Beispiel Zitteranfälle, heftige Magenschmerzen, Bewegungsstörungen, Lähmungen, Krämpfe) ohne nachweisbare organische Ursachen auftreten. Heute wird dieser Begriff nicht mehr verwendet; Symptome der Hysterie finden sich vor allem bei der histrionischen Persönlichkeitsstörung.

[2] hypnóssein (griech.): schlafen; ist eine durch Beeinflussung (Suggestion) herbeigeführte Bewusstseinsänderung, wobei alle bewussten Funktionen eingeengt sind und Reize der Außenwelt nur über den Kontakt mit demjenigen aufgenommen werden können, der die Hypnose durchführt (Hypnotiseur).

[3] In diesem Haus in der Nähe der Universität Wien ist heute das Freud-Museum untergebracht.

Frau Hölzer hat als kleines Kind mehrmals beobachtet, wie ihr Vater ihre Mutter zu sexuellen Handlungen zwang. An diese Gegebenheiten kann sich Frau Hölzer nicht mehr erinnern, sie haben aber ihr Sexualverhalten dahin gehend beeinflusst, dass sie Probleme hat, sich einem Mann hinzugeben.

Mit unbewusst bezeichnen wir alle seelischen Vorgänge, die nicht bzw. nicht mehr in das Bewusstsein dringen, also bewusstseinsunfähig sind, das Erleben und Verhalten eines Menschen aber maßgeblich beeinflussen.

Um bewusste Vorgänge handelt es sich jedoch nur, wenn diese außer durch therapeutische Methoden von allein nicht mehr ins Bewusstsein kommen, unabhängig davon, wie stark sie sein mögen. Latente[1] Vorgänge, die dem Bewusstsein wieder zugänglich gemacht werden können, die also ***bewusstseinsfähig*** sind, bezeichnet Freud (*Band 3, 2000, S. 29 und 31. f.*) als ***vorbewusst***.

Herr Prude weiß nicht mehr, dass ihn sein Lehrer in der 9. Klasse einmal sehr „unsanft" vor die Tür gesetzt hat, weil er schwätzte. Nach längerer Unterhaltung mit seinem Freund kann er sich wieder daran erinnern.

Mit vorbewusst sind alle bewusstseinsfähigen Vorgänge gemeint; es handelt sich dabei um seelische Vorgänge, die ein Mensch nicht spontan weiß, die dem Bewusstsein jedoch wieder voll zugänglich gemacht werden können.

Oft werden Verhaltensweisen, die nach einiger Zeit nicht nur automatisch, sondern auch den jeweiligen Bedingungen angepasst ablaufen, als unbewusst bezeichnet. Eine Autofahrerin/Ein Autofahrer beispielsweise kann sich mit seiner Beifahrerin/seinem Beifahrer unterhalten und gleichzeitig steuern, schalten, hupen und dergleichen. Im psychoanalytischen Sinne sind jedoch solche Vorgänge nicht „unbewusst", denn sie sind jederzeit „bewusstseinsfähig". Ebenso wenig ist damit so etwas wie eine „unbewusste Ahnung" gemeint, die automatisch zu einem richtigen Verhalten führt („Das habe ich jetzt unbewusst richtig gemacht"). Unbewusste seelische Vorgänge sind dem aktuellen Bewusstsein unzugänglich; sie sind ihm entzogen, drängen jedoch ständig in das Bewusstsein und nehmen auf unser Erleben und Verhalten Einfluss (vgl. *Klein u. a., 1999[10], S. 99*).

Die meisten seelischen Vorgänge laufen im Unbewussten ab, Bewusstes und Vorbewusstes ist nur ein sehr geringer Teil. *Ap Dijksterhuis* von der Radboud-Universität Nijmegen (Niederlande) geht sogar so weit und meint, dass das Bewusstsein gar nicht an Entscheidungsprozessen beteiligt sei, sondern lediglich die Funktion des „Pressesprechers des Gehirns" innehabe. Dabei sei es nicht einmal ein besonders guter Pressesprecher, weil es oft gar nicht genau Bescheid wisse und deshalb „Geschichten" erfinde, die mit der Realität gar nichts zu tun haben (vgl. *Dijksterhuis, 2014, S. 28 f.*).

[1] *latere (lat.): verborgen*

> *„Das Bewusstsein macht einen sehr viel geringeren Teil unseres Seelenlebens aus, als uns bewusst ist (...).“* (*Dijksterhuis, 2014, S. 26*)

Grundlegende Annahme der Psychoanalyse ist, dass **bestimmte seelische Vorgänge und innere Kräfte** – zum Beispiel verbotene oder bestrafte Wünsche, unangenehme Erlebnisse oder Probleme – **dem Bewusstsein verborgen, also „unbewusst“ sind, sich jedoch auf das individuelle Verhalten und die Entwicklung der Persönlichkeit nach ganz bestimmten Gesetzmäßigkeiten auswirken**.

Die Neuropsychologie konnte die Erkenntnis des Unbewussten bestätigen: Alle Vorgänge außerhalb der Großhirnrinde sind nicht bewusst, ebenso Anteile des limbischen Systems.

Häufig schlagen sich unbewusste Inhalte in verschiedenen Formen des Verhaltens nieder, wie zum Beispiel in sog. **Fehlleistungen** wie sich versprechen, verlesen, verschreiben, verhören, etwas verlieren oder verlegen bzw. vergessen oder in **Träumen**, die unbewusste Vorgänge und Prozesse in verschlüsselter Form, in symbolischen Verkleidungen, „erkennen“ lassen. Fehlleistungen sind „Kompromissbildungen“ zwischen einer bewussten Absicht und unbewussten Vorgängen (vgl. *Tögel, 2006³, S. 48*).

Sigmund Freud erzählt die Geschichte eines Sitzungspräsidenten, der sich nichts Gutes von der Sitzung versprach und sie mit den Worten eröffnete, die Sitzung sei geschlossen. Ein anderes Beispiel: Herr X sagte: „Aber dann sind die Tatsachen zum Vorschwein gekommen ...“ Herr X empfand die Vorgänge offensichtlich als Schweinerei, was er jedoch nicht sagen wollte.

5.1.2 Der Mensch als ein festgelegtes Wesen

Kernstück der psychoanalytischen Theorie ist die Annahme, dass der Mensch ein Wesen ist, das von verschiedenen Energien gesteuert wird.

> *„Freud ging von einem System aus, in dem die Energie fließt, in Seitenkanäle gelangt und aufgestaut wird. Die Energiemenge ist begrenzt und wenn sie für einen Zweck genutzt wird, dann ist für einen anderen Zweck weniger vorhanden.“* (*Pervin u. a., 2005⁵, S. 111*)

Freud sieht den Menschen als ein Wesen, dessen Verhalten **durch Triebe erzeugt und gesteuert** wird. Wenn also ein Mensch aktiv wird, geht dies immer auf einen Trieb zurück. Um diesen möglichst umfassend zu befriedigen, wird das Verhalten eines Menschen in eine ganz bestimmte Richtung gelenkt. Menschliche Verhaltensweisen sind darauf gerichtet, Triebwünsche zu befriedigen und innere Spannungen zu vermindern.[1] Der Mensch ist sich jedoch der seelischen Kräfte und Motive, die sein Verhalten steuern, meist nicht bewusst. *Freud* geht davon aus, dass Personen die Motive, die ihr Verhalten steuern, nicht kennen.[2]

Sämtliche Verhaltensweisen des Menschen, egal, ob sie normal oder krankhaft erscheinen, sind **durch seelische Prozesse bedingt und festgelegt**. Bestimmte Symptome treten niemals beliebig auf, sondern hängen auf bedeutungsvolle Art und Weise mit ganz bestimmten erlebten Ereignissen zusammen und werden durch diese ***determiniert***[3].

---

[1] *vgl. Abschnitt 5.3.1*
[2] *Die Psychoanalyse spricht deshalb in diesem Zusammenhang von einer **unbewussten Motivation**.*
[3] *determinare (lat.): festsetzen, festlegen, bestimmen*

Zusammen mit seinem Wiener Kollegen *Josef Breuer* beobachtete *Freud* bei einer Patientin, dass ein bestimmtes körperliches Symptom mit einem früheren vergessenen Ereignis in Zusammenhang stand: Sie sah als erwachsene Person nichts, sie war „blind"; unter Hypnose konnte sie sich erinnern, dass sie als kleines Kind ihre Eltern beim Geschlechtsverkehr beobachtet hatte, was sie offensichtlich sehr verstörte und zu diesem Symptom der „Blindheit" führte.

Freud spricht hier von einem **psychischen Determinismus** und meint damit die Annahme, dass jedes Erleben und Verhalten eine Ursache hat und durch früher gemachte Erfahrungen festgelegt ist. Diese Prozesse sind nicht immer offen erkennbar, sondern lassen sich meist nur aus der individuellen Lebensgeschichte eines Menschen erschließen.

Die Grundannahmen der Psychoanalyse:

- **Bestimmte seelische Vorgänge sind dem Bewusstsein verborgen, bewusstseinsunfähig, unbewusst, wirken sich jedoch auf unser Erleben und Verhalten aus.**
- **Menschliches Verhalten wird durch Triebe erzeugt und gesteuert. Die seelischen Kräfte und Motive, die das Verhalten einer Person steuern, sind dieser in der Regel nicht bewusst.**
- **Jedes Verhalten ist seelisch bedingt – determiniert – und lässt sich nur aus der individuellen Lebensgeschichte eines Menschen erschließen.**

Auf den Punkt gebracht

- Mit unbewusst bezeichnet die Psychoanalyse alle seelischen Vorgänge, die nicht bzw. nicht mehr in das Bewusstsein dringen, also bewusstseinsunfähig sind, das Erleben und Verhalten eines Menschen aber maßgeblich beeinflussen. Grundlegende Annahme der Psychoanalyse ist, dass bestimmte seelische Vorgänge und innere Kräfte – zum Beispiel verbotene oder bestrafte Wünsche, unangenehme Erlebnisse oder Probleme – dem Bewusstsein verborgen, also „unbewusst" sind, sich jedoch auf das individuelle Verhalten und die Entwicklung der Persönlichkeit nach ganz bestimmten Gesetzmäßigkeiten auswirken.
- Menschliches Verhalten wird durch Triebe erzeugt und gesteuert. Die seelischen Kräfte und Motive, die das Verhalten einer Person steuern, sind dieser in der Regel nicht bewusst.
- Jedes Verhalten ist seelisch bedingt und lässt sich nur aus der individuellen Lebensgeschichte eines Menschen erschließen. Jedes Erleben und Verhalten hat eine Ursache und ist durch früher gemachte Erfahrungen festgelegt – determiniert.

Aufgaben – Wissen & Verstehen, Anwenden, Reflektieren

1. Biografie und Internetrecherche
   → *Suchen Sie im Internet nach Informationen über das Leben und Werk von Sigmund Freud.*
   → *Fertigen Sie in Kleingruppen eine Übersicht zur Biografie von Freud an.*
   → *Erarbeiten Sie wichtige Abschnitte seines Lebens.*
2. *Bestimmen Sie die Begriffe „bewusst“, „vorbewusst“ und „unbewusst“, und zeigen Sie anhand eigener Erlebnisse bewusste, vor- und unbewusste Inhalte auf.*
3. *Erläutern Sie anhand eines Beispiels die Unterschiede zwischen „bewusst“, „vorbewusst“ und „unbewusst“.*
4. *Beschreiben Sie, was Freud mit „psychischem Determinismus“ meint, und nehmen Sie zu dieser Annahme Stellung.*
5. *Fassen Sie die Grundannahmen der Psychoanalyse zusammen.*

5.2 Das psychoanalytische Persönlichkeitsmodell

Um den Aufbau und die Dynamik der Persönlichkeit zu beschreiben und zu erklären, verwendete *Sigmund Freud* ein **Instanzenmodell**. Bei diesen Instanzen handelt es sich nicht um reale Gegebenheiten, sondern um nicht beobachtbare Hilfskonstruktionen zur Erklärung des menschlichen Erlebens und Verhaltens.

5.2.1 Die Instanzen der Persönlichkeit

Freud unterscheidet in seinem Modell drei Persönlichkeitsinstanzen, die die Erlebens- und Verhaltensweisen des Individuums erklären, das **Es,** das **Ich** und das **Über-Ich**. Diese drei psychischen Instanzen entwickeln sich nacheinander in der frühen Kindheit.

Das Es, die elementarste Schicht, ist bereits vom ersten Lebenstag an vorhanden und beinhaltet alle Triebe, Wünsche und Bedürfnisse eines Individuums.

Das Es ist die Instanz der Triebe, der Wünsche und der Bedürfnisse.

Im Es gelten keine Gesetze des logischen Denkens, es kennt keine Wertungen, kein Gut und Böse, keine Moral. Es hat nur ein Ziel: das blinde Streben nach Befriedigung der Triebe, Wünsche oder Bedürfnisse, die als lustvolle Entspannung erlebt wird. Das Es vertritt das **Lustprinzip**.

„Von den Trieben her erfüllt sich das Es mit Energie, aber es hat keine Organisation, bringt keinen Gesamtwillen auf, nur das Bestreben, den Triebbedürfnissen unter Einhaltung des Lustprinzips Befriedigung zu verschaffen. Für die Vorgänge im Es gelten die logischen Denkgesetze nicht, vor allem nicht der Satz des Widerspruchs. Gegensätzliche Regungen bestehen nebeneinander, ohne einander aufzuheben oder sich voneinander abzuziehen.“

(Freud, Band 1, 2000, S. 511)

Das Neugeborene ist zunächst nur ein Es; es strebt ausschließlich nach Triebbefriedigung und lustvoller Entspannung. Doch das kleine Kind merkt bald, dass die Befriedigung von Wünschen und Bedürfnissen nicht immer möglich ist; es muss auch den Forderungen der Außenwelt, der **Realität**, gerecht werden und auf Lustbefriedigung verzichten oder sie auf einen anderen Zeitpunkt verschieben. Es muss Versagungen und Enttäuschungen hinnehmen, es wird sich – im wahrsten Sinne des Wortes – seiner Grenzen bewusst.

Unter dem Einfluss der Außenwelt, die einer ständigen und sofortigen Bedürfnisbefriedigung im Wege steht, entwickelt sich aus dem Es heraus die zweite Instanz, das **Ich**. Das Ich ist die Instanz der bewussten Auseinandersetzung mit der Realität: bewusstes Leben und Wahrnehmen, Denken und Handeln, Planen, Wählen, Fühlen, Wollen, Urteilen und Werten. Es enthält alle zur Anpassung an die Umwelt nötigen kognitiven Fähigkeiten und Funktionen, die der Aufnahme, Verarbeitung und Speicherung von Informationen dienen. Hierzu gehören zum Beispiel die Intelligenz, die Kreativität, das Gedächtnis, die Sprach- und Lernfähigkeit, die Wahrnehmung, das Denken, das Urteilen, das Erkennen und das Vorstellen.

Das Ich ist die Instanz, welche die bewusste Auseinandersetzung mit der Realität leistet.

Das Ich versucht einen „Kompromiss“ zwischen den ungehemmten Ansprüchen des Es und den Anforderungen der Außenwelt herbeizuführen, es arbeitet nach dem **Realitätsprinzip**.

„Die Aufgabe des Ichs (...) ist die Verteidigung der eigenen Person und ihre Anpassung an die Umwelt sowie die Lösung des Konflikts zwischen der Wirklichkeit und den nicht mit ihr in Einklang zu bringenden Wünschen. Es kontrolliert den Zugang zum Bewusstsein und zur Handlung.“ *(Lagache, 1992, S. 40)*

Während im Es keine gesteuerte Organisation besteht, besitzt das Ich die Fähigkeit, besonnen und vernünftig zu handeln.

Sigmund Freud (Band 3, 2000, S. 294) hat das Verhältnis des Ich zum Es mit dem des Reiters zu seinem Pferd verglichen: Das Pferd (= Es) liefert die Energie, der Reiter (= Ich) bestimmt die Richtung, wohin es gehen soll, und leitet auch die Bewegungen des Pferdes. Gelegentlich kann es jedoch vorkommen, dass der Reiter (= Ich) die Macht über das Pferd (= Es) verliert und dieses selbst bestimmt, wohin es galoppiert. Das Ich ist also nicht immer – wie es wünschenswert wäre – Herr über das Es.

Eltern und andere Bezugspersonen wollen dem Kind ein Bewusstsein von dem beibringen, was richtig und falsch, was gut und böse ist, was man zu tun und was man zu unterlassen hat. Diese Gebote und Verbote, Mahnungen und Belehrungen und dgl. werden im Laufe der Entwicklung vom Kind übernommen und als richtig und wahr akzeptiert. Auf diese Weise bildet sich die dritte Instanz heraus, das **Über-Ich**. Das Über-Ich stellt also zum einen diejenige Instanz dar, welche die Wert- und Normvorstellungen umfasst und das Verhalten und Handeln des Ichs im Sinne der geltenden Moral führt. Das Über-Ich vertritt somit das **Moralitätsprinzip**: Es bewertet die Triebwünsche, ob sie zugelassen werden oder nicht.

„Ich muss erst mein ÜBER-ICH fragen, ob das in Ordnung geht.“

Das Über-Ich vertritt folglich die Moralvorstellungen einer Gesellschaft bzw. einer ihrer Gruppen. Menschen anderer Kulturen haben dementsprechend auch ein anderes Über-Ich. Das Über-Ich ist zugleich der Träger des **Ich-Ideals**, an dem sich das Ich misst, dem es nachstrebt und dessen Anspruch auf immer weitergehende Vervollkommnung es zu erfüllen bemüht ist. Es stellt ein Leit- und Denkbild dar, wie das Ich gerne sein möchte. Das Über-Ich enthält also zwei Bereiche, das Gewissen und das Ich-Ideal.

> *„Das Über-Ich ist für uns die Vertretung aller moralischen Beschränkungen, der Anwalt des Strebens nach Vervollkommnung, kurz das, was uns von dem sogenannten Höheren im Menschenleben psychologisch greifbar geworden ist.“* *(Freud, Band 1, 2000, S. 505)*

Das Über-Ich ist diejenige Instanz, welche die Wert- und Normvorstellungen umfasst, das Verhalten des Ichs im Sinne der geltenden Moral führt und eine weitergehende Vervollkommnung zum Ziel hat.

Über-Ich Moralitätsprinzip ↔ **ICH** Realitätsprinzip ↔ **Es Lustprinzip**

5.2.2 Die Dynamik der Persönlichkeit

Diese drei Instanzen, Es, Ich und Über-Ich, stehen miteinander in einer ständigen Wechselbeziehung, in einem Mit- und Gegeneinander. Jede dieser drei Instanzen erfüllt bestimmte ***Funktionen***:

- Das Es kündigt bestimmte Wünsche oder Bedürfnisse beim Ich an.
- Diese Wünsche und Bedürfnisse werden vom Über-Ich bewertet. Je nach Bewertung gibt das Über-Ich Anweisung an das Ich, ob die Es-Wünsche zugelassen werden dürfen oder nicht.
- Das Ich versucht, zwischen Über-Ich und Es zu vermitteln, und überprüft die Realität, ob Befriedigung möglich ist oder nicht. Je nach den Wert- und Normvorstellungen, die im Über-Ich vorhanden sind, und je nach der Stärke der Gefühle, die es entwickelt (Gewissensbisse, Schuldgefühle), entscheidet sich, ob das Ich die Wünsche des Es zulassen kann oder nicht. Zugelassene Ansprüche werden vom Ich gesteuert und, wenn es die Realität ermöglicht, verwirklicht; nicht zugelassene Wünsche oder Bedürfnisse müssen vom Ich abgewehrt, unbewusst gemacht, verdrängt werden.

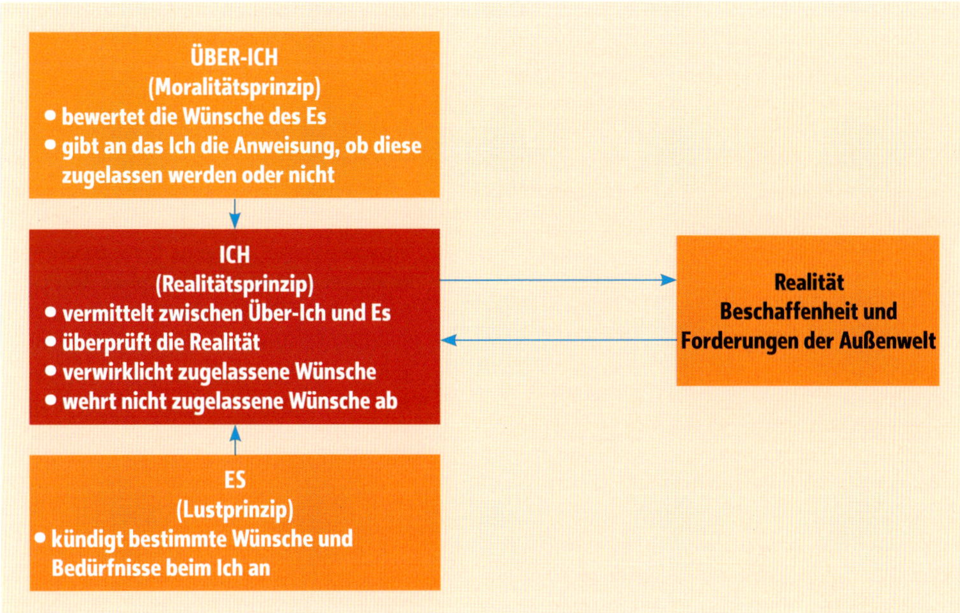

Julian, zehn Jahre alt, möchte liebend gern ein Fahrrad haben, doch seine Eltern können ihm keines kaufen. Eines Tages sieht der Junge an einem Haus in einer verlassenen Straße ein Fahrrad stehen, das nicht abgeschlossen ist und genau seinen Wünschen entsprechen würde.

Es: meldet den Wunsch an das Ich, ein Fahrrad zu besitzen; Ziel: ein eigenes Fahrrad zu haben; Objekt: Fahrrad

Über-Ich: Bewertung des Wunsches entsprechend der verinnerlichten Norm: „Man stiehlt nicht!“; gibt an das Ich die Anweisung, diesen Wunsch nicht zuzulassen

Ich: überprüft die Realität: Die Straße ist verlassen, das Fahrrad nicht abgeschlossen; Reaktion der Eltern und Freunde, mögliche Anzeige bei der Polizei wegen Diebstahls usw.; vermittelt zwischen dem Es-Wunsch und der Einschränkung des Über-Ich: Je nach Stärke der Gefühle, die das Über-Ich erzeugt (Gewissensbisse, Schuldgefühle), und je nach der Wahrnehmung der Realität wird der Wunsch zugelassen oder abgewehrt.

5.2.3 Starkes und schwaches Ich

Das Ich steht im Mittelpunkt des *Freud'schen* Persönlichkeitsmodells und hat eine zentrale Aufgabe: Es muss versuchen, den verschiedenen Ansprüchen und Forderungen des Es, des Über-Ich und der Realität gerecht zu werden. Dabei sind Konflikte unvermeidlich.

So kann es für das Ich einen großen Konflikt bedeuten, wenn etwa das Es den Wunsch anmeldet, einen Menschen zu schlagen, das Über-Ich aber versucht, diesen Wunsch vehement zu verhindern.

„Ein Sprichwort warnt davor, gleichzeitig zwei Herren zu dienen. Das arme Ich hat es noch schwerer: Es dient drei gestrengen Herren, ist bemüht, deren Ansprüche und Forderungen in Einklang miteinander zu bringen. (...) Die drei Zwingherren sind die Außenwelt, das Über-Ich und das Es. (...) Vom Es getrieben, vom Über-Ich eingeengt, von der Realität zurückgestoßen, ringt das Ich um die Bewältigung seiner ökonomischen Aufgabe, die Harmonie unter den Kräften und Einflüssen herzustellen. Diese Ansprüche (...) scheinen oft unvereinbar zu sein; kein Wunder, wenn das Ich so oft an seiner Aufgabe scheitert.“ *(Freud, Band 1, 2000, S. 514 f.)*

Ist das Ich imstande, die Anforderungen des Es, des Über-Ichs und der Realität in Einklang zu bringen und kann es sich gegenüber den beiden Instanzen und der Realität durchsetzen, so handelt es sich um eine Ich-Stärke. Bei einer Ich-Stärke ist also immer ein ***Gleichgewicht zwischen den einzelnen Persönlichkeitsinstanzen und der Realität*** vorhanden.

> *„Eine Handlung des Ichs ist dann korrekt, wenn sie gleichzeitig den Anforderungen des Es, des Über-Ichs und der Realität genügt, also deren Ansprüche miteinander zu versöhnen weiß."*
>
> *(Freud, 2012, S. 10)*

Gelingt es jedoch dem Ich nicht, zwischen den oftmals konkurrierenden Forderungen des Es und des Über-Ichs zu vermitteln, und ist es einer der beiden Instanzen oder der Realität unterlegen, so liegt eine Ich-Schwäche vor. Hier stehen ***die einzelnen Persönlichkeitsinstanzen zusammen mit der Realität in einem Ungleichgewicht***.

Möglichkeiten der Ich-Schwäche:

- **Das Über-Ich siegt über das Ich:** Ist das Über-Ich zu stark ausgebildet, so kann sich das Ich gegenüber dem Über-Ich nicht mehr behaupten; die Wünsche und Bedürfnisse des Es, die das Über-Ich „verbietet", müssen weitgehend unterdrückt werden.
- **Das Es siegt über das Ich:** Dies ist der Fall, wenn das Über-Ich zu schwach ist und sich das Es deshalb mit seinen Ansprüchen, die das Über-Ich „verbieten" möchte, gegenüber dem Ich durchsetzen kann.
- **Die Realität siegt über das Ich:** In diesem Fall wird das Ich von den Forderungen der Realität beherrscht, es kann sich ihnen gegenüber nicht mehr durchsetzen.

Durchnässter Dieb bittet Polizei um warme Zelle

Füssen (dpa) In finanzieller Not und total durchgefroren hat ein Mann aus München in der Nacht zum Dienstag die Füssener Polizei um seine Festnahme gebeten. Nach Angaben der Polizei Kempten hatte der 18-Jährige vergangene Woche an seinem Arbeitsplatz in Dachau rund 800 Euro aus einem Tresor gestohlen und sich damit zu einem Kurzurlaub aufgemacht. Nachdem das Geld aufgebraucht war, rief er von einer Telefonzelle in Lechbruck im Ostallgäu aus die Polizei an, gestand die Tat und bat um seine Festnahme. Die Beamten kamen dem Wunsch umgehend nach und brachten den völlig durchnässten und durchfrorenen Dieb für den Rest der Nacht in eine warme Zelle.

(Quelle: dpa, tz München, 08.08.2009)

Wandel

Ein Mensch möchte, neunzehnhundertsiebzehn,
Bei der Regierung sich beliebt sehn.
Doch muss er, neunzehnhundertachtzehn,
Schon andre, leider, an der Macht sehn.
Klug will er, neunzehnhundertneunzehn,
Sich als der Kommunisten Freund sehn.
So wandelt unser Mensch sich fleißig
Auch neunzehnhundertdreiunddreißig.
Und, zeitig merkt man's, er geniert sich
Nicht neunzehnhundertfünfundvierzig.
Er denkt sich, als ein halber Held,
Verstellt ist noch nicht umgestellt.
Wir dürfen, wenn auch leicht betroffen,
Noch allerhand von ihm erhoffen.

(Eugen Roth, 2015[7], S. 135)

Diese Möglichkeiten der Ich-Schwäche können, je nachdem, um welchen Verhaltensbereich es sich handelt, bei einem Menschen gemischt vorkommen. Die Übergänge sind fließend und es gibt auch keine scharfen Abgrenzungen: Niemand hat nur ein schwaches bzw. nur ein starkes Ich; bei dieser Unterscheidung handelt es sich stets um ein Mehr oder Weniger.

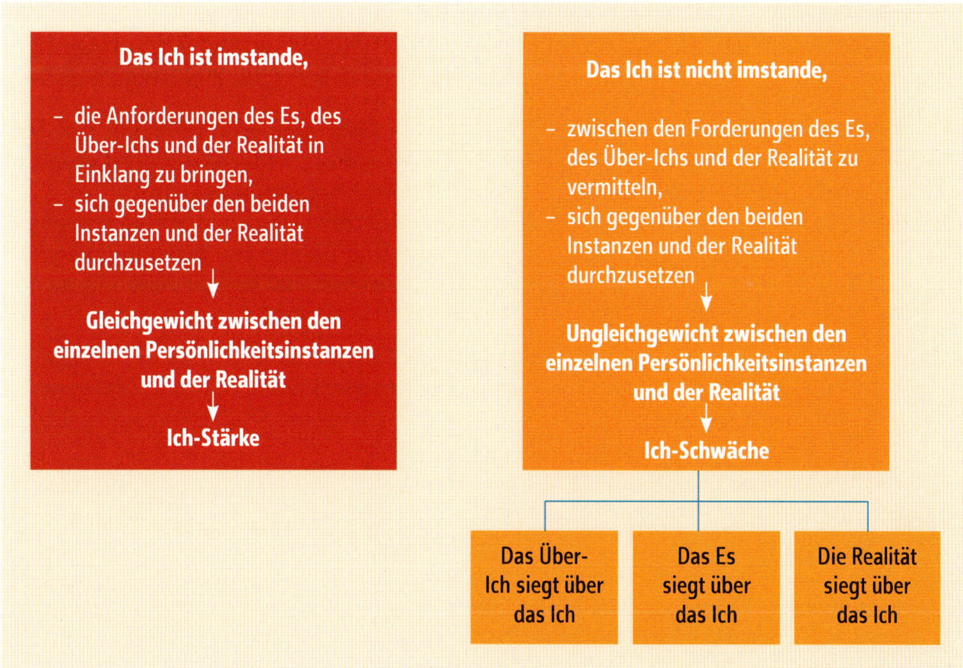

5.2.4 Erziehung und Ich-Stärke

- Das Herstellen einer Bindung, die sich in einer emotionalen Beziehung zwischen zu Erziehender bzw. zu Erziehendem und einer Person oder auch mehreren anderen Personen offenbart, ist Voraussetzung für die Entstehung eines starken Ichs. Diese Beziehung muss über Raum und Zeit hinweg emotional sehr eng miteinander verbinden und sich einerseits durch positive Gefühle (Verbundenheit, Nähe, Zärtlichkeit, Fürsorge, Schutz, Körperkontakt und Ansprache) sowie andererseits durch das Respektieren und Unterstützen des kindlichen Explorationsbedürfnisses[1] auszeichnen.[2]
- Erzieherverhaltensweisen, die geeignet sind, ein zu starkes Über-Ich aufzubauen, wie dies beispielsweise beim autoritären und beim überbehütenden Erziehungsstil der Fall ist, sind zu vermeiden. Je mehr Gebote und Verbote, je mehr Lenkung in einer Erziehung vorhanden sind, desto stärker wird sich das Über-Ich ausbilden. Umgekehrt führt ein Laissez-faire, ein indifferentes oder vernachlässigendes Erzieherverhalten, zur Ausbildung eines zu schwachen Über-Ichs, sodass die Ansprüche des Es maßlos werden können. Je weniger Führung in einer Erziehung vorhanden ist, desto schwächer wird sich das Über-Ich ausbilden.
- Ein starkes Ich ist zu erwarten, wenn
  - für eine angemessene Befriedigung der Wünsche des Es gesorgt wird;
  - das kindliche Neugierdebedürfnis entfaltet wird; auf diese Weise kann nämlich das Kind lernen, Probleme der Welt wahrzunehmen und selbstständig zu bewältigen;
  - das Kind einen Raum der Freiheit und der eigenen Entscheidung besitzt, Freiräume für eigene Aktivitäten erhält sowie Impulse eigenen kindlichen Wollens und Handelns beachtet und unterstützt werden;

---
[1] *exploratio (lat.): die Erkundung, die Erforschung*
[2] *vgl. Kapitel 10.1.3*

- dem Kind aber andererseits notwendige Grenzen gesetzt werden; erst durch das Aufzeigen von Grenzen findet eine bewusste Auseinandersetzung mit der Realität statt, die die Urteilsfähigkeit des Kindes zwischen Anpassung und Durchsetzungsbereitschaft ausbildet;
- die Erzieherin/der Erzieher nicht willkürlich handelt, sondern ihre/seine Einflussnahme von der Sache – zum Beispiel zur Förderung der Selbstständigkeit oder Gesundheit – und den Ordnungen des Zusammenlebens begründen kann;
- die zu Erziehende bzw. der zu Erziehende zu kritischem Denken und Handeln angehalten wird, um einer fraglosen Hinnahme und Übernahme von gewohnten Verhaltensvorschriften und -erwartungen entgegenzuwirken und um zur Autonomie, verstanden als Selbstbestimmung des Handelns, zu befähigen.

- Das Ich wird auch gefördert, indem die kognitiven Fähigkeiten wie Sprache, Intelligenz, Denken und Gedächtnis sowie die motorischen Möglichkeiten, Mut und Willenskraft ausgebildet werden.

Auf den Punkt gebracht

- Die Instanz, die das blinde Streben nach Befriedigung der Triebe, Wünsche und Bedürfnisse beinhaltet, ist das Es. Es vertritt das „Lustprinzip". In der Auseinandersetzung mit der Realität entsteht das Ich, das die Instanz des bewussten Lebens und der bewussten Auseinandersetzung mit der Realität darstellt. Es vertritt das „Realitätsprinzip". Das Über-Ich ist diejenige Instanz, welche die Wert- und Normvorstellungen umfasst, das Verhalten des Ichs im Sinne der geltenden Moral führt und eine weitergehende Vervoll-kommnung zum Ziel hat. Es vertritt das „Moralitätsprinzip".
- Das Ich steht im Mittelpunkt des *Freud'schen* Persönlichkeitsmodells: Es versucht, zwischen Es, das bestimmte Wünsche und Bedürfnisse anmeldet, und Über-Ich, welches die Ansprüche des Es bewertet, zu vermitteln, und überprüft die Realität, ob Befriedigung möglich ist oder nicht. Vom Über-Ich zugelassene Ansprüche werden vom Ich gesteuert und, wenn es die Realität ermöglicht, verwirklicht. Nicht zugelassene Wünsche und Bedürfnisse müssen vom Ich abgewehrt werden.
- Ist das Ich imstande, die Anforderungen des Es, des Über-Ichs und der Realität zu vereinen, und kann es sich gegenüber den beiden Instanzen und der Realität durchsetzen, so handelt es sich um eine Ich-Stärke. Gelingt es jedoch dem Ich nicht, zwischen den oftmals konkurrierenden Forderungen des Es und des Über-Ichs zu vermitteln, und ist es einer der beiden Instanzen oder der Realität unterlegen, so liegt eine Ich-Schwäche vor.

Aufgaben – Wissen & Verstehen, Anwenden, Reflektieren

6. Sigmund, neun Jahre alt, sieht bei einem Kaufhausbummel an einem Verkaufsstand eine Menge Spielzeugautos ausgelegt, von denen er liebend gern eines besitzen möchte. Er hat jedoch kein Taschengeld mehr.
   a) *Beschreiben Sie die Instanzen der Persönlichkeit.*
   b) *Stellen Sie an diesem Beispiel die Dynamik der Persönlichkeit aus psychoanalytischer Sicht dar.*

7. a) *Zeigen Sie verschiedene Möglichkeiten der Ich-Schwäche auf.*
   b) *Erläutern Sie diese Möglichkeiten der Ich-Schwäche an je einem Beispiel.*
   c) *Leiten Sie Konsequenzen für das Verhalten der Erzieher/innen ab, um mögliche Ich-Schwächen zu vermeiden.*

8. Der englische Psychoanalytiker *Ronald Britton (2007, S. 32)* meint zur Entstehung von Terror, Selbstmordanschlägen und Glaubenskriegen: „Die Aussicht, die eigene triebhafte Destruktivität befriedigen und gleichzeitig die Zustimmung des inneren Gottes finden zu können, ist ungemein verführerisch. Zerstörungsakte, die mit einer ideologischen (...) Überzeugung gerechtfertigt werden, sind zweifellos befriedigend und wecken keine Schuldgefühle."

   Verdeutlichen Sie diese Aussage von Ronald Britton *mithilfe der psychoanalytischen Persönlichkeitstheorie.*

9. Psychologinnen und Psychologen haben wissenschaftlich erforscht, dass Menschen, wenn sie zusammen mit anderen Leuten in einer Gruppe sind, die Wahrheit und ihren eigenen Charakter oft verleugnen und sich der Meinung der Gruppe anschließen.

   Erklären Sie diesen Sachverhalt aus psychoanalytischer Sicht.

10. „Niemals tut man so vollständig und so gut das Böse, als wenn man es mit gutem Gewissen tut." *(Blaise Pascal[1])*

    Erklären Sie diese Aussage von Pascal auf der Grundlage von psychoanalytischen Aussagen.

11. Hans überlegt sich, ob er heute in die Schule gehen soll, er hat nämlich wenig Lust dazu.
    → *Stellen Sie diese Situation als Rollenspiel dar, indem eine Person das Es, eine das Über-Ich, eine die Realität und eine das Ich darstellt.*
    → *Diskutieren Sie im Anschluss darüber, wie charakteristisch die einzelnen Instanzen gespielt wurden und wie die „Dynamik der Persönlichkeit" ablief. (Handelte es sich zum Beispiel um ein schwaches „Über-Ich"?)*

12. *Zeigen Sie Erzieherverhaltensweisen auf, die ein starkes Ich erwarten lassen.*

---

[1] *Blaise Pascal (1623–1662) war französischer Mathematiker und Physiker. Wegen seiner Erfindung einer Rechenmaschine ist die Programmiersprache „Pascal" bzw. „Turbo Pascal" nach ihm benannt.*

5.3 Angst und Abwehr

In einer gut „funktionierenden“ Persönlichkeit wirken die drei Instanzen Es, Ich und Über-Ich zusammen. Stehen jedoch die einzelnen Persönlichkeitsinstanzen zueinander in einem **Ungleichgewicht**, dann treten Ängste auf.

5.3.1 Grundformen der Angst

Sigmund Freud unterscheidet dabei drei **Grundformen der Angst**:

- **Angst vor der Realität**

  Das Ich „fürchtet“ sich vor den Konsequenzen der Realität, die auf die Befriedigung von Wünschen folgen bzw. folgen würden. Solche Konsequenzen können beispielsweise Angst vor Bestrafung, Verlust von Anerkennung oder gerichtliche Verurteilung sein.

  → Herr Treuberg, seit neun Jahren verheiratet, lernt auf einer Party eine junge Dame kennen, die ihm sehr gefällt und in die er sich verliebt. Er würde gern mit dieser Frau näheren Kontakt aufnehmen. Herr Treuberg ist jedoch Inhaber einer Firma in einer Kleinstadt und er glaubt, er würde dadurch an Ansehen einbüßen und von seinen Angestellten belächelt werden. Er erlebt die Reaktionen der Umwelt auf seinen Wunsch als bedrohlich.

  Die ***Realangst*** entsteht also, wenn aus der Umwelt eine Gefahr droht.

- **Angst vor den Forderungen des Über-Ichs**

  Das Ich „fürchtet“ sich vor den Forderungen des Über-Ichs, was mit Schuldgefühlen und Gewissensbissen, mit Selbstvorwürfen verbunden ist.

  → Herr Treuberg hat verinnerlicht, dass man in der Ehe treu ist und mit keiner anderen Frau näheren Kontakt hat. Er würde ansonsten gegen moralische Prinzipien verstoßen, was ihm Gewissensbisse und Schuldgefühle bereiten würde. Er erlebt die Bewertung seines Über-Ich als bedrohlich.

  Die Psychoanalyse spricht von ***Gewissensangst***, die dann entsteht, wenn das Ich nicht in Einklang steht mit den Forderungen des Über-Ichs.

- **Angst vor den Ansprüchen des Es**

  Das Ich „fürchtet“, dass die Ansprüche des Es übermächtig werden und es die Kontrolle über das Es verliert. *Freud* spricht von ***neurotischer Angst***.

  → Die Angst vor der eigenen Courage ist ein Beispiel hierfür, sie wird als bedrohlich erlebt.

> *„Wenn das Ich seine Schwäche einbekennen muss, bricht es in Angst aus, Realangst vor der Außenwelt, Gewissensangst vor dem Über-Ich, neurotische Angst vor der Stärke der Leidenschaften im Es.“* *(Freud, Band 1, 2000, S. 515)*

Diese drei hier genannten Angstformen kommen bei einem Menschen in der Regel gemischt vor, wobei der Schwerpunkt – je nachdem, um welchen Verhaltensbereich es sich handelt – durchaus bei einer dieser Formen liegen kann.

[1] *vgl. Abschnitt 5.3.3*

Jede dieser Ängste hat die Funktion, **das Individuum vor einer Bedrohung zu warnen** – sie haben also „Signalfunktion" und treten immer dann auf, wenn das Ich durch einen Ansturm von Reizen überwältigt wird, der nicht beherrscht werden kann (vgl. *Stemmler u. a., 2016[8], S. 344*). Es ist die Aufgabe des Ichs, mit diesen Bedrohungen fertigzuwerden und den Druck, der als Angst erlebt wird, abzubauen. Das Ich kann nun die Aufgabe so erledigen, dass es eine ***realistische Lösung*** in Betracht zieht; es kann aber auch, um Angst zu vermeiden oder zu verringern, **Schutzmaßnahmen einsetzen, die die bedrohlichen und angstauslösenden Erlebnisinhalte abwehren, unbewusst machen und somit drohende Konflikte vermeiden helfen**.

Herr Treuberg wird sich seinen Wunsch, mit der jungen Frau näheren Kontakt aufzunehmen, möglicherweise nicht eingestehen und eventuell versuchen, das Verlangen abzuwehren, unbewusst zu machen.

Solche Schutzmaßnahmen werden als **Abwehrmechanismen** bezeichnet.

Abwehrmechanismen sind Schutzmaßnahmen des Ichs, die bedrohliche und angstauslösende Erlebnisinhalte ausschalten, unbewusst machen und somit drohende Konflikte und Ängste vermeiden bzw. reduzieren.

Ihr Einsatz erfolgt meist unbewusst: Die betreffende Person weiß nicht, dass ihr Erleben und Verhalten durch Abwehrmechanismen beeinflusst wird.

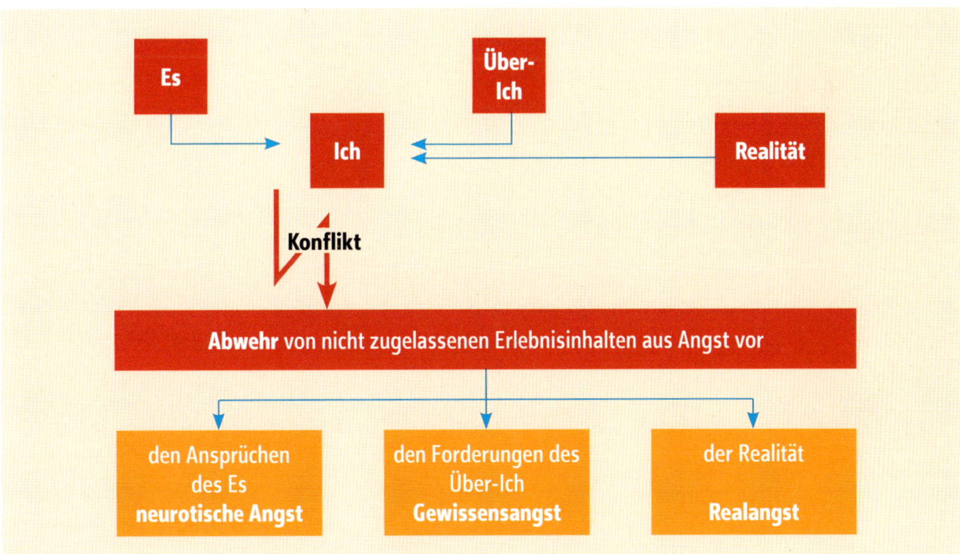

5.3.2 Abwehrmechanismen

Triebwünsche, Gefühle, Bedürfnisse, Bestrebungen, Ereignisse oder Erinnerungen, die der Mensch nicht wahrhaben will oder kann und die Angst auslösen, werden in das Unbewusste abgeschoben. Unbewusstmachung bedeutet aber nicht Auslöschung; die verdrängten Inhalte bleiben im Unbewussten weiter bestehen und beeinflussen sowie bestimmen das Erleben und Verhalten in einem nicht unerheblichen Maße. Dieses Abschieben von Erlebensinhalten, die der Mensch nicht wahrhaben will oder kann, und die Angst auslösen, in das Unbewusste, wird als Verdrängung bezeichnet. Der Vorgang selbst geschieht ebenfalls meist unbewusst.

Verdrängung im psychoanalytischen Sinn ist ein Abwehrmechanismus und bezeichnet das Abschieben von jenen Erlebnisinhalten in das Unbewusste, die der Mensch nicht wahrhaben will oder kann und die Angst auslösen.

Die Verdrängung ist der älteste und bekannteste Abwehrmechanismus. Bei den folgenden genannten Abwehrmechanismen handelt es sich prinzipiell um Formen der Verdrängung:

Projektion

Eigenschaften, die die eigene Person betreffen, die man aber an sich selbst nicht wahrhaben kann bzw. will, werden anderen Personen bzw. Personengruppen oder Gegenständen zugeschrieben und dort bekämpft.

→ Schülerinnen bzw. Schüler, die in der Schule schlecht sind und dies nicht wahrhaben wollen, neigen dazu, die Lehrerin bzw. den Lehrer für schlecht zu halten.
Die Angst vor gleichgeschlechtlichen Regungen kann bewirken, dass man diese nach außen spiegelt und anderen Personen Homosexualität unterstellt, sie stark ablehnt oder bekämpft, ggf. auch mit Gewalt gegen Homosexuelle reagiert.

Reagierst du auf Homosexualität „mit Wut oder Entrüstung, so ist das etwas sehr ähnliches, als ob du mit Faszination oder Lust reagiert hättest“.
(Ernest Bornemann[1])

In der Gesellschaft werden oft Minderheiten zum Objekt grausamer kollektiver (= gemeinsamer) Projektionen. Judenhass im Dritten Reich oder heutiger Ausländerhass sind Beispiele hierfür.

[1] *Ernest Bornemann (1915–1995) war Sexualwissenschaftler.*

Reaktionsbildung

Im Bewusstsein wird das Gegenteil des zu Verdrängenden fixiert; die Abwehr der Angst geschieht durch die Verkehrung ins Gegenteil.

Unerwiderte Liebe und Zuneigung eines Menschen schlägt in Hass um.
Eine Mutter, die ihr Kind zunächst ablehnte, reagiert später mit Überbesorgtheit und übertriebener Fürsorge.
Das lustvoll erlebte Herzeigen der eigenen Geschlechtsteile, das Betrachten derer anderer und das Spielen an ihnen in der frühen Kindheit führen durch das elterliche Verbot zu Schamgefühl[1].

Verschiebung

Wünsche und Bedürfnisse, die sich nicht am Original befriedigen können, werden an einem Ersatzobjekt realisiert.

Ein Angestellter, der auf seine Chefin wütend ist, tobt aus nichtigem Anlass zu Hause.
Pornographische Zeitschriften, sexuelle Witze und Zoten stellen Ersatzobjekte für ein Bedürfnis dar, das nicht am Original ausgelebt werden kann.

Rationalisierung

Verpönte Wünsche und Bedürfnisse sowie unangepasste Verhaltensweisen werden verstandesmäßig mit „vernünftigen" Gründen gerechtfertigt, um die wahren Gründe, die man nicht wahrhaben kann oder will, zu vertuschen.

Schülerinnen bzw. Schüler, die in einer Prüfung schlecht abgeschnitten haben, sagen, dass der Unterricht schlecht oder sie während der Prüfung in keiner guten Verfassung waren.
Fehler in der Erziehung werden mit der Anlage des Kindes begründet, die zudem von der Ehepartnerin bzw. dem Ehepartner herrührt.

Identifikation

Die Abwehr der Angst gelingt durch die Gleichsetzung mit einer anderen Person, zum Beispiel mit einer starken Persönlichkeit, einem aggressiven Menschen oder einer/einem Sänger/in, Musiker/in bzw. Schauspieler/in.

Ein Kind, das vor der Dunkelheit Angst hat, macht sich vor, dass es Superman sei, der sich vor nichts fürchtet.
Die Bewunderung der Großen, Prominenten und Reichen („So möchte ich auch gerne sein") kann die eigene Unzulänglichkeit „vergessen" machen.

Widerstand

Der Mensch wehrt sich gegen das Aufdecken verdrängter Inhalte und Vorgänge.

Eine Erzieherin bzw. ein Erzieher, die bzw. der ungerecht ist und dies nicht wahrhaben will, wird sehr unangenehm reagieren, wenn ihr bzw. ihm Ungerechtigkeit vorgeworfen wird.

Vor allem Psychotherapeutinnen und Psychotherapeuten haben mit Widerstand ihrer Klienten zu kämpfen. Sehr häufig wird eine Psychotherapie in der entscheidenden Phase abgebrochen oder die Therapeutin bzw. der Therapeut als unfähig hingestellt, um dem eigenen inneren Konflikt ausweichen zu können.

[1] *vgl. Abschnitt 5.4.3*

Sublimierung

Nicht zugelassene Wünsche und Bedürfnisse werden umgesetzt in Leistungen, die sozial erwünscht sind oder sogar hoch bewertet werden.

Die Hingabe einer Krankenschwester bzw. eines Krankenpflegers an pflegerische Aufgaben kann als Sublimierung ihrer bzw. seiner Sexualität verstanden werden.
Sublimierung von aggressiven Triebimpulsen kann zur Berufswahl der Chirurgin oder des Chirurgen führen.

Die Sublimierung unterscheidet sich insofern von den anderen Abwehrmechanismen, als es bei ihr zu keinen seelischen Fehlentwicklungen kommt. Nach psychoanalytischer Ansicht ist die Entstehung unserer gesamten menschlichen Kultur ein Ergebnis von Sublimierungen.

Fixierung und Regression

Fixierung bedeutet ein Verhaftetbleiben an entsprechenden Erlebens- und Verhaltensweisen einer Entwicklungsphase, Regression ein Zurückfallen auf in einer bestimmten Phase vorherrschende Erlebens- und Verhaltensweisen.[1]

Ein Nicht-Ablösen-Können von der Mutter oder das Daumenlutschen mit noch 7 Jahren können eine Fixierung sein, hat aber das Kind zum Daumenlutschen schon einmal aufgehört und fängt es mit drei Jahren wieder an, so handelt es sich um eine Regression.

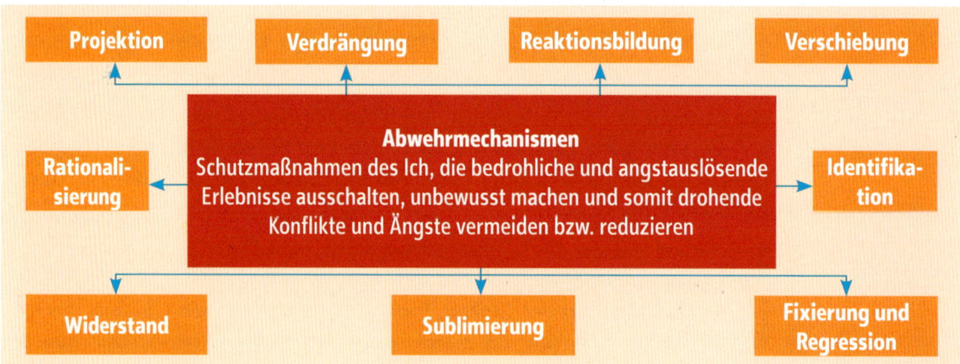

Sigmund Freud ging davon aus, dass sich das Verdrängen von Konflikten, Belastungen und Problemen oder traumatischen[2] Ereignissen neben der psychischen auch auf die körperliche (physische) Ebene übertragen kann. Der Konflikt äußert sich dann in körperlichen Erscheinungen wie zum Beispiel Hautkrankheiten, Gelenk-, Muskel- und Kreuzschmerzen, Erektionsstörungen, Ohnmacht, Kopfschmerzen bzw. Migräne usw. bis hin zu Taubheit, Blindheit oder Lähmung, die psychisch ausgelöst sind. Diese Art von Verdrängung bezeichnet Freud als **Konversion**[3], ***die Umwandlung von verdrängten Belastungen und Konflikten in körperliche Symptome***.

---

[1] *vgl. Abschnitt 5.4.2*

[2] *Trauma (griech.: Verletzung, Wunde, seelischer Schock oder starke seelische Erschütterung), gemeint ist hier ein psychisches Trauma: Dramatische Ereignisse wie zum Beispiel Kriegshandlungen, Vergewaltigung, Naturkatastrophen, sexueller Missbrauch, Unfall bewirken bei dem Betroffenen eine anhaltende Störung des seelischen Gleichgewichts. Diese kann von ihm nicht oder nur sehr schwer verarbeitet und bewältigt werden.*

[3] *Konversion (lat.): die Umwandlung*

Auf den Punkt gebracht

- Stehen die einzelnen Persönlichkeitsinstanzen gegenseitig oder mit der Realität in einem Ungleichgewicht, so treten Ängste auf, die die Funktion haben, das Individuum vor einer Bedrohung zu warnen, und es ist die Aufgabe des Ichs, mit diesen Bedrohungen fertig zu werden und den Druck, der als Angst erlebt wird, abzubauen.
- Das Ich kann nun die Aufgabe so erledigen, dass es eine realistische Lösung in Betracht zieht; es kann aber auch, um Angst zu vermeiden oder zu verringern, Abwehrmechanismen einsetzen, die die bedrohlichen und angstauslösenden Erlebnisinhalte abwehren, unbewusst machen und somit drohende Konflikte vermeiden helfen. Solche Abwehrmechanismen sind zum Beispiel Verdrängung, Projektion, Reaktionsbildung, Verschiebung, Rationalisierung, Identifikation, Widerstand, Sublimierung, Fixierung und Regression.

Aufgaben – Wissen & Verstehen, Anwenden, Reflektieren

13. *Stellen Sie an je einem Beispiel die verschiedenen Ängste dar, die bei einer Ich-Schwäche auftreten können.*

14. *Bestimmen Sie den Begriff „Abwehrmechanismus“ und beschreiben Sie an je einem Beispiel verschiedene Abwehrmechanismen.*

15. „Im Bild des Juden, das die Völkischen vor der Welt aufrichten, drucken sie ihr eigenes Wesen aus. Ihre Gelüste sind ausschließlicher Besitz, Aneignung, Macht ohne Grenzen, um jeden Preis. Die völkischen Fantasien jüdischer Verbrechen, der Kindermorde und sadistischen Exzesse[1], der Volksvergiftung und internationalen Verschwörung definieren genau den antisemitischen Wunschtraum.“ *(Adorno/Horkheimer, 2006[16], S. 177).*
Erklären Sie auf der Grundlage dieser Aussage die Ausgrenzung von Jüdinnen und Juden im Dritten Reich aus psychoanalytischer Sicht.

16. Der Kriminologe *Christian Pfeiffer* sagte hinsichtlich eines Grundmusters für Amokläufe in einem Zeitungsartikel: „In aller Regel ist es ein Schüler, der die anderen für seine Situation verantwortlich macht. Außerdem kennzeichnet ihn, dass er seine Sicherheit durch den Besitz von Waffen gewinnt.“ Zu Waffen habe er geradezu ein erotisches Verhältnis. *(Donaukurier, 2008, S. 3)*
Erklären Sie diesen Sachverhalt aus psychoanalytischer Sicht.

17. In Orlando im US-Bundesstaat Florida wurde im Juni 2016 auf eine Bar für Schwule ein schreckliches Attentat verübt. Es wurden 49 Menschen getötet und 53 verletzt. Es ist – so die Presse – das epochemachendste Attentat in den USA seit den Anschlägen vom 11.09.2001 und der schwerwiegendste einzelne Gewaltakt gegen Homosexuelle in der Geschichte der Vereinigten Staaten.
Wie können Sie dieses Attentat aus psychoanalytischer Sicht erklären?

---

[1] *excessus (lat.): Ausschweifung, Maßlosigkeit*

18. In der Nacht von Sonntag auf Montag erlitt Melanie Jacobs[1] einen Schlaganfall, ihr linker Arm und ihr linkes Bein waren gelähmt. Mrs. Jacobs glaubte nicht, dass sie gelähmt war, dennoch wurde sie ins Groote Schuur Hospital in Kapstadt eingeliefert; der Arzt, Dr. Mark Solms, nahm sich ihrer an.
Mrs. Jacobs: „Was soll das Gerede vom Schlaganfall, ich bin gerade mal 40! Ich arbeite hart und muss nach Hause!"
Dr. Solms: „Mrs. Jacobs, ich verstehe, dass Sie sich wünschen, alles sei in Ordnung. Aber ich bin überzeugt, dass Ihre linke Seite gelähmt ist. Bewegen Sie bitte Ihren linken Arm."
Der Arm rührt sich nicht.
Dr. Solms: „Und, können Sie ihn bewegen?"
Mrs. Jacobs: „Ja."
Dr. Solms: „Ich habe nichts gesehen."
Mrs. Jacobs: „Weil Sie nicht in meinem Kopf drin sind. Mit meinen inneren Augen habe ich gesehen, dass er sich bewegt." *(Lakotta, 2005, S. 176 f.)*
Erklären Sie diesen authentischen Fall aus dem Hospital in Kapstadt mithilfe psychoanalytischer Erkenntnisse über die Persönlichkeit. Stellen Sie dabei die Begriffe und Aussagen dieser Theorie dar.

19. Wunsch und Abwehr
→ *Legen Sie auf einem Blatt Papier drei Spalten an und beschriften Sie diese mit „Wunsch bzw. Bedürfnis", „Ängste" und „Abwehr".*
→ *Schreiben Sie in die erste Spalte mögliche Wünsche und Bedürfnisse auf. Notieren Sie dann in der zweiten Spalte, welche Ängste die Erfüllung dieser Wünsche bzw. die Befriedigung dieser Bedürfnisse möglicherweise verhindern können.*
→ *Notieren Sie in der dritten Spalte, auf welche Weise diese Wünsche bzw. Bedürfnisse abgewehrt werden können.*

20. Nach psychoanalytischer Ansicht ist die Entstehung unserer gesamten menschlichen Kultur ein Ergebnis von Sublimierungen.
Diskutieren Sie diese Ansicht.

---
[1] *Name geändert*

5.4 Die psychoanalytische Trieblehre

Die Psychoanalyse geht von der Annahme aus, dass jedes Verhalten durch Triebe erzeugt wird. Jedem Trieb liegt ein angeborenes bzw. körperliches Bedürfnis zugrunde, welches sich in einem psychischen Prozess äußert.

5.4.1 Der Lebens- und der Todestrieb

Ein Trieb ist immer ein Drang, eine Kraft, die eingesetzt wird, um seine Befriedigung zu erreichen. Diese Befriedigung ist generell mit Lust verbunden: „Eine Triebbefriedigung ist immer lustvoll" (*Freud, Band 3, 2000, S. 85, 107*).

Nach *Freud* (*Band 3, 2000, S. 85 f.)* ist ein Trieb durch drei Merkmale näher gekennzeichnet:

- die **Triebquelle**, die den angeborenen bzw. körperlichen Reiz- bzw. Mangelzustand kennzeichnet,
- das **Triebziel**, das die Erreichung der „Aufhebung des Reizzustandes an der Triebquelle" (*Freud, Band 3, S. 85*) und damit die Befriedigung des Triebwunsches meint, und
- das **Triebobjekt**, an dem sich die Befriedigung des Triebwunsches vollzieht. Das können die eigene Person oder andere Menschen sein oder bestimmte Körperteile, aber auch gewisse Gegenstände.

Ein Säugling möchte sein Saugbedürfnis befriedigen: Die Triebquelle, von der der Reiz ausgeht, ist der Mund, das Triebziel, welches die Aufhebung des Reizzustandes bedeutet, ist die Befriedigung des Saugbedürfnisses und das Triebobjekt, an dem sich die Befriedigung des Saugbedürfnisses erfüllt, kann die Mutterbrust, die Flasche, der Daumen oder der Schnuller sein.
Bei Hunger ist die Triebquelle das Hungergefühl, das Triebziel die Beseitigung des Hungergefühls oder auch der Lustgewinn bei Nahrungsverzehr und das Triebobjekt ist das, was man isst, etwa ein Wurstbrot oder ein Vier-Gänge-Menü.

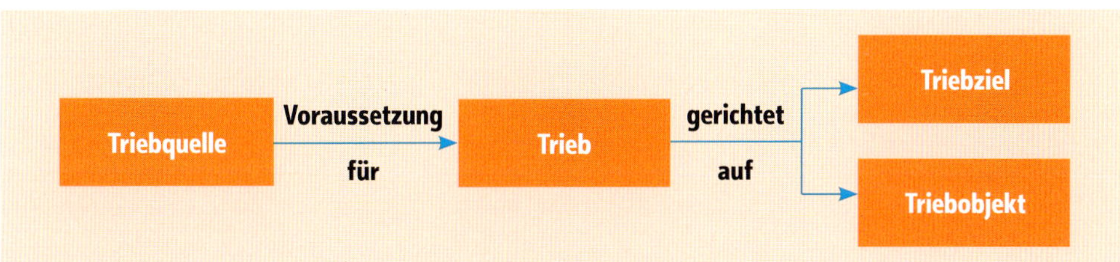

Grundlage von Trieben ist eine **psychische Energie**, die sich beim Kind noch ***ungerichtet und völlig wahllos*** entlädt. Im Laufe der Entwicklung jedoch wird diese Entladung der Energie in ganz bestimmte Bahnen gelenkt.

Die Psychoanalyse geht davon aus, dass ***zwei Haupttriebe*** das gesamte menschliche Verhalten erzeugen und steuern: **der Lebenstrieb (Eros) und der Todestrieb (Thanatos).**[1]

[1] *Eros (griech. érōs: Liebe, Verlangen, Begehren) ist in der griechischen Mythologie der Gott der Liebe, Thanatos (griech. thánatos: Tod) der Gott des Todes.*

- Der **Lebenstrieb** hat die ***Selbst- und Arterhaltung, das Überleben, Weiterleben und die Fortpflanzung*** zum Ziel. Seine psychische Energie bzw. Antriebskraft wird als **Libido**[1] bezeichnet. Sie ist auf Lustgewinn gerichtet und kann sowohl auf die eigene Person, zum Beispiel das Verliebtsein in seinen eigenen Körper, als auch auf ein äußeres Objekt (Personen, Gruppen und Gegenstände) bezogen sein. Die Ausrichtung der Libido auf andere Personen und Gegenstände bezeichnet die Psychoanalyse als **Objektbesetzung**, im Gegensatz zur libidinösen Besetzung des eigenen Körpers oder des eigenen Ichs.

> Die enge Bindung des Kindes an die Mutter ist ein Beispiel für eine frühe Objektbesetzung.

Der Psychoanalyse wird oft vorgeworfen, dass sie die Sexualität überbetone und das gesamte seelische Leben auf Sexualität reduziere. Hierzu muss jedoch erwähnt werden, dass Freud den Begriff der Sexualität umfassender gesehen und nicht nur auf die Genitalität eingeengt hat; er hat darunter alles, was Lust bereitet, verstanden – also auch essen, trinken, spielen, Motorrad fahren und dgl.

- Der **Todestrieb** steht dem Lebenstrieb entgegen und hat die ***Auflösung bzw. Zurückführung des Lebens in den anorganischen Zustand und somit dessen Vernichtung*** zum Ziel. Destruktivität, Aggression oder Lust am Zerstören und Vernichten sind folglich Äußerungsformen des Todestriebes. Seine psychische Energie bzw. Antriebskraft wird als **Destrudo**[2] bezeichnet. Sie ist entweder in Form von Selbsthass und Selbstvernichtung nach innen, also gegen die eigene Person gerichtet, oder sie wendet sich als Aggression, Hass, Zerstörungs- oder Vernichtungswille nach außen, also gegen andere Personen, -gruppen und/oder deren Gegenstände.

> Der englische Psychoanalytiker *Ronald Britton* (*2007, S. 31*) sieht zum Beispiel bei Terror, Selbstmordanschlägen, Glaubenskriegen, ethnischen Säuberungen und dgl. eine unheilvolle innerpsychische Allianz am Werk, nämlich die Verbindung von absolutistischem Glauben mit dem Todestrieb.

„Aufgrund theoretischer (...) Überlegungen supponierten[3] wir einen Todestrieb, dem die Aufgabe gestellt ist, das organische Lebende in den leblosen Zustand zurückzuführen, während der Eros das Ziel verfolgt, das Leben (...) zu erhalten." *(Freud, Band 3, 2000, S. 307)*

In seinen älteren Schriften kannte Freud den Todestrieb noch nicht, er stellte dem Ich- oder Erhaltungstrieb wie zum Beispiel Nahrungsaufnahme den Sexualtrieb gegenüber. Erst unter dem Eindruck des Ersten Weltkrieges gingen die beiden genannten Triebe im Lebenstrieb auf, und Freud nahm als Gegensatz den Todestrieb an.

Lebens- und Todestrieb arbeiten gegeneinander, doch besteht in der Regel eine Verschränkung zwischen diesen beiden Haupttrieben, ohne dass einer über den anderen vorherrscht.

> Chirurginnen bzw. Chirurgen zum Beispiel zerstören den Patientenkörper, indem sie ihm Verletzungen durch Aufschneiden zufügen (= Todestrieb), zugleich aber helfen sie Patientinnen bzw. Patienten, indem sie den entzündeten Blinddarm herausschneiden (= Lebenstrieb).

Der Todestrieb „begleitet den Lebenstrieb Eros üblicherweise als stille Kraft. (...) Im Inneren des Menschen steht der Todestrieb gewöhnlich im Dienste des Lebens, weil er alles Lebensfeindliche zerstört." *(Wandschrift im Sigmund-Freud-Museum in Wien, Berggasse 19)*

---

[1] *libido (lat.): die Begierde, die Lust*
[2] *Der Begriff „Destrudo" (lat.: Zerstörung) geht nicht auf Sigmund Freud zurück, Freud selbst hatte keinen eigenen Namen für die Energie des Todestriebes.*
[3] *supponere (lat.): unterlegen, unterstellen*

Nur bei krankhaften Zuständen zerfällt diese Verschränkung, wie man beispielsweise beim Sadismus oder bei den Selbstbestrafungstendenzen depressiv Gestörter beobachten kann.

„Geht der Todestrieb nicht mit Eros einher, ist er ausschließlich darauf gerichtet, in letzter Konsequenz – bis hin zum Selbstmord – alles Lebendige zu zerstören (...). Steht er im Krieg ohne Eros allein, führt dies jedoch zur völligen Vernichtung und Zerstörung des anderen."
(Wandschrift im Sigmund-Freud-Museum in Wien, Berggasse 19)

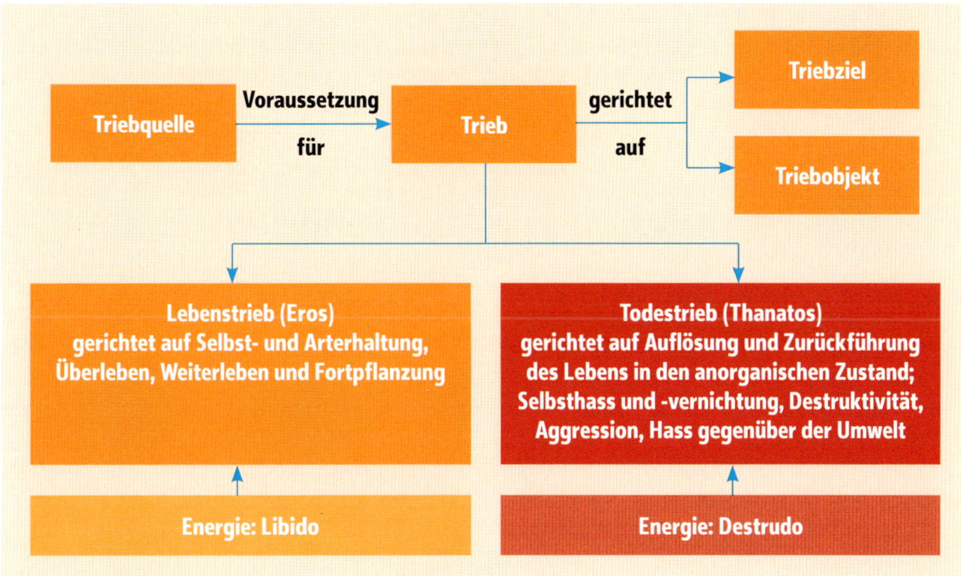

5.4.2 Die Liebe zur eigenen Person

Die Libido kann sich sowohl auf die eigene Person als auch auf ein äußeres Objekt bzw. andere Personen beziehen. Das Bezogensein der Libido auf die eigene Person, welches sich in einer Ich- oder Selbstliebe, in einem Verliebtsein in sich selbst äußert, bezeichnet *Sigmund Freud* in Anlehnung an die griechische Sage vom Jüngling Narziss mit dem Begriff „Narzissmus".

***Narziss** ist eine Gestalt der griechischen Mythologie und der Sohn des Flussgottes **Kephisos**. Er ist ein wunderschöner Jüngling, sodass sich die reizende Nymphe Echo in ihn verliebt. Doch der Jüngling verschmäht diese Liebe. Deshalb wird er von **Aphrodite** bestraft: Er verliebt sich in sein eigenes Spiegelbild, welches er im Wasser sieht und geht daran vor Kummer zugrunde, als dieses Bild, welches er für real hält, für ihn nicht zu haben ist und keine Hoffnung auf Erfüllung besteht. Erst seine Verwandlung in die Blume gleichen Namens setzt seinen Qualen ein Ende.*

Narzissmus bezeichnet im psychoanalytischen Sinn die Liebe zur eigenen Person, das Verliebtsein in sich selbst.

Freud geht davon aus, dass der Mensch als Säugling keine Beziehung zur Umwelt bzw. zu äußeren Objekten hat; die Triebenergie, die Libido, ist in einem Frühstadium der Entwicklung zunächst ausschließlich auf das eigene Ich gerichtet, was nach *Freud* für das spätere Selbstwertgefühl bedeutsam ist. Wir sprechen in diesem Zusammenhang von einem **primären Narzissmus**, welcher im Laufe der weiteren Entwicklung mehr oder weniger auf andere Objekte bzw. Personen übergeht.

Heutige Psychoanalytiker/innen stellen den primären Narzissmus infrage und sehen das Kleinkind als ein Wesen, das von vornherein auf andere Personen bezogen ist.

Fehlformen in der Erziehung oder eine Enttäuschung, zum Beispiel enttäuschte Liebe, können wieder zu einer Zurücknahme der Libido von anderen Objekten bzw. Personen auf sich selbst führen – der Mensch fällt zurück in das frühe Stadium des primären Narzissmus.[1] *Freud* spricht hier von einem **sekundären Narzissmus**, der auch zu psychischen Störungen führen kann.

→ So kann beispielsweise ein Kleinkind in einer als massiv abweisend erlebten Umwelt sich ganz auf sich selbst zurückziehen und unfähig werden, gefühlsmäßige Beziehungen zu anderen Personen aufzubauen.
Ist eine Person verliebt, so bezieht sich ein großer Teil ihrer Libido auf die geliebte Person; ist sie jedoch vor Enttäuschung zermürbt, wird sie stärker auf sich selbst bezogen sein und längerfristig die Fähigkeit verlieren, sich emotional auf andere Menschen einzulassen.

In der heutigen Psychologie hat die ***narzisstische Persönlichkeit*** sehr an Bedeutung gewonnen. Nach *Otto F. Kernberg* (*1996*) lässt sich die narzisstische Persönlichkeit auf der einen Seite umschreiben durch einen hohen Bezug auf die eigene Person, durch die eigene Hervorhebung ihrer Großartigkeit und durch ihren ausgeprägten Anspruch auf Bewunderung und Anerkennung, während auf der anderen Seite zugleich die dahinterliegende Hilflosigkeit und Unsicherheit zum Vorschein treten kann. Nach *Ursula Nuber* (*2010, S. 22*) sind narzisstische Menschen wie *Narziss*, der sich in sein Spiegelbild verliebte, nicht fähig zu echter Liebe.

Heinz Kohut (1913–1981) hat in seiner ***Selbstpsychologie*** die psychoanalytische Narzissmustheorie fortgeführt, indem er den Narzissmus allgemein als eine für die Persönlichkeitsentwicklung notwendige Gegebenheit sieht. Dabei ist der Narzissmus Ausdruck eines starken, beständigen Selbst, das sich weiterentwickeln und seine Bedürfnisse befriedigen will. Im Gegensatz dazu unterscheidet er den krankhaften Narzissmus, der sich durch ein schwaches, instabiles Selbst auszeichnet. Kohut ist der Meinung, dass eine narzisstische Störung, die sich in egozentrischer[2] Selbstbezogenheit und Selbstbespiegelung in Verbindung mit dem Streben nach überhöhter lustbezogener Selbsterfahrung zeigt, erst entstehen kann, wenn in der frühen Kindheit der „gesunde" (primäre) Narzissmus behindert worden ist. Die narzisstische Störung zeigt sich dann darin, dass der Mensch die fehlende Selbst-Bestätigung in seiner Umwelt fortwährend sucht und auch einfordert.

Man kann beobachten, dass unsere Gesellschaft auf allen Ebenen selbstzentrierter, narzisstischer, geworden ist. Unter jungen Menschen gibt es heute sehr viele Selbstzentrierte, was *Jean Twenge* als „***Generation Ich***" bezeichnet (vgl. *Aronson u.a., 2014, S. 171*).

---

[1] *Es findet eine Regression auf das Stadium des primären Narzissmus statt (vgl. Abschnitt 5.4.2).*
[2] *ego (lat.): ich, centrum (lat.): Mittelpunkt; sich selbst als Mittelpunkt und als Zentrum allen Geschehens sehen und alle Ereignisse lediglich von seinem eigenen Standpunkt und seiner eigenen Perspektive aus betrachten und bewerten.*

5.4.3 Die Entwicklung der Libido in der frühen Kindheit

Die Quelle der Triebenergie ist dem Menschen angeboren; er strebt von Natur aus nach Abfuhr der Triebenergie. Diese Abfuhr der Triebenergie wird in der frühen Kindheit über bestimmte Körperteile, den **Mund, After und die Genitalien**, erreicht. Lustempfinden entsteht jedoch nicht nur durch den jeweiligen Körperteil selbst, sondern durch alles, was mit diesem Körperteil unmittelbar in Zusammenhang steht.

So gehört zum Mund beispielsweise auch das Saugen, Schlucken und Aufnehmen von Nahrung, zum After der Ausscheidungsvorgang, das -organ und das -produkt.

In der frühkindlichen Entwicklung dominiert jeweils einer dieser Körperteile. Diese Beobachtung brachte *Freud* auf bestimmte Phasen in der Entwicklung des Kindes, die er nach dem jeweilig vorherrschenden Körperteil benannt hat.

Die Entwicklung der Libido vollzieht sich nach einem genetisch festgelegten Verlauf, doch die Art und Weise, wie ein Mensch diese Entwicklung durchläuft, ist von seiner Umwelt, insbesondere von seinen Bezugspersonen, und seiner Erziehung abhängig. Die Phasen der Entwicklung sind nicht scharf voneinander abzugrenzen, sondern können sich überschneiden.

„Es wäre missverständlich zu glauben, dass diese (...) Phasen einander glatt ablösen; die eine kommt zur anderen hinzu, sie überlagern einander, bestehen nebeneinander."

(Freud, 2012, S. 13)

Die orale[1] Phase im ersten Lebensjahr

Erster Lustgewinn kann durch die **Mundzone** und durch alles, was mit ihr unmittelbar in Zusammenhang steht, gewonnen werden. Saugen, Schlucken, Beißen, das Aufnehmen von Nahrung sowie Lutschen sind die frühesten Äußerungsformen kindlichen Luststrebens.

Vorherrschend in diesem Abschnitt sind **Wünsche des Einverleibens**, die jedoch nicht nur über das Saugen, Schlucken und Lutschen erfolgen, sondern auch über die Sinnesorgane und über die Haut.

In dieser Phase wird die **Beziehung zur Umwelt** aufgebaut: Positive Erfahrungen im ersten Lebensjahr führen zur Ausbildung einer ***optimistischen Lebensgrundeinstellung***, die es mit sich bringt, dass das Kind aufgrund seines Vertrauens zu den Mitmenschen, der Welt und zu sich selbst den Mut aufbringt, sich entdeckend und lernend mit unbekannten Personen und Gegenständen einzulassen. Negative Erfahrungen lassen eine ***pessimistische Lebensgrundeinstellung*** entstehen: Das Kind verschließt sich misstrauisch und furchtsam und ist nicht willens, Unbekanntes zu erforschen. Dadurch wird die Gewinnung neuer Erfahrungen behindert, was zu einer Hemmung des Kindes bei seinen weiteren Lernmöglichkeiten führen kann.[2]

---

[1] *oris (lat.): des Mundes (den Mund betreffend)*
[2] *vgl. Kapitel 10.1.3*

Folgerungen für die Erziehung:

- Das Herstellen einer Bindung, die sich in **einer tiefen emotionalen Beziehung** zwischen zu Erziehender bzw. zu Erziehendem und Erzieher/in offenbart, ist Voraussetzung für die Entstehung einer emotionalen Sicherheit, die dafür verantwortlich ist, sich lernend und entdeckend mit seiner Umwelt auseinanderzusetzen. Gerade die moderne Psychoanalyse betont das Bedürfnis und die Fähigkeit des Säuglings, soziale Beziehungen einzugehen. Frühe Bindungserfahrungen werden im Gedächtnis gespeichert und in späteren Beziehungen wirksam.[1]
- Eingebettet in die emotionale Beziehung sind **Reize**, die der Säugling für eine gesunde Entwicklung benötigt, wie Sprechen mit dem Kind, Mobile, Spielzeug, Rassel usw.
- Eltern und Erzieher/innen sollten für eine **angemessene, realitätsangepasste Befriedigung der oralen Bedürfnisse** sorgen. Dazu gehören neben biologischen Bedürfnissen intensiver Hautkontakt sowie Kontakte über alle Sinnesorgane.
- Die **Bedeutung von frühen Erfahrungen** sollte erkannt werden, denn Einflüsse auf die/den Einzelne/n sind umso nachhaltiger, je früher sie im Leben einsetzen.

Die anale[2] Phase im zweiten bzw. dritten Lebensjahr

Die Lust-Unlust-Erlebnisse des Kleinkindes konzentrieren sich in dieser Phase vornehmlich auf den **Ausscheidungsvorgang, das -organ und das -produkt**. Dies betrifft sowohl das Hergeben als auch das Zurückhalten der Ausscheidungsprodukte. Vorherrschend sind also **Wünsche des Spielens mit Ausscheidungsorganen und -produkten sowie des Gebens und Nehmens**.

Psychoanalytisch orientierte Psychologinnen und Psychologen nehmen an, dass mit der Reinlichkeitserziehung die gesamte **Thematik des Hergebens und Festhaltens** im übertragenen Sinne erlernt wird: Macht das Kind die Erfahrung, dass das Hergeben des Stuhls Lust bereitet, so wird es auch im späteren Leben gern etwas hergeben und Freude an Leistung entwickeln. Anderenfalls zeigt es im späteren Leben ein überstarkes Maß an Geiz und Verweigerungstendenzen, ein Zurückhalten von Leistung (zum Beispiel Leistungswiderstand) oder einen mit erheblichen Ängsten besetzten Leistungszwang. Ebenso können extreme Schuldgefühle, Reinlichkeitsfanatismus und Waschzwang Folgen einer falschen Sauberkeitsgewöhnung sein.

Latrinen in Ostia: In unbefangener Geselligkeit verrichteten die Römer ihre Notdurft. Bei uns wäre das aufgrund der üblichen Reinlichkeitserziehung nicht möglich.

---

[1] *vgl. Kapitel 10.1.4*
[2] *anus (lat.): der After*

Das Kleinkind zieht auch Lustgewinne aus den Ausscheidungsprodukten. Da es nicht zwischen Ausscheidungsvorgang, -organ und -produkt unterscheidet, kann eine negative Bewertung der Ausscheidungsprodukte als Folge falsche oder übertriebene Scham- und Ekelgefühle oder gar eine Ablehnung des eigenen Körpers nach sich ziehen.

In dieser Phase wird vornehmlich das Ich in der Auseinandersetzung mit der Realität ausgebildet und damit die Beziehung zum Ich, zur eigenen Person aufgebaut. Je nach Erziehungsverhalten bilden sich Selbstständigkeit, Eigenwillen, Durchsetzungsvermögen oder auch Unselbstständigkeit, Gefügigkeitshaltung, Konformismus und Opportunismus bzw. Herrschsucht, Aggressivität, Hartnäckigkeit, Dickköpfigkeit oder Dominanzstreben aus.

Folgerungen für die Erziehung:

- Ein **warmes Erziehungsklima und ein weitgehend ungestörtes Eltern-Kind-Verhältnis** sind wesentliche Grundlagen für das Gelingen der Reinlichkeitserziehung. Übertriebener Ehrgeiz ist einer der Hauptgründe für eine missglückte Reinlichkeitserziehung, deren Folgen meist erst bei der späteren Entwicklung des Kindes abzusehen sind.
- Die Reinlichkeitserziehung soll **nicht zu früh einsetzen und nicht zu streng** gehandhabt werden. Eltern und andere Erzieher/innen sollten sie mit **viel Geduld und positiven Erziehungsmaßnahmen**, zum Beispiel Lob, Anerkennung und Zuneigung, durchführen, damit sie das Kind als lustvoll erlebt. Bevor man mit der Reinlichkeitserziehung beginnt, sollte das Kind in **der Lage sein zu sitzen und Bedürfnisse** bereits wenigstens mithilfe von Lauten **ausdrücken** können.
- Das Kind sollte an ganz **bestimmte Orte** (zum Beispiel an das Bad oder die Toilette) und Zeitpunkte – etwa immer nach dem Aufstehen oder nach dem Frühstück – **gewöhnt** werden.
- Eine negative Bewertung der Ausscheidungsprodukte sollte vermieden werden. Spiele im Sandkasten, mit Fingerfarben oder Ton können eine angemessene Befriedigung darstellen.
- Das kindliche Neugierdebedürfnis sollte entfaltet werden; auf diese Weise kann nämlich das Kind lernen, Probleme der Welt wahrzunehmen und selbstständig zu bewältigen.
- Das Kind benötigt einen Raum der Freiheit und der eigenen Entscheidung und sollte Freiräume für eigene Aktivitäten erhalten; Impulse des eigenen Wollens und Planens sollten unterstützt werden; Lob und Anerkennung beschleunigen die Entwicklung der Selbststeuerung, ständiges, ungeduldiges Eingreifen verzögert sie.
- Dem Kind sollten aber andererseits notwendige Grenzen gesetzt werden; erst durch das Aufzeigen von Grenzen findet eine bewusste Auseinandersetzung mit der Realität statt, welche die Urteilsfähigkeit des Kindes zwischen Anpassung und Durchsetzungsbereitschaft ausbildet.

Die phallische[1] Phase im vierten bzw. fünften Lebensjahr

Lust gewinnt das Kleinkind in diesem Abschnitt vornehmlich durch Betätigung an den **Genitalien**. Durch das Herzeigen der eigenen Geschlechtsteile und das Betrachten der von anderen sowie durch das Spielen an ihnen kann das Kind lustvolle Befriedigung herbeiführen.

---

[1] *phallós (griech.): das männliche Glied*

Da das Genitalorgan des Jungen sichtbar ist und das des Mädchens nicht, kann das Kind zu der Meinung kommen, das Mädchen habe das seinige verloren oder es sei ihm geraubt worden. Die Psychoanalyse spricht in diesem Zusammenhang von einer ***Kastrationsangst*** beim Jungen, der Angst davor hat, dass auch ihm sein Glied abhanden kommen könnte. Das Mädchen, das seine Penislosigkeit erkennt, kann glauben, dass es selbst unvollständig und daher minderwertiger als der Junge sei.

Das mit dieser Vorstellung verbundene Erlebnis der Enttäuschung bezeichnete *Freud* als **Penisneid**, der Ursache für ein Gefühl der Unterlegenheit und Minderwertigkeit der Frau gegenüber dem Mann sein kann.[1]

Um diesen Konflikt der Enttäuschung zu lösen, ziehen sich nach Freud die Mädchen mehr auf eine untertänige Rolle zurück und begeben sich später in eine unterwürfige Bindung. Diese These ist heute sehr umstritten.

Die Triebwünsche äußern sich in dieser Phase im Begehren des gegengeschlechtlichen Elternteils. Aus diesem Begehren kann sich ein Konflikt ergeben, den *Freud* nach der Tragödie des *Sophokles* **Ödipuskonflikt** genannt hat.

Ödipus[2] *wurde nach seiner Geburt in einem Gebirge ausgesetzt, weil seine Eltern vom Orakel von Delphi erfuhren, er werde dereinst seinen Vater töten und seine Mutter heiraten. Durch Mitleid vor dem Tod bewahrt, wächst Ödipus als Adoptivsohn im Königshaus zu Korinth auf. Dort erfährt er das über ihn verhängte Schicksal und verlässt Korinth, um sich nicht an seinen Eltern schuldig zu machen. Auf dem Weg nach Theben tötet er einen alten Mann, der ihn vom Weg stoßen will. Dieser alte Mann ist niemand anderer als sein Vater* ***Laios***. *Vor Theben löst Ödipus das Rätsel der Sphinx und befreit damit die Stadt von diesem Ungeheuer. Als Dank dafür erhält er die Königswürde und damit verbunden, die verwitwete Königin – seine eigene Mutter – zur Frau.*

Der Konflikt besteht darin, dass das Kind den gegengeschlechtlichen Elternteil begehrt und ihn am liebsten für sich ganz allein haben will. Doch da steht der andere Elternteil im Wege, weshalb dieser vom Kind als Rivalin/Rivale erlebt wird und es sie/ihn als solchen „fortwünscht" (vgl. *Kiesling, 2011, S. 73*).

Ödipuskonflikt bezeichnet in der Psychoanalyse den Liebeswunsch dem andersgeschlechtlichen und gleichzeitig den Todeswunsch dem gleichgeschlechtlichen Elternteil gegenüber.

Dadurch gerät das Kind in ein Dilemma: Es will den Elternteil, mit dem es konkurriert, einerseits weghaben, andererseits aber auf keinen Fall verlieren.

---

[1] *In seiner Schrift „Abriss der Psychoanalyse" (2012, S. 16) schreibt Freud statt von Penisneid von „Penismangel" bzw. von „Klitorisminderwertigkeit". Freud war nämlich der Meinung, dass die Klitoris ein verkümmerter Penis und die Frau deshalb ein verkümmerter Mann sei.*

[2] *Oidipous (griech.): „Schwellfuß"; als das Orakel in Delphi König Laios und seine Frau Iokaste warnte, dass Ödipus seinen Vater töten und seine Mutter heiraten werde, durchbohrte Laios nach der Geburt seines Sohnes dessen Füße und setzte das Kind aus.*

Freud wird oft unterstellt, er habe den Ödipuskonflikt ausschließlich für den Jungen konzipiert. Doch das ist nicht richtig, auch das Mädchen durchlebt nach *Freud* diesen Konflikt, der vom Penisneid herrührt: Es ist von der Mutter enttäuscht, die es für seine Beschaffenheit, kein Glied zu haben, verantwortlich macht. Es löst sich von der geliebten Mutter ab, der es „nicht verzeihen kann, dass sie es so mangelhaft ausgestattet in die Welt geschickt hat". Im Groll darüber gibt es die Mutter auf und wendet sich als Liebesobjekt dem Vater zu.[1]

Die Bedeutung des Ödipuskonfliktes liegt darin, dass sich das Kind mit dem gleichgeschlechtlichen Elternteil identifiziert, um ihn bei dem anderen Elternteil ersetzen zu können. Dies führt zum Erwerb der jeweiligen Geschlechtsrolle. Es geht also in diesem Abschnitt um das Erlernen und Bejahen der eigenen Geschlechtsrolle. Gelöst wird der Konflikt in der Regel dadurch, dass es dem Kind im Laufe der Zeit gelingt, seine Illusion des Begehrens aufzugeben.

So endet nach *Freud* die erste Liebe zum anderen Geschlecht mit einer Enttäuschung, die das Kind aufarbeiten muss.

Neben dem Erlernen und Akzeptieren der eigenen Geschlechtsrolle erlernt das Kind bei einem erfolgreichen Verlauf dieser Phase das Ertragen von Ambivalenzen und Frustrationen[2] und die Beherrschung von Neid- und Eifersuchtsgefühlen (vgl. *Kiesling, 2011, S. 74*). Bei einem ungünstigen Verlauf der Entwicklung kann dieser Konflikt bestehen bleiben, was in der psychoanalytischen Literatur häufig ***Ödipuskomplex*** genannt wird. Dies ist der Fall, wenn sich das Kind bzw. der erwachsene Mensch von dem geliebten Elternteil nicht loslösen kann und auf ihn fixiert bleibt.[3] Mögliche Folgen eines nicht überwundenen Ödipuskonfliktes können Nichtbejahung der eigenen Geschlechtsrolle, Misslingen der Identifizierung mit dem eigenen Geschlecht, Gefühle von Neid und Eifersucht, Liebesunfähigkeit oder Impotenz sein. Ob und inwieweit dem Kind die Überwindung des Ödipuskonfliktes gelingt, hängt im Wesentlichen von dem Verhalten der Eltern ab.

Folgerungen für die Erziehung:

- Eine positive Beziehung zum Kind, eine harmonische und freundliche Beziehung der Eltern untereinander sowie ein entspanntes, angstfreies, emotional getragenes und harmonisches Familienklima ist Voraussetzung für einen positiven Verlauf des Ödipuskonfliktes.
- Das Kind soll in die Beziehung seiner Eltern integriert werden und nicht als Verbündeter auf die Seite eines Elternteils gezogen oder ein Elternteil von der symbiotischen Beziehung zwischen dem anderen Elternteil und dem Kind ausgeschlossen werden.[4]
- Die Vorbildwirkung der Mutter bzw. des Vaters ist für die Identifizierung mit der jeweiligen Geschlechtsrolle von entscheidender Bedeutung.
- Das Herzeigen der eigenen Geschlechtsteile und das Betrachten der von anderen sowie das Spielen mit ihnen sollte nicht überbewertet werden. Es wäre ein Fehler, solche Verhaltensweisen zu bestrafen oder gar als Sünde zu bewerten, da sich hieraus seelische Störungen ergeben können. Eine angemessene Befriedigung dieser Triebwünsche ist wichtig, um Fehlentwicklungen zu vermeiden.

[1] *Gelegentlich wird dieser Konflikt des Mädchens im Gegensatz zum Ödipuskonflikt Elektrakonflikt genannt. Elektra, eine griechische Königstochter, hat ihre Mutter Klytemnästra gehasst, weil ihre Mutter ihren Geliebten, Agamemnon, getötet hatte.*

[2] *Ambivalenz (lat. ambi-: von zwei Seiten, valens: stark, mächtig) die Zwiespältigkeit, innere Zerrissenheit; frustratio (lat.): Enttäuschung einer Erwartung; das Erleben einer Enttäuschung, die auftritt bei einer Hinderung an einer Handlung bzw. bei Nichterfüllung eines Bedürfnisses, Wunsches oder von Erwartungen*

[3] *vgl. Abschnitt 5.4.2*

[4] *Solche verfehlten Erwartungen von Eltern an das Kind sind in Kapitel 12.1.3 dargestellt.*

Persönlichkeitsmerkmale, die in den einzelnen Phasen der Libidoentwicklung zugrunde gelegt werden:

Bezeichnung der Phase	orale Phase	anale Phase	phallische Phase
Triebquelle	Mundzone: Berühren, Saugen, Schlucken, Beißen, Lutschen, Nahrungsaufnahme, Kauen usw.	Afterzone: Ausscheidungsorgan, -vorgang und -produkt	Genitalzone
Triebwünsche	Wünsche des Einverleibens, die nicht nur über die Mundzone, sondern auch über die Sinnesorgane, vor allem die Haut erfolgen	Wünsche des Spielens mit dem Ausscheidungsorgan und -produkt; Wünsche des Gebens und Behaltens (Festhaltens)	Wünsche des Spielens an und mit den Geschlechtsteilen (Herzeigen, Betrachten, Spielen); Begehren des gegengeschlechtlichen Elternteils (Ödipuskonflikt)
Grundlegung von Persönlichkeitsmerkmalen[1]	optimistische bzw. pessimistische Lebensgrundeinstellung; Mut, Vertrauen bzw. Minderwertigkeitsgefühle, Misstrauen; Ich-Bezogenheit, Begehrlichkeit, Eifersucht, Gier, Riesenansprüche, Süchte	Offenheit bzw. Geiz, Besitzstreben, Pedanterie, Sparsamkeit, Pflichtbewusstsein, Einstellung zur Leistung (Freude an Leistung, Leistungsverweigerung); Ticks, Stottern; Schuldgefühle, Scham- und Ekelgefühle, Reinlichkeitsfanatismus, Zwangsverhalten in seinen vielfältigen Formen; Selbstständigkeit, Eigenwillen, Durchsetzungsvermögen, Herrschsucht, Machtstreben, Auflehnung, Dominanzstreben oder Unselbstständigkeit, Gefügigkeitshaltung, Unterordnung	Überlegen- bzw. Unterlegenheitsgefühle vor allem gegenüber dem anderen Geschlecht; Bejahung bzw. Verneinung der eigenen Geschlechtsrolle, Exhibitionismus, Voyeurismus; Sexualneurosen wie zum Beispiel Impotenz, Frigidität, „Liebesunfähigkeit“; männlich: Erfolgsorientierung, Konkurrenzdenken, Betonung der Männlichkeit, Potenz, Machoverhalten; weiblich: Neigung zum Verführerischen, Koketterie
Beziehungsaufbau	Aufbau der Beziehung zur Umwelt	Aufbau der Beziehung zum Ich, zur eigenen Person	Aufbau der Beziehung zur Partnerin/zum Partner

Pedanterie: übertriebene Genauigkeit bzw. Ordnungsstreben, unangemessener Perfektionismus

Exhibitionismus: Zurschaustellung der eigenen körperlichen Reize, insbesondere der Geschlechtsteile

Voyeurismus: Beobachten von geschlechtlichen Handlungen anderer Personen

Macho (wörtlich: männlich): Einstellung eines Mannes gegenüber Frauen, die durch starke Überlegenheitsgefühle und Herrschaftsansprüche gekennzeichnet ist

kokett (franz.: hahnenhaft): gefallsüchtig, mit Reizen spielend, bei anderen Aufmerksamkeit bzw. Gefallen erregen wollen

---

[1] *Bei den „negativen“ Persönlichkeitsmerkmalen handelt es sich in der Regel um Persönlichkeitsmerkmale eines „ich-schwachen“ Menschen.*

5.4.4 Die Entwicklung der Libido in der späten Kindheit und im Jugendalter

Die Latenzperiode[1]

Das Übernehmen der Gebote und Verbote seitens der Eltern und anderer Erziehungspersonen führt in der Regel gegen Ende der phallischen Phase zur Ausbildung der drei Persönlichkeitsinstanzen; die Dynamik zwischen Ich, Es und Über-Ich[2] beginnt zu funktionieren, und es bilden sich Abwehrmechanismen[3] heraus.

Dadurch ist das Kind imstande, auf Lustbefriedigung zu verzichten, sie auf einen anderen Zeitpunkt zu verschieben oder in eine andere Energie wie zum Beispiel in ein bestimmtes sachliches Interesse „umzuleiten“[4]. Die Triebregungen treten „in den Hintergrund“, ihre Energie wird verlagert auf andere Bereiche. Es bilden sich vorzugsweise die kognitiven und sozialen Fähigkeiten und Funktionen des Kindes aus, was aber nicht bedeutet, dass es an Sexualität und an deren Themen nicht interessiert ist.

In dieser Phase tritt die erste Bezugsperson innerhalb der Familie teilweise etwas in den Hintergrund, die Lehrkraft gewinnt an Bedeutung, was aus *Freud'scher* Sicht als teilweise Übertragung der libidinösen Kraft auf die Lehrkraft gesehen wird.

Die Tatsache, dass die Triebregungen mehr in den Hintergrund treten und sachliches Interesse maßgebend wird, macht die Latenzperiode neben dem schulischen Lernen auch günstig für sexuelle Aufklärung, da diese in dieser Zeit nicht so stark emotional erlebt wird als während der Pubertät.

Die genitale[5] Phase

Mit Beginn der Pubertät „erwacht“ die Sexualität unter dem Einfluss der Geschlechtshormone erneut. Sie dient aber nicht mehr nur der Lustbefriedigung, sondern auch der **Fortpflanzung**. In der frühen Kindheit war die Sexualität mehr oder weniger auf sich selbst bezogen und das Sexualobjekt war in der Familie zu suchen, jetzt findet eine libidinöse Bindung an eine Partnerin oder einen Partner außerhalb der Familie statt. Damit tritt die Sexualität in eine weitere Funktion, nämlich in den Dienst der menschlichen Partnerschaft und besitzt **beziehungsstiftende Funktion**. So findet die Libido – neben der Lust – sowohl im Fortpflanzungsgeschehen als auch im Ausdruck der Liebe und Mittel der Kommunikation eine Möglichkeit der Begegnung und Beziehungspflege ihre Sinnerfüllung (vgl. *Kentler, 1994, S. 5*).

---

[1] *latere (lat.): verborgen sein*
[2] *vgl. Abschnitt 5.2.2*
[3] *vgl. Abschnitt 5.2.3*
[4] *vgl. hierzu die Sublimierung in Abschnitt 5.2.4*
[5] *genitalis (lat.): zur Zeugung gehörig, erzeugend*

„Wäre sie (die Libido) das nicht, dann könnte kein Mensch einen anderen lieben, zu ihm zärtlich sein, ihm seine Gefühle ohne Worte zeigen, zu ihm eine Beziehung gewinnen, die seine ganze Person betrifft (...).“ (Hans Georg Wiedemann[1])

Funktionen der Libido		
in der frühen Kindheit	in der späten Kindheit	im Jugendalter
- Lustfunktion - Lust mehr selbstbezogen - Objekt in der Regel innerhalb der Familie	Sexualität tritt in den Hintergrund	- Lustfunktion - Fortpflanzungsfunktion - Objekt außerhalb der Familie - beziehungsstiftende Funktion

Oft wird fälschlicherweise die phallische Phase als genitale Phase bezeichnet, doch die genitale Phase folgt erst in der Pubertät. Es besteht ein Unterschied zwischen diesen beiden Phasen.

Neuere Strömungen der Psychoanalyse nehmen Abstand von Teilen der Theorie der Entwicklung der Libido, da sie wissenschaftlich sehr umstritten ist. Sie betonen auch die Entwicklung der Ich-Funktionen und die Rolle früherer Beziehungen.

Auf den Punkt gebracht

- Ein Trieb ist immer ein Drang, eine Kraft, die eingesetzt wird, um Befriedigung zu erreichen. Diese Befriedigung ist generell mit Lust verbunden und ist durch drei Merkmale näher gekennzeichnet, der Triebquelle, dem Triebziel und dem Triebobjekt. Grundlage von Trieben ist eine psychische Energie, die sich beim Kind noch ungerichtet und völlig wahllos entlädt.
- Die Psychoanalyse geht davon aus, dass zwei Haupttriebe das gesamte menschliche Verhalten erzeugen und steuern: Einmal der Lebenstrieb (Eros), der die Selbst- und Arterhaltung, das Überleben, Weiterleben und die Fortpflanzung zum Ziel hat. Seine psychische Energie wird als Libido bezeichnet. Zum anderen der Todestrieb (Thanatos), der die Auflösung bzw. Zurückführung des Lebens in den anorganischen Zustand und somit die Vernichtung von Leben will. Seine psychische Energie ist die Destrudo. Lebens- und Todestrieb arbeiten gegeneinander, doch besteht in der Regel eine Verschränkung zwischen diesen beiden Haupttrieben, ohne dass einer über den anderen vorherrscht. Der Mensch strebt nach Abfuhr der Triebenergie, er sucht Triebbefriedigung.

---

[1] *Aus einem Kalenderspruch. Hans-Georg Wiedemann (1936–2015) war evangelischer Theologe, Sexualberater und Autor.*

- Narzissmus bezeichnet im psychoanalytischen Sinn die Liebe zur eigenen Person, das Verliebtsein in sich selbst. Die Libido ist in einem Frühstadium der Entwicklung zunächst ausschließlich auf das eigene Ich gerichtet (= primärer Narzissmus), welcher im Laufe der weiteren Entwicklung mehr oder weniger auf andere Objekte bzw. Personen übergeht. Fehlformen in der Erziehung oder eine Enttäuschung, zum Beispiel enttäuschte Liebe, können bewirken, dass der Mensch wieder zurückfällt in das frühe Stadium des primären Narzissmus (Regression), was als „sekundärer Narzissmus" bezeichnet wird.
- Die Entwicklung der Libido verläuft in bestimmten Phasen, die nach dem jeweilig dominierenden Körperteil benannt sind: orale, anale, phallische Phase, Latenzperiode, genitale Phase. Die Entwicklung der Libido vollzieht sich nach einem eigengesetzlichen, genetischen Verlauf; wie der Mensch diese Phasen durchläuft, ist von seiner Umwelt, insbesondere von seinen Bezugspersonen und seiner Erziehung, abhängig.

Aufgaben – Wissen & Verstehen, Anwenden, Reflektieren

21. *Erläutern Sie die psychoanalytische Trieblehre.*
22. Der Bamberger Psychologe *Herbert Selg* stellt angesichts der Propagierung eines Todestriebes durch *Sigmund Freud* die Frage: „Ist der Mensch zur Aggression verdammt?"

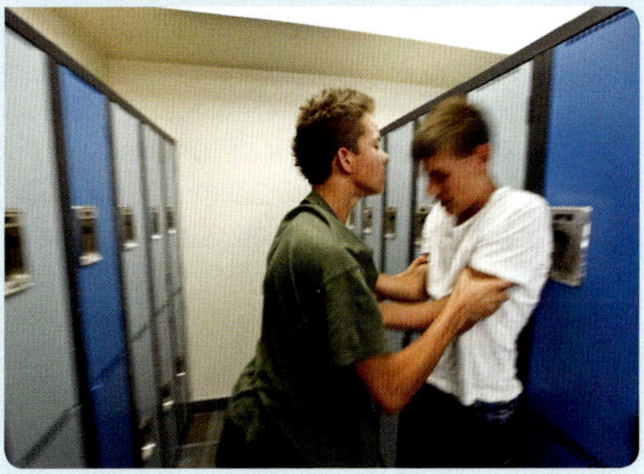

    → *Diskutieren Sie in Gruppen diese Frage, indem Sie sich mit Freuds Triebtheorie kritisch auseinandersetzen.*
    → *Stellen Sie in Ihrer Klasse je sechs Sessel gegeneinander gerichtet auf. Fünf Mitschüler/innen, die für einen Aggressionstrieb argumentieren, setzen sich in die eine Reihe, weitere fünf Mitschüler/innen, die gegen einen Aggressionstrieb argumentieren, nehmen auf den Sesseln gegenüber Platz. In jeder Reihe bleibt ein Sessel leer.*
    → *Die zehn Mitschüler/innen diskutieren kontrovers die These eines Aggressionstriebes.*
    → *Wer von der Klasse einen Diskussionsbeitrag leisten möchte, setzt sich auf den leeren Sessel. Sie/Er nimmt auf derjenigen Seite Platz, die sie/er mit ihrem/seinem Beitrag unterstützen will. Nach dem Beitrag verlässt die Schülerin/der Schüler den Sessel wieder.*
23. *Beschreiben Sie den Narzissmus im psychoanalytischen Sinn.*
24. *Stellen Sie*
    a) die orale Phase,
    b) die anale Phase,
    c) die phallische Phase
    dar und zeigen Sie auf, welche Persönlichkeitsmerkmale in dieser Phase angelegt werden.

25. *Beschreiben Sie Folgerungen für die Erziehung, die sich aus*
    a) der oralen Phase ergeben;
    b) der analen Phase ergeben;
    c) der phallischen Phase ergeben;
    d) der Latenzperiode ergeben;
    e) der genitalen Phase ergeben.

26. ***Karins Kampf um die Flasche***[1]
    Karins Mutter ist eine alleinerziehende Frau, die schon bald nach der Geburt von Karin wieder arbeiten gehen musste. Doch in der Kinderkrippe war damals kein Platz für Karin frei, sodass ständig neue Tagesmütter/Tagesväter für sie gefunden werden mussten. Als Karin drei Jahre alt war, bekam sie ein Brüderchen. Seit dieser Zeit verhält sie sich plötzlich wieder wie ein Baby. Sie lutscht am Daumen und möchte ihrem Bruder immer die Flasche wegnehmen. Auch nimmt sie eine „Babysprache" an.
    a) Erklären Sie das Verhalten von Karin auf der Grundlage von psychoanalytischen Erkenntnissen. Stellen Sie dabei die für diesen Fall relevanten Aussagen der psychoanalytischen Theorie dar.
    b) Entwickeln Sie als Elementarpädagogin/-pädagoge mögliche entwicklungsunterstützende Angebote für Karin.

27. ***Fallbeschreibung „Markus, der Geizhals"***
    Die Mutter von Markus, neun Jahre alt, hat Probleme mit ihrem Sohn und sucht deshalb eine Erziehungsberatungsstelle auf. Die Mutter erzählt, dass Markus alles für sich behalte und sich weigere, irgendetwas mit seiner Schwester oder seinen Freunden zu teilen. Seit er in die Schule geht, muss sie ihn ständig zum Hausaufgabenmachen drängen, was regelmäßig Streit gibt. Dazu kommt noch, dass er übertrieben genau und deshalb furchtbar langsam arbeitet. Auf Nachfrage der Sozialpädagogin bezüglich der Erziehung von Markus sagt die Mutter u. a., dass sich Markus bis zum zweiten Lebensjahr recht gut entwickelt habe, seit aber seine kleine Schwester auf die Welt gekommen sei, habe er sich sehr zu seinem Nachteil verändert. Um sich selbst Arbeitserleichterung zu verschaffen, habe sie versucht, Markus möglichst schnell „sauber" zu kriegen. Zunächst habe sie es mit Geduld probiert, als dies aber nichts brachte, bekam er einen Klaps auf den nackten Hintern und später dann auch gelegentlich Prügel. Seinen Topf durfte er manchmal eine ganze Stunde lang nicht verlassen, da half auch alles Wimmern und Weinen nichts.
    a) Erklären Sie das Verhalten von Markus auf der Grundlage von psychoanalytischen Erkenntnissen. Stellen Sie dabei die für diesen Fall relevanten Aussagen der psychoanalytischen Theorie dar.
    b) Erarbeiten Sie mit der Mutter positive, unterstützende Verhaltensangebote.

28. ***Fallbeschreibung „Tobias": Zu Hause ist es doch am schönsten!***
    Tobias, ein recht gut aussehender junger Mann, leidet sehr unter seiner Einsamkeit. Früher hatte er oft Freundinnen, aber er empfand sich nie als attraktiv genug und fragte sich oft, ob die anderen ihn überhaupt mögen. Er traut sich noch heute nicht, ein Mädchen anzusprechen, und immer öfter sagt er Verabredungen ab oder

---

[1] *Die Aufgaben 27 bis 29 wurden von OStRin Heike Selz von der Beruflichen Oberschule Weißenburg (Bayern) zusammengestellt.*

blockt jeden Annäherungsversuch ab. Die Eltern berichten, ihr Sohn habe sich eigentlich ganz normal entwickelt, er sei ein sehr lieber Junge gewesen. An eine Begebenheit würden sie sich erinnern, in der Tobias ein seltsames Verhalten zeigte, was natürlich sofort unterbunden wurde. Damals hätten sie bemerkt, dass Tobias sich des Öfteren selbst befummle, und er wollte dies auch beim Nachbarsmädchen im Planschbecken tun. Dies hätten sie ja nun wirklich verbieten müssen. Seit diesem Zeitpunkt hätten die Eltern immer sehr sorgfältig aufgepasst, ob Tobias nun auch wirklich keine solchen „Schweinereien" mehr mache. Nachts legten sie großen Wert darauf, dass er seine beiden Hände immer auf der Bettdecke liegen habe.

a) *Erklären Sie das Verhalten von Tobias auf der Grundlage von psychoanalytischen Erkenntnissen.*
b) *Stellen Sie dabei die für diesen Fall relevanten Aussagen der psychoanalytischen Theorie dar.*
c) *Analysieren Sie das elterliche Verhalten.*
d) *Entwickeln Sie mögliche unterstützende Angebote für das erzieherische Verhalten der Eltern.*

29. *Stellen Sie die Latenzperiode und ihre Bedeutung für die weitere Entwicklung des Kindes dar.*

30. a) *Beschreiben Sie die genitale Phase.*
    b) *Analysieren Sie das elterliche Verhalten.*
    c) *Zeigen Sie Folgerungen für die Erziehung auf, die sich aus dieser Phase ergeben.*
    d) *Arbeiten Sie den Unterschied der genitalen Phase zur phallischen Phase heraus.*

5.5 Die Entstehung von seelischen Fehlentwicklungen

Fehlformen in der Erziehung wie beispielsweise Ablehnung oder Vernachlässigung des Kindes, Überbehütung und Verwöhnung oder zu autoritäre Erziehung, aber auch bestimmte Erfahrungen begünstigen zum einen, dass das Ich, das Es, das Über-Ich und die Realität in einem Ungleichgewicht zueinander stehen, und zum anderen Konflikte und Probleme, die mit der frühkindlichen Entwicklung der Libido zusammenhängen.

5.5.1 Das Ungleichgewicht der Persönlichkeit

Erziehungsfehler oder auch traumatische Erlebnisse[1] können ein Ungleichgewicht der einzelnen Persönlichkeitsinstanzen zueinander bewirken.

> Bei einer zu autoritären, überbehütenden oder verwöhnenden Erziehung beispielsweise ist es sehr wahrscheinlich, dass das Über-Ich zu stark ausgebildet wird und sich das Ich gegenüber dem Über-Ich nicht mehr behaupten kann; bei Erzieherverhaltensweisen, die zu einem schwachen Ich führen, ist es auch möglich, dass das Ich von den Forderungen der Realität beherrscht wird.

[1] *Von einem psychischen Trauma (griech. traũma: Verletzung, Wunde) spricht man, wenn dramatische Ereignisse wie zum Beispiel Folter, Kriegshandlungen, Vergewaltigung, sexueller Missbrauch, körperliche und/oder seelische Misshandlung, Unfall und dergleichen bei der/dem Betroffenen eine anhaltende Störung des seelischen Gleichgewichts bewirken und diese Ereignisse von ihr/ihm nicht oder nur sehr schwer verarbeitet und bewältigt werden können.*

Dabei treten Ängste auf. Das Ich kann nun die Aufgabe so erledigen, dass es eine realistische Lösung in Betracht zieht; es kann aber auch, um Angst zu vermeiden oder zu verringern, Abwehrmechanismen einsetzen, die die bedrohlichen und angstauslösenden Erlebnisinhalte abwehren, unbewusst machen.[1] Diese unterdrückten und unverarbeiteten Erlebnisinhalte „lauern in der Tiefe" weiter, werden aber bei längerem und übertriebenem Einsatz von Abwehrmechanismen daran gehindert, in das Bewusstsein zu dringen. Dadurch ergeben sich innerpsychische Spannungen, die wegen ständiger Verdrängung nicht gelöst werden können. Über ein oder mehrere Symptome – das sind Merkmale bzw. Anzeichen einer Störung oder Krankheit – verschafft sich dieser als unangenehm erlebte Konflikt Ausdruck. Entgegen dem Behaviorismus liegt also in der psychoanalytischen Theorie einem Symptom grundsätzlich ein Konflikt zugrunde.

Ein fortwährendes Einsetzen von Abwehrmechanismen führt zur Leugnung und Verfälschung der Realität, sodass es zu einem dieser Realität nicht angepassten Verhalten kommt.

→ Personen, die ständig aus Angst ihre sexuellen Wünsche und Gefühle abwehren, verleugnen die Realität und werden unfähig, sich und andere zu lieben.
Menschen, die die zunehmende Umweltzerstörung und die damit verbundenen Bedrohungen aus Angst nicht wahrhaben wollen – sie verdrängen –, können der Situation nicht gerecht werden und zerstören durch ihr fehlangepasstes Verhalten weiter die Umwelt.

Kennzeichen eines „geschwächten" Ichs ist also, dass der Mensch die Realität verleugnet oder sehr verzerrt bzw. verfälscht – nicht „realitätsgetreu" – wahrnimmt. Auf diese Weise ist das Individuum kaum fähig, Probleme realitätsgetreu und damit wirksam zu lösen, und es kommt oft zu unangemessenem Verhalten, das es wiederum belastet. Insofern ist eine psychische Störung immer ein gescheiterter Anpassungsversuch, „ein Versuch, Probleme zu lösen, die nicht in befriedigender Weise gelöst werden konnten" (*Lagache, 1992, S. 61*).

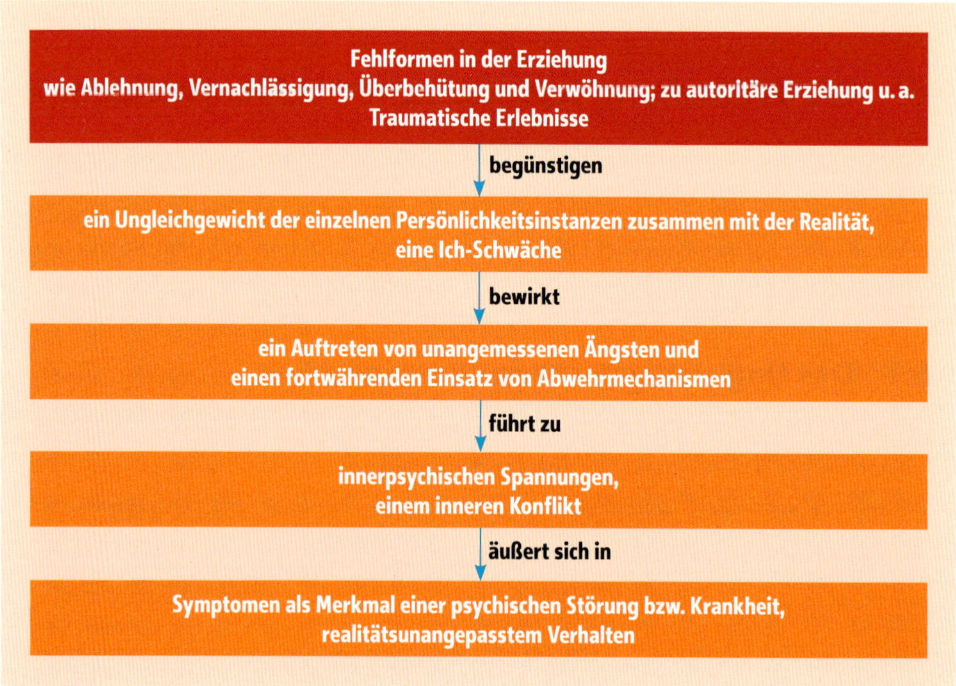

[1] *vgl. Abschnitt 5.2.3*

5.5.2 Konflikte in der Libidoentwicklung

Einher mit einem Ungleichgewicht der Persönlichkeit gehen in der Regel Konflikte in der Libidoentwicklung. Wurden die für die einzelnen Phasen der Libidoentwicklung charakteristischen Triebwünsche ***entweder nicht bzw. nur unzureichend oder aber über die Maßen hinaus befriedigt, so können ebenfalls seelische Fehlentwicklungen auftreten***.

Unzureichende Befriedigung der Bedürfnisse, wie dies zum Beispiel beim stark autoritären oder vernachlässigenden Erzieherverhalten der Fall ist, bewirkt eine **Triebfrustration**.

> **Triebfrustration bezeichnet das Erleben einer Enttäuschung, die auftritt, wenn die Befriedigung wichtiger Bedürfnisse fortwährend verhindert wird.**

Eine Triebfrustration bringt es mit sich, dass das Kind an Erlebens- und Verhaltensweisen, die in der jeweiligen Phase vorherrschen, und/oder Objekten, die in dieser Phase eine wichtige Rolle spielen, verhaftet bleibt. Die Psychoanalyse spricht in diesem Zusammenhang von **Fixierung**.

> Fixierungen in der oralen Phase können beispielsweise Rauchen, übermäßiges Essen oder Trinken bzw. Abhängigkeit von anderen Personen sein, in der analen Phase das zügellose Spielen mit Schlamm, Schmutz oder Dreck; eine Fixierung in der phallischen Phase kann dazu führen, dass eine starke Neigung vorhanden ist, pornografische Literatur zu lesen oder entsprechende Filme anzusehen.

> **Fixierung bedeutet in der Psychoanalyse ein Verhaftetbleiben an Erlebens- und Verhaltensweisen, die in der jeweiligen Phase vorherrschen, und/oder an Objekten, die in dieser Phase eine wichtige Rolle spielen.**

Fixierung kann auch auftreten, wenn die Triebwünsche und Bedürfnisse ***über die Maßen*** hinaus befriedigt werden, zum Beispiel bei einem verwöhnenden, überbehütenden oder verzärtelnden Erziehungsverhalten. Man spricht hier von einer **exzessiven Befriedigung** der kindlichen Wünsche und Bedürfnisse.

„Bist du eigentlich nicht schon zu alt dafür, noch immer mit einem Schnuller im Mund herumzulaufen?"

Zu große Versagungen oder Verwöhnung in der frühkindlichen Entwicklung der Libido können nicht nur zu Fixierungen führen, sondern auch dazu, dass das Kind eine bestimmte Phase überwindet und zu einem späteren Zeitpunkt wieder auf deren vorherrschende Erlebens- und Verhaltensweisen zurückfällt. Diesen Vorgang nennt die Psychoanalyse **Regression**.

> **Regression bedeutet ein Zurückfallen auf in einer bestimmten Phase vorherrschende Erlebens- und Verhaltensweisen.**

Auslöser für eine Regression können Enttäuschungen, Befürchtungen oder Schwierigkeiten sein, doch setzt eine Regression voraus, dass wichtige Triebwünsche in einer früheren Entwicklungsphase nicht ausreichend oder über die Maßen befriedigt wurden.

→

Ein Erstgeborenes stand bis zur Geburt des zweiten Kindes im Mittelpunkt elterlichen Interesses. Seit das zweite Kind zur Welt kam, nässt das Erstgeborene plötzlich wieder ein und will, wie sein Geschwisterchen, wieder aus der Flasche trinken.

Übermäßiges Essen bei Liebeskummer und aktuellen Schwierigkeiten („Kummerspeck") kann als Rückfall in die kindlichen Wünsche der oralen Phase bezeichnet werden, in der man sehr verwöhnt worden ist.

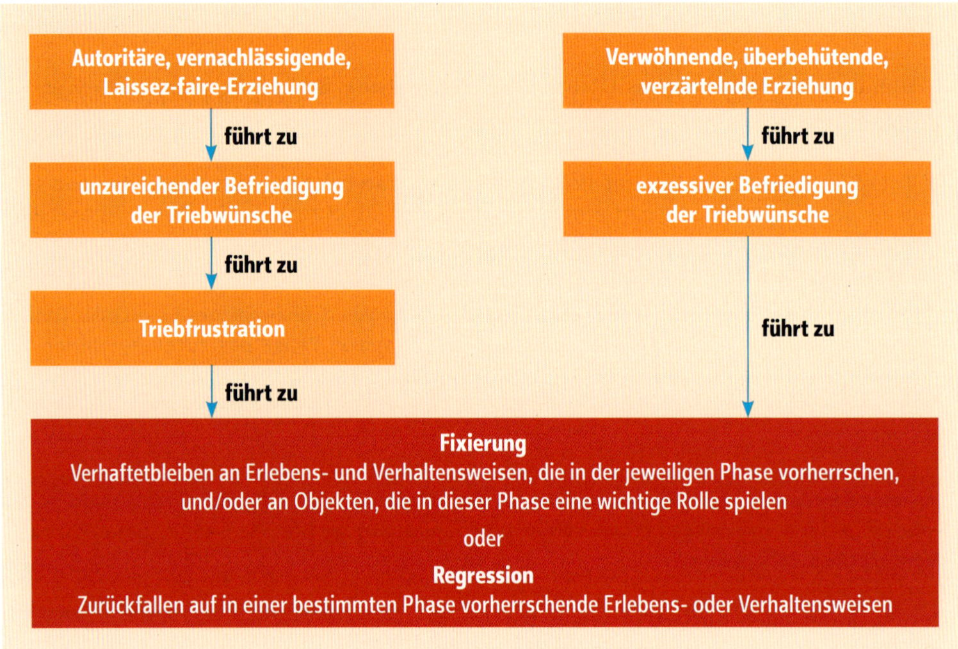

...

Mit *Freuds* Tod und dem Verbot psychoanalytischen Gedankenguts im Nationalsozialismus ging die Epoche der Psychoanalyse zunächst zu Ende. Nach dem Zweiten Weltkrieg entstanden in den USA, London und Paris neue psychoanalytische Entwicklungen, die den „klassischen Freud" grundsätzlich modifizierten. Die ***Ich-Psychologie***, deren Begründer und wichtigster Vertreter *Heinz Hartmann* (1894–1970) ist, die ***Objektbeziehungstheorie,*** deren Pionierin *Melanie Klein* (1882–1960) ist, und die ***Selbstpsychologie*** von *Heinz Kohut*.

Freud-iges

Ein Mensch erfand – Dank ihm und Lob –
Das Psychoanalysoskop,
In dem nun jeder deutlich nah
Die seelischen Komplexe sah.
So zeigten die bekannten Grillen
Jetzt einwandfrei sich als Bazillen.
Und was man hielt für schlechte Launen,
War wissenschaftlich zu bestaunen
Als Spaltpilz (siehe Schizophyt),
Der schädlich einwirkt aufs Gemüt.
Der Mensch erfand nun auch ein Serum
Aus dem bekannten nervus rerum,
Und es gelang in mehrern Fällen
Die Seelen wiederherzustellen.
Nur ist es teuer – und die meisten,
Die's brauchten, können sichs nicht leisten.

(Eugen Roth, 2015[7], S 76)

Auf den Punkt gebracht

- Das Ich kann, um Angst zu vermeiden oder zu verringern, Abwehrmechanismen einsetzen, die die bedrohlichen und Angst auslösenden Erlebnisinhalte abwehren, unbewusst machen. Diese unterdrückten und unverarbeiteten Erlebnisinhalte „lauern in der Tiefe“ weiter, werden aber bei längerem und übertriebenem Einsatz von Abwehrmechanismen daran gehindert, in das Bewusstsein zu dringen. Dadurch ergeben sich innerpsychische Spannungen, die wegen ständiger Verdrängung nicht gelöst werden können. Über ein oder mehrere Symptome – das sind Merkmale bzw. Anzeichen einer Störung oder Krankheit – verschafft sich dieser als unangenehm erlebte Konflikt Ausdruck.
- Bei einer angemessenen, der Realität angepassten Befriedigung der für die einzelnen Phasen charakteristischen Triebwünsche ist eine seelisch gesunde Entwicklung möglich. Werden die Wünsche und Bedürfnisse des Kindes in den jeweiligen Phasen nicht oder nur unzureichend befriedigt, so kommt es zu Triebfrustrationen, die eine Fixierung oder eine Regression bewirken, was zu einer abweichenden Persönlichkeitsentwicklung führen kann. Fixierung und Regression können auch eintreten, wenn die Wünsche und Bedürfnisse des Kindes über die Maßen hinaus (= exzessiv) befriedigt werden.

Aufgaben – Wissen & Verstehen, Anwenden, Reflektieren

31. *Beschreiben Sie ein bestimmtes Erzieherverhalten (zum Beispiel autoritäre Erziehung, Verwöhnung, Vernachlässigung) und erklären Sie aus psychoanalytischer Sicht mögliche Auswirkungen dieses Erzieherverhaltens.*

32. ***Fallbeschreibung „Ursula“***
Herr Rudamer, der Vater der achtjährigen Ursula, kommt zur Erziehungsberatungsstelle und berichtet: „Ursula ist eigentlich ein braves und williges Kind, aber sie hat sehr wenig Interessen und fragt mich andauernd, was sie machen soll. Mit anderen Kindern spielt sie auch nicht gerne, weil sie immer Angst hat, sich schmutzig zu machen. In der Schule hat sie große Schwierigkeiten, obwohl sie fleißig lernt. Sie ist immer unsicher und fragt, ob sie auch nichts falsch gemacht habe. Deshalb dauert bei ihr alles so lange.“ Nach der Erziehung gefragt, sagt der Vater: „Ich habe Ursula eigentlich sehr streng erzogen, weil ich von einer antiautoritären Erziehung nichts halte. Ich habe es auch geschafft, dass Ursula schon sehr früh sauber war. Darauf legte ich schon von vornherein großen Wert.“
    a) *Beschreiben Sie das problematische Verhalten von Ursula.*
    b) *Erklären Sie das Verhalten von Ursula mithilfe der psychoanalytischen Theorie. Stellen Sie dabei die grundlegenden Annahmen und Begriffe dieser Theorie dar.*
    c) *Entwickeln Sie für den Vater mögliche positive Verhaltensweisen.*

33. ***Fallbeschreibung „Elisabeth“***
Die sechseinhalbjährige Elisabeth wird – seit die Eltern bei einem Verkehrsunfall tödlich verunglückt sind – von ihrer Tante, einer Schwester ihrer Mutter, und ihrem Onkel erzogen. Die Familie, in der Elisabeth nun lebt, hat mittlerweile auch ein eigenes Kind, Florian, der elf Monate alt ist. Elisabeth war, als der Unfall passierte, 22 Wochen alt. Über fünf Jahre gab es mit ihr keinerlei Probleme in der Erziehung; diese traten erst auf, als sie mit knapp sechs Jahren auf Drängen ihres Onkels eingeschult wurde.

Von der Lehrerin wird Elisabeth als verträumt, unsicher und zurückgezogen geschildert. Sie könne sich kaum konzentrieren, weine sehr leicht und komme häufig mit noch nicht fertigen Hausaufgaben in die Schule. Die Tante meint dazu, dass das zierliche und sensible Mädchen sehr lange bei den Hausaufgaben sitze, sehr pedantisch sei und mit der Arbeit aus Angst, Fehler zu machen, nicht beginnen könne.

Die Tante schildert Elisabeth weiter als ein recht nettes Kind. Seit der Einschulung komme es bei ihr aber ein- bis zweimal in der Woche zum Bettnässen, sie esse wenig, trinke aber jeden Morgen zusammen mit Florian ein „Fläschchen". Gegenüber Florian zeige Elisabeth ein sehr wechselhaftes Verhalten, mal sei sie sehr lieb und besorgt um ihn, dann wiederum zerstöre sie sein ganzes Spielzeug. In unbeobachteten Momenten zwicke sie ihren Cousin oder wolle ihn schlagen. Vor einigen Tagen wollte sie ihn sogar die Treppe hinunterstoßen, was gerade noch rechtzeitig verhindert werden konnte.

Der Onkel meint, dass Kinder heutzutage zu sehr verwöhnt und verhätschelt würden. Er ist vor allem gegenüber Elisabeth sehr streng. Er tadelt sie oft, korrigiert ihre Sprache und ist mit ihrer Bearbeitung der Hausaufgaben nie zufrieden. Wenn Elisabeth das tut, was man von ihr verlangt – zum Beispiel die Hausaufgaben korrekt zu erledigen –, ist dies für den Onkel selbstverständlich und wird von ihm nicht gewürdigt. Er hat Elisabeth wegen ihres aggressiven Verhaltens gegenüber Florian bereits ein paar Mal in den Keller gesperrt; dort sollte sie über ihr Fehlverhalten nachdenken.

a) *Beschreiben Sie das Verhalten von Elisabeth.*
b) *Erklären Sie das Verhalten von Elisabeth mithilfe der psychoanalytischen Theorie. Stellen Sie dabei die für diesen Fall relevanten Aussagen der psychoanalytischen Theorie dar.*
c) *Entwickeln Sie mögliche Unterstützungsangebote für Elisabeth.*

34. *Stellen Sie dar, worauf Elementarpädagoginnen und -pädagogen in einem Kindergarten aus psychoanalytischer Sicht in ihrer Erziehung der zwei- bis fünfjährigen Kinder achten sollten. Begründen Sie Ihre Vorschläge mithilfe von psychoanalytischen Aussagen.*

35. ***Fallbeschreibung „Frau Lambert"***

Frau Lambert, 38 Jahre alt, sucht wegen des Scheiterns zweier Ehen eine psychologische Beratungsstelle auf. Sie stammt aus einer wohlhabenden Familie. Ihre Mutter schildert sie als eine selbstsüchtige Frau, die sie als sehr dominant erlebte; sie schuf nach ihren Aussagen im Hause eine sehr gespannte, formelle Atmosphäre, und ihre Erziehung war sehr streng. Sie kann sich noch erinnern – so erzählt sie der Psychologin –, dass sie ihr bis in die Einzelheiten hinein alles vorschrieb und entsprechend ihren Vorstellungen auf sie einwirkte. Jeder einzelne Schritt von ihr wurde überwacht und kontrolliert.

Auf Fragen der Psychologin bezüglich ihrer Beziehungen zum anderen Geschlecht sagte sie, dass sie sehr prüde erzogen worden sei, und ihr sei immer wieder gesagt worden, Sexualität sei etwas „Schlechtes" und „Schlimmes". Jeden Kontakt mit Buben beobachtete die Mutter sehr argwöhnisch, und sie warnte ständig, dass sie aufpassen und sich nicht mit Buben „einlassen" solle. Sie könne sich noch gut entsinnen, dass die Mutter dauernd sagte, Buben wollen immer nur „das Eine", was es zu vermeiden gelte.

Nach ihrer ersten Ehe befragt, erzählt Frau Lambert, dass sie einerseits schon bei jedem geringsten Liebesbeweis überglücklich war; bei jeder kleinsten Verstimmung oder Kritik dagegen war sie überzeugt: „Er liebt mich nicht!“, „Er mag mich nicht!“. Diese ‚Bedenken‘ konnte sie aus Angst davor, dass ihr Mann böse werden und sie verlassen könnte, nicht ansprechen. Sie hätte sich so sehr nach Wärme und Geborgenheit gesehnt, doch bei jeder kleinsten Berührung von ihrem Mann wurde sie unruhig und wollte am liebsten aufhören und sich zurückziehen oder gar gehen. Dadurch entstanden so viele Spannungen, dass die Ehe in die Brüche ging. Mit der zweiten Ehe lief es genauso. Dabei wollte sie aber nichts anderes als eine glückliche Gemeinschaft mit einem Mann bzw. eine eigene Familie. Aus Angst vor weiteren unglücklichen Ehen habe sie sich nun mehr und mehr von der Welt zurückgezogen und sie ginge auch nicht mehr aus. Doch jetzt halte sie das nicht mehr aus und habe deshalb beschlossen, Hilfe in einer Beratungsstelle zu holen.

a) *Stellen Sie mit Hilfe entsprechender Textstellen die problematischen Verhaltensweisen von Frau Lambert dar.*

b) Frau Lambert zeigt viele problematische Verhaltensweisen, die auf eine Ich-Schwäche schließen lassen.
Beschreiben Sie, was die Psychoanalyse unter „Ich-Schwäche“ versteht.

c) Eine problematische Verhaltensweise von Frau Lambert ist, dass sie bei jeder kleinsten Berührung unruhig wird und am liebsten aufhören und sich zurückziehen oder gar gehen will.
Erklären Sie auf der Grundlage der psychoanalytischen Theorie dieses problematische Verhalten von Frau Lambert. Stellen Sie dabei die relevanten Aussagen und Fachbegriffe dieser Theorie dar.

d) *Zeigen Sie auf der Grundlage der psychoanalytischen Theorie Möglichkeiten der Erziehung auf, die eine gesunde Entwicklung von Frau Lambert gewährleistet hätten.*

5.6 Kritische Würdigung der psychoanalytischen Theorie

Sigmund Freud hat nicht nur die Psychologie insgesamt und vor allem den Bereich der Entwicklung der Persönlichkeit sehr stark beeinflusst, sondern auch das intellektuelle Leben in unserer Kultur. Für die damalige Zeit waren seine Ideen erschreckend und zugleich aufrüttelnd. Viele andere Theorien wurden zumindest teilweise als Reaktion auf die Psychoanalyse entwickelt.

5.6.1 Das Menschenbild von Sigmund Freud

Freud betrachtet den Menschen als ein dynamisches ***System, das von verschiedenen Energien gesteuert wird***. Diese Sichtweise ist grundlegend für seine Auffassung von der menschlichen Psyche. Aus dieser Sicht kann man *Freuds* Menschenbild als mechanistisch bezeichnen: Seine Theorie beschreibt Mechanismen im Sinne von Ursache-Wirkungs-Zusammenhängen; alles Geschehen steht in einem ursächlichen Zusammenhang, in einem

Verhältnis von Ursache und Wirkung. Verhalten in der späten Kindheit, im Jugend- oder im Erwachsenenalter wird somit „rückwirkend" erklärt, jedes Verhalten hat damit etwas „Vorangegangenes" als Ursache zur Voraussetzung. Ziele, die der Mensch mit seinem Verhalten verfolgt, und damit auch die Möglichkeit einer Selbststeuerung werden nicht berücksichtigt.

Neben *Freuds* Überzeugung, dass der Mensch ein Energiesystem ist, vertritt er die Auffassung, dass das Individuum von sexuellen und aggressiven Impulsen gesteuert wird. Die These des Todestriebes und der Aggression veröffentlichte er erst im Jahre 1920, nachdem er die lange Zeit des 1. Weltkrieges erlebt hatte.

Freuds Menschenbild zeigt sehr ***pessimistische Züge***; es geht davon aus, dass aufgrund der menschlichen Triebgebundenheit eine Verbesserung der sozialen und kulturellen Zustände nur schwer möglich ist (vgl. *Flammer, 2009*[4]*, S. 87*). Zudem war *Freud* der Meinung, dass Eltern ihre Kinder wiederum nach ihren verinnerlichten Wert- und Normvorstellungen erziehen, was eine Veränderung von gesellschaftlichen Verhältnissen behindern kann.

5.6.2 Der Erklärungswert der psychoanalytischen Theorie

Es ist *Sigmund Freuds* großes Verdienst, die Erkenntnis von unbewussten Prozessen und inneren Kräften für die Entstehung und das Verständnis von psychischen Fehlentwicklungen ausgewertet zu haben.

Freuds Psychoanalyse ist sehr stark beeinflusst von gesellschaftlichen und politischen Begebenheiten seiner Zeit: Der 1. Weltkrieg und der Antisemitismus – *Freud* war jüdischer Abstammung – verfehlten nicht ihre Wirkung auf seine Theorie. Zudem ist sie stark beeinflusst von der damaligen Zeitströmung, sich von dem bürgerlichen, vor allem aber sexuell sehr verklemmten Klima, das auch in der „Wiener Gesellschaft" vorherrschte, abzukehren. Schließlich spielt auch seine persönliche Lebensgeschichte eine wichtige Rolle: Er litt lange Zeit seines Lebens unter regelmäßig wiederkehrenden Depressionen und Angstzuständen. Selbst starke Schmerzen wegen Mundkrebses hielten ihn jedoch nicht davon ab, seine Theorie zu vervollständigen.

Die Psychoanalyse besitzt einen **hohen Erklärungswert**, sie ist ***eine umfassende Theorie, die das komplexe menschliche Erleben und Verhalten erschöpfend beschreiben und erklären kann***. Sie stellt eine systematische und umfassende Konzeption dar, die sich zur Analyse von psychischen Vorgängen hervorragend bewährt hat. Zudem hat sie mit ihren Erkenntnissen über die Veränderung von seelischen Zuständen und Fehlentwicklungen einen großen Einfluss auf die Pädagogik und insbesondere auf die Therapie ausgeübt. Der Beginn von Psychotherapie ist eng mit *Sigmund Freud* verbunden. Seine Schriften über einen psychotherapeutischen Behandlungsansatz sind so berühmt geworden, dass in der ersten Hälfte des 20. Jahrhunderts Psychotherapie mit Psychoanalyse nahezu gleichgesetzt wurde. Alle wichtigen psychotherapeutischen Verfahren sind aus der Psychoanalyse hervorgegangen oder stark von ihr beeinflusst. Die Auseinandersetzung mit Lehren und Methoden *Sigmund Freuds* und die Abgrenzung zu ihm hat eine große Fülle von Psychotherapieformen hervorgebracht.

> *„Aus dieser Erkenntnis der Komplexität des menschlichen Verhaltens heraus entstand eine Theorie, die fast allen Aspekten des menschlichen Verhaltens Rechnung trägt. Keine andere Persönlichkeitstheorie erklärt auch nur annähernd ein derart breites Spektrum menschlicher Verhaltensweisen wie die psychoanalytische Theorie. Nur wenige andere Theorien schenken dem Funktionieren des Individuums in seiner Gesamtheit eine vergleichbare Aufmerksamkeit.“*
>
> *(Pervin u. a., 2005⁵, S. 207)*

Doch die Psychoanalyse ist auch vielen Kritiken ausgesetzt, welche ihren Erklärungswert einschränken:

- Sie sieht den Menschen als reines Triebwesen. Diese Sichtweise ist jedoch zu sehr verengt, die heutige Psychologie weiß, dass der Organismus nicht nur deshalb aktiv wird, um Triebwünsche möglichst umfassend zu befriedigen und innere Spannungen zu vermindern.
- Sehr umstritten ist die Annahme eines Todestriebes mit seinen aggressiven Äußerungsformen, zumal *Sigmund Freud* keine innere organische Quelle bzw. keine psychische Energie für diesen angeben konnte. Modernere Untersuchungen weisen darauf hin, dass Aggressionen insbesondere auf Erfahrungen zurückgehen.
- Die Annahme, dass jedes Erleben und Verhalten determiniert ist, ist nicht nachweisbar und auch sehr umstritten. Zudem wird dem Menschen durch das Festgelegtsein seines Verhaltens so gut wie keine Selbststeuerung und Autonomie zugestanden.
- Dem Ich wird in der Psychoanalyse eine schwache Position zugestanden. Das Ich ist, wie es *August Flammer* (*2009⁴, S. 87 f.*) formuliert, „wie ein schwacher Politiker, der dauernd Kompromisse eingehen muss, um zu überleben.“ Heutige Psychoanalytiker/innen haben diesen Punkt aufgegriffen und die *Freud'sche* Theorie um eine „Ich-Psychologie“ erweitert. Auch das ursprünglich psychoanalytische Grundverständnis vom Kind als einem passiven, hilflosen Wesen hat sich gewandelt hin zu einem aktiven Individuum.
- Die ursprüngliche Psychoanalyse geht von der primären Feindseligkeit der Menschen untereinander aus. Indem die Umwelt, die ja die Feindschaft verbietet, Beschränkungen auferlegt und Sanktionen ausübt, lernt man als Reaktion auf die frustrierenden Einwirkungen der Umwelt, sich sozial zu verhalten.

> *„Homo homini lupus[1]; wer hat nach all den Erfahrungen des Lebens und der Geschichte den Mut, diesen Satz zu bestreiten? ... Infolge dieser primären Feindseligkeit der Menschen gegeneinander ist die Kulturgesellschaft beständig vom Zerfall bedroht. (...) Die Kultur muss alles aufbieten, um den Aggressionstrieben der Menschen Schranken zu setzen, (...)“*
>
> *(Freud, 2012, S. 102)*

Die Propagierung eines zerstörerischen Todestriebes verleitet gelegentlich dazu anzunehmen, dass Freud gewalttätiges Verhalten legimitiert hätte. Die Gefahr würde darin bestehen, dass Gewalttätige als Opfer ihrer Triebe gesehen werden, die diesen hilflos ausgeliefert sind (vgl. *Schütz u. a., 2016, S. 63*).

---

[1] *lateinisch: Der Mensch ist dem Menschen ein Wolf; dieser Spruch wird Thomas Hobbes zugeschrieben, was nicht ganz richtig ist. Hobbes hat diesen Spruch zwar aufgegriffen, aber er stammt von dem römischen Dichter Titus Maccius Plautus (250–184 v. Chr.) und lautet im Original: „lupus est homo homini, non homo, quom qualis sit, non novit.“ („Ein Wolf ist der Mensch dem Menschen, nicht ein Mensch, wenn man sich nicht kennt.“)*

- Der Mensch lebt grundsätzlich in Konflikt mit den Einschränkungen, welche die Gesellschaft seinen Triebäußerungen auferlegt. *Freud* vertritt, um mit *Ph. G. Zimbardo/R. J. Gerrig* (*1999*[7], *S. 534*) zu sprechen „das Bild eines Schlachtfeldes, auf welchem unbewusste Primärtriebe mit gesellschaftlichen Werten kämpfen". Erst heutige Psychoanalytiker/innen korrigieren das Bild vom Menschen als ‚asoziales' Wesen. Und so sagt der amerikanische Psychoanalytiker und Säuglingsforscher *Daniel Stern* (in: *Beate Lakotta; Der Spiegel, Nr. 2006, S. 163*): „Er (*Freud*) hielt das Baby für ein asoziales, autoerotisches[1] Wesen (...)." Doch neuere Untersuchungen ergeben ein anderes Bild.
- Für viele Wissenschaftler/innen sind die Aussagen der Psychoanalyse zum Teil nicht wissenschaftlich fundiert: Es wird angeführt, dass sich zum einen aus dem Studium von klinischen Fällen und zum anderen aus den Beobachtungen an einer sehr eng umschriebenen Gruppe von Menschen keine allgemeingültigen Gesetzmäßigkeiten für das normale Verhalten ableiten lassen. Zudem sind viele Aussagen nicht nachweisbar, sondern lassen sich lediglich durch Interpretation und Deutungen von Berichten erschließen, die nicht überprüfbar sind. Viele Prozesse gehen unbewusst vor sich, so dass wissenschaftlich nicht festgestellt werden kann, ob es sie tatsächlich gibt.

  Es lässt sich neben der Annahme eines Todestriebes mit seinen aggressiven Äußerungsformen das Festgelegtsein sämtlicher Verhaltensweisen durch seelische Prozesse schwer belegen. Am meisten wissenschaftlich umstritten sind jedoch bestimmte Aussagen über die Entwicklung der Libido wie etwa die orale Befriedigung durch Nahrungsaufnahme, das ausschließliche Erlernen der Thematik des Hergebens und Festhaltens im übertragenen Sinne in der analen Phase, die Kastrationsangst, der Penisneid oder der Ödipus-Konflikt bzw. -komplex. Der britische Psychoanalytiker *John Bowlby* erkannte beispielsweise schon in den 1950er Jahren, dass nicht die orale Befriedigung, sondern das Bedürfnis des Säuglings nach emotionaler Wärme der Auslöser für die Bindung zwischen diesem und seiner Bezugsperson ist. Ergebnisse der Untersuchungen von *Jeanette Greve* und *Werner Roos* (*1996*) gaben keinerlei Hinweise auf das Vorhandensein des Ödipuskonfliktes.

Neuere Untersuchungen der Hirnforschung bestätigen viele Aussagen der Psychoanalyse. Das Vorhandensein von unbewussten Prozessen und der Verdrängung, sowie vieles, was *Freud* über den Traum und die Traumdeutung geschrieben hat, findet heute wissenschaftliche Bestätigung. Aufgrund neurobiologischer Erkenntnisse der jüngsten Zeit leugnet heute kein/e Wissenschaftler/in mehr die prägende Rolle der Kindheit oder die Existenz des Unbewussten; Gedächtnisforscher/innen arbeiten derzeit ebenso wie *Freud* mit dem Begriff der Verdrängung. Und auch die schon tot geglaubte Annahme, Wünsche seien die Quelle der Träume, hat wissenschaftliche Bestätigung gefunden.

> *„Die Psychoanalyse ist eine umfassende und komplexe Theorie. Wenn Teile daraus (...) als wahrscheinlich unzutreffend erkannt werden, heißt das noch lange nicht, dass die ganze Theorie zu verwerfen ist."*
> *(Flammer, 2009[4], S. 92)*

[1] *autoerotisch (griechisch): Die Triebenergie ist auf einen selbst bezogen.*

Menschenbild der Psychoanalyse	Erklärungswert der psychoanalytischen Theorie
■ Betrachtung des Menschen als dynamisches System, der von verschiedenen Energien gesteuert wird ■ Mechanistische Vorstellung vom menschlichen Erleben und Verhalten ■ Pessimistische Grundhaltung im Sinne einer geringfügigen Machbarkeit menschlichen Lebens	■ Umfassende Theorie, die das komplexe menschliche Erleben und Verhalten erschöpfend beschreiben und erklären kann ■ Große Bedeutung für die Erziehung, Beratung und Therapie ■ Verengte Sichtweise, dass jedes Verhalten von sexuellen und aggressiven Triebimpulsen gesteuert wird ■ Umstrittene Annahme eines Todestriebes ■ Fraglicher Erklärungsversuch, dass jedes Erleben und Verhalten determiniert ist ■ Kein Zugestehen einer Selbststeuerung und Autonomie ■ Schwache Position des Ichs ■ Betrachtung des Menschen als asoziales Wesen ■ Zum Teil nicht wissenschaftlich fundiert, vor allem die Libidoentwicklung wird auch von heutigen Psychoanalytikerinnen/-analytikern abgelehnt.

Heutige Psychoanalytiker/innen betonen mehr die Entwicklung der Ich-Funktionen, die Entwicklung des Selbstbildes und die Rolle früher Beziehungen, vor allem zu den Eltern bzw. anderen Bezugspersonen (Objektbeziehungen). Zudem rücken sie den sozialen Gedanken mehr in den Vordergrund. Mit dieser neuen Entwicklung nähern sich Psychoanalytiker/innen jedoch mehr und mehr anderen Richtungen der Psychologie an wie etwa der humanistischen Psychologie oder der Individualpsychologie von *Alfred Adler*, der sich gerade wegen dieser kritisierten Punkte von *Freud* trennte. Selbst *Eva Jaeggi*, eine Psychoanalytikerin, die „nach wie vor fasziniert" ist von den vielfältigen Möglichkeiten, die das psychoanalytische Theoriesystem bietet (*Jaeggi, 2011, S. 16*), schreibt, dass viele neue Positionen der Psychoanalyse[1] in so vielen Punkten von der *Freud'schen* Konzeption abweichen, dass sie eher in den Bereich der Humanistischen Psychologie hineinreichen als in den der psychoanalytischen (vgl. *Jaeggi, 2011, S. 97*).

[1] *Als Beispiele seien hier Heinz Kohut als der Begründer der Selbstpsychologie, genannt, Heinz Hartmann mit seiner psychoanalytischen Ich-Psychologie und die Objektbeziehungstheorie, deren Pionierin Melanie Klein ist (vgl. Abschnitt 8.5.2). Eva Jaeggi bezieht ihre Äußerungen auf Heinz Kohut.*

Auf den Punkt gebracht

- Der Mensch wird in der Psychoanalyse als dynamisches System betrachtet, das von verschiedenen Energien gesteuert wird. Das Menschenbild von *Freud* geht von einer mechanistischen Vorstellung vom menschlichen Erleben und Verhalten aus. Das Individuum ist ein Energiesystem, das von sexuellen und aggressiven Impulsen gesteuert wird. Zudem zeigt die Psychoanalyse eine pessimistische Grundhaltung im Sinne einer geringfügigen Machbarkeit menschlichen Lebens.
- Die Psychoanalyse ist eine umfassende Theorie, die das komplexe menschliche Erleben und Verhalten erschöpfend beschreiben und erklären kann. Sie hat auch große Bedeutung für die Erziehung, Beratung und Therapie. Die Sichtweise jedoch, dass Erleben und Verhalten von sexuellen oder aggressiven Triebimpulsen gesteuert wird, ist sehr verengt. Ebenso ist die Annahme eines Todestriebes sehr umstritten. Auch der Erklärungsversuch, dass jedes Erleben und Verhalten eine Ursache hat und durch früher gemachte Erfahrungen determiniert sind, ist nicht nachweisbar und wird in Frage gestellt.
- In der *Freud'schen* Psychoanalyse wird dem Menschen keine Selbststeuerung und Autonomie zugestanden, das Ich besitzt nur eine schwache Position. Zudem wird der Mensch als asoziales Wesen gesehen. Die Psychoanalyse ist zum Teil nicht wissenschaftlich fundiert, vor allem die Libidoentwicklung wird auch von heutigen Psychoanalytiker/innen abgelehnt.

Aufgaben – Wissen & Verstehen, Anwenden, Reflektieren

37. *Stellen Sie das Menschenbild* Sigmund Freuds *dar.*
38. *Setzen Sie sich mit der psychoanalytischen Theorie kritisch auseinander, indem Sie auf den Erklärungswert dieser Theorie eingehen.*
39. Neuere Strömungen der Psychoanalyse
    → *Suchen Sie in Gruppen im Internet nach Informationen über neue Strömungen der Psychoanalyse.*
    → *Bilden Sie Gruppen. Jede Gruppe beschäftigt sich mit einer Strömung und fasst auf einem Plakat (einem Whiteboard, einer Folie usw.) ihre Annahmen zusammen.*
    → *Die einzelnen Gruppen stellen der Klasse „ihre" Strömung vor.*
40. *Alfred Adler* und *Carl Gustav Jung* trennten sich von *Sigmund Freud* und begründeten jeweils ihre eigene Schule, die Individualpsychologie (*Adler*) und die analytische bzw. komplexe Psychologie (*Jung*).
    → *Suchen Sie in Gruppen in Lexika, Lehrbüchern und/oder im Internet nach Informationen über die Aussagen und Begriffe*
    - *Gruppe 1 und 2: der Individualpsychologie von* Alfred Adler.
    - *Gruppe 3 und 4: der analytischen bzw. komplexen Psychologie von* Carl Gustav Jung.

    → *Fertigen Sie ein Handout an, auf welchem die wichtigsten Aussagen „Ihrer" Schule zusammengefasst sind.*
    → *Bereiten Sie ein Impulsreferat vor, in welchem Sie die auf dem Handout stehenden Aussagen der Klasse erläutern.*

Aufgabe zum gesamten Kapitel

41. Die „Handelstheke"
    → *Finden Sie sich zu Fünfergruppen zusammen und entwerfen Sie auf je einem roten Zettel fünf Aufgaben zu dem Thema „Erziehung aus der Sicht der Psychoanalyse".*
    → *Auf je einen grünen Zettel schreiben Sie die Antworten dieser Aufgaben.*
    → *Die Aufgaben werden an einer „Theke" (Tisch, Bank usw.), die Antworten auf einer anderen „Theke" ausgelegt.*
    → *Jede Schülerin bzw. jeder Schüler wählt eine Aufgabe aus, die nicht in ihrer/seiner Gruppe entworfen wurde, und bearbeitet diese. Anschließend überprüft sie/er ihre/seine Bearbeitung mit der Antwort auf der zweiten „Theke".*
    → *Nach erfolgreicher Überprüfung wählt sie/er eine weitere Aufgabe usw.*

6 Lernen im Erziehungsprozess: die Konditionierungstheorien

Vielleicht können hier die Lerntheorien nützen?

Sie können …

1. *… die Grundsätze des Konditionierungslernens aufzeigen und reflektieren.*
2. *… die Begriffe, Aussagen und Gesetzmäßigkeiten der Konditionierungstheorien darstellen und die Entstehung und Änderung von Verhalten auf der Grundlage der Konditionierungstheorien erklären.*
3. *… die Bedeutung der Konditionierungstheorien im Alltag aufzeigen und anwenden sowie Lernsituationen pädagogisch sinnvoll gestalten.*
4. *… sich auf der Grundlage der Konditionierungstheorien mit den Wirkungen von Medien auseinandersetzen, die diese insbesondere beim Erwerb von emotionalen Reaktionen entfalten.*
5. *… reflektiert auf der Grundlage der Konditionierungstheorien mit Einflüssen von Medien umgehen.*
6. *… pädagogische Konsequenzen für das erzieherische Verhalten von den Konditionierungstheorien ableiten und auf bestimmte Fälle anwenden.*

Wie in *Kapitel 4.1.1* ausgeführt, ist das Lernen selbst ein Prozess, der nicht beobachtbar ist. Weil wir zwischen dem Erleben und Verhalten in einer früheren Situation A und einer späteren Situation B einen Unterschied feststellen, schließen wir auf dazwischenliegende Lernprozesse, die mithilfe von **Lerntheorien** erklärt werden können.

> Man kann beispielsweise beobachten, dass das kleine Kind ein Wort spricht, zu einem späteren Zeitpunkt können wir wahrnehmen, dass es plötzlich schon zwei Wörter sagt. Den dazwischenliegenden Lernprozess können wir jedoch nicht beobachten, er wird mithilfe von Lerntheorien erklärt.

> **Theorien zur systematischen Erklärung von nicht beobachtbaren Lernprozessen werden Lerntheorien, oftmals auch Verhaltenstheorien genannt.**

Es gibt verschiedene Verhaltenstheorien, mit denen versucht wird, die Entstehung und Veränderung menschlichen Erlebens und Verhaltens zu erklären. Die für die Pädagogik wichtigsten Theorien sind:

- die **Konditionierungstheorien** (*Abschnitt 6.1* und *6.2*)
- die **sozial-kognitive Theorie** als die bekannteste Theorie des Lernens am Modell (*Kapitel 7.1*)
- das **Lernen durch Einsicht, durch Informationsverarbeitung** und als **aktiver Prozess des Konstruierens** (*Kapitel 7.2*)

Bei den **Konditionierungstheorien** spielen Reize, die einem bestimmten Erleben bzw. Verhalten vorausgehen oder folgen, die entscheidende Rolle für das Lernen. Die bedeutendsten Konditionierungstheorien sind das **klassische Konditionieren** (*Abschnitt 6.1*), bei dem Reize einem bestimmten Verhalten ***vorausgehen*** bzw. Reize miteinander verknüpft werden, sowie das **operante Konditionieren** (*Abschnitt 6.2*), welches die ***Bedeutung der Konsequenzen eines Verhaltens*** für das Lernen hervorhebt.

> **Theorien, die bei Lernprozessen die Bedeutung von Reizen erklären, die einem Erleben oder Verhalten vorangehen oder nachfolgen, bezeichnet man als Konditionierungstheorien.**

6.1 Das klassische Konditionieren

Der Begründer des klassischen Konditionierens ist der russische Physiologe *Iwan P. Pawlow*.

Iwan Petrowitsch Pawlow *(1849–1936) war Professor an der Militärmedizinischen Akademie in St. Petersburg. Er widmete sich in seinen Untersuchungen der Physiologie der Verdauung, insbesondere der nervalen Steuerung der dabei beteiligten inneren Sekretion, und dem reflektorischen Vorgang der Speichel- und Magensekretion. Dabei stellte er fest, dass Hunde nicht nur dann Speichel absonderten, wenn sie gefüttert wurden, sondern bereits beim Anblick der futtergebenden Person oder beim Hören ihrer Schritte. Diese Entdeckung untersuchte Pawlow mithilfe von Experimenten genauer. Da Pawlows Erkenntnisse einen ersten und grundlegenden Theorieansatz in der Lernpsychologie darstellen, wird seine Theorie als „klassisches Konditionieren" bezeichnet. 1904 erhielt er den Nobelpreis für Physiologie.*

6.1.1 Aussagen und Begriffe des klassischen Konditionierens

Pawlow führte folgendes Experiment durch: Auf einem Labortisch wurde ein Hund festgeschnallt. Gab man dem Hund Futter, dann begann er sofort zu speicheln. *Pawlow* ließ nun immer, wenn der Hund Futter bekam, einen Glockenton erklingen. Nach einiger Zeit ließ *Pawlow* das Futter weg und klingelte nur noch mit der Glocke – der Hund speichelte.

Da das Futter „automatisch" – durch nichts bedingt – den Speichelfluss auslöste, nannte *Pawlow* diesen Reiz **unbedingten Reiz** und die Speichelabsonderung eine **unbedingte Reaktion**, die durch den Reiz „Futter" ausgelöst wurde.

Der Glockenton zeigte zunächst keine Speichelreaktion, er verhielt sich „neutral". Deshalb wird er **neutraler Reiz** genannt.

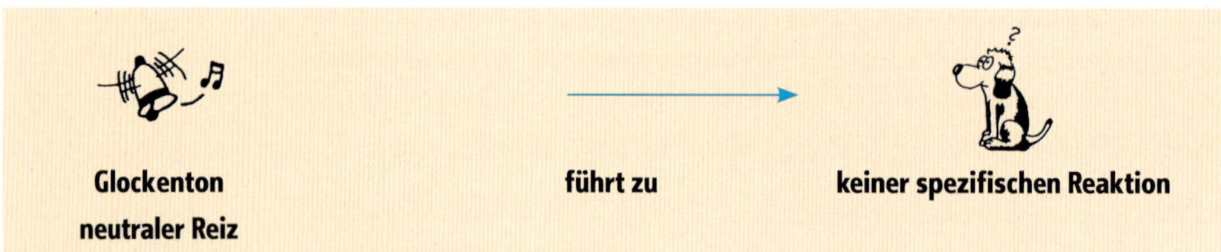

Pawlow ließ nun den neutralen Reiz – Glockenton – mehrmals mit dem unbedingten Reiz „Futter" auftreten, der Hund speichelte.

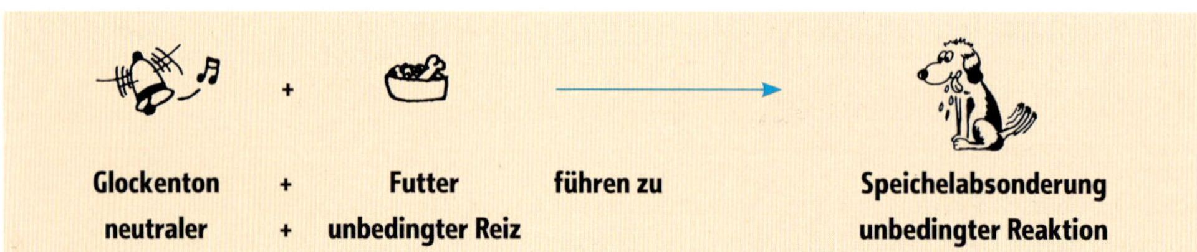

Nach einiger Zeit ließ *Pawlow* den unbedingten Reiz, das Futter, weg und ließ nur noch den Glockenton erklingen – der Hund speichelte. Aus dem ursprünglich neutralen Reiz ist ein **gelernter Reiz** oder, wie ihn *Pawlow* nannte, ein **bedingter Reiz** geworden, der eine **bedingte Reaktion** – Speicheln – auslöste.

Ein unbedingter Reiz (unconditioned stimulus – UCS) ist ein Reiz, der ohne vorangegangenes Lernen eine angeborene Reaktion auslöst.
Eine unbedingte Reaktion (unconditioned response – UCR) ist eine angeborene Reaktion, die durch den UCS ausgelöst wird.
Ein neutraler Reiz (neutral stimulus – NS) ist ein Reiz, der zu keiner bestimmten Reaktion führt.
Ein bedingter Reiz (conditioned stimulus – CS) ist ein ursprünglich neutraler Reiz, der aufgrund einer mehrmaligen Koppelung mit einem UCS eine gelernte oder bedingte Reaktion bewirkt.
Eine bedingte Reaktion (conditioned response – CR) ist eine erlernte Reaktion, die durch den CS ausgelöst wird.

Ein ursprünglich neutraler Reiz hat eine ***Signalfunktion*** übernommen: Der Reiz „Glockenton" wird zum Signal für den kurzzeitig später einsetzenden Reiz „Futter". Deshalb spricht man hier auch vom **Signallernen**. Nachdem der Hund mehrmals die Koppelung von neutralem Reiz (= Glockenton) und unbedingtem Reiz (= Futter) erlebt hat, reagiert er bereits mit Speichelfluss, wenn die Glocke ertönt. Er hat also gelernt, auf einen bislang neutralen Reiz in einer bestimmten Weise zu reagieren. Der Hund wird auch in Zukunft mit Speichelfluss auf den Glockenton reagieren, obwohl nicht jedes Mal das Futter auf den Glockenton folgt.

Als klassisches Konditionieren bezeichnet man den Prozess der wiederholten Koppelung eines neutralen Reizes mit einem unbedingten Reiz. Dabei wird der ursprünglich neutrale Reiz zu einem bedingten Reiz, der eine bedingte Reaktion auslöst.

Als Ergebnis dieses Lernprozesses zeigt sich ein neues bzw. geändertes Verhalten.

Klassisches Konditionieren setzt natürliche **Reflexe** voraus.

Ein Reflex ist eine einfache, direkte und unmittelbare, ererbte Reaktion auf einen Reiz.

Auch der Mensch besitzt eine Reihe solcher ererbter Reaktionen, die durch spezielle Reize automatisch ausgelöst werden.

Auf den Reiz „Nahrung" erfolgt als natürlicher Reflex Speichelabsonderung; die Berührung des Augenlids oder ein Windstoß löst den Lidschlussreflex aus; beim Baby setzt der Saugreflex ein, wenn es die Brustwarze am Mund spürt; auf plötzliche und starke Veränderungen der Lichtintensität reagiert der Mensch durch ein Erweitern oder Verengen der Pupille (= Pupillenreflex).

Beim Menschen finden sich neben solchen Reflexen auch reflexartige **emotionale Reaktionen**, auf deren Grundlage Konditionierungen stattfinden können.

Reize, von denen Menschen sich stark bedroht fühlen, erzeugen Furcht. So lösen etwa ein Schreien oder Schläge des Vaters die reflexartige emotionale Reaktion „Angst" aus.

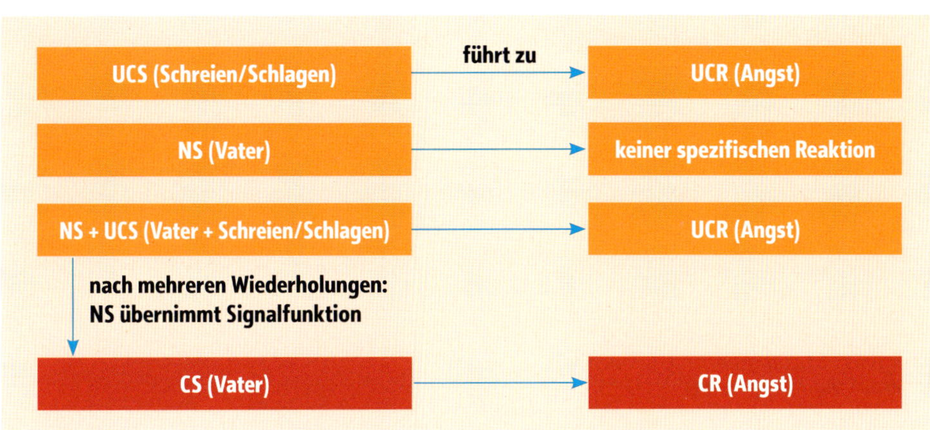

Ein lauter, unerwarteter Knall führt zu Schreckreaktionen.
Kleine Kinder spielen meist begeistert mit Hunden, Katzen oder anderen Tieren. Werden sie allerdings eines Tages von einem Hund gebissen, so tut das weh, sie empfinden einen Schmerz. Der ursprünglich neutrale Reiz wird zum Signal für Schmerzen. Trifft ein gebissenes Kind erneut einen Hund, so löst dessen Anblick Angst und Erregung aus.

6.1.2 Grundsätze des klassischen Konditionierens

Voraussetzung für eine Konditionierung ist, dass neutraler und unbedingter Reiz mehrmals miteinander, zeitlich gleichzeitig bzw. kurz nacheinander und räumlich beieinander auftreten müssen.

So ließ *Pawlow* den Glockenton mit der Futterabgabe und im selben Raum, in dem der Hund gefüttert wurde, mehrmals ertönen. Wäre die Glocke beispielsweise kaum hörbar in einem Nebenraum ertönt oder bereits fünf Minuten vor der Fütterung, so hätte der Hund die beiden Reize nicht miteinander in Verbindung bringen können. Auch eine einmalige Darbietung von Glockenton und Futter hätte keinen Lernvorgang zur Folge gehabt.

Aus dieser Beobachtung leitete *Pawlow* das **Gesetz der Kontiguität**[1] ab.

Das Gesetz der Kontiguität besagt, dass eine Konditionierung erst erfolgt, wenn der neutrale und der unbedingte Reiz mehrmals miteinander bzw. zeitlich kurz nacheinander auftreten und räumlich beieinander liegen.

In Ausnahmefällen kann – wenn es sich um einen extrem starken UCS handelt – bereits eine einzige Verknüpfung von NS und UCS einen Konditionierungsvorgang bewirken. Überlebt zum Beispiel ein/e Passagier/in, der/die zum ersten Mal im Leben fliegt, einen Flugzeugabsturz, so genügt die einmalige Verbindung von UCS „Todesgefahr" und NS „Fliegen", um bei ihm/ihr Flugangst zu erzeugen.

Man kann beobachten, dass eine bedingte Reaktion nicht nur bei dem *einen* bedingten Reiz, sondern auch bei einem ihm ähnlichen erfolgt.

War *Pawlows* Hund erst einmal auf einen bestimmten Glockenton konditioniert, so speichelte er nicht nur bei diesem Ton, sondern auch bei Tönen, die etwas tiefer oder höher lagen.

Einen solchen Sachverhalt nennt man **Reizgeneralisierung**.[2]

Eine Reizgeneralisierung liegt vor, wenn ein Kind, das durch Konditionierung gelernt hat, vor einer bestimmten Lehrerin/einem bestimmten Lehrer Angst zu haben, diese auf alle Lehrkräfte überträgt.

Von Reizgeneralisierung spricht man, wenn ein Reiz, der mit dem bedingten Reiz Ähnlichkeit hat, ebenfalls die bedingte Reaktion auslöst.

Von einer solchen Reizgeneralisierung ist ein gegenläufiger Prozess zu unterscheiden. Aufgrund weiterer Erfahrungen mit Lehrerinnen/Lehrern, die es nicht anbrüllen, wird das Kind im Laufe der Zeit zwischen diesen „friedlichen" und den „aggressiven" Lehrkräften unterscheiden und sich nur vor den Letzteren fürchten. Die Psychologie bezeichnet einen solchen Sachverhalt als **Reizdifferenzierung**[3].

---

[1] *contiguus (lat.): angrenzend, benachbart*
[2] *generalis (lat.): allgemein*
[3] *differentia (lat.): die Unterscheidung, die Abstufung, die Verschiedenheit*

Von einer Reizdifferenzierung spricht man, wenn der Organismus zwischen einem bedingten Reiz und einem ihm ähnlichen Reiz unterscheidet und nur auf den bedingten Reiz eine bedingte Reaktion zeigt.

Koppelt man nach einer erfolgreichen Konditionierung den bedingten Reiz längere Zeit nicht mehr mit dem unbedingten Reiz, so bleibt mit der Zeit die bedingte Reaktion aus und aus dem bedingten Reiz wird wieder ein neutraler.

Der Hund, der gelernt hatte, beim Glockenton zu speicheln, bekam auf wiederholtes Läuten der Glocke hin kein Futter mehr. Es war zu beobachten, wie die bedingte Reaktion allmählich schwächer wurde und schließlich völlig ausblieb.

Dieses Phänomen wird als **Extinktion**[1] (**Löschung**) bezeichnet.

Reagiert das Kind bei Lehrerinnen und Lehrern nicht mehr mit Angst, weil es keine negativen Erfahrungen mehr mit diesen gemacht hat, so hat eine Extinktion stattgefunden.

Von Extinktion aus der Sicht des Signallernens spricht man, wenn nach einer Konditionierung der bedingte Reiz des öfteren nicht mehr mit dem unbedingten Reiz gekoppelt wird und daraufhin schließlich die bedingte Reaktion nicht mehr erfolgt.

Will man einer Extinktion vorbeugen, muss man den bedingten Reiz gelegentlich wieder mit dem unbedingten Reiz koppeln. So muss der Hund, der gelernt hat, auf den Glockenton hin zu speicheln, ab und zu nach dem Glockenton Futter erhalten, damit eine Extinktion vermieden wird.

Die heutigen Lerntheoretiker/innen gehen davon aus, dass es beim Menschen nicht so sehr die objektiven Reizgegebenheiten sind, die zu einer bestimmten Reaktion führen, sondern dessen **subjektive Interpretation**. Auch bei der klassischen Konditionierung interpretiert die/der Lernende aktiv die Situation, wobei die bisherigen Erfahrungen und Kenntnisse eine wichtige Rolle spielen (vgl. *Hautzinger/Thies, 2009, S. 9*). Entgegen dem früheren, „strengen" Behaviorismus[2] geht man heute davon aus, dass nicht die Ereignisse bzw. Gegebenheiten als solche eine bestimmte Reaktion bewirken, sondern dass es wesentlich darauf ankommt, ***wie ein Individuum diese Reize wahrnimmt, gedanklich verarbeitet und bewertet.*** Entsprechend reagiert dann der Mensch.[3]

„Klassisches Konditionieren besteht eben nicht in der passiven Bildung von Assoziationen. Organismen lernen, sich in aktiver Weise in der Welt zu orientieren und diese zu verändern; (...) Lernen ist damit immer auch Informationsverarbeitung, sodass der Gegensatz zwischen unterschiedlichen lerntheoretischen Ansätzen heute überholt erscheint."

(Reinecker, 2005³, S. 94)

---

[1] *extinguere (lat.): auslöschen*

[2] *Der Behaviorismus (behavior, engl.: das Verhalten) ist eine aus Amerika stammende psychologische Richtung, die sich ausschließlich auf das beobachtbare Verhalten konzentriert und die Psychologie als reine Naturwissenschaft versteht (siehe Kapitel 1.2.2). Nach ihm ist alles Verhalten erlernt und kann wieder verlernt werden. Der Begründer des Behaviorismus ist John Broadus Watson (1878–1958). Auf den Behaviorismus gehen die Konditionierungstheorien sowie die Verhaltenstherapie zurück.*

[3] *vgl. Abschnitt 6.2.6*

6.1.3 Konditionierung erster und zweiter Ordnung

Klassisches Konditionieren basiert gewöhnlich – wie in *Abschnitt 6.1.1* ausgeführt – auf natürlichen Reflexen bzw. reflexartigen emotionalen Reaktionen und erfolgt durch eine Koppelung von ***neutralem und unbedingtem Reiz***. Konditionierungen, die auf unbedingten Reizen beruhen, heißen **Konditionierung erster Ordnung**.

Es besteht jedoch auch die Möglichkeit, eine Konditionierung auf einer bereits erlernten Reiz-Reaktions-Verbindung aufzubauen. Beruht eine Konditionierung auf einer erlernten ***Verknüpfung eines neutralen Reizes mit einem bedingten Reiz***, so handelt es sich um eine **Konditionierung zweiter Ordnung**.

Konditionierung 1. Ordnung

UCS	→	UCR
NS	→	keine spezifische Reaktion
NS + UCS	→	UCR
↓ nach mehreren Wiederholungen:		
CS	→	CR

Konditionierung 2. Ordnung

CS_1	→	CR_1
NS	→	keine spezifische Reaktion
NS + CS_1	→	CR_1
↓ nach mehreren Wiederholungen:		
CS_2	→	CR_2

→ Bekommt ein Kind mehrmals pro Woche von einem Arzt eine schmerzhafte Spritze, so wird der Anblick der Spritze zu einem bedingten Reiz (= CS_1), der Furcht vor Schmerzen auslöst. Tritt dieser bedingte Reiz nun mehrmals mit einem weiteren Reiz – zum Beispiel dem Behandlungszimmer – auf, so wird dieses Zimmer allmählich selbst zu einem bedingten Reiz (= CS_2), welcher eine bedingte Reaktion (= CR_2) auslöst:

Konditionierung 1. Ordnung

Anblick der Spritze	→	**keine spezifische Reaktion**
NS	→	keine spezifische Reaktion
Stechen durch Spritzennadel	→	**Angst**
UCS	→	UCR
Anblick der Spritze + Stechen durch Spritzennadel	→	**Angst**
NS + UCS	→	UCR
↓ nach mehreren Wiederholungen der Kopplung NS + UCS		
Anblick der Spritze	→	**Angst**
CS	→	CR

Konditionierung 2. Ordnung

Behandlungszimmer	→	**keine spezifische Reaktion**
NS	→	keine spezifische Reaktion
Anblick der Spritze	→	**Angst**
CS_1	→	CS_1
Behandlungszimmer + Anblick der Spritze	→	**Angst**
NS + CS_1	→	CR_1
↓ nach mehreren Wiederholungen der Kopplung NS + CS_1		
Behandlungszimmer	→	**Angst**
CS_2	→	CR_2

6.1.4 Die Bedeutung des klassischen Konditionierens im menschlichen Alltag

Klassische Konditionierungen finden beim Menschen täglich und in allen Lebensbereichen statt. Dabei können zum einen bedingte Verhaltensreaktionen aufgebaut werden.

> Bewahrt ein Erwachsener Süßigkeiten in einer Dose auf, so kann das Öffnen dieser Dose ein Heraneilen der Kinder bewirken, wenn dieser dabei sagt: „Kommt Kinder, ihr bekommt jetzt ein Bonbon!"

Zum anderen eignen sich Menschen auch bedingte emotionale Reaktionen durch Signallernen an. Diese äußern sich in negativen oder in positiven emotionalen Reaktionen und Einstellungen gegen Personen, Dinge oder Sachverhalte.

> Durch wiederholte schmerzliche Behandlung beim Zahnarzt wird aus dem ursprünglich neutralen Reiz „Zahnarzt" ein bedingter Reiz, der schon alleine Angst auslöst.
>
> Berücksichtigt ein Elternteil regelmäßig die Bedürfnisse seines Kindes, so löst nach einiger Zeit bereits das Erscheinen dieses Elternteils angenehme Gefühle bei ihm aus.

Auch die **Werbung** in den Medien bedient sich des klassischen Konditionierens. Dabei stellt das Produkt den neutralen Reiz dar, auf den die Kundin/der Kunde zunächst noch unspezifisch reagiert. Dieses Produkt koppelt man nun mit unbedingten Reizen, die angenehme Reaktionen auslösen. Durch wiederholtes Zeigen des Kaufgegenstandes mit dem unbedingten Reiz löst das Produkt allmählich angenehme Reaktionen bei der Käuferin/dem Käufer aus.

> So finden sich zum Beispiel Produkte wie Autos und Motorräder oft zusammen mit attraktiven und sexuell aufreizend gekleideten Frauen abgebildet. Die Milchwerbung verknüpft ihre Milchprodukte häufig mit traumhaft schönen Landschaften oder mit Kühen auf einer wunderbaren Weide.

Wie die Wissenschaft heute weiß, sind Menschen durch die Werbung in Medien in einem sehr großen Maß manipulierbar. Vor allem Werbekampagnen, die ihre Produkte sehr ***emotional*** anbieten, können den Menschen so stark beeinflussen, dass dessen Kritikfähigkeit gemindert wird; sie sind aufgrund gezielt eingesetzter emotionaler Reize ohne sachliche Informationsvermittlung steuerbar, indem zum Beispiel das umworbene Produkt mit angenehmen und begehrenswerten Reizen gekoppelt wird.

> Eine Lebensmittelfirma warb für ihre Wurstwaren mit dem positiv emotional besetzten Slogan: „Der Geschmack von etwas Besonderem und nicht alltäglicher Lebensart".

Oft ist sich die Konsumentin/der Konsument der von den Medien angewandten Werbestrategie nicht bewusst. Sie/er nimmt die Manipulation gar nicht wahr und bemerkt nicht, dass ihr/ihm der Wunsch, das Produkt zu besitzen, von außen quasi ‚eingeimpft' wurde.

> *„Es zeigt sich, dass man durch Werbung stärker beeinflusst wird, als die meisten Menschen glauben."*
> *(Aronson u. a., 2014[8], S. 243)*

→ So wird ein bestimmtes Milchprodukt in der ersten Werbephase mit emotional ansprechenden Bildern (traumhaft schöne Landschaften oder Kühen auf einer wunderbaren Weide) verknüpft und auf Plakatwänden präsentiert. In einer zweiten Werbephase wird das Milchprodukt nun mit einer einprägsamen Melodie wiederholt im Fernsehen gezeigt. Nach einer gewissen Zeit genügt schon das Hören der Melodie, um den Menschen das Milchprodukt in angenehme Erinnerung zu rufen.

Wie jüngste Experimente nachgewiesen haben, lassen sich auch Immunreaktionen konditionieren. Die Forschung geht heute davon aus, dass der Placebo-Effekt[1] aufgrund einer Kombination von der Erwartung des Patienten – sie/er ist davon überzeugt, dass das „Medikament" hilft – und klassischer Konditionierung zustande kommt.

Auf diese Konditionierungen erster Ordnung lassen sich nun solche zweiter Ordnung aufbauen. Dabei wird das zum Kauf dargebotene Produkt, das nun den CS_1 darstellt, mit einem weiteren neutralen Reiz wiederholt gekoppelt, bis schließlich ein CS_2 entsteht.

6.1.5 Die Bedeutung des klassischen Konditionierens für die Erziehung

Dem klassischen Konditionieren kommt für die Erziehung Bedeutung zu, wenn es um den **Erwerb emotionaler Reaktionen und den Aufbau bedingter Verhaltensweisen** geht.

- Positive emotionale Reaktionen werden aufgebaut und erlernt, indem die Erzieherin/der Erzieher den Reiz, der positive emotionale Reaktionen hervorrufen soll, mehrmals mit einem Reiz koppelt, der bereits eine angenehme Reaktion auslöst.

  → Lädt eine Erzieherin/ein Erzieher beispielsweise des Öfteren ausländische Kinder oder Menschen mit Behinderung in den Kindergarten ein und verbindet diese Besuche mit besonders angenehmen Aktivitäten für die Kinder, so kann der Anblick dieser Menschen bald allein zu positiven emotionalen Reaktionen ihnen gegenüber führen. Auf diese Weise kann eine positive Einstellung entstehen, die wiederum eine gesellschaftliche Integration solcher Personengruppen erleichtern kann.

- Umgekehrt lassen sich negative emotionale Reaktionen aufbauen und erlernen, indem die Erzieherin/der Erzieher einen Reiz mehrmals mit einem anderen Reiz koppelt, der bereits eine unangenehme Empfindung auslöst.

  → Sprechen Eltern beispielsweise mit drohender, furchterregender Stimme, wenn das Kind etwas macht, was es nicht tun sollte, so wird dieser ursprünglich neutrale Reiz – das verbotene Tun – für die Kinder zu einem Angstauslöser.

- Erzieher/innen müssen entsprechend dem Gesetz der Kontiguität sofort reagieren und neutralen und unbedingten Reiz mehrmals miteinander auftreten lassen.[2]

  → Eine Anerkennung oder eine Strafe muss fast gleichzeitig mit dem (un)erwünschten Verhalten auftreten, damit die beiden Reize miteinander assoziiert werden.

- Die Erzieherin/Der Erzieher sollte nach Möglichkeit vermeiden, selbst zu einem negativ besetzten bedingten Reiz für die Kinder zu werden, und davon absehen, ihnen ungerechtfertigte Einstellungen zu vermitteln. Sie/Er muss daher ihr/sein eigenes Erziehungsverhalten immer wieder kritisch überdenken.

  → Sind Erzieherinnen oder Erzieher in einem Kindergarten lieblos, unfreundlich oder sehr laut, so löst ihr Erscheinen bei ihren Kindern negative Gefühle aus. Sind sie dagegen liebevoll, freundlich und hilfsbereit, kann ihre Anwesenheit Gefühle der Sicherheit und Geborgenheit erzeugen.

---

1 Placebo-Effekt: Unwirksame „Medikamente", sog. Leerpräparate, können positive Veränderungen bewirken.

2 vgl. Abschnitt 6.1.2

Mithilfe des klassischen Konditionierens ist es auch möglich, nicht erstrebenswerte Verhaltensweisen oder emotionale Reaktionen abzubauen. So kann ein Verhalten durch Extinktion[1] abgebaut und verlernt werden. Wie entsprechende Untersuchungen gezeigt haben, ist dieser Vorgehensweise jedoch beim Abbau von emotionalen Reaktionen, insbesondere von Angst, kein Erfolg beschieden. Hier werden ***verhaltenstherapeutische Techniken*** eingesetzt, die von ausgebildeten Fachleuten angewandt werden.

Aufbau und Abbau von emotionalen Reaktionen und Verhaltensweisen

↓

durch

- **mehrmalige Koppelung eines Reizes, der die gewünschte emotionale Reaktion hervorrufen soll, mit einem Reiz, der diese Reaktion bereits hervorruft**
- **sofortiges Reagieren der Erzieherin/des Erziehers**
- **positives Besetztsein der Person der Erzieherin/des Erziehers**
- **Entfernung bzw. Weglassen des Reizes, der das nicht erwünschte Verhalten auslöst**
- **verhaltenstherapeutische Techniken**

Auf den Punkt gebracht

- Theorien zur systematischen Erklärung nicht beobachtbarer Lernprozesse werden als „Lerntheorien“, oftmals auch als „Verhaltenstheorien“ bezeichnet. Diejenigen Theorien, die bei Lernprozessen die Bedeutung von Reizen erklären, die einem Erleben oder Verhalten vorangehen oder nachfolgen, nennt man „Konditionierungstheorien“.
- Als „klassisches Konditionieren“ bezeichnet man den Prozess der wiederholten Koppelung eines neutralen Reizes (NS) mit einem unbedingten Reiz (UCS), wobei der ursprünglich neutrale Reiz zu einem bedingten Reiz (CS) wird, der eine bedingte Reaktion (CR) auslöst. Wichtige Grundsätze des klassischen Konditionierens sind die Kontiguität (eine Konditionierung erfolgt erst, wenn der neutrale Reiz und der unbedingte Reiz mehrmals miteinander bzw. zeitlich kurz nacheinander auftreten und räumlich beieinander liegen), die Reizgeneralisierung (ein Reiz, der mit dem bedingten Reiz Ähnlichkeit hat, löst ebenfalls die bedingte Reaktion aus) und die Extinktion (wird der bedingte Reiz längere Zeit nicht mehr mit dem unbedingten Reiz dargeboten, erfolgt die bedingte Reaktion nicht mehr).
- Die Konditionierung kann auf einen unbedingten Reiz (Konditionierung erster Ordnung) und/oder auf einen bereits erlernten Reiz (Konditionierung zweiter Ordnung) erfolgen.
- Klassische Konditionierungen finden beim Menschen täglich und in allen Lebensbereichen statt. Dabei können zum einen bedingte Verhaltensreaktionen aufgebaut werden. Zum anderen eignen sich Menschen auch bedingte emotionale Reaktionen durch Signallernen an. Diese äußern sich in negativen oder in positiven emotionalen Reaktionen und Einstellungen gegen Personen, Dinge oder Sachverhalte. Insbesondere die Medien bedienen sich dieser Lerntheorie, um Produkte erfolgreich zu vermarkten.

---

[1] *siehe Abschnitt 6.1.2*

- Der Aufbau und Abbau von emotionalen Reaktionen und Verhaltensweisen auf der Grundlage des klassischen Konditionierens geschieht durch:
  - mehrmalige Koppelung eines Reizes, der die gewünschte emotionale Reaktion hervorrufen soll, mit einem Reiz, der diese Reaktion bereits hervorruft.
  - sofortiges Reagieren der Erzieherin/des Erziehers.
  - positives Besetztsein der Person der Erzieherin/des Erziehers.
  - Entfernung bzw. Weglassen des Reizes, der das nicht erwünschte Verhalten auslöst.
  - verhaltenstherapeutische Techniken.

Aufgaben – Wissen & Verstehen, Anwenden, Reflektieren

1. Biografie und Internetrecherche
   → *Suchen Sie in Gruppen im Internet nach Informationen über das Leben und Werk von* Iwan P. Pawlow.
   → *Fertigen Sie in Kleingruppen eine Übersicht zur Biografie dieses Wissenschaftlers an.*
   → *Erarbeiten Sie wichtige Abschnitte seines Lebens.*
2. *Stellen Sie an einem geeigneten Beispiel die wichtigsten Begriffe und Aussagen des klassischen Konditionierens dar.*
3. *Beschreiben Sie an einem Beispiel Grundsätze des klassischen Konditionierens.*
4. *Stellen Sie an einem Beispiel die Entstehung einer klassischen Konditionierung zweiter Ordnung dar.*
5. *Unterziehen Sie in Gruppen die Theorie des Klassischen Konditionierens einer kritischen Würdigung und stellen Sie Ihr Ergebnis in der Klasse vor.*
6. *Zeigen Sie die Bedeutung des klassischen Konditionierens für den menschlichen Alltag auf.*
7. *Klassisches Konditionieren und menschlicher Alltag*
   → *Überlegen Sie sich in Gruppen eine alltägliche menschliche Situation.*
   → *Wenden Sie das klassische Konditionieren auf diese Situation an, indem Sie diese mit dieser Theorie verdeutlichen.*
8. *Beschreiben Sie Medien als Einflussfaktor für Lernprozesse auf der Grundlage des klassischen Konditionierens.*
9. Wenn man das Fleisch oder die Wurst auf einem Grill riecht, läuft einem das Wasser im Mund zusammen und man bekommt Hunger.
   Erklären Sie mithilfe des klassischen Konditionierens, warum diese Reaktion eintritt. Stellen Sie dabei die für dieses Beispiel zutreffenden Aussagen und Begriffe dieser Theorie dar.

10. *Erklären Sie den Werbeerfolg dieser Softwarefirma mithilfe des klassischen Konditionierens. Stellen Sie dabei die für dieses Beispiel zutreffenden Aussagen und Begriffe dieser Theorie dar.*

11. Ein Arzt sagte zu einer Patientin, die nicht schlafen konnte: „Sie müssen lernen, dass Ihr Schlafzimmer eine Wohlfühloase ist, in welcher der Alltag und die dazugehörigen Sorgen keinen Platz haben dürfen. Alles, was Probleme bereitet, müssen Sie außerhalb dieses Raumes bearbeiten. Gehen Sie bitte sofort aus dem Schlafzimmer, wenn Sie beginnen, im Bett Probleme zu wälzen."
Erklären Sie mithilfe des klassischen Konditionierens der Anweisung des Arztes. Stellen Sie dabei die für dieses Beispiel zutreffenden Aussagen und Begriffe dieser Theorie dar.

12. *Glücksgefühl in der U-Bahn*
Der Kabarettist Dieter Hildebrandt[1] hatte Glücksgefühle, wenn er in München oder Berlin „in eine nach Urin und Moder stinkende U-Bahn" kam. Ein Psychologe habe ihm erklärt, warum das so sei, sagte er der „Neuen Osnabrücker Zeitung". „1943 war ich Luftwaffenhelfer, und immer wenn ich diese Treppe (zur U-Bahn) betreten habe, durfte ich weitergehen und Urlaub machen. Wenn nicht, dann war Fliegeralarm, und ich musste zurück in die Stellung. Deshalb habe ich heute noch dieses Glücksgefühl, wenn ich eine vollgepinkelte U-Bahn-Station betrete."
Erklären Sie, warum Dieter Hildebrandt Glücksgefühle hatte, wenn er in eine nach Urin und Moder stinkende U-Bahn kam. Stellen Sie dabei die entsprechenden Aussagen und Begriffe dieser Theorie dar.

---

[1] *Dieter Hildebrandt (1927–2013) war Kabarettist, Schauspieler (zum Beispiel bei der Serie „Kir Royal") und Buchautor. Er war auch Mitbegründer der Münchner Lach- und Schießgesellschaft, ein bedeutendes Kabarett. Bekannt wurde er vor allem durch das Fernsehkabarett „Scheibenwischer".*

6.2 Das operante Konditionieren

Im Gegensatz zu *Pawlow*, den die Verknüpfung von Reizen interessierte, wollten Vertreter des operanten[1] Konditionierens herausfinden, ***wie sich Konsequenzen des Verhaltens auf dieses selbst auswirken***. Hierbei waren die Erkenntnisse zum **Lernen am Erfolg** und zum **Lernen durch Verstärkung** von zentraler Bedeutung.

6.2.1 Das Lernen am Erfolg

Das Lernen am Erfolg, auch **Lernen durch Versuch und Irrtum** genannt, geht auf *Edward L. Thorndike* zurück.

***Edward Lee Thorndike** (1874–1949) war Professor für Psychologie an der Columbia University und befasste sich dabei mit der pädagogischen Psychologie, der Kinderpsychologie und der Intelligenzuntersuchung. Bekannt wurde er aber durch seine Experimente zu Fragen des Lernens und dem Verhalten von Tieren. Seine im Folgenden dargestellten Erkenntnisse hatten und haben bis heute einen großen Einfluss auf Psychologie und Pädagogik.*

Thorndike entdeckte, dass ein zufällig erfolgreiches Verhalten beibehalten wird, während erfolglose Verhaltensweisen allmählich abnehmen und schließlich gar nicht mehr gezeigt werden.

→ Bekommt ein Kind durch Schreien das, was es will, wird es das Schreien beibehalten; stößt das Kind dagegen mit Schreien ins Leere, so wird es dieses Verhalten nicht mehr zeigen.

Mit Lernen am Erfolg werden alle Lernprozesse bezeichnet, in deren Verlauf ein zufällig erfolgreiches Verhalten beibehalten wird, während erfolglose Verhaltensweisen allmählich abnehmen und schließlich gar nicht mehr gezeigt werden.

Um Gesetzmäßigkeiten des Lernens zu erforschen, führte *Thorndike* folgendes Experiment durch:

Eine Katze wurde in einen Käfig gesperrt, in dem sich viele Hebel befanden. Jedoch nur das Drücken eines ganz bestimmten Hebels öffnete die Käfigtür. *Thorndike* konnte beobachten, wie die Katze zunächst wahllos durch verschiedene Aktivitäten versuchte, ihrem Gefängnis zu entrinnen. Betätigte sie zufällig den richtigen Hebel, so gelangte sie in die Freiheit. Nach einer Reihe von Durchgängen fand die Katze allmählich den entscheidenden Hebel heraus und drückte ihn sofort. Die erfolglosen Verhaltensweisen wurden nicht mehr gezeigt.

---

[1] *operant (lat., operari: arbeiten, sich abmühen) bedeutet, eine bestimmte Reaktion, Konsequenz in sich habend. Ein operantes Verhalten ist eine Reaktion, die von der Konsequenz dieser Reaktion abhängt.*

Thorndike leitete aus seinen Experimenten vier grundlegende Gesetzmäßigkeiten des Lernens am Erfolg ab:

1. *Thorndikes* Katzen lernten nur deshalb, sich zu befreien, weil ihnen daran gelegen war, die Freiheit wieder zu erlangen oder beispielsweise an Futter heranzukommen. Hätten die Tiere kein solches Bedürfnis verspürt, wäre der Lernprozess ausgeblieben. Aus dieser Beobachtung leitete *Thorndike* das **Gesetz der Bereitschaft (law of readiness)** ab.

> Ein Kind, vier Jahre alt, entdeckt, als es mit seiner Mutter beim Einkaufen ist, Süßigkeiten, die es unbedingt haben möchte. Es liegt ein Bedürfnis vor, aktiv zu werden.

> **Gesetz der Bereitschaft**
> **Gelernt wird nur, wenn im Organismus eine Bereitschaft zum Lernen vorhanden ist. Dies ist dann der Fall, wenn ein Bedürfnis vorliegt: wenn das Individuum einen angenehmen Zustand herstellen bzw. aufrechterhalten oder einen unangenehmen Zustand beseitigen, vermeiden bzw. beenden will.**

2. Die Katze ging probierend vor: Am Anfang stand das scheinbar wahllose Ausprobieren verschiedenster Verhaltensweisen; das Tier zeigte ziellos verschiedene Aktivitäten, seinem Gefängnis zu entrinnen. So drückte die Katze im Problemkäfig zunächst wahl- und erfolglos verschiedene Hebel. Diese Beobachtung brachte *Thorndike* auf das **Prinzip des Versuchs und Irrtums,** welches er auch auf das menschliche Verhalten übertrug: Das Individuum probiert verschiedene Verhaltensweisen aus, um zum Ziel zu kommen, sein Bedürfnis zu befriedigen.

> Das Kind, das unbedingt Süßigkeiten haben will, probiert nun verschiedene Verhaltensweisen aus: Es bittet die Mutter zunächst mehrmals um Süßigkeiten, dann fängt es an zu quengeln. Da die Mutter seinen Wünschen immer noch nicht entspricht, beginnt das Kind im Supermarkt zu weinen. Als auch das nichts nutzt, wird das Kind immer lauter. In diesem Fall liegt beim Kind das Bedürfnis vor, Süßigkeiten zu haben. Um diesen angenehmen Zustand herbeizuführen, wird es aktiv und probiert verschiedene Verhaltensweisen wie Bitten, Quengeln sowie leises und lautes Weinen aus.

> **Prinzip des Versuchs und Irrtums**
> **Das Individuum probiert verschiedene Verhaltensweisen aus, um zum Ziel zu kommen.**

3. Irgendwann jedoch führte eine der von der Katze gezeigten Verhaltensweisen zufällig zum gewünschten Ergebnis: Durch Betätigen des richtigen Hebels öffnete sich die Käfigtür. Ergaben sich in der Folgezeit vergleichbare Situationen, so zeigte sich, dass die nicht zum Erfolg führenden Verhaltensweisen allmählich abnahmen und das richtige Verhalten immer schneller gezeigt wurde. Am Ende des Lernprozesses wurde nur noch das erfolgreiche Verhalten gezeigt. Von den vielen Aktivitäten, welche die Katze im Käfig zeigte, wurden also diejenigen beibehalten, die zum Erfolg führten; diejenigen, die nicht zum Erfolg führten, wurden wieder abgelegt. Aufgrund dieser Beobachtung formulierte *Thorndike* das **Effektgesetz (law of effect)**.

> Um bei obigem Beispiel zu bleiben: Als das Kind immer lauter schreit und brüllt, kauft die Mutter dem Kind schließlich aus Verlegenheit die Süßigkeiten. Diese „Szene" spielt sich in den nächsten Wochen fast immer in ähnlicher Weise ab. Da Bitten, Quengeln und leises Weinen nicht zum Erfolg führen, werden diese Verhaltensweisen allmählich nicht mehr gezeigt. Nur das erfolgreiche Verhalten, das laute Schreien und Brüllen, wird beibehalten.

Effektgesetz
Aus einer Fülle von praktizierten Verhaltensweisen werden auf Dauer nur solche wieder gezeigt, die für den Organismus befriedigende Konsequenzen nach sich ziehen; diejenigen Verhaltensweisen, die keine befriedigenden Konsequenzen zur Folge haben, werden nicht wieder gezeigt.

Somit **bestimmen die Konsequenzen eines Verhaltens dessen zukünftige Auftretenswahrscheinlichkeit**.

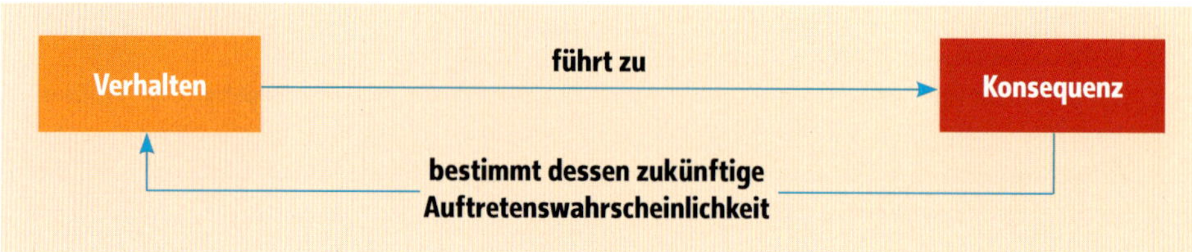

Burrhus F. Skinner entwickelte das Lernen am Erfolg, genauer: das Effektgesetz, weiter und unterstützte auf diese Weise maßgeblich die Entstehung der Theorie des operanten Konditionierens.[1]

4. Ergaben sich in der Folgezeit vergleichbare Situationen, so zeigte sich, dass die nicht zum Erfolg führenden Verhaltensweisen allmählich abnahmen und das richtige Verhalten immer schneller gezeigt wurde. Erst nach einer Reihe von Durchgängen lernte die Katze im Käfig also, das Problem sofort zu lösen. Diesen Sachverhalt formulierte *Thorndike* im **Frequenzgesetz (law of exercise)**.

Im Laufe der Wochen zeigt sich, dass das Kind immer mehr dazu übergeht, nicht mehr erst zu bitten oder zu quengeln, wenn es Süßigkeiten will, sondern gleich laut zu schreien. Das Kind hat gelernt, dass es durch Weinen sein Ziel erreicht: Es hat es im Laufe der Wochen durch sein lautes Weinen immer wieder geschafft, Süßigkeiten zu bekommen. Durch diese Wiederholungen wurde das Verhalten gelernt.

Frequenzgesetz
Das zum Erfolg führende Verhalten wird erst durch eine gewisse Häufigkeit an Übung bzw. Wiederholung erlernt, durch mangelnde Übung und Wiederholung wird es abgebaut und verlernt.

Dabei sind Effektgesetz und Frequenzgesetz nicht unabhängig voneinander:
Weder Erfolg ohne Übung noch Übung ohne Erfolg führen zu einem dauerhaften Lernergebnis.

Gelingt es der Katze, einmal aus dem Problemkäfig zu entkommen, weil sie zufällig den richtigen Hebel drückt, so hat sie zwar Erfolg, aber noch nicht gelernt, wie man aus dem Käfig herauskommt, da die nötige Übung bzw. Wiederholung dieses Erfolgs fehlt. Andererseits wird die Katze auch nicht lernen, sich aus dem Käfig zu befreien, wenn sie es zwar immer wieder probiert, ihre Versuche jedoch erfolglos bleiben.

Der Mensch muss also nicht nur einmal, sondern mehrmals mit einer bestimmten Verhaltensweise zum Ziel kommen, damit diese erlernt und gefestigt wird.

---

[1] *vgl. Abschnitt 6.2.2*

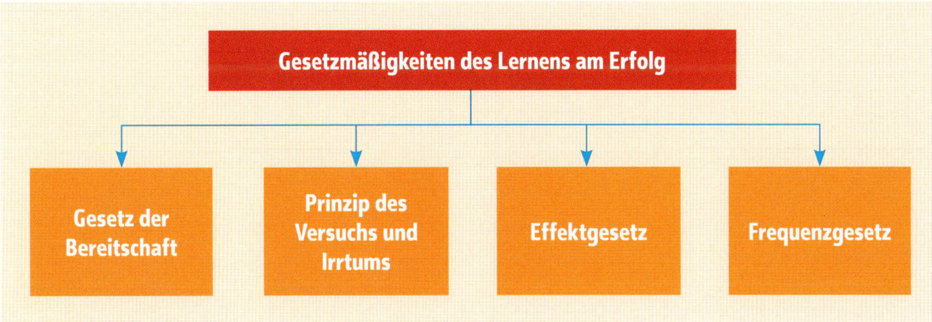

6.2.2 Das Lernen durch Verstärkung

Vor über sechzig Jahren begann *Burrhus F. Skinner* damit, das Effektgesetz von *Thorndike* genauer zu untersuchen und es weiterzuentwickeln. Er begründete das **Lernen durch Verstärkung**, auch **Verstärkungslernen** genannt.

Burrhus Frederic Skinner *(1904–1990) war Professor für Verhaltensforschung an der Harvard University, wo er die wissenschaftlichen Grundlagen des lerntheoretisch orientierten Behaviorismus entwickelte. Im Behaviorismus, einer bedeutenden Richtung innerhalb der Psychologie, ist ausschließlich das beobachtbare Verhalten Gegenstand der Forschung. Er geht davon aus, dass alles Verhalten erlernt ist und wieder verlernt werden kann. Nach Skinners Auffassung sollte die Psychologie ihr Interesse nur auf objektiv beobachtbare Reize und die darauf folgenden Konsequenzen richten. Bekannt wurde er vor allem durch seine Lernexperimente mit Tauben und Ratten, die wissenschaftliche Grundlage des Behaviorismus sind.*

Lernen durch Verstärkung (Verstärkungslernen) bezeichnet den Prozess, in dessen Verlauf Verhaltensweisen aufgrund ihrer Konsequenzen vermehrt gezeigt werden.

Skinner führte folgendes Experiment durch:

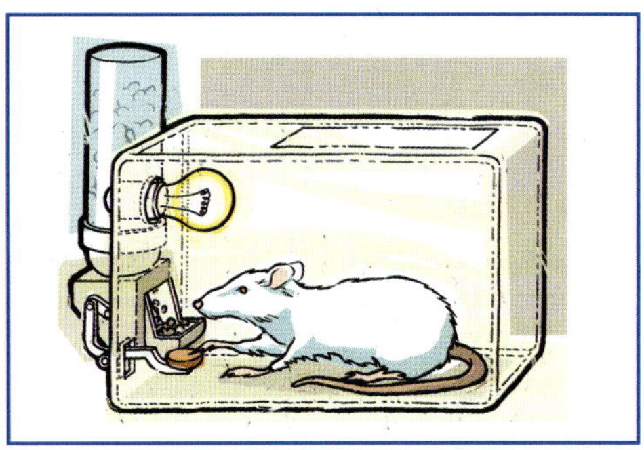

Eine Ratte wurde in einen Käfig – bekannt als sogenannte ***Skinnerbox*** – gesperrt, in dem sich nur ein Hebel befand. Das neugierige Tier untersuchte den Käfig und drückte dabei zufällig irgendwann den Hebel. Dieses Drücken hatte eine bestimmte Konsequenz zur Folge. Wenn dieser Versuch öfter wiederholt wurde, lernte die Ratte allmählich den Zusammenhang zwischen ihrem Verhalten und der Konsequenz.

Skinner arbeitete mit verschiedenen Ratten, die je nach Versuchsanordnung verschiedene Konsequenzen für ihr Hebeldrücken erfuhren:

- Ratte 1 erhielt auf den Hebeldruck hin Futter.

- Ratte 2 konnte durch den Hebeldruck den Strom abschalten, unter dem ihr Käfigboden stand.
- Ratte 3 drückte den Hebel und erhielt als Konsequenz einen Stromschlag.
- Ratte 4 verlor durch das Hebeldrücken ihr Futter.

Im Verlauf mehrerer Versuche konnte *Skinner* beobachten, wie Ratte 1 und Ratte 2 immer wieder den Hebel im Käfig betätigten, während Ratte 3 und 4 dies unterließen. Die Versuchstiere hatten gelernt, **durch ihr Verhalten angenehme Konsequenzen herbeizuführen oder unangenehme zu beseitigen**. *Skinner* nannte diesen Prozess **Verstärkung**.

Verstärkung ist der Prozess, der dazu führt, dass ein Verhalten vermehrt auftritt.

Entsprechend seiner verschiedenen Versuchsanordnungen unterschied *Skinner* zwei verschiedene Arten von Verstärkungen: In seinen Versuchen zeigte ein Teil der Tiere jene Verhaltensweisen häufiger, durch die angenehme Konsequenzen herbeigeführt oder aufrechterhalten wurden.

→ Ratte 1 erhielt auf den Hebeldruck hin Futter und erlernte auf diese Weise das Hebeldrücken.

Skinner bezeichnete diesen Sachverhalt als **positive Verstärkung**.

→ Ein Kind, das durch Weinen vermehrt die Aufmerksamkeit und Zuwendung seiner Bezugspersonen gewinnen kann, wird dieses Verhalten häufiger zeigen und so die Weinerlichkeit erlernen.

→ Ein Jugendlicher geht abends häufiger aus, was der Mutter nicht so gefällt. Er weiß aber, wenn er ihr sehr „schön" tut, dass dann die Mutter einwilligt. Der Jugendliche kann auf diese Weise sein Verhalten – das Ausgehen – aufrechterhalten.

Positive Verstärkung ist also der Prozess, der dazu führt, dass ein Verhalten vermehrt auftritt, wenn durch dieses angenehme Konsequenzen herbeigeführt oder aufrechterhalten werden.

Positive Verstärkung ist der Prozess, der dazu führt, dass ein Verhalten vermehrt auftritt, wenn durch dieses angenehme Konsequenzen herbeigeführt oder aufrechterhalten werden können.

Menschen richten ihr Verhalten jedoch nicht nur nach den tatsächlich eingetretenen Verhaltenskonsequenzen. In vielen Situationen bilden sie – noch bevor sie etwas tun – **Erwartungen** darüber aus, welche positiven Konsequenzen ihr Verhalten wohl nach sich ziehen wird. Auf diese Weise können auch dem Verhalten vorausgehende Gedanken dazu führen, dass ein Verhalten häufiger gezeigt wird.

Leon geht einen Umweg von der Schule nach Hause, weil er hofft, auf diesem Weg seine Freundin zu sehen. Er erwartet eine angenehme Situation und lernt deshalb, einen Umweg zu machen.

In Skinners Versuchen zeigte Ratte 2 jedoch diejenige Verhaltensweise häufiger, durch die sie eine unangenehme Konsequenz beenden konnte.

Ratte 2 konnte durch den Hebeldruck den Strom abschalten, unter dem ihr Käfigboden stand, und erlernte auf diese Weise das Hebeldrücken.

Skinner sprach hier von einer **negativen Verstärkung**.

Ein Mädchen beginnt jedes Mal, wenn es seine Eltern ausschimpfen, zu weinen. Die Eltern hören aufgrund des Weinens zu schimpfen auf, und auf diese Weise kann das Mädchen den unangenehmen Zustand des Schimpfens abwenden. Durch diese negative Verstärkung lernt es das Weinen.

Entsprechend bedeutet negative Verstärkung den Prozess, der dazu führt, dass ein Verhalten vermehrt auftritt, wenn durch dieses unangenehme Konsequenzen verringert, vermieden oder beendet werden. Doch – wie oben bereits erwähnt – bilden Menschen Erwartungen über die wahrscheinlichen Konsequenzen ihres Verhaltens aus. Auf diese Weise kann bereits die Hoffnung darauf, durch das eigene Verhalten einen unangenehmen Zustand zu vermeiden, zu verringern oder zu beenden, dazu führen, dass ein Verhalten öfter gezeigt wird.

Ein Junge beispielsweise geht täglich einen Umweg zur Schule, weil er dadurch einem gefürchteten Hund nicht begegnet. Er erwartet einen unangenehme Situation und lernt deshalb, einen Umweg zu machen.
Weil ein Jugendlicher durch geschickte Lügen einem drohenden Hausarrest für ein nächtliches Zuspätkommen entgehen kann, benutzt er immer wieder erfundene Ausreden und erlernt so das Lügen.

In jüngerer Zeit gehen die Lerntheoretiker/innen davon aus, dass Lernen sehr stark mit der Bildung von Erwartungen zu tun hat. Menschen bilden – wie es *Hans Reinecker* (*2005³, S. 91*) formuliert – kognitive Zusammenhänge zwischen Ereignissen in der Umwelt und ihrem Verhalten. Aus dieser Sicht ist es bei der negativen Verstärkung nicht nur notwendig, dass eine unangenehme Konsequenz tatsächlich eintritt, dieser Begriff schließt auch die Erwartung mit ein, dass eine unangenehme Situation eintreten könnte.

Negative Verstärkung ist der Prozess, der dazu führt, dass ein Verhalten häufiger gezeigt wird, weil dadurch unangenehme Konsequenzen verringert, vermieden oder beendet werden können.

Neuropsychologische Erkenntnisse bestätigen das Verstärkungslernen: Unser Gehirn besitzt ein System, welches uns angenehme Gefühle vermittelt, wenn wir etwas tun, das erwünscht ist, das ***Belohnungssystem***. Dieses benutzt vorrangig Dopamin, einen Neurotransmitter, und körpereigene Opiate, Endorphine, welche Glücksgefühle entstehen lassen und motivierend wirken (vgl. *Kasten, 2007, S. 43 f.*).

Im Alltag begegnet man häufig zwei verschiedenen Formen des Lernens durch negative Verstärkung, dem **Fluchtlernen** und dem **Vermeidungslernen**. Fluchtlernen liegt vor, wenn sich ein Lebewesen aus einer von ihm als unangenehm empfundenen Situation entfernt.

Ein Mädchen schießt beim Fußballspielen eine Scheibe ein und rennt deshalb schnell davon, um so einer Strafe zu entgehen. Es vermeidet durch das Verhalten „Wegrennen“ eine drohende unangenehme Konsequenz der Strafe für das Einschießen der Scheibe. Das Wegrennen stellt ein Fluchtverhalten dar, welches negativ verstärkt und damit gelernt wurde.

Beim Vermeidungslernen versucht das Lebewesen, durch sein Verhalten unangenehme Situationen erst gar nicht aufkommen zu lassen.

→ Ein Junge hat zurzeit häufig Streit mit seiner Freundin. Dieses Streiten erlebt er als sehr unangenehm und belastend. Er zieht sich deshalb von seiner Freundin zurück und geht jeglichem Kontakt mit ihr aus dem Weg. Damit kann er diese als unangenehm erlebten Streitgespräche vermeiden. Das Verhalten, sich bei Streit zurückzuziehen, wird negativ verstärkt und gelernt.

positive Verstärkung	negative Verstärkung
um einen angenehmen Zustand herbeizuführen oder aufrechtzuerhalten	um einen unangenehmen Zustand zu verringern, zu vermeiden oder zu beenden

Die Auftretenswahrscheinlichkeit einer Verhaltensweise wird erhöht

Es wird gelernt, …	durch positive Verstärkung	durch negative Verstärkung
Tabletten zu konsumieren	Bei Tabletteneinnahme wenden sich andere mir mitleidvoll zu.	Durch Tabletten kann man Schmerzen, Unpässlichkeit u. a. vermeiden.
zu lachen	Durch Lachen kommt man bei seinen Mitmenschen besser an.	Durch Lachen kann man andere Menschen „entwaffnen“.
Umwege zu machen	Auf dem Umweg trifft man Freunde.	Durch Umwege kann man der Begegnung mit einem aggressiven Hund entgehen.

„Ich habe meine Erzieherin gut abgerichtet: Immer, wenn ich die Straße kehre, gibt sie mir fünf Euro.“

6.2.3 Arten von Verstärkern

Skinner beobachtete bei seinen Experimenten, dass **bestimmte Konsequenzen die Auftretenswahrscheinlichkeit eines vorausgegangenen Verhaltens erhöhen**. Er nannte solche Konsequenzen **Verstärker**.

Bekommen Schüler/innen für ihr Melden im Unterricht Anerkennung und beteiligen sie sich deshalb häufiger am Unterricht, so handelt es sich bei der Anerkennung um einen Verstärker.

Als Verstärker bezeichnet man jede Verhaltenskonsequenz, welche die Auftretenswahrscheinlichkeit eines Verhaltens erhöht.

Analog zum Prozess der positiven und negativen Verstärkung unterscheidet man zwischen **positiven und negativen Verstärkern**, je nachdem, ob durch die Verhaltenskonsequenz ein angenehmer Zustand herbeigeführt oder aufrechterhalten oder ob ein unangenehmer Zustand vermieden, beendet oder vermindert werden kann.

Belohnt man ein Kind für seine Mithilfe beim Abspülen mit einer Tafel Schokolade und hilft es deshalb öfter bei dieser Tätigkeit, so wirkt das Bekommen der Süßigkeit als positiver Verstärker. Hilft das Kind dagegen beim Abspülen, um dadurch erfolgreich einer drohenden Strafe zu entgehen, handelt es sich bei dieser Konsequenz um einen negativen Verstärker.

Während es bei der positiven Verstärkung um die **Darbietung** eines Reizes geht, will man ihn bei der negativen Verstärkung **entfernen bzw. vermeiden**.

Im obigen Beispiel will das Kind die Schokolade *haben* – es geht hier um die Darbietung des Reizes (= positiver Verstärker) –, die Strafe will es jedoch *nicht haben* – hier geht es um die Entfernung des drohenden Reizes (= negativer Verstärker).

Positive Verstärker nennt man all jene Verhaltenskonsequenzen, welche die Auftretenswahrscheinlichkeit eines Verhaltens erhöhen, weil durch ihre Darbietung ein angenehmer Zustand herbeigeführt oder aufrechterhalten werden kann.
Negative Verstärker sind alle Verhaltenskonsequenzen, welche die Auftretenswahrscheinlichkeit eines Verhaltens erhöhen, weil durch ihre Entfernung bzw. Vermeidung ein unangenehmer Zustand beseitigt, vermieden oder vermindert werden kann.

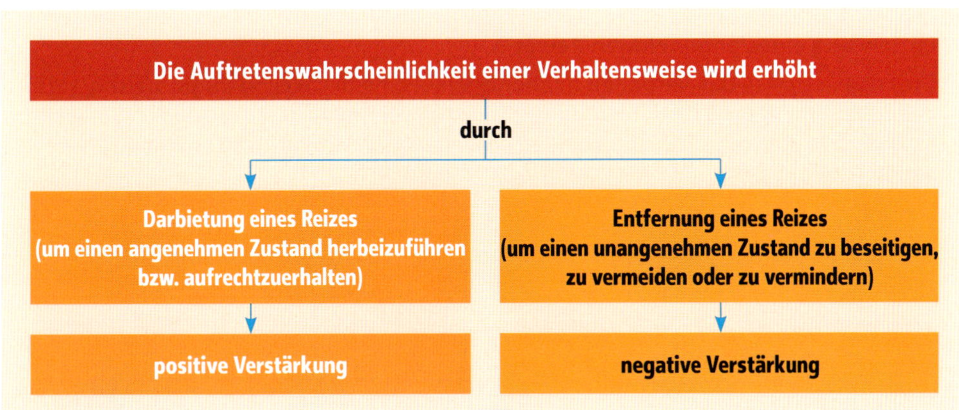

Wird ein Verstärker in der Erziehung bewusst und absichtlich eingesetzt, um damit zu erreichen, dass ein Verhalten wieder gezeigt und erlernt wird, so spricht man von ***Lob bzw. Belohnung***.[1]

[1] *vgl. Kapitel 9.2.1*

6.2.4 Konsequenzen, die auf ein Verhalten folgen

Wie aus den bisherigen Ausführungen deutlich geworden ist, spielt bei der operanten Konditionierung die ***Beziehung zwischen dem gezeigten Verhalten und der nachfolgenden Konsequenz*** die entscheidende Rolle. Die Lernpsychologie spricht in diesem Zusammenhang von **Kontingenz**[1].

Kontingenz bedeutet die Beziehung zwischen Verhalten und der nachfolgenden Konsequenz.

In der Verhaltenstherapie – ein Sammelbegriff für alle Therapieformen, die auf Lerntheorien beruhen – bedeutet der Begriff „Kontingenz" das Folgenlassen von Verstärkern auf erwünschte Verhaltensweisen.

Die Entstehung von solchen Beziehungen zwischen dem Verhalten und der nachfolgenden Konsequenz kann die **Auftretenswahrscheinlichkeit dieses Verhaltens erhöhen oder auch vermindern**. Folgende Beziehungen stellt das operante Konditionieren heraus:

- **Darbietung eines angenehmen Reizes**

  Die Folge ist, dass das Verhalten mit hoher Wahrscheinlichkeit **häufiger** auftritt. Wir sprechen in diesem Zusammenhang – wie in *Abschnitt 6.2.2* ausgeführt – von einer ***positiven Verstärkung***. Aus Sicht der Erziehung wird auch von **Belohnung erster Art** gesprochen, die die Darbietung einer angenehmen Verhaltenskonsequenz bedeutet.[2]

  → Ein Kind räumt sein Zimmer auf und erhält deshalb von seiner Mutter eine Tafel Schokolade mit dem Ziel, dass es dieses Verhalten wieder zeigt und lernt.

- **Darbietung eines unangenehmen Reizes**

  Die Folge ist, dass das Verhalten mit hoher Wahrscheinlichkeit **weniger häufig** auftritt. Wir sprechen hier aus erzieherischer Sicht von **Bestrafung erster Art** als Darbietung einer unangenehmen Verhaltenskonsequenz.[3]

  → Ein Kind spuckt beim Mittagessen in seinen Teller. Daraufhin wird das Kind bestraft, indem es in sein Zimmer muss, mit dem Ziel, dass es diese Verhaltensweise in Zukunft unterlässt.

- **Entfernung eines angenehmen Reizes**

  Die Folge ist, dass das Verhalten mit hoher Wahrscheinlichkeit **weniger häufig** auftritt. In der Erziehung wird die Beendigung eines angenehmen Zustandes oder die Verwehrung der Möglichkeit, einen solchen zu erreichen, als **Bestrafung zweiter Art** bezeichnet.[4]

  → Das Kind spuckt in den Teller, und die Mutter nimmt ihm deshalb seinen Nachtisch weg mit dem Ziel, dass es diese Verhaltensweise in Zukunft unterlässt. Hier wird ein angenehmer Reiz entfernt als Konsequenz auf ein Fehlverhalten.

[1] *contingere (lat.): berühren, treffen, zuteilwerden*
[2] *siehe Kapitel 9.2.1*
[3] *siehe Kapitel 9.3.1*
[4] *siehe Kapitel 9.3.1*

- **Entfernung eines unangenehmen Reizes**

  Die Folge ist, dass das Verhalten mit hoher Wahrscheinlichkeit **häufiger** auftritt. Es handelt sich dabei um ***negative Verstärkung***.[1] Aus Sicht der Erziehung wird von **Belohnung zweiter Art** gesprochen, die das Beenden eines unangenehmen Zustandes oder die Verhinderung eines solchen bedeutet.[2]

  Ein Kind räumt sein Zimmer auf, dafür braucht es nachmittags nicht beim Hausputz zu helfen. Hier wird dem Kind eine unangenehme Konsequenz „erspart", damit es in Zukunft immer sein Zimmer aufräumt.

Das Kontingenzschema:

	Darbietung eines Reizes	Wegnahme eines Reizes
Reiz ist angenehm	**positive Verstärkung** bzw. **Belohnung erster Art**	**Bestrafung zweiter Art**
Reiz ist unangenehm	**Bestrafung erster Art**	**negative Verstärkung** bzw. **Belohnung zweiter Art**

Skinner interessierte sich auch dafür, was passieren würde, wenn ein Lebewesen, das bisher immer für eine Verhaltensweise verstärkt worden war, plötzlich keine Verstärkung mehr erhalten würde. Er beobachtete, wie nach einer gewissen Zeit der Nichtverstärkung das Verhalten immer seltener gezeigt wurde und schließlich nur noch rein zufällig auftrat.

Bekamen die Ratten in der *Skinnerbox* für ihr Hebeldrücken kein Futter mehr, ging diese Verhaltensweise stark zurück und trat ab einem gewissen Zeitpunkt nur noch zufällig auf.
Bekommt ein Kind für das Aufräumen seines Zimmers des Öfteren keine Belohnung mehr, so kann es sein, dass es dieses Verhalten allmählich nicht mehr zeigt.

Diesen Sachverhalt bezeichnet man als **Extinktion (Löschung)**.

Unter Extinktion versteht man aus der Sicht des Lernens durch Verstärkung die Abnahme der Häufigkeit eines erlernten Verhaltens aufgrund von Nichtverstärkung, bis dieses schließlich nur noch zufällig auftritt.

6.2.5 Die Bedeutung des operanten Konditionierens im menschlichen Alltag

Im Alltag erfolgen viele Lernprozesse unter dem Einfluss des operanten Konditionierens, da viele gezeigte Verhaltensweisen bewusst und absichtlich oder unbeabsichtigt, ungewollt und nicht bewusst verstärkt werden. Häufig erfahren Kinder und Jugendliche auch Verstärkungen durch Gleichaltrige beim Erlernen von sozial unerwünschten oder umstrittenen Verhaltensweisen.

So steigt das Ansehen einer/s Jugendlichen in ihrer/seiner Gruppe von Gleichaltrigen, wenn sie/er im Zuge einer Mutprobe einen Kaufhausdiebstahl begeht, oder Passanten auf öffentlicher Straße anpöbelt.

[1] *vgl. Abschnitt 6.2.2*
[2] *siehe Kapitel 9.2.1*

Auch von den Medien gehen im Rahmen von Lernprozessen zahlreiche Einflüsse auf das Verhalten von Kindern und Jugendlichen aus. Insbesondere Computerspiele sind häufig so konstruiert, dass die User/innen vielfach positiv bzw. negativ verstärkt werden, wenn sie dem Spielziel entsprechende Verhaltensweisen zeigen. Dies gilt sowohl für PC Programme, mit denen man sozial erwünschtes Verhalten erwerben kann, als auch für solche, die unerwünschtes Verhalten verstärken.

→ Es gibt zahlreiche computergestützte Lernspiele zum Erwerb einer Fremdsprache, die den Lernprozess durch einfache Verstärkungen fördern, aber im Gegensatz dazu auch viele Spiele, in denen die Beteiligten für das virtuelle Töten ihrer Gegenspieler belohnt werden.

6.2.6 Die Bedeutung des operanten Konditionierens für die Erziehung

Die Kenntnisse des Lernens am Erfolg lassen sich in der Erziehung zum Aufbau erwünschten Verhaltens und zum Abbau unerwünschter Verhaltensweisen einsetzen.

- Verhaltensaufbau durch das Lernen am Erfolg kann erst erfolgen, wenn die/der Lernende die Bereitschaft besitzt, das erwünschte Verhalten zu zeigen. Für die Erzieherin/den Erzieher ergibt sich die Aufgabe, bei der/dem zu Erziehenden entsprechende **Bedürfnisse zu wecken und Lernanreize zu schaffen.**

→ Hierzu stehen den Erzieherinnen/den Erziehern verschiedene Möglichkeiten zur Verfügung: Indem etwa für bestimmte Tätigkeiten Belohnungen in Aussicht gestellt werden, lassen sich Anreize schaffen. Auch die Beseitigung oder Vermeidung unangenehmer Sachverhalte wie etwa das Aufheben eines Verbots besitzen Anreizcharakter.

- Erwünschtes Verhalten kann durch **positive und/oder negative Verstärkung** aufgebaut und erlernt werden.

→ Die Schülerin/Der Schüler arbeitet sehr rege im Unterricht mit und erhält deshalb von der Lehrerin/vom Lehrer eine Anerkennung oder sie/er bekommt die Hausaufgabe erlassen. In beiden Fällen erfährt die Schülerin/der Schüler eine für sie/ihn befriedigende Konsequenz und wird weiterhin im Unterricht gut mitarbeiten.

... Häufig reagieren jedoch Erzieher/innen auf nicht akzeptables Verhalten von Kindern mit Aufmerksamkeit und verstärken es dadurch ungewollt, so zum Beispiel beim Störenfried, dem man sich grundsätzlich zuwendet, wenn er in der Klasse stört.

- Verhaltenskonsequenzen wirken für einen Menschen nur dann verstärkend, wenn sie seinen Bedürfnissen entsprechen.

→ Johannes und Lea bekommen beide von ihrer Tante eine Theaterkarte, weil sie ihr den Einkauf erledigt haben. Lea freut sich sehr über die Theaterkarte, sie wirkt deshalb als Verstärker. Doch Johannes liebt Theater nicht und empfindet dieses Geschenk daher auch nicht als Belohnung; die Theaterkarte wird bei ihm keine verstärkende Wirkung zeigen.

Man spricht in diesem Zusammenhang von der **Relativität von Verstärkern**.

> **Relativität von Verstärkern bedeutet, dass Verhaltenskonsequenzen für ein Lebewesen nur dann verstärkend wirken, wenn sie seinen Bedürfnissen entsprechen.**

Diese Relativität zeigt sich auch darin, dass eine unangenehme Konsequenz – zum Beispiel das Schimpfen – für die zu Erziehende/den zu Erziehenden eine positive Verstärkung bedeuten kann, wenn er damit ein Bedürfnis – etwa das Bedürfnis nach Beachtung – befriedigen werden kann. Zudem hängt es auch von der Person, die verstärkt, und von der jeweiligen Umgebung ab, ob Verhaltenskonsequenzen verstärkend wirken oder nicht.

> So kann ein Lob, das eine bestimmte Lehrkraft ausspricht, dem Kind eher peinlich sein, weil es etwa von dieser Lehrkraft gar nicht gelobt werden möchte oder weil es von den Klassenmitgliedern belächelt wird („Streber").

Die Erzieherin bzw. der Erzieher muss also immer die **Bedürfnislage des zu Erziehenden im Auge haben**.

- Bei komplexen Verhaltensweisen ist es für ein Kind unmöglich, diese schon beim ersten Versuch perfekt auszuführen. Deshalb sollte man jedes Verhalten, das auch nur annähernd in die gewünschte Richtung geht, verstärken.

> Soll ein Kind lernen, ins Töpfchen zu machen, so wird man dieses Verhalten in einzelne Teilschritte zerlegen, wie beispielsweise das Töpfchen betrachten, sich auf das Töpfchen setzen ohne heruntergelassene Hose, bis es schließlich ins Töpfchen macht. Jede dieser einzelnen Verhaltensweisen wird verstärkt.

Den schrittweisen Aufbau eines Verhaltens, indem man bereits kleine Schritte in Richtung Endverhalten systematisch verstärkt, bezeichnet man als ***Shaping***.

- Unerwünschtes Verhalten kann durch **Nichtverstärkung**, durch Ignorieren, abgebaut und verlernt werden.

> Die Schülerin/Der Schüler stört den Unterricht, die Lehrerin/der Lehrer wendet sich ihr/ihm aber nicht zu.

Sehr oft wird versucht, unerwünschtes Verhalten durch ***Strafe bzw. Bestrafung*** abzubauen. Sie stellt jedoch wegen der vielen unerwünschten „Nebenwirkungen" eine sehr problematische Erziehungsmaßnahme dar.[1]

- Gleichzeitig zum Ignorieren unerwünschten Verhaltens sollte man alle Ansätze erwünschten Verhaltens sofort verstärken. Eine solche Vorgehensweise wird als **differenzielle Verstärkung** bezeichnet.

> Der Störenfried sollte nicht beachtet werden, wenn er stört, dann aber sofort verstärkt werden, wenn er einmal nicht stört und das tut, was man von ihm verlangt.
> Die Erzieherin/Der Erzieher ignoriert Streitigkeiten zwischen den Kindern, solange diese sich nicht gefährden, und lobt stattdessen die Kinder, wenn sie friedlich miteinander spielen.

Unter differenzieller Verstärkung versteht man das Ignorieren unerwünschten Verhaltens bei gleichzeitigem Verstärken von erwünschten Verhaltensweisen.

Erzieher/innen neigen gewöhnlich dazu, erwünschtes Verhalten als selbstverständlich zu nehmen, und verstärken dieses deshalb nicht, wenden sich aber dem Kind sofort zu, wenn es einmal „aus der Rolle fällt". Dieses Erzieherverhalten ist aus lerntheoretischer Sicht wenig sinnvoll.

- Bezüglich des Aufbaus von Verhaltensweisen lässt sich das „Verabreichen" von Verstärkern in **kontinuierliche und intermittierende Verstärkung** einteilen. Bei der kontinuierlichen[2] Verstärkung wird ein Verhalten jedes Mal verstärkt, sobald es auftritt. Arbeitet man dagegen mit intermittierender[3] Verstärkung, so verstärkt man ein Verhalten nur ab und zu.

---

[1] *vgl. Kapitel 9.3.1*
[2] *continuus (lat.): zusammenhängend*
[3] *intermittere (lat.): aussetzen, unterbrechen, dazwischenschicken*

→ Für jeden Versuch, ins Töpfchen zu machen, erfährt ein Kleinkind die gesteigerte Aufmerksamkeit seiner Eltern. Es handelt sich hier um eine kontinuierliche Verstärkung, da jedes Verhalten beachtet wird.

Lobt eine Lehrerin/ein Lehrer nur jeden dritten konstruktiven Unterrichtsbeitrag einer Schülerin/eines Schülers, so liegt hier eine intermittierende Verstärkung vor: Die Beachtung erfolgt nach einer gewissen Anzahl erwünschten Verhaltens. Intermittierende Verstärkung liegt auch vor, wenn eine Lehrerin/ein Lehrer die konstruktiven Unterrichtsbeiträge der Schüler/innen alle drei Monate lobt.

Von kontinuierlicher Verstärkung spricht man, wenn ein Verhalten jedes Mal, wenn es auftritt, verstärkt wird.
Intermittierende Verstärkung bedeutet eine gelegentliche Verstärkung von Verhalten, bei der ein Verhalten nur ab und zu verstärkt wird.

Setzt man Verstärker kontinuierlich ein, werden rasche Lernerfolge erzielt. Bleibt nach dem Lernprozess die Verstärkung jedoch aus, so wird das Verhalten relativ schnell gelöscht. Verstärkt man dagegen nur gelegentlich, erfolgt der Lernzuwachs langsamer. Ein auf diese Weise erlerntes Verhalten wird aber beim Ausbleiben von Verstärkung auch langsamer gelöscht.

	Erwerb neuen Verhaltens	Stabilität des Verhaltens
kontinuierliche Verstärkung	erfolgt relativ schnell	gering
intermittierende Verstärkung	erfolgt relativ langsam	hoch

Während in der Anfangsphase des Verhaltensaufbaus die kontinuierliche Verstärkung einen raschen Lernerfolg wahrscheinlicher macht, sollte man allmählich auf intermittierende Verstärkung übergehen, um das Verhalten gegen Löschung weniger anfällig zu machen.

- Das erwünschte Verhalten muss durch ausreichende **Übung und Wiederholung aufgebaut und gefestigt** werden.

→ Lehrer/innen müssen Schüler/innen des Öfteren bestimmte Aufgaben üben lassen, und sie dann entsprechend loben und sie anerkennen.

Aufbau und Abbau von Verhaltensweisen

↓

durch

- Schaffung von Motivation
- Darbietung einer angenehmen Verhaltenskonsequenz (positive Verstärkung) bzw. Entfernung einer unangenehmen Verhaltenskonsequenz (negative Verstärkung) bei erwünschtem Verhalten
- Berücksichtigung der Bedürfnislage der/des zu Erziehenden
- Verstärkung eines jeden Verhaltens, das auch nur annähernd in die gewünschte Richtung geht
- Nichtverstärkung bei unerwünschtem Verhalten
- differenzielle Verstärkung
- Zerlegung des zu lernenden Gesamtverhaltens in einzelne Teilschritte, wobei jede dieser einzelnen Verhaltensweisen verstärkt wird
- kontinuierliche und intermittierende Verstärkung
- Übung und Wiederholung bei erwünschtem, keine Übung und Wiederholung bei unerwünschtem Verhalten

Die hier getrennt dargestellten Konditionierungstheorien lassen sich beim Erlernen von bestimmten Erlebens- und Verhaltensweisen in der Praxis nicht trennen. Klassisch konditionierte Reaktionen haben Konsequenzen auf die Umwelt, umgekehrt erfolgt die Verstärkung eines Verhaltens immer in einer bestimmten Situation (vgl. *Reinecker, 2005[3], S. 83*).

6.2.7 Konditionierungstheorien und kognitive Prozesse

Konditionierungstheorien gehen in ihren Ursprungsformen davon aus, dass Reize, die einem bestimmten Verhalten vorausgehen bzw. als Konsequenz auf dieses folgen, die entscheidende Rolle für das Lernen spielen. Dabei erscheint der Mensch als ein Wesen, das nahezu ausschließlich von Umweltreizen beherrscht wird; er richtet sein Verhalten nach Belohnungen und Strafen, die aus der Umwelt kommen. Für *Pawlow*, *Thorndike* und *Skinner* war es deshalb auch völlig abwegig, innere Prozesse mit zu berücksichtigen. Diese Denkweise herrschte lange Zeit im Behaviorismus vor.

Einer der ersten, der sich von diesem „mechanistischen Behaviorismus" abwandte, war *Donald O. Hebb*[1], der grundlegende geistige Prozesse wie Denken und Vorstellen im Zusammenhang mit Lernprozessen berücksichtigte. Die Abkehr vom „strengen" Behaviorismus vollzog sich mit *Edward C. Tolman*[2]. Er kam durch Experimente mit Ratten zu dem Ergebnis, dass Lebewesen im Laufe der Zeit **Vorstellungen** entwickeln, welche die bei ihnen stattfindenden Lernprozesse mit beeinflussen.

„Menschen reagieren nicht einfach auf äußere Einflüsse. Sie wählen die Reize aus, die auf sie einwirken, organisieren sie und formen sie um. Durch selbst erzeugte Anreize und Konsequenzen können sie ihr Verhalten in gewissem Maße selbst beeinflussen." *(Bandura[3], 1991, S. 10)*

Die Gesamtheit aller psychischen Vorgänge, die Informationen aufnehmen, verarbeiten, speichern, abrufen und weiter verwenden, bezeichnet die Psychologie als **Kognition**[4] *(vgl. Wimmer/Perner, 1994, S. 11)*.

Hierzu zählen zum Beispiel die Intelligenz, die Kreativität, das Gedächtnis, die Sprach- und Lernfähigkeit, die Wahrnehmung und das Erkennen, Denken, Vorstellen und Problemlösen, das Entscheiden und Urteilen sowie das Behalten, Erinnern und Vergessen.

Kognition bedeutet die Gesamtheit aller psychischen Vorgänge, die der Aufnahme, Verarbeitung, Speicherung sowie dem Abrufen und Weiterverwenden von Informationen dienen.

Die heutigen Lerntheoretiker/innen gehen davon aus, dass Menschen einen **kognitiven Zusammenhang zwischen Reizgegebenheiten und dem eigenen Verhalten herstellen und Erwartungen ausbilden**. Mehrjährige Forschungen zeigten, dass es sich beim Konditionieren um einen Prozess handelt, durch den ein Organismus lernt, dass ein Ereignis das Auftreten eines weiteren Ereignisses ankündigt und ***erwarten*** lässt (vgl. *Mietzel, 2009[14], S. 244*). Diesbezügliche Pionierarbeit leistete *Albert Bandura*, der in einem Experiment nachwies, dass Erlebens- und Verhaltensweisen nicht nur mit behavioristischen Prinzipien erklärt werden können, sondern kognitive Prozesse verlangen.

---

[1] *Donald Olding Hebb (1904–1985) bekleidete zunächst Positionen in Harvard, am Montreal Neurological Institute und an der Queens University in Kingston (Ontario). Später hatte er eine Professur für Psychologie an der McGill University in Montreal inne.*

[2] *Edward C. Tolman (1886–1959) war Professor zunächst an der Universität von Berkeley (Kalifornien), später von Chicago und in Harvard.*

[3] *Albert Bandura ist der Begründer der sozial-kognitiven Theorie, die in Kapitel 7.1 dargestellt ist. In diesem Kapitel befindet sich auch eine Biografie von Bandura.*

[4] *cognitio (lat.): die Erkenntnis; Kognitionen: alle Vorgänge, durch die ein Organismus Kenntnis von seiner Umwelt erlangt.*

Nicht nur die Umweltreize an sich bewirken schon Erleben und Verhalten, es kommt wesentlich darauf an, wie **ein Mensch Umweltereignisse wahrnimmt, gedanklich verarbeitet und bewertet**.

Ein junger Mann beispielsweise, der davon überzeugt ist, dass Frauen ihn nicht mögen, weil er zu unattraktiv ist, und dass er bei ihnen keine Chancen hat, wird in einer Disco möglicherweise Frauen, die ihn nicht sehen und ignorieren, eher wahrnehmen als Frauen, die ihn beachten. Er wird das Ansprechen oder Zulächeln von einigen Frauen als unbedeutend einstufen oder auch umdeuten – etwa als nicht ernst gemeint. Entsprechend wird er sich auch verhalten und die Situation erleben.

Der Lernende wird „als ein Individuum begriffen, das äußere Reize aktiv und selbstständig verarbeitet und deshalb nicht durch äußere Stimuli steuerbar ist." (Raithel u. a., 2009[3], S. 71)

Wir sprechen deshalb bei Theorien, die ihren Blick auf geistige Vorgänge richten, von **kognitiven Theorien**. Es gibt jedoch keine völlig einheitliche Richtung bei den kognitionstheoretischen Modellen. Dies liegt daran, dass die einzelnen Ansätze unabhängig voneinander entstanden sind.

Innerhalb der kognitiv orientierten Theorien ist für den Bereich des Lernens und der Erziehung die ***sozial-kognitive Theorie*** von *Albert Bandura* und das ***Lernen durch Einsicht und als Informationsverarbeitung*** am bedeutsamsten.[1]

Behavioristische Theorien **zum Beispiel klassisches und operantes Konditionieren**	**Kognitive Theorien** **zum Beispiel sozial-kognitive Theorie, Lernen durch Einsicht**
Reiz trifft auf Organismus ↓ **Innerpsychische Prozesse werden von diesem Reiz ausgelöst.** ↓ **Diese Prozesse sind nicht beobachtbar und werden deshalb für das Erklären der Entstehung von Verhalten nicht mit einbezogen** ↓ **Reaktion** **Verhalten**	**Reiz trifft auf Organismus** ↓ **Innerpsychische Prozesse werden von diesem Reiz ausgelöst.** ↓ **Diese Prozesse werden für das Erklären der Entstehung von Erleben und Verhalten mit einbezogen.** ↓ **Reaktion** **Erleben, Verhalten, Handeln**

[1] *Die sozial-kognitive Theorie ist in Kapitel 7.1, das Lernen durch Einsicht und Informationsverarbeitung in Kapitel 7.2 dargestellt.*

Auf den Punkt gebracht

- Beim operanten Lernen entscheiden die Konsequenzen, die dem Verhalten folgen, über dessen zukünftiges Auftreten. Die wichtigsten Aussagen der operanten Konditionierung sind das Gesetz der Bereitschaft, das Prinzip des Versuchs und Irrtums, das Effektgesetz. Verstärkung ist der Prozess, der dazu führt, dass ein Verhalten häufiger auftritt. Dabei sind es bestimmte Verhaltenskonsequenzen, die die Auftretenswahrscheinlichkeit eines Verhaltens erhöhen und als Verstärker bezeichnet werden.
- Positive Verstärker sind alle Verhaltenskonsequenzen, die die Auftretenswahrscheinlichkeit eines Verhaltens erhöhen, weil durch sie ein angenehmer Zustand herbeigeführt oder aufrechterhalten werden kann. Negative Verstärker sind alle Verhaltenskonsequenzen, die die Auftretenswahrscheinlichkeit eines Verhaltens erhöhen, weil durch sie ein unangenehmer Zustand beseitigt, vermieden oder vermindert werden kann. Verhaltenskonsequenzen wirken jedoch nur dann verstärkend, wenn sie der Bedürfnislage der/des zu Erziehenden entsprechen (Relativität von Verstärkern).
- Kontingenz meint die Beziehung zwischen Verhalten und der nachfolgenden Konsequenz. Diese kann die Auftretenswahrscheinlichkeit des Verhaltens durch Darbietung einer angenehmen oder durch Entfernung einer unangenehmen Konsequenz erhöhen. Vermindern kann sie die Auftretenswahrscheinlichkeit durch Darbietung einer unangenehmen, Entfernung einer angenehmen oder durch das Folgen keiner Konsequenz.
- Operante Konditionierungen finden beim Menschen täglich und in allen Lebensbereichen statt. Der Aufbau und Abbau von Verhaltensweisen geschieht aus der Sicht des operanten Konditionierens durch:
  - Schaffung von Motivation
  - Darbietung einer angenehmen bzw. Entfernung (Weglassen) einer unangenehmen Verhaltenskonsequenz
  - Berücksichtigung der Bedürfnislage der/des zu Erziehenden
  - differenzielle Verstärkung
  - kontinuierliche und intermittierende Verstärkung
  - Zerlegung des zu lernenden Gesamtverhaltens in einzelne Teilschritte, wobei jede dieser einzelnen Verhaltensweisen verstärkt wird.
  - Übung und Wiederholung

  Auch im Alltag wird eine Vielzahl von Verhaltensweisen durch operantes Konditionieren gelernt. Dabei werden sowohl sozial erwünschte als auch unerwünschte Verhaltensweisen verstärkt und damit gelernt.
- Heutige Lerntheoretiker/innen gehen davon aus, dass Menschen einen kognitiven Zusammenhang zwischen Reizgegebenheiten und dem eigenen Verhalten herstellen und Erwartungen ausbilden. Mehrjährige Forschungen zeigten, dass es sich beim Konditionieren um einen Prozess handelt, durch den ein Organismus lernt, dass ein Ereignis das Auftreten eines weiteren Ereignisses ankündigt und erwarten lässt. Nicht nur die Umweltreize an sich bewirken schon Erleben und Verhalten, es kommt wesentlich darauf an, wie ein Mensch Umweltereignisse wahrnimmt, gedanklich verarbeitet und bewertet.

Aufgaben – Wissen & Verstehen, Anwenden, Reflektieren

13. Biografie und Internetrecherche
- → *Suchen Sie in Gruppen im Internet nach Informationen über das Leben und Werk von*
  - *Gruppe 1 und 2:* Edward Lee Thorndike
  - *Gruppe 3 und 4:* John Broadus Watson
  - *Gruppe 5 und 6:* Burrhus Frederic Skinner
- → *Fertigen Sie in Kleingruppen eine Übersicht zur Biografie des jeweiligen Wissenschaftlers an.*
- → *Erarbeiten Sie wichtige Abschnitte seines Lebens.*

14. Beschreiben Sie an einem Beispiel aus Ihrem Erfahrungsbereich die Lerngesetze von Edward L. Thorndike *zum Lernen am Erfolg.*

15. a) Bestimmen Sie die Begriffe „Verstärkung" und „Verstärker".
b) Stellen Sie Alltagssituationen dar, in denen solche Verstärkungen vorkommen. Bestimmen Sie die Art der jeweiligen Verstärkung und die jeweiligen Verstärker in Ihren Beispielen.

16. Stellen Sie die Grundsätze des operanten Konditionierens dar.

17. a) Unterziehen Sie in Gruppen die Theorie des operanten Konditionierens einer kritischen Würdigung.

b) Stellen Sie Ihr Ergebnis in der Klasse vor.

18. Ein Schüler wollte sich aus dem Kaffeeautomaten einen Becher Kaffee herausholen. Er warf das geforderte Geld in den Automaten und drückte die entsprechende Taste. Doch es kam kein Kaffee. Der Schüler probierte herum, doch es half nichts – bis er vor Wut mit seinem Fuß gegen den Automaten trat. Der Automat goss in den Becher Kaffee.
Erklären Sie mithilfe der Aussagen des Lernens am Erfolg, wie der Schüler das nächste Mal reagieren wird, wenn er sich wieder aus dem Automat Kaffee holen will.

19. Ein Jugendlicher berichtet: „Wenn ich mit meiner Freundin streite, läuft das immer gleich ab: Zuerst kommt es zu einem Wortwechsel, der immer heftiger wird, bis meine Freundin schließlich in Tränen ausbricht. Ich habe dann ein schlechtes Gewissen, dass ich sie verletzt habe. Ich lenke dann ein und richte mich nach ihren Wünschen. Später ärgert es mich, dass es immer nur nach ihrem Kopf geht. Ich verstehe nicht, dass das immer wieder so passiert."
Erklären Sie das Verhalten der Freundin mithilfe des operanten Konditionierens. Stellen Sie dabei die grundlegenden Aussagen dieser Theorie dar.

20. Welche Aussagen sind richtig, welche nicht? Begründen Sie Ihre Entscheidung. (Aus einem Erziehungs- und Entwicklungspsychologiebuch)
a) „Positives Verstärken. Das Kind wird für ein Verhalten gelobt, das die Eltern als erwünscht betrachten …"
b) „Negatives Verstärken. Das Kind soll ein unerwünschtes Verhalten aufgeben, indem es unangenehme Konsequenzen zu spüren bekommt. …"
c) „Ignorieren. Die Eltern reagieren nicht auf ein unerwünschtes Verhalten des Kindes. …"

d) *„Sinnvolle erzieherische Maßnahmen sind positives Verstärken (Loben), Ignorieren und negatives Verstärken (Verbieten). ...“*

21. *Bestimmen Sie, was die Lernpsychologie mit Kontingenz meint, und stellen Sie an je einem Beispiel mögliche Konsequenzen dar, die auf ein Verhalten folgen können.*

22. *Erläutern Sie an einer geeigneten Erziehungssituation die Relativität von Verstärkern.*

23. Max, neun Jahre alt, ist im Unterricht der Klassenclown. Es gelingt ihm immer wieder, seinen Lehrer und die Schüler/innen zum Lachen zu bringen und so den Unterrichtsverlauf zu unterbrechen. Der Lehrer ermahnt ihn dann zwar zum Aufpassen, aber länger als zehn Minuten hält das nicht an. Nur im Mathematikunterricht ist Max ganz bei der Sache. Der Umgang mit Zahlen gefällt ihm.
    a) *Bestimmen Sie den Begriff „differenzielle Verstärkung“.*
    b) *Verdeutlichen Sie an diesem Beispiel die Vorgehensweise bei der differenziellen Verstärkung.*

24. *Zeigen Sie an einem Beispiel den Unterschied zwischen kontinuierlicher und intermittierender Verstärkung auf.*

25. *Stellen Sie die Bedeutung des operanten Konditionierens für*
    a) *die Erziehung dar.*
    b) *den Alltag dar.*

26. ***Fallbeschreibung „Kathrin“***
    Frau H. bringt die vierjährige Kathrin in den Kindergarten. Sie geht mit ihr in die Gruppe. Dort fängt Kathrin an zu jammern und zu weinen, dass sie wieder mit nach Hause will. Sie bettelt so lange, bis die Mutter sich erweichen lässt und wenigstens noch ein Bilderbuch mit ihr anschaut, bevor sie wieder geht. So geht das nun schon über eine Woche. Kathrin hat vor vier Wochen eine kleine Schwester bekommen und seit dieser Zeit mag sie nicht mehr in den Kindergarten und beginnt bei jeder Kleinigkeit zu weinen. Das bestätigt auch die Erzieherin im Kindergarten. Wenn Kathrin zum Beispiel eine Bastelarbeit nicht gelingt, dann weint und jammert sie so lange, bis die Erzieherin ihr hilft. Wenn andere Kinder sie nicht mitspielen lassen, setzt sie sich traurig in eine Ecke, bis ein anderes Kind zu ihr hingeht, um sie zu trösten. Manchmal versucht die Erzieherin, die anderen Kinder dazu zu bringen, dass Kathrin auch mitspielen darf. Frau H. macht sich Gedanken über diese Veränderung bei Kathrin und wendet sich an eine Sozialpädagogin.
    a) *Beschreiben Sie die problematischen Verhaltensweisen von Kathrin.*
    b) *Erklären Sie das Verhalten des Mädchens mithilfe des operanten Konditionierens. Stellen Sie dabei die relevanten Aussagen dieser Theorie dar.*
    c) *Entwickeln Sie auf der Grundlage des operanten Konditionierens mögliche Maßnahmen, um Kathrins Verhalten im Kindergarten zu ändern.*

27. *Erläutern Sie den Unterschied zwischen den Konditionierungstheorien und den kognitionstheoretischen Modellen.*

28. *Beschreiben Sie an einem geeigneten Beispiel die Grundannahmen kognitiver Modelle.*

29. *Erläutern Sie den Unterschied zwischen den Konditionierungstheorien und den kognitiven Modellen.*

Aufgabe zum gesamten Kapitel

30. Spiel: „Tabu“
- → *Schreiben Sie in Kleingruppen wichtige Begriffe der Konditionierungstheorien auf je eine Karte*
- → *Notieren Sie unter jeden Begriff vier Wörter, die bei der Beschreibung des Begriffes nicht verwendet werden durften.*
- → *Im Spiel geht es darum, dass verschiedene Teams gegeneinander spielen.*
- → *Eine Spielerin oder ein Spieler eines Teams zieht einen Begriff, den die Mitspielerinnen und Mitspieler nicht sehen und den sie oder er den Mitspielerinnen und Mitspielern (des eigenen Teams) beschreiben muss.*
- → *Bei dieser Erläuterung darf sie oder er die Wörter, die bei dem jeweiligen Begriff angegeben sind, nicht verwenden.*
- → *Das Team, das die meisten Begriffe erraten hat, hat gewonnen.*

7 Lernen im Erziehungsprozess: Kognitive Lerntheorien

Wir sprechen bei Theorien, die ihren Blick auf geistige Vorgänge richten, von **kognitiven Theorien.** Innerhalb dieser sind für den Bereich des Lernens und der Erziehung die **sozial-kognitive Theorie** von *Albert Bandura* sowie das **Lernen durch Einsicht** , das **Lernen als Informationsverarbeitung** und als **Prozess des Konstruierens** am bedeutsamsten.

Sie können ...

1. ***... Grundsätze von verschiedenen kognitiven Lerntheorien wiedergeben und diese Lernprozesse reflektieren.***
2. ***... die Begriffe und Aussagen der sozial-kognitiven Theorie darstellen und die Entstehung und Änderung von Erleben und Verhalten auf der Grundlage der sozial-kognitiven Theorie erklären.***
3. ***... die Bedeutung der sozial-kognitiven Theorie im Alltag aufzeigen und sie anwenden sowie Lernsituationen pädagogisch sinnvoll gestalten.***
4. ***... pädagogische Konsequenzen für das erzieherische Verhalten von der sozial-kognitiven Theorie ableiten und auf bestimmte Fälle anwenden.***
5. ***... die Begriffe und Aussagen des Lernens durch Einsicht, des Lernens als Informationsverarbeitung und als aktiven Prozess des Konstruierens darstellen.***

7.1 Das Lernen am Modell

Menschen erlernen eine Vielzahl von Erlebens- und Verhaltensweisen durch **Beobachtung von Personen**, die als Vorbilder gelten. Diese Vorbilder werden in der Psychologie ***Modelle*** genannt und das dahinterstehende Lernprinzip wird als **Lernen am Modell**, gelegentlich auch ***Nachahmungslernen*** oder ***Imitationslernen***, bezeichnet.

> **Lernen am Modell beschreibt den Prozess, in welchem eine Person bestimmte Erlebens- und Verhaltensweisen übernimmt, die sie bei einer anderen Person, dem Modell, beobachtet, und es dadurch zu einer Erlebens- und Verhaltensänderung bei der Beobachterin/ beim Beobachter kommt.**

Innerhalb der Psychologie gibt es verschiedene Theorien des Modelllernens. Als besonders bedeutsam hat sich dabei die **sozial-kognitive Theorie** von *Albert Bandura* erwiesen.

Albert Bandura *(* 1925) wuchs in Alberta (Kanada) auf. 1950 ging er nach Stanford und arbeitete dort auf dem Gebiet der Interaktionsprozesse in der Psychotherapie. Er erforschte dabei unter anderem familiäre Ursachen von Aggression, was ihn auf die zentrale Rolle des Lernens durch Beobachtung von anderen Personen brachte. Die Ergebnisse verwertete er in seinen ersten beiden Büchern, die 1959 und 1963 erschienen. Seit dieser Zeit erweiterte und vervollkommnete er seine Theorie des Modelllernens und entwickelte zusammen mit* ***Walter Mischel****, ebenfalls Professor in Stanford, eine umfassende Theorie, die er vor allem in seinem Buch* ***„Sozial-kognitive Lerntheorie"*** *(1979) niedergeschrieben hat. 1974 wurde Albert Bandura zum Präsidenten der American Psychological Association gewählt und erhielt 1980 die wissenschaftliche Auszeichnung der Vereinigung für „vorbildliche Leistungen als Forscher, Lehrender und Theoretiker".*

7.1.1 Phasen und Prozesse des Modelllernens

Bandura unterteilt den Vorgang des Modelllernens in zwei Phasen, in die **Phase der Aneignung** und in die **Phase der Ausführung** des Verhaltens. Jede dieser beiden Phasen enthält wiederum zwei wichtige Teilprozesse. Die Aneignungsphase „besteht" aus den **Aufmerksamkeitsprozessen** und den **Gedächtnisprozessen**, die Ausführungsphase aus den **Reproduktionsprozessen** und den **Motivations- und Bekräftigungsprozessen**.

1. Die Aneignungsphase

Aufmerksamkeitsprozesse

Aus der Vielzahl von Informationen, die das Verhalten eines Vorbildes enthält, wählt der oder die Beobachter/in die für ihn/sie wichtigen Bestandteile aus und beobachtet sie exakt.

> *„Aufmerksamkeitsprozesse entscheiden darüber, was aus der Fülle der auf den Beobachter einwirkenden Modellierungseinflüsse selektiv beobachtet wird und welche dieser Darbietungen berücksichtigt werden."* (Bandura, 1991, S. 33)

Ob ein Modell viel oder wenig Aufmerksamkeit bekommt, hängt vor allem ab

- von den **Persönlichkeitsmerkmalen des Modells**,
- von den **Persönlichkeitsmerkmalen der Beobachterin/des Beobachters**,
- von der **Art der Beziehung** zwischen Modell und Beobachter/in sowie
- von den **Situationsbedingungen**[1].

Gedächtnisprozesse

Ein/e Beobachter/in speichert das Gesehene mithilfe des Gedächtnisses so lange, bis er/sie sich einen Nutzen vom Zeigen der erlernten Verhaltensweise verspricht. Das Beobachtete wird in Form von ***bildlichen oder sprachlichen Symbolen*** im Gehirn gespeichert und ist somit vorstellungsmäßig dort vorhanden, repräsentiert. *Bandura* spricht hier von **symbolischer Repräsentation** und meint damit eine Speicherung des Modellverhaltens in einer Form, welche die relevanten Elemente des Beobachteten „symbolisch" festhält (vgl. *Spada u. a., 2006[3], S. 405)*.

> **Symbolisierung meint das bildliche bzw. sprachliche Gegenwärtigmachen von Ereignissen in der Vorstellung.**

> *„Nur aufgrund ihrer hoch entwickelten Symbolisierungsfähigkeit sind Menschen in der Lage, einen Großteil ihres Verhaltens durch Beobachtung zu lernen."* (Bandura, 1991, S. 34)

2. Die Ausführungsphase

Reproduktionsprozesse

Damit ein beobachtetes Verhalten gezeigt werden kann, bedarf es eines Umsetzens des Gespeicherten in angemessene Handlungen und Verhaltensweisen. Hierbei werden aus einer Vielzahl der im Gedächtnis gespeicherten Kodierungen solche ausgewählt und organisiert, die für das beabsichtigte Verhalten relevant sind. Jedoch lassen sich diese kognitiven Vorstellungen nur selten gleich beim ersten Mal richtig umsetzen. Häufig muss die/der Beobachtende ihre/seine motorischen Fähigkeiten erst üben, korrigieren und wiederholen, bis sich ein Erfolg einstellt. Beim Üben und Korrigieren vergleicht die/der Lernende immer wieder die Ergebnisse ihrer/seiner Handlungen und Verhaltensweisen mit den gespeicherten Kodierungen.

[1] *Diese Bedingungen sind in Abschnitt 7.1.3 näher dargestellt.*

Erlernt ein Kind das Radfahren, so genügt es nicht, andere beim Radfahren zu beobachten. Es muss eine Vielzahl von wichtigen Informationen aus seinem Gedächtnis abrufen, so zum Beispiel wie die Pedale zu betätigen sind, wie man die Lenkstange hält und wie das Auf- und Absteigen erfolgt. Trotz dieses Wissens wird das Kind die einzelnen Bewegungsabläufe erst eine Weile üben müssen, bis es das Radfahren beherrscht.

Motivations- und Bekräftigungsprozesse

Ob ein Mensch ein bestimmtes Verhalten überhaupt beachtet, um es zu lernen, hängt von seiner **Motivation** ab. Die Motivation einer Person beeinflusst beim Modelllernen sowohl die Aneignungs- als auch die Ausführungsphase. Nur wer sich vom Beobachten und Durchführen einer Verhaltensweise einen Erfolg bzw. Vorteil verspricht oder einen Misserfolg bzw. Nachteil abzuwenden glaubt, wird entsprechende Aktivitäten entfalten. ***Motivation ist daher eng mit Erwartungen, insbesondere mit dem Erwarten von Bekräftigung verbunden***.

Ein Jugendlicher wird nur dann die bei seinem Bruder beobachtete Weise, ein Mädchen anzusprechen, nachahmen, wenn er sich davon Erfolg verspricht.

Eine Bekräftigung ist eine Verhaltenskonsequenz, die die Auftretenswahrscheinlichkeit eines Verhaltens erhöht.

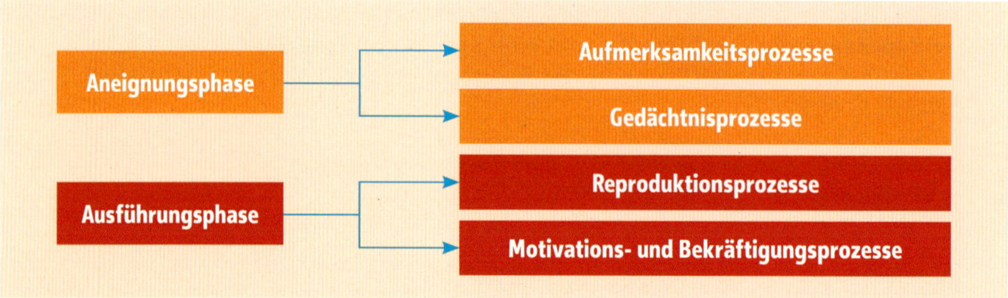

„Jedes Mal also, wenn ein Beobachter das Verhalten eines Modells nicht nachbildet, lässt sich die Tatsache auf eine der folgenden Bedingungen zurückführen: Er hat die entsprechenden Tätigkeiten nicht beobachtet, er hat die modellierten Ereignisse in einer für die Gedächtnisrepräsentation nicht in angemessener Weise kodiert, er hat nicht behalten, was er gelernt hat, er verfügt nicht über die physischen[1] Fähigkeiten, die Reaktionen auszuführen, oder er empfindet die Anreize nicht als hinreichend." *(Bandura, 1991, S. 38)*

7.1.2 Bedingungen des Modelllernens

Ob ein Modell viel oder wenig Aufmerksamkeit bekommt, hängt – wie in *Abschnitt 7.1.1* angeführt – von verschiedenen Bedingungen ab.

Persönlichkeitsmerkmale des Modells

Besonders beobachtet werden

- Menschen, die soziale Macht besitzen, also belohnen und bestrafen können,
- Menschen mit hohem Ansehen,

[1] *physikós (griech): die Natur betreffend; körperlich*

- Menschen, die sympathisch und attraktiv sind (die Attraktivität kann zum Beispiel im Geschlecht, im Alter oder in der Herkunft begründet liegen), sowie
- Menschen, welche die Bedürfnisse der/des Lernenden zufriedenstellen können.

Eltern stellen für Kinder sehr wirksame Modelle dar, da sie in der Regel viel Macht über die Kinder besitzen, ihre Bedürfnisse nach Nahrung, Zuwendung und sozialer Anerkennung befriedigen und bei partnerschaftlichem Erzieherverhalten von den Kindern auch als sympathische und attraktive Menschen eingestuft werden.

„Es werden Modelle gewählt, die gewinnende Eigenschaften besitzen, während diejenigen, denen es an gefälligen Charakterzügen fehlt, gewöhnlich ignoriert oder abgelehnt werden.“
(Bandura, 1991, S. 33)

Persönlichkeitsmerkmale der Beobachterin/des Beobachters

Persönlichkeitsmerkmale der Beobachterin/des Beobachters, wie fehlendes Selbstvertrauen und geringe Selbstachtung, begünstigen die Aufmerksamkeit einem Modell gegenüber. Zudem steuert eine Reihe von Faktoren die menschliche Wahrnehmung, zum Beispiel die Erfahrungen, die die Beobachterin/der Beobachter gemacht hat, ihre/seine Interessen und Wertvorstellungen, ihre/seine Bedürfnisse und Triebe, Gefühle und Stimmungen.

Das Herstellen eines Tongefäßes wird eher die Aufmerksamkeit einer Beobachterin/eines Beobachters auf sich ziehen, wenn diese/r sich für Tonarbeiten interessiert.

„Selektive Voreingenommenheit veranlasst die Menschen, nur zu sehen, was sie sehen wollen.“
(Bandura, 1991, S. 185)

Beziehung zwischen Modell und Beobachter/in

Zu den Beziehungen zwischen Modell und Beobachter/in, welche die Nachahmungsbereitschaft begünstigen, gehören:

- eine positive emotionale Beziehung, die sich in Wertschätzung und Verstehen zeigt, sowie
- eine Abhängigkeit der Beobachterin/des Beobachters vom Modell.

Zudem wirkt sich auch die Häufigkeit einer Beobachtung auf die/den Lernenden aus.

„Glaubst du etwa an den Quatsch, dass sich Eheleute mit der Zeit in ihren Gewohnheiten immer ähnlicher werden?"

Eheleute stellen durch ihre sehr intensive Beziehung gegenseitig äußerst wirksame Verhaltensmodelle dar. Ähnliches gilt für Kinder, die sich stark am Verhalten ihrer Eltern orientieren.

„Unter den verschiedenen Determinanten[1] der Aufmerksamkeit kommt sicherlich dem sozialen Umgang entscheidende Bedeutung zu.“ *(Bandura, 1991, S. 33)*

[1] *determinans (lat.): Einflussfaktor*

Gegebene Situationsbedingungen

Wenn Menschen real anwesende Personen beobachten, so ist diese Wahrnehmung immer in soziale Situationen eingebunden. Die ***emotionalen Befindlichkeiten*** einer Beobachterin/eines Beobachters wirken sich dabei auf die Wahrnehmung aus. Befindet sie/er sich in einem mittleren Erregungszustand, so beeinflusst dies ihre/seine Wahrnehmungsleistungen positiv. Fühlen sich Menschen von einer Situation bedroht, haben sie Schwierigkeiten, ihre Aufmerksamkeit auf die wichtigen Aspekte zu konzentrieren. Erzeugt das gesehene Verhalten Angst, so wenden sie sich sogar davon ab.

→ Müssen unerfahrene Bergsteiger/innen in einer Gefahrensituation von einer Bergführerin/einem Bergführer sehr schnell eine bestimmte Abseiltechnik lernen, so fällt ihnen das gewöhnlich schwerer, als wenn sie es gefahrlos in einem Trainingskurs lernen würden, da ihre Aufmerksamkeit durch die drohende Gefahr gefesselt wird.

Die Aufmerksamkeit wird auch erhöht,

- wenn das Modell mit seinem Verhalten stark auffällt,
- wenn sich die Beobachterin/der Beobachter Vorteile von der Beobachtung verspricht und
- wenn die Beobachterin/der Beobachter bereits nützliche Erfahrungen mit dem Modelllernen gemacht hat.

→ Zeigt eine Töpferin in einer belebten Fußgängerzone neue, leicht zu erlernende Arbeitstechniken, so wird dies in der Regel die Aufmerksamkeit von Passantinnen und Passanten auf sich ziehen, insbesondere von Hobbytöpferinnen und -töpfern, die vermuten, sich dadurch neue Arbeitsmethoden aneignen zu können.

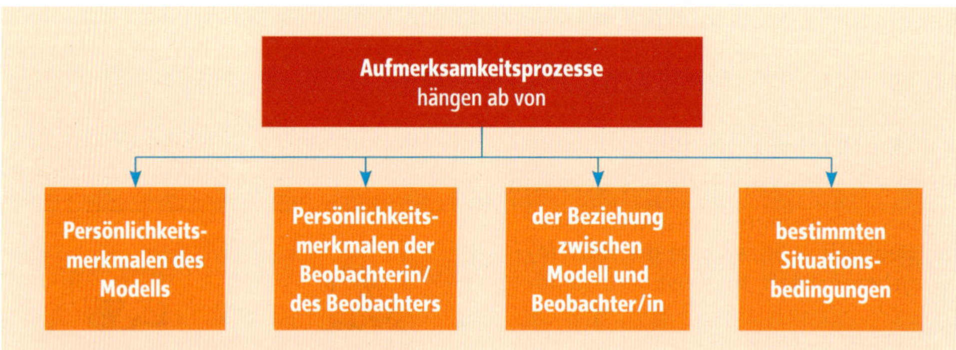

Die bisher beschriebenen Faktoren wirken sich nicht nur beim Betrachten von natürlichen, sondern auch bei symbolischen Modellen aus. Massenkommunikationsmittel wie das Fernsehen steuern im erheblichen Maße die Aufmerksamkeit von Menschen. Die dort dargestellten Modelle besitzen eine Vielzahl aufmerksamkeitsfördernder Eigenschaften wie Macht, hohes Ansehen und Erfolg und zeigen gewöhnlich gewinnbringendes Verhalten. Oft finden sich die Handlungen eingebettet in Situationen, die den/die Beobachter/in emotional anregen. Handelt es sich dabei noch um Serien, so kann die Zuschauerin/der Zuschauer eine – wenn auch einseitige – „emotionale Beziehung" zum Vorbild aufbauen, die die Modellwirkung noch steigert.

> *„Modelle, die auf dem Bildschirm dargeboten werden, nehmen die Aufmerksamkeit so nachdrücklich gefangen, dass die Zuschauer vieles von dem, was sie sehen, lernen, ohne dass sie dazu irgendwelcher besonderer Anreize bedürften."* (Bandura, 1991, S. 34)

7.1.3 Die Bedeutung der Bekräftigung

Ebenso wie bei der Theorie des operanten Konditionierens gilt auch für die sozial-kognitive Theorie der Grundsatz, dass die Konsequenzen von Handlungen wesentlich das Verhalten bestimmen, wobei Bekräftigungen[1] als förderlicher Faktor, nicht als notwendige Bedingung gelten. *Bandura* unterscheidet vier Arten solcher Konsequenzen, die entweder die Beobachterin/den Beobachter oder das Modell betreffen:

- **Externe Bekräftigung**: Ein Mensch erfährt am eigenen Leib die angenehmen Folgen eines Verhaltens oder vermeidet unangenehme. Er ist deshalb geneigt, dieses Verhalten wieder zu zeigen.

  Ein neues Kindergartenkind ahmt seine Gruppenmitglieder beim Aufräumen nach und erhält dafür ein Lob der Erzieherin bzw. des Erziehers oder entgeht dadurch einer Ermahnung. Es wird dieses Verhalten wieder zeigen.

- **Stellvertretende Bekräftigung:** Menschen beobachten andere Personen, deren Verhalten zu angenehmen Folgen führt bzw. die mit ihrem Verhalten unangenehme Folgen vermeiden können. Die Beobachterin/Der Beobachter tendiert deshalb dazu, dieses Verhalten des Modells zu zeigen.

  Ein Mädchen beobachtet, wie ihr Bruder beim Abwaschen hilft und von den Eltern dafür Zustimmung erhält. Das Mädchen tendiert dazu, ebenfalls beim Abwasch zu helfen.

- **Direkte Selbstbekräftigung:** Menschen setzen sich bestimmte Verhaltensstandards und belohnen sich selbst nach dem vollbrachten Verhalten. Dies motiviert sie, dieses Verhalten (wieder) zu zeigen (vgl. *Bandura, 1991, S. 132 f.*).

  Nachdem Petra eine Woche lang über drei Stunden täglich für ihre Mathematikarbeit gelernt hatte, kaufte sie sich als Belohnung dafür eine CD.

- **Stellvertretende Selbstbekräftigung:** Menschen beobachten bei anderen Personen, dass diese sich selbst für eine Verhaltensweise belohnen. Die Beobachterin/Der Beobachter ist geneigt, das Verhalten des Modells zu zeigen.

  Petras Bruder, der miterlebte, wie fleißig seine Schwester gelernt hat, ist beim Kauf der CD dabei und erfährt auch, weshalb Petra sich diese Musik jetzt gönnt. Dies wirkt für Petras Bruder motivierend, sich ähnlich zu verhalten.

Nach *Bandura* fördern Bekräftigungen zwar das Lernen am Modell und erhöhen somit die Wahrscheinlichkeit, dass das beobachtete Verhalten angeeignet und ausgeführt wird, doch sind ***Bekräftigungen keine notwendigen Bedingungen für das Modelllernen***. Modelllernen findet auch statt, wenn Bekräftigungseinflüsse fehlen.

> *„In der sozial-kognitiven Lerntheorie gelten Bekräftigungen als förderlicher Faktor, nicht als notwendige Bedingung."* (*Bandura, 1991, S. 46*)

Damit unterscheiden sich *Banduras* Vorstellungen von den Annahmen des operanten Konditionierens. Für ihn bewirkt nicht die angenehme Konsequenz, die direkt auf ein Verhalten folgt, den Lernprozess, sondern ihre **gedankliche Vorwegnahme**. Nach seiner Ansicht spielt die gedanklich vorweggenommene Verstärkung die entscheidende Rolle bei der Übernahme von Erlebens- und Verhaltensweisen sowie beim Ausführen des neu Erlernten. Das Entscheidende ist also, dass bei der Ausführung des Gespeicherten eine positive Konsequenz oder das Vermeiden negativer Folgen **erwartet** wird.

---

[1] *Da Bandura seine Erkenntnisse an Menschen gewonnen hat, wird häufig der Begriff „Bekräftigung" anstatt „Verstärkung" benutzt. Die beiden Begriffe werden jedoch synonym verwendet.*

Erleben und „Verhalten wird nicht durch konkrete Verhaltensfolgen im Sinne von Verstärkungen oder Bestrafungen gesteuert, sondern durch die Erwartungen von Verstärkungen oder Bestrafungen, also die kognitive Verarbeitung von Lernerfahrungen."

(Salewski/Renner, 2009, S. 95)

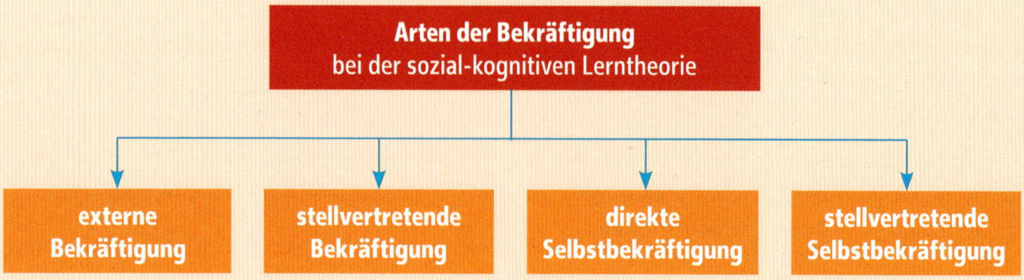

7.1.4 Die Rolle der Motivation

Nach *Bandura* motivieren vor allem bestimmte **Erwartungshaltungen** einen Menschen, ein bestimmtes Verhalten zu zeigen. Dabei ist die Motivation von den **Ergebniserwartungen,** den **Kompetenzerwartungen** und der **Aussicht auf Selbstbekräftigung** abhängig.

Motivation und Ergebniserwartungen

Eine Person wird dann das Verhalten eines Modells nachahmen, wenn sie sich davon angenehme Konsequenzen ***verspricht*** bzw. glaubt, Unangenehmes vermeiden oder vermindern zu können. Auf diese Weise werden erwartete Verhaltenskonsequenzen zu einem Anreiz für Verhalten.

→ Ein Übergewichtiger wird eher eine Diät ausprobieren, wenn sie ihm von einem Bekannten empfohlen wird, der dadurch sein Normalgewicht erreicht hat.

„Die Menschen richten sich in ihrem Handeln (...) eher nach Vorstellungen, die diesem vorangehen, statt sich nur an den Ergebnissen ihrer aktiven Handlungsvollzüge zu orientieren."

(Bandura, 1991, S. 44)

Das von einer Person noch vor ihrem tatsächlichen Handeln vorgenommene Abschätzen der wahrscheinlichen Konsequenzen bestimmt also, ob sie das Verhalten zeigt. Diesen Sachverhalt bezeichnet man als **Ergebniserwartung**, oft auch als **Erfolgserwartung.**

Ergebniserwartungen werden jene Konsequenzen genannt, die sich eine Person vom Nachahmen einer Verhaltensweise verspricht.

Motivation und Kompetenzerwartung

Es reicht in der Regel nicht aus, sich vom Nachahmen einer Verhaltensweise Erfolg zu versprechen. Zusätzlich müssen sich Beobachter/innen ***zutrauen***, das gesehene und gespeicherte Verhalten ausführen zu können. Sie werden Handlungen, die sie nicht so kompetent auszuführen vermögen, eher unterlassen und solche, bei denen sie sich kompetent fühlen, bevorzugt zeigen. Beobachter/innen nehmen also eine subjektive Einschätzung der eigenen Fähigkeiten vor, die sie zum Nachahmen eines Verhaltens benötigen. Wir sprechen hier von **Kompetenzerwartung**.

Wird jemand aufgefordert, in der Disco einen Solotanz hinzulegen, so wird sie/er dies wahrscheinlich nicht tun, wenn sie/er sich diesen nicht zutraut.

Unter Kompetenzerwartung versteht man die von einer Beobachterin/einem Beobachter vorgenommene subjektive Einschätzung ihrer/seiner eigenen Fähigkeiten, die sie/er zum Nachahmen eines Verhaltens benötigt.

Motivation und Aussicht auf Selbstbekräftigung

Menschen schätzen ihr Verhalten nach bestimmten, subjektiven Kriterien ein und beurteilen dieses. Wir sprechen in diesem Zusammenhang von **Selbstbewertung**.

Menschen können Gewalthandlungen für sich selbst positiv oder auch negativ beurteilen. Eine Schülerin/Ein Schüler zum Beispiel kann Leistungsanforderung in der Schule positiv oder auch negativ sehen.

Entspricht nun ein zu zeigendes Verhalten den subjektiven Kriterien, so erlebt der Mensch dieses als angenehm, er reagiert mit Zufriedenheit und/oder Selbstbelohnung; stimmt es mit den subjektiven Kriterien nicht überein, so können Unzufriedenheit mit sich selbst und/oder Selbstbestrafung die Konsequenzen sein.

Ein Vater, der aus tiefster Überzeugung Gewalt ablehnt, wird sich freuen und innerlich zufrieden sein, wenn er bei seinem Kind ohne Gewaltanwendung auskommen kann; weicht er jedoch von diesem Prinzip ab und schlägt etwa sein Kind einmal, so wird er sich nicht wohlfühlen und möglicherweise darauf mit Selbstvorwürfen reagieren.
Schüler/innen, die Leistungsanforderung positiv bewerten, werden zufrieden sein, wenn sie ihre Hausaufgaben zuverlässig erledigt haben und gute Noten schreiben. Machen sie jedoch ihre Hausaufgaben einmal nicht, so werden sie möglicherweise innerlich unzufrieden sein.

Menschen zeigen diejenigen Verhaltensweisen, von denen sie sich eine Selbstbelohnung erwarten; Verhaltensweisen, die eine Selbstbestrafung erwarten lassen, werden nicht gezeigt.

Ein Mensch, der Diebstahl aus innerer Einstellung ablehnt, wird sich durch das Beobachten eines Vorbildes, das in einem Kaufhaus CDs klaut, kaum zur Nachahmung dieses Verhaltens bringen lassen, selbst wenn ihm eine externe Bekräftigung dafür in Aussicht steht.

„Auch die Art, wie Menschen ihr Verhalten selbst einschätzen, entscheidet darüber, welche durch Beobachtung erlernten Reaktionen tatsächlich ausgeführt werden. Menschen zeigen die Verhaltensweisen, die sie selbst als befriedigend empfinden, und lehnen diejenigen ab, die sie persönlich missbilligen." *(Bandura, 1991, S. 38)*

Albert Bandura spricht in diesem Zusammenhang von Aussicht auf Selbstbekräftigung.

Aussicht auf Selbstbekräftigung bedeutet in der sozial-kognitiven Theorie die Erwartung einer günstigen Selbstbewertung bei Zeigen eines nachzuahmenden Verhaltens, die zu Zufriedenheit, Wohlbefinden und Selbstbelohnung führt.

In Fällen, in denen Menschen gegen ihre eigene Bewertung handeln, neigen sie zu Strategien, die ihr Gewissen entlasten.

Die Fähigkeit, eigenes Verhalten zu beobachten, es zu bewerten und anschließend zu belohnen oder zu bestrafen, ermöglicht dem Menschen die **Selbststeuerung**. *Bandura* versteht darunter die Fähigkeit des Menschen, sein eigenes Verhalten zu kontrollieren und eigenständig zu lenken.

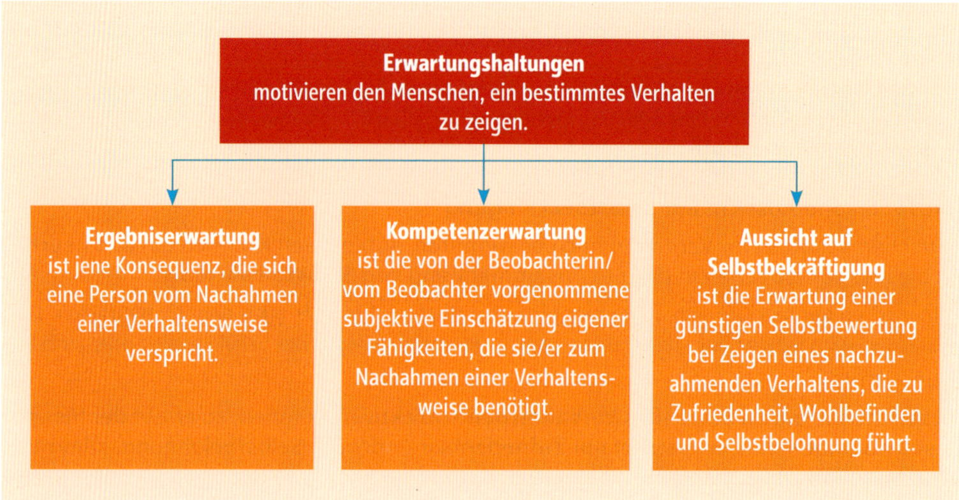

7.1.5 Selbstregulierung und Selbstwirksamkeit

Die Erwartungshaltungen eines Menschen sind es, die ihn dazu motivieren, ein bestimmtes Verhalten zu zeigen oder zu unterlassen. Dabei setzen sich Menschen persönliche Ziele und Standards. Sie belohnen sich beim Erreichen dieser Ziele und reagieren negativ, falls sie Dinge tun, die sie persönlich missbilligen. Durch diese selbsterzeugten Konsequenzen entsteht die **Selbstregulierung**. Damit meint *Albert Bandura* die Fähigkeit von Menschen, sich selbst zu motivieren, sich bestimmte Ziele zu setzen, Vorgehensweisen zu entwerfen sowie das fortlaufende Verhalten zu bewerten und entsprechend zu ändern *(vgl. Bandura, 1991, S. 133 ff.)*. Selbstregulierung, gelegentlich auch ***Selbstregulation*** genannt, bezieht sich also auf die Steuerung von Motivation, Emotion und Handeln durch das Individuum selbst.

Selbstregulierung bezeichnet die Fähigkeit von Menschen, sich selbst zu motivieren, sich bestimmte Ziele zu setzen, Strategien zu entwerfen sowie das fortlaufende Verhalten zu bewerten und entsprechend zu ändern.

Dabei spielen nach *Bandura* Kognitionen wie Erwartungen, Maßstäbe oder Selbstbewertung die ausschlaggebende Rolle: Durch sie sind Menschen in der Lage, sich Ziele zu setzen und Kontrolle über das eigene Verhalten auszuüben.

Das menschliche Handeln wird nach *Bandura* vor allem von bestimmten Überzeugungen gesteuert, indem Vorstellungen gebildet werden, ob bzw. in welchem Maße sich das Individuum in der Lage sieht, Situationen verändern und solche Veränderungen persönlich bewirken zu können.

→ Angela zum Beispiel traut sich nicht zu, in der Disco einen Solotanz hinzulegen. Für die Qualität der von Angela zu erbringenden Leistung ist es nun weniger wichtig, ob sie tatsächlich eine gute Tänzerin ist, entscheidend ist, ob sie sich selbst für eine solche hält.

Dieses Zutrauen in die eigenen Fähigkeiten wird in der sozial-kognitiven Theorie als **Selbstwirksamkeit** bezeichnet und meint damit die eigene subjektive Überzeugung, bestimmte Situationen bewältigen, etwas bewirken und sein Leben selbst kontrollieren zu können. Entscheidend ist jedoch die subjektive Einschätzung.

Selbstwirksamkeit bedeutet die eigene subjektive Überzeugung, bestimmte Verhaltensweisen ausüben und Situationen bewältigen, etwas bewirken und sein Leben selbst kontrollieren zu können.

Der Unterschied der Selbstwirksamkeit zu den Ergebnis- und Kompetenzerwartungen liegt darin, dass ein Mensch die zu erwartende Verhaltenskonsequenz auf sein eigenes Tun und seine eigenen Fähigkeiten zurückführen können muss. Er muss also von der Wirkung seines eigenen Handelns überzeugt sein.

Eine hohe Selbstwirksamkeit schafft günstige Voraussetzungen für erhöhte Anstrengungen und große Ausdauer zur Bewältigung von Situationen sowie die Motivation, auch schwierige Aufgaben anzupacken. Sie werden eher als eine zu bewältigende Herausforderung betrachtet, gegebenenfalls auch gegen Widerstände und Rückschläge. Dagegen werden Personen, die ihre eigenen Fähigkeiten infrage stellen, wenig Bemühen und Beharrlichkeit aufbringen und so möglicherweise an der Bewältigung einer Situation scheitern. Die individuelle Ausprägung der Selbstwirksamkeit entscheidet darüber, ob die/der Einzelne in der Lage ist, mit Rückschlägen fertigzuwerden sowie bei schwierigen Problemen durchzuhalten und erneut zu beginnen.

Eine ausgeprägt niedrige Selbstwirksamkeit kann zu Hoffnungslosigkeit, Ohnmachtsgefühlen, Sinnlosigkeits- und Leeregefühl führen und auch gewalttätiges Handeln auslösen.

Bandura glaubt, dass sich die Einschätzung der persönlichen Selbstwirksamkeit aus eigenen und stellvertretenden Erwartungen, aus Fremd- und Selbstbewertung sowie emotionalen Zuständen speist (vgl. *Schmitt/Altstötter-Gleich, 2010, S. 62 f.*).

Grundlegende Annahme der sozial-kognitiven Theorie ist, dass die Selbstwirksamkeit das Erleben, Verhalten und Handeln in einem nicht unerheblichen Maße bestimmt und einen weitreichenden Einfluss auf die Motivation eines Menschen hat.

Die Höhe der Selbstwirksamkeit eines Individuums bestimmt sein Zutrauen in die Lösungsfähigkeit eines Problems bzw. Lerngegenstandes, das Ausmaß seiner Anstrengung sowie seine Ausdauer.

„Wenn Menschen dazu neigen, ihre Fähigkeiten gering zu schätzen, meiden sie schwierige Aufgaben und empfinden sie als Bedrohung. Negative Selbsteinschätzung beeinträchtigt ihre Leistung. Wenn Menschen dagegen ihre Selbstwirksamkeit hoch einschätzen, stellen schwierige Aufgaben für sie Herausforderungen dar, auf die sie zielorientiert antworten. Positive Selbsteinschätzung hält Stress und Depression fern.“ *(Edelstein, 1995, S. 90)*

Selbstwirksamkeit
die eigene Überzeugung, bestimmte Situationen bewältigen, etwas bewirken und das eigene Leben selbst kontrollieren zu können

hohe Selbstwirksamkeit	**geringe Selbstwirksamkeit**
↓	↓
erhöhte Anstrengungen, große Ausdauer, eher Bewältigung der Situation	geringe Anstrengung und Ausdauer, möglicherweise Nichtbewältigung der Situation

7.1.6 Effekte des Modelllernens

Sehr eng mit der Bekräftigung hängen die Effekte – Wirkungen eines beobachteten Modells – des Modelllernens zusammen. Nach *Bandura* können sowohl natürliche als auch symbolische Modelle eine Reihe von Effekten bewirken. Er unterscheidet vier Effekte:

- **den modellierenden Effekt,**
- **den enthemmenden Effekt,**
- **den hemmenden Effekt** und
- **den auslösenden Effekt**.

Modellierender Effekt

An Vorbildern lernen Menschen **neue, ihnen bisher nicht bekannte Verhaltensweisen sowie Einstellungen** gegenüber Personen, Objekten und Sachverhalten, wie Vorurteile, Verhaltensvorschriften, Gefühle, Bedürfnisse und vieles andere mehr.

So hören Kinder beispielsweise täglich Äußerungen von Eltern über Freunde, Nachbarn, politische Parteien oder Bildungseinrichtungen und übernehmen diese. Ebenso lernen sie, ihre Gefühle in der Familie zu äußern, sie aber in der Öffentlichkeit für sich zu behalten, weil Eltern und Geschwister ihnen dies vorleben.

Die Beobachterin/Der Beobachter kopiert jedoch nicht einfach die Verhaltensweisen des Modells, oft wird das Gesehene neu organisiert. So kann die/der Lernende das Beobachtete zu neuen Kombinationen zusammenfügen.

Enthemmender und hemmender Effekt

Verhalten kann – wie in *Abschnitt 7.1.4* ausgeführt – durch wahrgenommene Konsequenzen beeinflusst werden. Beobachten Menschen, wie ein bestimmtes Verhalten anderer keine negativen Folgen oder sogar Belohnung nach sich zieht, so kann diese **Beobachtung dazu antreiben, ein schon gespeichertes Verhalten zu zeigen bzw. die bisherige Hemmschwelle, es zu äußern, entscheidend herabsetzen** – es wird enthemmt.

Beobachtet ein Kind, wie eine Erwachsene/ein Erwachsener im Kaufhaus etwas stiehlt, ohne erwischt und bestraft zu werden, so kann es sich daraufhin entschließen, bei nächster Gelegenheit ebenso zu handeln.

Hemmende Effekte entstehen in der Regel in Fällen, in denen das Modellverhalten negative Konsequenzen nach sich zieht. Dabei **sinkt die Bereitschaft, dem Vorbild nachzueifern**.

Das Kind sieht, wie die Diebin/der Dieb gefasst und an die Polizei übergeben wird. Es wird vermutlich selbst keinen Diebstahl begehen.

Erlebens- und Verhaltensweisen können also durch beobachtete Konsequenzen gehemmt oder enthemmt werden.

Auslösender Effekt

Das Verhalten eines Modells veranlasst andere Menschen, es **unmittelbar nachzuahmen**.

Ein/e Zuschauer/in eines Theaterstücks beginnt, eine Schauspielerin/einen Schauspieler wegen ihrer/seiner schlechten Leistungen auszupfeifen. Andere Theaterbesucher/innen machen ihrem Unmut daraufhin Luft und pfeifen ebenfalls.

In einem großen Raum bricht Panik aus, einige Leute laufen in Richtung Ausgang und die anderen rennen ebenfalls los.

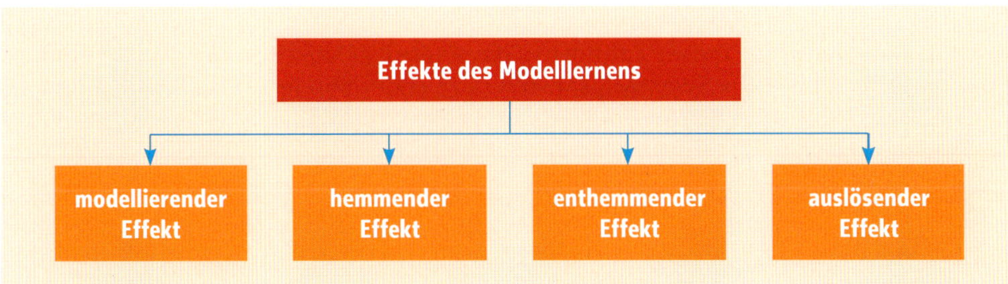

Auf den Punkt gebracht

- Die sozial-kognitive Theorie von *Albert Bandura* unterteilt den Vorgang des Lernens in die Phase der Aneignung und der Ausführung des Verhaltens. Jede dieser beiden Phasen enthält wiederum zwei wichtige Teilprozesse. Die Aneignungsphase „besteht" aus den Aufmerksamkeitsprozessen und den Gedächtnisprozessen, die Ausführungsphase aus den Reproduktionsprozessen und den Motivations- und Bekräftigungsprozessen.
- Aufmerksamkeitsprozesse entscheiden darüber, was aus der Fülle der auf den/die Beobachter/in einwirkenden Modellierungseinflüsse beobachtet und berücksichtigt wird. Ob ein Modell viel oder wenig Aufmerksamkeit bekommt, hängt vor allem ab von den Persönlichkeitsmerkmalen des Modells und der Beobachterin/des Beobachters, von der Art der Beziehung zwischen Modell und Beobachter/in sowie von den Situationsbedingungen. Bei den Gedächtnisprozessen kommt es zu einer Speicherung der beobachteten Informationen in Form von bildhaften oder sprachlichen Kodierungen.
- In der Ausführungsphase werden in den Reproduktionsprozessen die Kodierungen abgerufen sowie die Verhaltensweisen organisiert und geübt. In den Motivationsprozessen entscheidet sich, ob ein Mensch ein beobachtetes Verhalten auch tatsächlich zeigt. Nur wenn der/die Beobachter/in sich vom Ausführen einer Handlung eine positive Konsequenz verspricht bzw. glaubt, eine negative vermeiden oder vermindern zu können, wird er/sie das gesehene Verhalten praktizieren. Motivationsprozesse sind daher immer mit der Aussicht auf Bekräftigung oder deren tatsächlichem Eintreten verbunden.

- *Bandura* unterscheidet die externe und die stellvertretende Bekräftigung, ferner die direkte und stellvertretende Selbstbekräftigung. Diese fördern das Modelllernen, sind aber nicht unbedingt notwendig für den Lernprozess. Die entscheidende Wirkung von Bekräftigungen liegt nach *Bandura* nicht in ihrem tatsächlichen Eintreten, sondern darin, dass man sie erwartet.
- Die Erwartungshaltungen eines Menschen sind es, die ihn dazu motivieren, ein bestimmtes Verhalten zu zeigen oder zu unterlassen. Dabei setzen sich Menschen persönliche Ziele und Standards. Sie belohnen sich beim Erreichen dieser Ziele und reagieren negativ, falls sie Dinge tun, die sie persönlich missbilligen. Durch diese selbsterzeugten Konsequenzen entsteht die Selbstregulierung. Das menschliche Handeln wird nach *Bandura* vor allem von bestimmten Überzeugungen gesteuert, indem Vorstellungen gebildet werden, ob bzw. in welchem Maße sich das Individuum in der Lage sieht, Situationen verändern und solche Veränderungen persönlich bewirken zu können. Dieses Zutrauen in die eigenen Fähigkeiten wird in der sozial-kognitiven Theorie als Selbstwirksamkeit bezeichnet und meint damit die eigene subjektive Überzeugung, bestimmte Situationen bewältigen, etwas bewirken und sein Leben selbst kontrollieren zu können.
- Modelle können verschiedene Effekte bei dem/der Beobachter/in bewirken: Sie führen zum Erwerb neuer Verhaltensweisen und Einstellungen, sie enthemmen bzw. hemmen Verhalten und sie bewirken schließlich, dass Verhaltensweisen unmittelbar ausgelöst werden.

Aufgaben – Wissen & Verstehen, Anwenden, Reflektieren

1. Internetrecherche und Biografie
   → *Suchen Sie in Gruppen im Internet nach Informationen über das Leben und Werk von* Albert Bandura.
   → *Fertigen Sie eine Übersicht zur Biografie von* Bandura *an.*
   → *Erarbeiten Sie wichtige Abschnitte seines Lebens.*
2. *Zeigen Sie an einem geeigneten Beispiel Phasen und Prozesse des Modelllernens auf.*
3. *Erläutern Sie, weshalb Eltern, Erzieher/innen und Lehrer/innen sehr häufig von Kindern nachgeahmt werden.*
4. *Stellen Sie an geeigneten Beispielen aus einem Lebensbereich (zum Beispiel Familie, Kindergarten, Schule) verschiedene Arten von Bekräftigung dar.*
5. *Beschreiben Sie an einer Erziehungssituation den Unterschied zwischen der Bekräftigung (Verstärkung) im operanten Konditionieren und der Bekräftigung in der sozial-kognitiven Theorie.*
6. *Beschreiben Sie an einer Lernsituation verschiedene Erwartungshaltungen und erläutern Sie die Bedeutung von Erwartungen in der sozial-kognitiven Theorie.*
7. *Bestimmen Sie den Begriff „Selbstregulierung" und erläutern Sie dessen Bedeutung anhand eines Beispiels.*

8. *Zeigen Sie an einem Beispiel die Selbstwirksamkeit sowie deren Bedeutung für den Menschen auf.*
9. *Beschreiben Sie an je einem Beispiel Effekte des Modelllernens und zeigen Sie den Zusammenhang zwischen Bekräftigung in der sozial-kognitiven Theorie und den Effekten des Modelllernens auf.*
10. *Stellen Sie die Grundsätze der sozial-kognitiven Theorie dar.*
11. *a) Unterziehen Sie in Gruppen die sozial-kognitive Theorie einer kritischen Würdigung.*

    b) Stellen Sie Ihr Ergebnis in der Klasse vor.

12. *Erklären Sie die Entstehung eines bestimmten Persönlichkeitsmerkmals (zum Beispiel Ängstlichkeit, Aggressivität) mit Hilfe der sozial-kognitiven Lerntheorie. Stellen Sie dabei die zentralen Annahmen und Begriffe dieser Theorie dar.*
13. „Wir können Kinder nicht erziehen, die machen uns eh alles nach."
    (Karl Valentin[1])
    Wie können Sie die Aussage von Karl Valentin mithilfe der sozial-kognitiven Theorie untermauern?

14. Als der Pädagoge *Alexander S. Neill[2] (2012[50], S. 327)* einmal gefragt wurde: „Warum lügt mein kleiner Junge so oft?", antwortete er: „Wahrscheinlich ahmt er seine Eltern nach."
    Erklären Sie das Verhalten des kleinen Jungen mithilfe der sozial-kognitiven Theorie. Stellen Sie dabei die relevanten Aussagen dieser Theorie zusammen.
15. Die Jugendstudie von Shell[3] ergab, dass bei Jugendlichen nicht mehr nur die Personen im sogenannten Nahbereich (Eltern, Lehrer/innen) als Vorbilder gelten, sondern auch die aus den verschiedenen Medien bekannten Personen wie Schauspieler/innen, Fußballer/innen, Musiker/innen und dergleichen.
    Erklären Sie diese Veränderung von Vorbildern mithilfe der sozial-kognitiven Theorie.

---

[1] Karl Valentin (1882–1948) war ein deutscher Komiker, Volkssänger und Filmproduzent. Auf der Bühne trat er meist mit Liesl Karlstatt (1892–1960) auf.

[2] Alexander Sutherland Neill (1883–1973) gründete die Internatsschule „Summerhill", die in Deutschland durch das Schlagwort der „antiautoritären Erziehung" bekannt wurde (siehe Kapitel 4.2.2).

[3] https://www.ljbw.de/files/shell-jugendstudie-2015-zusammenfassung-de.pdf (25.02.2019)

16. *Nachspielen aus Spaß*
„Was die Sextäter aber weitaus mehr verbindet als Missbrauchserfahrungen, Milieu oder Intelligenzquotient, ist der oft ungehinderte Zugang zu Pornografie und sexuellen Darstellungen: 51 Prozent von ihnen surften ohne Aufsicht auf Sexseiten im Internet oder waren auf die Hardcorefilme in Vaters Videosammlung gestoßen. Weit über die Hälfte der Täter wollte partout nicht einsehen, etwas Falsches getan zu haben. Viele dachten, dass das alles ganz normal sei', sagt die Kölner Kriminalpsychologin Sabine Nowara.
Als der Therapeut Werner Meyer-Deters von der Bochumer Caritas Beratungsstelle ‚Neue Wege' einen Zwölfjährigen aus gutem Hause kürzlich fragte, warum er seine kleine Schwester wochenlang immer wieder missbraucht, vergewaltigt und erniedrigt, warum er sie geschlagen und gequält habe, da druckste der Junge nicht herum, sondern sprach ganz offen von den Bildern und Filmen, die er beim Surfen entdeckt hatte. Er wollte das dann einfach nachspielen, ‚aus Spaß'."
(Kleinhubbert, 2006, S. 49)
Wie können Sie mithilfe der sozial-kognitiven Theorie die Aussage des Zwölfjährigen und der Kriminalpsychologin Sabine Nowara erklären?

7.2 Die Bedeutung der sozial-kognitiven Theorie für die Erziehung und im Alltag

Die Erkenntnisse *Banduras* lassen sich im Alltag sowie zum Hemmen und Enthemmen von Handlungen in der Erziehung nutzen. *Banduras* Forschungsergebnisse werden entsprechend den verschiedenen Modelleffekten in der Erziehung zur Veränderung von Erleben und Verhalten eingesetzt.

7.2.1 Die Bedeutung der sozial-kognitiven Theorie im Alltag

Die bisher beschriebenen Faktoren, die die Aufmerksamkeit eines Beobachters steuern, wirken sich nicht nur beim Betrachten von natürlichen, sondern auch bei symbolischen Modellen aus. Massenkommunikationsmittel, wie das Fernsehen, steuern im erheblichen Maße die Aufmerksamkeit von Menschen. Die dort dargestellten Modelle besitzen eine Vielzahl aufmerksamkeitsfördernder Eigenschaften wie Macht, hohes Ansehen und Erfolg und zeigen gewöhnlich gewinnbringendes Verhalten. Oft finden sich die Handlungen eingebettet in Situationen, die den Betrachter emotional anregen. Handelt es sich um Serien oder Filmreihen, so kann die/der Zuschauer/in eine – wenn auch einseitige – „emotionale Beziehung" zum Vorbild aufbauen, die die Modellwirkung noch steigert.

„Modelle, die auf dem Bildschirm dargeboten werden, nehmen die Aufmerksamkeit so nachdrücklich gefangen, dass die Zuschauer vieles von dem, was sie sehen, lernen, ohne dass sie dazu irgendwelcher besonderer Anreize bedürften." *(Bandura, 1991, S. 34)*

Es ist unbestreitbar, dass Darstellungen in Massenmedien immer wieder nachgeahmt werden. Es lässt sich aber nicht vorhersagen, welche Tat in der Realität in welchem Ausmaß nachgeahmt wird bzw. welche Darstellung handlungsauslösend wirkt. Ein großer Teil der Medienwissenschaftler/innen geht heute davon aus, **dass Gewalt in den Medien nicht ohne Wirkung auf den Rezipienten**[1] – das ist die/der Leser/in, Hörer/in oder Seher/in eines Mediums – **bleibt**. Inwiefern Gewaltdarstellungen eine gewaltauslösende Wirkung haben, hängt von einer Reihe von Bedingungen ab, wie der gesamte Lebenszusammenhang und die Persönlichkeitsmerkmale der Konsumentin/des Konsumenten. Deshalb haben Gewaltdarstellungen nur bei wenigen Beobachter/innen eine direkte gewaltauslösende Wirkung.

Nach der sozial-kognitiven Theorie hängt die Bereitschaft, Verhalten von medialen Inhalten nachzuahmen, von folgenden Bedingungen ab:

- von den **Persönlichkeitsmerkmalen des Modells** im Medium und denen **der Rezipientin/des Rezipienten**,
- von der **Art der Beziehung**,
- von der **gegebenen Situation**, in der das Medium benutzt wird,
- von den **Bekräftigungen**, die das Modell bzw. der Rezipient erfährt bzw. erwartet,
- von der vorhandenen **Ergebnis- und Kompetenzerwartung**,
- von der Fähigkeit zur **Selbstregulierung** und
- von der **Selbstwirksamkeit**.

Sind diese Bedingungen „ungünstig“, so liegt eine Art Aufnahmebereitschaft zum Nachahmen von Gewaltdarstellungen vor.

Neuere Untersuchungen weisen darauf hin, dass zwischen dem häufigen Anschauen von Gewaltdarstellungen und gewalttätigem Verhalten ein Zusammenhang besteht. **Je häufiger im Fernsehen Gewalttaten betrachtet werden, desto größer ist die Wahrscheinlichkeit aggressiver Verhaltensweisen**.

Dabei ist nach dem Aggressionsforscher *Herbert Selg* (*1994, S. 82*) weniger zu befürchten, dass dargestellte Gewalt unmittelbar nachgeahmt wird, sondern dass Gewaltdarstellungen ganz allmählich die Werte und Normen sowie Einstellungen gegenüber Gewalt verändern, dass also häufige Gewaltseher/innen gegen Gewalt abstumpfen und diese als Problemlösungsmittel ansehen. Kinder und Jugendliche, die über einen längeren Zeitraum Gewaltszenen in Video Filmen und Fernsehen Serien sowie in Computerspielen ausgesetzt sind, werden gleichgültiger, wenn sie später eine Schlägerei oder Ähnliches sehen, sei es im Fernsehen oder auch in der Wirklichkeit (*vgl. Myers, 2014, S. 366*).

Auch eine **Verrohung der Sprache** durch Medien ist vor allem bei Kindern und Jugendlichen zu beobachten. Äußerungen im Schulhof, in sozialen Netzwerken oder Videoportalen sind verletzend, beleidigend und lassen die Achtung vor dem anderen vermissen. Eine unglaubliche Respektlosigkeit und eine Bereitschaft, mit anderen vernichtend umzugehen, sind keine Seltenheit.

> *„Mit der Verrohung der Sprache beginnt die Gewalt!“*
> *(Kardinal Reinhard Marx)*[2]

---

[1] *recipere (lat.): ein-, aufnehmen*
[2] *Kardinal Reinhard Marx ist Erzbischof von München und Freising.*

7.2.2 Die Bedeutung der sozial-kognitiven Theorie für die Erziehung

Nach *Bandura* beginnt das Nachahmen mit den ***Aufmerksamkeitsprozessen***. Deshalb muss die Erzieherin/der Erzieher alles tun, um die Aufmerksamkeit auf das gewünschte Vorbild zu lenken.

„Mami, bin ich auch schön?"

Die Erzieherin/Der Erzieher als Modell

Will man einer/einem zu Erziehenden Verhalten neu beibringen oder es verändern, muss sie/er **Gelegenheit zum Beobachten von Modellen** haben, die ihr/ihm die entsprechenden Handlungen zeigen. In der Regel wird deshalb die Erzieherin/der Erzieher selbst das gewünschte Verhalten zeigen. Dabei ermöglicht die Auswahl entsprechender Situationen, die Aufmerksamkeit der/des Lernenden positiv zu beeinflussen.

→ Eine Erzieherin oder ein Erzieher wird im Rahmen einer gezielten Beschäftigung für ihr/sein Verhalten mehr Aufmerksamkeit erhalten, als wenn sie/er während der Freispielzeit ein bestimmtes Verhalten vormacht.

„Wir sollten Beispiel geben und nicht belehren." *(Bowlby[1], 2014[3], S. 14)*

Dabei sollte die Erzieherin bzw. der Erzieher bei ihren/seinen Verhaltensweisen darauf achten, sie mit **Überzeugung und sicherem Auftreten** zu demonstrieren.

→ Macht die Erzieherin/der Erzieher die Bewegungen zu einem Spiellied lustlos und unsicher vor, so wird sich dies wahrscheinlich schnell auf ihre/seine Kinder übertragen und sie/er nicht den gewünschten Lerneffekt erzielen.

Haben Erzieher/innen im Laufe ihrer Arbeit eine **positive Beziehung** zu dem Kind aufgebaut, steigert dies ihre Modellwirkung. Eine solche Beziehung lässt sich unter anderem erreichen, wenn sie der/dem zu Erziehenden Wertschätzung und Verstehen[2] entgegenbringen sowie deren/dessen Bedürfnisse ernst nehmen. Auf diese Weise können sie ihrerseits die Achtung der/des Heranwachsenden gewinnen und von ihr/ihm als faire, berechenbare und in ihrer Autorität akzeptierte Partner/innen gesehen werden. Gelten sie darüber hinaus in den Augen der/des Heranwachsenden noch als sympathisch, kompetent, mächtig und erfolgreich, so stellen sie ein besonders nachahmenswertes Modell dar.

→ Eltern oder Erzieher/innen im Kindergarten beispielsweise erfüllen in der Regel diese Voraussetzungen: Sie pflegen zum Kind eine positive emotionale Beziehung, haben gegenüber dem Kind soziale Macht, genießen Ansehen, Sympathie sowie Attraktivität und befriedigen die wichtigsten Bedürfnisse der ihnen anvertrauten Kinder.

---

[1] *Edward John Mostyn Bowlby (1907–1990) war britischer Kinderarzt, Kinderpsychiater und Psychoanalytiker.*

[2] *Wertschätzung und Verstehen als erzieherische Haltungen sind in Kapitel 8.6.2 ausgeführt.*

„Ein Beispiel zu geben ist nicht die wichtigste Art, wie man andere beeinflusst, es ist die einzige“ *(Albert Schweitzer[1])*

Die Erzieherin bzw. der Erzieher muss ihr/sein **eigenes Modellverhalten ständig kritisch reflektieren**. Es wirkt sich ungünstig aus, falls sie/er Verhaltensweisen von den Kindern verlangt, die sie/er selbst vermissen lässt. Das ständige Bewusstsein, für die Kinder ein äußerst wirksames Modell zu verkörpern, erleichtert es, die Forderungen nach korrektem Verhalten zu erfüllen. Dabei ist es sehr entscheidend, dass sich Eltern und andere Erzieher/-innen ihrer **Vorbildwirkung ständig bewusst sind**.

„Ich werde dir schon beibringen, dass man seine Hände nicht in die Hosentaschen steckt!"

Es ist natürlich nicht möglich, dass Erzieher/innen die Fertigen und Vollkommenen sind, die alles richtig beherrschen, was sie bei einem Kind erreichen wollen; doch es muss spüren, dass sie sich um die gleichen Verhaltensweisen bemühen, dass sie das „Vorbild des An-sich-Arbeitenden“ sind.

Nachdem die Erzieherin/der Erzieher ein Verhalten gezeigt – modelliert – hat, wirken sich **Übungsmöglichkeiten** für die Lernende/den Lernenden positiv aus. Die/Der Lernende muss die Möglichkeit haben, das Beobachtete in Form von bildlichen oder sprachlichen Symbolen im Gehirn speichern sowie das Gespeicherte in angemessene Handlungen und Verhaltensweisen umsetzen zu können. Beim Üben und Korrigieren vergleicht die/der Lernende immer wieder die Ergebnisse ihrer/seiner Handlungen und Verhaltensweisen mit den gespeicherten Kodierungen.

Handelt es sich dabei um komplexe Verhaltensweisen, so empfiehlt es sich, die Handlungen in Teilschritte zu zerlegen, die für die Lernenden schneller und leichter erreichbar sind. Auf diese Weise stellen sich Erfolgserlebnisse ein, die wiederum Kompetenzerwartungen und Selbstwirksamkeit steigern.

Eine Werklehrerin/Ein Werklehrer zeigt den Bau einer Marionette in einzelnen leicht erlernbaren Teilschritten und lässt die Jugendlichen diese jeweils nachmachen bzw. üben.

Indem man auf sehr schwierige Leistungsanforderungen zunächst verzichtet und die zu Erziehenden nicht durch Androhen von negativen Konsequenzen im Falle ihres Scheiterns unter großen Druck setzt, lassen sich starke emotionale Erregungen bei den Lernenden in der Regel vermeiden. Diese senken die Kompetenz- und Erfolgserwartungen und damit auch die Selbstwirksamkeit.

So wirkt es sich negativ auf das Ausführen erlernter Verhaltensweisen aus, wenn Eltern zum Beispiel im zweiten Grundschuljahr bereits sehr hohe Ansprüche an die Lese- und Schreibfähigkeiten ihrer Kinder stellen und sie durch das Androhen von Strafen für Fehlleistungen unter starken Leistungsdruck setzen.

„Die unbequemste, die härteste und darum barmherzigste Art, ein Kind zu führen, ist, ihm nachahmenswertes Vorbild zu sein.“ *(Horton[2], 1999[9], o. S.)*

---

[1] *Albert Schweitzer (1875–1965), Friedensnobelpreisträger, war deutsch-französischer Arzt und Theologe. Er gründete in Lambarene in Gabun ein Urwaldhospital, in welchem er selbst ungefähr vier Jahre tätig war.*

[2] *Peter Horton, geb. 1941, ist österreichischer Chansonnier und Liederschreiber sowie Gitarrenvirtuose.*

Der Einsatz zusätzlicher Modelle

Die Erzieherin bzw. der Erzieher kann oder will aus pädagogischen Gründen nicht immer selbst Vorbild für den/die Beobachter/in sein. In diesen Fällen empfiehlt sich eine wohlüberlegte **Auswahl anderer Modelle**. Hierbei kann man als Kriterien die Ähnlichkeit zwischen Beobachter/in und Vorbild heranziehen, mächtige und angesehene Modelle wählen oder diese Faktoren kombinieren, indem man mehrere Modelle einsetzt. Dabei lässt sich auch auf symbolische Modelle aus den Medien zurückgreifen. Das Heranziehen mehrerer Modelle, die gleiches oder ähnliches Verhalten zeigen, gibt insbesondere Kindern Verhaltenssicherheit.

→ Verkehrserziehung führt man zum Beispiel mithilfe einer Polizistin/eines Polizisten als Modell durch, als weitere Vorbilder können ältere Kinder fungieren und Eltern hinzugezogen werden. Ein Bilderbuch oder ein entsprechender Film, in dem ein Mädchen oder Junge sich an die entsprechenden Verkehrsregeln hält, ergänzt den Unterricht.
Kinder lernen die Bedeutung von Verkehrszeichen und -regeln vor allem durch das erzieherische Modell, das ihnen das entsprechende Verhalten vorlebt, zum Beispiel bei Rot an der Ampel stehen zu bleiben.

Die Bekräftigung von Modellen und Lernenden

Der Bekräftigung von Modellen und Beobachterinnen und Beobachtern kommt in der Erziehung große Bedeutung zu: Von Vorteil für das Lernen ist es, wenn **ein Modell für sein Verhalten Bekräftigung erfährt und die/der Lernende beim Ausführen des Gesehenen ebenfalls belohnt wird**.

→ Will eine Erzieherin/ein Erzieher ein Kind zu einem bestimmten Verhalten motivieren, so zeigt ein Modell erste Schritte in Richtung auf das erwünschte Verhalten und wird dafür belohnt. Traut sich das Kind daraufhin nun ebenfalls, zum Beispiel eine ihm Angst einflößende Spinne aus sicherer Entfernung zu betrachten, so erhält es auch eine Anerkennung.

Soll das Verhalten über einen längeren Zeitraum beibehalten werden, wirken externe Bekräftigung und direkte Selbstbekräftigung der Beobachterin/des Beobachters besser als stellvertretende, da die/der Lernende die angenehmen Konsequenzen ihres/seines Verhaltens unmittelbar am eigenen Leib erfährt.

Will eine Erzieherin bzw. ein Erzieher, dass es zum Zeigen erlernter Verhaltensweisen kommt, muss sie bzw. er **Bekräftigungen** in Aussicht stellen. Dies kann zum einen verbal geschehen, indem sie bzw. er den zu Erziehenden mitteilt, für welche nachgeahmten Verhaltensweisen und übernommenen Einstellungen oder Werthaltungen sie belohnt werden. Zum anderen lernen Kinder sehr schnell, welches Verhalten positive Konsequenzen nach sich zieht, wenn sie sehen, wie andere regelmäßig für bestimmte Handlungen Lob oder Belohnung erfahren.

Dabei hat sich herausgestellt, dass **Erfolgserlebnisse** wirksamer sind als Lob und Belohnung, da sich Erfolg unmittelbar aus einer bestimmten Verhaltensweise, einer Handlung oder einem Sachverhalt ergibt und damit die Selbststeuerung des Individuums fördert.[1]

[1] *Auf den Unterschied zwischen Erfolg und Lob bzw. Belohnung sowie auf die positiven Wirkungen des Erfolges wird in Kapitel 9.2.3 eingegangen.*

„Erfolgserfahrungen sind das stärkste Mittel, um Selbstwirksamkeit aufzubauen. Man muss Kindern Erfolge vermitteln, die sie ihrer Anstrengung und Fähigkeit zuschreiben können."
(Schwarzer, 1995, S. 32)

Bandura nennt zur Steigerung der Selbstwirksamkeit neben der Vermittlung von Erfolgserlebnissen ***stellvertretende Erfolgserfahrungen*** – das Modell erfährt Erfolg – und ***fremdvermittelte Überzeugung***, das ist die Meinung einer anderen Person, dass jemand die Fähigkeit zur erfolgreichen Bewältigung einer bestimmten Situation besitzt („Das schaffst du schon!") (vgl. *Kutner, 1995, S. 75 f.*).

7.2.3 Erziehung und symbolische Modelle

In der heutigen hoch technisierten Welt gibt es eine Vielfalt von Medien (zum Beispiel Bücher, Zeitschriften, Comics, Videos, Fernseh- und Kinofilme), denen die zu Erziehende/der zu Erziehende ausgesetzt ist. Sie führen zu einer unüberschaubaren Zahl von symbolischen Verhaltensmodellen, die das Erlernen neuer Verhaltensweisen ermöglichen, bereits erlerntes Verhalten hemmen oder enthemmen und zu Auslösern von Verhaltensweisen werden können. Mit solchen Einflüssen von Medienmodellen auf die Heranwachsenden befassen sich Erzieher/innen im Rahmen der ***Medienerziehung***[1].

Angesichts der Tatsache, dass nicht nur Eltern und andere Erzieher/innen als Modell wirken, ist es erforderlich, dass sie die **Umwelteinflüsse ihren Ansichten gemäß gestalten**.

Eltern überlegen sich beispielsweise genau, welche Fernsehsendungen oder DVDs sie (mit ihren Kindern) anschauen, was und wie lange das Kind fernsehen darf, welche Zeitschriften und Bücher es liest usw.

Symbolische Modelle, die erwünschtes Verhalten demonstrieren, können effektiv eingesetzt werden, zumal sie oftmals viele Sachverhalte besser veranschaulichen können als Erzieher/innen selbst und bei entsprechender Auswahl attraktive, sympathische und angesehene Vorbilder darstellen können.

In einem Film über Verkehrserziehung von Jugendlichen macht ein angesehener Autorennfahrer auf Gefahren im Straßenverkehr aufmerksam und demonstriert entsprechende Vorsichtsmaßnahmen.

Da ein völliges Fernhalten von unerwünschten Modellen nicht möglich und auch gar nicht erstrebenswert ist, besteht eine zentrale Aufgabe der Erzieherin/des Erziehers darin, insbesondere jüngeren Kindern Hilfestellungen bei der **Verarbeitung von Medieneindrücken** zu geben. Nicht selten lösen Mediendarstellungen bei Kindern starke Gefühle wie beispielsweise Mitleid, Angst oder Trauer aus. Hier ist es notwendig, dass das Kind zusammen mit seinen Eltern bzw. Erzieherinnen oder Erziehern die gewonnenen Eindrücke verarbeitet.

Beim Malen, durch Erzählen des Gesehenen und durch aufmerksames Zuhören und Zuwendung sowie in Rollenspielen beispielsweise kann man den Kindern Gelegenheit geben, die gewonnenen Eindrücke zu verarbeiten.

Da Medienmodelle durch ihr Verhalten in manchen Fällen auch unerwünschte Einstellungen, Werthaltungen und Vorurteile vermitteln, ist es notwendig, eine Bewertung der Modelle und ihrer Verhaltensweisen zu erreichen und sich mit der/dem zu Erziehenden **über mögliche Modelle auseinanderzusetzen**.

[1] *Auf Medienerziehung wird ausführlich in Kapitel 11 eingegangen.*

→ Kinder und Jugendliche sind nicht selten begeistert von Modellen, die durch ihre Stärke und Rücksichtslosigkeit schwierige Situationen meistern und dafür im Film Anerkennung finden. Sie können so den Eindruck gewinnen, rücksichtslose Brutalität sei eine erwünschte und effektive Verhaltensweise in unserer Gesellschaft.

Eine weitere Aufgabe besteht darin, Kinder und Jugendliche zu einer **kritischen Leser-, Hörer- oder Zuschauerschaft zu erziehen**, die die Manipulationsversuche von Modellen durchschauen kann. Insbesondere Modelle aus der Werbung kommen durch die Benutzung von bestimmten Produkten zu unrealistisch großen und scheinbar spielerisch leicht zu erreichenden positiven Konsequenzen. Weltanschaulich einseitig ausgerichtete Beiträge in Filmen, Zeitungen oder Zeitschriften bedienen sich attraktiver und bekannter Modelle, um ihre Überzeugungen wirksam an die Heranwachsenden zu bringen. Erzieher/-innen sollten daher in Gesprächen zusammen mit Kindern und Jugendlichen solche Beeinflussungstechniken herausarbeiten sowie Darstellungen und Versprechungen auf ihren Realitätsgehalt überprüfen.

→ Kinder zum Beispiel können durch eigenes Ausprobieren herausfinden, ob ein Waschmittel tatsächlich sauberer und weißer wäscht als ein anderes und das diesbezügliche Versprechen eines Modells als falsch entlarven.

Die Bedeutung der sozial-kognitiven Theorie für die Erziehung:

- Die Erzieherin/Der Erzieher soll Modell für das Verhalten sein, das sie/er bei der/dem zu Erziehenden erreichen will.
- Die Erzieherin/Der Erzieher soll sich ihrer/seiner Vorbildwirkung bewusst sein.
- Die Erzieherin/Der Erzieher soll das Verhalten sicher und mit Überzeugung demonstrieren.
- Das Modell soll soziale Macht besitzen, Ansehen genießen, attraktiv erscheinen und Bedürfnisse des Kindes befriedigen.
- Das Modell soll eine positive emotionale Beziehung zu der/dem zu Erziehenden aufbauen, indem es ihr/ihm Wertschätzung und Verständnis entgegenbringt.
- Das Modell muss bei angemessenen Verhaltensweisen zum Erfolg, bei unangemessenen nicht zum Erfolg kommen.
- Die Erzieherin/Der Erzieher soll positive Erfolgserwartungen aufbauen und die Selbstwirksamkeit steigern.
- Die Erzieherin/Der Erzieher soll dem Kind Gelegenheit zur Übung und Korrektur geben.
- Die Erzieherin/Der Erzieher soll Umwelteinflüsse ihren/seinen Absichten gemäß gestalten.
- Die Erzieherin/Der Erzieher soll Modelle aus der Umwelt verarbeiten helfen.
- Die Erzieherin/Der Erzieher soll sich mit der/dem zu Erziehenden über mögliche Modelle auseinandersetzen.

7.2.4 Modelllernen und Gewalt

Jugendliche orientieren sich in Bezug auf das Lernen am Modell und Nachahmen von Gewalt meist auch an Vorbildern aus Film und Fernsehen, die unter anderem Verhaltensweisen und Einstellungen vorgeben.

Nach dem Kommunikationswissenschaftler *Tilo Hartmann* ist dem Menschen jederzeit bewusst, dass die Darsteller/innen in Film und Fernsehen zwar keine realen Personen sind, dass er aber auf sie ganz ähnlich reagiert wie auf „echte“ Menschen. Er findet sie sympathisch oder unausstehlich, versucht ihre Motive und Absichten zu erraten und registriert genau, ob ihr Verhalten erfolgreich ist oder auf soziale Ablehnung stößt (vgl. *Czaja, 2011, S. 47*).

„Fernsehgestalten nehmen wir (...) durchaus als Teil unseres sozialen Umfelds wahr, was die Grundvoraussetzung für das ‚Lernen am Modell' erfüllt." *(Czaja, 2011, S. 47)*

Die Vermutung, dass Menschen am Modell auch Aggression und Gewalt erlernen, ist in zahlreichen Experimenten bestätigt worden. Sowohl symbolische Modelle aus Filmen oder Büchern als auch real anwesende Lifemodelle können ein Nachahmen bewirken.

Je häufiger Gewalttaten betrachtet werden, desto größer ist die Wahrscheinlichkeit ihrer Nachahmung.

Bandura und seine Mitarbeiter beobachteten, wie Kinder nach dem Betrachten aggressiver Filme nicht nur die gezeigten Verhaltensweisen nachahmten, sondern vermehrt auch solche Aggressionen zeigten, die gar nicht im Film zu sehen waren. Auch neigen Kinder, nachdem sie Gewalt beobachtet haben, dazu, nachsichtiger gegenüber dem Verhalten anderer zu werden. Damit sinkt aber auch ihre Bereitschaft einzuschreiten, wenn Mitmenschen Opfer von Gewalttaten werden. Das häufige Sehen von Gewalt führt außerdem zu einer emotionalen Abstumpfung.[1]

Die im Zusammenhang mit Gewaltbeobachtung häufig geäußerte Behauptung, das Betrachten von Gewalt führe bei dem/der Beobachter/in zu einem Abbau eigener Aggressionen, ist dagegen wissenschaftlich nicht haltbar.

Die Ballade vom Nachahmungstrieb

1 Im Februar, ich weiß nicht am wievielten,
geschah's auf irgendeines Jungen Drängen
dass Kinder, die im Hinterhofe spielten,
beschlossen, Naumanns Fritzchen aufzuhängen.

2 Sie kannten aus der Zeitung die Geschichten,
in denen Mord vorkommt und Polizei.
Und sie beschlossen, Naumann hinzurichten,
weil er, so sagten sie, ein Räuber sei.

3 Sie steckten seinen Kopf in eine Schlinge.
Karl war der Pastor, lamentierte viel
und sagte ihm, wenn er zu schrein anfinge,
verdürbe er den anderen das Spiel.

4 Fritz Naumann äußerte, ihm sei nicht bange.
Die andern waren ernst und führten ihn.
Man warf den Strick über die Teppichstange.
Und dann begann man Fritzchen hochzuziehen.
(...)

5 Er zappelte ganz stumm, und etwas später
verkehrte sich das Kinderspiel in Mord.
Als das die sieben kleinen Übeltäter
erkannten, liefen sie erschrocken fort.

6 Noch wusste niemand von dem armen Kinde.
Der Hof lag still. Der Himmel war blutrot.
Der kleine Naumann schaukelte im Winde.
Er merkte nichts davon. Denn er war tot.

7 Frau Witwe Zickler, die vorüberschlurfte,
lief auf die Straße und erhob Geschrei,
obwohl sie doch dort gar nicht schreien durfte.
Und gegen sechs erschien die Polizei.

8 Die Mutter fiel in Ohnmacht vor dem Knaben.
Und beide wurden rasch ins Haus gebracht.
Karl, den man festnahm, sagte klar: „Wir haben
es nur wie die Erwachsenen gemacht."

(Kästner, 2006, S. 132 f.)

---

[1] *vgl. hierzu Kapitel 11.3.5*

Auf den Punkt gebracht

- Im Alltag begegnen Heranwachsende einer Vielzahl von Modellen, u.a. auch solchen die durch Medien vermittelt werden. Da insbesondere aggressives Verhalten solcher Vorbilder viel Aufmerksamkeit beim Rezipienten erzeugt, steigt die Gefahr, dass dieses bei entsprechend „günstigen" Bedingungen gelernt wird. Ferner erhöht das häufige Konsumieren von medialen Gewaltdarstellungen die Wahrscheinlichkeit des Betrachters selbst aggressives Verhalten zu zeigen. Auch eine Verrohung der Sprache ist zu beobachten.
- In der Erziehung lassen sich die Erkenntnisse der sozial-kognitiven Theorie vielfältig anwenden. Fungiert die Erzieherin/der Erzieher selbst als Modell, sollte sie/er kompetent und sicher auftreten, eine gute Beziehung zu den Kindern aufbauen, günstige Gelegenheiten zum Beobachten ihres/seines Verhaltens schaffen, genügend Übungsmöglichkeiten für das beobachtete Verhalten bereitstellen und sich stets ihrer/seiner Vorbildwirkung bewusst sein. Durch die gezielte Auswahl anderer Modelle, die kompetent, angesehen und erfolgreich sind, erlernen Kinder ebenfalls effektiv neues Verhalten, insbesondere wenn sowohl Modell als auch Beobachter/innen entsprechend bekräftigt werden. Ferner gilt es u. a., das über Medienmodelle vermittelte Verhalten mit den Heranwachsenden kritisch zu reflektieren..

Aufgaben – Wissen & Verstehen, Anwenden, Reflektieren

17. *Zeigen Sie die Bedeutung der sozial-kognitiven Theorie im Alltag auf.*
18. Werbespots und Modelllernen
    a) *Analysieren Sie Werbespots aus dem Fernsehen, bei denen Modelle eine zentrale Rolle spielen, hinsichtlich*
       → *der Persönlichkeitsmerkmale dieser Personen*
       → *der Konsequenzen, die diese Modelle für ihr Verhalten erfahren*
       → *der Persönlichkeitsmerkmale des Adressatenkreises, an den sich der Werbespot in erster Linie richtet.*
    b) *Erklären Sie anschließend mit Hilfe der sozial-kognitiven Theorie, weshalb diese Werbespots in der Regel ihre beabsichtigte Wirkung nicht verfehlen.*
19. Kinder und Jugendliche werden heute unausweichlich mit Gewalt in den Medien konfrontiert.
    a) *Erklären Sie die Wirkungen von Gewaltdarstellungen in den Medien aus der Sicht der sozial-kognitiven Theorie.*
    b) *Beschreiben Sie auf der Grundlage der sozial-kognitiven Theorie erzieherische Möglichkeiten, um dem Problem der starken Konfrontation mit Mediengewalt entgegenzuwirken.*
20. Ein Kind in Ihrer Gruppe fällt wiederholt durch überdurchschnittlich aggressives Verhalten auf.
    Erarbeiten Sie Möglichkeiten einer Verhaltensänderung auf der Grundlage der sozial-kognitiven Lerntheorie.

21. Aus einem Zeitungsartikel:
   → *Diskutieren Sie ausgehend vom Zeitungsartikel auf der nächsten Seite die Wirkung von Medien, insbesondere von Filmen und bestimmten Computerspielen, unter Berücksichtigung der Erkenntnisse von Albert Bandura.*
   → *Der Leiter der Polizei Esslingen wirft die Frage auf, „wie wir derartigen Zwischenfällen begegnen können". Erarbeiten Sie in Kleingruppen Vorschläge, wie man derartigen Zwischenfällen begegnen könnte.*
   → *Einigen Sie sich in der Gruppe auf einen Vorschlag, den Sie auf eine gemeinsame Plakatwand schreiben und der Klasse vorstellen.*

TV-Szene nachgespielt: Schüler schwer verletzt

Esslingen (dpa) Beim Nachstellen einer Szene aus dem Fernsehen hat ein 16-Jähriger in Esslingen einen 14-Jährigen im Samstagabend mit Brandbeschleuniger übergossen, angezündet und schwer verletzt. Der 14-Jährige habe Verbrennungen dritten Grades an Armen und Brust erlitten, so die Polizei gestern in Baden-Württemberg.
Nach bisherigen Ermittlungen wollten die zwei Jugendlichen aus Esslingen eine Szene nachspielen, die vom Musiksender MTV ausgestrahlt worden war. Auf einem Sportplatz zog sich der 14-Jährige nach ersten Zeugenaussagen mehrere Kleidungsstücke an, setzte eine Brille auf und ließ sich mit einem Brandbeschleuniger übergießen. Anschließend versuchten die Jugendlichen, die Kleidung zu entzünden. Als diese in Flammen stand, sei der 14-Jährige in Panik davon gerannt. Ein 18-jähriger Bekannter, der zufällig vorbeikam, folgte dem Jungen, warf ihn zu Boden und löschte die Flammen. Mehrere Jugendliche, die sich in der Nähe aufhielten, standen so unter Schock, dass sie die Szenerie nur verfolgten, ohne einzuschreiten, so die Polizei. Der 14-Jährige sei außer Lebensgefahr, konnte aber noch nicht befragt werden. Nach Polizeiangaben soll es sich bei der Szene um einen Beitrag aus der Sendung „Jackass" des Senders MTV gehandelt haben, in der Stunts gezeigt werden. Zwar weise der Moderator darauf hin, dass diese nicht nachgestellt werden sollen. „Aber Kinder und Jugendliche hören so etwas nicht." Der Leiter der Polizei Esslingen werde MTV bitten, zu prüfen wie wir derartigen Zwischenfällen begegnen können, hieß es. Die Jugendlichen werden nach Angaben der Polizei weiter vernommen. Es sei nicht eindeutig geklärt, ob der Junge der Tat zugestimmt habe oder Opfer geworden sei. „Davon hängt dann auch der juristische Vorwurf ab", so die Sprecherin.

(Donaukurier, 2002, S. 7)

22. ***Fallbeschreibung „Horst"***
Horst, 18 Jahre alt, wurde von der Polizei gefasst, als er zusammen mit anderen Jugendlichen einen Discothekenbesucher ohne erkennbaren Grund brutal verprügelte. Ein Sozialpädagoge beschäftigt sich – im Auftrag des Gerichts – mit Horsts Vorleben. Er stellt fest, dass Horst schon sehr früh mit Gewalt in Berührung kam. Sein Vater beherrschte die ganze Familie durch seine unkontrollierten Wutausbrüche. Häufig verprügelte er – besonders wenn er vorher Ärger auf der Arbeit oder getrunken hatte – Frau und Kinder, sodass die ganze Familie in ständiger Angst vor dem Vater lebte.
Horst selbst berichtet, dass er als Kind völlig verschüchtert gewesen sei und sich nie getraut habe, sich gegen den Vater zur Wehr zu setzen, da dies den Vater noch mehr provoziert hätte. Auch sei er ein sehr schwächliches Kind gewesen, das in

der Schule immer Außenseiter gewesen sei. Von seinen Klassenkameraden sei er oft verprügelt worden. Bis zu seinem 16. Lebensjahr habe er nie einen richtigen Freund gehabt. Damals sei ein Neuer in seine Klasse gekommen, mit dem er sich auf Anhieb gut verstanden habe. Dieser habe nach kürzester Zeit den Ruf eines brutalen Schlägers gehabt, der sich nichts gefallen lasse. Seit er – Horst – unter dessen Schutz stehe, gelte auch er etwas in der Klasse. Sein neuer Klassenkamerad sei Mitglied einer radikalen Gruppe, die es sich zum Ziel gesetzt habe, gegen Ausländer und Homosexuelle vorzugehen.
Durch seinen Freund sei er ebenfalls in die Clique gekommen. Anfangs habe er vor den gewalttätigen Auseinandersetzungen Angst gehabt, er habe jedoch seinen Freund nicht enttäuschen wollen und deshalb mitgemacht. Mit der Zeit sei er sicherer geworden und könne jetzt das Gefühl der Macht und die Angst, die andere vor ihm hätten, richtig genießen. Auch seien diese Auseinandersetzungen eigentlich nicht gefährlich, da immer auf eine zahlenmäßige Überlegenheit der Clique geachtet werde.

a) Beschreiben Sie das problematische Verhalten von Horst.
b) Erklären Sie das Verhalten des Jungen mithilfe der sozial-kognitiven Lerntheorie. Stellen Sie dabei die relevanten Aussagen dieser Theorie zusammen.
c) Zeigen Sie auf der Grundlage der sozial-kognitiven Theorie Möglichkeiten auf, um das problematische Verhalten von Horst ändern zu können.

23. *Albert Bandura* schreibt in seinem bekannten Buch „Sozial-kognitive Lerntheorie" *(1991, S. 48)*: „Angesichts der zunehmenden Verwendung der symbolischen Modellierung wird der Einfluss von Eltern, Lehrern und anderen traditionellen Modellen auf das sozial-kognitive Lernen an Bedeutung verlieren."
Diskutieren Sie in Gruppen diese Aussagen von Bandura unter Berücksichtigung seiner Theorie.

24. Wenden Sie die sog. „Strukturlegetechnik" zur sozial-kognitiven Theorie an. Zu diesem Zweck werden die relevanten Begriffe der Theorie auf kleine Kärtchen geschrieben. Auf jedem Kärtchen steht nur ein Begriff. Dann werden diese Begriffe in Ober-, Unterbegriffe usw. gegliedert und entsprechend ihrer Hierarchie auf dem Tisch geordnet.
→ *Erstellen Sie die Struktur zur sozial-kognitiven Theorie.*
→ *Erläutern Sie diese Struktur.*
→ *Vergleichen Sie gemeinsam mit Ihrem/Ihrer Banknachbar/in Ihre gelegten Strukturen in Bezug auf Gemeinsamkeiten und Unterschiede. Prüfen Sie dabei auch die Logik der Strukturen.*

25. *Erstellen Sie in Gruppen einen Katalog von wünschenswertem erzieherischem Vorbildverhalten von Eltern und Erzieherinnen/Erziehern und halten Sie diese Verhaltensweisen auf einer Plakatwand fest.*

26. Erzieherisches Modellverhalten in der pädagogischen Praxis sollte immer wieder überprüft werden.
→ *Suchen Sie in Kleingruppen nach verschiedenen Methoden, wie eine Erzieherin/ein Erzieher ihr/sein eigenes Verhalten überprüfen kann.*
→ *Diskutieren Sie in der Klasse Vor- und Nachteile der einzelnen Methoden.*

7.3 Kognitive Lernprozesse

Die Schwächen der behavioristischen Schule, insbesondere das Vernachlässigen der kognitiven Vorgänge und des freien Willens eines Menschen, haben Psychologinnen und Psychologen veranlasst, nach Erklärungsmustern für menschliches Verhalten zu suchen, die diese Aspekte mit einbeziehen. Heute gibt es eine Menge von Modellen, die innere Prozesse zur Erklärung von Verhalten heranziehen.

7.3.1 Lernen durch Einsicht

Das Lernen durch Einsicht geht auf eine Gegenbewegung zu den Konditionierungen, die ***Berliner Schule***, zurück. Ihre Begründer, *Max Wertheimer*, *Wolfgang Köhler* und *Kurt Koffka* widersprachen der Annahme Thorndikes, dass der Mensch über-wiegend durch Versuch und Irrtum lernt.

Max Wertheimer *(1880–1943) war zunächst Direktor des Instituts für Psychologie an der Frankfurter Universität, emigrierte dann in die USA und lehrte bis zu seinem Tod an der New School for Social Research in New York. Seine Wegbegleiter bei der Gründung der Gestalt- bzw. Ganzheitspsychologie waren Wolfgang Köhler und Kurt Koffka.*

Wolfgang Köhler *(1887–1967) war zunächst Leiter an der Preußischen Akademie der Wissenschaften auf Teneriffa, später dann Direktor des Psychologischen Instituts der Friedrich-Wilhelm-Universität in Berlin. 1935 emigrierte er in die USA und lehrte dort an mehreren Universitäten.*

Kurt Koffka *(1886–1941) war Professor in Gießen, danach an verschiedenen deutschen Universitäten und zuletzt am Smith College in Massachusetts.*

Beim Lernen durch Einsicht ist das Entscheidende, dass der Mensch fähig ist, **eine bestimmte Situation umzustrukturieren**. Umstrukturierung meint den Vorgang, in welchem zunächst zusammenhanglose Elemente einer Situation zueinander in Beziehung gesetzt werden.

→ Ein Kind will seinen Teddybär haben, der ganz oben im Regal steht, doch die Arme des Kindes sind zu kurz, um den Teddybären ergreifen zu können. Im Zimmer steht unter anderem ein Sessel und auf dem Tisch liegt ein länglicher Gegenstand. Zunächst wird das Kind verschiedene Anstrengungen unternehmen, um an den Teddy heranzukommen, und irgendwann entdeckt es, dass es mit dem Sessel, indem es auf diesen hinaufsteigt, und mit dem länglichen Gegenstand den Teddy vom Regal herunterholen kann: Es strukturiert die Situation um und setzt den Sessel, den länglichen Gegenstand und den Teddybären zueinander in Beziehung.

Mit Umstrukturierung ist der Vorgang gemeint, in welchem zunächst zusammenhanglose Elemente einer Situation zueinander in Beziehung gesetzt werden.

Meist wird das Lernen durch Einsicht durch ein Problem, vor dem der Mensch steht bzw. das er als solches erkennt oder empfindet, ausgelöst. Um dieses zu lösen, produziert er eine Reihe von Einfällen und Lösungsvorschlägen. Dabei strukturiert er im Laufe der Zeit das Problem um, sodass er es lösen kann. Doch ein Problem ist nicht immer Voraussetzung für die Umstrukturierung.

→ Ein Kind, dem der Vater einsichtig machen will, dass es nicht auf die Straße laufen darf, weil es von den Autos angefahren werden könnte, kann sehr schnell die entsprechenden Elemente – auf die Straße laufen, Herannahen eines Autos – zueinander in Beziehung setzen; es wird aufgrund der Umstrukturierung sein Verhalten ändern und auf dem Gehweg bleiben.

Das Erkennen einer Beziehung zwischen einzelnen Elementen einer Situation nennen wir Einsicht.

→ Das kleine Kind, das mit dem Sessel und dem länglichen Gegenstand den Teddybären vom Regal holen will, erkennt den Zusammenhang zwischen Teddy, Sessel und Gegenstand; es hat Einsicht in diese Situation.

Als Einsicht wird das Erkennen einer Beziehung zwischen einzelnen Elementen einer Situation bezeichnet.

Mit dieser Einsicht wird die entsprechende Situation erfasst, was einen Lernvorgang darstellt: Als Ergebnis dieses Prozesses zeigt sich neues oder geändertes Verhalten und/oder Erleben. Dieses neue bzw. geänderte Verhalten wird im Gedächtnis gespeichert und in einer entsprechenden Situation gezeigt.

Beim nächsten Mal wird das Kind, wenn es vom Küchenschrank sein Bilderbuch holen will, sofort – ohne zu überlegen – einen Sessel und den länglichen Gegenstand aus seinem Zimmer herbeibringen und sich das Buch herunterholen.

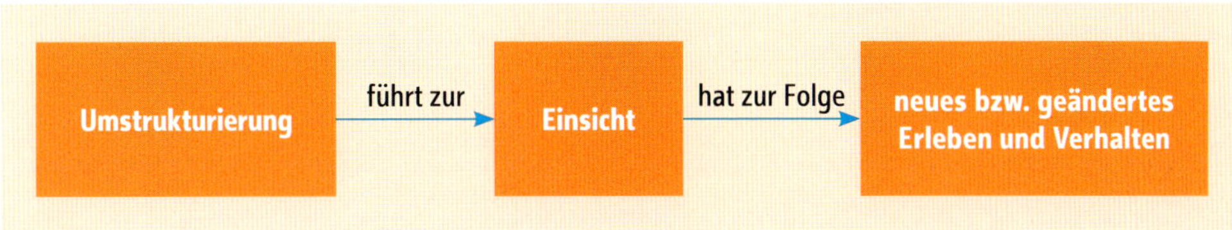

Lernen durch Einsicht bezeichnet den Prozess, in welchem eine Person eine Situation gedanklich umstrukturiert und so die Beziehung zwischen den einzelnen Elementen dieser Situation erkennt. Als Ergebnis dieses Prozesses zeigt sich neues bzw. geändertes Verhalten und/oder Erleben.

7.3.2 Lernen als Informationsverarbeitung

In Analogie zum Computer wird im Zusammenhang mit einsichtigem Lernen häufig von „Lernen als Informationsverarbeitung" gesprochen.

Es steht als Sammelbezeichnung für Lernvorgänge, bei denen die Aufnahme, Verarbeitung sowie Speicherung und das Abrufen von Informationen eine Rolle spielen. Bei diesem Ansatz werden Annahmen darüber angestellt, was im Organismus beim Lernen vor sich geht.

Lernen als Informationsverarbeitung beinhaltet vier Phasen:

- Die **Aufnahme von Informationen**: Informationen werden durch die Sinnesorgane aufgenommen und durch die Rezeptoren und Nervenzellen an das aktive Organ der Informationsverarbeitung, das ***Gedächtnis*** weitergeleitet.
- Die **Verarbeitung von Informationen**: Im Gedächtnis findet durch sogenannte ***Prozessoren*** – das sind Verarbeitungseinheiten – eine Verarbeitung und Auswertung der Informationen statt. Diese werden in einem komplizierten Prozess organisiert, umgestaltet und verändert. Die Prozessoren ***dekodieren*** – das heißt entschlüsseln – die angekommene Information, indem sie im Gedächtnis nach bereits gespeicherten Informationen suchen, mit deren Hilfe die neue Information erkannt werden kann. Dabei spielen bisherige Erfahrungen, Wissen, Gefühle und Motive gleichermaßen eine wichtige Rolle.

  Bei der Verarbeitung von Informationen knüpft das Gehirn ständig neue Verbindungen, um diese besser auswerten zu können. Je komplexer ein Sachverhalt ist, den ein Mensch lernt, umso mehr Gehirnareale werden aktiv.
- Die **Speicherung von Informationen**: Die verarbeiteten Informationen werden im Gedächtnis gespeichert und sind dort vorhanden, bis sie möglicherweise abgerufen werden.

- Der **Abruf von Informationen**: Nervenzellen sorgen dafür, dass eine Reaktion stattfindet, die im Verhalten oder Handeln nach außen beobachtbar ist bzw. sich nicht beobachtbar im Erleben äußert. Der erfolgreiche Abruf nach einer bestimmten Zeitspanne hängt eng mit der Art der Verarbeitung zusammen (vgl. *Edelmann/Wittmann, 2012*[7]*, S. 141 f.*).

Lernen als Informationsverarbeitung gilt als Sammelbezeichnung für Lernvorgänge, bei denen die Aufnahme, Verarbeitung sowie Speicherung und das Abrufen von Informationen von zentralem Interesse sind.

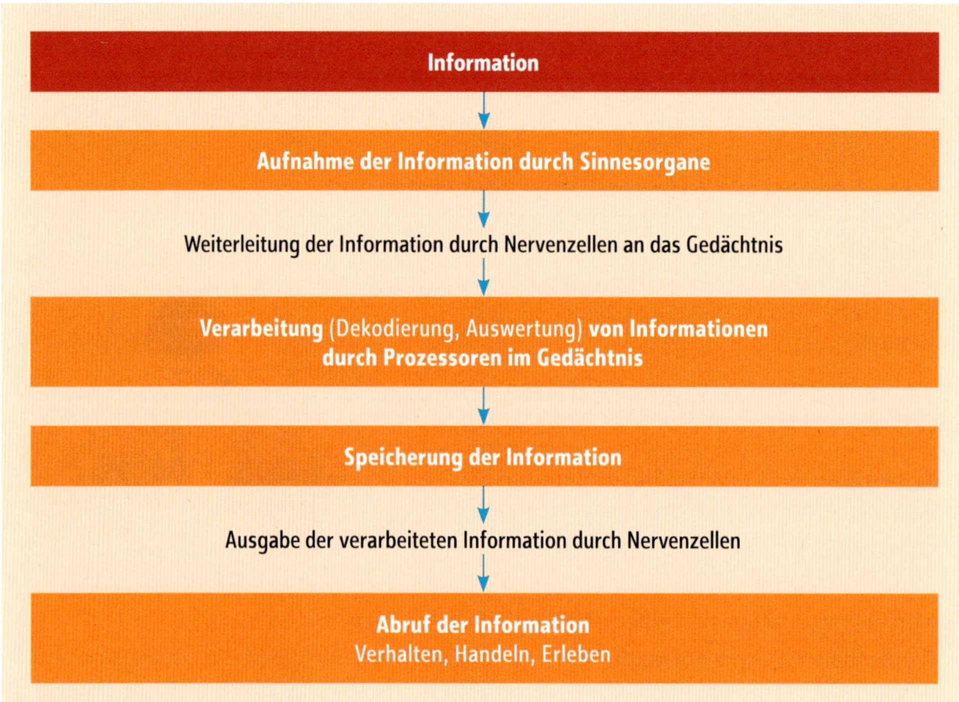

7.3.3 Lernen als aktiver Prozess des Konstruierens

Im 20. Jahrhundert entwickelten sich mehrere Strömungen, die davon ausgehen, dass das, ***was wir wahrnehmen, eine Konstruktion unseres Gehirns ist*** und keine wirkliche Abbildung der Welt. Diese Strömungen werden mit dem Begriff **Konstruktivismus**[1] zusammengefasst.

Der Konstruktivismus ist eine Sammelbezeichnung für Positionen, die davon ausgehen, dass das menschliche Gehirn die Welt nicht so abbildet, wie sie wirklich ist, sondern sich der Mensch seine eigene Welt entwirft und formt.

---

[1] *construere (lat.): bauen, erbauen, zusammenfügen*

Nach dem Konstruktivismus ist die Lebenswelt eines Menschen seine eigene Konstruktion, er entwirft sich seine Wirklichkeit im eigenen Kopf. Menschliche Wahrnehmung ist eine Konstruktion aus Sinnesreizen und Gedächtnisleistung eines Individuums. Damit ist der Mensch von Kindheit an aktiver Gestalter seiner Welt, der sein eigenes Leben selbst strukturiert.

Aus der Sicht des **Konstruktivismus** bedeutet Lernen einen ***aktiven Prozess des Konstruierens***, indem sich der Mensch das zu Lernende im Gehirn selbst entwirft. Damit ist Lernen ein kognitiver Vorgang, in welchem Informationen aus der Umwelt in bereits bestehende eingeordnet und in ihrem Gesamtbild neu interpretiert werden. Dadurch, dass der Mensch sein Wissen über die Welt selbst entwickelt, ändert er sich auch selbst.

Lernen aus der Sicht des Konstruktivismus ist ein aktiver Prozess, in welchem der Mensch das zu Lernende im Gehirn selbst entwirft und formt und dadurch sein Erleben und Verhalten verändert.

Informationen werden aus dieser Sichtweise im Gehirn dahingehend verarbeitet, indem diese von ihm entworfen werden. Lernen ist damit immer ein subjektiver Vorgang.

Auf den Punkt gebracht

- Lernen durch Einsicht meint den Prozess, in welchem eine Person eine Situation gedanklich umstrukturiert und so die Beziehung zwischen den einzelnen Elementen dieser Situation erkennt. Als Ergebnis dieses Prozesses zeigt sich neues bzw. geändertes Verhalten und/oder Erleben.
- Eng mit dem Lernen durch Einsicht hängt das Lernen als Informationsverarbeitung zusammen, welches als Sammelbezeichnung für Lernvorgänge gilt, bei denen die Aufnahme, Verarbeitung sowie Speicherung und das Abrufen von Informationen eine Rolle spielen.
- Lernen aus der Sicht des Konstruktivismus ist ein aktiver Prozess, in welchem der Mensch das zu Lernende im Gehirn selbst entwirft und formt und dadurch sein Erleben und Verhalten verändert.

Aufgaben – Wissen & Verstehen, Anwenden, Reflektieren

27. Biografie und Internetrecherche
    → *Suchen Sie in Gruppen im Internet nach Informationen über das Leben und Werk von*
    - *Gruppe 1 und 2:* Max Wertheimer
    - *Gruppe 3 und 4:* Kurt Koffka
    - *Gruppe 5 und 6:* Wolfgang Köhler

    → *Fertigen Sie in Kleingruppen eine Übersicht zur Biografie des jeweiligen Wissenschaftlers an.*
    → *Erarbeiten Sie wichtige Abschnitte seines Lebens.*
28. *Stellen Sie an einem selbst gewählten Beispiel aus Ihrem Lebensbereich die Aussagen und Begriffe des Lernens durch Einsicht dar.*
29. *Beschreiben Sie anhand einer Lernsituation Lernen als Informationsverarbeitung.*

30. *Stellen Sie Lernen aus der Sicht des Konstruktivismus dar.*

31. *Beschreiben Sie mit Hilfe der folgenden Aussagen wesentliche Aspekte des Konstruktivismus.*
    a) „Manchmal muss man nur den Blickwinkel wechseln, um den Himmel zu sehen."
    b) „Es sind nicht die Dinge selbst, die uns beunruhigen, sondern die Vor-stellungen und Meinungen von den Dingen." *(Epiktet, 1984[11], S. 24)*

Aufgabe zum gesamten Kapitel

32. Stichwortgeschichte
    → *In Vierergruppen werden auf einer Karte zwei Begriffe zum Thema „sozial-kognitive Theorie" notiert.*
    → *Die Karten werden eingesammelt und gemischt.*
    → *Jede Gruppe zieht eine Karte und diskutiert die beiden Begriffe.*
    → *Die Gruppe erfindet eine (lustige) Geschichte, die beide Begriffe enthält, und erzählt diese der gesamten Klasse.*

8 Erziehungsziele und Erzieherverhalten

„Würdest du mir bitte sagen,
wie ich von hier aus weitergehen soll?"
„Das hängt (...) davon ab,
wohin du möchtest", sagte die Katze.
„Ach, wohin ist mir eigentlich gleich", sagte Alice.
„Dann ist es auch egal, wie du weitergehst", sagte die Katze.

(Lewis Carroll: Alice in Wonderland, 2011, S. 67)

Sie können ...

1. ***... bestimmen, was man unter Erziehungszielen versteht, und aufzeigen, welche Funktionen sie erfüllen.***
2. ***...beschreiben, wer Erziehungsziele festsetzt und wodurch ihr Wandel bedingt ist.***
3. ***... das Setzen von Erziehungszielen begründen.***
4. ***... aktuelle Zielvorstellungen unserer Gesellschaft beschreiben.***
5. ***... den Begriff „Erziehungsstil" klären und aufzeigen, welche Erziehungsstile vornehmlich Eltern bevorzugen.***
6. ***... darstellen, welche Rolle die Beziehung zwischen Erzieher/in und der/dem zu Erziehenden spielt.***
7. ***... beschreiben, wie in der Erziehung positive emotionale Beziehungen hergestellt werden.***

8.1 Das Erziehungsziel als Merkmal der Erziehung

Erziehung ist ohne Erziehungsziel nicht denkbar. Hat die Erzieherin/der Erzieher kein Ziel mehr vor Augen, besteht für sie/ihn auch nicht mehr die Notwendigkeit, auf die/den zu Erziehende/n Einfluss zu nehmen.

8.1.1 Der Begriff „Erziehungsziel"

Wer erzieht, will Unzulänglichkeiten überwinden bzw. Erwünschtes erreichen. Die Erzieherin oder der Erzieher hegt also immer bestimmte Erwartungen: Sie bzw. er findet die zu Erziehende bzw. den zu Erziehenden in einem gewissen **„Ist-Zustand"** vor und möchte sie bzw. ihn in einen vorher beschriebenen **„Soll-Zustand"** überführen.

→ Das Kind kann beispielsweise noch nicht laufen, sprechen oder es ist noch nicht selbstständig (Istzustand); die Erzieherin bzw. der Erzieher möchte es nun in einen Sollzustand überführen, nämlich dass es laufen und sprechen kann oder selbstständig wird.

Dies setzt in jedem Fall eine ***Vorstellung vom Erstrebenswerten***, ein Erziehungsziel voraus.

> *„Menschliches Lernen ist ein dauerndes Ziele-Setzen, Ziele-Verfehlen, Ziele-Erneuern."*
> *(Roth, 1991[5], S. 354)*

Erziehungsziele geben Vorstellungen wieder, wie sich die/der zu Erziehende gegenwärtig und zukünftig verhalten soll.

Bei Erziehungszielen handelt es sich immer um **soziale Wert- und Normvorstellungen**[1], die in einer Gesellschaft bzw. in einer ihrer Gruppen aktuell sind. Eltern und andere Erzieherinnen bzw. Erzieher halten bestimmte Werte und Normen für sehr wichtig und versuchen, sie deshalb in der Erziehung umzusetzen.

Falsche Erziehung

Ein Mensch lernt in der Kinderzeit,
Des Lasters Straßen seien breit,
Jedoch der Tugend Pfade schmal
In diesem irdischen Jammertal.
Der Mensch, bei seinem Erdenwandern,
Geht einen Holzweg nach dem andern,
Weil er auf Straßen, breit gebaut,
Sich einfach nicht mehr gehen traut.

(Eugen Roth, 2015[7], S. 242)

→ Entscheidungsfreudigkeit, Ehrlichkeit oder Selbstständigkeit zum Beispiel sind Wert- und Normvorstellungen, die in unserer Gesellschaft als wichtig erachtet und deshalb in der Erziehung ausdrücklich und bewusst gesetzt werden.

Werte drücken – wie in *Kapitel 4.3.2* ausgeführt – Vorstellungen aus, was eine Gesellschaft für „wünschenswert" bzw. „erstrebenswert" hält, und bilden allgemeine Orientierungsmaßstäbe für das Verhalten von Menschen in einer Gesellschaft. Dabei handelt es sich zunächst um eine allgemeine Zielvorstellung, die noch keinerlei Handlungsanweisung für die Bürgerin oder den Bürger enthält – im Fall des Bundes-Verfassungsgesetzes (B-VG) spricht man hier auch von einem ***Grundwert***.

→ Als ein solcher Grundwert ist zum Beispiel in Artikel 7 Absatz 1 B-VG das Grundrecht auf Gleichheit aller Menschen festgeschrieben: „Alle Staatsbürger sind vor dem Gesetz gleich." Es handelt sich hierbei um eine allgemeine Zielvorstellung, noch ohne Handlungsanweisung.

---

[1] *Die Begriffe Werte und Normen sind in Kapitel 4.3.2 näher bestimmt.*

Jede Gesellschaft muss sich darüber Gedanken machen, wie Werte zu realisieren sind. Solche Ausführungsbestimmungen werden – wie in *Kapitel 4.3.2* ausgeführt – als soziale Normen bezeichnet.

> Zu dem Grundwert „Ehrfurcht vor dem Leben" könnte die Norm beispielsweise heißen: „Du sollst nicht töten."

Auf der Grundlage dieser Normen lassen sich dann Erziehungsziele formulieren, welche sich Eltern und andere Erzieher/innen setzen.

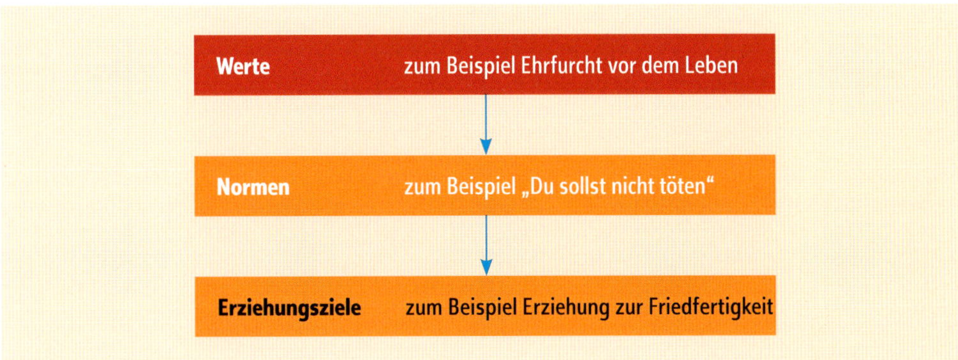

(Gudjons, 2008[10], S. 190)

Erziehungsziele sind also immer in der Erziehung ausdrücklich und bewusst gesetzte Werte und Normen (vgl. *Klafki u. a., Band 2, 1989, S. 18*).

> **Erziehungsziele sind bewusst gesetzte Wert- und Normvorstellungen über das Ergebnis der Erziehung, die Auskunft darüber geben, wie sich die/der zu Erziehende gegenwärtig und zukünftig verhalten soll und wie Eltern und andere Erzieher/innen in der Erziehung handeln sollen.**

8.1.2 Erziehungsziele und Schlüsselqualifikationen

Im Zusammenhang mit dem Begriff „Erziehungsziel" tritt häufig – vor allem im Bereich der beruflichen Bildung – der Begriff **Schlüsselqualifikation** auf. Damit meint man dasjenige Wissen und Können, welches einen Menschen zum einen dazu befähigt, sein gesamtes Leben über flexibel auf die Anforderungen sich ständig ändernder kultureller und gesellschaftlicher Lebensbedingungen angemessen reagieren zu können. Zum anderen sollen Schlüsselqualifikationen die Bewältigung gegenwärtiger und zukünftiger Aufgaben der Gesellschaft bzw. Kultur ermöglichen.[1]

> Solche zentralen Schlüsselqualifikationen sind zum Beispiel Konzentration, Ausdauer, Kreativität, Planungsfähigkeit, Zeit- und Mitteleinteilung, Fähigkeit zur Zusammenarbeit, Kommunikation und rationale Konfliktaustragung, Fähigkeit zum logischen und vernetzten Denken, Zuverlässigkeit, Eigeninitiative und Selbstkontrolle.

[1] *Der Begriff „Qualifikation" ist in Kapitel 4.4.2 geklärt.*

Schlüsselqualifikation bezeichnet eine Form der Eignung, die einen Menschen dazu befähigt, sein gesamtes Leben über flexibel auf die Anforderungen sich ständig ändernder kultureller und gesellschaftlicher Lebensbedingungen angemessen reagieren sowie gegenwärtige und zukünftige Aufgaben der Gesellschaft bzw. Kultur bewältigen zu können.

Dieter Mertens, der Begründer dieses Begriffes, orientiert sich in erster Linie an den Anforderungen des Arbeitsplatzes und weniger an den Bedürfnissen der/des Lernenden. Er versteht in erster Linie die Form der Eignung darunter, die eine Arbeitnehmerin/einen Arbeitnehmer befähigen soll, ihr/sein gesamtes Berufsleben über flexibel auf die Anforderungen eines sich ständig ändernden Arbeitsmarktes zu reagieren und sich den Bedürfnissen der Industrie und Wirtschaft anzupassen. Die Arbeitnehmerin/Der Arbeitnehmer ist dadurch in der Lage, ihre/seine Berufsfähigkeit dauerhaft zu erhalten (vgl. *Mertens, 1977, S. 110 f.*).

Die Forderung nach der Vermittlung von Schlüsselqualifikationen hat in den letzten Jahren sehr stark die ***Schulpädagogik***[1] – besonders im Bereich der beruflichen Bildung – erfasst; die Einführung des fächerübergreifenden Unterrichts, der Projektarbeit, der Lernfelder usw. sind Ausdruck dieser Forderungen.

Neben der grundsätzlich positiven Haltung der Schulpädagogik zu den Schlüsselqualifikationen ist aber auch Kritik laut geworden. Befürchtet wird, dass mit der Vermittlung von Schlüsselqualifikation die klassische Bildung auf der Strecke bleibt und zunehmend leicht veränder- und manipulierbare Arbeitnehmer/innen auf den Arbeitsmarkt drängen, die nach Belieben der Firmen in immer neuen Bereichen der Produktion eingesetzt werden können.

Wie schon in *Kapitel 4.4.2* aufgezeigt, sollte Schule in erster Linie der Bildung und nicht der Ausbildung dienen.

„In der modernen Industriegesellschaft ist die soziale Konstruktion unseres Lebens um die Erwerbsarbeit herum gruppiert worden: Als Kinder und Jugendliche werden wir auf den Arbeitsmarkt vorbereitet, als Erwachsene sind wir in der Erwerbsarbeit tätig, als Rentner verlassen wir sie wieder." *(Giesecke, 2004[7], S. 137)*

Auf den Punkt gebracht

- Erziehungsziele sind bewusst gesetzte Wert- und Normvorstellungen über das Ergebnis der Erziehung, die Auskunft darüber geben, wie sich die/der zu Erziehende gegenwärtig und zukünftig verhalten soll und wie Eltern und andere Erzieher/innen in der Erziehung handeln sollen. Erziehungsziele sind immer soziale Wert- und Normvorstellungen einer Gesellschaft. Die höchsten Werte und Normen sind in der Österreichischen Bundesverfassung niedergelegt.
- Schlüsselqualifikation meint eine Form der Qualifikation, die einen Menschen dazu befähigt, sein gesamtes Leben über flexibel auf die Anforderungen sich ständig ändernder kultureller und gesellschaftlicher Lebensbedingungen angemessen reagieren sowie gegenwärtige und zukünftige Aufgaben der Gesellschaft bzw. Kultur bewältigen zu können.

[1] *Die Schulpädagogik setzt sich mit der Erziehung, dem Lehren und Lernen in der Bildungseinrichtung Schule auseinander (vgl. Hobmair, 2009, S. 175).*

Aufgaben – Wissen & Verstehen, Anwenden, Reflektieren

1. Internetrecherche und Biografie
   → *Suchen Sie in Gruppen im Internet nach Informationen über das Leben und Werk von*
   - Wolfgang Klafki
   - Heinrich Roth

   → *Fertigen Sie in Kleingruppen eine Übersicht zur Biografie des jeweiligen Wissenschaftlers an.*
   → *Erarbeiten Sie wichtige Abschnitte seines Lebens.*
2. *Bestimmen Sie den Begriff „Erziehungsziel" und grenzen Sie diesen von dem Terminus „Schlüsselqualifikation" ab.*
3. *Weisen Sie den Begriff „Erziehungsziel" an einem Ihnen bekannten, konkreten Erziehungsziel wie der pädagogischen Mündigkeit oder der Emanzipation nach.*

8.2 Faktoren und Wandel von Erziehungszielen

Die Frage ist nun, wer eigentlich die Ziele in der Erziehung festsetzt. Man könnte annehmen, dass sie in erster Linie von den theoretisch und praktisch Tätigen in der Erziehung formuliert und in der Erziehungspraxis durchgesetzt werden. Das ist jedoch nur zum Teil und nur unter bestimmten Bedingungen möglich.

8.2.1 Instanzen, die Erziehungsziele festsetzen

Entscheidend ist, ob es sich um ***familiäre Erziehung oder um eine organisierte Erziehungsinstitution*** handelt, in der Berufserzieher/innen tätig sind, zum Beispiel der Kindergarten oder die Schule. In der Familie legen die Eltern ihre Zielvorstellungen selbst fest. Berufserzieher/innen und vor allem Erziehungswissenschaftler/innen entwickeln zwar Leitvorstellungen der Erziehung, doch ihre Einflussmöglichkeit auf die Festlegung und Durchsetzung von Erziehungszielen hängt davon ab, ob und wieweit sie selbst bloß ausführende Organe ihrer Institution bzw. deren Träger sind oder ob sie mehr oder weniger Mitentscheidungsmöglichkeiten haben und diese auch nutzen. ***Es liegt letztendlich an den Machtverhältnissen und an den Einflussmöglichkeiten einzelner Gruppen in einem Staat, ob und in welchem Maß Theoretiker/innen und Praktiker/innen*** der Erziehung bei der Setzung von Erziehungszielen – zum Beispiel bei Richtlinien oder Lehrplänen für die Schulen, bei der Berufsausbildung oder im Jugendrecht – ***Mitsprachemöglichkeit haben***.

Erziehungswissenschaftler/innen, aber nicht nur diese, können Erziehungsziele formulieren, die den Charakter von **Leitvorstellungen** besitzen. Solche Leitvorstellungen sind zwar relativ abstrakt, geben aber die Grundrichtung des erzieherischen Handelns vor. Sie bedürfen für die Umsetzung im pädagogischen Alltag der Konkretisierung.

> Solche Leitvorstellungen in der Erziehung sind zum Beispiel „pädagogische Mündigkeit", wie sie in *Abschnitt 8.4.1* dargelegt ist, oder „Emanzipation"[1].

---

[1] *vgl. Abschnitt 8.4.2*

Die Zielsetzungen für die Erziehung und die Durchsetzung von Erziehungszielen erfolgen durch die Personen bzw. Personengruppen, die ***in einem Staat bzw. einer Gesellschaft den größten Einfluss auf die Erziehung und Erziehungsinstitutionen haben***, wie **Wirtschaftsinstanzen, politische Machthaber bzw. Regierungen, politische Parteien, Kirchen und Verbände** (vgl. *Klafki u. a., Band 2, 1989, S. 38 f.*). Am Beispiel der Festlegung von Erziehungszielen wird einerseits deutlich, wie sehr die Erziehung von der Gesellschaft – genauer gesagt, von denjenigen, die in einer Gesellschaft die Macht innehaben – beeinflusst wird. Andererseits wird hier auch das Problem der Eigenständigkeit der Pädagogik klar, die fordert, dass der junge Mensch um seiner selbst willen erzogen werden müsse und als werdende Person anzuerkennen sei.

8.2.2 Faktoren, die die Setzung von Erziehungszielen beeinflussen

Eltern und andere Erzieher/innen – soweit sie diesbezüglich einen Freiraum haben – sowie zum Teil Personen bzw. Personengruppen, die die Macht haben, Erziehungsziele durchzusetzen, werden bei der Setzung ihrer pädagogischen Ziele von bestimmten Umweltbedingungen und vor allem von ihren eigenen Persönlichkeitsmerkmalen beeinflusst:

Soziokulturelle Faktoren

Eltern und Erzieher/innen orientieren sich bei der Setzung ihrer persönlichen Erziehungsziele in der Regel an den **Wert- und Normvorstellungen** der Gesellschaft bzw. der gesellschaftlichen Gruppierung, in der sie leben. Dabei spielt das **politische System** eine zentrale Rolle.

→ In einem autoritären Staat sind zum Beispiel unbedingter Gehorsam oder bedingungslose Pflichterfüllung wichtige Erziehungsziele; ein demokratischer Staat fordert dagegen Emanzipation oder Mündigkeit von seinen Bürgerinnen und Bürgern.

Gesellschaftliche **Trends** wie beispielsweise die antiautoritäre Erziehung[1] in den 1970er-Jahren üben einen nicht unerheblichen Einfluss auf das Anstreben von Erziehungszielen aus. Ab Ende des 20. Jahrhunderts darf auch die Rolle der **Medien** nicht unterschätzt werden.

[1] *vgl. Kapitel 4.2.2*

Ökonomische Faktoren

Die **Wirtschaftsordnung** einer Gesellschaft nimmt Einfluss auf die Setzung von Zielen in der Erziehung. Die starke Orientierung der Wirtschaft am Gewinn, der Zwang zum Konsumieren, die Betonung von Eigentum und Leistung sowie Konkurrenzdenken und Positionskämpfe beispielsweise bleiben nicht ohne Auswirkung auf die Festlegung von Erziehungszielen. Auch **wirtschaftliche Verhältnisse** wie Verdienst, Vermögen und Besitz, Wohnbezirk oder Wohnraum und dessen Einrichtung spielen eine große Rolle.

Individuelle Faktoren

Hier spielt die **familiäre Situation**, die durch Familiengröße, die Art der Familie – zum Beispiel vollständige oder Ein-Eltern-Familie – oder die Familienatmosphäre beeinflusst wird, eine wichtige Rolle beim Anstreben bestimmter Erziehungsziele. Auch die **Bezugsgruppen** der Familie können einen bedeutenden Einfluss hinsichtlich der Verfolgung bestimmter Ziele besitzen.

Patchworkfamilie

Persönlichkeitsmerkmale der Erzieherin/des Erziehers und der/des zu Erziehenden

Den wohl stärksten Einfluss auf die Setzung von Erziehungszielen haben die **Persönlichkeitsmerkmale der Erzieherin/des Erziehers**: Eigene Wünsche, Ideale, Ideologien, Weltanschauungen, Bedürfnisse, Gefühle, Einstellungen, Erfahrungen und dergleichen bestimmen wesentlich das eigene Erzieherverhalten und die Zielsetzungen. Schließlich haben **individuelle Erlebnisse** weitreichende Folgen: Positive und negative Erfahrungen in der eigenen Biografie wirken sich auf die Formulierung und Setzung von Zielen in der Erziehung aus.

Verbinden zum Beispiel Erzieher/innen mit ihrer eigenen Erziehung weniger gute Erfahrungen, so neigen sie dazu, eine „andere" Erziehung mit „anderen" Zielen anzustreben („Ich möchte mein Kind nicht so erziehen!", „Mein Kind soll es einmal besser haben als ich!"). Häufig werden bei den eigenen Kindern jedoch dieselben Erziehungsziele verfolgt, die bei der eigenen Erziehung galten.

In jeder erzieherischen Situation sind jedoch nicht nur die Absichten der Erzieherin/des Erziehers von Bedeutung, sondern auch das Alter der/des zu Erziehenden, ihre/seine Interessen, Fähigkeiten und Fertigkeiten sowie ihre/seine Wünsche und Bedürfnisse. Sie wirken sich auf die Setzung von Erziehungszielen aus.

Das Menschenbild

Jeder Mensch geht bei der Setzung seiner Erziehung von einem bestimmten Menschenbild aus und je nach Menschenbild gibt es verschiedene Erziehungsvorstellungen.[1] Zudem ist ein Menschenbild immer in eine bestimmte Weltanschauung oder Lehre, die jemand vertritt, eingebunden, die die Setzung von Erziehungszielen in einem nicht unerheblichen Maße beeinflusst.

Die Liste der Faktoren ist nicht vollständig; es lassen sich noch weitere finden, die Eltern und andere Erzieher/innen bei ihren Vorstellungen über das „Wohin" in der Erziehung beeinflussen.

---

[1] *vgl. Kapitel 4.2.1*

8.2.3 Der Wandel von Erziehungszielen

Wie die Geschichte der Pädagogik zeigt, wurden in unserem Kulturkreis nach- und nebeneinander recht unterschiedliche Erziehungsziele vertreten. Abhängig von dem jeweiligen Menschenbild und der Weltanschauung, den politischen, militärischen oder wirtschaftlichen Gegebenheiten und Interessen einer Gesellschaft sowie ihren aktuellen Wert- und Normvorstellungen wurden und werden im Laufe der Zeit unterschiedliche Erziehungsziele formuliert.

→ Während beispielsweise bis in die 1960er-Jahre hinein Vorstellungen wie Disziplin, Pflichterfüllung, Gehorsam, Leistung, Ordnung usw. im Mittelpunkt standen, geht man heute davon aus, dass in den letzten Jahren so etwas wie ein Wertewandel – und damit eine Veränderung der Erziehungsziele stattgefunden hat: Danach werden sogenannte Selbstentfaltungswerte wie Emanzipation, Autonomie, Selbstverwirklichung, Selbststeuerung und Kritikfähigkeit usw. betont (vgl. *Gudjons, 2008[10], S. 192 f.*).

Erziehungsziele können nur aus der jeweiligen historischen Struktur einer Gesellschaft und Kultur heraus verstanden werden.

→ Im Deutschen Reich von 1933 – 1945 war es die Ideologie des Nationalsozialismus, in der ehemaligen Deutschen Demokratischen Republik die des Sozialismus, in der Republik Österreich ist es dagegen die Vorstellung einer freiheitlichen, demokratischen Gesellschaft, die die Setzung von erzieherischen Zielvorstellungen bestimmt.

Unterschiedliche Erziehungsziele zu ein und demselben Zeitpunkt ergeben sich aus den verschiedenen Denk- und Einstellungsrichtungen innerhalb einer Gesellschaft. Dies ist vor allem in demokratischen Systemen der Fall, die unterschiedliche, zum Teil sogar gegensätzliche Wert- und Normvorstellungen zulassen. Deshalb kann es in einer demokratiefreundlichen Gesellschaft niemals nur *das* Ziel der Erziehung geben, es herrscht immer eine Vielfalt von Erziehungszielen vor.

Der Wandel von Erziehungszielen ist immer Folge einer Änderung von gesellschaftlichen, kulturellen, sozialen, politischen, ökonomischen, wissenschaftlichen, weltanschaulichen oder auch von subjektiven Verhältnissen.

So hat die Einführung des demokratischen Staatswesens nach dem Zweiten Weltkrieg zu einer Veränderung von Erziehungszielen geführt. Die Entwicklung der Antibabypille in den 1950er- und 1960er-Jahren brachte die sexuelle Selbstbestimmung der Frauen und in der Folge ihre zunehmende Selbstverwirklichung und Emanzipation, was in die Setzung von Erziehungszielen mit einfloss.

Bedingungen für einen Wandel von Erziehungszielen sind

- **politische Interessen und Gegebenheiten,**
- **Weltanschauung und Menschenbild,**
- **kulturelle und soziale Gegebenheiten,**
- **ökonomische Interessen und Gegebenheiten,**
- **wissenschaftliche Erkenntnisse**
- **Persönlichkeitsmerkmale der Erzieherin/des Erziehers**, insbesondere ihre/seine Einstellungen sowie
- **Persönlichkeitsmerkmale der/des zu Erziehenden**.

Die aktuelle gesellschaftliche Diskussion über die Zukunft der Arbeit – und im Zusammenhang damit die Bedeutung der Informationstechnologie – wird beispielsweise eine Veränderung von Erziehungszielen zur Folge haben. Die Arbeitnehmerin/Der Arbeitnehmer der Zukunft soll sich selbstständig Informationen beschaffen können; Flexibilität und die Bereitschaft, sich auf Neues einzulassen, werden wesentliche Ziele der Erziehung sein. „Klassische Tugenden" wie Fleiß, Disziplin und Gehorsam werden zwar wichtig bleiben, aber nicht mehr im Vordergrund stehen.

Auf den Punkt gebracht

- Die Zielsetzung und ihre Durchsetzung erfolgen durch die Personen bzw. Personengruppen, die in einer Gesellschaft den größten Einfluss auf die Erziehung haben. Dies sind zum Beispiel Wirtschaftsinstanzen, Regierungen, politische Parteien, Kirchen und Verbände. Erziehungswissenschaftler/innen können zwar Leitvorstellungen der Erziehung proklamieren, doch deren Durchsetzung in der Erziehungspraxis ist nur zum Teil und unter bestimmten Bedingungen möglich.
- Erziehungsziele sind nicht allgemeingültig, sondern wandeln sich im Laufe der Zeit. Der Wandel von Erziehungszielen ist bedingt durch politische, militärische und ökonomische Gegebenheiten und Interessen, durch Weltanschauungen und Menschenbild, durch wissenschaftliche Erkenntnisse sowie durch Persönlichkeitsmerkmale der Erzieherin/des Erziehers, insbesondere durch ihre/seine Einstellungen und Haltungen.

Aufgaben – Wissen & Verstehen, Anwenden, Reflektieren

4. *Zeigen Sie Instanzen auf, welche Erziehungsziele festsetzen und diese in der Praxis durchsetzen können.*
5. *Beschreiben Sie Faktoren, welche die Setzung von Erziehungszielen beeinflussen.*
6. *Erläutern Sie Bedingungen, die die Entstehung und den Wandel von Erziehungszielen beeinflussen.*

8.3 Funktionen, Probleme und Begründung von Erziehungszielen

Oft wird Erzieherinnen und Erziehern vorgeworfen, dass sie in ihrer Erziehung ungerechtfertigt manipulieren würden. Aus diesem Grund muss sich die Erziehungswissenschaft mit Erziehungszielen auseinandersetzen, ihre Funktionen und die Probleme, die sich bei der Setzung von Erziehungszielen ergeben können, aufzeigen und eine Begründung von Zielen in der Erziehung anstreben.

8.3.1 Funktionen von Erziehungszielen

Erziehungsziele erfüllen bestimmte Funktionen:

- Erziehungsziele dienen der **Verwirklichung von Wert- und Normvorstellungen** sowie von **gesellschaftlichen Interessen**.[1]

→ Die/Der zu Erziehende soll zum Beispiel in ihrem/seinem Leben die Wertvorstellungen „Leistung“, „Verantwortlichkeit“ oder „Anstand“ realisieren, was zugleich als Ziel der Erziehung angestrebt wird.

- Erziehungsziele ermöglichen die **Organisation der Erziehung**: Erst wenn das „Wohin“ der Erziehung bekannt ist, wird es möglich sein, geeignete und angemessene Mittel und Verfahrensweisen des Erziehens anzuwenden. Bei einer reflektierten Erziehung werden immer die Erziehungsziele das weitere Erziehungsgeschehen bestimmen.
- Erziehungsziele geben Auskunft darüber, wie sich die Erzieherin bzw. der Erzieher in der Erziehung verhalten soll. Das Erziehungsziel enthält hier eine Instruktion für die Erzieherin und den Erzieher und stellt eine **Orientierungshilfe hinsichtlich des erzieherischen Verhaltens** dar. Wir sprechen hier in Anlehnung an *Brezinka* vom ***Erziehungsziel als Vorschrift für Erzieherinnen und Erzieher***.

→ So sagte eine Mutter bei einer Befragung: „Wenn ich will, dass meine Kinder im späteren Leben gut mit sich zurechtkommen, so muss ich darauf achten, dass ich meinen Kindern Zuwendung gebe und ihnen einen Freiraum lasse, in welchem sie selbstständig Erfahrungen sammeln können.“ In dieser Äußerung wird ausgesagt, wie sich die Erzieherin oder der Erzieher in der Erziehung verhalten soll.

[1] *vgl. Abschnitt 8.1.2*

- Nur durch die Setzung von Zielen in der Erziehung wird eine **Reflexion des erzieherischen Verhaltens** möglich. Vom Ziel her kann erzieherisches Handeln auf seine Effektivität hin überprüft werden; praktisches Erziehungsgeschehen wird so kontrollierbar. Erziehungsziele dienen somit auch der **Verbesserung der Erziehungspraxis**: Aufgrund der Reflexion ist es möglich, angemessene Konsequenzen für das weitere erzieherische Vorgehen zu ziehen sowie angewandte Mittel und Verfahrensweisen zu korrigieren.
- Erziehungsziele dienen als **„wesentliche Richtpunkte"** *(Weber, 1999[8], S. 453)* für die Zusammenarbeit, Verständigung und Ausrichtung der Erzieher/innen beispielsweise in Lehrerkollegien. Gleichzeitig bieten sie immer wieder Anlässe, sich mit Erziehungsfragen in der Öffentlichkeit auseinanderzusetzen.

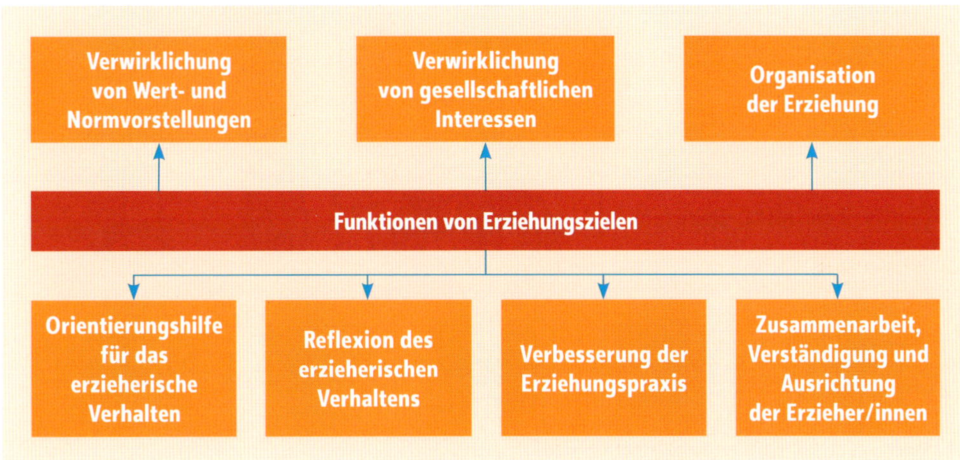

8.3.2 Probleme pädagogischer Zielsetzung

Obwohl Erziehungsziele wichtige Funktionen erfüllen, bringt die pädagogische Zielsetzung bestimmte Probleme und Gefahren mit sich.

- Ein Kennzeichen einer demokratischen Gesellschaft ist der **Werte- und Normenpluralismus**: Zu ein und demselben Sachverhalt gibt es verschiedene, gelegentlich auch widersprüchliche Wert- und Normvorstellungen, Meinungen und Ansichten gleichberechtigt nebeneinander. Eltern und Erzieher/innen wissen deshalb oft nicht, was „richtig" und was „falsch" ist, welche Erziehungsziele sie nun aus der Vielfalt für sich verbindlich machen sollen.

  > Eine bestimmte Gruppe von Leuten zum Beispiel propagiert eine „freie Sexualität", die durch nichts eingeschränkt werden darf und ausgelebt werden muss. Dagegen sind viele Menschen der Ansicht, dass Sexualität in bestimmte Bahnen gelenkt werden muss und nur in einer Partnerbeziehung realisiert werden soll.

- Oft kommt es beim Anstreben bestimmter Erziehungsziele zu einem **Normenkonflikt**: Zwei oder mehrere bewusst gesetzte Erziehungsziele stehen in Widerspruch zueinander.

→ Ziele wie Durchsetzungsvermögen, die Verwirklichung persönlicher Interessen oder das Streben nach Individualität lassen sich zum Beispiel schwer mit Vorstellungen wie Hilfsbereitschaft oder Achtung vor Bedürfnissen anderer vereinbaren.
Der Philosoph und Bestsellerautor *Richard D. Precht* schreibt in seinem Buch „Die Kunst, kein Egoist zu sein" (*2010*), dass die Wirtschaft einerseits einen egoistischen Hedonisten[1] und unersättlichen Konsumenten benötigt, der in seiner Gier ständig mehr will, und andererseits die Gesellschaft einen bescheidenen, hilfsbereiten und zufriedenen Mitbürger braucht (vgl. *Precht, 2010, S. 177*).

Zu einem Normenkonflikt kann es auch kommen, wenn sich bewusst angestrebte Erziehungsziele mit den in der Erziehung unreflektiert mitwirkenden Normen widersprechen.

→ Ein Elternpaar lässt sich zum Beispiel stark beeinflussen von dem, was momentan „in" ist. Diese Gegebenheit fließt gleichsam unbemerkt, vielleicht gar nicht bewusst in den Erziehungsprozess mit ein und steht im Widerspruch zu dem Erziehungsziel „Kritikfähigkeit", das die Eltern bewusst verfolgen wollen.

„Ordentliches Auftreten ist die erste Voraussetzung für eine erfolgreiche Bewerbung!"

Dabei bleibt es offen, ob die unbewusst mitwirkenden Normen oder die speziellen Erziehungsziele in der Praxis auf Kinder und junge Menschen die größere und dauerhaftere Wirkung haben (vgl. *Klafki u. a., Band 2, 1989, S. 20*).

- Erziehungsziele können nach *Friedemann Schulz von Thun* nur zu ihrem Gegenpol realisiert werden. Kein Erziehungsziel – und das gilt für jeden Wert – „ist an sich allein schon, was er sein soll – er wird es erst durch die Einbeziehung des positiven Gegenwertes" (*Pörksen/Schulz von Thun, 2014, S. 118*). *Schulz von Thun* greift dabei auf das von *Nicolai Hartmann* kreierte Wertequadrat zurück, das von *Paul Helwig (1967, S. 65 ff.*) bekannt gemacht wurde.

→ Individualität für sich allein verkommt beispielsweise zum Egoismus, sie braucht den Gegenpol der Gemeinschaftsfähigkeit. Gemeinschaftsfähigkeit allein würde zur Aufgabe der eigenen Persönlichkeit führen. Nur Individualität – das Ich – und Gemeinschaftsfähigkeit – das Wir – zusammen bezeichnen ein positives Ergänzungsverhältnis.

---

[1] *Ein/e Hedonist/in ist jemand, dessen/deren Verhalten vorwiegend von dem Streben nach Lustgewinn bestimmt ist.*

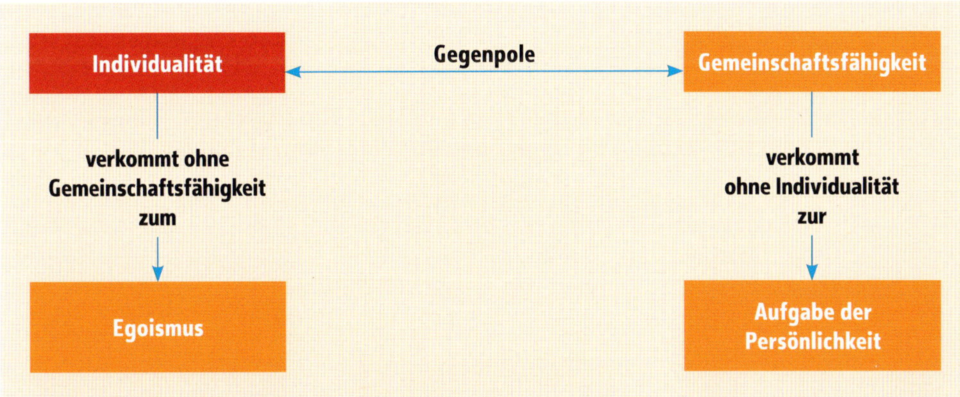

- Erziehungsziele können **völlig unrealistisch und an unerreichbaren Idealen ausgerichtet** sein (vgl. *Weber, 1999[8], S. 477)*.

> Das Streben nach Perfektion des Menschen beispielsweise kann zu einer fortwährenden Überforderung und einem chronisch schlechten Gewissen führen sowie verhängnisvolle Schuldgefühle und Neurosen der/des zu Erziehenden bewirken.

- Die Setzung von Zielen in der Erziehung kann die **Zukunftsoffenheit verbauen**: Kinder und Jugendliche werden für morgen erzogen; in der Erziehung können aber meist nur Ziele verfolgt werden, die für heute wichtig sind, weil die Zukunft nicht vorhergesehen und vorweggenommen werden kann.

  Die Offenheit für neue Situationen und Herausforderungen wird vor allem dort behindert, wo Erziehungsziele ausschließlich traditionell orientiert und auf Anpassung ausgerichtet sind oder starr festgelegt werden, wie dies häufig bei organisierten Erziehungsinstitutionen wie der Schule der Fall ist. Dadurch kann es zur Verfestigung des Herkömmlichen und zur Beeinträchtigung der Umstellungsfähigkeit und -bereitschaft kommen (*vgl. Weber, 1999[8], S. 476*).

- Ziele der Erziehung sind oft **Leitbilder weltanschaulicher Manipulation**: Eltern und andere Erzieher/innen missverstehen Erziehung oft als Menschenformung nach einem festgesetzten Menschenbild. Hier gelten Erziehungsziele als Zweck, zu deren Erfüllung die nachwachsende Generation nur Mittel ist. Dadurch werden aber Selbstbestimmung und freie Entfaltung der Persönlichkeit be-, wenn nicht gar verhindert.

> Bestimmte Gruppierungen versuchen zum Beispiel, ihre eigenen Vorstellungen über das, was politisch als „richtig" zu gelten hat, durchzusetzen und auch die nachfolgende Generation dafür zu gewinnen. Junge Menschen werden aber damit zum Mittel, das dem Zweck der Realisierung eines bestimmten politischen Programms zu dienen hat. Erziehung muss zwar zu einer selbstbestimmten und verantwortlichen Wahrnehmung von politischen Pflichten und Rechten befähigen; es darf aber nicht ihre Aufgabe sein, spezifische politische Programme einzelner Parteien oder Gruppen durchzusetzen, für die die nachfolgende Generation lediglich Mittel zum Zweck ist (vgl. *Weber, 1999[8], S. 566 f.*).

- Die Gesellschaft oder bestimmte Menschengruppen können ihre eigenen Interessen mehr oder weniger bewusst hinter Erziehungszielen, die sie zu formulieren und durchzusetzen versuchen, verbergen, um bei anderen Menschen – auch bei der Erzieherin bzw. beim Erzieher oder bei der/dem zu Erziehenden selbst – ein **falsches Bewusstsein** zu erzeugen. Im Extremfall können pädagogische Zielsetzungen zur ganz bewussten **Verschleierung eigener Machtansprüche** benutzt werden (vgl. *Klafki u. a., Band 2, 1989, S. 29)*.

→ So zum Beispiel kann in dem proklamierten Ziel „Erziehung zur Friedfertigkeit“ das Interesse einer bestimmten Gruppe versteckt sein, aus Friedfertigkeit heraus alles hinnehmen und „schlucken“ zu lernen.

Eine weitere Möglichkeit zur Verschleierung und Durchsetzung von bestimmten Interessen ist die ***Umdefinierung von bereits bekannten Erziehungszielen***.

→ So wurde der Begriff „Emanzipation“ beispielsweise von neomarxistischen Sozialtheoretikerinnen und Sozialtheoretikern sowie Pädagoginnen und Pädagogen der sogenannten Neuen Linken mit einem anderen Inhalt belegt, als dieser ursprünglich zum Ausdruck bringen wollte, um damit eine leichtere Manipulation zu ermöglichen.

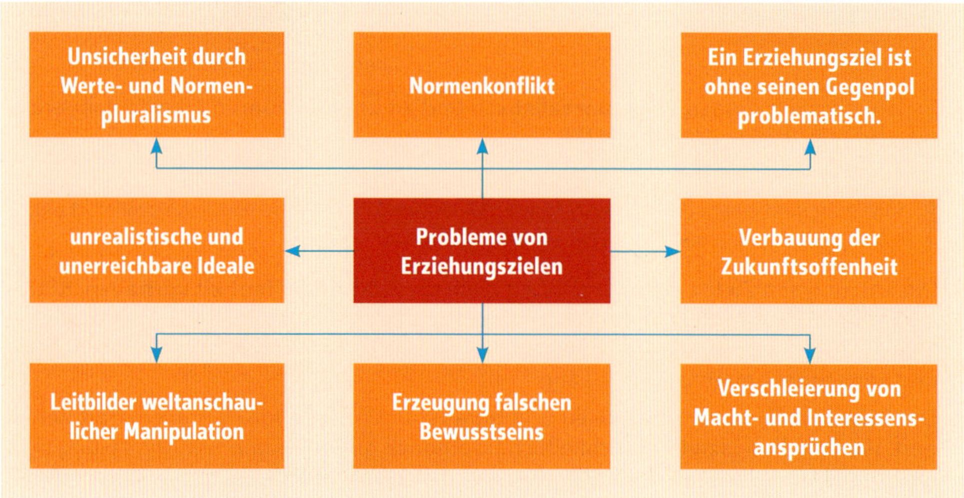

8.3.3 Begründung von Erziehungszielen

Die Erziehungswissenschaft muss sich mit pädagogischen Zielen auseinandersetzen. Da es sich bei Erziehungszielen um normative Verhaltenserwartungen handelt, ist das „Beweisen“ der „Richtigkeit“ bzw. „Falschheit“ von pädagogischen Zielen nicht möglich. Die Erziehungswissenschaft strebt deshalb eine ***Rechtfertigung im Sinne einer Begründung*** von Erziehungszielen an.

„Erziehungswissenschaft als praktische Disziplin hat als oberstes Ziel, Handlungsanweisungen für die Praxis zu geben. Die erste Aufgabe der Erziehungswissenschaft liegt in der Begründung, Aufstellung und Rechtfertigung von Erziehungszielen oder Normen für die Erziehungspraxis.“

(Tschamler, 1996³, S. 199)

Diese Begründung kann aus unterschiedlichen Perspektiven erfolgen:

Wertphilosophische Begründung

Die Grundlage für die Begründung von Erziehungszielen bildet die **Würde des Menschen**, die gleichsam als „oberster Wert“, als ***Basiswert*** einer humanen Gesellschaft gilt (vgl. *König/Zedler, 2007³, S. 33*).

Artikel 1 der Allgemeinen Erklärung der Menschenrechte, Parlamentsgebäude, Wien

In der Republik Österreich ist dieser Wert neben dem B-VG beispielsweise im *Staatsgrundgesetz* festgelegt – zum Beispiel die Gleichheit vor dem Gesetz oder die Achtung vor der Unantastbarkeit der Menschenwürde.

Erziehungsziele können dann als gerechtfertigt gelten, wenn sie der Würde des Menschen entsprechen. Hierzu gehört auch, dass der Mensch als ***Person*** und als ***Subjekt*** geachtet wird und Erziehungsziele ihn niemals als Objekt, als „Mittel zum Zweck“ sehen.

Erziehungsziele müssen sich an der Würde des Menschen orientieren.

Anthropologische[1] Begründung

Die Grundlage für die Begründung von Erziehungszielen bilden die Aussagen über das **Wesen des Menschen**. Erziehungsziele können dann als gerechtfertigt gelten, wenn sie dem Wesen des Menschen entsprechen.

Erziehungsziele müssen sich am Wesen des Menschen orientieren.

Normative Begründung

Die Grundlage für die Begründung von Erziehungszielen sind die für das **gesellschaftliche Zusammenleben notwendigen sozialen Normen**. Erziehungsziele können dann als gerechtfertigt gelten, wenn sie ein geregeltes Zusammenleben ermöglichen.

Erziehungsziele müssen sich an den für das Zusammenleben notwendigen Werten und Normen orientieren.

Pragmatische[2] Begründung

Die Grundlage für die Begründung von Erziehungszielen sind gegenwärtige und zukünftige **Aufgaben und Probleme, die zu bewältigen sind**. Erziehungsziele können dann als gerechtfertigt gelten, wenn durch sie wichtige Kompetenzen erworben werden, die zur Lösung von Aufgaben und Problemen unserer Gesellschaft bzw. Kultur notwendig sind.

Erziehungsziele müssen sich an den anstehenden Aufgaben und Problemen der Zeit orientieren.

[1] *Der Begriff „Anthropologie“ ist in Kapitel 2.1 geklärt.*
[2] *pragmatisch (griech., pragmatikós): „auf das Handeln bezogen“, „der Praxis dienend“*

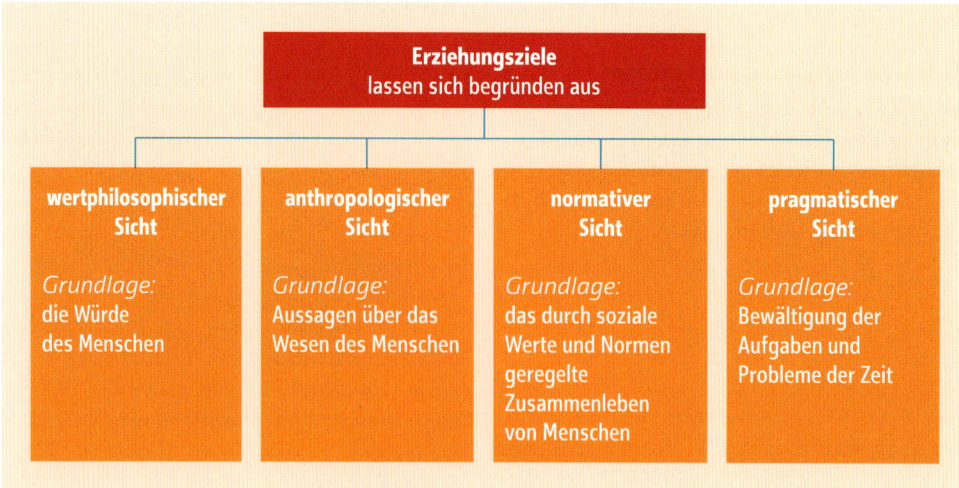

Auf den Punkt gebracht

- Erziehungsziele dienen der Verwirklichung von Wert- und Normvorstellungen sowie von gesellschaftlichen Interessen, ermöglichen die Organisation der Erziehung und eine Reflexion des erzieherischen Verhaltens, dienen der Verbesserung der Erziehungspraxis und tragen zu einer Planung sinnvoller Reformen bei.
- Die Setzung von Erziehungszielen bringt Probleme und Gefahren mit sich: Unsicherheit durch Wert- und Normenpluralismus, Normenkonflikte, unrealistische und unerreichbare Ideale, Verbauung der Zukunftsoffenheit, Leitbilder weltanschaulicher Manipulation, Erzeugung falschen Bewusstseins sowie Verschleierung von Macht- und Interessenansprüchen.
- Deshalb muss sich die Erziehungswissenschaft mit pädagogischen Zielen auseinandersetzen; sie strebt eine Rechtfertigung im Sinne einer Begründung ihrer Leitvorstellungen der Erziehung an: Sie „überprüft", ob die Leitvorstellungen mit der Würde und den Wesensmerkmalen des Menschen übereinstimmen (wertphilosophische und anthropologische Begründung), ob durch sie die Verwirklichung eines geregelten Zusammenlebens ermöglicht wird (normative Begründung) und ob Menschen die Aufgaben und Probleme der Zeit bewältigen können (pragmatische Begründung).

Aufgaben – Wissen & Verstehen, Anwenden, Reflektieren

7. *Stellen Sie die Funktion von Erziehungszielen dar und erläutern Sie diese anhand einer konkreten Zielvorstellung.*
8. *Erörtern Sie die mit dem Thema „Zielvorstellungen der Erziehung" verbundene Problematik.*
9. *Begründen Sie anhand einer konkreten Zielvorstellung die Setzung von Erziehungszielen.*

8.4 Pädagogische Mündigkeit als Erziehungsziel

Die wissenschaftliche Pädagogik kann keine allgemeingültigen, konkreten Aussagen tätigen, was und wie der Mensch werden soll. Sie kann lediglich übergreifende Erziehungsziele im Sinne eines **Leitzieles** formulieren, das jedoch mit konkreten Inhalten gefüllt werden muss. Ein solches übergreifendes Leitziel ist die pädagogische Mündigkeit.

8.4.1 Der Begriff „pädagogische Mündigkeit“

Mündigkeit ist ursprünglich ein Rechtsbegriff und meint die Berechtigung, seine Interessen selbst wahrnehmen, verbindliche Rechtsgeschäfte abschließen und politische Bürgerrechte entsprechend der jeweiligen Rechtsordnung ausüben zu können (vgl. *Weber, 1999⁸, S. 496*). Der pädagogische Begriff der Mündigkeit bezieht sich auf die Kompetenz[1] in verschiedenen Bereichen. Kompetenz bedeutet „Eignung“, „zu etwas fähig sein“.

> **Kompetenz meint die Fähigkeit, die Eignung, das Vermögen und die Fertigkeit, in einem bestimmten Zuständigkeitsbereich fachkundig handlungsfähig zu sein.**

Nach *Heinrich Roth*[2] (*1986², S. 180*) drückt pädagogische Mündigkeit „***Kompetenz in einem dreifachen Sinne***“ aus:

- **Selbstkompetenz** ***meint die Fähigkeiten, mit sich und seinem Leben umgehen zu können***. Dazu gehört, eigene Werthaltungen zu entwickeln, sein eigenes Leben gestalten zu können und mit sich selbst zurechtzukommen sowie sich selbst zu bestimmen und für das eigene Handeln die Verantwortung zu übernehmen.

- **Sozialkompetenz** ***bezeichnet die Fähigkeiten im Umgang in sozialen Situationen***. Dazu gehören alle Fähigkeiten, um das soziale Leben einerseits in Einrichtungen und Organisationen wie in der Familie, der Schule oder dem Betrieb und andererseits in Beziehungen – zum Beispiel Freundeskreis – verantwortungsvoll gestalten und bewältigen zu können. Darunter fällt vor allem die Fähigkeit zur erfolgreichen Kooperation[3], Kommunikation und Konfliktlösung sowie die Fähigkeit, sich aktiv mit gesellschaftlichen Geschehnissen und Hintergründen auseinandersetzen zu können.
- **Sachkompetenz** ***beschreibt die Fähigkeiten im Umgang mit der dinglichen Welt***. Dazu gehören die Fähigkeiten, die für die Bewältigung der Sachwelt in Beruf, Politik und Umwelt erforderlich sind. Hierzu gehört auch das Streben nach einer größtmöglichen Übereinstimmung von Individuum und Umwelt, um Umwelt und Menschen nicht zu gefährden bzw. zu zerstören.

---

[1] *competentia (lat.): das Zusammentreffen*
[2] *Heinrich Roth (1906–1983) war zunächst Professor für Pädagogik am Deutschen Institut für Internationale Pädagogische Forschung in Frankfurt am Main, später an der Universität Göttingen. Er war zudem Mitglied des Deutschen Bildungsrates.*
[3] *cooperatio (lat.): die Mitwirkung; die Zusammenarbeit*

Während die juristische Mündigkeit zu einem genau bestimmten Zeitpunkt erreicht wird und in der Regel auch erhalten bleibt, ist Mündigkeit aus pädagogischer Sicht nur als **Prozess** zu verstehen, der unabschließbar ist. ***Mündigkeit erfordert lebenslanges Weiter- und Umlernen, um mündig zu bleiben***.

> **Mündigkeit als pädagogische Zielvorstellung ist ein Prozess und bedeutet die Bereitschaft und Fähigkeit eines Menschen, das eigene und das soziale Leben sowie die Sachwelt in Beruf, Umwelt und Politik bewältigen zu können.**

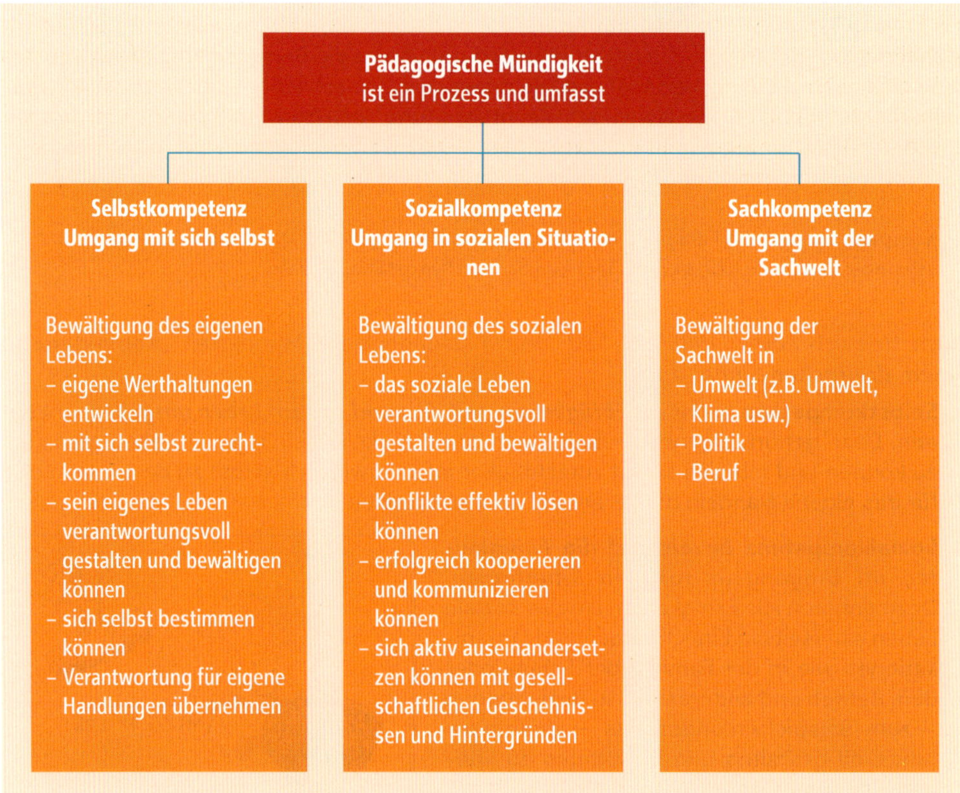

8.4.2 Emanzipation als pädagogische Zielvorstellung

Der Prozess des Mündigwerdens bedarf entsprechender ***gesellschaftlicher Bedingungen***, die ihn ermöglichen. Diese sind nicht einfach gegeben, sondern müssen politisch verwirklicht, bei ungerechtfertigten Abhängigkeiten, Machtverhältnissen, Zwängen oder Unterdrückung sogar erkämpft werden. Die dazu erforderlichen Fähigkeiten und Verhaltensweisen sind durch Erziehung herbeizuführen.

Wo es nun in der Erziehung um die Befähigung zur Befreiung von gesellschaftlichen Verhältnissen geht, die ein Mündigwerden be- bzw. verhindern, oder um die Befähigung zum Kampf um gesellschaftliche Bedingungen, die ein Mündigwerden ermöglichen, spricht man von Emanzipation.

Ursprünglich verstand man unter Emanzipation den Rechtsakt, durch den der Sohn aus der väterlichen Gewalt entlassen wurde, später analoge Akte, durch die man den Rechtsstatus der Mündigkeit erwarb (vgl. Weber, 1999[8], S. 487).

Emanzipation als pädagogische Zielvorstellung bedeutet die Fähigkeit und Bereitschaft des Menschen, sich von gesellschaftlichen Verhältnissen zu befreien, die ein pädagogisches Mündigwerden be- bzw. verhindern, und um gesellschaftliche Bedingungen zu kämpfen, die ein Mündigwerden ermöglichen.

Mit Emanzipation ist demnach der Abbau von willkürlichen, nicht gerechtfertigten Machtverhältnissen von Menschen über Menschen, die Befreiung von ungerechtfertigter und unbegründeter Abhängigkeit, Zwang und Unterdrückung mit dem Ziel der individuellen Selbstbestimmung und gleichberechtigten Mitbestimmung bei gesellschaftlichen und politischen Entscheidungen gemeint (vgl. *Weber, 1999[8], S. 492)*.

Emanzipation – so verstanden – orientiert sich an jenen Menschheitsprinzipien, die als Grundrechte und -werte auch in der Österreichischen Bundesverfassung verankert sind und das Ethos der freiheitlichen Demokratie als Lebens- und Staatsform ausmachen.

Es wird auch von einer emanzipatorischen Sexualerziehung gesprochen, die dazu beitragen soll, dass die Vielfalt sexueller Verhaltensweisen toleriert und akzeptiert wird[1] (*vgl. Timmermanns, 2013[2], S. 261*).

Auf den Punkt gebracht

- Mündigkeit als pädagogische Zielvorstellung bedeutet die Bereitschaft und Fähigkeit eines Menschen, das eigene und das soziale Leben sowie die Sachwelt in Beruf, Umwelt und Politik bewältigen zu können. Pädagogische Mündigkeit stellt ein allgemeines Leitziel dar, das eine inhaltliche Konkretisierung notwendig macht. In einer demokratischen Gesellschaft lassen sich jedoch allgemein verbindliche Erziehungsziele nur weitgehend formal bestimmen; ihre Konkretisierung muss immer wieder neu durchdacht werden.
- Emanzipation als pädagogische Zielvorstellung bedeutet die Fähigkeit und Bereitschaft, sich von gesellschaftlichen Verhältnissen zu befreien, die ein pädagogisches Mündigwerden be- bzw. verhindern, und um gesellschaftliche Bedingungen zu kämpfen, die ein Mündigwerden ermöglichen.

Aufgaben – Wissen & Verstehen, Anwenden, Reflektieren

10. Stellen Sie eine heute sinnvolle, allgemein anerkannte Zielvorstellung der Erziehung dar (zum Beispiel pädagogische Mündigkeit).

11. a) Beschreiben Sie ein aktuelles Erziehungsziel (zum Beispiel pädagogische Mündigkeit).
b) Bestimmen Sie an dieser Zielvorstellung den Begriff „Erziehungsziel".
c) Zeigen Sie an diesem Ziel Funktionen von Erziehungszielen auf.
d) Legen Sie dar, warum sich Erziehung an diesem Ziel orientieren soll.
e) Konkretisieren Sie inhaltlich die in a) beschriebene aktuelle Zielvorstellung.

[1] *vgl. Kapitel 10.3.2*

12. *Erläutern Sie Emanzipation als pädagogische Zielvorstellung und stellen Sie den Unterschied zwischen pädagogischer Mündigkeit und Emanzipation heraus.*

13. In der Familie legen die Eltern ihre Zielvorstellungen mehr oder weniger bewusst selbst fest.
    → *Notieren Sie auf ein Blatt Papier, welche Erziehungsziele Sie bei der Erziehung Ihrer eigenen Kinder verfolgen würden.*
    → *Bilden Sie Kleingruppen und sprechen Sie über die notierten Ziele.*
    → *Diskutieren Sie auch, wie sich Ihre Zielvorstellungen begründen lassen.*

14. *Notieren Sie, welche Erziehungsziele bei Ihren Eltern bzw. bei Ihrer eigenen Erziehung im Vordergrund standen, und sprechen Sie in der Klasse über diese Zielvorstellungen. Bilden Sie anschließend Kleingruppen und sprechen Sie darüber, welche Ziele Ihrer Eltern Sie beibehalten und welche Sie nicht verfolgen würden. Begründen Sie dabei Ihre Wahl.*

15. „Begriffe wie Pflichterfüllung, Gehorsam und Bescheidenheit sind schöne Worte, welche die großen Herren für die kleinen Leute erfunden haben." *(Norman Mailer[1])*
    Diskutieren Sie diese Aussage von Norman Mailer.

16. Wie lässt sich ein bestimmtes Erziehungsziel in die Praxis umsetzen?
    → *Sprechen Sie in Kleingruppen darüber, wie sich pädagogische Mündigkeit in der Familie oder in einer anderen pädagogischen Einrichtung „umsetzen" lässt.*
    → *Halten Sie Ihre Ergebnisse „organisiert" – zum Beispiel in Form einer Mindmap – auf einem Plakat fest.*
    → *Sprechen Sie in der Klasse über die verschiedenen Umsetzungsmöglichkeiten der pädagogischen Mündigkeit.*
    → *Einigen Sie sich auf eine Umsetzungsmöglichkeit und spielen Sie diese vor der Klasse.*

17. Die Fähigkeit, mit Informationstechnologien umzugehen, ist heute ein vorrangiges Ziel in der Erziehung.
    Diskutieren Sie in der Klasse darüber, ob sich diese Zielsetzung in die Leitvorstellung der pädagogischen Mündigkeit integrieren lässt oder die Erziehungswissenschaft eine neue Leitvorstellung formulieren muss.

18. Hat die Erziehung zur Mündigkeit – angesichts nach wie vor stattfindender Ausländerfeindlichkeit und Rechtsradikalismus – nicht grundlegend versagt?
    → *Schreiben Sie Ihr(e) Argument(e) auf Kärtchen, wobei „Pro-Argumente" auf ein grünes und „Kontra-Argumente" auf ein rotes Kärtchen kommen, und heften Sie diese an die Pinnwand.*
    → *Bilden Sie in der Klasse zwei Gruppen, eine „Pro-Gruppe" und eine „Kontra-Gruppe", und diskutieren Sie anhand der Kärtchen die oben genannte Fragestellung kontrovers.*
    → *Führen Sie anschließend ein Statement durch, in welchem jede/jeder sagt, welchen Standpunkt sie/er aufgrund der Diskussion hinsichtlich der oben genannten Frage vertritt.*

---

[1] *Norman Mailer (1923–2007) war amerikanischer Schriftsteller.*

8.5 Grundlagen der Erziehungsstilforschung

Ein wichtiger Faktor in der Erziehung ist die Erzieherin bzw. der Erzieher selbst. Je nach ihrem/seinem Verhalten und nach ihrem/seinem Stil, mit dem sie/er erzieht, wird der Erfolg der Erziehung unterschiedlich sein.

8.5.1 Der Begriff „Erziehungsstil"

Erziehungsstil meint die ***Art und Weise, wie eine Erzieherin/ein Erzieher der/dem zu Erziehenden gegenübertritt.*** Er kennzeichnet eine durchgängige ***Grundhaltung der Erzieherin/des Erziehers***. Diese Grundhaltung zeigt sich in verschiedenen Verhaltensweisen, die miteinander in Verbindung stehen und immer wieder auftreten.

Eine Lehrerin/Ein Lehrer zum Beispiel, die/der viele Gebote und Verbote erlässt, wird auch viel kontrollieren und möglicherweise häufig ermahnen und bestrafen. Diese Verhaltensweisen stehen miteinander in einem Zusammenhang und sie/er wird sie immer wieder zeigen.

Zugleich will der Begriff „Erziehungsstil" die ***Einzigartigkeit und Einmaligkeit des erzieherischen Verhaltens*** einer bestimmten Person ausdrücken – das, was für diese Person in der Erziehung „charakteristisch" ist. Dieser Sachverhalt wird oft mit dem Wort ***typisch*** umschrieben.

Unter Erziehungsstil versteht man die Verhaltensweisen einer Erzieherin bzw. eines Erziehers, die sich zu einer typischen erzieherischen Grundhaltung zusammenfassen lassen.

Dabei schließt dieser Begriff die Kategorien des ***Führungsstils***, von dem in erster Linie bei der außerschulischen Gruppenarbeit gesprochen wird, und des ***Unterrichtsstils*** in der **Schule** mit ein.[1]

Bei Erziehungsstilen handelt es sich grundsätzlich um mögliche Verhaltensmuster von Erzieherinnen und Erziehern. Diese Verhaltensmuster werden durch verschiedene Untersuchungsmethoden – vor allem durch Beobachtung – gewonnen und zu bestimmten ***Typen oder Dimensionen*** zusammengefasst. Werden die Möglichkeiten des Erzieherverhaltens nach einem charakteristischen Merkmal gruppiert und zusammengefasst, spricht man von **Typologien**[2] oder von einem **typologischen Konzept**.

Kurt Lewin

Ein solches Konzept sind zum Beispiel die Erziehungsstile von *Kurt Lewin u. a.* (autoritärer, demokratischer und Laissez-faire Führungsstil[3]), die Stile von *Harald H. Anderson* (dominativer und integrativer Stil), *C. Wayne Gordon* (instrumentaler, instrumental-expressiver und expressiver Typ) und *Georg Dietrich* (schulpädagogische Stilformen) entworfen (vgl. *Weber, 1986[8], S. 243–263*).

---

[1] Spricht man jedoch von einem Führungsstil in einer nicht pädagogischen Organisation – zum Beispiel die Führung in einem Krankenhaus –, so hat das nichts mit einem Erziehungsstil zu tun, da die erzieherische Intention fehlt.

[2] týpos (griech.): das Gepräge

[3] autoritaire (franz.): herrisch; demos (griech.): das Volk, dēmokratia: die Volksherrschaft; le Laisser-faire (franz.): das Gewährenlassen

Das *Lewin'sche* Erziehungsstil-Konzept von *Lewin* hat das pädagogische Denken und insbesondere das erzieherische Handeln vor allem in den 1960er- und 1970er-Jahren nachhaltig beeinflusst. Doch seine Erziehungsstile sind keine echten Erzieherverhaltensweisen. Es handelt sich lediglich um Annahmen darüber, wie sich eine Erzieherin bzw. ein Erzieher verhalten könnte. Die heutige Erziehungsstilforschung geht jedoch davon aus, wie sich Eltern und andere Erzieherinnen und Erzieher in der Realität tatsächlich verhalten.

Werden bestimmte Erzieherverhaltensweisen hinsichtlich Richtung und Stärke gemessen, so handelt es sich um **Dimensionen** bzw. um ein **dimensionsorientiertes Konzept**. Dimensionen werden durch Gegensatzpaare wie zum Beispiel „stark – schwach", „wichtig – unwichtig" oder „intensiv – oberflächlich", bestimmt.

Ein solches Konzept hat beispielsweise das Ehepaar *Anne-Marie* und *Reinhard Tausch* entworfen[1]. Einen ebenfalls dimensionsorientierten Ansatz verfolgten *Kurt H. Stapf u. a. (1988[2], S. 31 ff.)* mit dem ***Apriori-Modell*** auf der Grundlage der Lerntheorien. Sie legten als Dimensionen des Erzieherverhaltens die elterliche Strenge und die elterliche Unterstützung fest.

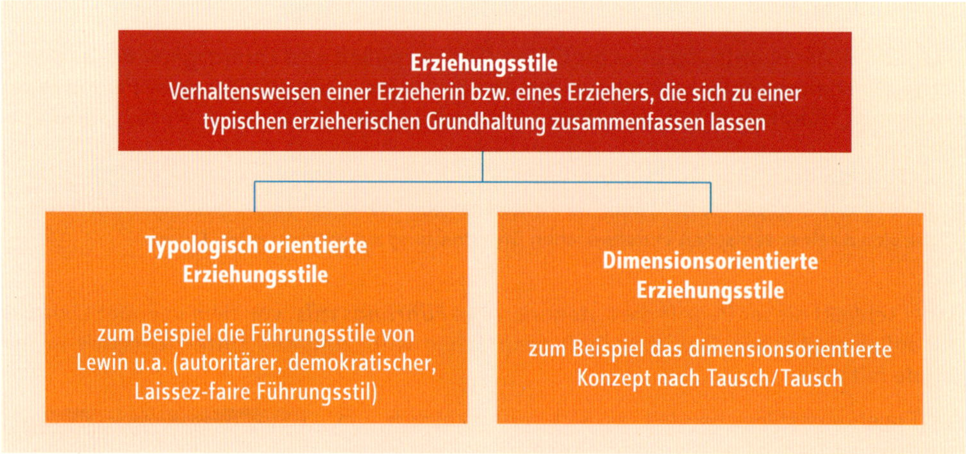

8.5.2 Elterliche Erziehungsstile

Die Erziehungsstilforschung des vergangenen Jahrhunderts konzentrierte sich wenig darauf, wie ***Eltern*** sich in einer Vielzahl von Erziehungssituationen verhalten. Doch schon in den 1960er-Jahren wurde eine Klassifikation elterlichen Erzieherverhaltens aufgestellt. Dabei geht es um elterliche Einstellungen, Handlungsweisen sowie sprachliche und nicht sprachliche Ausdrucksformen, die die Art der wechselseitigen Beziehung zwischen Eltern und zu Erziehender bzw. Erziehendem in einer Vielzahl von erzieherischen Situationen kennzeichnet.

Als elterliche Erziehungsstile bezeichnet man ein Muster von elterlichen Einstellungen, Handlungsweisen und Ausdrucksformen, welches die Art der wechselseitigen Beziehung zwischen Eltern und zu Erziehender bzw. Erziehendem in einer Vielzahl von erzieherischen Situationen kennzeichnet.

[1] *Reinhard Tausch vertrat in den letzten Jahren seines Lebens sein Dimensionen-Konzept nicht mehr (siehe die jüngste Auflage – 11. Auflage – des Buches „Erziehungspsychologie" von Reinhard und Anne-Marie Tausch).*

In der Literatur werden meist folgende elterliche Erziehungsstile unterschieden: ***der autoritative, der autoritäre, der permissive, der überbehütende, der verwöhnende und der vernachlässigende Stil***. Der autoritative Stil wird wegen seiner Bedeutung *in einem eigenen Abschnitt 8.5 dargestellt*.

Die autoritäre[1] Erziehung

Sie ist gekennzeichnet durch ein sehr hohes Maß an Lenkung und Dirigieren sowie Geringschätzung und wenig Verständnis den zu Erziehenden gegenüber. Die Erzieherin bzw. der Erzieher kann anordnen, was ihr bzw. ihm beliebt und mit den zu Erziehenden umgehen, wie sie bzw. er es will. Das Kind muss einfach gehorchen. Die Anordnungen und Befehle lassen sich nicht von der Sache her, um die es in der Erziehung geht, rechtfertigen, sondern damit, weil die Erzieherin bzw. der Erzieher es so will.

Die permissive Erziehung

Eltern, die permissiv[2] bzw. nachgiebig erziehen, sind tolerant, warmherzig und dem Kind zugewandt, aber gleichzeitig üben sie wenig Lenkung und Kontrolle sowie Strukturierung aus und stellen kaum Forderungen an das Kind. Sie erlauben, dass es sein Verhalten weitgehend selbst steuert. Ein Setzen von Grenzen findet selten statt und die Einhaltung von Grenzen wird nur sehr locker kontrolliert.

Die überbehütende Erziehung

Bei der überbehütenden Erziehung lassen die Eltern bzw. ein Elternteil das Kind nicht aus den Augen und es wird aus der Angst heraus, dem Kind könnte etwas passieren, ständig kontrolliert. Es wird über die Maßen in die Obhut der Eltern genommen, bewacht und beschützt, um es vor jeder nur denkbaren Gefahr zu bewahren. Die Eltern wissen immer am besten, was gut für das Kind ist; Entdeckungsreisen und selbstständige Explorationen werden ängstlich verfolgt und eingeschränkt.

> Beispielsweise darf das Kind nicht mit Freundinnen und Freunden auf den Abenteuerspielplatz gehen, weil es dort irgendwo herunterfallen und sich verletzen könnte.

Das Kind wird mit Liebe und körperlicher Nähe überschüttet, ohne darauf zu achten, ob es das auch will.

In jüngster Zeit ist in diesem Zusammenhang der Begriff der „***Helikopter-Eltern***“ aufgetaucht: Eltern „schweben“ ständig über ihrem Kind, um es vor jeder nur vorstellbaren Belastung zu beschützen („Rundumschutz“).

[1] *autoritaire (franz.): herrisch*
[2] *permittere (lat.): erlauben*

Die verwöhnende Erziehung

Auch bei der verwöhnenden Erziehung erhält das Kind ein „Übermaß“ an Liebe und körperlicher Nähe. Zusätzlich wird ihm alles abgenommen, was es bewältigen sollte und herausfordern könnte. Es werden kaum Forderungen an das Kind gestellt, aber all sein Tun bewundert und positiv interpretiert. Verwöhnen heißt auch, dem Kind jeden Wunsch zu erfüllen und mit größter Aufmerksamkeit und Zuwendung dafür zu sorgen, dass sich das Kind immer wohlfühlt.

Die vernachlässigende Erziehung

Bei einer vernachlässigenden Erziehung werden die physischen[1] Bedürfnisse – zum Beispiel Ernährung, Pflege – und/oder die psychischen, vor allem die emotionalen Bedürfnisse – Zuwendung, Geborgenheit, Wärme, Achtung, Nähe und Exploration[2] – des Kindes nur unzureichend oder gar nicht befriedigt.

Der Unterschied zur laissez-faire Erziehung liegt darin, dass das Kind bei ihr bewusst mit größtmöglichster Freiheit erzogen wird, während es den Eltern bei der Vernachlässigung egal ist oder sie mit dem Kind überfordert sind.

„Das Kostbarste, das Eltern ihren Kindern geben können, ist ihre Zeit.“ (*Largo, 2013*[12]*, S. 46*)

8.5.3 Die autoritative Erziehung

Große Bedeutung in der wissenschaftlichen Diskussion gewinnt in jüngster Zeit die autoritative[3] Erziehung, da sie sich hinsichtlich der Entwicklung des Kindes als sehr förderlich erwiesen hat. Autoritative Erzieherinnen und Erzieher stellen hohe, aber dennoch realistische Leistungsanforderungen an ihre Kinder mit einer „herausfordernden“ Atmosphäre. Sie setzen klare Standards und Regeln und verlangen auch deren Einhaltung. In der autoritativen Erziehung wird also klar zum Ausdruck gebracht, welches Verhalten Eltern und andere Erzieherinnen bzw. Erzieher erwarten und welches von ihnen nicht akzeptiert wird (vgl. *Haug-Schnabel/Bensel, 2009*[7]*, S. 28*).

Die erzieherische Einwirkung auf die zu Erziehende bzw. den zu Erziehenden ist – im Gegensatz zur autoritären Erziehung – begründbar und notwendig für ihr/sein Wohlergehen, zur Abwendung von Schaden sowie zur **Förderung und Entfaltung** ihrer/seiner Persönlichkeit. Entdeckungsreisen und selbstständige Explorationen werden unterstützt. Autoritative Erziehung ermutigt Kinder zu Autonomie und zum Suchen nach einem eigenen Standpunkt innerhalb der geforderten **Regeleinhaltung**. Die Erzieherinnen und Erzieher akzeptieren die Kinder auch gleichzeitig als ernstzunehmende Gesprächspartner, sie öffnen sich ihnen und sind an ihnen interessiert. Der kindliche Standpunkt wird geachtet, der eigene aber auch vertreten. Autoritative Erziehung zeichnet sich zugleich durch hohe **Wertschätzung** gegenüber der bzw. dem zu Erziehenden aus, gepaart mit dem Setzen klarer Grenzen.

---

[1] physikós (griech.): natürlich, hier: körperlich
[2] exploratio (lat.): die Erkundung, die Erforschung
[3] gleichbedeutend mit auctoritativus (lat.): auf Autorität, auf Ansehen beruhend

„Wer autoritativ erzieht, ... weiß, wofür er steht und was er anstrebt. Er hat eine Position. Dadurch wirkt er klar und kann Orientierung bieten.“ *(Träbert, 2012, S. 177)*

Autoritative Erziehung ist gekennzeichnet durch
- **hohe Wertschätzung,**
- **hohe, aber realistische Leistungsanforderungen, gepaart mit einer „herausfordernden“ Atmosphäre,**
- **Setzen von klaren Standards und Regeln, die sachlich begründbar sind,**
- **Setzen von Grenzen,**
- **Ermutigen und Fördern von Eigenständigkeit**

Im Gegensatz zur autoritativen Erziehung fordern bei der autoritären Erziehung die Eltern zwar auch die Einhaltung von Regeln, aber ihnen geht es weniger darum, den Handlungen ihrer Kinder begründete und zu begründende Grenzen zu setzen, als darum, strikten Gehorsam zu fordern.
Das Recht zu bestimmen, was geschieht, wird in erster Linie daraus begründet, dass die Erzieherin bzw. der Erzieher eben mächtiger ist und dass sie bzw. er die Macht besitzt anzuordnen, was ihr bzw. ihm beliebt und wie sie bzw. er es will. Zudem ist der autoritäre Stil durch Geringschätzung und wenig Verstehen gekennzeichnet, während sich autoritative Erziehung durch Wertschätzung und Verstehen auszeichnet.

In einer Vielzahl von Untersuchungen hat sich autoritative Erziehung im Vergleich zu anderen Erziehungsstilen als überlegen erwiesen. Sie bringt große psychosoziale Fähigkeiten hervor, führt zu großen Fortschritten in der Bereitschaft zu prosozialem Verhalten[1] sowie zu der Überzeugung, sich selbst kontrollieren zu können, und zu geringen Verhaltensproblemen. Die Kinder zeigen bei der autoritativen Erziehung eher hohe soziale und intellektuelle Kompetenzen und besitzen ein hohes Maß an Eigenkontrolle.

Autoritativ erzogene Kinder „sind besonders verantwortungsbewusst, selbstsicher, kreativ, wissbegierig, haben bessere soziale Kompetenzen (...) und größeren Erfolg in der Schule (...). Der vorteilhafte Effekt autoritativer Erziehung ist in verschiedenen Kulturen und unterschiedlichen sozialen Schichten gezeigt worden.“ *(Grob/Jaschinski, 2003, S. 63 f.)*

Insgesamt hat sich aus Untersuchungen ergeben, dass ein Zugeneigtsein und eine Wertschätzung dem Kind gegenüber sowie die in einer Familie allgemein realisierte emotionale Atmosphäre von größerem Einfluss auf zu Erziehende sind als irgendwelche spezifischen Erziehungsmaßnahmen (vgl. *Amelang u. a., 2006[6], S. 507*). Aus dieser Sichtweise sind Erziehungsstile, die eine hohe Wertschätzung und Achtung vor der bzw. dem anderen zeigen, von Vorteil. Zudem hat sich gezeigt, dass hohe, aber dennoch realistische Leistungserwartungen sowie das Setzen von klaren Standards und Regeln von großem Nutzen für das Kind sind.

[1] *Prosoziales Verhalten meint ein konstruktives, hilfreiches und gewaltloses Verhalten in sozialen Beziehungen und Situationen.*

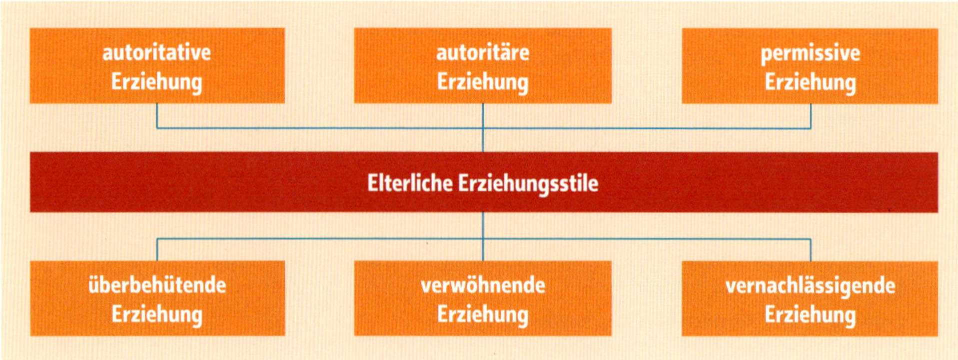

Nach *Michael Winterhoff* (* 1955), Facharzt für Kinder- und Jugendpsychiatrie, müssen Eltern ihre Kinder als das sehen, was sie sind, nämlich Kinder und keine „kleinen Erwachsenen". Kinder sollen weder gleichberechtigte Lebenspartner/innen noch eine Quelle der Anerkennung für Eltern sein. Sie sollen auch nicht als Partnerersatz fungieren müssen, der in allen Lebensbereichen als Vertrauter an ihrer Seite steht. Und Kinder sind auch nicht dazu da, das Liebesbedürfnis ihrer Eltern bzw. eines Elternteils zu stillen (vgl. *Tenzer, 2008, S. 61 f.*).[1]

„Die Natur will, dass die Kinder Kinder seien, ehe sie Erwachsene werden."

(Jean-Jacques Rousseau[2])

Auf den Punkt gebracht

- Unter Erziehungsstil versteht man die Bezeichnung einer Gruppe von Merkmalen des Erzieherverhaltens, die untereinander in Verbindung stehen und sich nach einem bestimmten Grundzug zusammenfassen lassen. Im Gegensatz zum beobachtbaren Erzieherverhalten sind Erziehungsstile keine wirklich existierenden Verhaltensweisen von Erzieherinnen und Erziehern. Werden die Möglichkeiten des Erzieherverhaltens nur nach einem charakteristischen Merkmal zusammengefasst, so spricht man von Typologien des Erzieherverhaltens. Werden jedoch Stärke und Richtung des Erzieherverhaltens gemessen, so handelt es sich um Dimensionen, die durch Gegensatzpaare wie „stark – schwach" bestimmt werden.
- In den 1960er-Jahren wurde eine Klassifikation elterlichen Erzieherverhaltens aufgestellt. Dabei geht es um ein Muster von elterlichen Einstellungen, Handlungsweisen sowie sprachlichen und nicht sprachlichen Ausdrucksformen, welches die Art der wechselseitigen Beziehung zwischen Eltern und zu Erziehen der/Erziehendem in einer Vielzahl von erzieherischen Situationen kennzeichnet. Typische elterliche Erzieherverhaltensweisen sind der autoritatitve, der autoritäre, der permissive, der überbehütende, der verwöhnende und der vernachlässigende Stil.
- Große Bedeutung gewinnt in jüngster Zeit die autoritative Erziehung. Diese ist gekennzeichnet durch hohe Wertschätzung, hohe, aber realistische Leistungsanforderungen, gepaart mit einer „herausfordernden" Atmosphäre, dem Setzen von klaren Standards und Regeln, die sachlich begründbar sind, und von Grenzen sowie dem Ermutigen und Fördern von Eigenständigkeit.

---

[1] *vgl. Kapitel 12.1.3*

[2] *Eine Kurzbiografie von Jean-Jacques Rousseau befindet sich im Kapitel 4.2.1*

Aufgaben – Wissen & Verstehen, Anwenden, Reflektieren

19. Internetrecherche und Biografie
    → *Suchen Sie in Gruppen im Internet nach Informationen über das Leben und Werk von* Kurt Lewin, Anne-Marie *und* Reinhard Tausch.
    → *Fertigen Sie in Kleingruppen eine Übersicht zur Biografie dieser beiden Wissenschaftler an.*
    → *Erarbeiten Sie wichtige Abschnitte ihres Lebens.*
20. *Bestimmen Sie den Begriff „Erziehungsstil" und beschreiben Sie den Unterschied zwischen typologischen und dimensionsorientierten Erziehungsstilkonzepten.*
21. *Beschreiben Sie typische elterliche Erziehungsstile und stellen Sie deren Unterschiede heraus.*
22. *a) Erläutern Sie die autoritative Erziehung und ihre Auswirkungen auf die Entwicklung des/der zu Erziehenden.*
    b) Stellen Sie den Unterschied der autoritativen Erziehung zum autoritären Erzieherverhalten dar.

8.6 Die pädagogische Beziehung

Wie in *Kapitel 4.1.2* angesprochen, spielt die Beziehung zwischen der Erzieherin bzw. dem Erzieher und der bzw. dem zu Erziehenden eine bedeutsame Rolle im Erziehungsprozess. Von der Art und Weise, wie sich die persönliche Beziehung zwischen Erzieherin bzw. Erzieher und zu Erziehender bzw. zu Erziehendem gestaltet, hängt in einem nicht unerheblichen Maße der Erfolg der Erziehung bzw. die Persönlichkeitsentfaltung des Kindes ab.

8.6.1 Die Bedeutung der positiven emotionalen Beziehungen

Wie bedeutsam die Herstellung positiver emotionaler Beziehungen ist, zeigen Untersuchungen über die **Bindung** auf. *Karin und Klaus E. Grossmann (2015[5])* kamen in ihren Untersuchungen zu dem Ergebnis, dass Kleinkinder auf eine feste Bindung mit einer Bezugsperson zurückgreifen können müssen, damit sie ihr Neugierverhalten ausleben können; fehlt sie oder baut diese keine Bindung zum Kleinkind auf, kann sich keine Selbstsicherheit beim Kind entwickeln. Unsichere Bindungen im Kleinkindalter wirken sich längerfristig negativ auf die Entwicklung des Kindes aus. *Grossmann/Grossmann* haben auch nachgewiesen, dass die Art und Weise der frühkindlichen Bindungen sich auf das eigene Verhalten als Erwachsene/r auswirkt. Sind die Erfahrungen positiv, so ist das Kleinkind auch im späteren Leben bereit, verlässliche, vertrauensvolle Beziehungen einzugehen, die auf Gegenseitigkeit beruhen. Bleiben jedoch in frühen Jahren gute Erfahrungen mit den Bezugspersonen aus, so hat dies fatale Folgen, nicht nur für die spätere Beziehungsfähigkeit.

Zudem entwickelt das Kind bei genügend emotionaler Zuwendung ein gesundes **Selbstvertrauen**, welches dafür verantwortlich ist, sich lernend und entdeckend mit seiner Umwelt auseinanderzusetzen. Ein Kleinkind, welches die Erfahrung einer ermutigenden, unterstützenden und liebevollen Bezugsperson macht, bekommt ein Gefühl für den eigenen Wert; das Bewusstsein in eigene Kompetenzen wird gestärkt, da eine sichere Bindung dem Kleinkind ermöglicht, seine Umwelt mit Zutrauen zu erkunden und sich mit dieser zu beschäftigen. Fehlt die Bindung zu einer Person oder ist sie unzureichend, können im späteren Leben Entwicklungsstörungen vor allem im emotionalen und sozialen Bereich auftreten. Ebenso bringt es eine emotional vernachlässigende Erziehung oft mit sich, dass Kinder und Jugendliche, wie in *Kapitel 2.3.1* ausgeführt, ein sozial abweichendes Verhalten entwickeln.

Der Aufbau positiver emotionaler Beziehungen bleibt jedoch nicht nur in den ersten Lebensjahren, sondern in allen Erziehungssituationen und in jedem Alter wesentlicher Bestandteil der Erziehung. Vor allem Individualpsychologinnen und -psychologen haben aufgrund ihrer Erkenntnisse im Umgang mit Kindern und Jugendlichen immer wieder darauf hingewiesen, dass der Aufbau positiver emotionaler Beziehungen zwischen Erzieher/in und zu Erziehender/Erziehendem Grundlage jeder Erziehung ist, ohne die erzieherische Beeinflussung nicht möglich ist. Ohne Herstellung von positiven emotionalen Beziehungen seitens der Erzieherin/des Erziehers wird die Persönlichkeitsentwicklung der/des zu Erziehenden in jedem Fall misslingen.

„Man kann niemand beeinflussen, wenn nicht zuvor eine freundliche Beziehung hergestellt worden ist. (...) Die meisten Schwierigkeiten mit Kindern sind die logischen Folgen einer gestörten Beziehung zwischen Kind und Erwachsenen." *(Dreikurs, 2009³, S. 85)*

Von der Art und Weise, wie sich die persönliche Beziehung zwischen Erzieherin bzw. Erzieher und zu Erziehender/Erziehendem gestaltet, hängt in einem nicht unerheblichen Maße der Erfolg der Erziehung bzw. die Persönlichkeitsentfaltung der/des zu Erziehenden ab.

8.6.2 Die Herstellung positiver emotionaler Beziehungen

Wie bedeutsam die Herstellung positiver emotionaler Beziehungen ist, wurde in Deutschland durch die Forschungen des Ehepaares *Reinhard* und *Anne-Marie Tausch* in den 1960er-Jahren bekannt. Sie gelangten dabei zu Ergebnissen, die man als Beschreibung **positiver emotionaler Beziehungen** bezeichnen kann. Solche Beziehungen zeigen sich in hoher **Wertschätzung, Verstehen und Echtheit**.

Prof. Dr. ***Anne-Marie Tausch*** *(1925–1983) und Prof. Dr.* ***Reinhard Tausch*** *(1921–2013) waren am Psychologischen Institut III der Universität Hamburg tätig. Beide waren fast 40 Jahre in Forschung, Lehre und Praxis auf dem Gebiet der Erziehung, des Unterrichts und der Psychotherapie aktiv. Bekannt wurden sie zum einen durch die Verbreitung der Gesprächspsychotherapie im deutschen Sprachraum und zum anderen mit ihren umfangreichen Forschungen hinsichtlich des Erzieherverhaltens.*

- **Wertschätzung** ist eine gefühlsmäßige Grundhaltung gegenüber einer anderen Person, die sich in Achtung, Anerkennung und Wohlwollen zeigt und sich in Zugewandtheit, Interesse, Aufmerksamkeit und Freundlichkeit ausdrückt. Sie äußert sich in „Anerkennung des anderen, in warmer Zuneigung, im Zeigen positiver Gefühle, in einem Sorgen für den anderen, in Herzlichkeit, in Anteilnahme, in Geduld, in Mitleiden, in Ermutigungen, in Achtung vor den Fähigkeiten und Möglichkeiten des anderen, (...) in Vertrauen zu der anderen Person, in Akzeptierung (nicht Billigung) der Gefühle und der Person des anderen." *(Tausch/Tausch, 1998[11], S. 123).*

„Nimm die Menschen, wie sie sind, nicht wie sie sein sollten." *(Franz Schubert[1])*

Geringschätzung	Wertschätzung
▪ den anderen gering achten, ihn teilnahmslos behandeln ▪ ihn abwerten, ihn abweisen, ihn ablehnen, ihn missbrauchen ▪ mit ihm unfreundlich, herzlos umgehen, mit ihm unnachsichtig sein, ihn demütigen ▪ ihn grob, verächtlich, lieblos behandeln ▪ ihn entmutigen, ihn missgünstig behandeln ▪ ihm misstrauen ▪ ihn fallen lassen, ihn kaltstellen, ihm Angst einjagen, ihm drohen, ihn strafen, ihn verletzen ▪ ihm gegenüber distanziert, verschlossen bleiben	▪ den anderen wertschätzen, an ihm anteilnehmen ▪ ihm Geltung schenken, ihn anerkennen, ihn willkommen heißen, ihm zugeneigt sein ▪ mit ihm freundlich, herzlich umgehen, mit ihm nachsichtig sein ▪ ihn rücksichtsvoll, zärtlich, liebevoll behandeln ▪ ihn ermutigen, ihn wohlwollend behandeln ▪ ihm vertrauen ▪ zu ihm halten, ihm beistehen, ihn beschützen, ihn umsorgen, ihm helfen, ihn trösten ▪ sich ihm gegenüber öffnen, ihm nahe sein

(Tausch/Tausch, 1998[11], S. 120)

[1] *Diese Aussage wird Franz Schubert (1797–1828), österreichischer Komponist, zugeschrieben.*

Carl R. Rogers, der Begründer der personenzentrierten Theorie und der Gesprächspsychotherapie, spricht von einer **bedingungslosen Wertschätzung**, die darin besteht, dass Achtung, Anerkennung und Wohlwollen nicht mit Bedingungen bzw. Erwartungen, die die Erzieherin/der Erzieher hat, verknüpft werden oder davon abhängig gemacht werden dürfen.

Wenn beispielsweise Eltern zu ihrem Kind sagen „Du bist für mich ein liebes Kind, wenn du nicht immer so wütend bist“ oder „Ich mag dich erst wieder, wenn du dein Zimmer aufräumst“, dann knüpfen sie ihre Liebe an ganz bestimmte Bedingungen.

> *„Wertschätzung für einen anderen empfinden, bedeutet, ihn ‚zu schätzen‘. Es bedeutet, eine Person zu schätzen, ungeachtet der verschiedenen Bewertungen, die man selbst ihren verschiedenen Verhaltensweisen gegenüber hat. Eltern ‚schätzen‘ ihr Kind, obwohl sie nicht gleichermaßen all seine verschiedenen Verhaltensweisen für gut befinden.“* (Rogers, 2009, S. 41)

- **Verstehen** betrifft die Grundhaltung und Einstellung der Erzieherin/des Erziehers gegenüber der/dem zu Erziehenden und bedeutet das Einfühlen in die innere Welt einer/eines anderen, die Wahrnehmung und vorstellungsmäßige Vergegenwärtigung der subjektiven Welt eines anderen Individuums (vgl. *Tausch/Tausch, 1998[11], S. 178 f.*).

> *„Das Verstehen ist ein Wiederfinden des Ich im Du.“* (Wilhelm Dilthey[1])

Beim Verstehen ist nach *Tausch/Tausch* wichtig, dass man der bzw. dem zu Erziehenden mitteilt, dass man ihre/seine Weltsicht verstanden hat und diese auch nicht wertet. Sie sprechen deshalb häufig auch von einem ***nicht wertenden Verstehen***.

kein einfühlendes Verstehen	vollständig einfühlendes Verstehen
Eine Person geht auf die Äußerungen des anderen nicht ein.	Eine Person erfasst vollständig die vom anderen geäußerten gefühlsmäßigen Erlebnisinhalte und gefühlten Bedeutungen.
Sie geht nicht auf die vom anderen ausgedrückten oder hinter seinem Verhalten stehenden gefühlsmäßigen Erlebnisinhalte ein.	Sie wird gewahr, was die Äußerungen oder das Verhalten für das Selbst des anderen bedeuten.
Sie versteht den anderen deutlich anders, als dieser sich selbst sieht.	Sie versteht den anderen so, wie dieser sich im Augenblick selbst sieht.
Sie geht von einem vorgefassten Bezugspunkt aus, der den des anderen völlig ausschließt.	Sie teilt dem anderen das mit, was sie von seiner inneren Welt verstanden hat.
Sie zeigt nicht einmal, dass ihr die vom anderen offen ausgedrückten Oberflächengefühle bewusst sind.	Sie hilft dem anderen, die von ihm gefühlte Bedeutung dessen zu sehen, was er geäußert hat.
Sie ist entfernt von dem, was der andere fühlt, denkt und sagt.	Sie ist dem anderen in dem nahe, was dieser fühlt, denkt und sagt.
Sie bemüht sich nicht, die Welt mit den Augen des anderen zu sehen.	Sie zeigt in ihren Äußerungen und in ihrem Verhalten das Ausmaß an, inwieweit sie die Welt des anderen mit seinen Augen sieht.

[1] *Wilhelm Dilthey (1833–1911) gilt als der Begründer der Erkenntnistheorie der Geisteswissenschaften und ist einer der wichtigsten Vertreter der hermeneutischen Wissenschaften.*

kein einfühlendes Verstehen	vollständig einfühlendes Verstehen
■ Sie befasst sich nicht mit den vom anderen geäußerten gefühlsmäßigen Erlebnissen oder schmälert diese, indem sie bedeutsam geringere gefühlsmäßige Erlebnisinhalte des anderen anspricht.	■ Sie drückt die vom anderen gefühlten Inhalte und Bedeutungen in tiefgreifenderer Weise aus, als dieser es selbst konnte.
■ Ihre Handlungen und Maßnahmen sind nicht der inneren Welt des anderen angemessen, sie gehen an dem Fühlen und den inneren Bedürfnissen des anderen vorbei.	■ Ihre Handlungen und Maßnahmen sind dem persönlichen Erleben des anderen angemessen.

(Tausch/Tausch, 1998[11], S. 181)

Verstehen darf nicht mit ***Billigung*** gleichgesetzt werden. Häufig wird nämlich nicht richtiges Verhalten aus einem falschen Verständnis des Begriffes „Verstehen" heraus entschuldigt und gewährt. Doch dies ist der Persönlichkeitsentwicklung eines Menschen nicht förderlich.

- Unter **Echtheit** versteht man die erzieherische Grundhaltung und Einstellung, bei der die Erzieherin/der Erzieher gegenüber der/dem zu Erziehenden aufrichtig ist und ihr/sein Verhalten mit ihren/seinen Einstellungen übereinstimmt (vgl. *Tausch/Tausch, 1998[11], S. 214*). Nur wenn die Erzieherin/der Erzieher in der Beziehung zu dem Kind echt sein kann, kann sie/er ihm gegenüber auch wertschätzend und empathisch sein. Dies verdeutlicht, dass diese Merkmale nicht getrennt voneinander zu betrachten sind, sondern vielmehr untereinander eng zusammenhängen.

Fassadenhaftigkeit – Nichtübereinstimmung – Unechtheit	Echtheit – Übereinstimmung – Aufrichtigkeit
■ Eine Person sagt Gegensätzliches zu dem, was sich denkt und fühlt.	■ Eine Person sagt das, was sie denkt und fühlt.
■ Sie gibt sich anders, als sie wirklich ist.	■ Sie gibt sich so, wie sie wirklich ist.
■ Sie verhält sich gekünstelt, mechanisch, spielt eine Rolle.	■ Sie verhält sich ungekünstelt, natürlich, spielt keine Rolle.
■ Sie gibt sich amtlich, professionell, routinemäßig.	■ Sie ist ohne professionelles routinemäßiges Gehabe.
■ Sie lebt hinter einer Fassade, hinter einem Panzer.	■ Sie ist sie selbst, sie lebt ohne Fassade und Panzer.
■ Sie zeigt häufig ein stereotypes Verhalten in Gesten und Worten.	■ Sie verhält sich in individueller, origineller, vielfältiger Weise.
■ Ihr ist nicht vertraut, was in ihr vorgeht.	■ Sie ist vertraut mit dem, was in ihr vorgeht.
■ Sie täuscht andere und will sie manipulieren, sie heuchelt.	■ Sie ist aufrichtig und heuchelt nicht.
■ Sie ist unehrlich sich selbst gegenüber, macht sich etwas vor, vermeidet, sie selbst zu sein.	■ Sie ist ehrlich sich selbst gegenüber, macht sich nichts vor, ist bereit, das zu sein, was sie ist.

Fassadenhaftigkeit – Nichtübereinstimmung – Unechtheit	Echtheit – Übereinstimmung – Aufrichtigkeit
■ ■ Äußerungen, Handlungen, Mimik und Gestik dienen der Verteidigung, der Fassade, damit der andere ihr wirkliches Ich nicht kennenlernt.	■ Sie offenbart sich anderen und gibt sich mit ihrem Ich zu erkennen, sie verleugnet sich nicht.
■ Sie ist undurchsichtig.	■ Sie ist durchsichtig.
■ Sie drückt keine tiefen gefühlsmäßigen Erlebnisse aus.	■ Sie drückt tiefe gefühlsmäßige Erlebnisse aus.

(Tausch/Tausch, 1998[11], S. 215)

Folgende positive Auswirkungen sind bei Wertschätzung, Verstehen und Echtheit nach *Tausch/Tausch* (*1998*[11]) zu erwarten:

- Wertschätzung, Verstehen und Echtheit fördern die seelische Gesundheit und den gefühlsmäßigen Erlebnisreichtum der/des zu Erziehenden; es entsteht ein seelisches und körperliches Wohlbefinden sowie gefühlsmäßige Sicherheit und Akzeptanz des eigenen Lebens.
- Minderwertigkeitsgefühle, Unsicherheiten und Ängste werden vermindert; es entsteht ein gesundes Selbstwertgefühl, Selbstachtung und Selbstvertrauen werden ausgebildet.
- Es bildet sich eine mehr optimistische Lebensgrundhaltung aus, die veranlasst, sich lernend und entdeckend mit sich selbst und der Umwelt auseinanderzusetzen.
- Es entstehen positive Gefühle gegenüber sich selbst und den Mitmenschen; die positive Einstellung zu anderen Personen, das Akzeptieren anderer sowie die Bereitschaft zur Kooperation gegenüber anderen werden ausgeprägt.
- Geistige Entwicklung, selbstständiges Denken und Urteilen sowie die Leistungsmotivation werden begünstigt.

Die Aufnahme positiver emotionaler Beziehungen

geschieht mithilfe von

Wertschätzung

die positive gefühlsmäßige Grundhaltung der Erzieherin/des Erziehers gegenüber der/dem zu Erziehenden, die sich mit Achtung, Anerkennung und Wohlwollen umschreiben lässt.

Verstehen

die erzieherische Grundhaltung des Einfühlens in die innere Welt einer/eines anderen, der Wahrnehmung und vorstellungsmäßigen Vergegenwärtigung der subjektiven Welt eines anderen Individuums

Echtheit

die erzieherische Grundhaltung, bei der die Erzieherin/der Erzieher der/dem zu Erziehenden gegenüber aufrichtig ist und ihr/sein Verhalten mit ihren/seinen Einstellungen übereinstimmt.

Auf den Punkt gebracht

- Die Aufnahme positiver emotionaler Beziehungen geschieht mithilfe von Wertschätzung, Verstehen und Echtheit. Der Aufbau positiver emotionaler Beziehungen bleibt nicht nur in den ersten Lebensjahren, sondern in allen Erziehungssituationen und in jedem Alter wesentlicher Bestandteil der Erziehung. Vor allem Individualpsychologinnen und Individualpsychologen sowie Psychoanalytikerinnen und Psychoanalytiker haben aufgrund ihrer Erkenntnisse im Umgang mit Kindern und Jugendlichen immer wieder darauf hingewiesen, dass der Aufbau positiver emotionaler Beziehungen Grundlage jeder Erziehung ist, ohne die auch erzieherische Beeinflussung nicht möglich ist. Laut *Tausch/Tausch* sind die Auswirkungen dieses Erzieherverhaltens sehr günstig für die gesamte Entwicklung und von genereller Gültigkeit für jede Form der zwischenmenschlichen Beziehung.

Aufgaben – Wissen & Verstehen, Anwenden, Reflektieren

23. *Erläutern Sie die Bedeutung der positiven emotionalen Beziehung in der Erziehung.*

24. Wertschätzung, Verstehen und Echtheit sind wesentliche Grundlagen beim Aufbau einer positiven emotionalen Beziehung.
    a) *Bestimmen Sie die Haltungen „Wertschätzung", „Verstehen" und „Echtheit".*
    b) *Beschreiben Sie mögliche Auswirkungen, die bei konsequenter Wertschätzung, Verstehen und Echtheit zu erwarten sind.*

25. *Stellen Sie mithilfe einer Collage dar, wie Sie den Führungsstil Ihrer Erzieher/innen (zum Beispiel Eltern, Lehrer/innen) erlebt haben.*

26. „Mein Erziehungsstil"
    → *Reflektieren Sie für sich folgende Fragestellung: Wie sollte mein Erziehungsstil aussehen?*
    → *Schließen Sie sich in Vierergruppen zusammen und entwerfen Sie einen „idealen Erziehungsstil".*
    → *Stellen Sie diesen Erziehungsstil mit Bauklötzchen auf einem Tisch dar.*
    → *Die Klasse geht von Tisch zu Tisch, schaut die Ergebnisse an und lässt sie sich von der jeweiligen Gruppe erläutern.*

27. Die Debatte um Disziplin in der Erziehung flammt in regelmäßigen Abständen immer wieder auf. Nicht vergessen sind die Bücher *„Lob der Disziplin"* von *Bernhard Bueb*, *„Warum unsere Kinder Tyrannen werden"* von *Michael Winterhoff*, die beide Schlagzeilen machten, sowie die *„Tigermutter"* und Drillverfechterin *Amy Chua*, die auf elterliche Strenge und großen Zwang setzt[1]. Der Absatz solcher Bücher ist hoch, sie stehen regelmäßig auf der Bestsellerliste. Einige Fachleute meinen, das liege daran, dass Eltern und andere Erzieher/innen den Wunsch haben, (wieder) höhere Anforderungen an das Kind zu stellen und mit der „Schmusepädagogik" aufzuhören.

    Setzen Sie sich in der Klasse mit diesem Phänomen auseinander.

---

[1] *Chua, Amy: Die Mutter des Erfolgs. Wie ich meinen Kindern das Siegen beibrachte, übersetzt von Barbara Schaden, Zürich, Verlag Nagel & Kimche, 2011.*

28. Sie sind als Erzieher/in in einem Kindergarten tätig. Der vierjährige Martin stört dauernd die anderen Kinder beim Spielen in der Bauecke.
→ *Versuchen Sie im Rollenspiel, auf diese Situation mit möglichst hoher Wertschätzung, Verstehen und Echtheit zu reagieren.*
→ *Überlegen Sie in Gruppen, wie solchen Situationen begegnet werden könnte.*

29. Wie lassen sich Wertschätzung, Verstehen und Echtheit in der Erziehung umsetzen?
→ *Sprechen Sie in Kleingruppen darüber, wie sich ein/e Erzieher/in verhalten muss, wenn sie bzw. er Wertschätzung, Verstehen und Echtheit im Erziehungsprozess verwirklichen will.*
→ *Fertigen Sie einen Katalog mit konkreten Verhaltensbeispielen an und halten Sie diese auf einer Plakatwand fest.*
→ *Sprechen Sie in der Klasse über diese Verhaltensbeispiele.*

Aufgabe zum gesamten Kapitel

30. Aktionskarten
→ *Die Klasse wird in zwei Gruppen unterteilt.*
→ *Auf einem Tisch liegen Karten, auf deren Vorderseite ein Teilbereich des Themas „Erziehungsziele und Erzieherverhalten" formuliert ist. Auf der Rückseite steht die Art und Weise der Präsentation (zum Beispiel Umschreibung, Zeichnung, pantomimische Darstellung, Rollenspiel).*
→ *Jede Schülerin/Jeder Schüler einer Gruppe nimmt, wenn sie/er an der Reihe ist, eine Karte und erfüllt den Auftrag. Dabei wechseln sich die Gruppen ab.*
→ *Die andere Gruppe muss erraten, um welchen Teilbereich des Themas es sich handelt, und erhält einen Punkt, wenn sie richtig getippt hat.*

9 Maßnahmen in der Erziehung

„Jedes Kind hat das Recht auf gewaltfreie Erziehung." (Art. 5 B-VG)
Gewalttätige Erziehungsmaßnahmen sind heute in Österreich unzulässig.

Sie können ...

1. ***... bestimmen, was man unter Erziehungsmaßnahmen versteht und Arten von Erziehungsmaßnahmen unterscheiden.***
2. ***... beschreiben, welche Auswirkungen „positive Erziehungsmaßnahmen", wie zum Beispiel Lob und Belohnung, haben und welche Probleme sich bei ihrer Anwendung ergeben können.***
3. ***... aufzeigen, welche Auswirkungen Strafe und Bestrafung haben und mit welchen Problemen sie behaftet sind.***
4. ***... beschreiben, welche Alternativen zur Strafe und Bestrafung die Pädagogik kennt.***
5. ***... das Spiel in seinem Wesen charakterisieren und seine Bedeutung für die kindliche Entwicklung aufzeigen.***
6. ***... darstellen, wie das Spielzeug beschaffen sein soll und sich als Erziehungsmaßnahme einsetzen lässt.***

9.1 Erziehungsmaßnahmen als Handlungen der Erzieherin/des Erziehers

Erziehungsmaßnahmen sind sehr vielfältig und Erzieher/innen lassen sich sehr viel einfallen, um ihr Erziehungsziel zu erreichen.

9.1.1 Der Begriff „Erziehungsmaßnahme“

Aufgabe der Erzieherin bzw. des Erziehers ist es – wie in *Kapitel 4.1.4* ausgeführt – durch **bestimmte Handlungen** das Verhalten und Erleben der/des zu Erziehenden relativ dauerhaft zu ändern, dass es den gesetzten Erziehungszielen entspricht. Entsprechend ist eine Erziehungsmaßnahme eine bestimmte Handlung einer Erzieherin/eines Erziehers, mit der sie/er versucht, bei der/beim zu Erziehenden eine relativ dauerhafte Verhaltensänderung zu erreichen. Diese Verhaltensänderung entspricht bestimmten Erziehungszielen, die Erzieher/innen vor Augen haben.

→ Das Kind räumt beispielsweise sein Zimmer auf und es erhält deshalb vom Vater eine Tafel Schokolade. Der Vater will dadurch erreichen, dass das Kind zukünftig immer ein Verhalten an den Tag legt, welches ein ordentliches Zimmer zur Folge hat. Das Erziehungsziel, das er möglicherweise damit verfolgt, könnte „Erziehung zur Ordentlichkeit“ sein.

Unter Erziehungsmaßnahmen versteht man alle Handlungen der Erzieherin/des Erziehers, mit denen sie/er versucht, das Verhalten der/des zu Erziehenden relativ dauerhaft dahin gehend zu verändern, dass es ihren/seinen gesetzten Erziehungszielen entspricht.

Über den Begriff „Erziehungsmaßnahme“ hinaus geht der Terminus **Erziehungsmethode**. Eine Methode ist ein planmäßiges Vorgehen zur Erreichung eines Zieles.

→ Man spricht beispielsweise von einer Unterrichtsmethode und meint damit ein geplantes, komplexeres Vorgehen, um ein bestimmtes Lernziel zu erreichen.

Oft wird statt von Erziehungsmaßnahmen von **Erziehungsmitteln** gesprochen. Doch Erziehungsmaßnahmen dürfen nicht als Werkzeug verstanden werden, die beliebig eingesetzt werden können und mit denen jederzeit die gewollten Ziele erreicht werden können – so wie man etwa einen Hammer benutzt, um damit einen Nagel in die Wand zu schlagen. Aus diesem Grund ist auch der Begriff „Erziehungsmittel“ etwas problematisch: Er suggeriert, es gäbe ein Mittel, das angewendet werden könne, um jederzeit das gewollte Ziel zu erreichen – so wie man eine Tablette einnimmt, um Kopfschmerzen zu loszuwerden. Aus diesem Grund wird im Folgenden nicht von Erziehungsmittel, sondern von Erziehungsmaßnahmen gesprochen.

9.1.2 Direkte und indirekte Erziehungsmaßnahmen

In der Literatur wird oft unterschieden zwischen **direkten und indirekten Erziehungsmaßnahmen**. Unter direkten Erziehungsmaßnahmen versteht man alle Erziehungsmaßnahmen, mit denen eine Erzieherin/ein Erzieher versucht, unmittelbar – gleichsam von „Angesicht zu Angesicht“ – Einfluss auf die/den zu Erziehende/n zu nehmen, um das Verhalten der/des zu Erziehenden zu verändern.

Belohnung, Ermahnung oder Tadel sind Beispiele für direkte Erziehungsmaßnahmen.

Indirekte Erziehungsmaßnahmen sind alle Maßnahmen, bei denen die Erzieherin/der Erzieher selbst im Hintergrund steht und der beabsichtigte Einfluss über eine Situation, ein Objekt oder über die entsprechende Gestaltung der Umwelt geschieht.

Beispiele für indirekte Erziehungsmaßnahmen sind das Spiel, ein Buch, ein Film oder eine Fernsehsendung, die bewusst und absichtlich eingesetzt werden, um ein bestimmtes Ziel zu erreichen.

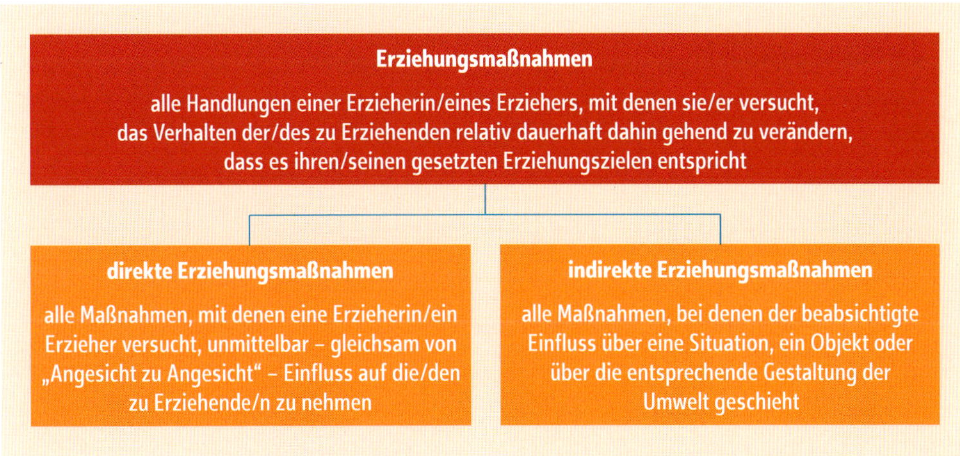

In Anlehnung an *Friedrich D. E. Schleiermacher*[1] lassen sich die Erziehungsmaßnahmen in **unterstützende und gegenwirkende Maßnahmen** einteilen. Unterstützung wird dabei für solche beabsichtigten Handlungen verwendet, die im Sinne der Lernpsychologie verstärkend wirken[2]; Gegenwirkung meint jedoch alle Maßnahmen, durch die eine Verhaltensweise abgebaut bzw. verlernt werden kann[3] (vgl. *Schleiermacher u. a., 2000*).

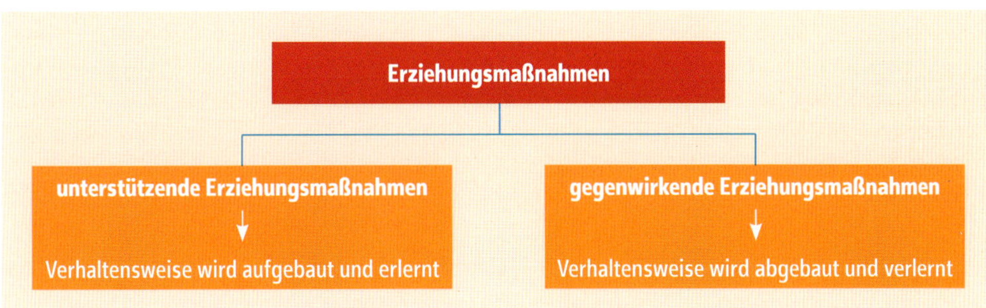

[1] Friedrich Daniel Ernst Schleiermacher (1768–1834) war evangelischer Theologe, Philosoph und Pädagoge. Als Mitbegründer, Professor und erster Dekan der theologischen Fakultät war er überwiegend an der Humboldt-Universität in Berlin tätig. Er beeinflusste sehr stark die geisteswissenschaftliche Pädagogik, die als Aufgabe hat, zum einen erzieherisches Handeln zu verstehen und zum anderen daraus Anweisungen für das praktische Erziehungsgeschehen zu gewinnen.

[2] siehe Abschnitt 9.2; „Verstärkung" ist in Kapitel 6.2.2 ausgeführt.

[3] siehe Abschnitt 9.3

Auf den Punkt gebracht

- Unter Erziehungsmaßnahme versteht man eine Handlung der Erzieherin/des Erziehers, mit der sie/er versucht, das Verhaltens der/des zu Erziehenden relativ dauerhaft dahin gehend zu verändern, dass es ihren/seinen gesetzten Erziehungszielen entspricht. Unter direkten Erziehungsmitteln versteht man alle erzieherischen Handlungen, mit denen ein/e Erzieher/in versucht, direkt – gleichsam von „Angesicht zu Angesicht" – Einfluss auf die/den zu Erziehende/n zu nehmen; indirekte Maßnahmen sind alle Handlungen der Erzieherin/des Erziehers, bei denen sie/er selbst im Hintergrund steht und der beabsichtigte Einfluss über eine Situation oder ein Objekt geschieht.

Aufgaben – Wissen & Verstehen, Anwenden, Reflektieren

1. *Bestimmen Sie den Begriff „Erziehungsmaßnahme" und beschreiben Sie diesen Begriff anhand einer ausgewählten Erziehungsmaßnahme.*
2. *Zeigen Sie an je einem Beispiel direkte und indirekte Erziehungsmaßnahmen auf.*
3. *Erläutern Sie an verschiedenen Beispielen unterstützende und gegenwirkende Erziehungsmaßnahmen.*

9.2 Unterstützende Erziehungsmaßnahmen

Mit unterstützenden Erziehungsmaßnahmen sind alle Handlungen der Erzieherin/des Erziehers gemeint, durch die ein angenehmer Zustand eintritt bzw. entsteht oder ein unangenehmer Zustand beseitigt, weggenommen bzw. entfernt wird und dadurch eine Verhaltensweise aufgebaut bzw. erlernt wird.

→ Das Kind räumt beispielsweise sein Zimmer auf und es erhält deshalb von der Mutter eine Tafel Schokolade. Es handelt sich hierbei um eine unterstützende Erziehungsmaßnahme, da die Mutter durch die Gabe einer Schokolade erreichen will, dass das Kind zukünftig immer ein solches Verhalten an den Tag legt und diese Verhaltensweise damit aufgebaut und erlernt wird.

Unterstützende Erziehungsmaßnahmen sind alle Handlungen einer Erzieherin/eines Erziehers, durch die ein angenehmer Zustand eintritt bzw. entsteht oder ein unangenehmer Zustand beseitigt, weggenommen bzw. entfernt wird und dadurch eine Verhaltensweise aufgebaut bzw. erlernt wird.

Die häufigsten unterstützenden Erziehungsmaßnahmen sind das ***Lob*** und die ***Belohnung***, der ***Erfolg***, die ***Ermutigung***, die ***Zuwendung***, das ***gute Vorbild*** und das ***Spiel***.

9.2.1 Lob und Belohnung

Lob und Belohnung lösen bei der/dem zu Erziehenden eine angenehme Wirkung aus; der oder die Erzieher/in setzt sie ein, um beim Kind zu erreichen, dass es das gezeigte Verhalten wieder zeigt und es lernt; sie sollen die Auftretenswahrscheinlichkeit dieses Verhaltens erhöhen.

Lob und Belohnung sind von der Erzieherin/vom Erzieher eingesetzte Verhaltenskonsequenzen, die eine angenehme Wirkung haben und damit erreichen sollen, dass das erwünschte Verhalten von der/vom zu Erziehenden häufiger gezeigt und erlernt wird.

Dabei unterscheiden wir *zwei Arten des Lobes bzw. der Belohnung*: Bei der Belohnung erster Art erfolgt auf ein Verhalten eine angenehme Konsequenz, die dazu führen soll, dass das Verhalten in Zukunft häufiger auftritt. Belohnung erster Art meint also die *Darbietung einer angenehmen Verhaltenskonsequenz, damit das erwünschte Verhalten häufiger gezeigt und erlernt wird.*[1]

Belohnung mit Stern-Aufklebern

Das Kind beispielsweise räumt sein Zimmer auf und erhält deshalb von seiner Mutter eine Tafel Schokolade. Hier wird dem Kind eine angenehme Konsequenz dargeboten, damit es in Zukunft immer sein Zimmer aufräumt.

Die **Belohnung zweiter Art** besteht in einer Konsequenz, die für die/den Betroffene/n einen unangenehmen Zustand beendet oder einen solchen verhindert, damit das erwünschte Verhalten häufiger gezeigt und erlernt wird.[2]

Das Kind räumt sein Zimmer auf, dafür braucht es nachmittags nicht beim Hausputz zu helfen. Hier wird dem Kind eine unangenehme Konsequenz „erspart", damit es in Zukunft immer sein Zimmer aufräumt.

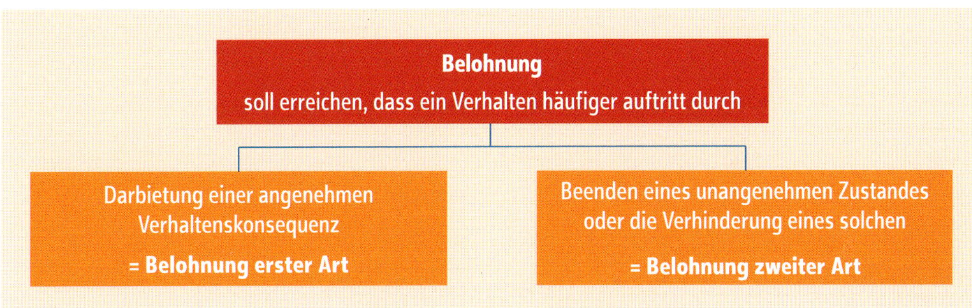

Aus Sicht des Behaviorismus werden Lob und Belohnung gleichgesetzt mit Verstärkern und nicht weiter differenziert. Genau genommen ist das Lob jedoch eine angenehm wirkende ***Äußerung einer Person*** über das Verhalten einer anderen Person, beispielsweise eine Anerkennung, eine freundlich-bestätigende Zuwendung, ein Lächeln, eine freundliche Geste, eine Aufmerksamkeit, die man jemandem schenkt, eine Zustimmung, eine Form der Wertschätzung, ein Vertrauensbeweis, ein auf-

[1] *vgl. Kapitel 6.2.4*
[2] *vgl. Kapitel 6.2.4*

munternder Blick, ein zustimmender Händedruck, ein Kopfnicken usw. Aus lernpsychologischer Sicht wird bei Lob von einem **sozialen Verstärker** gesprochen. Soziale Verstärker sind Verstärker, die in einem angenehmen zwischenmenschlichen Kontakt bestehen (vgl. *Ross/Petermann, 1994, S. 26*).

Belohnungen sind meist **materielle Verstärker**, also Gegenstände, die die Erzieherin/der Erzieher der/dem zu Erziehenden gibt, wie Süßigkeiten, Spielsachen, Geschenke oder Geld; sie können aber auch **immaterielle Verstärker** sein wie etwa die Erlaubnis zu einer beliebten Beschäftigung – zum Beispiel Fernsehen – oder der Erlass einer unangenehmen Aufgabe. Das Lob ist demnach eine Art der Belohnung, nämlich ein immaterieller Verstärker. **Handlungsverstärker** sind bestimmte, meist gemeinsame, Tätigkeiten wie beispielsweise Spielen, Werken, Kino oder Ins-Theater-Gehen (vgl. *Ross/Petermann, 1994, S. 26*).

Mögliche Wirkungen von Lob und Belohnung sind, dass

- sich die Auftretenswahrscheinlichkeit der erwünschten Verhaltensweise erhöht und das erwünschte Verhalten somit erlernt wird,
- bei der/dem Belohnten ein angenehmes Gefühl ausgelöst wird,
- die/der Belohnte motiviert wird, das erwünschte Verhalten wieder zu zeigen,
- die/der Belohnte erfährt, dass ihre/seine Verhaltensweise positiv bewertet wird und erwünscht ist,
- die/der Belohnte durch die erfahrene Bestätigung Sicherheit und Selbstvertrauen entwickelt.

„Lob ist eine gewaltige Antriebskraft, dessen Zauber seine Wirkung nie verfehlt."

(Andor Foldes[1])

Die positive Wirkung von Belohnung lässt sich seit einigen Jahren auch durch die ***Gehirnforschung*** belegen: Wird eine Verhaltensweise belohnt und tritt damit ein Resultat ein, das für den Menschen „besser als erwartet" ist, so wird im Gehirn Dopamin[2] freigesetzt, was dazu führt, dass die Verhaltensweise weiter verarbeitet, im Gedächtnis gespeichert und damit gelernt wird.

9.2.2 Die Problematik des Lobes und der Belohnung

In der neueren Literatur werden Lob und Belohnung nicht mehr so positiv bewertet, wie das vor allem die Lerntheoretiker/innen getan haben, da sich viele **Probleme** bei ihrer Anwendung zeigen:

- Häufig nehmen Erzieherinnen und Erzieher **erwünschtes Verhalten als selbstverständlich** und verstärken dieses deshalb nicht. Hier wird die pädagogische Bedeutung des Lobes bzw. der Belohnung verkannt: Nach lerntheoretischen Erkenntnissen sollte der/die Erzieher/in erwünschtes Verhalten verstärken, damit die/der zu Erziehende dieses Verhalten aufbaut und lernt.[3]

- Erzieher/innen unterliegen auch manchmal einer **selektiven Wahrnehmung** und sehen

---

[1] Andor Foldes (1913–1992) war Pianist ungarischer Herkunft. Nach seinen eigenen Worten hätte er es nie so weit gebracht, hätte nicht sein Vater schon den kleinen Andor immer wieder anerkannt und gelobt.

[2] Dopamin ist ein Botenstoff, ein Neurotransmitter, also ein Stoff des Nervensystems, der die Nervenzellen anregt oder hemmt.

[3] vgl. Kapitel 6.2.5

vorwiegend nur die unerwünschten Verhaltensweisen, „positives“ Verhalten bleibt dann unbemerkt.

> Es ist dem Lehrer beispielsweise noch nie aufgefallen, dass Marco, der den Unterricht häufig stört, einer der wenigen Schüler ist, der zuverlässig und pünktlich zum Unterricht kommt.

- **Nicht erwünschtes Verhalten wird oft unbeabsichtigt verstärkt**: Ein/e Erzieher/in etwa, der/die eine unerwünschte Verhaltensweise großzügig übersieht, verstärkt dieses Verhalten möglicherweise unbeabsichtigt.

> Laura, die mit ihrer ersten Zigarette von ihrem Vater gesehen, aber nicht darauf angesprochen oder gar getadelt wird, meint, dass sie rauchen dürfe, weil es ihr nicht untersagt wurde.
> Ein Schüler, der im Pädagogikunterricht seine Englischhausaufgaben erledigt und von der Lehrerin nicht ermahnt wird, könnte zu dem Ergebnis kommen, dass man im Pädagogik-Unterricht immer seine Hausaufgaben erledigen kann.

- Andererseits wird **erwünschtes Verhalten oft nicht verstärkt**, weil die Gelegenheit dazu verpasst wird.

> Marco, der ständig den Unterricht stört, verhält sich heute ungewöhnlicherweise recht ruhig. Der Lehrer, der froh ist über den störungsfreien Unterricht, wendet sich Marco nicht mehr zu.

- Oft wird das **Anspruchsniveau** – die Gesamtheit aller bestehenden Erwartungen an die zukünftige eigene Leistung – **nicht beachtet**, sodass das Lob bzw. die Belohnung ihre Wirkung verlieren.

> Manche Schüler/innen zum Beispiel reagieren gekränkt, wenn sie in der Schule für zu leichte Aufgaben Lorbeeren ernten, weil sie dies als Hinweis sehen, dass man ihnen nicht viel zutraut (vgl. *Reinhardt, 2008, S. 12*).

- Ein häufiger Erziehungsfehler besteht darin, Kinder **in launenhafter Weise** und unabhängig von ihrem Verhalten **zu belohnen**. Ein solchermaßen behandeltes Kind kann jedoch keinen Zusammenhang zwischen seinem Verhalten und der nachfolgenden Verstärkung sehen; es kann unsicher und orientierungslos werden, ein stabiles Verhalten wird sich kaum ausbilden.

- *Alfred Adler*[1] weist darauf hin, dass das Lob und die Belohnung den Zweck der Bemühung ändern können, indem das Kind nicht mehr um der Sache, sondern um der Belohnung oder der Person willen handelt.

> Macht das Kind gerne Mathematik, weil es ihm Spaß macht, so kann die Benotung dieses Faches die Motivation ändern: Das ursprüngliche Interesse an Mathematik kann verloren gehen und das Kind lernt nicht mehr wegen der Mathematik, sondern der Noten wegen. Fleißbildchen und andere Belohnungen können den Zweck der Bemühungen ebenso verändern, indem der/die Schüler/in nicht mehr der Sache wegen, sondern der Fleißbildchen oder der Lehrerin/des Lehrers zuliebe aktiv wird.

Man spricht hier von ***overjustification effect – Effekt der Überrechtfertigung*** –, wenn bei Erlebens- und Verhaltensweisen, die mit Belohnung assoziiert werden, die Sachmotivation sinkt und durch eine Motivation, die sich am Lob bzw. der Belohnung orientiert, ersetzt wird.

- Bei Lob und Belohnung handelt es sich immer um einen ***Akt der Machtausübung*** der Erzieherin/des Erziehers gegenüber der/dem zu Erziehenden. Zudem besteht die Gefahr, dass Lob und Belohnung von der Erzieherin/vom Erzieher und später von anderen

[1] *Alfred Adler (1870–1937) ist der Begründer der Individualpsychologie, neben der Psychoanalyse eine bedeutende Richtung innerhalb der Tiefenpsychologie.*

Erwachsenen abhängig machen und eine freie Selbstbestimmung be- bzw. verhindern (vgl. *Hobmair/Treffer, 1979, S. 75 f.)*. Lob bzw. Belohnung, die in Verbindung zum/zur Erzieher/in bzw. zum/zur Lehrer/in gebracht werden, bedrohen die Autonomie des Kindes. Vor allem aus diesen Gründen werden die klassischen Erziehungsmittel des Lobes und der Belohnung nicht mehr so positiv gesehen.

Aus dieser Sichtweise ist das Lob immer eine ***wertende*** Aussage einer Person über das Verhalten einer anderen Person.

> *„Aber auch die Belohnung ist pädagogisch problematisch. Lob und Strafe (...) erzeugen den Wunsch nach Belohnung (...) und die Angst vor der Strafe, also Motive, die nicht geeignet sind, die Selbstständigkeit und das Sachinteresse des Kindes zu fördern, ja die im Grunde Selbstständigkeit hintertreiben."* (Flitner, 2009², S. 103)

Um erwünschtes Verhalten hervorzurufen und zu festigen, sind folgende Voraussetzungen bei der Verwendung von Lob und Belohnung wichtig:

- Verhaltenskonsequenzen sollten der **Bedürfnislage der/des zu Erziehenden entsprechen**.

  > Thomas und Ulli bekommen beide von ihrem Onkel ein Eis, weil sie bei ihm den Tisch so ordentlich abgeräumt haben. Thomas freut sich sehr über das Eis, es wirkt deshalb bei ihm als Verstärker. Doch Ulli mag kein Eis und empfindet dieses daher auch nicht als Belohnung; es wird bei ihm keine verstärkende Wirkung zeigen.

  Man spricht in diesem Zusammenhang von der **Relativität von Verstärkern**.[1] Ob Verhaltenskonsequenzen verstärkend wirken oder nicht, hängt auch von der Person, die verstärkt, und von der jeweiligen Umgebung ab.

  > So kann – wie bereits in *Kapitel 6.2.3* gezeigt – ein Lob, das eine bestimmte Lehrerin bzw. ein bestimmter Lehrer ausspricht, dem Kind eher peinlich sein, weil es etwa von dieser Lehrerin/diesem Lehrer gar nicht gelobt werden möchte oder weil es von der Klasse belächelt wird („Streber/in").

- Beim Einsatz von Verstärkern erweist es sich als günstig, auf Abwechslungsreichtum zu achten und bei der/dem zu Erziehenden nicht ständig die gleichen Konsequenzen folgen zu lassen, da diese sonst vorübergehend ihre Wirkung verlieren. Tritt dies ein, spricht man von **Sättigung**.

  > Wird ein Kind für eine bestimmte erwünschte Verhaltensweise immer wieder gelobt, so verliert das Lob an Wirkung und kann für einen bestimmten Zeitraum nicht mehr als Verstärker wirken.

9.2.3 Der Erfolg

Die Individualpsychologie von *Alfred Adler* weist darauf hin, dass es vorteilhafter ist, wenn Erzieherinnen und Erzieher alternativ zum Lob bzw. zur Belohnung Erfolgserlebnisse für die zu Erziehenden arrangieren. Erfolg geht nicht unmittelbar von einer Person aus, sondern ergibt sich aus einer bestimmten Verhaltensweise, einer Handlung oder einem Sachverhalt, zieht aber ebenso wie das Lob bzw. die Belohnung

[1] *vgl. Kapitel 6.2.3*

eine angenehme Konsequenz nach sich.

Der Schüler verspürt beispielsweise Erfolg, wenn er die schwierige Aufgabe in Mathematik lösen konnte oder ihm ein Referat sehr gut gelungen ist.

Unter Erfolg wird eine angenehme Konsequenz verstanden, die unmittelbar aus einer bestimmten Verhaltensweise, Handlung oder einem Sachverhalt hervorgeht.

Die positiven Wirkungen des Lobes bzw. der Belohnung treffen auch für den Erfolg zu. Daneben hat das Arrangieren von Erfolgserlebnissen noch folgende Vorteile:

- Die/Der zu Erziehende handelt nicht um der Belohnung bzw. des Lobes, sondern um der Sache willen.
- Sie/Er kann dadurch eine sachbezogene Motivation aufbauen und macht bzw. lernt etwas aus „Freude an der Sache".
- Die/Der zu Erziehende ist nicht von dem Wohlgefallen der Erzieherin/des Erziehers abhängig.
- Eine Fremdbestimmung wird verhindert.

Die Individualpsychologie bezeichnet das Arrangieren von Erfolgserlebnissen, die das Selbstwertgefühl eines Kindes heben und dadurch eine sachbezogene Motivation aufbauen sowie Selbstbestimmung fördern, als **Ermutigung** und fordert diese als Prinzip jeder Erziehung (vgl. *Hobmair/Treffer, 1979, S. 79*).

Ermutigung bedeutet das Arrangieren von Erfolgserlebnissen, die das Selbstwertgefühl der/des zu Erziehenden heben, eine sachbezogene Motivation aufbauen sowie ihre/seine Selbstbestimmung fördern.

Vor allem das „unartige" und leistungsschwache Kind braucht das am allermeisten, was es in der Wirklichkeit am allerwenigsten bekommt, nämlich ermutigende Erfolgserlebnisse.

„Ermutigung ist das wichtigste Element in der Erziehung von Kindern. Sie ist so wichtig, dass ihr Fehlen als der hauptsächliche Grund für ein falsches Verhalten betrachtet werden kann. Ein ungezogenes Kind ist immer ein entmutigtes Kind. Jedes Kind braucht fortgesetzt Ermutigung, genau wie eine Pflanze Wasser braucht." *(Dreikurs/Soltz, 2012[18], S. 48)*

Ermutigung hängt nach der Individualpsychologie sehr eng mit der ***Entlastung von Schwierigkeiten***, die ein Kind hat, zusammen, die vor allem für ein heilpädagogisches und psychotherapeutisches Vorgehen wichtig ist: Wer ermutigt, der entlastet die zu Erziehenden zugleich von ihren Schwierigkeiten, indem ihnen die Hoffnung gegeben wird, mit ihren Problemen fertigzuwerden (vgl. *Hobmair/Treffer, 1979, S. 79*). Das Prinzip der Ermutigung ist heute empirisch gesichert.

„Ein Kind hört laut einer britischen Studie an einem Tag 412 negative, aber nur 37 positive Bemerkungen." *(Wehrle, 2009, S. 77)*

„Nicht zu viel tadeln, sondern ermutigen." (*Charles Kingsley*[1])

[1] *Charles Kingsley (1819–1875), ein englischer Schriftsteller, war Professor für neuere Geschichte in Cambridge.*

Auf den Punkt gebracht

- Mit unterstützenden Erziehungsmaßnahmen sind alle Handlungen der Erzieherin bzw. des Erziehers gemeint, durch die ein angenehmer Zustand eintritt bzw. entsteht oder ein unangenehmer Zustand beseitigt, weggenommen bzw. entfernt wird und dadurch eine Verhaltensweise aufgebaut bzw. erlernt wird. Die häufigsten unterstützenden Erziehungsmaßnahmen sind das Lob und die Belohnung, der Erfolg, die Ermutigung, die Zuwendung, das gute Vorbild und das Spiel.
- Lob und Belohnung sind von der Erzieherin/vom Erzieher eingesetzte Verhaltenskonsequenzen, die eine angenehme Wirkung haben und damit erreichen sollen, dass das erwünschte Verhalten von der/dem zu Erziehenden häufiger gezeigt und erlernt wird. Belohnung erster Art meint die Darbietung einer angenehmen Verhaltenskonsequenz, als Belohnung zweiter Art bezeichnet man das Beenden eines unangenehmen Zustandes bzw. die Verhinderung eines solchen, damit das erwünschte Verhalten häufiger gezeigt und erlernt wird. In der neueren Literatur werden Lob und Belohnung nicht mehr so positiv bewertet, da sich Probleme bei ihrer Anwendung ergeben.
- Unter Erfolg wird eine angenehme Konsequenz verstanden, die unmittelbar aus einer bestimmten Verhaltensweise, Handlung oder einem Sachverhalt hervorgeht. Neben den positiven Wirkungen des Lobes hat der Erfolg den Effekt, dass die/der Heranwachsende aus Freude an der Sache lernt. Ermutigung bedeutet das Arrangieren von Erfolgserlebnissen, die das Selbstwertgefühl der/des zu Erziehenden heben und zur Orientierung an der Sache führen und dadurch eine sachbezogene Motivation aufbauen sowie ihre/seine Selbstbestimmung fördern.

Aufgaben – Wissen & Verstehen, Anwenden, Reflektieren

4. *Bestimmen Sie den Begriff „Lob“ bzw. „Belohnung“ und beschreiben Sie an einem Beispiel aus Ihrem Lebensbereich die beiden Arten des Lobes bzw. der Belohnung.*
5. *Beschreiben Sie positive Wirkungen des Lobes bzw. der Belohnung.*
6. *Legen Sie mögliche Probleme dar, die sich bei der Anwendung von Lob bzw. Belohnung ergeben können.*
7. a) *Beschreiben Sie den Erfolg als Erziehungsmaßnahme und stellen Sie seine möglichen Wirkungen dar.*
   b) *Vergleichen Sie das Lob bzw. die Belohnung mit dem Erfolg als Erziehungsmaßnahme.*

9.3 Gegenwirkende Erziehungsmaßnahmen

Mit gegenwirkenden Erziehungsmaßnahmen sind alle Handlungen der Erzieherin/des Erziehers gemeint, durch die ein unangenehmer Zustand eintritt bzw. entsteht oder ein angenehmer Zustand beseitigt, weggenommen bzw. entfernt wird und dadurch eine Verhaltensweise abgebaut bzw. verlernt wird.

Das Kind räumt beispielsweise sein Zimmer nicht auf, dafür darf es nicht zum Spielen zu seinen Freunden gehen. Es handelt sich hierbei um eine gegenwirkende Erziehungsmaßnahme, da die Mutter durch das Verbot erreichen will, dass das Kind zukünftig dieses Verhalten nicht mehr zeigt und diese Verhaltensweise damit abgebaut und verlernt wird.

Gegenwirkende Erziehungsmaßnahmen sind alle Handlungen einer Erzieherin/eines Erziehers, durch die ein unangenehmer Zustand eintritt bzw. entsteht oder ein angenehmer Zustand beseitigt, weggenommen bzw. entfernt wird und dadurch eine Verhaltensweise abgebaut bzw. verlernt wird.

Die häufigsten gegenwirkenden Erziehungsmaßnahmen sind die ***Belehrung***, die ***Ermahnung*** und der ***Tadel*** sowie die ***Drohung*** und die ***Strafe***.

9.3.1 Strafe und Bestrafung

Strafe und Bestrafung setzt die Erzieherin/der Erzieher ein, um beim Kind zu erreichen, dass es das gezeigte Verhalten nicht mehr zeigt und verlernt; sie sollen die Auftretenswahrscheinlichkeit dieses Verhaltens vermindern.

Helena bekommt eine Woche ein abendliches „Ausgehverbot", weil sie gestern Abend zwei Stunden später als vereinbart nach Hause kam. Damit wollen die Eltern erreichen, dass Helena dieses Verhalten nicht mehr zeigt.

Strafe und Bestrafung sind von der Erzieherin/vom Erzieher eingesetzte Verhaltenskonsequenzen, die eine unangenehme Wirkung haben und damit erreichen sollen, dass das nicht erwünschte Verhalten von den zu Erziehenden weniger häufig bzw. nicht mehr gezeigt und verlernt wird.

Ähnlich wie bei der Belohnung lassen sich ***zwei Arten von Strafe*** unterscheiden, die man als Bestrafung erster und zweiter Art bezeichnet.[1] Bei der **Bestrafung erster Art** erfolgt auf ein Verhalten eine unangenehme Konsequenz, die dazu führen soll, dass das Verhalten in Zukunft weniger häufig auftritt. Es erfolgt also die Darbietung einer unangenehmen Konsequenz.

Ein Kind spuckt beim Mittagessen in seinen Teller. Daraufhin wird das Kind bestraft, indem es in sein Zimmer muss, mit dem Ziel, dass es diese Verhaltensweise in Zukunft unterlässt.

Die **Bestrafung zweiter Art** besteht in einer Konsequenz, die für die zu Erziehenden einen angenehmen Zustand beendet oder ihnen die Möglichkeit verwehrt, einen solchen zu erreichen, damit das nicht erwünschte Verhalten zukünftig weniger häufig bzw. gar nicht mehr auftritt. Hier erfolgt die Beseitigung einer angenehmen Konsequenz.

Das Kind spuckt in den Teller und die Mutter nimmt ihm deshalb seinen Nachtisch weg.

[1] *vgl. Kapitel 6.2.4*

Bestrafung
soll erreichen, dass ein Verhalten weniger häufig auftritt durch

- Darbietung einer unangenehmen Verhaltenskonsequenz
= Bestrafung erster Art

- Beenden eines angenehmen Zustandes oder die Verwehrung der Möglichkeit, einen solchen zu erreichen
= Bestrafung zweiter Art

Eine typische, in jüngster Zeit modern gewordene Bestrafungsart ist die ***Auszeit*** (Time-out). Sie besteht in einem zeitlich begrenzten Ausschluss einer Person aus allen als Verstärker wirkenden Situationen bzw. Reizen, weil sie sich unerwünscht verhalten hat. Auszeit liegt vor, wenn beispielsweise ein Kind wegen schlechten Benehmens zu Hause aus dem Wohnzimmer, in der Schule aus dem Klassenzimmer oder ein/e Fußballspieler/in wegen Foulspiel des Platzes verwiesen wird.

9.3.2 Die Problematik der Strafe und der Bestrafung

Obwohl es für den Laien auf den ersten Blick logisch erscheint, dass Strafe als negative Konsequenz auf ein Verhalten dessen Häufigkeit vermindert, hat sich der Einsatz von Strafe in der pädagogischen Praxis als problematisch erwiesen. Wie entsprechende Untersuchungen zeigen, führt nämlich Strafe meist nicht zu der gewünschten Verhaltensänderung, sondern lediglich zur Unterdrückung des unerwünschten Verhaltens. Bestrafung kann unerwünschtes Verhalten nicht beseitigen, sondern dessen Auftreten lediglich zeitlich verzögern.

> *„Unstrittig ist die Aussage (...), dass Bestrafung Verhalten unterdrückt und nicht mit Löschung gleichzusetzen ist. Ein Verhalten wird also nicht ‚vergessen'."* (Spada u. a., 2006³, S. 369)

Zudem spricht gegen ihre häufige und massive Anwendung eine Reihe von ***„Nebenwirkungen"***:

- Strafe bewirkt nur selten einen Rückgang der Verhaltenshäufigkeit. Die bestrafte Person reagiert in der Regel mit Flucht und Vermeidungslernen.[1]

  Lügen, Mogeln, Schleimen, vor der Erzieherin/dem Erzieher zu Kreuze kriechen und ähnliche Verhaltensweisen sind mögliche Folgen einer Strafe, um dieser zu entgehen.

- Strafe kann die Beziehung zwischen Erzieher/in und zu Erziehender/Erziehendem erheblich belasten und den Aufbau eines Vertrauensverhältnisses verhindern. Eine positive emotionale Beziehung ist jedoch ein elementarer Bestandteil jeder Erziehung, ohne die eine gesunde Persönlichkeitsentwicklung in jedem Fall misslingen wird.[2]

[1] *vgl. Kapitel 6.2.2*
[2] *vgl. Kapitel 8.6.1*

- Häufiges Strafen kann zu feindseligem und aggressivem Verhalten führen.
- Strafe bietet meist keine Möglichkeit zur Einsicht in das Fehlverhalten und zeigt selten alternative Verhaltensweisen auf.
- Eine als Strafe gedachte Verhaltenskonsequenz kann auch als Verstärker wirken, insbesondere, wenn sie die einzige Form von Zuwendung für ein Kind darstellt.

> So kann beispielsweise das Schimpfen für das Kind eine positive Verstärkung bedeuten, wenn es damit etwa das Bedürfnis nach Beachtung befriedigen kann.

- Erzieher/innen bleiben auch beim Strafen Verhaltensmodelle für die zu Erziehenden, die das strafende Verhalten ihrer Modelle bei Gelegenheit nachahmen. Strafende sind selbst erfolgreiche Verhaltensmodelle, die demonstrieren, mit welchen Mitteln man sich gegen andere durchsetzt und Macht über sie gewinnt.

- Häufige Strafe signalisiert der/dem Bestraften immer wieder ihre/seine eigenen Unzulänglichkeiten, weist sie/ihn ständig auf gemachte Fehler hin und lässt sie/ihn so allmählich den Glauben an ihre/seine eigenen Fähigkeiten verlieren. Dies wiederum vermindert die Handlungsmotivation und kann schließlich zur Passivität des Menschen in einem Lebensbereich führen oder andere sozial unerwünschte Handlungen nach sich ziehen.

> Erfährt ein Kind ständig Strafen für seine schlechten schulischen Leistungen, so verliert es schnell das Vertrauen in seine Fähigkeiten. Es wird deshalb versuchen, sich den Anforderungen zu entziehen oder sie zum Beispiel durch Schuleschwänzen oder Abschreiben von Hausaufgaben zu umgehen.

- Strafe steht – ähnlich wie das Lob und die Belohnung – nicht in einem sinnvollen Zusammenhang mit dem „Vergehen“, sondern ist an die Person gebunden. So ist auch die Strafe dazu geeignet, den Zweck der Bemühung zu ändern, indem das Kind nicht mehr um der Sache willen lernt. Die Beziehung zwischen Erzieher/in und zu Erziehender/Erziehendem wird aus der Perspektive „oben – unten“, die/der „Mächtigere“ und die/der „Unterlegene“ erlebt, was die Förderung sowie Entfaltung der Selbstbestimmung und Freiheit des Kindes verhindert (vgl. *Hobmair/Treffer, 1979, S. 77*).

> *„Verwirrte und verzweifelte Eltern hoffen immer noch, mit Bestrafung schließlich Erfolg zu haben, und merken nicht, dass sie meist nur das Gegenteil erreichen. (...) Die Anwendung von Strafen hilft dem Kind, eine größere Widerstandskraft und Trotz zu entwickeln.“*
>
> *(Dreikurs/Soltz, 2012[18], S. 83)*

Eine besonders problematische Strafe ist der ***Liebesentzug***, welcher die Wertschätzung des Kindes von ganz bestimmten Bedingungen abhängig macht („Wenn du das noch einmal machst, dann mag ich dich nicht mehr!“). Eine an Bedingungen bzw. Erwartungen geknüpfte Wertschätzung betrachtet *Carl R. Rogers*, der Begründer der personenzentrierten Theorie und der Gesprächspsychotherapie, als wesentliche Ursache für seelische Störungen.

9.3.3 Die Wiedergutmachung

Solche gerade aufgezeigten „Nebenwirkungen" können weitgehend vermieden werden, wenn die Strafe bzw. Bestrafung von der/dem zu Erziehenden innerlich angenommen und als gerecht empfunden werden kann. Dazu müssen folgende Voraussetzungen gegeben sein:

- Die/Der zu Erziehende muss wissen, wofür und warum sie/er bestraft wird.
- Das Ausmaß der Strafe muss dem Grad des unerwünschten Verhaltens, für das bestraft wird, angemessen sein.
- Die Strafe darf nicht in launenhafter Weise und unabhängig vom „Fehlverhalten" gegeben werden.

→ Das dreijährige Kind sagt zur Mutter: „Blöde Kuh." Der Vater lacht, daraufhin grinst auch die Mutter. Am nächsten Tag betitelt das Kind die Mutter erneut wieder mit „Blöde Kuh". Der Vater springt wütend auf und wirft das Kind aus dem Zimmer. Die Mutter schimpft hinterher.

Ein solchermaßen behandeltes Kind kann jedoch keinen Zusammenhang zwischen seinem Verhalten und der nachfolgenden Reaktion sehen; es kann unsicher und orientierungslos werden, ein stabiles Verhalten wird sich kaum ausbilden.

- Die Strafe muss gerecht sein, das bedeutet, sie darf nicht ein Kind oder eine andere Schülerin/einen anderen Schüler bevorzugen oder benachteiligen.
- Die Strafe muss einen Zusammenhang zum „Fehlverhalten" aufweisen.

→ Wenn ein Kind in den Teller spuckt und dafür mit Fernsehverbot „belegt" wird, so besteht zwischen dem Fehlverhalten und der Strafe kein Zusammenhang.

- Die Strafe muss „entpersönlicht" sein, das heißt, sie ist von der Erzieherin/vom Erzieher unabhängig, die unangenehme Konsequenz ergibt sich gleichsam aus einem bestimmten Verhalten, einer Handlung oder aus einem bestimmten Sachverhalt.

Diese Voraussetzungen sind am besten in der **Wiedergutmachung** und den **sachlichen Folgen** gegeben.

Wiedergutmachung bedeutet, den verursachten Schaden in Ordnung zu bringen bzw. das Fehlverhalten zu bereinigen.

→ Die eingeschlagene Fensterscheibe muss das Kind vom eigenen Taschengeld bezahlen.
Die/Der Jugendliche muss sich für ihr/sein rüpelhaftes Verhalten entschuldigen oder der/dem Geschädigten eine kleine Freude bereiten.
Ein Junge, der seinen Freund in einem Streit verletzt hat, muss zur Pflege beitragen.

Damit geht die Wiedergutmachung über die Strafe hinaus: Sie versucht, den Zustand vor dem unerwünschten Verhalten wiederherzustellen. Dabei ist zu berücksichtigen, dass die Wiedergutmachung jedoch nur dann positiv ist, wenn sie unbehaftet vom negativen Geschmack der Strafe bleibt. Dem Kind muss, ohne es bestrafen zu wollen, die Gelegenheit gegeben werden, seine unerwünschte Verhaltensweise durch eine erwünschte zu ersetzen.

„Strafen müssen, wenn sie denn überhaupt zur Erziehung eingesetzt werden und pädagogisch gerechtfertigt sein sollen, eine aufbauende Komponente haben, mit der sich die Verletzung der Grenze und die Verletzung der Beziehung überwinden lässt. Sie müssen auf das Wiedergutmachen, Wieder-in-Ordnung-Bringen der Situation verweisen. Und sie müssen die Wiederherstellung des Vertrauens zwischen Erwachsenem und Kind anbahnen, statt es weiter und nachhaltiger zu zerstören." *(Flitner, 2009², S. 111)*

9.3.4 Die sachliche Folge

Jedes Verhalten, jede Handlung eines Menschen hat Folgen. Wenn diese Folgen unangenehm sind, überlegt er sich, ob er sich nochmals so verhalten und die unangenehme Folge auslösen soll.

Dies kann beispielsweise das Misslingen eines Unternehmens sein, der Misserfolg eines Werkes, die schlechte Note als Folge des Nichtlernens usw.

Diese unangenehmen Konsequenzen, die unmittelbar aus einer bestimmten Verhaltensweise, Handlung oder einem Sachverhalt hervorgehen und so zu einer Verhaltensänderung bewegen, nennt man sachliche Folgen (vgl. *Hobmair/Treffer, 1979, S. 77*).

Mit sachlicher Folge wird eine unangenehme Konsequenz verstanden, die unmittelbar aus einer bestimmten Verhaltensweise, Handlung oder einem Sachverhalt hervorgeht und so zu einer Verhaltensänderung bewegt.

Rudolf Dreikurs und *Vicki Soltz (2012[18], S. 90 ff.)* unterscheiden ***natürliche Folgen*** und ***logische Folgen***. Natürliche Folgen treten von selbst – ohne Dazutun der Erzieherin/des Erziehers – ein. Logische Folgen werden von dem/der Erzieher/in arrangiert, jedoch nicht aus dessen/deren Willkür heraus, sondern sie werden durch die unerwünschte Verhaltensweise und die Übertretung bzw. Nichtbeachtung geltender Regeln des Zusammenlebens verursacht.

Eine logische Folge wäre demnach, dass ein Kind, das zu spät zum Mittagessen kommt, nicht bestraft wird, ihm jedoch folgender unangenehmer Nacheffekt begegnet: Das Kind muss das essen, was noch übrig geblieben ist, oder es bekommt nichts mehr zu essen, weil alles aufgegessen wurde und der Vater kein zweites Essen mehr zubereitet. Diese unangenehme Konsequenz wird beim Kind unabhängig von der Erzieherin/vom Erzieher die Einsicht fördern, dass es pünktlich zum Essen kommen muss.

Logische Folgen lassen sich immer arrangieren, und zwar in dem Maße, dass sie der Situation und dem Entwicklungsstand der/des zu Erziehenden angemessen erscheinen. Bei derartigen Konsequenzen eines Verhaltens bleiben die negativen Auswirkungen einer Strafe aus, weil sich die „Strafe" unabhängig von dem/der Erzieher/in daraus ergibt, dass die/der zu Erziehende eine vereinbarte, notwendige Regel verletzt hat. Hass und Abneigung richten sich somit nicht auf die Erzieherin/den Erzieher.

„Sachliche Folgen in diesem Sinne sind kein Machtbeweis einer Person, kein Willkürakt oder Zwangsmittel, sondern nichts anderes als eine Unannehmlichkeit, die man sich selbst zugezogen hat.“

(Hobmair/Treffer, 1979, S. 78)

Lob und Tadel

Ein Mensch weiß aus Erfahrung: Lob
Darf kurz und bündig sein, ja grob.
Für Tadel – selbst von milder Sorte –
Brauchts lange, klug gewählte Worte.

(Eugen Roth, 2015[7], S. 267)

„Wäre vielleicht doch besser gewesen, auf meinen Vater zu hören und rechtzeitig zu tanken.“

Auf den Punkt gebracht

- Mit gegenwirkenden Erziehungsmaßnahmen sind alle Handlungen der Erzieherin bzw. des Erziehers gemeint, durch die ein unangenehmer Zustand eintritt bzw. entsteht oder ein angenehmer Zustand beseitigt, weggenommen bzw. entfernt wird und dadurch eine Verhaltensweise abgebaut bzw. verlernt wird. Die häufigsten gegenwirkenden Erziehungsmaßnahmen sind die Belehrung, die Erinnerung, die Ermahnung und der Tadel sowie die Drohung und die Strafe.
- Strafe und Bestrafung sind von der Erzieherin/vom Erzieher eingesetzte Verhaltenskonsequenzen, die eine unangenehme Wirkung haben und damit erreichen sollen, dass das unerwünschte Verhalten von der/dem zu Erziehenden weniger häufig bzw. nicht mehr gezeigt und verlernt wird. Bestrafung erster Art meint die Darbietung einer unangenehmen Verhaltenskonsequenz, die Bestrafung zweiter Art besteht in einer Konsequenz, die für die/den Betroffene/n einen angenehmen Zustand beendet oder ihr bzw. ihm die Möglichkeit verwehrt, einen solchen zu erreichen.
- Die negativen Auswirkungen von Strafe überwiegen derart, dass jede Erzieherin bzw. jeder Erzieher versuchen sollte, sie nur im Sinne einer Wiedergutmachung oder sachlicher Folgen einzusetzen. Wiedergutmachung bedeutet, den verursachten Schaden in Ordnung zu bringen bzw. das Fehlverhalten zu bereinigen. Unter sachlicher Folge wird eine unangenehme Konsequenz verstanden, die unmittelbar aus einer bestimmten Verhaltensweise, Handlung oder einem Sachverhalt hervorgeht und so zu einer Verhaltensänderung bewegt.

Aufgaben – *Wissen & Verstehen, Anwenden, Reflektieren*

8. *Bestimmen Sie den Begriff „Strafe“ bzw. „Bestrafung“ und beschreiben Sie an einem Beispiel aus Ihrem Lebensbereich die beiden Arten der Strafe bzw. der Bestrafung.*

9. a) *Stellen Sie die Problematik häufigen Strafens dar.*
   b) *Beschreiben Sie Voraussetzungen, um die in a) dargestellten Probleme weitgehend zu vermeiden.*

10. *Zeigen Sie anhand von bestimmten Erziehungssituationen die Erziehungsmaßnahmen der Wiedergutmachung und der sachlichen Folge auf.*

11. ***Fallbeispiel „Hanna"***
    Hanna, ein zehnjähriges Schulkind, sitzt über ihren Hausaufgaben. Eigentlich hat sie keine Lust, die Hausaufgaben zu machen, weil draußen schönes Wetter ist. Außerdem ist die Rechenaufgabe so schwer.
    Sie als Mutter bzw. Vater von Hanna beobachten aus der Ferne, wie Ihr Kind ziemlich unruhig auf seinem Schreibtischsessel hin und her rutscht und schließlich eine Seite aus seinem Mathematikheft reißt und in die Ecke wirft. Dieses Verhalten finden Sie unmöglich. Sie gehen deshalb zu Ihrem Kind und ergreifen bestimmte Erziehungsmaßnahmen ...
    → *Bilden Sie Kleingruppen und diskutieren Sie, welche Erziehungsmaßnahme Sie hier ergreifen würden. Begründen Sie Ihre Wahl.*
    → *Schreiben Sie Ihr Vorgehen auf ein Plakat und hängen Sie es im Klassenzimmer auf.*
    → *Sprechen Sie in der Klasse darüber, inwieweit Ihre Erziehungsmaßnahme Erfolg haben könnte.*

12. Sie sollen in einer Podiumsdiskussion des ADEC (= Allgemeiner Deutscher Erziehungsclub e. V.) die Teilnehmer/innen von der Sinnlosigkeit der Bestrafung überzeugen.
    Spielen Sie diese Podiumsdiskussion, indem eine oder mehrere Personen für die Strafe und eine oder mehrere andere Personen gegen die Strafe argumentieren. Die Klasse spielt die „Zuhörer/innen" im Saal, die sich nach einer bestimmten Zeit an der Diskussion beteiligen können. Bestimmen Sie eine Moderatorin/einen Moderator bzw. eine Gesprächsleiterin/einen Gesprächsleiter.

13. Das Eseltreiberspiel
    → *Die Klasse wird in zwei Gruppen geteilt.*
    → *Die Mitglieder der Gruppe A sind die Eseltreiber. Die Mitglieder der Gruppe B sind die Esel.*
    → *Je ein Esel und ein Eseltreiber bilden ein Paar.*
    → *Das Spiel besteht darin, dass die Eseltreiber versuchen, jeweils ihren störrischen Esel dazu zu bringen, auf die andere Seite des Raumes zu gehen. Es hat der Eseltreiber gewonnen, dessen Esel als erster den Raum durchquert hat.*
    → *Am Ende des Spiels müssen die Esel der Klasse mitteilen, welche „Erziehungsmaßnahme" ihres Eseltreibers sie dazu bewogen hat, auf die andere Seite des Raumes zu gehen.*

14. Stellen Sie sich vor, Sie arbeiten in einem Kindergarten oder Hort und haben die Aufgabe, die Eltern beim bevorstehenden Elternabend über unterstützende Erziehungsmaßnahmen zu informieren.
    → *Bilden Sie Vierergruppen.*
    → *Arbeiten Sie ein Impulsreferat aus.*
    → *Tragen Sie dieses Referat der Klasse vor.*

9.4 Das Spiel

Das Spiel ist eine Tätigkeit, die für die kindliche Entwicklung von außerordentlicher Bedeutung ist. Bewusst eingesetzt, handelt es sich beim Spiel um eine indirekte Erziehungsmaßnahme.

9.4.1 Das Wesen des Spiels

Das Spiel ist die für Kinder natürliche und typische Art, sich mit ihrer Umwelt auseinanderzusetzen und umfassend zu lernen. Es weist mehrere Merkmale auf, die zusammen sein Wesen charakterisieren:

- Das Spiel ist **zweckfrei**, das Kind spielt um des Spiels willen. Es ist also frei von äußeren Zwecksetzungen und Zwang; es erfolgt freiwillig, selbstbestimmt und „von innen heraus".

Hierin liegt die Abgrenzung des Spiel von der Arbeit, die wegen eines Ergebnisses vorgenommen wird. Das Spiel geschieht dagegen nicht um seines Ergebnisses, sondern um seiner selbst willen. Lernspielmaterialien im Kindergarten oder Schule werden deshalb als Arbeitsmittel oder auch als Lernmaterialien bezeichnet.

- Aus dem Spiel ziehen die Kinder **Freude und innere Befriedigung**: Kinder spielen, weil es ihnen Spaß macht; es wird nicht als Mühe und Belastung empfunden. Auch wenn bis zur Erschöpfung gespielt wird, wird es als *lustvoll* erlebt.
- Im Spiel sind Kinder meist **völlig auf die Sache konzentriert** und für die Außenwelt kaum ansprechbar; es zählt nur die Gegenwart, Vergangenheit und Zukunft werden „vergessen".
- Das Spiel stellt für das Kind eine realistische Situation dar, es wird eine „**Quasirealität**" aufgebaut.
- Das Spiel ist gekennzeichnet durch den **Wechsel von Spannung und Entspannung**, der in mehreren Wiederholungen stattfindet.

Als Beispiel eignet sich hier das „Guck-guck-Spiel": Die Spannung wird aufgebaut beim Verstecken und Verstecktsein. Das Gefundenwerden stellt die Entspannung und zugleich die Lösung dar. Dies wird vom Kind immer wieder wiederholt.

Das Spiel ist eine aus der Neugierde und dem Bewegungsdrang des Kindes entstehende, lustvoll erlebte und freudebereitende sowie freiwillige, selbstbestimmte und zweckfreie Tätigkeit.

„Spiel ist Bewegung; Lust, Bewegung zu gestalten, sich selbst darin aktiv zu erleben: Ich kann etwas, jemanden verändern! (...) Somit ist Spiel (...) lustvolles Lernen: experimentieren, Gesichertes wiederholen, etwas wagen – unsicher werden; sich korrigieren; Veränderung suchen – neu probieren; sich vergewissern; erneut etwas riskieren; sich selbst und den/die Spielpartner erleben und bestätigen; neugierig werden auf mehr." *(Biene-Deißler, 2007, S. 240)*

9.4.2 Die Bedeutung des Spiels

Man hat erkannt, dass das Spiel für die Entwicklung des Kindes äußerst wichtig ist, weil es das Kind auf angemessene Art und Weise vieles lehrt, was es zum Leben braucht. Im Spiel finden Lernprozesse statt, die für die ***motorische, kognitive, emotionale, motivationale und soziale Entwicklung*** von großer Bedeutung sind. Durch das Spiel werden – mit Spaß und Freude – alle Bereiche gefördert, welche die Entwicklung und Persönlichkeitsentfaltung des Kindes ausmachen.

> *„Spielen ist der natürlichste Weg, die Umwelt und sich selbst kennenzulernen, Erfahrungen zu gewinnen und Fähigkeiten zu entwickeln."* *(Haug-Schnabel/Bensel, 2009[7], S. 67)*

Zudem ermöglicht das Spiel dem Kind, seine Konflikte auszuspielen und zu verarbeiten sowie Angst, Stress, Spannungen und Aggressionen abzubauen. In diesem Sinne hat das Spiel **heilende Kraft**. Überdies werden durch die Erfolgserlebnisse im Spiel das Selbstvertrauen und Selbstbewusstsein des Kindes gestärkt.

> *„Unter allen Erziehungswissenschaftlern, Pädagogen, Hirnforschern und Psychologen ist es unumstritten, dass Spielen unter anderem die Spontaneität des Denkens, die Selbstbeherrschung, die Entwicklung von Regeln, die Genauigkeit der Sprache, die Vernetzung von Ideen, das Zurückgreifen auf die bisher gemachten Erfahrungen unterstützt."* *(Ansari, 2013[2], S. 75)*

Kinder **verarbeiten im Spiel die Wirklichkeit**. *Sigmund Freud* und andere Tiefenpsychologinnen und Tiefenpsychologen betrachten das Spiel als ***Ausdruck des Unbewussten und als Aufarbeitungsmöglichkeit von Problemen und Konflikten***. Dabei geht es um ein ***symbolisches Ausleben*** von unverarbeiteten Konflikten im Spiel.

Spielt das Kind beispielsweise Zahnarzt, der ihm eine Spritze gibt, so verarbeitet es erlebte Angstsituationen, indem es seinem Teddybären auch immer wieder eine Spritze gibt.

Für *Hans Zulliger* (*2007[8], S. 8*), ein Psychoanalytiker, ist das Spiel die „Sprache des Kindes" als Ausdruck

- von Auseinandersetzung mit seiner Umwelt,
- seiner Ich-Findung und
- seiner emotionalen Befindlichkeit.

Entsprechend wird das Spiel auch in der ***Psychotherapie*** eingesetzt: Im Spiel zeigt das Kind immer wieder unangenehme Erlebnisse und Konflikte, die dadurch emotional aus- und verarbeitet werden, was in der Fachsprache als ***Katharsis***[1] bezeichnet wird.

Kinder lernen spielend fürs Leben.

[1] *káthársis (griech.): die Reinigung*

9.4.3 Arten des Spiels

Es gibt die unterschiedlichsten Möglichkeiten, die verschiedenen Spielarten zu gruppieren. Eine Einteilungsmöglichkeit ist die folgende:

- **Funktionsspiele**, die der Übung von körperlichen und geistigen Funktionen dienen.

  Hierzu zählen zum Beispiel das Spielen des Säuglings mit seinen Gliedmaßen, das Springen und Hüpfen, Sprechspiele, Bewegungsspiele und Geschicklichkeitsspiele.

- **Gestaltungsspiele**, bei denen das Kind mithilfe von bestimmten Spielgegenständen etwas schafft bzw. konstruiert.

  Beispiele hierfür sind Spiele, die sich zum Bauen und zum Zusammensetzen eignen.

- **Interaktionsspiele**, die der Kontaktaufnahme mit anderen Personen, dem Kennenlernen, dem Angstabbau, der Entspannung oder auch dem Training des Durchsetzungsvermögens dienen.

- **Darstellende Spiele**, zu denen unterschiedlichste Arten von Rollenspiel, Theaterspiel und Figurenspiel gehören.

  Kinder spielen beispielsweise „Vater und Mutter", „Räuber und Gendarm", „Kaufladen", „Schule" oder „Zahnarzt". Ein weiteres Beispiel ist das Kasperletheater-Spielen.

- **Regelspiele**, bei denen man festgelegte Regeln einhalten muss.

  „Mensch ärgere Dich nicht®", Mühle, Dame, Schach oder verschiedene Kartenspiele sind solche Spiele, bei denen sich die Spieler an Regeln halten müssen.

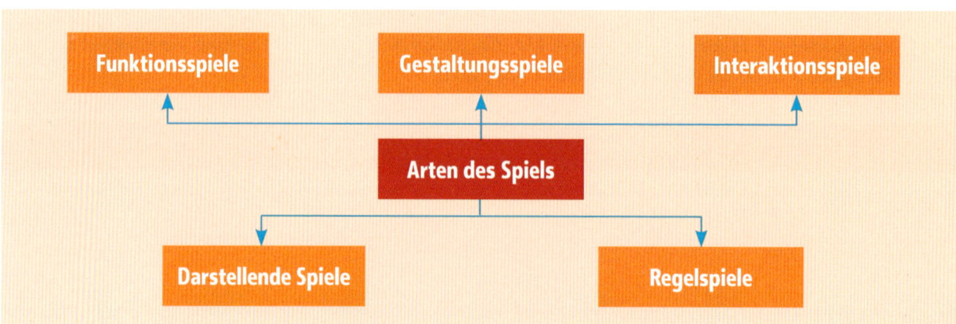

9.4.4 Spiel und organisierte Aktivität

Es ist dem Spiel etwas Eigentümliches, dass das Kind von sich aus, selbstbestimmt, spielt und es aus eigener Initiative heraus gestaltet. Aus diesem Grund ist zu unterscheiden zwischen dem ***freien Spiel*** – also dem eigentlichen Spiel – und der ***planvollen, angeleiteten Aktivität***.

Eine solche planvolle, angeleitete Aktivität ist beispielsweise der Sport, das Klavierspielen oder auch die vielen Aktivitäten, die in der Freizeit etwa in einer Ganztagsschule organisiert werden.

Spiele, die geplant und angeleitet werden, sind keine Spiele.

Obwohl die organisierte Aktivität das eigentliche Spiel zurückdrängt, weiß die Wissenschaft heute, dass das freie Spiel das Kind mehr fördert als geplante Aktivitäten. Ein Spiel selbst zu gestalten, fordert und fördert das sich entwickelnde Gehirn ungleich mehr, als vorgegebene Regeln zu übernehmen.

> *„Was Spiel ist, bestimmt das Kind und nicht die Erwachsenen. (...) Das Kind will und muss in seinem Spiel selbstbestimmt sein."* *(Largo, 2013[12], S. 290 und 273)*

Gerade das Spiel ohne Vorgaben begünstigt die verschiedenen Bereiche der Persönlichkeit und das Problemlösevermögen von Kindern weit mehr. Letztlich zählt weniger die Art des Spielens als die ungezwungene Beschäftigung (vgl. *Wenner, 2009, S. 43*).

Aus Sorge um den Nachwuchs, der optimal gefördert werden und es später auf die richtige Schule schaffen soll, füllen immer mehr Eltern den Alltag ihrer Kinder mit planvollen, angeleiteten Aktivitäten. Dabei wird das „freie Spiel" vernachlässigt. Doch wenn Kinder nicht ausreichend Zeit zum Spielen ohne Vorgaben haben, kann das nach dem Psychiater *Stuart Brown* (in: *Wenner, 2009, S. 41*) sehr ernste Konsequenzen haben. Der Psychologe *David Elkind* rät Eltern und anderen Erzieherinnen und Erziehern vor allem eins, die Kinder öfter als bisher einfach Kinder sein und spielen zu lassen (vgl. *Wenner, 2009, S. 47*).

> *„Wenn wir Kinder über Spielmaterial und andere Animationen dazu verlocken, so zu spielen, wie wir Erwachsenen das für gut halten, schränken wir die Erfindungsgabe und das Forschen und Entdecken der Kinder ein. Wir regen sie zum Nachmachen an. Die Zukunft braucht aber alternatives Denken. Sie verlangt vom Menschen in viel stärkerem Maße als bisher, sich mit Folgen und Nebenwirkungen der eigenen Handlungen auseinanderzusetzen."* *(Pausewang, 2018)*

Spielen kann zwar nicht gelehrt werden, weil es „von innen heraus" kommt und der Motivation des Kindes entspringt, doch die Erzieherin bzw. der Erzieher hat unterschiedliche Einflussmöglichkeiten auf das Spiel wie etwa auf den Spielort, das Spielzeug oder die Spielpartner.[1]

Spiel macht klug *(vgl. Krenz, 2006[4], S. 145)*

In pädagogischen Einrichtungen, der Heil- bzw. Sonderpädagogik und im Rahmen der Kinderpsychotherapie wird das Spiel meist bewusst und geplant eingesetzt. Damit das Spiel die gewünschte Wirkung erzielt, ist es wichtig, dass die Erzieherin bzw. der Erzieher die Merkmale des Spiels wie Zweckfreiheit, Selbstbestimmtheit oder Freiwilligkeit berücksichtigt, damit das Spiel Spiel bleibt, sowie um den Entwicklungsstand und die sozialen Hintergründe des bzw. der zu Erziehenden weiß.

[1] *vgl. Abschnitt 9.4.5*

9.4.5 Das Spiel in der Erziehung

Der Erzieherin/Dem Erzieher fallen aus spielpädagogischer Sicht ***drei Aufgaben*** zu:

- die Berücksichtigung ausreichender **Spielzeit**,
- die Sorge um ausreichenden **Spielraum** und
- die Auswahl des richtigen **Spielzeugs**.

Kinder sollen spielen können, wenn es ihnen Freude macht, sie benötigen **ausreichend Spielzeit**. Das Spiel ist der „Beruf" des Kindes und Eltern sollten ihm viel Zeit möglichst störungsfrei zur Verfügung stellen.

> *„Freies, fantasievolles Spielen ist keine Zeitverschwendung, sondern unverzichtbar für die gesunde Entwicklung von Kindern."* *(Wenner, 2009, S. 41)*

Unterbrechungen lassen das Spiel immer weniger attraktiv erscheinen. Eltern und andere Erzieher/innen sollen ganz allgemein die Spielfreude des Kindes fördern, die es zu immer neuen Gestalten und Versuchen anregt, ohne es beim Spielen einzuschränken, ständig zu unterbrechen, zu tadeln oder zu korrigieren. Die Zeit zum Spielen sollte nicht als Belohnungs- bzw. Bestrafungsmittel eingesetzt werden – etwa wenn sie abhängig gemacht wird von schulischen Leistungen. Das freie Spiel sollte zudem keine Abwertung erfahren in dem Sinne, dass Spielen Zeitverschwendung sei oder angeleitete Aktivität und Lernleistungen wichtiger seien als das Spiel.

„Das Spiel ist die Arbeit des Kindes." *(Wagner, 2013, S. 167)*

Zudem braucht das Kind die Möglichkeit, selbst zu spielen, ohne Initiative und Kontrolle der Eltern oder anderer Erzieherinnen und Erzieher. Für die Entwicklung des Gehirns ist die ungestörte Aktivität des Kleinkindes von ihm selbst aus entscheidend. Aufgabe der Eltern sowie anderer Erzieherinnen und Erzieher ist es, dafür zu sorgen, dass Kinder beim Spiel nicht gestört werden.

Die Räume, in denen sich Kinder aufhalten, innen wie außen, wirken sozusagen als „dritter Erzieher". Sie beeinflussen in erheblichem Maße die Persönlichkeitsentwicklung des Kindes. Einen positiven Einfluss haben „Spielräume",

- die sich vielseitig nutzen lassen und vielfältige Erfahrungs- und Lernmöglichkeiten bieten,
- die einen hohen Aufforderungscharakter haben, in denen die Kinder auf vielfältigste Ideen kommen und Lust zum Spielen haben,
- die sowohl zur Aktivität und Bewegung anregen als auch Ruhezonen und Rückzugsmöglichkeiten bieten,
- die Fantasie und Kreativität anregen und Erforschen, Entdecken und Abenteuer ermöglichen,
- die sich sowohl zum Spiel allein als auch mit anderen eignen,
- in denen die Kinder nicht immer der direkten Aufsicht von Erwachsenen ausgesetzt sind.

Kinder brauchen **Platz für das Spielen** und der Spielort sollte vielfaltige Möglichkeiten für spannende und interessante Spieltätigkeiten bieten (vgl. *Krenz, 2006[4], S. 137 und 149*). Spielorte sollen Kinder selbst verändern und gestalten können, außerdem sollen sie dort Materialien wie Kisten, Stoffe, Ton, Malutensilien, Papier oder Seile und im Außenbereich Erde, Wasser, Steine, Stocke u. a. vorfinden. Spielorte sollten auch Möglichkeiten für Bewegung und Handlung bieten.

„Angesichts der Tatsache, dass alle Spielräume ihren eigenen Charakter und ihre eigenen Besonderheiten besitzen, ist es notwendig, dass Kinder diese unterschiedlichen Spielorte kennenlernen und nutzen, damit sie vielfältigste Erfahrungen in abwechslungsreicher Umgebung und großzügiger Vielfalt machen können." (Krenz, 2018)

Die „Räume im Freien" gewinnen gerade vor dem Hintergrund zunehmenden Medienkonsums und Bewegungsarmut der Kinder an Bedeutung. Die Gestaltung der Außengelände pädagogischer Einrichtungen wird immer wichtiger. Immer mehr Kindergärten haben „Waldtage" oder „Waldwochen" in ihrem Programm und wenden sich der Naturraumpädagogik zu, um den Kindern die zunehmend fehlenden Naturerfahrungen zu ermöglichen.

Ausreichender Spielraum ist in manchen Wohngegenden ein großes Problem. Oft sind die Wohnverhältnisse beengt und der Straßenverkehr sowie die Wohnraumverdichtung lassen nur geringe oder kaum ausreichende Spielmöglichkeiten zu. Die ausgewiesenen Spielplätze entsprechen häufig nicht den modernen pädagogischen Erkenntnissen, sie sind eintönig und kommen den Bedürfnissen von Kindern und Jugendlichen kaum entgegen. So können manche pädagogisch sinnvollen Spielräume nur im Kindergarten oder in der (Ganztags-)Betreuung von Schülerinnen und Schülern erfahren werden.
Abenteuerspielplatze gibt es in fast allen Städten, sie ermöglichen Naturerfahrungen und ausreichende Spielmöglichkeiten. Entsprechendes Material regt zudem zu handwerklichem Tun an. Das ***Spielmobil*** bietet Kindern mit wenig Spielraum und Spielmöglichkeiten eine gewisse Spielwelt an. Ein Spielmobil ist ein Bauwagen, ein Bus, ein Lkw oder ein Container, der vollbepackt mit Spielmaterialien und Spielgeräten zu Spielplätzen, Sportplätzen, Parks oder auf Schulhöfe fährt.

9.4.6 Die Auswahl von Spielmaterial

Chaos im Kinderzimmer

Kinder erhalten heute zu viel **Spielzeug**. Das wissen zwar die meisten Eltern, trotzdem füllen sich die Kinderzimmer mit immer mehr Spielmaterial. Kinder brauchen nicht viele verschiedene Spielsachen, sie spielen auch ohne vorgefertigte Spielsachen, die im Grunde genommen nur einengen.

„Die Freiheit kindlichen Spiels ist (...) längst bedroht durch ‚pädagogisch wertvolles Spielzeug'. Spiel wird instrumentalisiert zum Zwecke pädagogischer Absichten."
(Opp, 2006², S. 433)

Pädagogisch wertvolles Spielzeug ist „einfach" gehalten, so dass es sich zur ***Gestaltung*** und immer wieder zu einer möglichen ***Neugestaltung*** eignet. Es soll auch die Möglichkeit des ***Umdeutens*** gestatten.

Eine Kartonschachtel zum Beispiel wird mal als Tisch, mal als Auto oder Waschmaschine hergenommen. Ein Stück Holz kann einmal als Pferd, beim nächsten Mal als Puppe benutzt werden. Dabei kann sich das Kind immer wieder einen anderen Gesichtsausdruck vorstellen, was bei einer Puppe mit vorgefertigtem Plastikkopf kaum möglich ist.

Seit Urzeiten haben Kinder mit Gegenständen gespielt. Kinder bis etwa zum 3. Lebensjahr spielen nicht miteinander und auch nicht mit anderen, sondern mit Gegenständen (vgl. *Largo, 2013[12], S. 282 f.*).

Um dem Kind das richtige Spielzeug anbieten zu können, muss die Erzieherin/der Erzieher den pädagogischen Wert des Spielzeuges beurteilen und entsprechend das richtige auswählen können. Beurteilungs- und Auswahlkriterien für gute Spiele oder Spielmaterialien sind:

- Spielmaterial darf Kinder weder über- noch unterfordern. Es muss das Interesse der Altersgruppe erregen, deren Fähigkeiten es erfordert. Die Spielregeln müssen dem Alter der Kinder entsprechend verständlich sein.
- Spielzeug soll Gestaltung, immer wieder eine Neugestaltung und ein Umdeuten ermöglichen. Gutes Spielzeug ist vielseitig verwendbar, ausbaufähig und soll zu eigengestaltetem Spielen anregen. Jeder Gegenstand, der sich zum Gestalten und Neugestalten sowie zum Erkunden eignet, ist für das Kind ein passendes Spielzeug.
- Spielmaterial soll in Gewicht und Größe der Geschicklichkeit der Kinder entsprechen.

Das einjährige Kind beispielsweise kann den sehr kleinen Baustein noch nicht greifen.

- Spielzeug muss sicher und so verarbeitet sein, dass die Kinder sich damit nicht verletzen und damit sachgemäß umgehen können. So darf es keine scharfen Kanten oder Spitzen haben, und es muss auch unzerbrechlich sein. Ältere Kinder sollten jedoch auch die Gelegenheit haben zu lernen, mit den Gefahren des Alltags zurechtzukommen.
- Spielzeug sollte sich nicht verschlucken lassen und sein Material muss frei von Giften sein, denn Kleinkinder stecken Spielsachen häufig auch in Mund, Nase oder Ohren.
- Kritisch betrachtet werden sollten diejenigen Spielwaren, die in ihrer Darstellung bestimmte, weniger erwünschte gesellschaftliche Einstellungen vermitteln oder den Erziehungszielen nicht entsprechen.

Waffen oder Science-Fiction-Figuren, die starke und kampflustige Männer darstellen, können beispielsweise der Erziehung zum Frieden widersprechen. Eine Barbiepuppe verkörpert ein bestimmtes Frauenbild, nachdem die Frau möglichst schlank und schön zu sein hat und eine reichhaltige Garderobe besitzt (vgl. *Pausewang, 1997, S. 64*).

Kinder werden im Spiel erzogen.

Auf den Punkt gebracht

- Das Spiel ist eine aus der Neugierde und dem Bewegungsdrang des Kindes entstehende, lustvoll erlebte und freudebereitende sowie freiwillige, selbstbestimmte und zweckfreie Tätigkeit. Im Spiel kann das Kind die Wirklichkeit verarbeiten; es werden mit Spaß und Freude alle Bereiche der Persönlichkeitsentwicklung des Kindes gefördert.
- Dabei muss zwischen dem freien Spiel – also dem eigentlichen Spiel – und der planvollen, angeleiteten Aktivität unterschieden werden. Arten der Spiele sind Funktions-, Gestaltungs-, Interaktionsspiele, darstellende Spiele und Regelspiele.
- Der Erzieherin/Dem Erzieher fallen in diesem Zusammenhang drei Aufgaben zu, die Berücksichtigung ausreichender Spielzeit, die Sorge um ausreichenden Spielraum und die Auswahl des richtigen Spielzeugs.

Aufgaben – Wissen & Verstehen, Anwenden, Reflektieren

15. *Beschreiben Sie an geeigneten Beispielen das Wesen des Spiels.*
16. Eine Mutter holt ihr Kind vom Kindergarten ab und fragt es, wie der Tag verlaufen sei. Die Mutter gibt als Antwort auf die Erzählung des Kindes: „Was, ihr habt heute nur gespielt? Ja, habt ihr denn sonst nichts gemacht?"
    Schreiben Sie aus spielpädagogischer Sicht auf, was Sie der Mutter entgegnen würden.
17. *Zeigen Sie am Beispiel des Kindergartens oder einer anderen pädagogischen Einrichtung Arten des Spiels auf.*
18. *Nehmen Sie Stellung zu der Aufgabe der Spielzeit aus spielpädagogischer Sicht.*
19. *Erläutern Sie die spielpädagogische Aufgabe des ausreichenden Spielraums.*

20. *Erörtern Sie die Aufgabe der Beschaffenheit und Auswahl des richtigen Spielzeugs.*

21. Ein Kind ist krank.
    → *Überlegen Sie in Gruppen, welche Bedeutung eine Puppe für das kranke Kind haben kann.*
    → *Notieren Sie, welche Figuren und welches Spielzeug Sie dem kranken Kind noch geben würden. Begründen Sie Ihre Wahl.*
    → *Notieren Sie Bedeutung und Spielzeugauswahl auf einem Plakat.*
    → *Stellen Sie Ihrer Klasse Ihre Ergebnisse vor.*

22. Beurteilung von Spielzeugangebot
    → *Teilen Sie sich in Vierergruppen auf.*
    → *Gehen Sie in Spielzeugabteilungen der Geschäfte und Kaufhäuser Ihrer Stadt und beurteilen Sie das derzeitige Spielzeugangebot.*
    → *Notieren Sie Ihre Beurteilung.*
    → *Erstatten Sie in der Klasse Bericht über das Spielzeugangebot und Ihre Beurteilung.*

23. Der Vorschulpädagoge *Salman Ansari* schreibt in seinem Buch *„Rettet die Neugier“*: „Doch was bieten unsere Spielplätze den Kindern an Erfahrungsmöglichkeiten? Um diese Frage zu beantworten, braucht man nur die üblichen, tristen, wenige Quadratmeter Fläche beanspruchenden Kinderspielplätze allerorts zu besuchen.“ *(Ansari 2013², S. 71)*
    → *Diskutieren Sie diese Aussage von* Ansari.
    → *Bilden Sie Gruppen und überlegen Sie, wie man Kinderspielplätze effektiv nach spielpädagogischen Gesichtspunkten gestalten kann.*
    → *Präsentieren Sie Ihr Ergebnis in der Klasse.*
    → *Entwerfen Sie in der Klasse aus diesen Vorschlägen ein Konzept.*

Aufgabe zum gesamten Kapitel

24. Kaffeehaus (vgl. *Hugenschmidt/Technau, 2009, S. 91 f.*)
    → *Bilden Sie Vierergruppen und wählen Sie einen Teilbereich des Themas „Maßnahmen in der Erziehung“ aus.*
    → *Diskutieren Sie in der Gruppe über Ihren Themenbereich, sodass jeder gut darüber Bescheid weiß.*
    → *Anschließend löst sich die Gruppe auf, und es werden mehrere Tische mit je vier Sesseln aufgestellt. Jede einzelne Schülerin und jeder einzelne Schüler können sich an einen beliebigen Tisch setzen und sich mit den anderen über die wesentlichen Aspekte seines Themenbereiches unterhalten. Dabei können sie den Tisch auch wechseln.*

10 Erziehung und Entwicklung: Elementarpädagogik von 0 – 6 Jahre

Vom Neugeborenen und Kleinkind zum Schulkind

Sie können ...

1. *... die Bedeutung des ersten Lebensjahres für die weitere Entwicklung des Kindes aufzeigen und reflektieren.*
2. *... Faktoren für einen gelingenden Bindungs- und Beziehungsaufbau beschreiben.*
3. *... beurteilen, was Erziehung berücksichtigen sollte, um eine stabile Entwicklung des Kindes zu gewährleisten.*
4. *... abwägen, welche erzieherischen Aufgaben in der frühen Kindheit von Bedeutung sind, und diese darlegen.*
5. *... Kompetenzen für einen gelingenden Schuleintritt aufzeigen und reflektieren.*
6. *... klären, was man unter Sexualität versteht, und aufzeigen, welche Funktionen sie erfüllt.*
7. *... darstellen, welchen Einfluss die Gesellschaft auf das Geschlechterverhalten und auf die menschliche Sexualität hat.*
8. *... beschreiben, vor welchen Aufgaben die Sexualerziehung steht.*
9. *... die Förderung der Entwicklung der Sprache, der Intelligenz und des Denkens sowie der Emotionen und des Sozialverhaltens beschreiben und auf Entwicklungssituationen anwenden.*

10.1 Das erste Lebensjahr

Unter Entwicklung versteht man **Veränderungen des Erlebens und Verhaltens** im Laufe des Lebens. Sie sind auf ein **Ziel hin gerichtet** und lassen sich bestimmten **Altersspannen** zuordnen. Die Abfolge von Lebensabschnitten – frühe Kindheit, späte Kindheit, Jugendalter, Erwachsenenalter, Alter – und Lebensübergängen, der Wechsel von einem Lebensabschnitt zu einem anderen, wird als **Lebenslauf bzw. Lebensspanne** bezeichnet.

Die Bedeutung des ersten Lebensjahres für die weitere Entwicklung des Kindes kann gar nicht hoch genug eingeschätzt werden. In diesem Lebensabschnitt wird weitgehend über das Ausmaß der späteren Lernfähigkeit und Erziehbarkeit eines Menschen entschieden.

10.1.1 Der Säugling als Gehirnwesen

Der Säugling ist nach der Geburt nicht in der Lage, sich selbst in irgendeiner Form zu helfen oder zu versorgen. Er braucht die vollständige **biologische und hygienische Versorgung**: Essen und Trinken, Sauberhalten usw. Die Befriedigung der physischen Bedürfnisse reicht allerdings nicht aus; ein Neugeborenes hat weitergehende Bedürfnisse, ***deren Befriedigung Voraussetzung für eine gesunde Entwicklung ist***.

Erkenntnisse der Neurobiologie zeigen, dass sich unmittelbar nach der Geburt das menschliche Gehirn in einem atemberaubenden Tempo verändert. Es bilden sich fast explosionsartig neue Kontaktstellen – sogenannte ***Synapsen***[1] – aus, die die Nervenzellen miteinander verknüpfen. Neugeborene kommen mit ca. 100 bis 120 Milliarden Nervenzellen auf die Welt und sind in der Lage, Unmengen an synaptischen Verbindungen herzustellen. Jeder Reiz, dem ein Säugling ausgesetzt ist, verändert dieses Netz. Auf Dauer bleiben jedoch nur diejenigen Verbindungen bestehen, die des Öfteren genutzt werden, die anderen gehen wieder verloren.

> *„Weil das Gehirn der Menschen (...) vor allem (...) nach der Geburt heranreift, prägt die Bindungsbeziehung auch den Aufbau der Schaltkreise des Gehirns – insbesondere den des gefühlsverarbeitenden limbischen Systems und den der Stressregulierung. (...) Also beeinflusst die Bindungsbeziehung (...) auch die Gehirnverschaltungen des Babys – ob im Guten oder im Schlechten."*
> *(Schore, in: Ustorf, 2009, S. 27)*

Die Entstehung dieser Verbindungen hängt zum einen von der ***emotionalen Grundversorgung*** des Säuglings bzw. Kleinkindes ab. Denn nur eine gute emotionale Zuwendung gibt dem Kind die Sicherheit, die Voraussetzung für die Erforschung seiner Umwelt ist[2]. Zum anderen ist die Entstehung von den ***Erfahrungen, die ein Kleinkind macht***, abhängig; fehlen diese, kann die Ausbildung des Gehirns nicht stattfinden. Nervenzellenverbindungen müssen also „benutzt" werden, damit sie sich festigen.

---

[1] *synapsis (griech.): die Verbindung; Synapsen sind die Kontaktstellen zwischen den Nervenzellen.*
[2] *siehe Abschnitt 10.1.3*

Positive Beziehungserfahrungen hinterlassen Spuren im Gehirn und in unserem Erbgut *(vgl. Buchheim/Bertram, 2012, S. 25)*.

10.1.2 Der Begriff „Bindung"

Säuglinge und Kleinkinder müssen auf eine ***feste Bindung mit einer Bezugsperson*** zurückgreifen können, damit sie ihr Neugierverhalten ausleben können.

Der Bindungsbegriff ist durch drei Merkmale nähe gekennzeichnet:
- Es handelt sich um eine sehr enge und besondere Beziehung zwischen dem Baby bzw. Kleinkind und seiner Bezugsperson.
- Bindung schließt eine positive emotionale Grundhaltung der Bezugsperson gegenüber dem Kind mit ein.
- Sie ist von langer Dauer.

Bindung im Sinne der Bindungstheorie ist die besondere, enge, relativ dauerhafte und stark emotionale Beziehung zwischen einem Kind und seiner Bezugsperson bzw. seinen Bezugspersonen, die es betreuen.

Bindungsverhalten äußert sich in Verhaltensweisen, die die physische und psychische Nähe zum Kind herstellen bzw. aufrechterhalten wie zum Beispiel Zuwendung, Wärme, Körperkontakt, Zärtlichkeit, Fürsorge, Ansprache usw. (vgl. *Lengning/Lüpschen, 2012, S. 11*).

Eine Bindung ist nicht von vornherein, „von Natur aus", vorhanden, sie muss erst aufgebaut werden. Dies muss schon in der Schwangerschaft und dann vom ersten Lebenstag an geschehen. Grundsätzlich kann jede Person Bezugsperson sein, die sich um die emotionalen und sozialen Bedürfnisse des Kleinkindes kümmert.

„Nicht die biologische Herkunft bindet, sondern die Vertrautheit, die durch Fürsorge, Nähe und Zuwendung entsteht." *(Largo, 2011[21], S. 157)*

Das Kleinkind kann mehrere, wenn auch nicht zu viele, Bezugspersonen haben wie etwa beide Elternteile, einzelne Großeltern, die Tagesmutter, die Kindergartenpädagogin oder den Kindergartenpädagogen. Doch eine Person wird Hauptbezugsperson sein, auf die es ankommt, wenn es Schutz und Sicherheit benötigt. Es entwickelt eine Hierarchie von Bezugspersonen, an die es sich bei Unsicherheit und Angst wendet (vgl. *Grossmann/Grossmann, 2017[7], S. 71 f.*).

10.1.3 Bindung und Erforschung der Umwelt

Diesbezügliche Forschungen sind unter dem Begriff **Bindungstheorie** bekannt geworden. Ihre Begründer sind *John Bowlby* und *Mary Ainsworth*[1]. Im deutschen Sprachraum wurde die Bindungstheorie durch die Untersuchungen des Ehepaars *Karin und Klaus E. Grossmann* bekannt.

Karin Grossmann *(* 1942), Dr. phil., Diplom-Psychologin, ist freiberufliche Wissenschaftlerin und lehrte am Psychologischen Institut der Universität Regensburg sowie an der Universität Salzburg.*
Klaus E. Grossmann *(* 1935), Dr. phil., Diplom-Psychologe, war zunächst Professor in Bielefeld, später am Institut für Psychologie der Universität Regensburg.*

Eine gute sichere Bindung ist Voraussetzung für eine stabile psychische Sicherheit. Fehlt eine Bezugsperson oder baut diese keine Bindung zum Kleinkind auf, kann sich bei ihm keine Selbstsicherheit entwickeln, die für die Erkundung seiner Umwelt notwendig ist. Erst wenn das Bedürfnis nach Bindungssicherheit befriedigt ist, ist das Kind bereit, seine Umwelt zu erkunden (vgl. *Brisch, 2011, S. 50*).

Lauter Täuschungen
Ein Mensch, noch Neuling auf der Welt,
Das Leben für recht einfach hält.
Dann, schon erfahren, klug er spricht:
„So einfach ist die Sache nicht!“
Zum Schlusse sieht er wieder klar,
Wie einfach es im Grunde war.
(Eugen Roth, 2015[7], S. 182)

Die Psychologie spricht in diesem Zusammenhang von einem ***Explorationsbedürfnis***[2], als dem Bedürfnis, die Umwelt zu erforschen. **Bindungs- und Explorationsbedürfnis stehen also in einer wechselseitigen Abhängigkeit**; einer sicheren Bindung entspricht ein aktives Explorationsverhalten des Säuglings bzw. Kleinkindes, weil es die Erfahrung gemacht hat, dass es sich auf seine Bezugsperson verlassen kann. Die Bezugsperson ist die Bindungsfigur und stellt für das Kleinstkind eine „Sicherheitsbasis“ dar, die ihm hilft, Angst und Hilflosigkeit zu bewältigen. Es erforscht seine Umwelt und kehrt bei „Gefahr“ wieder zurück in den „sicheren Hafen“, wo es um Erleichterung und Zuwendung weiß.

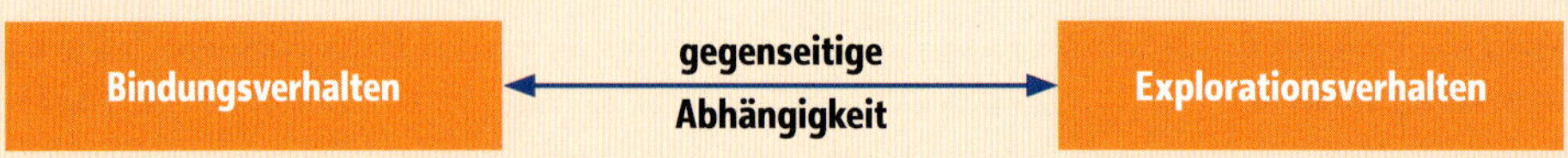

Es muss ein Gleichgewicht herrschen zwischen Bindung auf der einen und Erkundung, sprich Exploration, auf der anderen Seite. *(Mary Ainsworth)*

Kindliche Neugier wird geweckt, wenn das Kleinkind eine sichere Bindung hat und sich aktiv betätigen kann. Neugier und Aktivität brauchen also weder geweckt noch gesteuert zu werden. Eltern und andere Bezugspersonen müssen dem Kind lediglich Erfahrungsmöglichkeiten anbieten und eine „Sicherheitsbasis“ für es sein (vgl. *Largo, 2011[21], S. 206*).

---

1 Edward John Mostyn Bowlby (1907–1990) war britischer Kinderarzt, Kinderpsychiater und Psychoanalytiker; Mary D. Salter Ainsworth (1913–1999) war US-amerikanische Entwicklungspsychologin.
2 explorare (lat.): erforschen, erkunden

Kinder, die sich ***sicher gebunden*** fühlen, sind so optimaler auf den Umgang mit neuen Erfahrungen vorbereitet und in der Lage, sich lernend und entdeckend auf neue Dinge, Situationen und Personen einzulassen sowie in kritischen Situationen angemessen mit sich selbst und anderen umzugehen. Das Kind entwickelt aufgrund dieser Erfahrung darüber hinaus ein stabiles Selbstwertgefühl. Auch in späteren Jahren können sich Kinder, die eine sichere Bindung entwickeln konnten, vergleichsweise selbstsicher mit neuartigen Situationen und Personen auseinandersetzen (vgl. *Mietzel, 2002⁴, S. 135*).

> *„Ein sicher gebundenes Kind lernt Vertrauen in sich und andere, entwickelt ein starkes Selbstwertgefühl, fühlt sich Herausforderungen gewachsen und wagt seinen Weg hinaus in die Welt."*
> *(Weingarten, 2011, S. 72)*

Es besteht ein Zusammenhang zwischen Bindung und der Fähigkeit, schwierige Lebenssituationen und belastende Ereignisse zu meistern – in der Psychologie spricht man von Resilienz[1]. Eine sichere Bindung führt in der Regel auch zu einer hohen **Resilienz** (vgl. *Greve/Leipold, 2012⁷, S. 575 f.*).

> *„Bindung ist emotionale Nahrung, die uns am Leben hält. (...) Wenn kleine Kinder keine Bindung haben, gedeihen sie nicht (...)"* *(Brisch, in Ustorf, 2014, S. 22)*

Einem Kind dagegen, das keine sichere Gebundenheit erfährt, fehlt die „Sicherheitsbasis", auf die es seine Weiterentwicklung stützen könnte. ***Unsicher gebundene Kinder*** werden sich deshalb in ihrem späteren Leben ihrer Umwelt gegenüber ängstlich verschließen und sich nicht an die Erforschung von Unbekanntem heranwagen, was die Gewinnung neuer Erfahrungen behindert. Sie erleben kritische Situationen als stressreich und können so kaum angemessen mit sich selbst und anderen umgehen.

Dieser Abschnitt zeigt deutlich, dass elterliche Verhaltensweisen, wie keine oder unregelmäßige Verfügbarkeit der Eltern oder anderer Erzieher/innen, eine sichere Bindung gefährden bzw. unmöglich machen können. Auf solche elterlichen Verhaltensweisen wird in *Kapitel 2.3.3* und *8.5.2* eingegangen.

10.1.4 Erziehungsaufgaben im ersten Lebensjahr

Aus diesen Erkenntnissen lässt sich eine Reihe von Aufgaben für die Erziehung im ersten Lebensjahr ableiten:

- Der Säugling benötigt eine sichere und zuverlässige Befriedigung seiner biologischen Bedürfnisse. Dabei kommt der Nahrungsaufnahme eine besondere Bedeutung zu. Nach ernährungswissenschaftlichen Erkenntnissen ist ***Muttermilch die bestmögliche Nahrung*** für den Säugling, da sie ganz auf die Bedürfnisse des Kindes abgestellt ist. Nicht nur die beste Ernährung ist durch die Muttermilch möglich, auch der beste Schutz vor Krankheiten ist wissenschaftlich nachweisbar. So leiden gestillte Kinder weniger oft an Infektionskrankheiten als nicht gestillte. Die Muttermilch fördert bei Neu-

[1] *resiliare (lat.): zurückspringen, abprallen*

geborenen die Entwicklung der Darmflora und des Immunsystems, die beide noch nicht ausgereift sind. Psychoanalytisch orientierte Psychologinnen und Psychologen weisen darauf hin, dass das Stillen des Säuglings den großen Vorteil hat, dass er sich seine Nahrung im wahrsten Sinne des Wortes *er-saugen* muss und damit nicht nur sein Nahrungsbedürfnis, sondern auch das vorhandene Saugbedürfnis befriedigen kann.

- Der Säugling muss eine **Bindung** zu einer (oder mehreren) Person(en) herstellen können. Dies geschieht durch positive Gefühle wie Verbundenheit, Nähe, Zärtlichkeit, Fürsorge, Schutz, Körperkontakt und Ansprache seitens der Bezugsperson dem Säugling gegenüber.
- Die Bezugsperson muss **sowohl das Bedürfnis nach Nähe als auch das nach dem Ausleben der Neugier akzeptieren**: Sie gibt dem Kind Nähe, Zärtlichkeit, Fürsorge, Schutz und dergleichen, wenn es das will und braucht – nicht aber, wenn es die/der Erwachsene will und das Kind gar nicht danach verlangt. Die Bezugsperson lässt dem Kind den Freiraum, in welchem es selbstständig Erfahrungen sammeln kann, und bevormundet es nicht, wenn es etwas selbst tun kann bzw. tun möchte; sie ist aber da, wenn das Kind Nähe, Zärtlichkeit, Fürsorge und Schutz benötigt. Die Bezugsperson dient dem Säugling bzw. Kleinkind als sichere Basis, lässt ihm aber ansonsten Freiraum, um die Umwelt zu erkunden.
- Damit Kleinkinder ihr Neugierverhalten ausleben können, müssen sie auf eine **feste Bezugsperson** zurückgreifen können; fehlt sie, kann sich keine Selbstsicherheit beim Kind ausbilden.
- Grundlage für die Qualität der Bindung bildet die **Feinfühligkeit** der Bezugsperson(en), welche darin besteht, dass
  - die Bezugsperson in der Lage ist, die **Signale des Kindes wahrzunehmen**,
  - sie diese **richtig interpretiert** und die dahinter steckenden **Bedürfnisse erkennt**,
  - sie sich entsprechend der kindlichen Signale bzw. Bedürfnisse **angemessen verhält**,
  - sie auf diese **prompt reagiert** und sie **befriedigt**[1]. Prompt deshalb, damit der Säugling bzw. das Kleinkind den Zusammenhang zwischen seinen Signalen und der Reaktion der Bezugsperson herstellen kann.

→ So muss die betreuende Person das Weinen des Kindes bemerken und darf es nicht ignorieren. Sie muss dieses Weinen richtig deuten – weint das Kind wegen Hunger, Unwohlsein, Schmerzen, aus Langeweile oder weil es Nähe sucht, und sie muss das Bedürfnis angemessen – zum Beispiel durch die richtige Dosierung der Nahrungsmenge – und innerhalb einer für das Kleinkind tolerablen Frustrationszeit befriedigen.

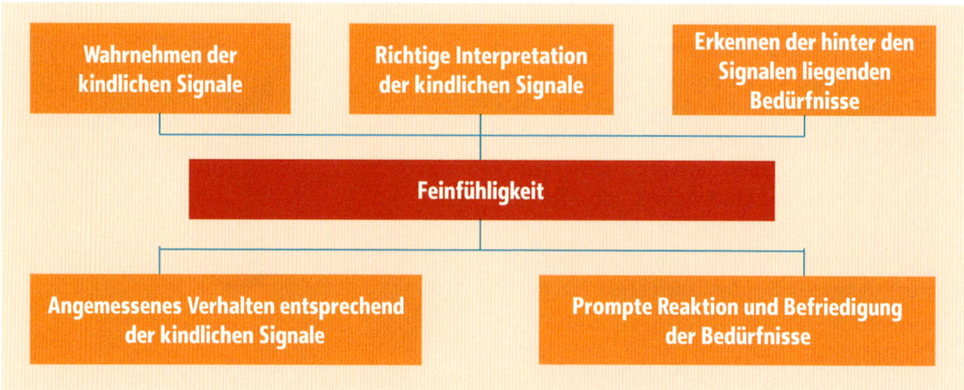

[1] *Das Konzept der Feinfühligkeit geht auf Mary Ainsworth zurück, die über längere Zeiträume hinweg das Interaktionsverhalten zwischen Mutter und Säugling untersuchte.*

- Eingebettet in die emotionale Beziehung sind Reize, die der Säugling für eine gesunde Entwicklung benötigt wie das Sprechen mit dem Kind, ein Mobile, ein Spielzeug, eine Rassel usw.
- Die Bedeutung von frühen Erfahrungen sollte erkannt werden, denn Einflüsse auf den Einzelnen sind umso nachhaltiger, je früher sie im Leben einsetzen. Entscheidend ist dabei die ungestörte Aktivität des Kindes, die im freien Spiel – im Gegensatz zum „Spiel" als planvolle, angeleitete Aktivität – am besten gegeben ist.

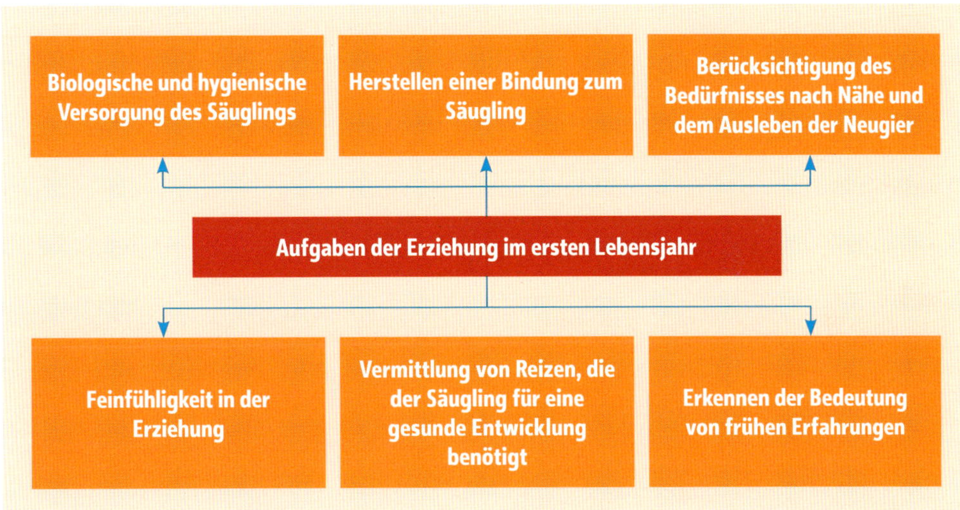

Aufgrund heutiger Erkenntnisse kann man davon ausgehen, dass eine gute Bindung zur „primären" Bezugsperson Voraussetzung für eine gelungene Fremdbetreuung ist. Auf der Grundlage einer sicheren Bindung können (Klein-) Kinder eine gute Beziehung zu weiteren Bezugspersonen aufbauen, wenn diese in der Lage sind, Stabilität in der Beziehung zu gewährleisten und sie sich dem Kleinkind gegenüber ebenfalls als feinfühlig erweisen[1] (vgl. *Lengning/Lüpschen, 2012, S. 37*).

Man darf jedoch die außerfamiliäre Erziehung nicht überschätzen: Eine groß angelegte Untersuchung des amerikanischen National Institute of Child Health and Human Development (NICHD) kam zu dem Ergebnis, dass das Elternverhalten einen viel größeren Einfluss auf die Entwicklung des Kleinkindes hat als eine außerfamiliale Kinderbetreuung (vgl. *Schneewind, 2010, S. 32*).

Auf den Punkt gebracht

- Neurobiologische Untersuchungen zeigen, dass sich unmittelbar nach der Geburt das menschliche Gehirn in einem atemberaubenden Tempo verändert. Es bilden sich fast explosionsartig neue Kontaktstellen aus, die die Nervenzellen miteinander verknüpfen. Entscheidend für die Entwicklung des Gehirns ist die emotionale Zuwendung und eine ungestörte Aktivität des Kindes „von sich aus".

[1] *vgl. Abschnitt 10.1.4*

- Bindung bezeichnet eine lang andauernde, emotional und sozial sehr enge Beziehung zwischen zwei Menschen – hier zwischen Baby bzw. Kleinkind und seiner Bezugsperson. Die Bindungstheorie geht davon aus, dass Säuglinge und Kleinkinder auf eine feste Bindung mit einer Bezugsperson zurückgreifen können müssen, damit sie ihr Neugierverhalten ausleben können. Eine gute sichere Bindung ist Voraussetzung für eine stabile psychische Sicherheit. Fehlt eine Bezugsperson oder baut diese keine Bindung zum Kleinkind auf, kann sich bei ihm keine Selbstsicherheit entwickeln, die für die Erkundung seiner Umwelt notwendig ist.
- Aufgaben der Erziehung im ersten Lebensjahr sind die biologische und hygienische Versorgung des Säuglings. Von ebenso großer Bedeutung ist das Herstellen einer Bindung zum Säugling, die Berücksichtigung seines Bedürfnisses nach Nähe und dem Ausleben der Neugierde, die Feinfühligkeit in der Erziehung sowie die Vermittlung von Reizen, die der Säugling für eine gesunde Entwicklung benötigt.

Aufgaben – Wissen & Verstehen, Anwenden, Reflektieren

1. Internetrecherche und Biografie
   → *Suchen Sie im Internet nach Informationen über das Leben und Werk von:*
   - *Gruppe 1 und 2:* John Bowlby
   - *Gruppe 3 und 4:* Mary Ainsworth
   - *Gruppe 5 und 6:* Karin *und* Klaus E. Grossmann

   → *Fertigen Sie in Kleingruppen eine Übersicht zur Biografie dieser Psychologinnen/Psychologen an.*
   → *Erarbeiten Sie jeweils wichtige Abschnitte ihres Lebens.*
2. *Beschreiben Sie die Bedeutung des ersten Lebensjahres*
   a) aus neurobiologischer Sicht.
   b) aus der Sicht der Bindungstheorie. Bestimmen Sie dabei den Begriff der „Bindung“.
3. *a) Erläutern Sie wichtige Erziehungsaufgaben im ersten Lebensjahr.*
   b) Begründen Sie die erläuterten Aufgaben.
4. *„Von Rabenmüttern und Latte-Macchiato-Müttern“*
   Die Hamburger Psychoanalytikerin *Ann Kathrin Scheerer* diagnostiziert eine „unterschwellig angeheizte ‚gefühlte Gegnerschaft von Mutter und Kind‘, die Kinder heute zu erfolgsverzögernden Hindernissen in der Berufswelt abgestempelt und den Werten unserer Leistungsgesellschaft geschuldet ist.“ *(Ustorf, 2015², S. 152).* Und der bekannte dänische Familientherapeut *Jesper Juul* schreibt in seinem Bestsellerbuch „Wem gehören unsere Kinder?“ *(2012², S. 5):* „Kinderkrippen wurden geschaffen, um die Bedürfnisse von Familien zu erfüllen, in denen beide Elternteile arbeiten wollen oder müssen, und sie dienen zugleich dem wachsenden Bedarf der Gesellschaft und der Wirtschaft an Erwerbstätigen. Sie wurden nicht eingerichtet, um die Bedürfnisse der Kinder zu erfüllen.“
   → *Bilden Sie Sechsergruppen und erörtern Sie diese Ansichten in der Gruppe kontrovers.*

→ *Schreiben Sie in der Gruppe auf ein Plakat die diskutierten Pro- und Contra-Argumente.*
→ *Hängen Sie diese Plakate im Klassenzimmer auf.*
→ *Die Klasse diskutiert anhand der Pro- und Contra-Argumente die gesamte Problematik.*

10.2 Die frühe Kindheit

Die Phase der frühen Kindheit bzw. des Kleinkindalters erstreckt sich etwa vom ***zweiten bis zum sechsten Lebensjahr***. In dieser Zeit entwickelt sich das Kind vom unbeholfenen Säugling zum relativ selbstständigen Schulkind. Das Kind muss in dieser Zeit sehr viel lernen und erfahren; wichtige Entwicklungsaufgaben sind dabei

- das **„Sauberwerden“**,
- die **Erziehung zur Selbstständigkeit**,
- die **moralische Erziehung** und
- die **Übernahme der Geschlechtsrolle**.

10.2.1 Die Reinlichkeitserziehung

Reinlichkeitserziehung meint die Erziehung zur Kontrolle der Ausscheidungsvorgänge in der frühen Kindheit. Dieses „Sauberwerden“ stellt ***die erste große Anpassungsleistung*** des Kindes an seine Umwelt dar. Es muss lernen, die Entleerung seiner Verdauungsorgane zu kontrollieren. Gerade in unserer Kultur wird der Erziehung zur Reinlichkeit eine große Bedeutung beigemessen.

Zur Steuerung der Verdauungsorgane und besonders der Schließmuskeln sind Nervenbahnen im Körper notwendig, die sich erst im Verlauf der ersten beiden Lebensjahre entwickeln; sie sind ***etwa nach 18 Monaten*** ausgeprägt. Eine Reinlichkeitserziehung, die vorher beginnt, muss an den Gegebenheiten der „Natur“ scheitern.

„Ohne (...) gezielten Einfluss würde (...) das Kind erst im Alter von vier bis fünf Jahren seine Ausscheidungsfunktionen beherrschen. Das ist Eltern in unserer Gesellschaft (berechtigt) zu spät: Sie halten es für ein Zeichen guter Erziehung, wenn ihr Kind bald ‚sauber‘ wird. Oft wird es zu einer zweifelhaften Prestigefrage, ob das eigene Kind im Vergleich mit Gleichaltrigen gut abschneidet.“ *(Diekmeyer, 2000⁵, S. 71)*

Generell gilt: Je früher die Eltern mit der Erziehung zur Reinlichkeit beginnen, desto schwieriger und langwieriger gestaltet sie sich. Untersuchungen bestätigen, dass die Zahl der „Rückfälle“, bei denen Kinder zu einem späteren Zeitpunkt wieder einnässen oder einkoten, entsprechend hoch ist.

Aufgaben der Reinlichkeitserziehung

- Voraussetzung für eine erfolgreiche Reinlichkeitserziehung ist eine positive Beziehung zum Kind.
- Die Reinlichkeitserziehung darf nicht zu früh einsetzen; erst **nach etwa 18 Monaten** ist das Kind imstande, Verdauungsorgane und Schließmuskeln zu beherrschen. Die Entwicklung der Blasen- und Darmkontrolle kann durch eine frühe Sauberkeitserziehung nicht beschleunigt werden (vgl. *Haug-Schnabel/Bensel, 2012[11], S. 27*).
- Bevor man mit der Reinlichkeitserziehung beginnt, sollte das Kind **in der Lage sein, zu sitzen und Bedürfnisse** bereits wenigstens mithilfe von Lauten **ausdrücken** können.
- Das Kind sollte an ganz **bestimmte Orte** – zum Beispiel das Bad oder die Toilette – und Zeitpunkte – etwa immer nach dem Aufstehen oder nach dem Frühstück – gewöhnt werden.
- Das Kind muss Gelegenheit bekommen, sein Verhalten bei den Erwachsenen **abzuschauen**.

→ So kann man das Töpfchen neben die Toilette stellen.

- Eltern sowie andere Erzieherinnen und Erzieher sollten die Reinlichkeitserziehung mit **viel Geduld und positiven Erziehungsmaßnahmen** wie zum Beispiel Lob oder Anerkennung durchführen, damit sie das Kind als lustvoll erlebt. Eine strenge und unnachgiebige Reinlichkeitserziehung kann zu späteren Entwicklungsstörungen beim Kind führen.
- Ein **warmes Erziehungsklima und ein weitgehend ungestörtes Eltern-Kind-Verhältnis** sind wesentliche Grundlagen für das Gelingen der Reinlichkeitserziehung. Übertriebener Ehrgeiz ist einer der Hauptgründe für eine missglückte Reinlichkeitserziehung, deren Folgen meist erst bei der späteren Entwicklung des Kindes abzusehen sind.

Die direkten Folgen missglückter Reinlichkeitserziehung können sich negativ auf die körperlichen Funktionen des Kindes auswirken. Untersuchungen zeigen, dass viele Kinder rückfällig werden. Unangemessene Reinlichkeitserziehung kann dazu führen, dass Kinder im Alter bis zu sieben Jahren noch regelmäßig einnässen. Ärzte bezeichnen diese Verhaltensstörung als ***Enuresis***[1]. Weitaus seltener tritt die sogenannte ***Enkopresis***[1] (= Einkoten) auf. Klinische Psychologinnen und Psychologen sehen die Ursache dafür jedoch eher in schwierigen Familienverhältnissen und nicht nur in misslungener Reinlichkeitserziehung.

---

[1] *enourein (griech.): hineinpissen; en (Vorsilbe, griech.): hinein; kópros (griech.): der Schmutz, der Kot*

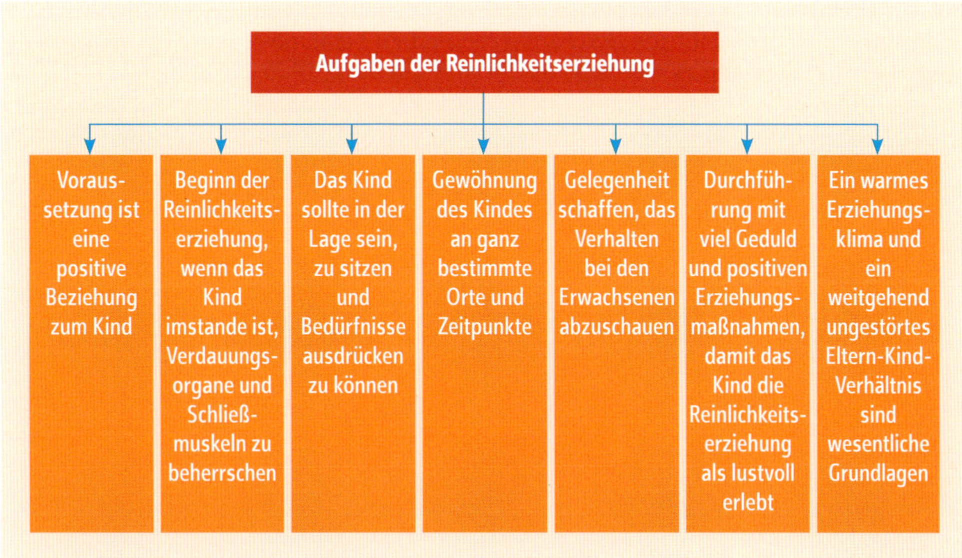

10.2.2 Die Erziehung zur Selbstständigkeit

Eltern erkennen im Verlauf des 2. Lebensjahres eine zunehmende Bereitschaft des Kindes zu Konflikten. In der Alltagspsychologie spricht man in diesem Zusammenhang oft von der **Trotzphase**. Die Kinder entwickeln in diesem Alter einen eigenen Willen und versuchen, ihn auch durchzusetzen. Gelingt das nicht, führt das zu heftigen Reaktionen – Trotzreaktionen (vgl. *Reinberger, 2008, S. 22*).

„Trotz ist der kindliche Eigenwille." (*René Spitz*[1])

In diesem Zeitraum wird das Ich in der Auseinandersetzung mit der Realität ausgebildet und damit die Beziehung zum Ich, zur eigenen Person aufgebaut. Die ***Entdeckung des Ichs*** und damit die Entdeckung des eigenen Willens ist ein wesentlicher Entwicklungsfortschritt des Kindes. Die Psychologie spricht in diesem Zusammenhang auch vom Autonomiestreben des Kindes und nennt diese Phase ***Autonomiealter***[2].

In den ersten zehn Lebensmonaten erleben sich Kind und seine Bezugsperson als eine Einheit, in der es noch kein „Ich" gibt. Erst allmählich nimmt sich das Kind als eigenständige Person wahr, die einen eigenen Willen besitzt und merkt, dass es sich auch widersetzen kann.

---

[1] *René Spitz (1887–1974) war österreichisch-amerikanischer Psychoanalytiker und Wegbereiter der Säuglingsforschung. Bekannt wurde er durch die Erforschung des Hospitalismus, leib-seelische Störungs- und Verkümmerungserscheinungen im Säuglings- und Kleinkindalter, die auf mangelnde emotionale Zuwendung und Reizvermittlung zurückzuführen sind.*

[2] *autos (griech.): selbst; nomos (griech.): das Gesetz; Autonomie: das Recht, nach eigenem Gesetz zu leben*

Diese Verselbstständigung ist das Resultat des Erlebnisses, zum einen Einfluss auszuüben sowie sich bei Konflikten durchzusetzen und zu behaupten, und zum anderen die Dinge selbst in die Hand zu nehmen (vgl. *Bischof-Köhler, 2011, S. 141*).

Die Machtthematik spielt in diesem Alter eine große Rolle: Das Kind ist nicht nur trotzig, weil es Erwachsene als Behinderung seines neu entdeckten Willens erlebt, sondern weil es auch seine Beziehungspersonen herausfordern will, um auszuloten, wie weit es gehen kann (***„Machtkämpfe“***) (vgl. *Bischof-Köhler 2011, S. 159*).

Trotz bedeutet einerseits Verweigerung, andererseits Drang nach Selbstständigkeit. Die Erziehung in dieser Zeit ist eine Erziehung zur Selbstständigkeit. Dabei ist das Kind in einem Konflikt zwischen den Anforderungen der Umwelt und den eigenen Wünschen und Bedürfnissen wie seinem Streben nach Selbstständigkeit. Untersuchungen zeigen, dass die „Trotzreaktionen“ des Kindes umso heftiger sind, je strenger und unnachgiebiger die Erziehung ist.

„Trotz ist eine Unabhängigkeitserklärung der Kinder an die Eltern.“ *(Selma Fraiberg[1])*

Je nach Erzieherverhalten bilden sich Selbstständigkeit, Eigenwille, Durchsetzungsvermögen oder auch Unselbstständigkeit, Gefügigkeitshaltung, Konformismus und Opportunismus bzw. Herrschsucht, Aggressivität, Hartnäckigkeit, Dickköpfigkeit oder Dominanzbestreben aus.

Aufgaben der Selbstständigkeitserziehung

- Das **kindliche Neugierbedürfnis sollte entfaltet** werden. Auf diese Weise kann das Kind lernen, Probleme der Welt wahrzunehmen und selbstständig bewältigen zu können.
- Das Kind benötigt einen **Raum der Freiheit sowie der eigenen Entscheidung** und sollte Freiräume für eigene Aktivitäten erhalten. Impulse des eigenen Wollens und Planens sollten unterstützt werden. Lob und Anerkennung beschleunigen die Entwicklung der Selbststeuerung, ständiges, ungeduldiges Durchbrechen verzögert sie.
- Das Kind muss auch die Möglichkeit haben, **„Nein“ sagen** zu können, ohne dass die Eltern oder andere Erzieher/innen verletzt, wütend oder mit Liebesentzug reagieren (vgl. *Nuber, 2011, S. 23*).

- Dem Kind sollten andererseits notwendige Grenzen gesetzt werden; erst durch das Aufzeigen von Grenzen findet eine bewusste Auseinandersetzung mit der Realität statt, die die Urteilsfähigkeit des Kindes zwischen Anpassung und Durchsetzungsbereitschaft ausbildet.
- Die Erzieherin bzw. der Erzieher sollte nicht willkürlich handeln, sondern ihre bzw. seine erzieherische Einflussnahme aufgrund der Sache – zum Beispiel zur Förderung der Selbstständigkeit oder Gesundheit – und den Ordnungen des Zusammenlebens begründen. Frühzeitige Mitteilung von Geboten und Verboten sowie bestimmten Regeln beugen Auseinandersetzungen vor und das Kind erlebt Ge- und Verbote nicht als Willkür.

[1] *Selma Fraiberg (1918–1981) war amerikanische Kinderpsychologin.*

So sollte das Spiel des Kindes nicht einfach unterbrochen werden; es sollte rechtzeitig darauf hingewiesen werden, dass es sein Spiel bald beenden muss, weil es Zeit zum Mittagessen ist.

- Das Kind sollte zu kritischem Denken und Handeln angehalten werden, um einer fraglosen Hinnahme und Übernahme von gewohnten Verhaltensvorschriften und -erwartungen entgegenzuwirken und es zur Autonomie, verstanden als Selbstbestimmung des Handelns, zu befähigen.

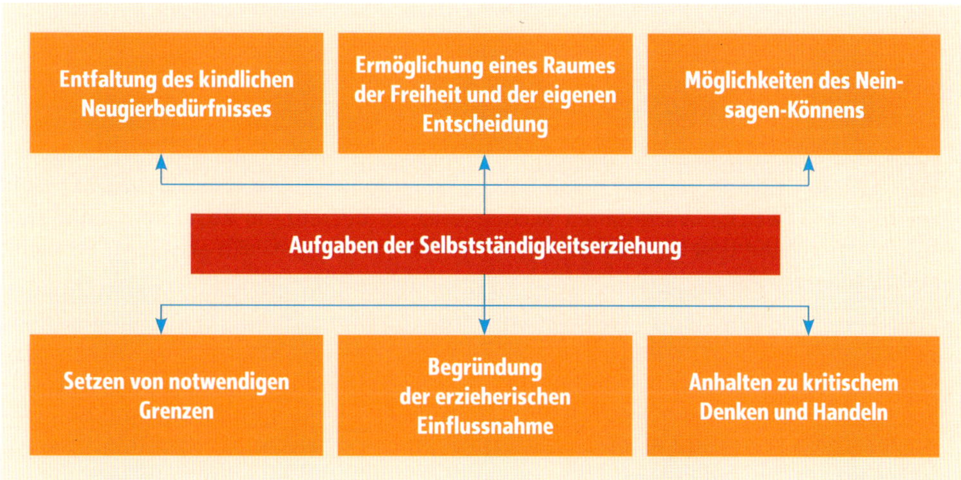

10.2.3 Moralische Erziehung und Gewissensbildung

Durch die Übernahme von sozialen Werten und Normen eignet sich das Kind ein Wissen über Verhaltensweisen an, die in seiner Gesellschaft als „erlaubt" bzw. als „nicht erlaubt" gelten. Das Insgesamt von verbindlichen Sollregeln bezeichnet man als **Moral**.

Unter Moral versteht man ein System von verbindlichen Sollregeln der in einer Gruppe bzw. Gesellschaft zusammenlebenden Menschen.

Ein ***moralisches Urteil*** ist die Bewertung des eigenen Denkens und Handelns sowie des Denkens und Handelns anderer aufgrund moralischer Prinzipien, die eine Person vertritt.

Gleichzeitig baut der Mensch in sich selbst eine Instanz auf, die kontrolliert, ob er den moralischen Vorstellungen der Gesellschaft und seinen eigenen entsprechend handelt – das Gewissen.

Gewissen ist diejenige Instanz, die das menschliche Verhalten hinsichtlich seiner Übereinstimmung mit den Wert- und Normvorstellungen sowie mit den Verhaltenserwartungen einer Gesellschaft bzw. einer ihrer Gruppen gleichsam als „innere" Stimme reguliert.

Jean Piaget[1] hat die größte Untersuchung über die moralische Entwicklung bei Kindern durchgeführt. Er ging davon aus, dass sich die Entwicklung der Moral ***von der Fremdbestimmung*** – „von außen" bestimmt – ***hin zur Selbstbestimmung*** – „von innen" bestimmt – vollzieht.

---

[1] *Jean Piaget(1896–1980) war Schweizer Biologe und Pionier der kognitiven Entwicklungspsychologie. Bekannt wurde er vor allem mit der Theorie der kognitiven Entwicklung sowie mit der Entwicklung von Intelligenz und Denken.*

Aufgaben der moralischen Erziehung:

- Grundlage für eine positive Entwicklung des moralischen Verhaltens ist das **Herstellen einer positiven Bindung** zwischen Kind und Erzieher/in sowie eine Wertschätzung, die an **keine Bedingungen geknüpft ist.**[1]

→ Wenn die Eltern zu ihrem Kind sagen „Du bist für mich ein liebes Kind, wenn du nicht immer so aggressiv bist" oder „Ich mag dich erst wieder, wenn du dein Zimmer aufräumst", dann knüpfen sie ihre Liebe an ganz bestimmte Bedingungen.

- Ebenso benötigt das Kind ein **harmonisches Familienklima**, in dem es das Zusammenleben mit anderen positiv erlebt. Dadurch ist der Mensch imstande, sein Verhalten an der eigenen seelischen Realität und nicht an den vorgegebenen Wertmaßstäben anderer zu orientieren.
- Eltern sowie andere Erzieherinnen und Erzieher müssen wissen, **was sie in ihrer Erziehung wollen**, welche Werte ihnen wichtig sind. Es besteht ein Zusammenhang zwischen Werten und den Erziehungszielen. Die Erziehung muss sich an diesen Wertvorstellungen orientieren.
- Wertvorstellungen müssen **vorgelebt und eingeübt** werden. Eltern sowie andere Erzieherinnen und Erzieher müssen die Wertvorstellungen praktizieren, denn nur das „gelebte Beispiel" hat die Kraft, Kinder und Jugendliche zu überzeugen. Dabei sollten Eltern sowie andere Erzieherinnen und Erzieher darauf achten, Werte mit innerer Überzeugung zu demonstrieren. Lebt bzw. zeigt das Kind entsprechende Wertvorstellungen, so sollte man das anerkennen und dies dem Kind auch zeigen.
- Damit das Kind die Werte auch annehmen kann, darf die Erzieherin bzw. der Erzieher nicht willkürlich handeln, etwa auf Rückfrage bei einem Verbot mit „Weil ich es so will!" oder „Weil ich es gesagt habe!". Ihre bzw. seine Einflussnahme auf die zu Erziehende / den zu Erziehenden lässt sich von der Sache, die Erziehung notwendig macht, sowie **von den Ordnungen des Zusammenlebens her** begründen.
- Das Kind benötigt einen **Raum der eigenen Entscheidung** und sollte Freiräume für eigene Aktivitäten erhalten. Es ist wichtig, dass Eltern sowie Erzieherinnen und Erzieher dem Kind genügend Spielraum lassen, in welchem es eigene Entscheidungen treffen kann, wodurch es lernt, die Folgen seiner Entscheidungen erleben und tragen zu können. Persönliche moralische Überzeugungen entstehen nämlich durch die Bewertung selbst erlebter Situationen.
- Eltern sowie andere Erzieherinnen und Erzieher sollen **Bereitschaft zur Auseinandersetzung** mit dem Kind zeigen, denn es sucht für sich verbindliche Überzeugungen, Meinungen und Werte. In dieser Auseinandersetzung mit der/dem Erwachsenen reifen in ihm echte Werteüberzeugungen.

  Insbesondere eine Erziehung durch Auseinandersetzung mit Konfliktsituationen zwischen zwei sich gegenseitig ausschließenden moralischen Prinzipien bzw. Handlungsmöglichkeiten fördert das moralische Urteilsvermögen des zu Erziehenden .

- Erziehung muss die zu Erziehende bzw. den zu Erziehenden dazu befähigen, die **für das Leben und Überleben in einer Gesellschaft notwendigen Werte und Normen**, die der Würde des Menschen entsprechen und für das gesellschaftliche Zusammenleben notwendig sind, zu akzeptieren und ihr bzw. sein Verhalten an diesen auszurichten. Meinungsstreit in Familie, Schule oder einer anderen Erziehungseinrichtung ist wichtig, wobei nicht ein rascher Konsens anzustreben ist, sondern die Einsicht in notwendige Normen.

---

[1] *vgl. Kapitel 8.6.2*

- Zugleich aber sollte das Kind – wie in *Abschnitt 10.2.2* bereits ausgeführt – zu **kritischem Denken und Handeln** angehalten werden, um einer fraglosen Hinnahme und Übernahme von gewohnten Verhaltensvorschriften und -erwartungen entgegenzuwirken und es zur Autonomie, verstanden als Selbstbestimmung des Handelns, zu befähigen. Dabei soll Erziehung das Kind auch gegenüber ungerechtfertigten Abhängigkeiten und Zwängen, persönlichem Machtstreben und Willkür sowie Unterdrückung im sozialen Leben sensibilisieren.

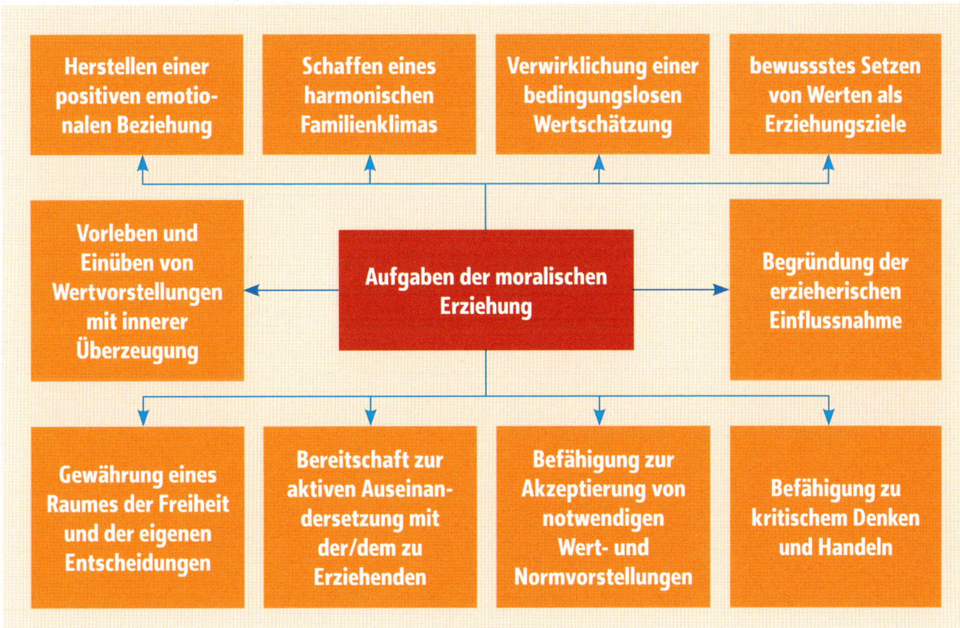

Auf den Punkt gebracht

- Die frühe Kindheit (Kleinkindalter) umfasst den Zeitraum vom zweiten bis etwa zum sechsten Lebensjahr und wird durch die Reinlichkeitserziehung, die Entwicklung zur Selbstständigkeit und die moralische Erziehung bestimmt.

Aufgaben – Wissen & Verstehen, Anwenden, Reflektieren

5. *Zeigen Sie die Bedeutung der Reinlichkeitserziehung für die weitere Entwicklung eines Menschen auf.*
6. *Zeigen Sie mithilfe von Beispielen auf, wie sich Eltern verhalten sollten, damit die Reinlichkeitserziehung gelingt.*
7. *Beschreiben Sie die Bedeutung der Erziehung im Autonomiealter und zeigen Sie Maßnahmen auf, wie die Erziehung zur Selbstständigkeit erfolgreich durchgeführt werden kann.*

8. Rollenspiel
   → *Spielen Sie folgende Situation: Ein Kind ist trotzig. Versuchen Sie, mit der Trotzreaktion angemessen umzugehen.*
   → *Diskutieren Sie anschließend über die gezeigten Umgangsmöglichkeiten.*
9. *Bestimmen Sie die „Begriffe „Moral“ und „Gewissen“ und erläutern Sie Möglichkeiten der moralischen Erziehung und der Gewissensbildung.*

10.3 Die späte Kindheit

Der Zeitraum der späten Kindheit umfasst den Lebensabschnitt vom ***sechsten bis zum 12. Lebensjahr***. Er ist eng mit der Schule verbunden. Manche Psychologinnen/Psychologen bezeichnen deswegen die gesamte Entwicklungsphase als ***Schulkindzeit***. Eine zentrale Entwicklungsaufgabe der späten Kindheit ist deshalb die **Schulfähigkeit**.

10.3.1 Kriterien der Schulfähigkeit

Schulfähigkeit meint die Fähigkeit, den gestellten Anforderungen des ersten Jahres der Grundschule gerecht zu werden. Der Begriff „Schulfähigkeit“ bezieht sich also auf die Anforderungen, die die Grundschule an eine Erstklässlerin/einen Erstklässler stellt.

Schulfähigkeit meint die Fähigkeit eines Kindes, den Anforderungen des ersten Grundschuljahres gerecht zu werden.

Bis vor einigen Jahren ging man noch davon aus, dass ein Kind mehr im Sinne von Reifung heranwächst. Deshalb war damals **Schulreife** der Begriff für den Entwicklungsstand eines Schulkindes. Heute weiß man, dass neben der Reifung insbesondere die Umwelteinflüsse, in erster Linie die Erziehung, den größeren Einfluss auf die Schulfähigkeit haben. Zudem hat das Kind eine Entwicklung hinter sich, bei der es sich auch aktiv mit der Umwelt auseinandergesetzt hat.[1] Aus diesen Gründen spricht man heute von Schulfähigkeit.

Folgende Anforderungen sollte das Kind erfüllen, bevor es eingeschult wird – wir sprechen hier von ***Kriterien der Schulfähigkeit***:

- Die **Arbeitshaltung und Motivation**: Das Kind soll lern- und wissbegierig sein und in einem gewissen Umfang selbst lernen „wollen“.

- **Motorische Leistungen**: Für die Tätigkeit des Schreibens ist es von Vorteil, wenn das Kind entspannt einen Schreibstift halten und flüssige Handbewegungsabläufe ausführen kann. Es soll eine ausgeprägte Gleichgewichtswahrnehmung sowie eine taktile und kinästhetische[2] Wahrnehmung besitzen (vgl. *Krenz, 2014[9], S. 81 f.*).

[1] *vgl. Kapitel 3.1.4 und 3.2*
[2] *tactilis (lat.): berührbar; taktil: den Tastsinn betreffend; kineĩn (griech.): bewegen; aísthesis (griech.): Sinneswahrnehmung; kinästhetisch: auf die Muskelempfindung bezogen*

- **Kognitive Leistungen**: Das Kind soll sich auf einen Gegenstand konzentrieren und auch aufpassen können. Es soll durchhalten und bei einem Lerngegenstand bleiben können. Auch die Fähigkeit, Misserfolge ertragen zu können, ist eine Voraussetzung für die Schulfähigkeit. Zudem soll es ein „gutes" Gedächtnis besitzen.

  > So soll es die Wochentage kennen, sich beim Einkaufen mindestens drei Sachen merken sowie sich an Erlebnisse erinnern können.

  Die Beobachtungsfähigkeit eines Kindes soll so ausgeprägt sein, dass das Kind vorgemachte Bewegungen und Aufgaben nachmachen bzw. Gesehenes oder Dargestelltes nachgestalten kann. Zudem soll es einfache Zusammenhänge erfassen sowie Farben und Formen unterscheiden können.

  > Es kann zum Beispiel einfache Formsymbole wie Kreis, Dreieck, Rechteck oder Spirale nachzeichnen und Perlen in einer bestimmten Reihenfolge aufreihen; es kann beispielsweise auch Kreis, Quadrat und Rechteckt oder Dreiecke von Fünfecken bzw. verschiedene Farben voneinander unterscheiden.

  Es soll auch imstande sein, sprachlich zu formulieren, was es will, und sich verständlich machen können; ebenso soll es andere Personen verstehen, wie etwa einen Arbeitsauftrag der Lehrkraft.

- **Emotionales Verhalten**: Das Kind soll bis zu einem gewissen Grad belastbar sein und auch Enttäuschungen ertragen können. Es soll neuen Situationen angstfrei begegnen können und Zuversicht in eigene Lernmöglichkeiten besitzen (vgl. *Krenz, 2014[9], S. 77*). Fehlen diese Fähigkeiten, kann Resignation die Folge sein.

  > *Armin Krenz (2014[9], S. 76 f.)* betont, dass das emotionale Verhalten hinsichtlich der Schulfähigkeit sehr entscheidend ist, da dieses die Grundlage für die anderen Merkmale bildet.

- **Sozialverhalten**: Das Kind soll die Lösung vom Elternhaus zum einen soweit vollzogen haben, dass es dieses während der Schulzeit nicht entbehrt und auch nicht die Lehrerin oder den Lehrer für sich allein beansprucht. Zum anderen soll es sich in eine Gemeinschaft einfügen können. Vor allem die dem Kleinkind eigentümliche Ich-Bezogenheit soll überwunden und einem partnerschaftlichen Verhalten gewichen sein. Schließlich soll das Kind „Mein" und „Dein" unterscheiden sowie Gebote und Verbote befolgen können.

  Wichtig ist dabei, dass das Kind der Lehrkraft und seinen Mitschülerinnen/Mitschülern zuhören kann und sich auch dann angesprochen fühlt, wenn es nicht persönlich angesprochen wird. Notwendig ist auch ein ***konstruktives Konfliktlöseverhalten***, um Probleme mit anderen regeln zu können (vgl. *Krenz, 2014[9], S. 72 f.*).

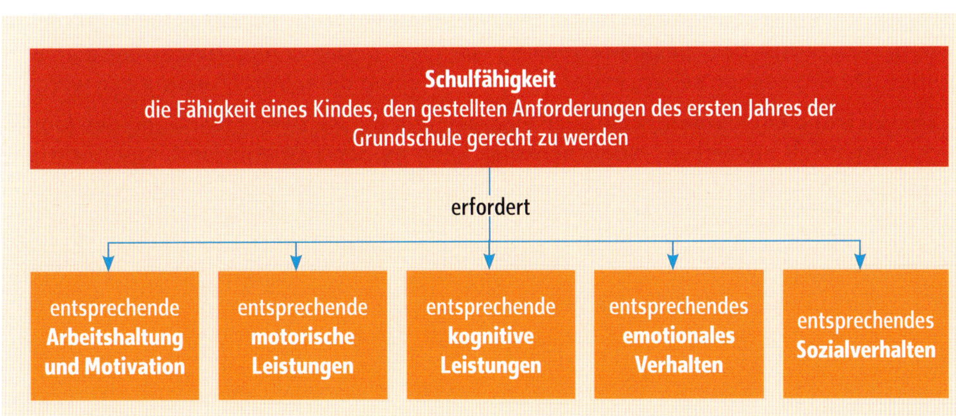

10.3.2 Erziehungsaufgaben zur Schulfähigkeit

Schulfähigkeit lässt sich nicht dadurch fördern, indem das Kind schon Inhalte lernt, die es erst in der Schule beigebracht bekommt – die Förderung des Kindes in der gesamten frühen Kindheit ist von Bedeutung. Es geht darum, dass das Kleinkind selbstständig möglichst viele Erfahrungen sammeln kann. Aus diesem Grund ist die beste Vorbereitung auf die Schule das freie Spiel, welches die für alle Bereiche notwendigen Grundlagen für das schulische Lernen legt. Im Spiel finden Lernprozesse statt, die für die motorische, kognitive, emotionale, motivationale und soziale Entwicklung von großer Bedeutung sind. ***Die Entwicklung der Spielfähigkeit ist die beste Förderung der Schulfähigkeit*** (vgl. *Krenz, 2014^{9}, S. 145 ff.*).

„Spielen ist die ursprünglichste Art des Lernens." *(David Elkind[1])*

Zugleich bedeutet Förderung der Schulfähigkeit Selbstständigkeits- und Sozialerziehung. Von daher kann die Förderung der Schulfähigkeit nicht getrennt von der allgemeinen Erziehung gesehen werden; sie ist Bestandteil dieser und kann auch nur in diesem Rahmen geleistet werden. Überangebote, die nicht selten aus falschem elterlichem Ehrgeiz stattfinden, sind unergiebig und schaden dem Kind eher. Es ist auf jeden Fall von enormem Vorteil, das Kind zumindest zwei Jahre vor Schulbeginn in den Kindergarten zu geben. In der Vorschulerziehung kann es gezielt auf die Schule vorbereitet werden und Benachteiligungen von Kindern aufgrund ihrer sozialen Herkunft können abgebaut werden.

„Schulfähigkeit ist das Ergebnis einer erfüllten Kindheit." *(Krenz, 2014^{9}, S. 129)*

Folgende Anregungen bezüglich der Schulfähigkeit sind für Erzieher/innen bedeutsam:

- Voraussetzung ist, dass man **dem Kind etwas zutraut**. Eine Herausforderung bei gegebenen Alltagssituationen fördert die Leistungsmotivation. Dabei muss das Kind auf jeden Fall die Erwartungen auch erreichen können.
- Das Kind sollte nicht schon lernen, was es später in der Schule beigebracht bekommt, sondern lediglich **auf die Schule vorbereitet** werden, damit es den Lernanforderungen der ersten Klasse gewachsen ist. Dazu gehören vor allem solche Fertigkeiten, die das Kind in der Schule bereits können sollte oder braucht.

  → Beispiele hierfür sind u. a. selbstständig Ankleiden, Schuhe binden, alleine zur Toilette gehen, selbst Nase putzen, Bleistift spitzen Können.

- Eltern und andere Erzieher/innen sollten **die Schule positiv darstellen**, damit sich das Kind auf die Schulzeit freuen kann. Abschätzige Bemerkungen von älteren Geschwistern, Verwandten oder Bekannten sollten korrigiert, negative Äußerungen wie zum Beispiel „Du wirst schon sehen, in der Schule weht ein anderer Wind!" vermieden werden.
- Eine **zu frühe Einschulung** kann sich einerseits für die weitere Entwicklung des Kindes problematisch auswirken. Möglicherweise kann es den Lernanforderungen nicht gerecht werden, was zu Misserfolgs- und Versagenserlebnissen führt; sein Selbstvertrauen kann schwinden, wodurch die weitere Entwicklung negativ beeinflusst wird. Das erste Schuljahr prägt in der Regel die gesamte Schullaufbahn, sodass negative Erfahrungen gravierende Auswirkungen haben können. Eine Vorschulerziehung kann dem Kind helfen, etwaige Mängel auszugleichen.

---

[1] *David Elkind (* 1931), Professor an der Tufts University in Medford, Massachusetts, ist amerikanischer Kinderpsychologe und Autor.*

Im Zuge der Frühförderung hört man heute oft die Forderung nach einer früheren Einschulung der Kinder („Je früher ein Kind eingeschult wird, desto besser!"). Doch diese Forderung trifft nur auf kognitive Leistungen zu; das Risiko emotionaler und sozialer Probleme steigt, wie neuere Untersuchungen ergeben haben. *Patrick Puhani* und *Andrea Weber (2006)* vom Institut für Arbeitsökonomik an der Leibniz Universität in Hannover kamen in ihren Studien zu dem Ergebnis, dass Kinder erfolgreicher wären, wenn sie erst mit etwa sieben Jahren eingeschult würden.

Andererseits sollte ein Kind, das schulfähig ist, auch tatsächlich eingeschult werden. Zu spät eingeschulte Kinder langweilen sich häufig im Unterricht und sind unterfordert. Ein Kind, das zu wenig gefordert wird, baut oft sehr spät eine positive Lernhaltung auf und kann so den neuen Stoff verpassen.

Schulreifetests sind nicht unumstritten, da sie hauptsächlich die kognitiven Fähigkeiten messen und die emotionale und soziale Seite außer Acht lassen, die für den langfristigen Schulerfolg aber sehr wichtig sind.

- Die Eltern sollten ihr Kind **bei schulischen Arbeiten unterstützen** und es auch zu Hause **zu einer Arbeitshaltung anhalten**. Grundsätzlich sollte das Kind jedoch seine Hausaufgaben selbst erledigen. Jede gelöste Hausaufgabe sollte anerkannt werden, um das Kind zu ermutigen und die Freude daran zu erhalten.
- Eltern und andere Erzieher/innen sollten das Kind nicht durch Druck zu Leistungen zwingen, die es nicht erbringen kann. Persönliche Vorstellungen eines Elternteils, welche Schule das Kind einmal absolvieren und welchen Beruf es ergreifen soll, sind nicht förderlich. Es sollte seinen Begabungen und Fähigkeiten entsprechend gefördert werden.
- Bei Schwierigkeiten in der Schule empfiehlt es sich, Kontakt mit der Lehrerin/dem Lehrer aufzunehmen. Auch Beratungslehrer/innen und Schulpsychologinnen/-psychologen können dabei eine große Hilfe sein.

Auf den Punkt gebracht

- Der Zeitraum der späten Kindheit umfasst den Lebensabschnitt vom sechsten bis zum 12. Lebensjahr; er ist eng mit der Schule verbunden. Mit Schulfähigkeit meint man die Fähigkeit eines Kindes, den gestellten Anforderungen des ersten Jahres der Grundschule gerecht zu werden. Kriterien der Schulfähigkeit sind die entsprechende Arbeitshaltung und Motivation, bestimmte motorische und kognitive Leistungen sowie ein angepasstes emotionales und soziales Verhalten. Die beste Vorbereitung auf die Schule ist das freie Spiel, welches die für alle Bereiche notwendigen Grundlagen für das schulische Lernen legt.

Aufgaben – Wissen & Verstehen, Anwenden, Reflektieren

10. *Erläutern Sie die Kriterien der Schulfähigkeit.*
11. *Zeigen Sie Kompetenzen für einen gelingenden Schuleintritt auf. Reflektieren Sie diese Kompetenzen.*
12. *Legen Sie mögliche Erziehungsaufgaben zur Schulfähigkeit dar.*

10.4 Sexualität und Sexualpädagogik

In der Vergangenheit ging man davon aus, dass Sexualität[1] ein ererbter Trieb ist, der durch bestimmte Hormone gesteuert wird. Diese beeinflussen auch das sexuelle Verlangen. Sexualität wurde als etwas von Natur aus Dranghaftes und Bedrängendes erlebt. Ab den 1960er-Jahren fand ein Umdenken statt, und man ging von der Annahme aus, Sexualität beruhe ausschließlich nur auf Lernprozessen und werde nicht von bestimmten „inneren Wirkstoffen" gesteuert.

10.4.1 Funktionen menschlicher Sexualität

Heute wird die Bedeutung von Umweltreizen bzw. Lernprozessen für das sexuelle Erleben und Verhalten ebenso betont wie auch deren biologische Grundlagen. Sexuelle Motivation setzt sich aus den beiden Bestandteilen der Erregbarkeit und der Erregung zusammen. *Gunter Schmidt (1983, S. 72)* geht davon aus, dass Menschen eine individuell unterschiedliche Bereitschaft zeigen, auf Reize sexuell zu reagieren, was er als Erregbarkeit bezeichnet.

→ Ein innerer Reiz könnte dabei die Wirkung bestimmter Sexualhormone oder eine sexuelle Fantasie sein, ein äußerer dagegen der Anblick eines nackten Menschen.

Menschliche Sexualität ist die Fähigkeit und Bereitschaft einer Person, auf der Grundlage von Triebanteilen und Erfahrungen auf innere und äußere (erotische) Reize mit lustbetonter Erregung zu reagieren.

Sexualität erfüllt im menschlichen Leben eine Reihe von Funktionen:

- Die **Fortpflanzungsfunktion** gilt als die zentrale Aufgabe von Sexualität. Sie dient dem Erhalt der menschlichen Art bzw. dem Fortbestand einer Gesellschaft, indem durch das Zeugen von Nachkommen der Anteil an Todesfällen ausgeglichen wird.
- Sexualität ist im Idealfall verbunden mit Erregung, Ekstase sowie körperlichem und psychischem Wohlbefinden aufgrund sinnlicher Erfahrungen. In diesem Sinne erfüllt sie die Funktion des **Lustgewinns**. Diesen Lustgewinn können schon der Säugling und das Kleinkind erleben.
- In Fällen, in denen sexuelles Verhalten nicht auf sich selbst beschränkt bleibt[2], findet es im ***Austausch mit einer/einem oder mehreren Partnerinnen/Partnern*** statt. Damit beinhaltet es die Möglichkeit einer Beziehungsaufnahme und -gestaltung mit anderen Menschen. Im Verlauf solcher Beziehungen tauschen die Personen eine Vielzahl von Informationen aus und beeinflussen sich gegenseitig in ihrem Erleben und Verhalten. Damit besitzt Sexualität eine **beziehungsstiftende Funktion**. Die von den Paaren erlebte Qualität ihrer sexuellen Beziehungen hat nach heutigen Erkenntnissen einen nicht zu unterschätzenden Einfluss auf die Gesamtzufriedenheit ihrer Beziehung.

  → So genügt es in einer Beziehung gewöhnlich auf Dauer nicht, seiner/seinem Partner/in zu sagen, wie sehr man sie/ihn liebt, wenn man gleichzeitig jegliches sexuelle Interesse an ihr/ihm vermissen lässt.

- Sexualität hat schließlich auch eine **identitätsstiftende Funktion**. Erfahrungen, die ein Mensch im sexuellen Bereich macht, beeinflussen sein Bild von sich selbst. Dabei betreffen diese Vorstellungen sowohl die eigene Person (***Selbstbild***) als auch, wie andere Menschen die eigene Person sehen (***vermutetes Fremdbild***).

---

[1] *sexus (lat.): das Geschlecht*

[2] *Sexuelles Verhalten, welches auf sich selbst bezogen ist, wird als* ***autoerotisch*** *bezeichnet.*

Ein Mädchen kann sich beispielsweise für hübsch und begehrenswert halten (Selbstbild), es glaubt aber auch, dass andere in ihr ein „Mauerblümchen" sehen (vermutetes Fremdbild).

Diese beiden „Bilder" beeinflussen auch das zukunftsbezogene Denken und Handeln des Menschen, indem sie beim Festlegen von persönlichen Zielen Einfluss ausüben oder zukünftiges Verhalten danach ausrichten, dass es den angenommenen Erwartungen anderer Menschen entspricht (***Zukunftsperspektive***).

So glaubt das Mädchen vielleicht, seine Schüchternheit unbedingt überwinden zu müssen, weil es darin die Ursache für sein Singledasein sieht und weil seine Bekannten wahrscheinlich von ihm weniger Reserviertheit erwarten.

Als weitere Funktion ist auch der Aspekt der Macht zu nennen, wie dies beispielsweise bei Vergewaltigung oder sexuellem Missbrauch deutlich zum Ausdruck kommt.

„Die menschliche Sexualität ist sehr weitgefasst und bringt viele Erscheinungsformen hervor."
(Beier[1], in: Pfister/Windmann, 2014, S. 24)

10.4.2 Sexualität und Gesellschaft

Eine weitere Aufgabe in der frühen Kindheit ist der Erwerb der Geschlechtsrolle. Für die rein ***biologischen Unterschiede*** zwischen Frauen, Männern und Intersexuellen – das sind Menschen, die sich nicht eindeutig dem weiblichen oder männlichen Geschlecht zuordnen lassen – ist im Wesentlichen die genetische Ausstattung verantwortlich.[2] Doch es sind zwischen Mädchen und Jungen bzw. zwischen Frau und Mann auch unterschiedliche Verhaltensweisen, also ***geschlechtstypisches Verhalten***, zu beobachten. Derartige Verhaltensweisen werden durch die Erwartungen der Gesellschaft sowie durch das Vorbild der Eltern und anderen Bezugspersonen des Kindes geprägt.

---

[1] *Klaus Michael Beier (* 1961) ist Direktor des Institutes für Sexualmedizin an der Berliner Charité. Sein Arbeitsschwerpunkt ist Pädophilie mit dem Ziel, sexuelle Übergriffe auf Kinder und Jugendliche zu verhindern.*

[2] *Heute geht man von drei Geschlechtern aus, denen die Sexualerziehung gerecht werden muss:* ***weiblich, männlich und divers***[3]*. Das dritte Geschlecht trägt der Tatsache Rechnung, dass es sogenannte intersexuelle Menschen gibt.*

[3] *divers (diversus, lat.: abweichend, verschieden): verschieden, unterschiedlich*

Aus diesem Grund wird in der heutigen Literatur denn auch unterschieden zwischen **Sex** als dem biologischen Geschlecht, das bei der Verschmelzung von Ei- und Samenzelle festgelegt wird, und **Gender**[1], das das kulturell geprägte geschlechtliche Rollenverhalten meint und auf erlernten Verhaltensweisen beruht.

Gender bezeichnet das kulturell bzw. gesellschaftlich geprägte Geschlechterverhalten von Frau und Mann.

> *„Die Verschiedenartigkeit von Frauen und Männern hat nichts mit den biologischen Unterschieden zu tun und ist nicht angeboren, wie uns immer mehr populärwissenschaftliche Bücher [...] glauben machen wollen. Die Unterschiede zwischen den Geschlechtern sind erlernt – entstanden durch die Einflüsse des gesellschaftlichen Umfelds."* *(Kerber, 2011, S. 21)*

Sex
biologisches Geschlecht
↓
festlegt bei der Verschmelzung von Ei und Samenzelle

Gender
geschlechtliches Rollenverhalten
↓
kulturell geprägt, erlernt

Es sind in erster Linie die Erwartungen und Glaubenssätze, die einen machtvollen Einfluss auf unser Erleben und Verhalten ausüben. Eine geschlechtsneutrale Erziehung ist nicht möglich. Von vornherein tun Geschlechter das, was von ihnen in ihrer Rolle als Junge oder Mädchen erwartet wird – schon allein deshalb, um nicht als „unweiblich" oder „unmännlich" erzogen zu werden bzw. zu gelten – beides abwertende Zuweisungen (vgl. *Kerber, 2011, S. 22*). Man will keine „weiblichen" Jungen oder „männlichen" Mädchen. Man hat in Untersuchungen festgestellt, dass Eltern und andere Erzieher/innen auf den Emotionsausdruck von Mädchen und Jungen unterschiedlich reagieren und die emotionale und sexuelle Sozialisation zwischen diesen unterschiedlich verläuft (vgl. *Abele, 2009, S. 702*).

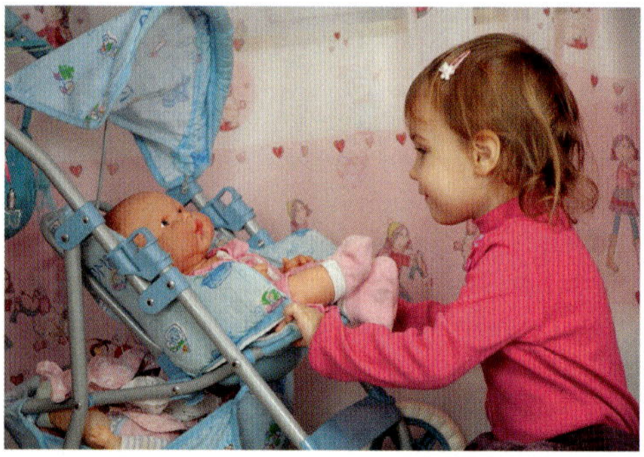

> *Frauen verhalten sich wie Frauen und Männer wie Männer. „In unserer Kultur werden Frauen und Männer (...) in zwei unterschiedliche soziale Klassen sortiert."* *(Wobbe/Nummer-Winkler, 2007³, S. 288)*

[1] *Gender (engl.): das soziale Geschlecht*

Stereotype Ansichten über das eigene Geschlecht (*Largo/Czernin, 2011, S. 52*)

Mädchen finden, Mädchen ...	Jungen finden, Jungen ...
■ küssen ■ streiten wenig ■ spielen im Haus ■ beklagen sich, dass man sie nicht mitspielen lässt ■ reden viel ■ helfen der Mutter ■ sagen, dass sie Hilfe brauchen ■ spielen mit Puppen ■ sehen hübsch aus	■ weinen nie ■ streiten gern ■ klettern auf Bäume ■ sagen, dass sie etwas falsch gemacht haben ■ spielen mit Autos ■ raufen sich ■ helfen dem Vater ■ bauen gern ■ sind stark

Das unterschiedliche Rollenverhalten von Frau und Mann hat in unserer Kultur dazu geführt, dass Frauen und Männer (zum Teil) nicht gleichgestellt sind.

So durfte eine Frau bis 1970 kein eigenes Konto haben und musste den Mann fragen, wenn sie arbeiten gehen wollte. Noch heute verdienen bei gleicher Arbeit Frauen oft weniger als Männer oder bezahlen für eine Leistung mehr wie zum Beispiel beim Friseur.

Gender Mainstreaming[1] ist der Versuch, eine Gleichstellung von Frau, Mann und Intersexuellen auf allen gesellschaftlichen Ebenen zu erreichen.

„Gender-Mainstreaming bedeutet, dass in allen Phasen des politischen Prozesses – Gestaltung, Durchführung, Begleitung und Bewertung – der Geschlechterperspektive Rechnung getragen wird. Ziel ist die Förderung der Gleichstellung von Frauen und Männern.[2] *Nach dem Gender-Mainstreaming-Konzept sind politische Maßnahmen stets daraufhin zu prüfen, wie sie sich auf die Lebenssituation von Frauen und Männern auswirken, und ggf. zu überdenken."*

(*Europäische Kommission, 2011, S. 7*)

Der Genderismus verneint die geschlechtlichen Unterschiede von Frau und Mann. Ob man sich als „Frau" oder „Mann" fühlt, wurde einem zugesprochen. „Man kommt nicht als Frau zur Welt, man wird dazu gemacht." (*de Beauvoir*[3], *2000*[17]).

Da man heute von drei Geschlechtern ausgeht, ist in der Zwischenzeit ein Gendern, das sich nur auf Frau und Mann bezieht, umstritten.

Folgende Erkenntnisse über Sexualität können zusammengefasst werden:

1. **Die Sexualität des Menschen ist mehr als nur Fortpflanzung.**
2. **Die Sexualität des Menschen ist kein festgelegter Naturtrieb.**
3. **Die Sexualität des Menschen ist mehr als bloße Triebbefriedigung und reine Lustgewinnung.**
4. **Die Sexualität des Menschen zeigt sich in vielfältiger Weise. Die Vielfalt von Möglichkeiten sexuellen Verhaltens geht nach dem Begründer der Psychoanalyse,** *Sigmund Freud*, **weit über das hinaus, was Menschen aufgrund der Tabuisierung in unserer Gesellschaft tatsächlich ausleben können und dürfen (vgl. *Gross, 2009, S. 103*).**

---

[1] *mainstreaming (engl.): zum Hauptstrom machen, in den Hauptstrom bringen*
[2] *In der Zwischenzeit auch von Intersexuellen.*
[3] *Simone de Beauvoir (1908-1986) war eine französische Schriftstellerin, Existenzialistin und Feministin.*

10.4.3 Sexualerziehung und Aufklärung

In Fällen, in denen sexuelles Verhalten nicht auf sich selbst beschränkt bleibt, findet es im Austausch mit einer/einem oder mehreren Partnerinnen/Partnern statt. Sexualität weist den jungen Menschen über sich selbst hinaus und steht in einem sozialen Bezug. Damit ist **Sexualverhalten** gleichzeitig Sozialverhalten: Es unterliegt sozialen Prozessen und der Verlauf des Sexualverhaltens wird wesentlich davon beeinflusst, wie die/der Einzelne soziale Begegnungen verwirklicht.

Sexualverhalten ist also eine Form sozialen Verhaltens gegenüber anders- und gleichgeschlechtlichen Partnerinnen bzw. Partnern und Sexualerziehung ist damit immer Sozialerziehung. Von daher kann Sexualerziehung nicht getrennt von der allgemeinen Erziehung gesehen werden; sie ist Bestandteil dieser und kann auch nur in diesem Rahmen geleistet werden. Sexuelles Verhalten ist aus diesem Grund auch vornehmlich bedingt durch die Werte und Normen, die in einer Gesellschaft vorherrschen, die aber nur im Rahmen einer allgemeinen Erziehung vermittelt und verinnerlicht werden können.

→ Sexualerziehung beinhaltet deshalb immer auch Erziehung zur Toleranz, zur Rücksicht und zum gegenseitigen Verstehen, zum Eingehen auf andere und zur Akzeptanz deren Persönlichkeit sowie zur Fähigkeit, Konflikte so zu lösen, dass ihre Lösungen für die am Konflikt beteiligten Personen befriedigend wirken.

Damit ist Sexualerziehung auch zu unterscheiden von der bloßen „Aufklärung" über biologische Sachverhalte, Methoden und Praktiken des Sexualverhaltens. Eine solche Wissensvermittlung ist lediglich Teil einer umfassenderen Sexualerziehung.

Sexualerziehung ist mehr als bloße „Aufklärung".

Eine einheitliche Formel für Aufklärung gibt es jedoch schon wegen der Verschiedenartigkeit der Kinder und ihrer Umwelt, in der sie aufwachsen, nicht. Der Schlüssel zur wirklichen Hilfe ist dabei

- eine **positive emotionale Beziehung zum Kind**,
- eine **positive Einstellung zur Sexualität** und
- **Aufrichtigkeit**, was bedeutet, das Kind nicht zu belügen, die Informationen sollten wahrheitsgetreu sein.

Die Erzieherin bzw. der Erzieher darf auch den Fragen des Kindes nicht ausweichen, muss verstehen, was hinter seinen Fragen steht, und diese so beantworten, dass es das Gesagte auch verstehen kann. Die Informationen müssen altersgerecht sein.

Eine sehr wichtige Funktion in der Sexualerziehung bildet das **Vorbild**: So, wie sich die Erzieherin bzw. der Erzieher seiner Partnerin bzw. seinem Partner und anderen Menschen gegenüber verhält, so wird sich vermutlich auch das Kind später als Sexualpartner/in verhalten. Eine harmonische Familienatmosphäre, geprägt von Sensibilität, Offenheit, Verständnis und Rücksicht, bildet somit die wichtigsten Voraussetzungen für eine effektive Sexualerziehung.

10.4.4 Aufgaben der Sexualerziehung

Menschliche Sexualität ist nicht von Geburt an in ihren Äußerungsformen festgelegt und kann deshalb erzieherisch beeinflusst werden. Folgende Ziele zeitgemäßer Sexualerziehung sind dabei von Bedeutung:

- Sexualerziehung soll eine **positive Einstellung zur Sexualität** aufbauen; sie soll die Einstellung erzeugen, dass Sexualität ein positiver und wünschenswerter Teil des Lebens ist. Dieses Ziel wendet sich zugleich gegen eine Lustfeindlichkeit sowie eine Unterbewertung des Körperlichen und der Geschlechtlichkeit gegenüber dem „Geistigen".
- Sexualerziehung soll dazu beitragen, dass **Sexualität in einem sozialen Bezug** steht; sie soll der/dem zu Erziehenden vermitteln, dass sie auf der Basis der Achtung vor dem Wohlergehen der Partnerin/des Partners stattfindet, und wendet sich gegen den Versuch, Sexualität auf reine Triebbefriedigung zu reduzieren, in der der Mitmensch „Mittel zum Zweck" und dadurch auswechselbar und belanglos werden kann.

> *„Entscheidend für die Sexualpädagogik ist, dass die Liebesfähigkeit das gesamte Persönlichkeitsverhalten umfasst und nicht auf genitale Sexualfunktionen eingeengt werden kann."*
> *(Brocher, 1985, S. 390)*

- Sexualerziehung soll Kindern und Jugendlichen helfen, **ihren Körper und seine Funktionen akzeptieren zu lernen**, und sie sollten in der Lage sein, darüber frei und ohne Scham sprechen zu können. So geht es schon in der frühesten Kindheit darum, die Kinder mit ihrem eigenen Körper vertraut zu machen. Die bzw. der zu Erziehende soll die Namen einzelner Körperteile und deren Funktionen kennenlernen sowie eine positive Einstellung zum eigenen Körper erwerben.

Kinder können zum Beispiel auf einem großen Plakat ihre Körperumrisse zeichnen, die einzelnen Körperteile auf dieser Zeichnung anschließend im Sesselkreis benennen und lernen so, wofür sie zuständig sind. Dabei lässt sich auch auf die Geschlechtsteile, den Unterschied von Jungen und Mädchen und weitere Fragen der Kinder eingehen. Mithilfe von entsprechenden Liedern (zum Beispiel „Kopf und Schulter"), in denen die Namen und Aufgaben von Körperteilen vorkommen, lassen sich die Lerninhalte spielerisch vertiefen und wiederholen.

> *„Nur, wer sich selber mag, den Körper so annehmen kann, wie er ist, kann sich im Beisein einer anderen Person öffnen, kann ihr vertrauen, (körperliche) Nähe (...) schenken. ‚Sich-im-Körper-wohl-fühlen' ist eine entscheidende Voraussetzung für das Erleben einer befriedigenden Sexualität."*
> *(Martin, 2013², S. 675)*

Dazu gehört auch, Geschlechtsteile positiv, zum Menschen dazugehörig, zu sehen. Da diese zugleich auch Ausscheidungsorgane sind, sollte eine negative Bewertung der Ausscheidung vermieden werden. Ansonsten kann es möglich sein, dass es diese Bewertung auf das Geschlechtliche überträgt und Sexualität ebenfalls als „schmutzig", „eklig", „unanständig", „unrein" bzw. „befleckend" empfindet.[1]

- Sexualerziehung soll dazu beitragen, dass das Kind bzw. die/der Jugendliche ihre/**seine eigenen Gefühle und sexuellen Bedürfnisse wahrnehmen, bejahen und insbesondere auch mitteilen kann**. Mit dem Einüben solcher Fähigkeiten ist es möglich, einen Beitrag zur Vermeidung von Kommunikationsstörungen im Bereich der Sexualität zu leisten.

---

[1] *vgl. Kapitel 5.3.3*

Mithilfe von Gesichtern aus Zeitungen oder Zeitschriften lassen sich Vermutungen über die Gefühle von Menschen äußern und entsprechend einteilen. Ein Pantomimespiel, das die Kinder selbst durchführen, sensibilisiert sie für die Wahrnehmung anderer und übt den Ausdruck von Gefühlen.

> ***Zweierbeziehungen***
> *Immer mehr legen ihre Gefühle in die Tiefkühltruhe.*
> *Ob sie glauben, dadurch die Haltbarkeit zu verlängern?*
> *(Allert-Wybranietz, 1997[39], S. 40)*

Gespräche über Situationen und Ereignisse, die mit besonderer Freude, Trauer, Wut, Ärger usw. verbunden sind, bieten die Möglichkeit, über eigene Gefühle zu sprechen.

- Sexualerziehung soll die zu Erziehende bzw. den zu Erziehenden dazu bringen, dass sie bzw. er nicht nur die sich vollziehenden körperlichen und psychischen Veränderungen **angstfrei akzeptieren** kann, sondern auch ihr bzw. sein eigenes Geschlecht und gleichzeitig die Eigenschaften des anderen Geschlechts schätzen kann. Dabei sollte man althergebrachte Rollenklischees kritisch hinterfragen.

So lassen sich beispielsweise die Geschlechtsrollen hinsichtlich ihrer Verteilung von Rechten und Pflichten ebenso kritisch beleuchten wie Rollenklischees in den Medien.

- Sexualerziehung soll dazu beitragen, dass das Kind die **Vielfalt von sexuellen Verhaltensweisen** wie Homo- und Bisexualität oder Transgender (LSBT)[1] **tolerieren und akzeptieren** kann und es nicht nötig hat, verborgene Ängste vor Homosexuellen ***(Homophobie)***[2] zu entwickeln. Dabei geht es darum, „die Vielfalt als bereichernd und nicht als bedrohlich zu erleben" (*Tuider, 2013[2], S. 252*). Das Lernen der Akzeptanz ist umso wichtiger, wenn das Kind selbst ein in der Gesellschaft anderes als übliches sexuelles Verhalten zeigt. In diesem Zusammenhang wird von einer emanzipatorischen Sexualerziehung gesprochen (vgl. *Timmermanns, 2013[2], S. 261*).

Dort, wo bestimmte sexuelle Verhaltensweisen jedoch Schaden anrichten können, wie dies etwa bei der Pädophilie[3] der Fall ist, können diese weder akzeptiert noch toleriert werden. Die sexuelle Ausrichtung etwa zu Kindern ist bei Betroffenen vorhanden und lässt sich nicht unterdrücken oder verändern. Es geht nach *Klaus Michael Baier* darum, dass die Andersartigkeit von der Betroffenen/vom Betroffenen akzeptiert wird, sie/er aber so verantwortungsvoll damit umgeht, dass sie/er niemandem ein Leid zufügt, indem sie/er sein Verhalten kontrolliert (vgl. *Pfister/Windmann, 2014, S. 24*).

- Sexualerziehung soll schließlich die Einsicht vermitteln, **Sexualität verantwortungsvoll zu praktizieren** und dabei weder sich selbst noch der Partnerin bzw. dem Partner Schaden zuzufügen. Deshalb müssen auch mögliche negative Folgen von Sexualität wie beispielsweise unerwünschte Schwangerschaft, Aids und sexueller Missbrauch thematisiert werden.

---

[1] *Transgender (trans, lat.: über, hinüber; gender, engl.: das Geschlecht): Eine Person, die die ihm aufgrund seines biologischen Geschlechts zugewiesene Geschlechtsrolle nicht akzeptieren kann. LSBT: Lesben, Schwule, Bisexuelle und Transgender*

[2] *vgl. Abschnitt 10.3.1*

[3] *Pädophilie (pais, griech.: der Knabe; philia, griech.: die Freundschaft) bezeichnet das sexuelle Interesse an Kindern.*

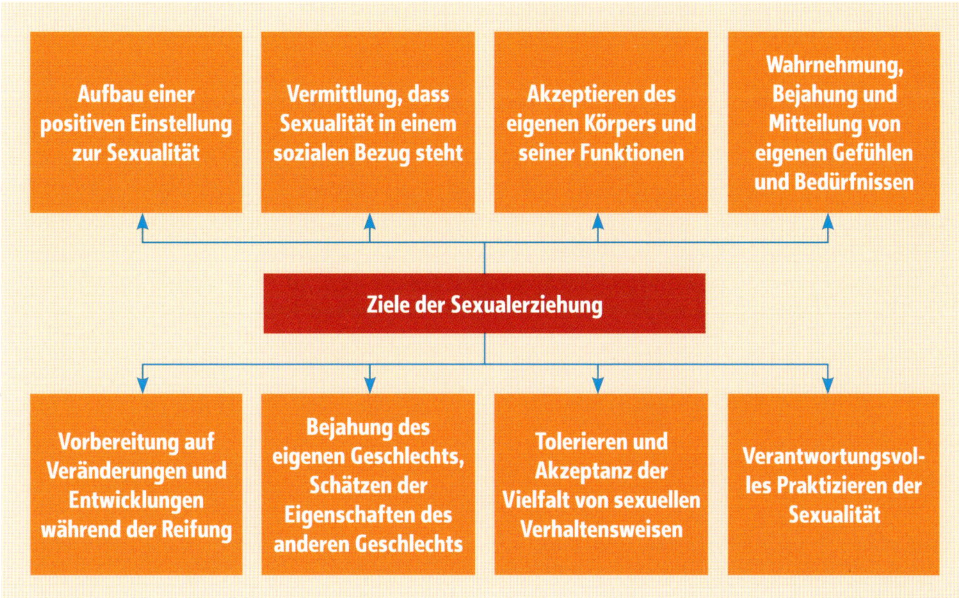

Auf den Punkt gebracht

- Menschliche Sexualität ist die Fähigkeit und Bereitschaft einer Person, auf der Grundlage von Triebanteilen und Erfahrungen auf innere und äußere (erotische) Reize mit lustbetonter Erregung zu reagieren. Sexualität erfüllt mit der Fortpflanzungs-, Lust-, Identitäts- und beziehungsstiftenden Funktion eine Reihe wichtiger Aufgaben. Sexualität ist von Natur aus auf kein Ziel gerichtet: Infolge der Instinktreduktion des Menschen und seiner von Natur aus mangelhaften Ausstattung sind seine Strebungen nicht auf bestimmte Ziele ausgerichtet.
- Im Gegensatz zum biologischen Geschlecht wird sexuelles Verhalten in erster Linie von gesellschaftlichen Bedingungen bestimmt. Gender bezeichnet das kulturell bzw. gesellschaftlich geprägte Geschlechtsverhalten von Frau, Mann und Intersexuellen. Man hat in Untersuchungen festgestellt, dass Eltern und andere Erzieher/innen auf den Emotionsausdruck von Mädchen und Jungen unterschiedlich reagieren und die emotionale und sexuelle Sozialisation zwischen diesen unterschiedlich verläuft. Gender Mainstreaming ist der Versuch, eine Gleichstellung von Frau, Mann und Intersexuellen auf allen gesellschaftlichen Ebenen zu erreichen.
- Sexualverhalten ist immer gleichzeitig Sozialverhalten: Es unterliegt sozialen Prozessen und sein Verlauf wird wesentlich davon beeinflusst, wie die/der Einzelne soziale Begegnungen verwirklicht. Damit ist Sexualerziehung auch zu unterscheiden von der bloßen „Aufklärung“ über biologische Sachverhalte, Methoden und Praktiken des Sexualverhaltens. Eine solche Wissensvermittlung ist lediglich Teil einer umfassenderen Sexualerziehung. Aufklärung ist als Teil einer umfassenderen Sexualerziehung notwendig und unerlässlich und sollte nicht „zu spät“ erfolgen. Der Schlüssel zur wirklichen Hilfe sind eine positive emotionale Beziehung zum Kind, eine eigene positive Einstellung zur Sexualität und Aufrichtigkeit. Das Erzeugen von Angst und Schuldgefühlen ist wenig hilfreich, da dies zu sexuellen Gehemmtheiten und zu einer negativen Einstellung zum Körper und zur Geschlechtlichkeit führen kann.

- Zeitgemäße Sexualerziehung verfolgt folgende Ziele: Aufbau einer positiven Einstellung zur Sexualität, Vermittlung, dass Sexualität integrierter Bestandteil der menschlichen Person ist und darüber hinaus in sozialem Bezug steht, Akzeptanz des eigenen Körpers und seiner Funktionen, Wahrnehmung, Bejahung und Mitteilung von eigenen Gefühlen und Bedürfnissen, Vorbereitung auf Veränderungen und Entwicklungen während der Reifung, Bejahung des eigenen Geschlechts, Schätzen der Eigenschaften des anderen Geschlechts, Tolerieren und Akzeptieren der Vielfalt sexueller Verhaltensweisen sowie verantwortungsvolles Praktizieren der Sexualität.

Aufgaben – Wissen & Verstehen, Anwenden, Reflektieren

13. *Bestimmen Sie den Begriff „Sexualität" und zeigen Sie an geeigneten Beispielen verschiedene Funktionen menschlicher Sexualität auf.*

14. *Begründen Sie mithilfe von Aussagen über das Wesen des Menschen die Ungerichtetheit der menschlichen Sexualität.*

15. „Die gute Nachricht ist: Wir sind fern davon, hormongesteuerte Wesen zu sein, die qua ihrer biologischen Zusammensetzung in ihren geschlechtertypischen Rollen gefangen sind. (...) Weniger als Hormone sind es (...) Erwartungen und Glaubenssätze, die einen machtvollen Einfluss auf unser Verhalten haben." *(Kerber, 2011, S. 22 f.)*
    Nehmen Sie auf der Grundlage von anthropologischen Erkenntnissen Stellung zu dieser Aussage von Bärbel Kerber.

16. „Wäre der einzige Zweck der Sexualität die Fortpflanzung, dann hätten wir uns entweder ständig gegen diese ‚Sinnerfüllung' der Sexualität versündigt, oder wir hätten nur sehr selten eine sexuelle Begegnung haben dürfen."
    Diskutieren Sie in der Klasse über diese Aussage eines Sexualwissenschaftlers unter Berücksichtigung der verschiedenen Funktionen der Sexualität.

17. *Erläutern Sie an einem Beispiel den Unterschied zwischen „Sex" und „Gender".*

18. Das Rollenbild der Frau und des Mannes in den Medien
    → *Sammeln Sie Werbung aus Zeitschriften, in denen Rollenbilder von Frauen und Männern dargestellt sind.*
    → *Analysieren Sie in Kleingruppen kritisch die in den Medien dargestellten Rollenbilder.*
    → *Stellen Sie pro Kleingruppe jeweils zwei dargestellte Rollenbilder im Plenum vor.*
    → *Diskutieren Sie, inwieweit diese Rollenbilder*
      - *veraltet sind;*
      - *dem Zeitgeist entsprechen;*
      - *eine völlig neue Sichtweise der Geschlechterrollen beinhalten.*
    → *Begründen Sie jeweils Ihre Ansichten.*

19. „Es gibt keine Frauen und keine Männer, es gibt nur Menschen."
    → *Diskutieren Sie in Gruppen diese Aussage unter Berücksichtigung von entsprechenden wissenschaftlichen Erkenntnissen.*
    → *Bilden Sie einen Innenkreis, in welchem die Gruppensprecher/innen Platz nehmen. Es steht ein Sessel mehr im Innenkreis. Die restliche Klasse bildet einen Außenkreis.*
    → *Die Gruppensprecher/innen berichten über das, was in der Gruppe gesprochen wurde.*
    → *Wer jedoch aus dem Außenkreis etwas ergänzen oder sich an der Diskussion des Innenkreises beteiligen möchte, kann hineingehen, sich auf den leeren Sessel setzen, einen Beitrag leisten und dann wieder in den Außenkreis zurückkehren.*
20. *Beschreiben Sie wichtige Aspekte der Sexualerziehung und stellen Sie die wesentlichen Unterschiede zwischen Sexualerziehung und Aufklärung mithilfe geeigneter Beispiele dar.*
21. *Stellen Sie Grundsätze einer Sexualerziehung in der Familie dar.*
22. *Zeigen Sie Aufgaben einer zeitgemäßen Sexualerziehung auf.*
23. *Entwerfen Sie Möglichkeiten, wie Sexualerziehung im Kindergarten oder einer anderen pädagogischen Einrichtung aussehen könnte.*
24. *Bilden Sie Gruppen und recherchieren Sie gemeinsam Kinderlieder über den Körper.*
25. „So erlebte ich Sexualerziehung."
    → *Stellen Sie mithilfe einer Collage dar, wie Sie Ihre eigene Sexualerziehung erlebt haben.*
    → *Tauschen Sie Ihre Erfahrungen gegenseitig in Kleingruppen aus.*
26. „So stelle ich mir Sexualerziehung vor."
    → *Sprechen Sie in Gruppen über folgende Anliegen:*
    - *„So wünsche ich mir Sexualerziehung."*
    - *„So möchte ich meine eigenen Kinder hinsichtlich der Sexualität erziehen."*

    → *Bilden Sie einen Innenkreis, in welchem die Gruppensprecher/innen Platz nehmen. Stellen Sie einen Sessel mehr in diesen Kreis als nötig, dieser bleibt leer. Die „restliche" Klasse bildet einen Außenkreis.*
    → *Die Gruppensprecher/innen teilen den anderen Mitgliedern des Innenkreises ihre in der Gruppe diskutierten Vorstellungen über Sexualerziehung mit. Wer jedoch aus dem Außenkreis etwas ergänzen oder sich an der Diskussion des Innenkreises beteiligen möchte, kann hineingehen, sich auf den leeren Sessel setzen, einen Beitrag leisten und dann wieder in den Außenkreis zurückkehren.*

10.5 Erziehung in verschiedenen Teilbereichen der Entwicklung

Sprache, Intelligenz und Denken sowie Emotionen und das Sozialverhalten spielen im menschlichen Leben eine große Rolle. Deshalb müssen sie durch Erziehung effektiv gefördert werden.

10.5.1 Die Förderung der Sprachentwicklung

Der bekannte Linguist *Noam Chomsky* hat einmal gesagt, dass wir mit der Sprache dem nahekommen, was wir als die „Essenz des Menschenwesens" bezeichnen können. Für *John R. Anderson (2013[7], S. 251 ff.)* ist sie die eindrucksvollste kognitive Fähigkeit des Menschen, weil sie den gegenwärtigen fortschrittlichen Stand der menschlichen Zivilisation ermöglicht. Und der Kognitionsforscher Steven Pinker bezeichnet die Sprache gar als „das Juwel in der Krone der Kognition".

Die Sprache ist ein System, das aus Wörtern, Lauten, Zeichen, Symbolen und grammatikalischen Regeln besteht. Um bestimmte Sachverhalte beschreiben und sich miteinander verständigen zu können, einigten sich Menschen auf ein System von Lauten und Zeichen, die nach ganz bestimmten Regeln miteinander verbunden werden.

Die Sprache ist ein System von Lauten und Zeichen sowie von Regeln über die Verbindung dieser Zeichen.

Sprache geschieht entweder mittels erzeugter Laut- und Tonfolgen oder handgeschriebener bzw. maschinell erzeugter Buchstaben- oder Schriftzeichenfolgen. Im ersten Fall handelt es sich um das Sprechen, ein Erzeugen von geordneten Laut- und Tonfolgen mithilfe des menschlichen Sprechapparates, im zweiten Fall um das Schreiben, ein Aufzeichnen bzw. Festhalten von Schriftzeichen.

Die Entwicklung der Sprache in der frühen Kindheit

Alter	Stadium
0 - 1 Monate	**Geburtsschrei, Schreie** für Hunger, Schmerz, Müdigkeit
2 - 5 Monate	**erste Gurr- und Lalllaute**
6 Monate - 1 Jahr	**Gurrlaute** – z. B. „ngä" oder „ngrr" **Babbeln, Plappern**: einzelne, unverständliche Laute **Lallmonologe** – z. B. „na-na-na-na" oder „la-la-la-la"
1 - 1 ½ Jahre	**Ein-Wort-Sätze**: Ein gesprochenes Wort hat die Bedeutung eines ganzen Satzes; **„Benennungsalter"**: „Was-Fragen"
1½ - 2 Jahre	**Zwei- und Mehrwortsätze**: Satzähnliche Anhäufungen von zwei und später von mehreren Wörtern
2 - 4 Jahre	**Flexionen**: Beugung von Wörtern, Konstruktion eines Satzes dergestalt, dass das Subjekt am Anfang und nachfolgend das Prädikat steht; **Wortneuschöpfungen**: Das Kind erfindet selbst Wörter; **Fragealter I**: „Wo-Fragen"
4 - 6 Jahre	**Richtiges Sprechen**; **Fragealter II**: „Warum-Fragen", Höhepunkt der Wortschatzentwicklung

Das Sprechenlernen beruht primär auf Nachahmung. Aus diesem Grund ist es wichtig, wie in der Umgebung des Kindes gesprochen wird und wer dem Kind nachahmenswert erscheint.

- Das **Herstellen einer Bindung** – eine emotionale Beziehung zwischen zu Erziehender bzw. zu Erziehendem und einer oder auch mehreren anderen Personen – ist Voraussetzung für eine gute Sprachentwicklung. Diese Beziehung muss über Raum und Zeit hinweg emotional sehr eng miteinander verbinden und sich einerseits durch positive Gefühle wie Verbundenheit, Nähe, Zärtlichkeit, Fürsorge, Schutz, Körperkontakt und vor allem Ansprache sowie andererseits durch das Respektieren und Unterstützen des kindlichen Explorationsbedürfnisses auszeichnen[1].
- **Richtiges Vorsprechen** ist sehr wichtig. Übernehmen die Eltern die Babysprache, hat das Kind kaum die Möglichkeit, seine Fehler zu verbessern. Eltern und andere Erzieher/innen sollten in ***ganzen Sätzen*** sprechen. Eltern sollten auch nicht die Sprache des Kindes übernehmen.
- Falsch gesprochene Sätze sollten lediglich richtig wiederholt werden, ohne jedoch auf die Fehler groß hinzuweisen und das Kind dadurch zu verunsichern. Dabei sollten Eltern ihr Kind erst ausreden lassen und es dabei anschauen. Das Kind aber Sätze nachsprechen zu lassen, ist wenig effektiv.
- Erzieher/innen sollten Kinder **zum Sprechen ermutigen**, indem sie immer wieder Erfolgserlebnisse vermitteln und zu weiterem Bemühen anspornen, beispielsweise durch Anerkennung der Kinder für ihre Sprachleistungen oder indem sie die Äußerungen der Kinder durch interessiertes Zuhören verstärken und die kindliche Neugier durch die bereitwillige Beantwortung der vielen Fragen nicht unterdrücken.
- Sprachfördernd wirkt eine sprechfreudige Umgebung, beispielsweise durch Eltern und Geschwister, die auch das Kleinkind in ihre Gespräche mit einbeziehen. Die Eltern sollten ihren Kindern Geschichten erzählen, Bilder und Gegenstände betrachten und benennen oder die Kinder selbst Geschichten erzählen bzw. lesen lassen. Dabei kann man viele Alltagssituationen wie etwas das Wickeln zum Sprechen nutzen.
  Trotz des Sprechens mit dem Säugling und Kleinkind sollten Eltern und andere Erzieher/innen zuhören und nicht unterbrechen.

- Die Sprache bzw. das Sprechen kann durch Spiele gefördert werden, zum Beispiel durch Fingerspiele, Sprechverse, Lieder, Rollenspiele oder auch durch das Nacherzählen von Bilderbüchern.
- Bei organischen Schäden bieten sich medizinische Hilfen an, etwa Operationen oder Zahnprothesen, die zumindest eine Sprecherleichterung zur Folge haben, oder logopädische Therapien, in denen zum Beispiel Sprechübungen mithilfe eines Spiegels gemacht werden, der dem Kind mit Sprachbehinderung als Kontrolle und optische Hilfe dient.

[1] *vgl. Abschnitt 10.1.4*

Kinder, die relativ früh zweisprachig aufwachsen, werden in ihrer geistigen Entwicklung nicht gehemmt – im Gegenteil, die Zweisprachigkeit (Bilingualität[1]) fördert die geistige Flexibilität von Kindern (vgl. *Kast, 2013, S. 34 ff.*).

10.5.2 Die Förderung der Intelligenz und des Denkens

Man spricht von einer Intelligenzleistung, wenn man ein bestimmtes Problem, eine bestimmte Schwierigkeit oder eine bestimmte Situation erfolgreich bewältigen kann, ohne auf gemachte Erfahrungen alleine zurückzugreifen. Entscheidend ist demgemäß die Neuartigkeit des zu lösenden Problems. Intelligenz[2] zeichnet sich also dadurch aus, dass man **den Anforderungen einer neuen Situation entspricht, ohne dass man in entsprechenden Situationen geübt hat**.

Löst zum Beispiel der Lehrling ein Problem dadurch, dass er genau das nachmacht, was ihm der Meister zeigt, so handelt es sich kaum um eine Intelligenzleistung. Bewältigt er jedoch eine Schwierigkeit, die ihm unbekannt ist und deren Lösung er nicht gelernt hat, so spricht man von einer intelligenten Handlung.

Als Kern von Intelligenz gilt nach *Jean Piaget* die **Anpassungsfähigkeit** als die Fähigkeit, angemessen auf die Umwelt und deren Veränderungen zu reagieren und bezeichnet **Intelligenz als die höchste Form der geistigen Anpassung an die Umwelt**.

Intelligenz ist die Fähigkeit, sich neuen Situationen, die nicht allein aufgrund bisheriger Erfahrungen gemeistert werden können, anzupassen und diese zu bewältigen.

[1] *bi (lat.): zweimal, drückt in Bildungen mit Adjektiven oder Substantiven eine Doppelheit, eine Zweiheit aus; lingua (lat.): die Sprache, die Zunge*
[2] *intellegere (lat.): einsehen, verstehen, begreifen*

Intelligenz stellt eine Fähigkeit dar, eine Voraussetzung für eine auf einen bestimmten Zweck ausgerichtete Tätigkeit. Diese Tätigkeit, die Funktion, bezeichnen wir mit dem Begriff „Denken". ***Die Fähigkeit der Intelligenz ist also Voraussetzung für die Funktion des Denkens.***

Mit Denken wird ein nicht beobachtbarer psychischer Vorgang bezeichnet, in dessen Verlauf Informationen erfasst und verarbeitet werden.

„Wenn du denkst, du denkst, dann denkst du nur, du denkst (...)" *(Ayan, 2014, S. 37)*

Intelligenz kann nicht direkt beobachtet werden, sie kann lediglich aus dem Verhalten des Menschen erschlossen werden.

Wir können beispielsweise beobachten, wie der Lehrling das aufgetretene Problem löst, und wir schließen aufgrund dieser Beobachtungen darauf, ob es sich um eine intelligente Leistung handelt oder nicht.

Da Intelligenz und Denken alle übrigen alle anderen Persönlichkeitsbereiche des Menschen wie keine andere beeinflussen und wiederum von diesen beeinflusst werden, muss sich eine Förderung der Intelligenz- und Denkentwicklung auf alle Persönlichkeitsbereiche erstrecken.

- In der frühesten Kindheit geht es nach *Elsbeth Stern und Roland H. Grabner* (*2014, S. 187*) zunächst einmal um eine gesunde Ernährung und emotionale Geborgenheit sowie um ein rechtzeitiges Reagieren auf Krankheiten und andere Probleme.

  „Die vielen kommerziellen Angebote, mit denen angeblich (...) die geistige Entwicklung optimiert wird, sind nach heutigem Wissensstand unsinnig." *(Stern/Grabner, 2014, S. 187)*

- Das **Herstellen einer Bindung** – eine emotionale Beziehung zwischen zu Erziehender bzw. zu Erziehendem und einer oder auch mehreren anderen Personen – ist Voraussetzung für die gesunde geistige Entwicklung. Diese Beziehung muss sich einerseits durch positive Gefühle und andererseits durch das Respektieren und Unterstützen des kindlichen Explorationsbedürfnisses auszeichnen.[1] Dadurch kann das Kind Selbstvertrauen und den Mut zur Umwelterforschung entwickeln.

  Der enorme Einfluss der Emotionen auf das Denken kann neurobiologisch eindrucksvoll belegt werden: Alle Informationen, die der Mensch wahrnimmt, werden durch seinen Hippocampus im limbischen System geschleust. Er verbindet die Information mit bisher gespeicherten Emotionen und entscheidet ganz maßgeblich mit, welche Informationen mit welchem emotionalen Hintergrund an das Großhirn weitergeleitet, verarbeitet und mit welcher Intensität gespeichert werden.

[1] *vgl. Abschnitt 10.1.4*

- Da die ***Motorik das Denken und Lernen beeinflusst***, bedeutet die Förderung der motorischen Fähigkeiten eines Kindes zugleich eine Förderung seiner kognitiven Leistungsfähigkeit – vor allem bei Kleinkindern und alten Menschen.

> *„Denn Experimente von Psychologen und Neurowissenschaftlern zeigen, dass unser Körper das Denken viel stärker beeinflusst als bisher angenommen. (...) Der Blick in unser Gehirn liefert eine mögliche Erklärung: Wenn wir uns erinnern, nachdenken oder rechnen, sind mitunter dieselben Areale des Gehirns aktiv, die Bewegungen steuern (...)"*
>
> *(Weigmann, 2013, S. 26 f.)*

Denken und Lernen sollten daher mit Bewegung verbunden werden.

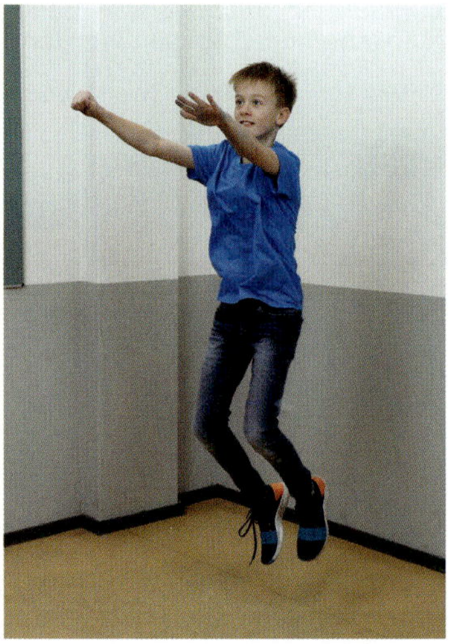

→ In der Schule können die Pausen zwischen Lerneinheiten mit Bewegungsgeschichten, Bewegungsliedern oder Tänzen gestaltet werden. In den Unterricht kann Bewegung gebracht werden, indem die Schüler/innen von einer Lernsituation zur anderen gehen, sich in der Schulbücherei oder im Computerraum Informationen beschaffen, in Betrieben und Einrichtungen vor Ort recherchieren, mathematische Mengen selbst darstellen, Buchstaben mit dem gesamten Körper formen, Sachverhalte pantomimisch darstellen oder mit Naturmaterialien experimentieren.

- Auch die **Wahrnehmung** hat einen großen Einfluss auf das Denken. Die unendlich vielen Sinneswahrnehmungen des Menschen werden aufgenommen und zu komplexen Mustern gespeichert; sie ermöglichen dadurch die Informationsverarbeitung. Je mehr Sinneserfahrungen ein Mensch macht, je mehr seine Wahrnehmung gefördert wird, desto komplexer wird sein neuronales Netzwerk und damit wiederum seine kognitiven Leistungen.
- Weil die ***Sprache das Denken unterstützt und Denken auch „inneres Sprechen"*** ist, wird durch eine gute Spracherziehung zugleich auch die Denkentwicklung gefördert[1].
- Die **geistige Entwicklung** erfordert die vielfältigsten Anregungen und Anreize aus der Umwelt, damit die Neugierde und die Freude an der Auseinandersetzung mit der Umwelt wachsen bzw. erhalten bleiben.
- Kinder müssen die Möglichkeit und den **Freiraum** haben, Erfahrungen selbst zu machen, selbstständig zu entdecken und das Wissenswerte an den Dingen selbst zu erfahren. Eine tiefe, gründliche und ausführliche Verarbeitung von Informationen geschieht vor allem beim eigenen Tun und den damit verbundenen eigenen Erfahrungen.

> *„Selbsttätig und eigenständig – das ist ein Grundprinzip jeden Lernens wie auch der Lust am Lernen!"* *(Schäfer, 2011, S. 8 ff.)*

- Erzieherinnen und Erzieher sollten versuchen, die **Interessen des Kindes** zu fördern, neue Interessen bei ihm zu wecken und durch geeignete Spiel-, Bastel- und Beschäftigungsmöglichkeiten das Denken zu aktivieren.

---

[1] *vgl. Abschnitt 10.4.1*

- **Spiele und Bücher** vermitteln nicht nur Freude und Wissen, sondern regen die Fantasie und Kreativität an und fördern die Denk-, Intelligenz- und Gedächtnisleistungen.
- Im Vorschulbereich – etwa im Kindergarten – können durch gezielte Trainings sprachliche und geistige Barrieren abgebaut werden. Diese ausgleichende Erziehung im schulischen, geistigen und sprachlichen Bereich nennt man **kompensatorische Erziehung**.
- Spezielle **Förderprogramme** lassen auch bei Kindern mit einer geistigen Behinderung viele Defizite ausgleichen.

Weil sich die Bedeutung der Förderung, vor allem der Frühförderung, eines Kindes in unserer Gesellschaft immer mehr im Bewusstsein der Eltern manifestiert, hat sich in den letzten Jahren ein regelrechter Frühförderboom entwickelt. Hirnforscherinnen und Hirnforscher sowie Psychologinnen und Psychologen warnen allerdings vor übertriebener Frühförderung.

10.5.3 Die Förderung der emotionalen Entwicklung

Eine umfassende Beschreibung der Merkmale des Emotionsbegriffes bezieht drei wesentliche Aspekte mit ein: Gefühle bzw. Emotionen äußern sich in **körperlichen Vorgängen**, sie umfassen **seelische Befindlichkeiten** und sie **beeinflussen das Verhalten** des Menschen.

Emotionen (Gefühle) sind subjektive Erlebensweisen, die sich in körperlichen Veränderungen und psychischen Vorgängen äußern und das Verhalten eines Menschen beeinflussen.

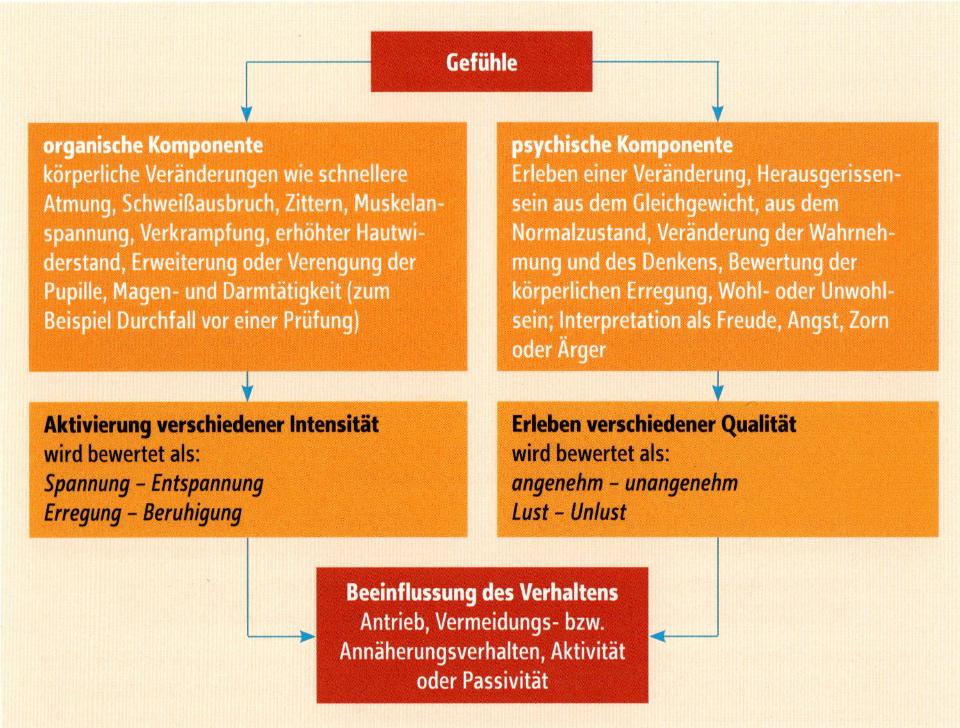

„Wir sind zuerst und vor allem emotionale Wesen, selbst dann, wenn wir glauben, völlig rational und sachlich an eine Sache heranzugehen.“ *(Ernst, 2013, S. 3)*

Nach *Katherine M. Bridges* und *René Spitz* ist beim Neugeborenen lediglich eine allgemeine Störbarkeit bzw. Erregbarkeit, die sehr diffus und ungerichtet ist, zu beobachten. Aus diesem anfänglichen Erregungszustand entwickeln sich in den ersten Wochen zwei Grundtendenzen emotionalen Verhaltens heraus: Unlust und Lust. Die unlustbetonte Tendenz tritt etwas früher hervor und lässt auch zuerst eine Differenzierung in spezifischere Gefühlsreaktionen erkennen wie Angst, Ekel, Wut und Zorn. Aus der lustvollen Tendenz differenzieren sich die positiven Gefühle wie Fröhlichkeit, Liebe und Freude.

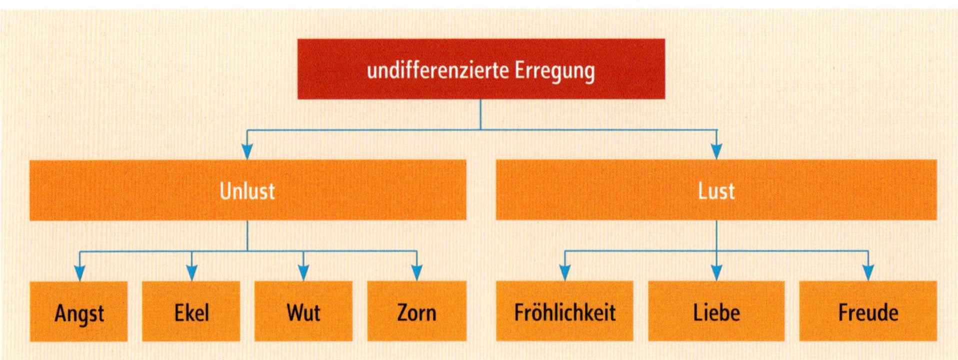

Die Entwicklung der Gefühle zeigt sich

- in der Entstehung neuer Gefühle,

  > Die Jugendliche / Der Jugendliche ist zum ersten Mal verliebt.

- in den die Emotionen auslösenden Reize und Situationen,

  > Das Kindergartenkind freut sich über die Tüte Süßigkeiten als Geschenk, das ältere Schulkind ist enttäuscht.

- in der Ausdrucksform der eigenen Gefühle,

  > Der Zweijährige weint, als er sich über den Bruder ärgert, der Jugendliche beschimpft seinen Bruder, der Erwachsene dreht sich wortlos um und lässt seinen Bruder alleine zurück.

- in der Art der Reaktion, im Umgang mit den eigenen Gefühlen und den Gefühlen anderer Menschen.

  > Das Kind weint, der Einjährige steht daneben und schaut, die Siebenjährige geht hin und nimmt das weinende Kind tröstend in den Arm.

Eine Vielzahl von Möglichkeiten kann Kinder in der Entwicklung ihrer Gefühle und in ihrem Umgang sowohl mit ihren eigenen Gefühlen als auch mit denen anderer Menschen unterstützen. Im Folgenden werden einige grundlegende Möglichkeiten genannt:

- Das **Herstellen einer Bindung**, die sich in einer emotionalen Beziehung zwischen zu Erziehender bzw. zu Erziehendem und einer oder auch mehreren anderen Personen offenbart, ist Voraussetzung für eine gesunde emotionale Entwicklung. Diese Beziehung muss über Raum und Zeit hinweg emotional sehr eng miteinander verbinden und sich durch positive Gefühle auszeichnen. Auf diese Weise wird es möglich, dass das Kind den Mut und die Lust aufbringen kann, emotionale Bindungen einzugehen und anderen Menschen zu vertrauen.[1]

- Für eine gesunde emotionale Entwicklung sowie für die Vermeidung emotionaler Entwicklungsstörungen spielt zudem eine **intakte Familie und ein harmonisches Familienklima** eine entscheidende Rolle, in der dem Kind Wertschätzung und Verständnis entgegengebracht werden und die einen großen Raum für spontane Gefühlsäußerungen lässt.

- Eltern sowie andere Erzieher/innen sollten **ihre eigenen Gefühle** – auch die „negativen“ wie Ärger, Hass, Wut oder Traurigkeit – und die ihres Kindes akzeptieren und sie **offen und direkt ansprechen**.

- Dem Kind soll die Möglichkeit gegeben werden, **belastende Gefühle klar äußern** zu können. Durch Klarheit in Äußerungen und Mitteilungen anderen gegenüber ist es möglich, Belastungen zu vermindern. Die Benennung von Gefühlen hat eine beruhigende Wirkung auf die Nerven und hilft Kindern, sich rascher von störenden Vorfällen zu erholen. Je mehr Kinder lernen, ihre Gefühle in Worten auszudrücken, desto besser können sie mit diesen Gefühlen umgehen.

- Kinder, die gelernt haben, ihre Gefühle in Worten auszudrücken, sind auch eher in der Lage, über unangenehme Gefühle zu sprechen.

  Gerade auch im Hinblick auf die Prävention sexuellen Missbrauchs ist es wichtig, dass Kinder Vertrauen in ihre eigene Gefühlswelt haben. Dies können Eltern und Erzieher/innen vor allem dann fördern, wenn sie die Gefühle ihrer Kinder ernst nehmen und mit ihnen darüber sprechen.

---

[1] *vgl. Kapitel 10.1.3*

- Das Kind soll nicht gezwungen werden, nicht erwünschte Gefühle, wie zum Beispiel Wut, Hass, Ärger oder Aggression, zu unterdrücken. Es muss lernen, dass nicht sein Gefühl ein Problem darstellt, sondern sein Verhalten, wenn dies unangemessen ist.

→ Es ist verständlich, dass Bastian wütend ist. Es ist aber nicht zu akzeptieren, dass er deshalb seinen Bruder schlägt.

- Eltern sowie andere Erzieherinnen und Erzieher sollen dem Kind Möglichkeiten aufzeigen, mit negativen Gefühlen umzugehen. Dies ist vor allem im Spiel möglich, bei dem das Kind seine Gefühle in die jeweilige Situation einbringen kann. Im Rollenspiel können unterschiedliche Wege geübt werden.
- Erziehungsmaßnahmen, die Angst erzeugen, sollten vermieden werden, da das emotionale Verhältnis des Kindes zu der Erzieherin/dem Erzieher dadurch negativ beeinflusst, das zu erlernende Verhalten mit negativen Gefühlen assoziiert und damit das Lernen erschwert oder gar blockiert wird.

→ Beispiele hierfür sind die Drohung („Wenn du nicht folgst, kommst du in den dunklen Keller!", „Wenn du nicht heimgehst, holt der schwarze Mann die Mädchen, die nicht hören wollen!"), die Strafe, die Verachtung oder der Liebesentzug („Wenn du das nicht tust, mag dich die Mutter nicht mehr!").

- Bei Störungen in der emotionalen Entwicklung empfiehlt sich zu deren Behandlung eine Psychotherapie.

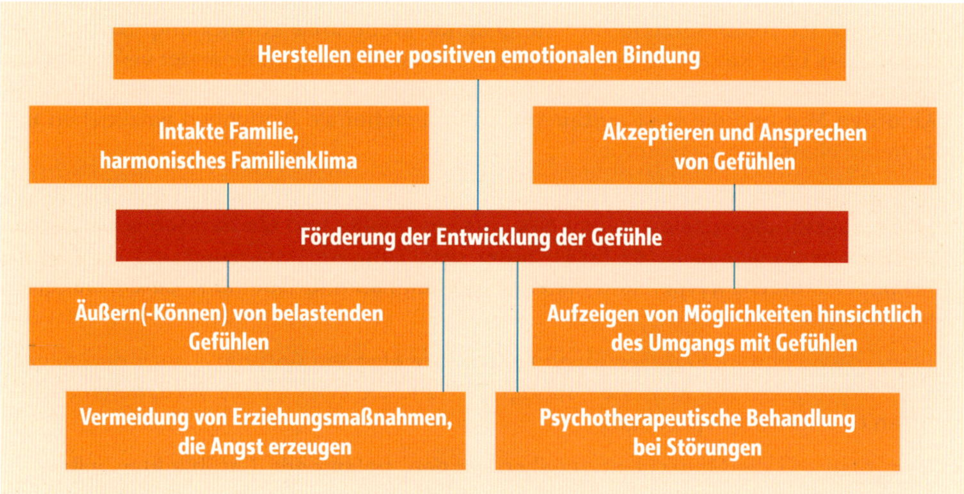

10.5.4 Die Förderung des Sozialverhaltens

Das Wort „sozial" bedeutet die „menschliche Gesellschaft bzw. Gemeinschaft betreffend". Sozialverhalten meint somit jegliches Verhalten eines Menschen, das die Gemeinschaft betrifft, jeglichen Umgang mit der Gemeinschaft, mit anderen Menschen.

Unter Sozialverhalten versteht man jegliche zwischenmenschlichen Verhaltensweisen und Beziehungen.

Der Mensch ist ein soziales Wesen, er lebt mit anderen Menschen zusammen und ist auf dieses Zusammenleben angewiesen. Das Sozialverhalten ist dem Menschen jedoch nicht angeboren, sondern er muss erst lernen, wie er sich in welchen Situationen wem gegenüber zu verhalten hat.

Das Sozialverhalten eines Menschen lässt sich durch folgende Möglichkeiten fördern:

- Jegliches Sozialverhalten eines Menschen ist abhängig von seiner emotionalen Verfassung und basiert auf einer ***emotionalen Sicherheit*** des Kindes. Deshalb ist für eine gesunde Entwicklung des Sozialverhaltens das **Herstellen einer Bindung**, die sich in einer emotionalen Beziehung offenbart, Voraussetzung. Diese Beziehung muss emotional sehr eng miteinander verbinden und sich einerseits durch positive Gefühle wie Verbundenheit, Nähe, Zärtlichkeit, Fürsorge, Schutz, Körperkontakt und Ansprache sowie andererseits durch das Respektieren und Unterstützen des kindlichen Explorationsbedürfnisses auszeichnen[1].
- Zur Entwicklung eines positiven Sozialverhaltens gehört auch ein **harmonisches Familienklima**, in dem das Kind das Zusammenleben mit den anderen Familienmitgliedern als positiv erlebt.
- Ein positives Sozialverhalten ist auch abhängig davon zu lernen, seine Gefühle zu äußern und konstruktiv zeigen zu können, Kritik zu üben und auch einstecken zu können, Angst zu ertragen, die eigene Meinung zu vertreten und sich mitteilen zu können, sich selbstständig zu entscheiden sowie selbstständig zu handeln.
- Besonders wichtig für ein positives zwischenmenschliches Verhalten ist die Fähigkeit, sich in eine Gruppe einfügen zu können, mit anderen Menschen zu kooperieren, Kompromisse zu schließen, zu teilen, verlieren zu können, Vorurteile zu erkennen und abbauen zu können sowie tolerant zu sein.
- Derartige Verhaltensweisen werden bereits in der Familie, vor allem von den Geschwistern gefordert. Sie können systematisch gefördert werden, wenn man Kindern, vor allem ab dem dritten Lebensjahr, den Kontakt zu Spielkameradinnen und Spielkameraden ermöglicht und diesen bekräftigt. Wichtig sind hier der Kindergarten und später die Schule, die die Familie bei der Aufgabe, die Kinder zu positivem Sozialverhalten zu erziehen, unterstützen. Sie konfrontieren die Kinder mit Situationen (große Gruppen Gleichaltriger, fremde Bezugspersonen, geregelter Tagesablauf usw.), die die Familie nicht oder nur bedingt bieten kann. Gefördert werden soziale Verhaltensweisen hier besonders durch Gesellschaftsspiele, Rollenspiele, Gruppenarbeiten und Gruppengespräche.
- Wichtig ist auch, dass das Kind lernt, **Konflikte effektiv zu lösen**. Dabei geht es darum, eine Lösung des Konfliktes zu finden, die nicht nur von einem Teil, sondern von allen, die an diesem Konflikt beteiligt sind, akzeptiert werden kann. Diese Art, einen Konflikt zu lösen, stellt die ausgereifteste Form der Konfliktlösung das. Die Unterschiede zwischen den Konfliktparteien werden respektiert und es wird versucht, den bzw. die anderen zu verstehen. Widersprechende Meinungen, Interessen und dergleichen werden gemeinsam in gleichberechtigter Atmosphäre diskutiert und so lange gegeneinander abgewogen, bis eine Lösung erzielt wird, die für alle am Konflikt beteiligten Personen annehmbar ist und innerlich befriedigend wirkt.
- Grundsätzlich ist wichtig, dass der bzw. dem zu Erziehenden **Modelle** geboten werden, die positives Sozialverhalten zeigen, und dass das erwünschte Sozialverhalten Verstärkung erhält.

---

[1] *vgl. Abschnitt 10.1.4*

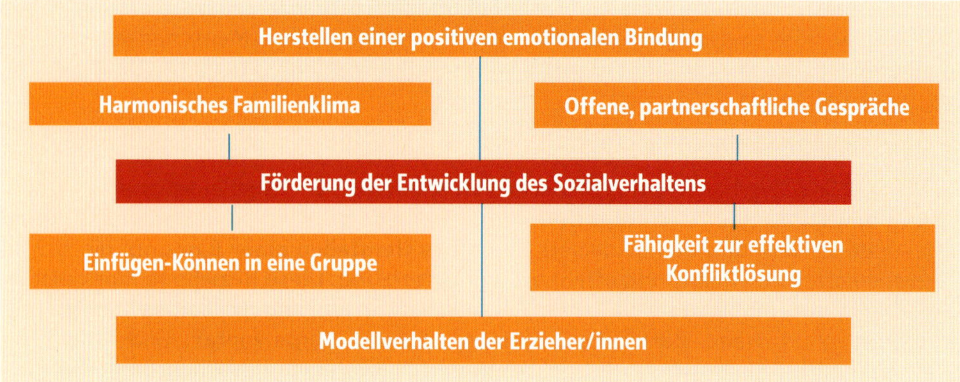

Auf den Punkt gebracht

- Sprache, Intelligenz und Denken sowie Emotionen und das Sozialverhalten spielen im menschlichen Leben eine große Rolle. Deshalb müssen Sie durch Erziehung effektiv gefördert werden.

Aufgaben – Wissen & Verstehen, Anwenden, Reflektieren

27. Die Förderung der Sprachentwicklung.
    a) *Bestimmen Sie, was mit Sprache gemeint ist.*
    b) *Geben Sie einen Überblick über die Entwicklung der Sprache.*
    c) *Zeigen Sie Möglichkeiten auf, wie die Entwicklung der Sprache gefördert werden kann.*
    d) *Verdeutlichen Sie jede Fördermaßnahme an einem konkreten Beispiel.*
28. Die Förderung der Intelligenz- und Denkentwicklung
    a) *Bestimmen Sie die Begriffe „Intelligenz“ und „Denken“.*
    b) *Zeigen Sie an einem Beispiel den Zusammenhang zwischen Intelligenz und Denken auf.*
    c) *Erläutern Sie Möglichkeiten, wie die Entwicklung der Intelligenz und des Denkens gefördert werden kann.*
29. Die Förderung der emotionalen Entwicklung.
    a) *Stellen Sie dar, was mit „Emotionen“ gemeint ist.*
    b) *Geben Sie einen Überblick über die Entstehung von Emotionen in der frühesten Kindheit.*
    c) *Beschreiben Sie anhand einer Situation, wie sich die Entwicklung der Gefühle zeigt.*
    d) *Zeigen Sie Möglichkeiten auf, wie die emotionale Entwicklung gefördert werden kann.*

30. Die Förderung des Sozialverhaltens.
   a) *Bestimmen Sie, was mit Sozialverhalten gemeint ist.*
   b) *Erläutern Sie Möglichkeiten, wie das Sozialverhalten eines Menschen gefördert werden kann.*

31. Erarbeiten Sie mithilfe der Schneeballmethode verschiedene konkrete Möglichkeiten, die geistige Entwicklung eines Kindes (Sprache, Intelligenz, Denken) zu fördern.
   → *Jede Schülerin/jeder Schüler notiert sich drei Antworten zur Frage nach konkreten Fördermöglichkeiten der geistigen Entwicklung und erhält unterdessen von der Lehrkraft ein Nummernkärtchen.*
   → *Die Schüler/innen mit der gleichen Nummer bilden eine Gruppe. Jedes Gruppenmitglied stellt in der Gruppe seine drei Antworten vor.*
   → *Die Gruppe einigt sich auf die drei wichtigsten Antworten, die sich jedes Mitglied notiert. Die Lehrkraft teilt unterdessen Farben aus.*
   → *Die Schüler/innen mit der gleichen Farbe bilden nun eine Gruppe. Jedes Gruppenmitglied stellt der neuen Gruppe die drei Ergebnisse aus seiner vorhergehenden Gruppe vor. Die Gruppe einigt sich wieder auf die drei wichtigsten Antworten.*
   → *Die Gruppenergebnisse werden dem Plenum präsentiert, indem aus jeder Gruppe eine Schülerin/ein Schüler über die Gruppenergebnisse berichtet.*

32. Stellen Sie sich vor, Sie arbeiten in einer Kinderkrippe oder in einem Kindergarten und hätten die Aufgabe, die Eltern beim bevorstehenden Elternabend über Möglichkeiten der Förderung des emotionalen Verhaltens und des Sozialverhaltens zu informieren.
   → *Bilden Sie Vierergruppen und arbeiten Sie einen Vortrag aus, der Eltern beim bevorstehenden Elternabend über Möglichkeiten der Förderung des emotionalen und sozialen Verhaltens informiert.*
   → *Überlegen Sie, welche Mittel (zum Beispiel PowerPoint, Fotos, Videoclips) und Methoden Sie dabei verwenden.*
   → *Ihre Mitschüler/innen sind die Eltern. Ihre Gruppe hält den Vortrag, wobei die „Eltern" auch zurückfragen können.*

Aufgabe zum gesamten Kapitel

33. Was ist richtig? (vgl. *Brandhofer-Bryan, 2008, S. 130*)
   → *Bilden Sie Dreier- oder Vierergruppen, sodass eine gerade Anzahl von Gruppen entsteht.*
   → *Jeweils zwei Gruppen gehen zusammen.*
   → *Jede Gruppe schreibt einen Teilbereich zu dem Thema „Erziehung und Entwicklung" als Bericht nieder. Dabei baut sie drei bis fünf kleine Fehler ein.*
   → *Die beiden Gruppen, die sich zusammengetan haben, tauschen ihre Blätter. Die andere Gruppe sucht nun auf ihrem erhaltenen Blatt die Fehler und markiert sie.*
   → *Im Plenum werden der Bericht und die Verbesserungen – wenn möglich mit Begründung – vorgestellt.*

11 Erziehung durch Medien

Über Gewaltdarstellungen in den Medien gibt es sehr unterschiedliche Auffassungen.

Sie können ...

1. *... klären, was man unter Medienpädagogik versteht, und aufzeigen, welche Ziele und Aufgaben diese verfolgt.*
2. *... beschreiben, welche Wirkungen Massenmedien haben.*
3. *... darstellen, welche Gefahren von Massenmedien ausgehen können.*
4. *... abschätzen, wie Eltern und andere Erzieher/innen Medien verantwortungsbewusst einsetzen können.*
5. *... Möglichkeiten der Medienerziehung erläutern.*

11.1 Medienpädagogik

Ein Leben ohne Massenmedien – wie zum Beispiel Fernsehen, Hörfunk, Tageszeitungen, Telefon, Handy oder Internet – ist in modernen Industriegesellschaften unvorstellbar. Massenmedien erfüllen wichtige Funktionen sowohl für die Einzelne bzw. den Einzelnen als auch für die Gesellschaft, bergen aber auch große Gefahren.

11.1.1 Der Begriff „Medienpädagogik"

Der Begriff **„Medium"**[1] wird in verschiedenen Bedeutungen gebraucht. Laut *§ 1 des Mediengesetzes* (*§ 1 MedienG*) ist ein Medium ein **„Mittel zur Verbreitung von Mitteilungen oder Darbietungen mit gedanklichem Inhalt in Wort, Schrift, Ton oder Bild"** an andere Personen und/oder ein Mittel, das der Kommunikation dient.
(*https://www.jusline.at/gesetz/medieng/paragraf/1, 25.02.2019*)

Bei dem Tageslichtprojektor (Overheadprojektor) in der Schule handelt es sich um ein Medium: Er gibt Informationen an die Schulklasse weiter.

Ein Medium ist jedes Mittel zur Verbreitung von Mitteilungen oder Darbietungen mit gedanklichem Inhalt in Wort, Schrift, Ton oder Bild an andere Personen und/oder ein Mittel, das der Kommunikation dient.

Der/Die Leser/in, Hörer/in oder Zuschauer/in eines Mediums wird als **Rezipient/in**[2] bezeichnet.

Handelt es sich um Medien, die ein großes Publikum erreichen wollen, so spricht man von **Massenmedien**. Die bekanntesten Massenmedien sind

- **Fernsehen**,
- **Film** (DVD und Video[3], Streamingdienste),
- **Radio**,
- **Internet**[4],
- **Computer** (PC, Notebook, Tablet, Smartphone, Portable Media Player (PMP), wie zum Beispiel der iPod[5]), insbesondere **Computerspiele**,
- **Telefon** und Handy bzw. Smartphone[6]
- **Printmedien**, die die gesamte Literatur (Bücher, Zeitungen, Zeitschriften) umfassen, und
- **Tonträger** wie Schallplatten oder CDs.

[1] *medium (lat.): in der Mitte befindlich*
[2] *recipere (lat.): ein-, aufnehmen*
[3] *DVD: Digital Versatile Disc (engl.): digitale vielseitige Scheibe; video (lat., videre): ich sehe (zu)*
[4] *computare (lat.): zusammenrechnen; Internet (engl.) ist die Abkürzung von „interconnected network".*
[5] *Portable Media Player (engl.): tragbares Medienabspielgerät; Pod (engl.): Hülse, Schote*
[6] *smart (engl.): klug, schlau; phone (engl.): Telefon*

In einer rasanten Geschwindigkeit entwickeln sich immer neue Medien und Medienformate wie zum Beispiel ***Blog***, ***Podcasting***, ***virtual reality*** oder ***wikis***. Blogs – Verkürzung für Web-Log[1] – sind auf einer Website von einer oder mehreren Personen – Web-Logger, kurz Blogger – niedergeschriebene, von anderen einsehbare Aufzeichnungen. Podcasting[2] bezeichnet das Herstellen und Anbieten von Mediendateien – Audiodateien (Musik, gesprochene Texte, Geräusche) oder Videodateien (Filme) – über das Internet. Virtual Reality[3], kurz VR, ist eine simulierte dreidimensionale Wirklichkeit, in der sich eine Person mithilfe einer entsprechenden Ausrüstung (Brille, Handschuhe) scheinbar „befinden" kann und sich dort in einer interaktiven Umgebung bewegt. Ein Wiki[4] ist ein Text auf einer Webseite, der nicht nur gelesen, sondern von jeder/jedem auch bearbeitet und verändert werden kann.

→ Die bekanntesten Beispiele hierfür sind die Online-Enzyklopädie Wikipedia oder die Enthüllungsplattform Wikileaks.

In der heutigen Zeit werden Informationen der Massenmedien nicht mehr nur durch ein einzelnes Medium transportiert, sondern durch ein **Verbundsystem von mehreren Medien**. So wird heute nicht mehr nur ein Film produziert und gezeigt, sondern dieser wird auch durch Bücher, Zeitschriften, bedruckte T-Shirts, Aufkleber, Interviews, Talkshows u. a. vermarktet. In der Regel geschieht dies aus kommerziellen Gründen ***(Merchandising)***.

Von einem Medienverbund spricht man, wenn mehrere Massenmedien zur Transportierung von Informationen eine Verbindung eingehen.

Massenmedien haben in unserer Gesellschaft eine große Bedeutung, sie

- dienen der **Meinungsbildung**,
- vermitteln **Informationen**,
- **kritisieren und kontrollieren** politisch verantwortliche Organe wie beispielsweise die Bundesregierung,
- dienen der **Unterhaltung** und
- ermöglichen **Kommunikation** sowie die Teilhabe an gesellschaftlichen Kommunikationsprozessen.

Medien dienen überdies oft als Ersatz, indem sie als Gesprächs- oder Spielpartner gebraucht oder als Babysitter bzw. Kinderbetreuer missbraucht werden. Sie können auch einer Flucht aus dem Alltag dienen, vor allem, wenn Probleme, Belastungen sowie Eintönigkeit und Langeweile unlösbar erscheinen (vgl. *Finkenzeller u. a., 2009[3], S. 216*).

Die **Medienpädagogik** beschäftigt sich mit erzieherischen Fragen, Problemen und Themen, die mit den verschiedenen Medien, insbesondere mit den Massenmedien zusammenhängen.

→ Damit kann zum Beispiel gemeint sein, welche Wirkungen Fernsehsendungen auf Kinder und Jugendliche haben, welche Gefahren von Medien ausgehen oder wie Eltern und Erzieher/innen Medien sinnvoll einsetzen können.

---

[1] *Web (engl.): Netz; Kurzform für World Wide Web (WWW); log (engl.): Verkürzung von log-book: das Logbuch*
[2] *Podcast (engl.): eine Hör- bzw. Bilddatei mit bewegten Bildern*
[3] *virtual reality (engl.): virtuelle Realität; virtualis (lat.): als Kraft vorhanden*
[4] *wiki (hawaiisch): schnell*

Die Medienpädagogik beschäftigt sich mit allen erzieherischen Fragen, Problemen und Themen, die mit den verschiedenen Medien zusammenhängen.

Die Erziehung zur Handhabung von und zum kritischen Umgang mit Medien wird in der Fachliteratur mit **Medienerziehung** bezeichnet.[1]

Mit Medienerziehung bezeichnet man die Erziehung zur Handhabung von und zum kritischen Umgang mit Medien.

„Wer (...) hinter den Medien die (...) Wahrheit sucht, wird von vorneherein falsche Ansprüche an diese formulieren, denn die Originale sind genauso inszeniert wie die Abbilder."

(Moser, 2010[5], S. 75)

Umso wichtiger erscheint nach dem Professor für Medienpädagogik an der Universität Kassel, *Heinz Moser* (*2010[5], S. 75*), die Fähigkeit, „diesen Schein zu durchschauen" und „die Faszination des Mediums durch eine kritischere und distanzierte Haltung zu ersetzen."

11.1.2 Richtungen der Medienpädagogik

Innerhalb der Medienpädagogik gibt es unterschiedliche Schwerpunkte, die als Richtungen in der Medienpädagogik bekannt sind. Jede Richtung hat einen bestimmten Schwerpunkt sowie verschiedene Ziele und Aufgaben (vgl. *Möbius, 2003, S. 36)*:

- Die **integrative**[2] (eingliedernde) **Medien- und Kommunikationspädagogik** betrachtet Medien als Informations-, Erlebnis- und Lernquellen, die sich an der jeweiligen entwicklungspsychologischen Situation der Kinder orientieren.

  Beispielsweise wird der Fragestellung nachgegangen, welche Sendungen für sechsjährige Kinder geeignet erscheinen und wie sie sich auf ihre Entwicklung auswirken können.

- Die **kritische Medienpädagogik** will die Medien als Ideologieträger und Manipulationsinstrumente enttarnen.

  Es geht hier beispielsweise um die Fragestellung, wie Menschen durch Massenmedien bewusst manipuliert werden.

- Die **instrumentelle**[3] – Medien als Instrument einsetzende – **Medienpädagogik** sieht die Medien als Mittler in Erziehung, Bildung und Unterricht. Medien werden hier als Ausdrucks- und Mitteilungsmöglichkeiten betrachtet.

  Beispielsweise können mithilfe von Medien im Unterricht bestimmte Lerninhalte für Schüler/innen besser verdeutlicht oder erfahrbarer gemacht werden als nur durch einen Vortrag.

- Die **agitative**[4] (beeinflussende) **Medienpädagogik** untersucht die Abhängigkeit der Aussagen in den Massenmedien zum jeweiligen Gesellschaftssystem. Medien dienen zur Unterdrückung oder zur Festigung bestimmter Ideologien.

  In manchen Ländern werden Massenmedien gezielt eingesetzt, um die politische Linie eines Landes zu unterstützen oder um die Denkweise von Menschen gezielt zu beeinflussen.

---

[1] *vgl. Abschnitt 11.4*
[2] *integratio (lat.): Wiederherstellung, Erneuerung*
[3] *instrumentum (lat.): das Gerät, das Werkzeug, die Ausrüstung, die Gerätschaft*
[4] *agitatus (lat.): angetrieben*

- Die **präventive**[1] (vorbeugende) **Medienpädagogik** untersucht Gefährdungen junger Menschen durch Massenmedien und versucht, solchen negativen Entwicklungen vorzubeugen.

→ Beispielsweise wird der Fragestellung nachgegangen, wie sich gewaltverherrlichende Filme oder Computerspiele auf Kinder und Jugendliche auswirken und wie man diesem Problem begegnen kann.

Richtung	Forschungsgegenstand
integrative Medien- und Kommunikationspädagogik	Medien als Lernquellen, die sich am Entwicklungsstand der Kinder orientieren
kritische Medienpädagogik	Entlarvung der Medien als Manipulationsinstrumente
instrumentelle Medienpädagogik	Medien als Mittler in Bildung, Unterricht und Erziehung
agitative Medienpädagogik	Abhängigkeit der Medien vom Gesellschaftssystem; Medien zur Verteidigung von Ideologien
präventive Medienpädagogik	Gefährdungsmöglichkeiten durch Massenmedien; Verhinderung unerwünschter Entwicklungen

„Medienpädagogik ist die Vermittlungsebene zwischen Medienalltag und Medienhandeln. Die Zielperspektiven der Medienpädagogik sind aus diesem Spannungsfeld zu entwickeln. Pädagogische Erklärungen und Modelle beziehen ihre inhaltlichen Schwerpunkte und methodischen Vermittlungsprinzipien einerseits aus dem vorgegebenen Medienalltag und andererseits aus der subjektiven Aufnahme und Ausprägung dieses Alltags, dem Medienhandeln der Subjekte. Medienpädagogische Forschung und Praxis hat sich letztlich darauf zu konzentrieren, die Souveränität von Medienhandeln zu stärken." *(Hüther/Schorb, 2010^5, S. 276)*

11.1.3 Ziele und Aufgaben der Medienpädagogik

Die Medienerziehung leistet einen wichtigen Beitrag zur Sozialisation junger Menschen. Sie soll Kindern und Jugendlichen verdeutlichen, dass Medien die politische und moralische Beschaffenheit einer Gesellschaft widerspiegeln und dass Medien gesellschaftliche Entwicklungen beeinflussen können.

Der/Die Rezipient/in soll sich für bestimmte Teile des Medienangebots bewusst entscheiden, diese Teile kritisch betrachten und sich anschließend überlegen, welche Bedeutung der ausgewählte Beitrag für ihn/sie selbst bzw. für seine/ihre gesellschaftliche Umgebung hat. Wir sprechen in diesem Zusammenhang von einer **mündigen Rezipientin** bzw. von einem **mündigen Rezipienten**.

Dabei sollen junge Menschen im Rahmen der Medienerziehung

- die Verbreitung und Wirkung von Medien kennenlernen,
- Medien verstehen und beurteilen lernen,
- Medien gestalten und einsetzen lernen,

[1] *praevenire (lat.): zuvorkommen*

- Medien auswählen und auswerten lernen sowie
- Medien im gesellschaftlichen Zusammenhang sehen lernen.

Um das Ziel der Medienpädagogik, mündige Rezipientinnen und Rezipienten, zu erreichen, muss die Medienpädagogik bei dem/der Leser/in, Hörer/in oder Zuschauer/in folgende Aufgaben bewältigen:

- Sachwissen und Kenntnis über Massenmedien vermitteln
- Möglichkeiten schaffen, um die unterschiedlichen Aussagen der Massenmedien zu verstehen, darüber nachzudenken und die damit verbundenen Reaktionen kritisch zu betrachten
- ein Bewusstsein schaffen, wie Massenmedien auf die/den Einzelne/n wirken können

Handyverhaltensregeln

Regel 1: Wann immer irgendwo ein Handy klingelt, zeige der staunenden Welt, dass auch du eines hast: Greife erst mal wie selbstverständlich zu deinem Handy. (...)

Regel 2: Sprich am Handy immer laut und deutlich. Deine Mitmenschen haben auch ein Recht darauf, das Gespräch mitzubekommen. (...)

Regel 3: Und das Handy in Theater und Oper? Nur zu! Der wahre Künstler fühlt sich durch Klingelgeräusche zu Höchstleistungen angespornt. (...)

Regel 4: Ein weiterer Aberglaube: Telefonieren beim Autofahren bringt Unglück! FALSCH. Es trainiert vielmehr nützliche Fertigkeiten wie Einhändigfahren oder Überkreuzschalten. (...)

Regel 5: Selbst ein Telefonat während des Liebesspiels ist nicht tabu. Man hat sicher Verständnis dafür, dass du erst deine Neugier befriedigen willst.

Unbekannter Verfasser

11.1.4 Medienverhalten von Kindern und Jugendlichen

Die oberösterreichische Jugend-Medien-Studie von 2017 fasst das Medienverhalten von Kindern und Jugendlichen folgendermaßen zusammen (vgl. *https://www.edugroup.at/innovation/forschung/jugend-medien-studie/detail/5-ooe-jugend-medien-studie-2017.html, 25.02.2019*):

- Neben einem „realen“ Treffen mit Freundinnen und Freunden, ist es Kindern und Jugendlichen wichtig, mit ihnen zu chatten, meist über WhatsApp. An zweiter Stelle folgt die Beschäftigung mit dem Smartphone und dem Computer.
- Das Smartphone ist das wichtigste Medium. Mit ihm chatten Jugendliche am häufigsten, hören Musik, machen Fotos, schauen YouTube, surfen im Internet und telefonieren.
- Die Bedeutung des Fernsehers nimmt ab. Streaming-Dienste sowie Internet-Plattformen, wie beispielsweise YouTube, verdrängen den Fernseher immer mehr.
- Im Unterricht werden gegenüber früher häufiger Computer und Tablets eingesetzt.

Die folgende Grafik der APA zeigt, welche Social Media-Plattformen Jugendliche im Alter von 11 bis 17 Jahren in Österreich verwenden:

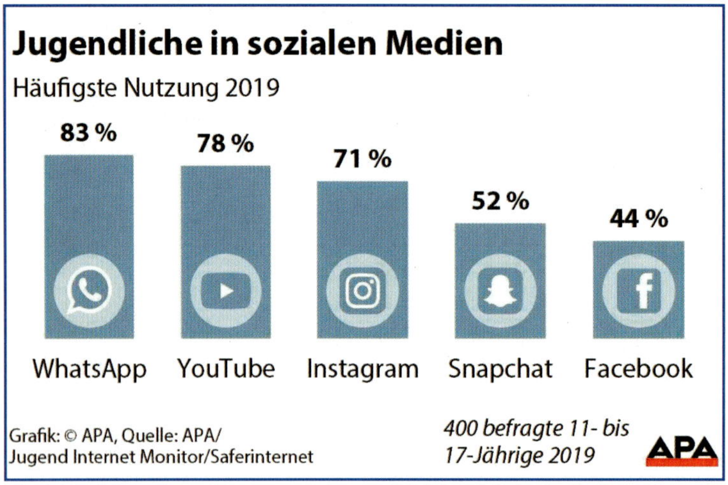

Auf den Punkt gebracht

- Die Medienpädagogik beschäftigt sich mit allen erzieherischen Fragen, Problemen und Themen, die mit den verschiedenen Medien zusammenhängen. Mit Medium wird in der Kommunikationswissenschaft ein Mittel bezeichnet, welches Informationen an andere Personen überträgt und/oder der Kommunikation dient. Massenmedien sind Instrumente, die Informationen an ein großes Publikum verbreiten. Innerhalb der Medienpädagogik gibt es unterschiedliche Schwerpunkte, die als Richtungen in der Medienpädagogik bekannt sind: die integrative, die kritische, die instrumentelle, die agitative und die präventive Medienpädagogik.
- Ziel der Medienpädagogik ist die mündige Rezipientin/der mündige Rezipient. Dabei gehören zu den Aufgaben der Medienpädagogik die Vermittlung von Wissen über Massenmedien, die Schaffung von Möglichkeiten, um ihre unterschiedlichen Aussagen zu verstehen, zu reflektieren und kritisch zu betrachten, sowie die Schaffung eines Bewusstseins, wie sie auf den einzelnen Menschen wirken können.

Aufgaben – Wissen & Verstehen, Anwenden, Reflektieren

1. *Bestimmen Sie die beiden Begriffe „Medium“ und „Medienpädagogik“ und stellen Sie an Beispielen wichtige Funktionen von Massenmedien dar.*
2. *Zeigen Sie Richtungen der Medienpädagogik auf und veranschaulichen Sie diese mit je einem Beispiel.*
3. *Beschreiben Sie Ziele und Aufgaben der Medienpädagogik.*
4. *Erläutern Sie das Medienverhalten von Kindern und Jugendlichen.*

11.2 Die Wirkung von Massenmedien

Die Zahl der Fernseh- und Rundfunkprogramme nimmt seit der Einführung von Kabel- und Satellitenempfang, der terrestrischen[1] Übertragung und des Internets stetig zu. Mehrere zehntausend DVDs und Videos aus dem Bereich Spielfilm werden angeboten, die verschiedensten Computerspiele stehen zur Auswahl, Computer werden für Berufstätigkeiten zu Hause (beispielsweise Teleworking[2]), zur Freizeitgestaltung (beispielsweise Computerspiele) oder für Alltagstätigkeiten (beispielsweise Textverarbeitung) eingesetzt und das Internet ermöglicht den weltweiten Zugriff auf unzählige Daten.

11.2.1 Medien und ihre Rezipientinnen/Rezipienten

Eine Wirkung von Medien liegt dann vor, wenn sich Verhaltensweisen, Einstellungen und Befindlichkeiten der Rezipientinnen und Rezipienten aufgrund medialer Inhalte verändern.[3]

In einer Fernsehsendung, die bei Jugendlichen Kultstatus genießt, wurden Mutproben von jungen Männern gezeigt. Kinder, die diese Sendungen sahen, spielten Ausschnitte nach und filmten sich dabei. Ein 14-jähriger Junge zog sich dabei mehrere Pullover übereinander an, goss Spiritus darüber und zündete sich anschließend an. Er erlitt schwere Verbrennungen (vgl. *Feibel, 2008, S. 23*)

Man spricht von einer Wirkung des Mediums, wenn sich Verhaltensweisen, Einstellungen und Befindlichkeiten der Rezipientinnen und Rezipienten aufgrund medialer Inhalte verändern.

Viele Medienwissenschaftlerinnen und Medienwissenschaftler berufen sich auf Forschungsergebnisse, die zeigen, dass zwar keine genau bestimmte Wirkung auszumachen ist – beispielsweise kann man nicht sagen, welche konkreten Spuren bestimmte Gewaltszenen in einem Film oder auf DVD bzw. Video beim Menschen hinterlassen –, dass aber jedes Medium bei der Rezipientin bzw. dem Rezipienten eine unbestimmte Wirkung zeigt. Welche Wirkung ein Medium jeweils auslöst, hängt zum einen von bestimmten Bedingungen ab, die sowohl im Individuum selbst als auch außerhalb von ihm liegen können, und zum anderen, wie Medieninhalte von der/dem Einzelnen verarbeitet werden.[4]

Dies macht deutlich, dass **Wirkungen von Medien vom Zusammenspiel zwischen dem Medium und der Rezipientin/dem Rezipienten abhängen**.

Eine Längsstudie an mehr als 700 Kindern und Jugendlichen belegt, dass es einen eindeutigen Zusammenhang zwischen dem Ausmaß von aggressiven Fernsehsendungen und späteren aggressiven Verhaltensweisen gibt.[5] Gesichert ist auch der Einfluss von Werbung auf Kinder und Jugendliche (vgl. *Myrtek, 2006, S. 2*).

---

[1] *Terrestrische Übertragung (terra, lat.: die Erde) bezeichnet die Hörfunk- und Fernsehübertragung von erdgebundenen Funksendern zu Empfängerinnen und Empfängern mit Haus- oder Zimmerantenne sowie tragbaren Geräten und Autoradios.*

[2] *Teleworking (engl.): Heimarbeit, bei der Arbeitnehmer/innen und Arbeitgeber/innen mit einem elektronischen Kommunikationsnetz verbunden sind.*

[3] *Die im Folgenden dargestellten Medienwirkungen beziehen sich in erster Linie auf Medieninhalte.*

[4] *Auf solche „inneren" und „äußeren" Bedingungen wird in den Abschnitten 11.3.4 und 11.3.5 eingegangen.*

[5] *siehe Abschnitt 11.3.5*

11.2.2 Theorien der Medienwirkung

Die Theorien, die sich speziell mit den ***Auswirkungen von Gewalt-, Horror- und pornografischen Darstellungen*** auf die Rezipientin/den Rezipienten befassen, stellen folgende Thesen auf:

- Die **Stimulationsthese**[1]: Gewalt-, Horror- und pornografische Darstellungen in Medien enthemmen menschliches Verhalten und regen zum Nachahmen an. Insbesondere nach frustrierenden Erlebnissen regt mediale Gewaltdarstellung zu gewalttätigem Handeln an.
- Die **Imitationsthese**[2]: Aggression und Gewalt werden durch Nachahmung gelernt. Die umfassendste und wissenschaftlich am besten abgesicherte Theorie zur Erklärung der Wirkungen von Medien ist dabei die **sozial-kognitive Theorie** von *Albert Bandura (1991)*. Sie stellt die differenzierteste Theorie über die Wirkungen von medialen Inhalten auf Individuen dar und erklärt sowohl allgemeine Wirkungen als auch speziell die Auswirkungen von Gewalt-, Horror- und pornografischen Darstellungen.[3]

> *„Man hat nachgewiesen, dass Kinder und Erwachsene gleichermaßen Einstellungen, emotionale Reaktionen und neue Verhaltensstile durch Modellierung[6] auf der Leinwand und dem Bildschirm erwerben."* *(Bandura, 1991, S. 48)*

- Die **Habitualisierungsthese**[5]: Betrachtet die Rezipientin bzw. der Rezipient häufiger Gewaltdarstellungen, dann führt das zu Veränderungen des Weltbildes; sie/er entwickelt ein „gewalttätiges Weltbild" und hält die Welt für einen gefährlichen und feindseligen Ort. Dies hat zugleich Gleichgültigkeit und Abstumpfung gegenüber Gewalt zur Folge; die Rezipientin bzw. der Rezipient sieht die Gewaltanwendung selbst als ein Mittel, das sie/er in entsprechenden Situationen anwenden kann.

→

Lukas, elf Jahre alt, bekommt ein Comic-Heft in die Hände. In diesem Heftchen schlägt der „Held" auf seinen Gegner mit seinen bloßen Fäusten ein. Der „böse" Gegner ist besiegt und der „Held" wird von den anderen Figuren im Comic-Heft gefeiert.

Nach der Stimulationsthese enthemmt der Comic-Held bei Lukas aggressives Verhalten. Ahmt Lukas den „bösen" Gegner nach, so handelt es sich um die Imitationsthese. Nach der Habitualisierungsthese gewöhnt sich Lukas an die dargestellte Gewalt, er wird ihr gegenüber unempfindlich und seine emotionalen Reaktionen nehmen ab oder bleiben aus, wenn er derartige Comics des Öfteren lesen würde. Problematisch ist, dass Lukas gegenüber realer Gewalt abstumpfen und er selbst Gewalt anwenden könnte. Auch könnte bei Lukas der Wunsch nach immer stärkeren Gewaltreizen entstehen.

---

[1] *stimulatio (lat.): der Anreiz, der Antrieb; die Stimulationsthese kann der Imitationsthese untergeordnet werden.*
[2] *imitare (lat.): nachahmen*
[3] *Die sozial-kognitive Theorie ist ausführlich in Kapitel 7.1 dargestellt.*
[6] *vgl. Kapitel 7.1.6*
[5] *habitus (lat.) Gehabe, Haltung, Verhalten; habitualisieren: zur Gewohnheit werden/machen*

In der Vergangenheit wurden noch drei weitere Thesen propagiert, die aber heute wissenschaftlich als widerlegt gelten: Die ***Katharsisthese***[1], die davon ausgeht, dass sich durch das Betrachten von Aggressionen und Gewaltszenen unterdrückte Triebregungen ausleben, sodass auf diese Weise bei der Rezipientin/beim Rezipienten Aggressivität während der Beobachtung der Gewaltszene abgebaut wird. Die ***Inhibitionsthese***[2] meint, dass in Medien dargestellte Gewalt bei der Rezipientin/beim Rezipienten aggressive Handlungen nicht zulässt, da Gewalt in modernen Industriegesellschaften nicht gebilligt wird und dies Schuldgefühle und/oder Ängste hervorrufen würde. Die ***These der Wirkungslosigkeit*** der Medien, welche von einer Medienohnmacht ausgeht, meint, der Konsum von Medieninhalten bliebe wirkungslos. Es handelt sich dabei jedoch um eine nicht ernstzunehmende These, die sich durch viele empirische Forschungen von vornherein als ein Irrtum herausstellte.

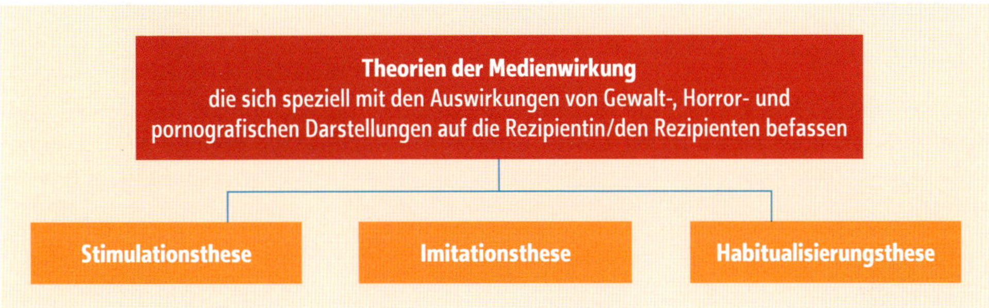

11.2.3 Chancen von Medien

Für die Persönlichkeitsentwicklung junger Menschen bietet die Mediennutzung viele Chancen. Soziale und humane Denk- und Handlungsmuster können durch kindorientierte und spannende Fernsehprogramme gefördert werden. Vor allem „positive“ Vorbilder können einen prosozialen[3] Effekt haben und ähnliches Verhalten bei der Rezipientin bzw. dem Rezipienten hervorrufen. Medien informieren über bestimmte Sachverhalte, und dies über alle Sinnesorgane, und sie vermitteln Sachwissen und Kenntnisse. Dabei steht die Ganzheitlichkeit im Vordergrund, da etwa Computerspiele auch zum „Mitmachen“ animieren. Computerspiele können auch heilen helfen (vgl. *Buse u. a., 2014, S. 65*). Durch Geschicklichkeitsspiele auf dem Computer kann das räumliche Vorstellungsvermögen gesteigert werden oder durch Computerlernspiele kann problemlösendes Denken angeregt werden. (vgl. *Grewe, 2012, S. 56 f.*)

> Ein solches Spiel ist beispielsweise Tetris, ein puzzleartiges Computerspiel.

Der Computer wird auch immer mehr im Unterricht eingesetzt, weil Lehrkräfte damit etwa bestimmte Zusammenhänge besser veranschaulichen können, und sich das Lerntempo an den Fortschritten der Schüler/innen orientieren lässt. Der Einsatz von Computern ermöglicht große Aktualität, Universalität und Interaktivität[4] (vgl. *Barth, 2002, S. 212*).
Durch die Bereitstellung von Informationen ergeben sich für die Nutzer/innen von insbe-

---

[3] *kátharsis (griech.): die Reinigung, das Sichbefreien*
[4] *inhibitio (lat.): der Einhalt, die Hemmung, die Verhinderung*
[3] *prosoziales (lat.) Verhalten: konstruktives, hilfreiches, gewaltloses Verhalten*
[4] *universal (lat.): umfassend, vielseitig; Interaktivität (lat.): Die Gesamtheit der Wechselbeziehung zwischen zwei oder mehreren Personen.*

sondere neuen Medien Lern- und Bildungschancen, die ein selbstverantwortliches und lebenslanges Lernen fördern. Der Nutzerin/Dem Nutzer stehen zum einen fast unbegrenzte Informationsmöglichkeiten (***Content***[1]) und zum anderen neue Möglichkeiten zur Verfügung, mit Inhalten in Berührung zu kommen, ohne von sich aus danach suchen zu müssen (***Contact***[2]).

Beispiele sind etwa Inhalte, die auf Pinnwänden Sozialer Netzwerkdienste veröffentlicht, „geliked"[4] oder untereinander versendet werden.

Auf diese Weise kann Kontakt mit Gleichgesinnten aufgenommen und können gemeinsame Interessen oder Erfahrungen geteilt werden. Und schließlich können Nutzer/innen auch zum Absender oder zum Akteur solcher Inhalte oder Initiatoren von Vernetzungsinitiativen werden und selbst Inhalte auf unterschiedliche Weise verbreiten – sei es an einzelne Personen oder an eine breitere Öffentlichkeit (***conduct***)[4] (vgl. *Lampert, in: Tillmann u.a., 2014, S. 432*).

> *„Neben kreativen, selbstständigen Gestaltungsmöglichkeiten, unterstützen die Medien bei der globalen Kommunikation, Problemlösung, Entscheidungsfindung, die Identitätsbildung (z.B. berufliche Ziele und Bestrebungen) und Identifikationsprozesse."* *(Hilberg, 2011, S. 15)*

Die Nutzerrollen sind nicht mehr ausschließlich auf die Rolle der Rezipientin/des Rezipienten beschränkt, Kinder und Jugendliche können **Teilnehmende** oder **Akteure** sein. Daraus ergeben sich unterschiedliche Chancen.

Claudia Lampert vom Hans-Bredow-Institut an der Universität Hamburg verweist darauf, dass die Chancen der Onlinenutzung von Kindern und Jugendlichen weniger erforscht sind als die Risiken (vgl. *Lambert, 2014, S. 432*).

Medien bieten Kindern und Jugendlichen zudem Möglichkeiten zur Selbstdarstellung. Die Vernetzung und Pflege von sozialen Kontakten, das Erstellen eines Profils, das Posten von Nachrichten, das Erweitern von Freundeslisten und vieles mehr erlaubt es den Jugendlichen, sich selbst darzustellen.

11.2.4 Medien und Werbung

Die kommerzielle Reklame als die eigentliche Werbung **will** die **Verbraucherin/den Verbraucher mit verschiedenen Methoden beeinflussen, ihre/seine Kaufentscheidung zugunsten des umworbenen Produkts zu treffen**. Dabei spielen Medien die größte Rolle.

---

[1] *Content (engl.): hier: der Inhalt*
[2] *Contact (engl.): die Berührung*
[3] *geliked (engl.): meint, dass man einen Beitrag oder eine Seite in einem sozialen Netzwerk mit „das gefällt mir" bewertet.*
[4] *conducere (lat.): zusammenführen*

Wie die Wissenschaft heute weiß, sind Menschen durch die Werbung in Medien in einem sehr großen Maß manipulierbar. Vor allem Werbekampagnen, die ihre Produkte sehr ***emotional*** anbieten, können den Menschen so stark beeinflussen, dass dessen Kritikfähigkeit gemindert wird; sie sind aufgrund gezielt eingesetzter emotionaler Reize ohne sachliche Informationsvermittlung steuerbar, indem zum Beispiel das umworbene Produkt mit angenehmen und begehrenswerten Reizen gekoppelt wird.[1]

Solche emotionalen Reize können zum Beispiel mit Essen und Trinken, Freiheit, Erotik, Sexualität, Sicherheit, Anerkennung, Geborgenheit, Urlaubsstimmung, Abenteuer, gute Laune usw. verbunden sein.

Bei austauschbaren Produkten entscheidet zunehmend der stärkere Werbereiz, der mit Emotionen arbeitet.

„The medium is the message!" *(Marshall McLuhan, 1967)*[2]
Das Medium selbst – die Art und Weise der Informationsübermittlung – und nicht der Inhalt ist die Botschaft.

Oft ist sich die Konsumentin/der Konsument der von den Medien angewandten Werbestrategie nicht bewusst, sodass sie/er die Manipulation gar nicht wahrnimmt und davon überzeugt ist, dass sie/er selbst es ist, die/der das Produkt erwerben will.

Jede Erfahrung lässt im Gehirn bestimmte Spuren entstehen, die sich bei Wiederholung verfestigen. Dies trifft auch auf die Werbung mit ihren vielen Werbespots zu, die uns – ohne es zu bemerken – beeinflussen.

Neben der Manipulation zugunsten der Kaufentscheidung eines Produktes vermittelt Werbung auch weniger erwünschte Werte, die von der/dem zu Erziehenden übernommen werden können.

Eine Modesendung oder ein Modejournal beispielsweise verkörpert oft ein bestimmtes Frauenbild, nachdem die Frau möglichst schlank und schön zu sein hat, den Haushalt gut führt und eine reichhaltige Garderobe besitzt.

Die Initiative Neue Soziale Marktwirtschaft (INSM) liefert verschiedenen Medien fertige Beiträge, was vielen Verlagen und Redaktionen entgegenkommt, da dies Zeit und Arbeit spart (vgl. *Wieczorek, 2009, S. 158*).

Einen Großteil der Werbung, die überall täglich auf uns einströmt, nehmen wir gar nicht bewusst wahr, aber sie beeinflusst uns trotzdem, wie entsprechende Untersuchungen zeigen. Wenn sie uns bewusst wird, kann es möglich sein, dass wir das angepriesene Produkt abwerten, weil wir immer und immer wieder damit konfrontiert werden. Bei einer flüchtigen Verarbeitung ist das nicht der Fall (vgl. *Courbet u.a., 2015, S. 44 f.*)

[1] *vgl. hierzu das klassische Konditionieren in Kapitel 6.1.1*
[2] *Herbert Marshall McLuhan (1911–1980) war Literaturkritiker, Rhetoriker und Kommunikationstheoretiker.*

Auf den Punkt gebracht

- Man spricht von einer Wirkung des Mediums, wenn sich Verhaltensweisen, Einstellungen und Befindlichkeiten der Rezipientin/des Rezipienten aufgrund medialer Inhalte verändern. Kein Medium hat eine Wirkung an sich, aber kein Medium bleibt bei der Rezipientin/beim Rezipienten ohne Wirkung. Wirkungen von Medien hängen von dem Zusammenspiel zwischen dem Medium und der Rezipientin/dem Rezipienten ab.
- Angesichts der besonderen Bedeutung der Wirkung von Gewalt-, Horror- und pornografischen Darstellungen vor allem für die Medienerziehung gibt es Theorien, die speziell die Auswirkungen von diesen Darstellungen auf die Rezipientin/den Rezipienten zu erklären versuchen. Die bedeutendsten dabei sind die Stimulations-, Imitations- und Habitualisierungsthese.
- Chancen der Mediennutzung ergeben sich für die Persönlichkeitsentwicklung junger Menschen, Denk- und Handlungsmuster sowie problemlösendes Denken können angeregt werden. Neue Medien können im Unterricht eingesetzt werden, wobei Lernende sowohl Rezipienten als auch Teilnehmer oder Akteure sein können. Der Forderung nach Anschaulichkeit oder Aktualität kann entsprochen werden.

Aufgaben – Wissen & Verstehen, Anwenden, Reflektieren

5. *Zeigen Sie wichtige Zusammenhänge zwischen dem Medienkonsum und der Wirkung von Medien auf.*
6. *Legen Sie Medienwirkungstheorien dar, die sich speziell mit Gewaltdarstellungen befassen und veranschaulichen Sie diese mithilfe eines Beispiels.*
7. Georg, zehn Jahre alt, darf sich im Fernsehen einen Western ansehen. In diesem Film besiegt der große Held alle seine Gegner und wird am Ende des Films von seinen Freunden in einer Bar gefeiert.
   Erläutern Sie an diesem Beispiel Medienwirkungstheorien, die sich speziell mit Gewaltdarstellungen befassen.
8. *Stellen Sie mögliche Chancen von Medien dar.*
9. *Zeigen Sie an einem Beispiel auf, wie uns Werbung in den Medien manipuliert, ohne dass wir uns dessen bewusst sind.*

11.3 Gefahren durch Medien

Mediennutzung bietet nicht nur Chancen, sie birgt auch bei übermäßigem Konsum Gefahren in sich.

Smartphone ist ein Risiko am Steuer

Twittern, liken, sharen – immer mehr Autofahrer sind während der Fahrt im Internet unterwegs. Experten warnen vor Ablenkung und Unfallgefahr. (...) Durch das Smartphone sei das Problem der Ablenkung jedoch viel größer geworden, sagt Nehm. Gefährdet sind vor allem junge Fahrer, die es gewohnt sind, über soziale Medien zu kommunizieren. So habe rund ein Viertel der 18- bis 24-Jährigen bei einer Befragung eingeräumt, auch während der Fahrt SMS zu schreiben.

(dpa, in: Fränkischer Tag, 29.01.2015, S. 1)

11.3.1 Gefährdungen im Internet

Das Internet bringt für Kinder und Jugendliche viele Probleme mit sich.

- **Sorgloser Umgang mit persönlichen Daten**
  Jugendliche Nutzer/innen geben in Online-Communitys oft ihre Identität und persönliche Interessen wie beispielsweise Hobbys, Fotos, Freundeskreis, persönliche Daten, usw. preis. Sobald persönliche Daten im Netz sind, kann man über die Nutzer/innen Informationen sammeln, was nicht immer zum Vorteil ist. Da eine Löschung der Daten so gut wie unmöglich ist, verbleiben sie für unvorhersehbare Zeit im öffentlichem Raum (vgl. *Frölich/Lehmkuhl, 2012, S. 58*)

  Oft zum Beispiel stellen Jugendliche Fotos von einer feucht-fröhlichen Party ins „Netz", die für alle zugänglich sind. Arbeitgeberinnen und Arbeitgeber können bei Neueinstellungen ggf. solche Informationen über die jeweiligen Bewerberinnen und Bewerber einholen.

  Das Internet vergisst nichts!

- **Überwachung**
  Die Industrie versucht, durch Smartphones oder Tablets an wertvolle Informationen zu kommen. Eltern fördern dieses Ausspähen sogar noch, wenn sie ihre Kinder stundenlang irgendwohin surfen lassen und sie bereits im Grundschulalter mit den neuesten elektronischen Produkten ausgestattet werden (vgl. *Elger, 2015, S. 113*).

  „Schon speichert ein Schrittzähler im Handy, wie weit das Kind am Tag so läuft, Ortungsdienste registrieren die Wege von Sohn und Töchterchen, Chatprogramme saugen den gesamten Datenbestand aus dem Adressbuch und verraten, wann und wie oft das Kind online ist, welche Nachrichten es bereits gelesen hat und welche Fotos es versendet. Mathe- und Vokabel-Apps verzeichnen die Übungsdauer und Lernerfolge von Schülern." *(Elger, 2015, S. 113)*

  In dem Moment, in dem eine Person digital unterwegs ist, hinterlässt sie Daten, welche einen nie dagewesenen Einblick in die eigene Persönlichkeit bieten, die sich leicht sammeln, analysieren und auswerten lassen. Diese Massen von Daten bezeichnet man als ***Big Data***. Sie bieten die Gelegenheit, massenhaft in die Privatsphäre von Menschen einzubrechen. Dies ist nicht nur bei der Verwendung von Suchmaschinen der Fall, sondern auch in sozialen Medien wie Facebook, Twitter oder Instagram (vgl. *Glomp, 2018, S. 29–33*).

Der Skandal um Facebook im Frühjahr 2018 ist ein gutes Beispiel für den Missbrauch von privaten Daten.

- **Psychoterror im Internet**

  Mit Hilfe des Internets können Personen durch diskriminierende Texte, Bilder oder Filme diffamiert werden. Belästigungen oder Bedrohungen finden im virtuellen Raum – Internet, Chatrooms, Mobiltelefon – statt. Man spricht hier von **Cybermobbing**[1], oft auch von Internet-Mobbing.

Edith macht ein Video von ihrem Freund Georg, der sich beim Inlineskaten äußerst ungeschickt anstellt. Edith findet dies lustig, stellt das Video ins Internet und verschickt einen Link an ihre Freunde. Diese schicken den Link immer weiter und es werden zuerst lustige, dann böse Kommentare über Georg und das Video geschrieben. Diese sind auf der Videoplattform für alle lesbar. Er wird von seinen Klassenkameradinnen und Klassenkameraden und auch von anderen Freundinnen und Freunden gehänselt und ausgelacht.

Cybermobbing bezeichnet verschiedene Formen der Diffamierung mithilfe von Kommunikationstechnologien, bei denen sich der Betroffene hilflos, emotional belastet und ausgeliefert fühlt.

Formen des Cybermobbings sind (vgl. *Grewe, 2012, S. 31 f.*)

- das **Flaming**[2]: Unhöfliche oder vulgäre Nachrichten werden innerhalb eines Kommunikationsraumes an eine bestimmte Person gerichtet.
- das **Schikanieren**: Unhöfliche oder vulgäre Nachrichten werden an eine bestimmte Person gerichtet.
- das **Cyberstalking**[3]: Der Stalker verbreitet wiederholt und absichtlich falsche Informationen über Personen, belästigt die Personen und will bei diesen Angst auslösen.

- **Sexuelle Belästigung**

  Jugendgefährdende oder pornografische Inhalte können im Internet jederzeit abgerufen werden. Dabei kann es zu unerwünschten Begegnungen mit sexuellen Inhalten oder gar zu einer **sexuellen Belästigung** kommen, die sich **verbal** (beispielsweise über zweideutige, abfällige Bemerkungen), **nonverbal** (beispielsweise durch das Zeigen von pornografischen Bildern) und **körperlich** (wie die Aufforderung zu einer sexuellen Handlung) äußern können (vgl. *Eichenberg/Auersperg, 2014, S. 160*).

  Ein weiteres Problem stellt das **Sexting**[4] dar. Dabei geht es um den Austausch von sexuellen Nachrichten oder Nacktbildern und das Weiterleiten dieser Inhalte. Jugendliche neigen – so die Erziehungswissenschaftlerin *Nicola Steffen (2014, S. 82)* – zu übermäßig sexualisierter Selbstdarstellung: Mädchen werfen sich in aufreizenden Posen und verschicken Nacktfotos über soziale Netzwerke, Jungen verschicken selbst produzierte Nackt- und Pornovideos über ihr Smartphone.

Günter schickt an eine seiner Freundinnen über ein soziales Netzwerk ein Nacktbild von sich, damit sie sieht, wie toll er aussieht. Einige Tage später bekommt Günter zufällig mit, dass diese das Foto an Bekannte weitergeleitet hat. Günter fühlt sich mies.

---

[1] *cyber (engl.): die von Computern erzeugte virtuelle Scheinwelt betreffend; mobbing (engl.): Schikane, Quälerei, seelische Verletzung*

[2] *Flame (engl.): die Flamme*

[3] *Cyberstalking (engl.): Verfolgung, Belästigung, Bedrohung einer Person über das Internet, auch Missbrauch ihrer Identität im Internet*

[4] *zusammengesetzt aus sex und texting (engl.): erotische Textnachrichten schreiben*

Beim **Grooming**[1] geben sich Erwachsene in Foren als Kinder oder Jugendliche aus, um anonym Vertrauen zu ihren Opfern aufzubauen und Kenntnisse (beispielsweise Gewohnheiten, sexuelle Erfahrungen, Wohnort) über sie zu gewinnen (vgl. *Eichenberg/Auersperg, 2014, S. 167*).

Bei **„Mutproben"** werden Kinder oder Jugendliche überredet, sich extrem gewalthaltige oder bizarre Bilder/Videos anzuschauen, die sie nicht einordnen können, und daraufhin verstört reagieren. Bei **„Schlepperdiensten"** wird jugendlichen Internetnutzerinnen und -nutzern Geld angeboten, wenn sie Kinder oder Jugendliche zu sexuellen Handlungen überreden (vgl. *Eichenberg/Auersperg, 2014, S. 168*).

Ein weiteres Problem stellt die Verbreitung von **Kinderpornografie** im Netz dar, obwohl das Strafgesetzbuch den Konsum, die Verbreitung von Kinderpornografie sowie sexuellen Missbrauch von Kindern verbietet (vgl. *Eichenberg/Auersperg, 2014, S. 168 f.*).

- **Suchtgefahr**

Von Internet- bzw. Onlinesucht spricht man, wenn eine Person täglich vier Stunden und mehr im Internet unterwegs ist, die Betroffenen keine Kontrolle mehr über die Zeitspannen, die sie im Internet verbringen, haben und ihnen das Internet fehlt, wenn sie nicht online sind. Im Extremfall kann die Onlinewelt als Fluchtmöglichkeit vor realen Problemen benutzt werden. Auch in Kauf genommene Fehlzeiten in der Schule oder am Arbeitsplatz sind typische Anzeichen für Suchtgefahr.

Die Sucht ist nach Forschungsergebnissen die größte Gefahr, die die Mediennutzung in sich birgt: Menschen, die exzessiv[2] am Computer spielen oder fernsehen, werden süchtig ohne Suchtstoffe. Diese Sucht ist vor allem in der Altersgruppe der 14- bis 24-Jährigen sehr verbreitet. Sie steht heute an erster Stelle der Verhaltensprobleme. Der Vorstand des *Kriminologischen Forschungsinstituts Niedersachsen e. V., Christian Pfeiffer*, warnt: „Wir haben es hier mit echten Suchtexistenzen zu tun und allen Symptomen des Verfalls" (vgl. *Dahlkamp, 2009, S. 50*).

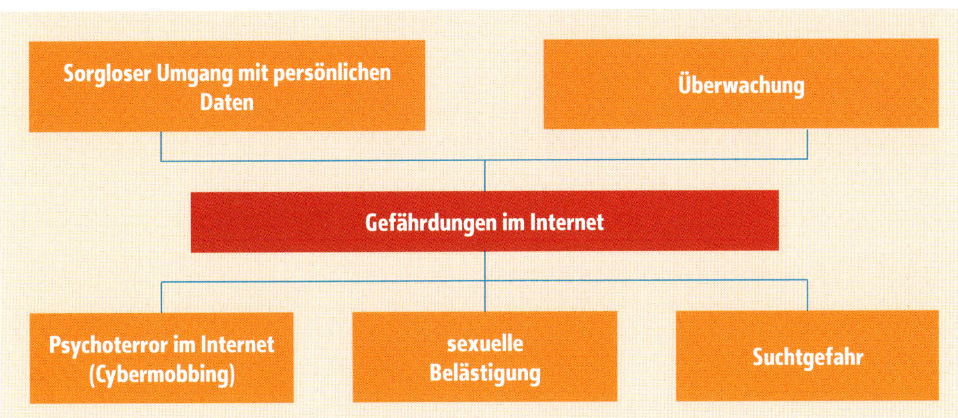

[1] *to groom (engl.): striegeln, zurechtmachen, vorbereiten; grooming, hier: Internet-Anbahnung*
[2] *exzessiv (lat.): über die Maßen hinaus*

11.3.2 Probleme durch Handy und Smartphone

Innerhalb weniger Jahre gehörte das Handy zur Standardausrüstung von Jugendlichen. Mit dem multifunktionalen Smartphone verhält es sich ähnlich, denn mittlerweile besitzen 88 Prozent der Jugendlichen ein solches.

Jugendliche erhalten viele Nachrichten, beispielsweise aus Netzwerken, die sie lesen, beantworten oder verwalten. Damit verbunden ist ein **hoher Zeitaufwand**.

Oft wird die Unerfahrenheit von Kindern und Jugendlichen ausgenutzt, um sie in eine **Kostenfalle** zu locken.

→ Hinter preisgünstigen Schnäppchen verbergen sich oft teure Abonnements.

Da die meisten dieser Geräte internetfähig sind, sind auch die Gefahren/Risiken vorhanden, die bereits unter „Computer und Internet" beschrieben sind (beispielsweise Sexting, Cybermobbing, sexuelle Belästigungen usw.). Ein Zugriff auf jugendgefährdende Inhalte, wie beispielsweise Gewalt oder Pornografie, ist vorhanden. Im Folgenden werden die spezifischen Jugendschutzrisiken dieser Medien aufgelistet:

Jugendschutzrisiken beim Surfen im Internet mit dem Handy/Smartphone
(vgl. Grewe, 2012, S. 36 ff.)

Content	Cyberbullying	Happy Slapping
Jugendliche stoßen auf ungeeignete Bereiche wie beispielsweise Gewalt, Pornografie, Handy-Downloads, Kriegsspiele.	Jugendliche nutzen diese Technologie feindselig, um einer Person oder Gruppe zu schaden wie beispielsweise mit Rufschädigung, Beleidigung.	Reale Schlägereien werden mittels Videofunktion aufgenommen und an andere Personen geleitet, ins Internet gestellt, um sie bloßzustellen.

11.3.3 Gefahren durch das Fernsehen

Das Fernsehen ist mehr zu einer Tätigkeit „nebenbei" geworden und bekommt immer deutlicher Konkurrenz durch andere Medien. Vor allem bei der Jugend ist das Fernsehen zurückgegangen. Bei übermäßigem Genuss bringt es jedoch Probleme mit sich.

... Viele der hier aufgezeigten Gefahren treffen auch auf das Surfen im Internet und das Spielen auf dem Computer zu. Zum anderen ist heute auch der Computer als Fernseher nutzbar.

Physiologische[1] Wirkungen

Zu langer Medienkonsum wie zum Beispiel stundenlanges Sitzen vor dem Fernseher oder dem Computer kann für die Gesundheit Folgen haben:

- Nervosität
- Verdauungsschäden

---

[1] *physiologisch (griech. phýsis = natürliche Beschaffenheit): den Körper betreffend*

- Neigung zu Übergewicht
- Kreislaufprobleme
- Haltungsfehler
- Beeinträchtigung der Sehschärfe
- Kopfschmerzen
- Schlafstörungen

3D-Fernsehen kann den Sehsinn von Kindern bis zu 10 Jahren dauerhaft erheblich schädigen.

Dabei ist vornehmlich der ***Bewegungsmangel*** von „Vielseherinnen und Vielsehern" die Ursache für viele dieser körperlichen Wirkungen.

„Die Mediennutzungszeit verringert das Zeitbudget, das für körperliche Aktivitäten investiert werden kann. Während der Mediennutzung steigt die Kalorienaufnahme durch Fehlernährung häufig an. Es kommt zu einer Verringerung des Körperstoffwechsels."

(Frölich/Lehmkuhl, 2012, S.43)

Viel Computer, wenig Sport

Hamburg (KNA) Jedes fünfte Kind im Alter zwischen sechs und 18 Jahren sitzt täglich mehr als eine Stunde vor dem Computer. Dies ist das Ergebnis einer gestern in Hamburg veröffentlichten Forsa-Umfrage im Auftrag der Techniker Krankenkasse. Zugleich treiben demnach nur zwei von drei Kindern am Tag eine Stunde Sport. Jedes zehnte Kind betätigt sich gar nicht sportlich. Acht Prozent der für die Studie befragten Eltern gaben an, dass ihr Kind täglich mehr als zwei Stunden vor dem PC verbringe.

(Donaukurier Nr. 90, 20.04.2010, S. 1)

Änderung der Gehirnstrukturen

Nach einer Studie des Kriminologischen Forschungsinstitutes Niedersachsen verschlechtert häufiges Fernsehen und Sitzen am Computer die schulischen Leistungen. Psychologinnen und Psychologen von der Universität Würzburg stellten fest, dass Kinder, die pro Tag mindestens zwei Stunden fernsehen, schlecht Geschichten erzählen können sowie einen geringen Wortschatz und wenig grammatikalisches Wissen haben. Der Hirnforscher *Manfred Spitzer (2006, S. 80 ff.)* hat herausgefunden, dass sich bei viel fernsehenden Kindern Gehirnstrukturen verändern; die Sinne verkümmern, Aggressionen steigen an sowie Lese- und Konzentrationsschwächen treten auf.

„Ein hoher Fernsehkonsum im Kleinkindalter stellt (...) ein Risiko für mentale und sprachliche Defizite dar." *(Ahnert, 2010, S. 236)*

Absinken der Schulleistungen

Mit der Änderung der Gehirnstrukturen hängt nach *Michael Myrtek (2006, S. 5)* zusammen, dass die Schulnoten der sogenannten Vielseher/innen tendenziell schlechter sind als die der „Wenigseher/innen". Wer viel fernsieht – so *Spitzer (2006, S. 123)* –, lernt schlechter lesen, ist weniger kreativ, nimmt Dinge eher oberflächlich auf, denkt weniger kritisch nach und übernimmt Rollenstereotypen. Ein Übermaß an Medienkonsum kann das Risiko in sich bergen, dass man sich in der Schule schwertut und ihren Anforderungen nicht mehr gerecht wird.

> *„Die emotionale Beanspruchung ist während der Freizeit generell höher als während der Schulzeit, was vor allem auf das emotional sehr beanspruchende Fernsehen zurückgeführt werden kann. Der ‚Schulstress' (...) kann nicht mit den physiologischen Daten belegt werden; vielmehr ist die Freizeit beanspruchender als die Schulzeit."* (Myrtek, 2006, S. 6)

Veränderung des Weltbildes

Michael Myrtek und *Christian Scharff* (*2000, S. 140*) halten fest, dass das Weltbild der „Vielseher/innen" ganz erheblich vom Fernsehen geprägt wird – ein Bild, das mit der Wirklichkeit nur wenig zu tun hat. Häufiges Fernsehen führt also zu Veränderungen des Weltbildes.

Der Aggressionsforscher *Herbert Selg* (*1994, S. 82*) geht davon aus, dass Gewalt ganz allmählich die Werte und Normen sowie Einstellungen ihr gegenüber verändert, dass häufige „Gewaltseher" gegen Gewalt abstumpfen und diese als Problemlösungsmittel ansehen.

> *„Die auf über 30 Jahren Forschung basierende Folgerung, welche die mit öffentlicher Gesundheit befasste Gemeinschaft daraus zieht, ist die, dass das Ansehen unterhaltender Gewalt zu einer Zunahme der aggressiven Einstellungen und Werte sowie des aggressiven Verhaltens besonders bei Kindern führt."* (American Academy of Pediatrics[1])

Isolation

Der steigende Medienkonsum, insbesondere das Fernsehen, Computerspiele und das Surfen im Internet, ist eine Ursache dafür, dass die Qualität der personalen Kontakte in Familien abnimmt. Kinder und Eltern unternehmen oft weniger gemeinsam und isolieren sich häufig mehr und mehr, sodass die Familienmitglieder innerlich vereinsamen können. Auch ist oft zu beobachten, dass deshalb soziale Kontakte außerhalb der Familie vernachlässigt werden. Mit steigender Freizeit am Wochenende nimmt auch der Medienkonsum zu. Der Psychologe *Aric Sigman* befürchtet, dass die zunehmende Isolation der Kinder einen negativen Einfluss auf die gesamte Generation dahingehend haben könnte, dass sie nicht mehr lernt, die Bedürfnisse anderer zu erwägen und kein tiefes Mitgefühl mehr entwickelt (vgl. *Braun, 2002, S. 10).*

Angst- und Schockreaktionen

Fernsehen, entsprechende Computerspiele und dergleichen lösen nach einer Studie des *Internationlen Zentralinstitutes für das Jugend- und Bildungsfernsehen* (IZI) in München bei Kindern und oft auch noch bei Jugendlichen Ängste, Schrecken oder gar Albträume aus. Vor allem bei realistischen Darstellungen, in denen das Leiden der Opfer gezeigt wird, reagieren Kinder oft mit Ablehnung, Angstgefühlen, Konzentrationsmangel, Unruhe, Schlafstörungen oder Verunsicherung.

---

[1] *Hierbei handelt es sich um einen Auszug aus der gemeinsamen Erklärung, die im Juli 2000 sechs bedeutende amerikanische Berufsverbände herausgaben. Die Übersetzung stammt von Peter Winterhoff-Spurk (2005, S. 161)*

In einer Studie mit Studierenden gaben die meisten an, dass sie sich an Medieninhalte erinnern können, die bei ihnen in jüngeren Jahren intensive Angst auslösten. Dieser Angsteffekt hielt bei einigen über ein Jahr an und manche sind heute noch davon emotional betroffen. Weitere Folgen waren Ess- und Schlafstörungen, ein Vermeiden von Situationen, die man im Film sah, und Angst vor Filmen mit ähnlichem Inhalt (vgl. *Kunczik/Zipfel, 2006[5], S. 141*)

Ethische Abstumpfung

Wissenschaftler/innen der University of Southern California fanden in Studien heraus: Wenn unser Gehirn durch digitale Informationen überlastet wird, besteht die Gefahr, dass Mitgefühl und Toleranz verloren gehen. Die Forscher/innen zogen daraus den Schluss, dass wir uns keinem medialen Trommelfeuer aussetzen sollten, um nicht ethisch abzustumpfen (vgl. *Braun, 2010, S. 16*).

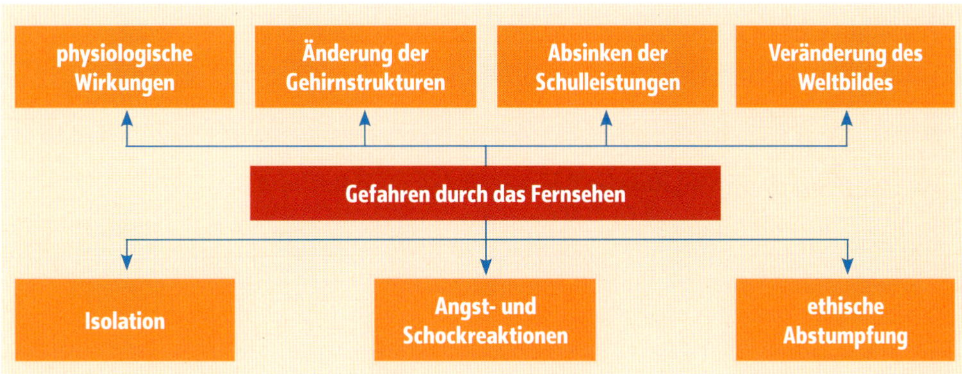

11.3.4 Bedingungen des Lernens von Gewalt

Anfang dieses Jahrhunderts sah ein Kind im Fernsehen im Durchschnitt ca. 9.000 Morde und über 100.000 andere Gewalttaten, bevor es die Grundschule abschloss.

„Nie in der Geschichte des deutschen Fernsehens wurde so viel geschossen und gemordet, observiert und obduziert (...). Was dem ZDF sein ‚Samstagskrimi', ist der ARD ihr quotenstarker ‚Tatort' am Sonntag. Privatsender wie RTL sind gar dazu übergegangen, an ausgewählten Abenden ein kriminalistisches Vollprogramm anzubieten. (...) Bei Sat.1 und RTL hat sich die Häufigkeit von Sendungen mit Kriminalitätsinhalten seit 1995 etwa vervierfacht, bei ARD und ZDF stieg sie immerhin um etwa 50 Prozent." *(Ulrich/Verbeet, 2006, S. 58)*

Das Fernsehen vermittelt diesbezüglich ein nicht realitätsgetreues Bild von der sozialen Wirklichkeit. So kommen Gewaltdarstellungen im Fernsehen etwa hundertmal häufiger vor als in der Realität.

Ein großer Teil der Medienwissenschaftler/innen geht heute davon aus, **dass Gewalt in den Medien nicht ohne Wirkung auf die Rezipientin/den Rezipienten bleibt**.

„Gelernt wird (...) immer, auch vor dem Fernseher. (...) Wer Gewaltfilme sieht, der lernt auch Gewalt." *(Spitzer, 2006, S. 191)*

Dabei kommt es jedoch in einem nicht unerheblichen Maße auf den gesamten Lebenszusammenhang und die Persönlichkeitsmerkmale der Konsumentin bzw. des Konsumenten an. Gewaltdarstellungen haben nur bei wenigen Beobachterinnen bzw. Beobachtern eine direkte Gewalt auslösende Wirkung, ein Bündel von ganz bestimmten Bedingungen ist mitverantwortlich. Sind diese „ungünstig", so liegt eine Art Aufnahmebereitschaft zum Nachahmen von Gewaltdarstellungen vor.

Nach der sozial-kognitiven Theorie von *Albert Bandura* (*1991*) hängt die Bereitschaft, Verhalten von medialen Inhalten nachzuahmen, insbesondere von folgenden Bedingungen ab:[1]

- von den **Persönlichkeitsmerkmalen des Modells** im Medium,

  → Erscheint die/der Gewalttätige im Medium beispielsweise als sympathisch, attraktiv oder besitzt sie/er Macht, so ist die Bereitschaft zur Nachahmung größer.

- von den **Persönlichkeitsmerkmalen der Rezipientin/des Rezipienten**,

  → Hass, Zorn, Wut, hohe Aggressivität oder Frustrationen zum Beispiel verstärken die Bereitschaft zur Übernahme von medialer Gewalt.

- von der **Art der Beziehung**, die der/die Rezipient/in zum Modell im Medium aufbaut,

  → So stellt beispielsweise der/die Zuschauer/in oft zur Darstellerin bzw. zum Darsteller in einem Film eine Beziehung her.

- von der **gegebenen Situation**, in der das Medium benutzt wird,

  → Es ist zum Beispiel sehr entscheidend, ob ein Kind alleine oder mit den Eltern fernsieht.

- von den **Bekräftigungen**, die das Modell bzw. die Rezipientin oder der Rezipient erfährt bzw. erwartet,

  → Kommt das Modell mit seinen Gewalttaten zum Erfolg – beispielsweise die Heldin oder der Held, die/der mit ihrer/seiner Brutalität den Sieg erreicht und große Anerkennung bekommt –, so wird die Beobachterin/der Beobachter dieses brutale Verhalten eher übernehmen.

  Besonders gefährlich erscheinen deshalb Computerspiele, bei denen die Spielerin/der Spieler in eine menschliche oder dem Menschen ähnliche Figur schlüpft und während des Spiels aus deren Perspektive brutale Handlungen erlebt und gestaltet (Ego-Shooter).

  → Bei einem Computerspiel schlüpft der/die Spieler/in zum Beispiel in die Rolle einer Selbstmordattentäterin oder eines Selbstmordattentäters und geht eine Straße entlang. Sie/Er muss den Sprengstoff dann zünden, wenn möglichst viele Menschen getötet werden können. Wer die meisten Menschen getötet hat, hat das Spiel gewonnen.

- von den Konsequenzen, die sich eine Person vom Nachahmen einer Verhaltensweise verspricht (**Ergebniserwartung**),
- von der subjektiven Einschätzung der eigenen Fähigkeiten, die zum Nachahmen benötigt werden (**Kompetenzerwartung**),

  → Die Beobachterin/Der Beobachter muss sich beispielsweise zutrauen, dass sie/er das gesehene und gespeicherte Gewaltverhalten auch sicher ausführen kann.

- von der Selbsteinschätzung des eigenen Verhaltens,

  Menschen zeigen in der Regel nur solches Verhalten, das sie selbst als befriedigend empfinden, und lehnen dasjenige ab, das sie persönlich missbilligen (**Aussicht auf Selbstbekräftigung**).

[1] *Auf diese Bedingungen wird in Kapitel 7.1.2 ausführlicher eingegangen.*

So wird keine heranwachsende Person, die beispielsweise Gewalt innerlich zutiefst ablehnt, aufgrund von Gewaltdarstellungen auch Gewalt anwenden.

- von der **Selbstwirksamkeit**, der eigenen Überzeugung, bestimmte Situationen bewältigen, etwas bewirken und sein Leben selbst kontrollieren zu können.

Sind diese Bedingungen „ungünstig“, so liegt eine Art **Aufnahmebereitschaft** zum Nachahmen von Gewaltdarstellungen vor.

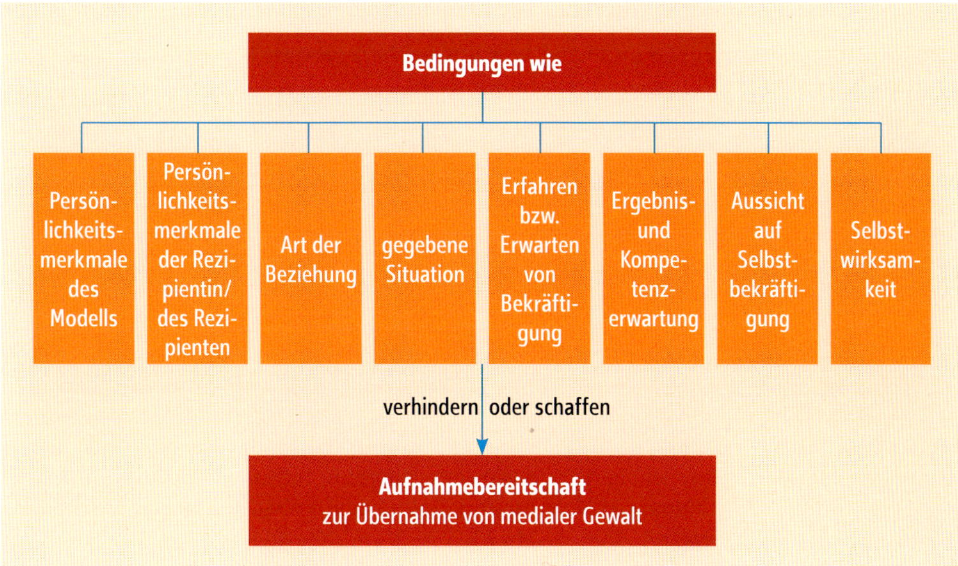

11.3.5 Gewalt und Medien

Fachleute sehen einen deutlichen **Zusammenhang zwischen dem Gewaltfilmkonsum und der familiären Situation zu Hause**. Eltern sind für ihre Kinder ein ***Vorbild*** – auch hinsichtlich ihres Fernseh-, Video- und DVD-Konsums auf der einen Seite sowie im Hinblick auf aggressives Verhalten auf der anderen Seite.

Von einigen Expertinnen und Experten wird der Fernseh- und Gewaltfilmkonsum nicht als Alleinverursacher von Verhaltensauffälligkeiten oder -störungen genannt, sondern immer im Zusammenhang mit anderen Problemen aufgeführt.

Die in letzter Zeit proklamierte **Risikothese** geht davon aus, dass für bestimmte Individuen oder Gruppen unter bestimmten Bedingungen ein „Wirkungsrisiko“ besteht. Manche Forscher/innen fordern deshalb, sich auf ***Problemgruppen*** zu konzentrieren, bei denen man ein großes Wirkungsrisiko annehmen kann. Die Entstehung von Jugendgewalt erhöht sich, wenn folgende Faktoren zusammenkommen:

- **kontinuierlicher und häufiger Konsum** von entsprechenden Filmen bzw. Spielen: Neuere Untersuchungen weisen darauf hin, dass zwischen dem häufigen Anschauen von Gewaltdarstellungen und gewalttätigem Verhalten ein Zusammenhang besteht; ***je häufiger im Fernsehen Gewalttaten betrachtet werden, desto größer ist die Wahrscheinlichkeit aggressiver Verhaltensweisen***;
- **Gewalt in der Familie**;

- **soziale Benachteiligung** der Familie;
- eine **vernachlässigende bzw. brutale Erziehung mit Gewalt**;
- **schlechte Zukunftschancen** des Jugendlichen aufgrund eines niedrigen Bildungsniveaus;
- **Risikofaktoren** wie antisoziale Eltern sowie Freundinnen und Freunde, entsprechende Konfliktlösungsmuster, Mitgliedschaft in einer Gang oder früher Griff zum Alkohol;
- weitere Faktoren wie sie in *Abschnitt 11.3.4* dargestellt sind.

Man spricht in diesem Zusammenhang von ***unterprivilegierten Jugendlichen*** (vgl. *Vollbrecht, 2001, S. 173)*.

Untersuchungen haben ergeben, dass die indirekte Darstellung von Gewalt effektvoller sein kann als die direkte, da sie sich im Kopf der Konsumentin/des Konsumenten abspielt und nicht auf dem Bildschirm. Wenn einer Frau in einem Film von einem Mann die Bluse aufgerissen wird und nur noch Schreie dieser Frau zu hören sind, so spielt sich der eigentliche Gewaltakt, die Vergewaltigung, in der Fantasie der Zuschauerin/des Zuschauers ab, die in ihrem/seinem Kopf noch gesteigert werden kann.

Nicht nur das Anschauen von Gewaltszenen bewirkt aggressives Verhalten, gefährlicher sind Computerspiele, bei denen die Spielerin/der Spieler in eine menschliche oder dem Menschen ähnliche Figur schlüpft und während des Spiels aus deren Perspektive brutale Handlungen erlebt und gestaltet (***Ego-Shooter***). Gewalt wird hier also nicht nur passiv konsumiert, sondern aktiv trainiert, und die Identifikation mit einer Aggressorin/einem Aggressor führt zu deren/dessen Nachahmung. Dazu kommt noch das tausendfache wiederholende Üben (vgl. *Spitzer, 2006, S. 213 f.*).

Neuntklässler/innen verbringen jeden Tag im Schnitt etwa 140 Minuten mit Computerspielen. Von den 15-jährigen Jungen, die „Counter-Strike"[1] spielen, schießt sich etwa jeder Vierte länger als viereinhalb Stunden pro Tag durch die virtuelle Spielwelt. Und mehr als 14.300 der 15-Jährigen gelten als spielsüchtig. Hauptattraktion nach dieser Studie ist das Onlinespiel „World of Warcraft"[2] (vgl. *Dahlkamp, 2009, S. 48 f.*). Den Ablauf der Amoktat in Winnenden im März 2009 sieht der psychiatrische Gutachter *Reinmar du Bois* stark durch zwei Ego-Shooter beeinflusst (vgl. *Kaiser, 2009, S. 36*).

Eine Studie der Universität Potsdam belegt eindeutig den **Zusammenhang zwischen Gewalt in Computerspielen und erhöhter Aggressionsbereitschaft** (vgl. *Nauroth u. a. 2014, S. 97):* Wer Gewalt im Fernsehen sieht und Gewalt in Computerspielen erlebt, wird selbst gewalttätiger. Der angesehene Aggressionsforscher *Craig Anderson* bekennt Farbe und spricht von „überwältigenden" Beweisen, dass Killerspiele natürliche Gewalthemmungen zersetzen. Er hat nachgewiesen, dass häufiges Sehen und Spielen von Gewalt zu Veränderungen in der Persönlichkeitsstruktur führen: „Diese Veränderungen (...) machen einen mit der Zeit eher zu dem, was man eine aggressive Persönlichkeit nennen könnte." (*Anderson* in: *Paulus, 2009, S. 34*)

„Gewaltdarstellungen in den Medien fördern die Bereitschaft zu aggressiven Handlungen" *(Schmalt/Langens, 2009[4], S. 216)*

---

[1] *Counter-Strike, kurz CS (engl.: Gegenschlag), ist ein Computer*

[2] *World of Warcraft, abgekürzt WoW (engl.: Welt der Kriegskunst), ist ein Massen-Mehrspieler-Online-Rollenspiel, in welchem die Spielerinnen und Spieler gleichzeitig zusammen über das Internet spielen, um gemeinsam gegen andere zu kämpfen oder Missionen zu erfüllen.*

Zudem hat man festgestellt, dass Kinder und Jugendliche, die über einen längeren Zeitraum Gewaltszenen in Filmen und Computerspielen ausgesetzt sind, **emotional abstumpfen** und an Sensibilität verlieren; Gerade bei jungen Menschen – so der Kriminologe *Christian Pfeiffer* – trägt die Gewalt in Medien zur Desensibilisierung bei. Es zeigt sich auch, dass die Bereitschaft sinkt, jemand anderem zu helfen (vgl. *Anderson* in: *Paulus 2009, S. 34*). Man spricht hier von einem ***Anti-Samariter-Effekt***.

Der ehemalige Militärpsychologe der US-Armee *Dave Grossmann* meint, man könne sich am PC die natürliche Tötungshemmung regelrecht abtrainieren. US-Streitkräfte nutzen dementsprechend auch Gewaltspiele für ihr Training. Und was bei Soldaten funktioniert, so *Grossmann*, das wirke auch bei Jugendlichen (vgl. *Kneip, 2006, S. 68*).

Bei all dieser Problematik darf jedoch nicht übersehen werden, dass Gewaltdarstellungen auch vermitteln können, dass sich Gewalt nicht lohnt und schwerwiegende Folgen für das Opfer haben kann. In der Wissenschaft spricht man dann von einem **Bumerang- oder Umkehreffekt**, wenn ein der Gewalthandlung entgegengesetztes Verhalten ausgelöst wird (vgl. *Vollbrecht, 2001, S. 172)*.

„Zusammenfassend lässt sich festhalten, dass die Mehrzahl der Befunde zu gewalthaltigen Medien und insbesondere gewalthaltigen Videospielen eine bedeutsame Beziehung zwischen dem Konsum dieser Inhalte und verschiedenen Dimensionen der Aggression nahelegen. ... Der Konsum gewalthaltiger Videospiele scheint weder ein notwendiger noch ein hinreichender Faktor zur Entstehung von aggressivem Verhalten zu sein. Erst in Kombination mit anderen Risikofaktoren und bei nicht ausreichenden Schutzfaktoren findet demnach eine Manifestation der potenziell negativen Folgen der Mediennutzung in Form aggressiven Sozialverhaltens statt." *(Happ u. a., 2014, S.203 f.)*

Auf den Punkt gebracht

- Vom übermäßigen Fernsehkonsum können Gefährdungen ausgehen wie zum Beispiel physiologische Wirkungen, Änderung der Gehirnstrukturen, Absinken der Schulleistungen, Änderung des Weltbildes, Isolation, Angst- und Schockreaktionen sowie ethische Abstumpfung.
- Eine besondere Rolle spielt das Lernen von Gewalt: Gewalt in den Medien bleibt nicht ohne Wirkung auf die Rezipientin/den Rezipienten, es kommt aber in einem nicht unerheblichen Maße auf den gesamten Lebenszusammenhang und die Persönlichkeitsmerkmale der Konsumentin/des Konsumenten an.
- Gewaltdarstellungen in Medien haben nur dann gewaltauslösende Wirkung, wenn die/der Rezipient/in dafür aufnahmebereit ist. Bei unterprivilegierten Jugendlichen kann ein größeres Wirkungsrisiko angenommen werden. Neuere Untersuchungen weisen darauf hin, dass zwischen dem häufigen Anschauen von Gewaltdarstellungen und gewalttätigem Verhalten ein Zusammenhang besteht. Zudem hat man festgestellt, dass Kinder und Jugendliche, die über einen längeren Zeitraum Gewaltszenen in Filmen und Fernsehen sowie in Computerspielen ausgesetzt sind, emotional abstumpfen und an Sensibilität verlieren.

Aufgaben – Wissen & Verstehen, Anwenden, Reflektieren

10. *Erläutern Sie mögliche Gefährdungen im Internet. Gehen Sie dabei darauf ein, wie Sie diese vermeiden können.*

11. *Stellen Sie Probleme dar, die durch das Handy bzw. Smartphone entstehen, und zeigen Sie auf, wie Sie diese in Griff bekommen können.*

12. *Remo H. Largo* und seine Kollegin *Monika Czernin* schreiben in ihrem Buch „Jugendjahre“ *(2011, S. 207)*: „Computerspiele (...) grundsätzlich zu verteufeln, scheint mir ein Ausdruck von fehlendem Verständnis oder gar Ignoranz zu sein. Die meisten Jugendlichen spielen ja nicht deshalb Gewaltspiele, weil sie Menschen umbringen wollen.“
    a) *Diskutieren Sie in Gruppen über diese Argumentation von R. H. Largo und M. Czernin.*
    b) *Präsentieren Sie die Diskussionsergebnisse in der Klasse.*
    c) *Sprechen Sie im Klassenverband über die einzelnen Diskussionsergebnisse der Gruppen.*

13. Der Kabarettist *Bruno Jonas* sagte in einer Veranstaltung, als das Handy einer Zuschauerin mehrmals klingelte: „Nur Diener und Lakaien müssen immer erreichbar sein, Herrschaften nicht.“
    Nehmen Sie zu dieser Aussage Stellung. Berücksichtigen Sie dabei, dass der Wunsch, immer erreichbar zu sein, das Hauptmotiv für den Kauf eines Handys/Smartphones ist.

14. a) *Erläutern Sie Gefahren des Fernsehens.*
    b) *Zeigen Sie Möglichkeiten auf, wie Eltern und Erzieher/innen diesen Gefahren sinnvoll begegnen können.*

15. *Diskutieren Sie die Frage: Sehen Sie in den heutigen modernen Medien nur Gefahren oder überwiegen für Sie die positiven Aspekte?*

16. *Beschreiben Sie anhand von Beispielen, von welchen Bedingungen das Lernen von Gewalt durch Medien abhängig ist.*

17. In einem kleinen Ort verkleidete sich der 19-jährige M. W. als Tod und erstach die schlafende Vanessa in ihrem Kinderbett. Die Horrorfilme „Scream“ und „Halloween“ inspirierten den Täter *(Brinkbäumer, 2003, S. 46)*.
    Erklären Sie mithilfe einer geeigneten Theorie (zum Beispiel der sozial-kognitiven Theorie) die Wirkung der beiden Horrorfilme auf den Täter, der die schlafende Vanessa in ihrem Kinderbett erstach.

18. *Medien und Gewalt*
    → *Fertigen Sie zum Thema „Medien und Gewalt“ eine Collage an. Schneiden Sie dazu aus Zeitschriften Bilder und Textstellen aus, die Sie für geeignet halten, um dieses Thema in unserer Gesellschaft zu verdeutlichen.*
    → *Formulieren Sie einen aussagekräftigen Satz zu Ihrer Collage.*
    → *Hängen Sie die Bilder an Pinnwände, um diese gemeinsam zu betrachten und zu besprechen.*

19. Aus einem Leserbrief: „Fernsehen kann man definieren als den bisher gut gelungenen Versuch, die Menschen nicht über das geistige Niveau von Kindern hinauskommen zu lassen.“
    Nehmen Sie unter Berücksichtigung von medienpädagogischen Erkenntnissen Stellung zu dieser Aussage.

11.4 Medienerziehung

Medienerziehung bezeichnet, wie in *Abschnitt 11.1.1* bereits ausgeführt, die Erziehung zur Handhabung von und zum kritischen Umgang mit Medien. Dabei steht in der Erziehung die Vermittlung von **Medienkompetenz** im Mittelpunkt.

11.4.1 Die Vermittlung von Medienkompetenz

In einer Medien- und Informationsgesellschaft spielt die Schlüsselqualifikation der Medienkompetenz eine wichtige Rolle. Medienkompetenz bedeutet zum einen die **Fähigkeit zur Bedienung und Handhabung von Medien**. Das umfasst das Kennen von Mediensystemen und das Beherrschen des Umgangs mit der Technologie.

> Hierher gehört zum Beispiel der gekonnte Umgang mit dem Fernseher, DVD-Rekorder oder Personalcomputer, die Anwendung von Software – Textverarbeitung, Tabellenkalkulation, Datenbank, Internetzugang u. a. – oder die Handhabung des Handys bzw. Smartphones.

Es ist in der heutigen Zeit nicht mehr möglich, sich den Medien zu verschließen. Im Berufsleben werden Computerkenntnisse verlangt und auch privat begegnet man auf Schritt und Tritt den neuen Medien. Es gilt, Schritt zu halten, um bei dieser gesellschaftlichen Entwicklung nicht ins Hintertreffen zu geraten.

Computer etwa stellen immer stärker ein generelles Lernmedium dar, welches geeignet ist, Lernprozesse zu unterstützen. *Heinz Moser (2010^5, S. 288 ff.)* nennt deshalb mehrere Bereiche für seine Nutzung:

- der Computer als Werkzeug („tool"),
- der Computer als Lehrer bzw. Ratgeber (beispielsweise Lernprogramme),
- das Lernen über den Computer,
- der Erwerb von Grund- und Allgemeinwissen zum Arbeiten mit dem Computer.

Zum anderen versteht man unter Medienkompetenz die Gestaltung von und mit Medien – wie sie als Kommunikationsmittel zu nutzen und sich über sie ausdrücken zu können.
Und schließlich bedeutet Medienkompetenz die Fähigkeit zum kritischen Umgang mit Medien. Kinder und Jugendliche sollen die Fähigkeit erwerben, Medieninhalte zu verstehen sowie sie zu durchschauen und kritisch reflektieren zu können. Kinder und Jugendliche sollen ein souveränes Verhältnis zu den Medien entwickeln, damit sie diesen nicht als passive Konsumentinnen und Konsumenten ausgeliefert sind.

> **Medienkompetenz als Ziel der Medienerziehung bedeutet die Fähigkeit zur Bedienung und Handhabung von Medien, die Gestaltung von und mit Medien sowie die Fähigkeit zum kritischen Umgang mit ihnen.**

Medienerziehung kann nicht losgelöst von der allgemeinen Erziehung gesehen werden; sie ist ein Bestandteil davon und kann auch nur in diesem Rahmen geleistet werden.

> *„Wer überlegt, wie Menschen aufwachsen, und wie sie dabei lernen, kommt um den Einfluss der Medien nicht herum. Kindheit, Jugend und Erwachsenenalter sind als Lebensphasen ohne Einbeziehung der Reflexion auf die Medien kaum noch zu beschreiben."* (Moser, 2010^5, S. 35)

Alle Erziehung ist auch Medienerziehung.

Medienverhalten ist zudem vornehmlich bedingt durch bestimmte Werte und Normen, die nur im Rahmen einer allgemeinen Erziehung vermittelt und verinnerlicht werden können.

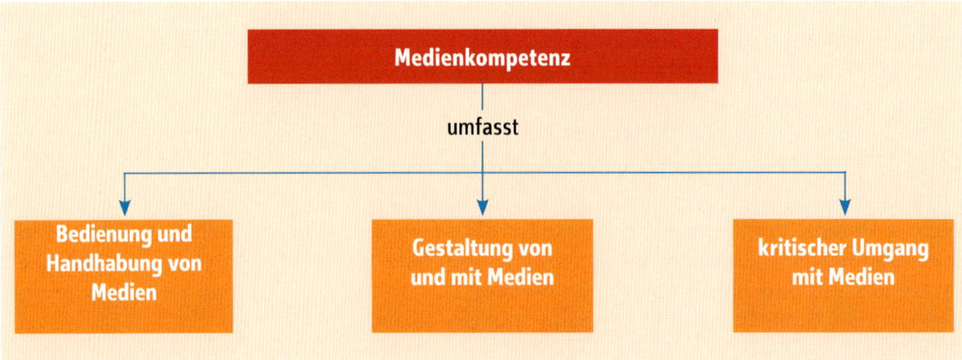

Die Aufmerksamkeit und das Verstehen von medialen Aussagen wie zum Beispiel eines Filmes sind abhängig:

- vom **Alter der/des zu Erziehenden,**

  Kinder unter sechs Jahren können sich nur bei speziell für sie produzierten Sendungen, die alle Erkenntnisse der Wahrnehmungs- und Verstehensforschung berücksichtigen, länger als 15 Minuten konzentrieren. Die Erzieherin/Der Erzieher muss also das Alter des Kindes berücksichtigen, wenn sie/er es durch bewusst ausgewählte Sendungen nicht überfordern will.

- von der **Menge der medialen Aussagen,**

  → Schauen Kinder lange und viel Fernsehen oder sehen sie viele Fernsehsendungen hintereinander, dann besteht die Gefahr, dass sie die Inhalte durcheinanderbringen und die einzelnen Inhalte nicht verstehen.

- vom **sozialen Zusammenhang**.

  → Es ist nicht unerheblich, ob das Kind allein einen Film sieht oder ob es Personen hat, die ihm während der Sendung Fragen beantworten.

- von der **medialen Aussage**

  → Der schnelle Ablauf der Bilder und/oder des Tones, die Art der Sprache und der Szenen haben Einfluss auf die Aufmerksamkeit und das Verstehen von medialen Aussagen.

11.4.2 Möglichkeiten der Medienerziehung

Medien können die Entwicklung von Kindern fördern, wenn sie **bewusst eingesetzt** werden. Dies kann aus pädagogischen Gründen sogar wünschenswert und erforderlich sein.

→ So kann man etwa Sexualaufklärung effektiver mithilfe eines Bilderbuches oder eines entsprechenden Filmes durchführen.

Der Einsatz von Medien ist vor allem auch dort sinnvoll, wo die Erzieherin/der Erzieher nicht immer selbst Vorbild für die Beobachterin/den Beobachter sein kann. In diesen Fällen kann sie/er sich Medien zunutze machen und auf symbolische Modelle aus den Medien zurückgreifen.[1] Auch mit dem Internet sollte gearbeitet werden, wenn es beispielsweise um eine Recherche geht.

---

[1] *vgl. Kapitel 7.1.7*

Angesichts der Tatsache, dass Medien auch negative Auswirkungen haben können und Gefahren in sich bergen, ist die **Vorbildfunktion der Eltern** und anderer Erzieher/innen sehr entscheidend. Sie sollen sich ihres eigenen Medienverhaltens – zum Beispiel Fernseh-, Computerverhalten – bewusst sein, es reflektieren und gegebenenfalls korrigieren.

Eltern, die ständig die „Glotze" laufen haben oder dauernd vor der „Glotze" sitzen, werden unglaubwürdig, wenn sie dies ihrem Kind verbieten möchten.

Dabei kommt es auch darauf an, welche Medien bzw. Inhalte der/die Erzieher/in selbst sieht, hört oder liest.

Wenn beispielsweise Eltern oder andere Erzieher/innen selbst gewalthaltige Medien konsumieren und dies auch noch unkritisch befürworten, begünstigt das eine ähnliche Einstellung beim Kind bzw. Jugendlichen.

Eltern und andere Erzieher/innen treffen eine **bewusste Auswahl von Medien und Medieninhalten**. Sie müssen sich genau überlegen, welche Medien bzw. welche Inhalte sie auswählen, welche Fernsehsendungen oder Filme das Kind anschauen, was und wie lange es fernsehen oder am Computer spielen, welche Zeitschriften und Bücher es lesen darf und dergleichen.

Viele Kinder verbringen viel Zeit mit Medien wie dem Handy oder Smartphone, vor dem Fernseher oder am Computer, weil ihre Eltern dann Ruhe haben. Medien übernehmen in einem solchen Fall die ***Funktion einer Betreuerin/eines Betreuers***, was nichts mit geeigneter Förderung zu tun hat. Hinsichtlich der Medien hat sich in vielen Elternhäusern eine permissive Erziehung[1] durchgesetzt. Der bekannte emeritierte[2] Professor für Kinderheilkunde, *Remo H. Largo (2013[12], S. 357 f.)*, meint dazu: „Wenn die Betreuungsnot der Hauptgrund ist, weshalb die Eltern das Kind vor dem Bildschirm setzen, sollten sie sich nach einen Babysitter umsehen, mit dem das Kind spielen und etwas erleben kann."

„Die Schlussfolgerungen für die Eltern sind (...) klar abzuleiten: Fernsehen ist keine harmlose Freizeitbeschäftigung! Daher muss der Fernsehkonsum der Kinder (...) kontrolliert werden. (...) Allerdings kann man das Fernsehen kaum ganz verbieten. (...) So bleiben den Eltern nur die sinnvolle Auswahl des Programms und die allgemeine Beschränkung des Fernsehkonsums. (...) Es muss auch berücksichtigt werden, dass andere elektronische Medien, z. B. Computerspiele und das Internet, in der Regel noch hinzukommen und diese das Fernsehen nicht einfach ersetzen." *(Myrtek, 2006, S. 7)*

Kinder bis drei Jahren sollten gar nicht vor dem Fernseher sitzen, da sie die Bilderfolge noch nicht nachvollziehen können. Zudem haben Untersuchungen ergeben, dass Fernsehen der frühen Sprachentwicklung schadet. Für Vorschulkinder wird von Fachleuten höchstens eine halbe Stunde Fernsehen empfohlen. Kleine Kinder können sich nicht länger konzentrieren und wären ansonsten überfordert. Die Fernsehzeit kann bis zum Alter von ca. 18 Jahren auf etwa zweieinhalb Stunden gesteigert werden.

Einigkeit unter den Fachleuten besteht auch darin, dass in der Kindheit kein Kind einen eigenen Fernseher auf seinem Zimmer haben sollte.

Angesichts der Tatsache, dass Medien negativ wirken können, empfiehlt der Aggressionsforscher *Craig Anderson* (in: *Paulus, 2009, S. 35*), dass Eltern bzw. andere Erzieher/innen den Medienkonsum ihrer Kinder kontrollieren. Sie sollten auch darauf achten, welche Filme die Kinder anschauen, was sie am Computer spielen und wie lange sie fernsehen bzw. am Computer spielen.

[1] *vgl. Kapitel 8.5.2*
[2] *emeritiert (emeritus, lat.: ausgedient): entpflichtet, in den Ruhestand versetzt*

„Schau hin, was Deine Kinder machen!“[1]

Medienerziehung beinhaltet deshalb auch, zu sagen, wann sich der Einsatz von Medien verbietet (vgl. *Bert te Wildt, 2012, S. 69*).

Da jedoch ein völliges Fernhalten von unerwünschten Medien und Medieninhalten nicht möglich und größtenteils auch gar nicht erstrebenswert ist, besteht eine zentrale Aufgabe der Erzieherin/des Erziehers darin, insbesondere jüngeren Kindern **Hilfestellungen bei der Verarbeitung von Medieneindrücken zu geben**. Nicht selten lösen Mediendarstellungen bei Kindern starke Gefühle wie beispielsweise Mitleid, Angst oder Trauer aus. Hier ist es notwendig, dass das Kind zusammen mit seinen Eltern bzw. Erzieherinnen/Erziehern die gewonnenen Eindrücke verarbeitet.

→ Im Gespräch, in Rollenspielen, beim Malen oder durch Erzählen des Gesehenen oder Gelesenen sowie durch aufmerksames Zuhören und Zuwendung kann man den Kindern dazu Gelegenheit geben.

> *„Wenn Kinder ihr Medienerlebnis nicht aktiv, im Reden, Handeln und Spielen bewältigen können, holt es sie im Unterbewussten, vor allem in ihren Träumen, wieder ein. (...) In den seltensten Fällen gelingt es ihnen (...) das Erlebnis zu bewältigen. Es verliert in der Regel nichts von seinem Schrecken.“*
> *(Theunert u. a., 1997², S. 190)*

Insbesondere sollen Eltern dem Bedürfnis nach emotionaler Sicherheit durch direkten Körperkontakt nachkommen, indem sie zum Beispiel mit dem Kind kuscheln.

Da Medienmodelle durch ihr Verhalten in manchen Fällen auch unerwünschte Einstellungen, Werthaltungen und Vorurteile vermitteln, ist es wichtig, eine **Bewertung der Modelle und ihrer Verhaltensweisen** zu erreichen und sich mit der/dem zu Erziehenden **über mögliche Modelle auseinanderzusetzen.**[2]

→ Kinder und Jugendliche sind nicht selten begeistert von Modellen, die durch ihre Stärke und Rücksichtslosigkeit schwierige Situationen meistern und dafür Anerkennung finden. Sie können so den Eindruck gewinnen, rücksichtslose Brutalität sei eine erwünschte und effektive Verhaltensweise in der Gesellschaft.

Eine weitere Aufgabe besteht darin, Kinder und Jugendliche zu einer **kritischen Leser-, Hörer- und Zuschauerschaft zu erziehen**, die die Manipulationsversuche von Medieninhalten durchschauen lernen. Insbesondere Modelle aus der Werbung kommen durch die Benutzung von bestimmten Produkten zu unrealistischen und scheinbar spielerisch leicht zu erreichenden positiven Ergebnissen. Weltanschaulich einseitig ausgerichtete Beiträge in Filmen, Zeitungen oder Zeitschriften bedienen sich attraktiver und bekannter Modelle, um ihre Überzeugungen wirksam an die Heranwachsenden zu bringen. Erzieher/innen sollten daher in Gesprächen zusammen mit Kindern und Jugendlichen solche Beeinflussungstechniken herausarbeiten sowie Darstellungen und Versprechungen auf ihren Realitätsgehalt überprüfen.

[1] *Dieser Spruch geht auf die Initiative „Schau hin!“ vom deutschen Bundesministerium für Familie, Senioren, Frauen und Jugend von 2017 zurück. Siehe: https://www.schau-hin.info/ (25.02.2019)*
[2] *vgl. Kapitel 7.1.7*

So können Kinder zum Beispiel mit ihren Eltern oder Lehrerinnen und Lehrern herausfinden, welche Süßigkeiten mehr und welche weniger ungesunde Stoffe enthalten, und das diesbezügliche Versprechen eines Modells als falsch entlarven.

Das **Internet**, als das weltweit größte Datennetz, ist aus dem heutigen Leben nicht mehr wegzudenken. Auch mit dieser Technologie ist **ein konstruktiver Umgang erforderlich**. Neben der Befähigung, Informationen zu gewinnen, zu speichern und zu bearbeiten – zum Beispiel in andere Dokumente einzubinden oder grafisch aufbereitet im Web[1] zu präsentieren –, ist es Aufgabe der Medienerziehung, dass zu Erziehende lernen, gezielt Onlineinformationen einholen, die erzielten Ergebnisse kritisch prüfen und genauer analysieren sowie bewerten zu können. *Anderson* (in: *Paulus 2009, S. 35*) regt an, dass Eltern ihren Kindern keinen unbegrenzten Zugriff auf das Internet geben sollten. Zudem sollten Eltern ein Auge darauf werfen, was ihre Kinder in Onlinenetzwerken alles über sich selbst veröffentlichen, da diese Informationen auch anderweitig und nicht unbedingt zum Vorteil für das Kind verwendet werden können. Da einige Eltern mit dem Internet und seinen Möglichkeiten nicht vertraut sind, ist dies vornehmlich Auftrag der Schule.

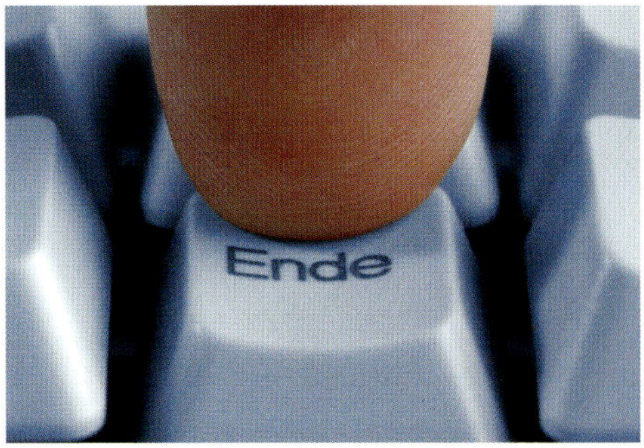

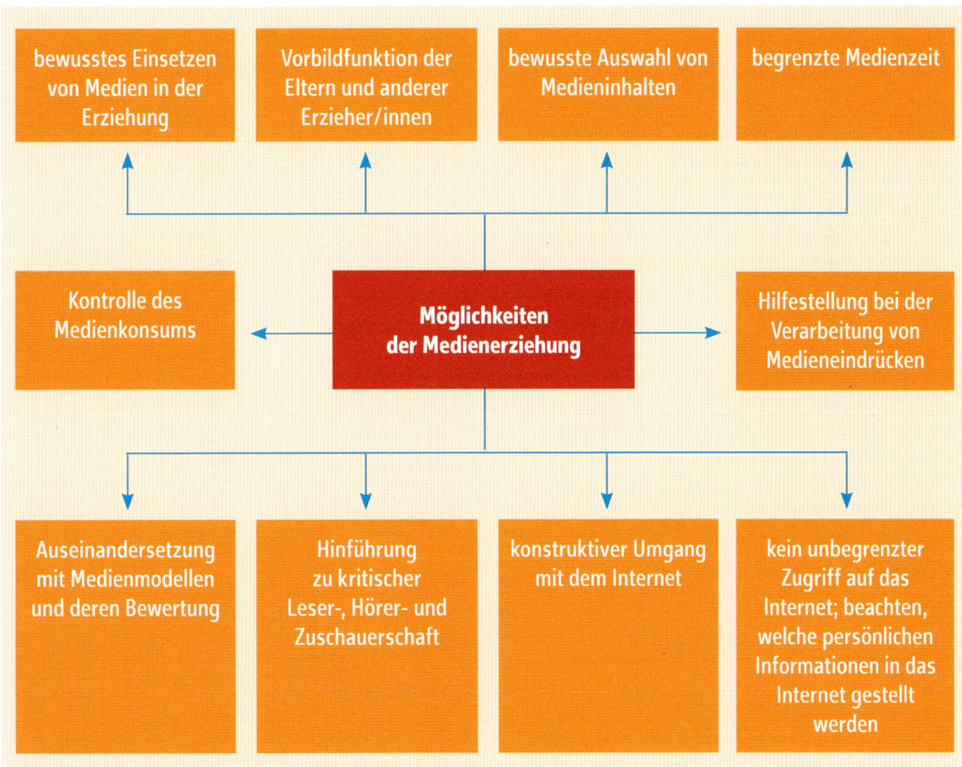

[1] *Web (engl.): Netz; Kurzform für World Wide Web (www)*

Auf den Punkt gebracht

- Medienerziehung bezeichnet die Erziehung zur Handhabung von und zum kritischen Umgang mit Medien. Dabei soll in der Erziehung die Vermittlung von Medienkompetenz im Mittelpunkt stehen. Medienkompetenz als Ziel der Medienerziehung bedeutet die Fähigkeit zur Bedienung und Handhabung von Medien, die Gestaltung von und mit Medien sowie die Fähigkeit zum kritischen Umgang mit ihnen. Die Aufmerksamkeit und das Verstehen von medialen Aussagen ist abhängig vom Alter der/des zu Erziehenden, von der Menge der medialen Aussagen, von dem sozialen Zusammenhang und von der medialen Aussage selbst. Möglichkeiten der Medienerziehung sind bewusstes Einsetzen von Medien, bewusste Auswahl von Medieninhalten, die Vorbildwirkung der Erzieherin/des Erziehers, Hilfestellung bei der Verarbeitung von Medieneindrücken, die Auseinandersetzung mit Medienmodellen und deren Bewertung sowie die Hinführung zu einer kritischen Leser-, Hörer- und Zuschauerschaft.

Aufgaben – Wissen & Verstehen, Anwenden, Reflektieren

20. *Erläutern Sie den Begriff „Medienkompetenz“ und legen Sie dar, welche Konsequenzen sich daraus für die Erziehung ergeben.*

21. Sendungen für Kinder
    → *Schauen Sie sich in der Klasse eine Kinder- oder Vorschulsendung an – beispielsweise Sesamstraße.*
    → *Überlegen Sie in Gruppen, wie Sie als Erzieher/in diese Sendung mit Kindern besprechen würden.*
    → *Diskutieren Sie in der Klasse über die Gruppenvorschläge.*

22. Gerade das Fernsehen übt auf kleine Kinder eine ungeheure Faszination aus.
    → *Überlegen Sie in Kleingruppen Gründe, warum gerade das Fernsehen Kinder so „fesselt“.*
    → *Sprechen Sie in der Klasse über die in der Gruppe gefundenen Gründe.*

23. Schauen Sie sich verschiedene Vorabendserien an.
    → *Diskutieren Sie in der Klasse, ob bestimmte Sendungen überhaupt ins Vorabendprogramm gehören.*
    → *Erstellen Sie eine Liste von Vorabendsendungen, die Sie Ihren eigenen Kindern nicht zeigen würden.*

24. *Bestimmen Sie den Begriff „Medienerziehung“ und zeigen Sie Möglichkeiten der Medienerziehung am Beispiel des Fernsehens auf.*

25. *Stellen Sie dar, wie effektive Medienerziehung in einer pädagogischen Einrichtung (zum Beispiel im Kindergarten, im Jugendzentrum, in der Familie) aussehen kann.*

26. *Remo H. Largo (2013[12], S. 357 f.)* meint: „Wenn die Betreuungsnot der Hauptgrund ist, weshalb die Eltern das Kind vor den Bildschirm setzen, sollten sie sich nach einem Babysitter umsehen, mit dem das Kind spielen und etwas erleben kann."
Nehmen Sie zu dieser Aussage von Largo unter Berücksichtigung medienwissenschaftlicher Erkenntnisse Stellung.

27. Der Hirnforscher *Manfred Spitzer (2006, S. 132)* meint: „Lehrer befinden sich (...) letztlich in Konkurrenz mit Hollywood und kommen gegen die Tricks von *Steven Spielberg* oder *George Lucas* nur schwer an. Genau genommen befinden sie sich auf verlorenem Posten."
Diskutieren Sie – eventuell in Gruppen – diese Aussage von Spitzer *unter folgenden Gesichtspunkten:*
   → *Hat Erziehung heute überhaupt noch eine Chance oder sind die Medien stärker, sodass Erziehung kaum mehr eine Möglichkeit hat?*
   → *Wird Medienerziehung aus diesem Grund immer schwieriger?*

Aufgabe zum gesamten Kapitel

28. Das Beste in wenigen Minuten (vgl. *Brandhofer-Bryan, 2008, S. 142*)
   → *Jede Schülerin/Jeder Schüler fasst das ihr/ihm Wichtigste zu dem Thema „Erziehung durch Medien" in einem Satz zusammen und schreibt es auf ein Blatt Papier.*
   → *Jede Schülerin/Jeder Schüler sucht sich eine Partnerin oder einen Partner und beide lesen sich gegenseitig ihre Sätze vor. Innerhalb von zwei Minuten fassen die beiden ihre Sätze zusammen und verbinden sie zu einem einzigen Satz.*
   → *Mit diesem Satz sucht sich das Paar ein anderes Paar und beide Paare verbinden nun wiederum ihre beiden Sätze innerhalb zwei Minuten zu einem Satz.*
   → *Dies geht so lange, bis sich zwei Teams gegenüberstehen. Jedes Team trägt nun seinen hoch komplizierten Satz im Chor dem anderen Team vor.*

12 Bildung und Erziehung in pädagogischen Einrichtungen

Bildung und Erziehung finden in der Familie, aber auch in pädagogischen Einrichtungen wie zum Beispiel im Kindergarten, in der Schule, im Hort, in sozialpädagogischen Wohneinrichtungen und in der Jugendarbeit statt.

Sie können ...

1. *... den Begriff Familie bestimmen.*
2. *... die Aufgaben und Probleme von Familie beschreiben.*
3. *... den Kindergarten als familienergänzende Einrichtung darstellen.*
4. *... das aktuelle Bildungsverständnis elementarer Bildungseinrichtungen erläutern.*
5. *... die Aufgaben und Ziele von Schule wiedergeben.*
6. *... Bildungswege für Kinder und Jugendliche von 10 – 19 Jahren aufzeigen.*
7. *... das Bildungssystem im Sinne des lebenslangen Lernens reflektieren.*
8. *... Ziele und Aufgaben einer sozialpädagogischen Wohneinrichtung erläutern.*
9. *... Handlungsmöglichkeiten und Methoden der Jugendarbeit beschreiben.*

12.1 Die Familie

Bedingt durch die industrielle Revolution erfuhr die Familie eine grundlegende Veränderung: Sie entwickelte sich von der Großfamilie zur **Klein- bzw. Kernfamilie**, die in der Regel zwei Generationen umfasst: die Eltern und ihr Kind/ihre Kinder.

12.1.1 Der Begriff „Familie"

In früheren Zeiten war eine Familie durch biologische Verwandtschaft und Eltern, die mindestens ein leibliches Kind hatten, gekennzeichnet. In der heutigen Familiensoziologie wird der Begriff der Familie weiter und offener gesehen. Die Lebensform Familie kennzeichnet **ein Paar**, das verheiratet oder auch unverheiratet, hetero- oder homosexuell sein kann, **mit mindestens einem eigenen und/oder angenommenen Kind in einer Wohn-, Lebens- und Haushaltsgemeinschaft zusammenlebt**.

Eine biologische Verwandtschaft ist heute kein zwingendes Definitionskriterium mehr, die biologische und die soziale Elternschaft fallen immer öfter auseinander (vgl. *Peuckert, 2012[8], S. 33*). Immer mehr Minderjährige, die mit ihren (sozialen) Eltern aufwachsen, sind mit diesen entweder nur zur Hälfte oder gar nicht leiblich verwandt.

Nach einem Urteil des österreichischen Verfassungsgerichtshofs (VfGH) dürfen seit 1. Jänner 2019) auch gleichgeschlechtliche Paare heiraten.[1]

Die klassische Familie, bestehend aus Vater, Mutter und Kind(ern), ist in der heutigen Gesellschaft nicht mehr das einzige Familienmodell. Man spricht in solchen Fällen von ***multiplen Elternschaften***, von ***Fortsetzungs***- oder ***Patchworkfamilien***.

Beispielsweise wird bei Adoptiveltern von multiplen Elternschaften gesprochen. Auch bei der künstlichen Befruchtung der Eizelle mit der Samenzelle eines fremden Spenders wird die Einheit von biologischer und sozialer Elternschaft durchbrochen.

Der Familienstand ist kein endgültiger Status mehr, sondern vielfach eher eine Beschreibung der momentanen Lebensphase.

Die Erwachsenen haben das gemeinsame **Ziel, die Kinder zu erziehen**, damit diese mit sich selbst und in ihrer Gesellschaft bzw. mit der kulturellen Lebensweise zurechtkommen. Die Familie ist der Ort, in dem für Kinder und Jugendliche die wichtigsten Bindungs- und Erziehungsprozesse stattfinden.

> *„Das Wohlergehen von Kindern ist entscheidend für die Zukunftsfähigkeit jeder Gesellschaft."*
> *(Bertram, 2013, S.16).*

[1] *Informationen unter: www.vfgh.gv.at/medien/Ehe_fuer_gleichgeschlechtliche_Paare.de.php (01.01.2019)*

Die Familie ist nach *René König* (*2002, S. 453 ff.*) eine Gruppe der besonderen Art, weil die Familienmitglieder durch starke Gefühle miteinander verbunden sind. Der familiäre Raum von Familie und der Ehe ist vor der Einmischung von Staat und Kirche geschützt, deshalb wird Familie auch als **Intimgruppe** bezeichnet.

Unter Familie verstehen wir Intimgruppen, die verschiedene Formen des familiären Zusammenlebens aufweisen. Der Begriff Familie wandelt sich mit den gesellschaftlichen Veränderungen: so können verwandtschaftliche Beziehungen oder hetero- oder homosexuelle Partnerschaften, mit oder ohne Kind(er) gemeint sein, die entweder im gemeinsamen oder in getrennten Haushalten leben. Es kann sich um Eltern und ihre minderjährigen, aber auch erwachsenen Kinder, um Adoptiv-, Patchwork- oder Regenbogenfamilien handeln.

Die Familie hat für den einzelnen Menschen eine sehr große Bedeutung: Keine andere soziale Einrichtung kann auf ihn sowohl im Positiven als auch im Negativen einen vergleichbaren Einfluss ausüben.

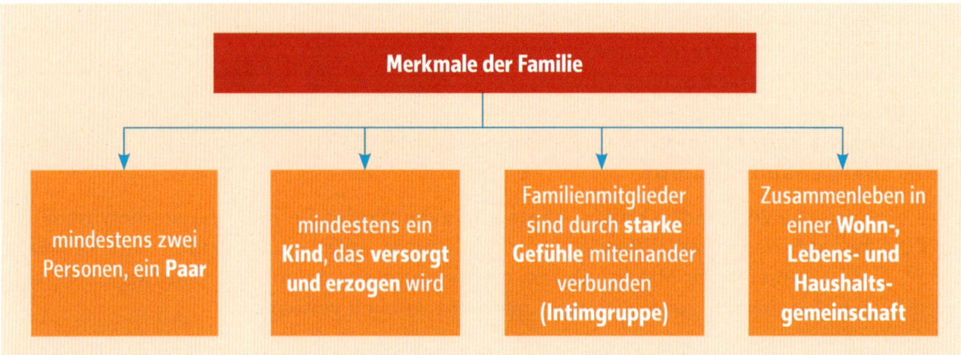

Die Jahre der frühen Kindheit verbringen fast alle in Österreich lebenden Kinder mit ihren Eltern oder zumindest einem Elternteil (vgl. *Kaindl/Schipfer, 2017, S. 9*).

Laut Statistik Austria (2016) sind die Familienformen mit Kindern unter 15 Jahren in Österreich wie folgt: 68,6 % sind Ehepaare, 19,6 % leben in Lebensgemeinschaft und 14,5 % sind Alleinerziehende.

Aktuelle Daten und Forschungsergebnisse liefert das Österreichische Institut für Familienforschung an der Universität Wien.[1]

12.1.2 Funktionen der Familie

Nach dem *Bundes-Kinder- und Jugendhilfegesetz* in Österreich *(B-KJHG) 2013*[2] kann von einem ***Vorrang der Familie*** gegenüber staatlichen Einrichtungen gesprochen werden. In den Grundsätzen der Kinder- und Jugendhilfe wird das Recht der Eltern auf Pflege und Erziehung der Kinder[3] festgeschrieben, sowie deren Unterstützung durch Information und Beratung.

In familiäre Rechte und Beziehungen darf nur dann eingegriffen werden, wenn das Kindeswohl gefährdet ist (vgl. *B-KJHG 2013, § 1 Abs. 2, 3, 4*).

[1] *Informationen unter: www.oif.ac.at (01.01.2019)*

[2] *Im April 2013 wurde ein einheitliches Bundes-Kinder- und Jugendhilfegesetz in Österreich beschlossen, die Bundesländer ergänzen Durchführungsverordnungen (DVO).*

[3] *Wenn hier lediglich von Kindern die Rede ist, so ist das in diesem Zusammenhang nicht entwicklungspsychologisch, sondern soziologisch aufgrund der Zuweisung von verschiedenen Rollen gemeint.*

Die Familie hat viele in unserer Gesellschaft unverzichtbare Funktionen[1] zu erfüllen, die ihre Bedeutung für die Gesellschaft ausmachen:

- Die **Sozialisation[2] von Kindern**: Familie ist der Ort, an dem Kinder körperlich und psychisch versorgt und erzogen werden. In ihr erlernt die/der Einzelne das soziale Verhalten und wird für die Gesellschaft bzw. in einer ihrer Gruppen handlungsfähig gemacht; man spricht deshalb von der **Sozialisationsfunktion** der Familie.

  Für Kinder ist die Familie, egal in welcher Konstellation, der wichtigste Ort des Aufwachsens. Sie hat einen entscheidenden Einfluss auf ihre Bildungs- und Teilhabechancen. In ihr wird Gemeinschaft und Geborgenheit sowie Empathie, Eigenverantwortlichkeit und Konfliktfähigkeit erlebt.

- Die **Standortfindung**: Das Kind erhält durch die Familie einen bestimmten Platz in der Gesellschaft.

  > So erhält das Kind beispielsweise eine Religionszugehörigkeit, die Mitgliedschaft in einem Verein oder einen bestimmten Beruf.

  Den Zuweisungsprozess einer Person zu einer gesellschaftlichen Position innerhalb der hierarchischen Struktur einer Gesellschaft bezeichnet man als **Platzierung** (vgl. *Nave-Herz, 2006², S. 91*).

- Die **Haushalts- und Freizeitfunktion**: Die Familie bildet eine Wohn- und Haushaltsgemeinschaft: Ihre Mitglieder stellen ihr Einkommen zur Verfügung, um miteinander zu wirtschaften und so die Bedürfnisse des Einzelnen zu befriedigen. Im täglichen familiären Zusammenleben werden körperliche und psychische Bedürfnisse wie zum Beispiel Zuwendung oder Anerkennung befriedigt. Zudem verbringen die Familienmitglieder überwiegend ihre Freizeit miteinander und feiern gemeinsame Feste wie Geburtstag, Weihnachten und dergleichen.
- Der **Spannungsausgleich**: Im Gegensatz zu Schule, Beruf und Öffentlichkeit bietet die Familie die Möglichkeit, Gefühle zu zeigen und auszuleben sowie sich selbst zu entfalten. Insofern kann sie ein Gegengewicht zum Leben außerhalb der Familie sein.

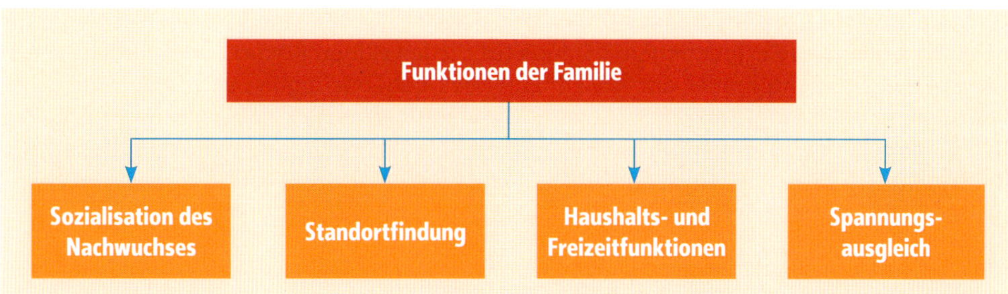

Die Aufgaben von Eltern sind nach *Klaus A. Schneewind (2010, S. 30 f.)*:

- die **Gestaltung entwicklungsfördernder Beziehungen**,
- die **Pflege der Kinder** sowie die Befriedigung basaler Bedürfnisse (Nahrung, Wärme, körperliche Unversehrtheit) und
- die **Erziehung und Bildung der Kinder**.

---

[1] *Funktionen meinen in diesem Zusammenhang familiäre Leistungen, die im Idealfall erbracht werden, aber auch unvollkommen bleiben können.*
[2] *Auf Sozialisation wird in Kapitel 4.3.2 eingegangen.*

12.1.3 Probleme der familiären Erziehung

Gerade die intimeren und emotionaleren Beziehungen in der heutigen Kernfamilie machen sie für **Konflikte und Probleme** anfällig.

Probleme können sich ergeben aus:

- dem familiären Zusammenleben,
- der Unvollständigkeit der Familie,
- der Berufstätigkeit bzw. Nicht-Berufstätigkeit beider Elternteile,
- dem Spannungsverhältnis zwischen Familie und Gesellschaft sowie
- verfehlten Erwartungen an das Kind.

Probleme des familiären Zusammenlebens

Zu den Problemen, die sich aus dem familiären Zusammenleben ergeben, zählen **Autoritäts- und Generationskonflikte** sowie die **Ablösung der/des Jugendlichen** von ihren/seinen Eltern.

In der heutigen Zeit ist zu beobachten, dass der Wunsch der/des Jugendlichen nach Unabhängigkeit von ihrer/seiner Ursprungsfamilie nicht mehr so intensiv ist wie etwa in den 1970er- und 1980er-Jahren. Laut der Jugendstudie Generation-What[1] (2016) leben Jugendliche oft mit 25 Jahren und später noch bei ihren Eltern.

Problematische Beziehungen in der Familie sowie ein **disharmonisches Familienklima** be- bzw. verhindern eine gesunde Entwicklung der heranwachsenden Kinder. Zerrüttete Verhältnisse und ständiger Streit erzeugen beim Kind innere Spannungen, die eine schwere emotionale Belastung darstellen können. Psychische Auffälligkeiten sind dann oft eine unausweichliche Form der Spannungsentladung.

Auch die **Trennung bzw. Scheidung der Eltern** kann ein Problem darstellen. Sowohl für die sich trennenden Partner/innen als auch für die jeweiligen Kinder bedeutet eine Trennung bzw. Scheidung immer ein einschneidendes Lebensereignis, verbunden mit einer emotionalen Belastung. Es ist vor allem die sehr konfliktreiche Zeit vor der Trennung, die die Kinder belastet. Je jünger die Kinder sind, umso mehr beeinflusst es ihre Entwicklung, vor allem wenn Eltern die Kinder untereinander ausspielen und ein disharmonisch-unkooperatives Verhalten zeigen.

„Unglückliche Eltern sind selten gute Eltern." *(Helmuth Figdor[2])*

Der Verein *Rainbows* hat es sich österreichweit zur Aufgabe gemacht, Kinder und Jugendliche in diesen „stürmischen Zeiten" zu unterstützen. In Kleingruppen begleiten ausgebildete Trainerinnen und Trainer die Kinder/Jugendlichen und auch deren Eltern. Dabei steht die Verarbeitung von Trennungs- und Verlusterlebnissen im Vordergrund.[3]

---

[1] *Informationen unter: www.generation-what.at (01.01.2019)*
[2] *Helmuth Figdor, (* 1948) ist Psychoanalytiker, Kinder- und Jugendlichen-Psychotherapeut, Erziehungsberater, Dozent am Institut für Bildungswissenschaften an der Universität Wien, Lehrbeauftragter an der Universität für Musik und Darstellende Kunst, Wien. Sein wissenschaftlicher Arbeitsschwerpunkt ist u.a. die Untersuchung der Auswirkungen von Scheidung und Trennung auf die psychische Entwicklung der Kinder.*
[3] *Informationen unter: www.rainbows.at (25.02.2019)*

„Schließlich wollen sich die Eltern voneinander trennen, die Kinder aber in den meisten Fällen nicht von ihren Eltern." *(Nave-Herz/Onnen-Isemann, 2007[3], S. 329)*

Meist ist es nicht die Trennung bzw. Scheidung der Eltern als solche, die Entwicklungsprobleme verursacht, sondern die Begleiterscheinungen einer solchen (vgl. *Jungbauer, 2014[2], S. 62*).

Kinder empfinden das Wohnen der beiden Elternteile an verschiedenen Orten nicht als problematisch, wenn diese ein harmonisch-kooperatives Verhalten zueinander pflegen und die Kinder nicht gegeneinander ausspielen (vgl. *Unverzagt, 2012, S. 12*).

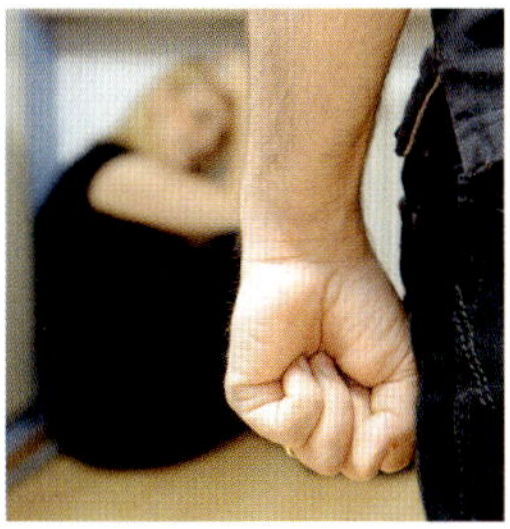

Zu gravierenden Folgen führt auch die in manchen Familien vorherrschende Gewalt, zusammengefasst unter dem Begriff „**häusliche Gewalt**".[1] Unter häuslicher Gewalt werden verschiedene Formen der Ausübung von Gewalt zwischen Familienmitgliedern verstanden. Sie umfasst körperliche und seelische Folgen in unterschiedlichen Abstufungen (vgl. *Jungbauer, 2014[2], S. 145*). Meist liegt ein ***Macht- und Autoritätsgefälle*** zwischen Täterin/Täter und Opfer vor; dies zeigt sich in ***körperlicher oder seelischer Misshandlung*** und im ***sexuellen Missbrauch***.

Die Anwendung von Gewalt und die Zufügung körperlichen oder seelischen Leides sind in Österreich seit 1989 gesetzlich verboten (vgl. *§ 146a ABGB[2]*). Diese Gesetzesänderung wurde vom Wiener Kinderarzt *Hans Czermak* (1913–1989) angeregt. Er trat unermüdlich für eine humane und gewaltfreie Kindererziehung ein. Sein Leitgedanke war, dass jedes Kind das Recht auf eine glückliche Kindheit hat.

„Das elterliche Heim gehört zu den Orten mit dem höchsten Gewaltpotential." *(Nave-Herz/Onnen-Isemann, 2007[3], S. 329)*

Eine große Rolle spielt auch die **Vernachlässigung**[3]. Diesen Kindern fehlt oft die Wärme, die Geborgenheit, sie sind auch emotional auf sich selbst gestellt, was sie noch gar nicht bewältigen können. Vernachlässigte Kinder werden nicht in ihrer Entwicklung gefördert oder müssen nicht altersgerechte Aufgaben übernehmen. Insbesondere eine ***emotionale Vernachlässigung*** in der frühesten Kindheit führt zu vielfältigen Entwicklungsbeeinträchtigungen, wie in *Kapitel 2.3.1* ausgeführt.

Ebenso dramatisch können sich **außergewöhnliche Belastungen** durch Krankheit oder Tod eines Familienmitglieds sowie durch soziale und/oder wirtschaftliche Nöte auf das Familienleben auswirken.

In Österreich gibt es rund 43.000 Young Carer[4], Kinder und Jugendliche, die sich unbemerkt von der Öffentlichkeit um ihre Angehörigen kümmern, die an einer chronischen körperlichen oder psychischen Erkrankung leiden.[5]

---

[1] Informationen unter: www.gewaltinfo.at (01.01.2019)
[2] ABGB: Allgemeines bürgerliches Gesetzbuch
[3] vgl. Kapitel 8.5.2
[4] Young carers (engl.) sind Minderjährige, die Angehörige pflegen.
[5] Informationen unter: https://www.superhands.at (01.01.2019)

Probleme, die sich aus dem familiären Zusammenleben ergeben können

- Autoritäts-und Generationskonflikte
- Ablösung der/des Jugendlichen von ihren/seinen Eltern
- gestörte Beziehungen in der Familie
- disharmonisches Familienklima
- Trennung bzw. Scheidung der Eltern
- Gewalt in der Familie
- Vernachlässigung des Nachwuchses
- außergewöhnliche Belastungen

Unvollständigkeit der Familie

Unvollständige Familien sind Familien mit nur einem Elternteil – aus pädagogischer Sicht wird häufig von ***Alleinerziehenden bzw. Ein-Eltern-Familien*** gesprochen. Die Mehrheit der in Österreich lebenden Alleinerziehenden/Ein-Eltern-Familien sind Frauen. Während es früher vor allem der Tod der Partnerin/des Partners war, der zur Alleinerziehung geführt hat, ist es heute meist die Trennung oder Scheidung von der Partnerin/vom Partner. Aber Frauen entscheiden sich auch dafür, ohne einen festen Partner ein Kind zu bekommen (vgl. *Abé, 2014, S. 32*).

Das wesentliche Problem Alleinerziehender ist die häufig **mangelhafte wirtschaftliche Absicherung** und die daraus resultierenden finanziellen Probleme. Die Suche nach einem geeigneten Arbeitsplatz ist gerade für Alleinerziehende aus mehreren Gründen schwierig. Der familiäre Alltag ist erschwert, da der alleinerziehende Elternteil alle Erziehungs- und Versorgungsaufgaben allein übernehmen muss.

So gaukelt uns zum Beispiel die Werbung tagtäglich eine glückliche Mutter und einen zufriedenen Vater mit zwei glücklichen Kindern vor, obwohl beinahe jede dritte Frau mit Kindern mindestens einmal – in einem Zeitraum von 18 Jahren – alleinerziehende Mutter ist.

Berufstätigkeit beider Elternteile

In den letzten Jahrzehnten setzte sich bei Frauen und Müttern der Wunsch durch, über den Beruf Unabhängigkeit – auch in finanzieller Hinsicht – Selbstverwirklichung, Anerkennung und Wohlstand zu erreichen. In der einschlägigen Literatur wird oft von der ***„Doppelorientierung der Frau“***[1] gesprochen: einerseits Familie, andererseits Beruf.

Die Berufstätigkeit beider Elternteile entspricht heute den Anforderungen der modernen Industriegesellschaft. Ein Problem kann jedoch sein, dass sich mögliche Unzufriedenheit mit der Arbeit bzw. am Arbeitsplatz, Überforderung im Beruf, die berufliche Anspannung als solche, die Doppelrolle durch Beruf sowie Haushalt und Erziehung und die verringerten Energiereserven belastend auf das familiäre Zusammenleben und auf die Entwicklung des Kindes auswirken (vgl. *Hierdeis/Rudolph, 1983[5], S. 73 f.*).

[1] *Es kann sich dabei auch um eine Doppelorientierung des Mannes handeln.*

Eine Berufstätigkeit beider Eltern kann nicht als Risikofaktor für sichere Bindung betrachtet werden und muss der gesunden Entwicklung des Kindes nicht im Wege stehen, wenn eine ausreichende außerfamiliäre Betreuung sowie die emotionale Geborgenheit und Unterstützung gewährleistet sind. Entscheidend ist, dass das Kind die Betreuungsperson (Großeltern, Tageseltern, Babysitterin/Babysitter, Pädagogin/Pädagoge) als „feste Bezugsperson" akzeptieren kann und sie für es eine Art „Sicherheitsbasis" darstellt. Nur eine Bezugsperson ist nämlich imstande, das Kind zu trösten und ihm ein Gefühl der Geborgenheit zu geben.[1]

Spannungsverhältnis zwischen Familie und Gesellschaft

Yvonne Schütze (2009⁹, S. 174 f.) sieht das Problem der Berufstätigkeit in der Familie als Ergebnis eines **Spannungsverhältnisses zwischen Familie und Gesellschaft** und meint, dass die Funktionen der gesellschaftlichen Einrichtungen, insbesondere der Wirtschaft, denen der Familie nicht entsprechen. Dies sei auch der Grund für den starken ***Geburtenrückgang***.

Schütze (2009⁹, S. 177) meint, dass das Spannungsverhältnis zwischen der Familie und anderen Einrichtungen nur dann gemildert wird, wenn sich nicht nur die Familie anpasst, sondern umgekehrt auch eine Anpassung an die besondere Erziehungsform der Familie stattfindet. Dabei geht es darum, Bedingungen herzustellen, die es Eltern ermöglichen, Verantwortung für ihre Kinder zu übernehmen. Es scheint wichtiger, die Arbeitsorganisation für Frauen und Männer so umzustrukturieren, dass Eltern und Kinder mehr Zeit füreinander haben, als die pädagogische Verwaltung der Kindheit zu intensivieren.

Das Spannungsverhältnis zwischen Familie und Gesellschaft wird derzeit noch größer: Seit Mitte der 1990er-Jahre steigt die Arbeitszeit wieder an und es wird volle Einsatzbereitschaft sowie die Bereitschaft zu Überstunden und Mehrarbeit erwartet. Diese Tatsachen machen es noch schwieriger, Familie und Beruf unter einen Hut zu bringen (vgl. *Janert, 2007, S. 68 f.*).

Die Wichtigkeit von Vereinbarkeit von Familie und Beruf ist weitestgehend anerkannt und Themen wie Work-Life-Balance oder Familienfreundlichkeit von Unternehmen sind in der Forschung, Politik und Praxis weit verbreitet. Nur wenn grundlegende familienfreundliche Strukturen existieren, ist gewährleistet, dass Menschen eine Wahlfreiheit in Bezug auf das von ihnen präferierte Lebensmodell haben. Dazu sollte sichergestellt sein, dass Menschen in adäquatem Umfang selbst entscheiden können, wie sie ihre (Lebens-) Zeit einteilen. Aber auch finanzielle Leistungen und weitere geeignete Rahmenbedingungen zählen zu den notwendigen familienpolitischen Instrumenten, um Wahlfreiheit in Hinblick auf grundlegende Lebensentscheidungen zu sichern (vgl. *BMFSFJ, 2010*)

Laut Statistik Austria nahmen im Jahr 2016 etwa 91 % der Männer und etwas über 66 % der Frauen zwischen 15 und 64 mit betreuungspflichtigen Kindern unter 15 Jahren aktiv am Arbeitsmarkt teil.

„Die Vereinbarkeit von Familie und Beruf ist, auch vor dem Hintergrund des demografischen Wandels, eine der wichtigsten Herausforderungen für die österreichische Familienpolitik. Aufgabe der Politik ist es, entsprechende Rahmenbedingungen zu schaffen, damit die Balance zwischen Familie und Beruf gut gelingen kann". (Bundesministerium für Familie und Jugend, 2017)[2]

[1] *vgl. Kapitel 10.1.2*
[2] *Informationen unter: www.bmfj.gv.at/familie/vereinbarkeit-familie-beruf/vereinbarkeit-familie-beruf.html (02.01.2019)*

In Österreich wurde 2012 die Charta „Vereinbarkeit von Familie und Beruf"[1] erarbeitet. Es ist ein öffentliches Bekenntnis zur Relevanz von familienfreundlichen Maßnahmen in Unternehmen und Organisationen. Sie soll einen Umdenkprozess fördern und ist ein Appell, familienfreundliche Maßnahmen zu implementieren und auszubauen.

Eine Lösung dieses Problems kann jedoch nicht darin bestehen, die Familie als **„Auslaufmodell"** zu bezeichnen und so viele Kleinstkinder wie möglich in einer Kinderkrippe oder in anderen Einrichtungen unterzubringen. Für den bekannten dänischen Familientherapeuten und Bestsellerautor *Jesper Juul (2012², S. 6)* kommt dies eher einer „Zwangsmaßnahme" gleich, die seiner Meinung nach nichts mit demokratischen Gepflogenheiten zu tun hat.

Wie entsprechende Untersuchungen zeigen, steht bei den österreichischen Jugendlichen nach wie vor Familie an oberster Stelle der Lebensziele. So gaben bei der Jugendstudie Generation What, die 2016 in ganz Europa durchgeführt wurde, 63 % der Befragten in Österreich an, dass sie sich in der Zukunft als verheiratet oder in einer eingetragenen Partnerschaft lebend sehen.

Karenzmodelle in Österreich

Karenz ist die Freistellung von der Arbeitsleistung bei Entfall des Entgelts anlässlich der Geburt eines Kindes. Die Elternkarenz beginnt acht Wochen nach der Geburt (vorher gilt die Mutterschutzfrist) und dauert in der Regel bis zum Tag vor dem zweiten Geburtstag des Kindes. Adoptiv- und Pflegeeltern haben unter bestimmten Bedingungen ebenfalls darauf Anspruch (vgl. *§ 15 MSchG = Mutterschutzgesetz*). Derzeit stehen fünf verschiedene Karenzmodelle zur Wahl. Ziel ist es, auf die jeweiligen individuellen Bedürfnisse der Familien einzugehen, da die Dauer und die Höhe des Betreuungsgeldes variieren.

Während des Mutterschutzes haben in Österreich alle Väter die Möglichkeit, jedoch keinen Rechtsanspruch, Väterfrühkarenz bzw. einen „Papamonat" in Anspruch zu nehmen, wenn die Arbeitgeberin bzw. der Arbeitgeber damit einverstanden ist. Dieser dauert maximal vier Wochen und muss innerhalb der ersten zwei Monate nach der Geburt des Kindes (während des Mutterschutzes) bezogen werden. Er ist in der Regel unbezahlt.

Verfehlte Erwartungen an das Kind

Ein Problem, das die Kernfamilie mit sich bringt, ist die **Überforderung des Kindes durch verfehlte Erwartungen**. Stellen Eltern zu hohe Erwartungen an ihre Kinder, so können die Kinder diesen nicht mehr gerecht werden. Diese Überforderung kann zu Entwicklungsproblemen führen.

Das Nichtbestehen einer weiterführenden Schule zum Beispiel kann dazu führen, dass sich die Kinder als Versager fühlen und aufgrund der permanenten Überforderung psychische Störungen entwickeln. Eine emotionale Überforderung liegt auch vor, wenn das Kind der einzige Grund ist, warum die ansonsten beziehungslos gewordenen Eltern zusammenbleiben, oder wenn es der einzige Lebensinhalt seiner Eltern bzw. eines Elternteils ist.

[1] *Die Charta wurde von Vertreterinnen und Vertretern des Familienministeriums, der Wirtschaftskammer, der Industriellenvereinigung, des Gewerkschaftsbundes und der Bundeskammer am 21.5.2012 unterzeichnet.*

Gleichzeitig sind die Eltern von ihrem Kind enttäuscht, weil es ihren Erwartungen nicht nachkommt oder nicht nachkommen kann, was sich wiederum negativ auf die kindliche Entwicklung auswirken kann.

Horst-Eberhard Richter[1] *(2010*[33]*)* erforschte Ursachen kindlicher Fehlentwicklungen, die darauf zurückgehen, dass die Eltern Erwartungen an das Kind stellen, die Ausdruck ihrer eigenen unbewältigten Konflikte und unerfüllten Wünsche sind.

So soll nach *Richter* das Kind beispielsweise Enttäuschungen ausgleichen, die bei einem Elternteil eine unerfüllte oder gescheiterte Partnerbeziehung hervorgerufen hat. Oder das Kind soll das übersteigert vorteilhafte Eigenbild verwirklichen, das ein Elternteil von sich hat. Es kann auch sein, dass das Kind dazu gedrängt wird, das Ideal zu verwirklichen, zu dessen Realisierung ein Elternteil sich nicht in der Lage sieht. Sehr häufig muss das Kind die Rolle des „schwachen Teils" übernehmen; es wird mit Absicht klein, ohnmächtig und passiv gehalten, damit der in Wirklichkeit schwache Elternteil sich von ihm erfolgreich abheben kann. Die wichtigste Funktion des Kindes wird von dem entsprechenden Elternteil darin gesehen, ihm bei seinen Auseinandersetzungen mit der Mitwelt oder mit der Partnerin/dem Partner beizustehen.

„Eine Gesellschaft offenbart sich nirgendwo deutlicher als in der Art und Weise, wie sie mit ihren Kindern umgeht." *(Nelson Mandela*[2]*)*

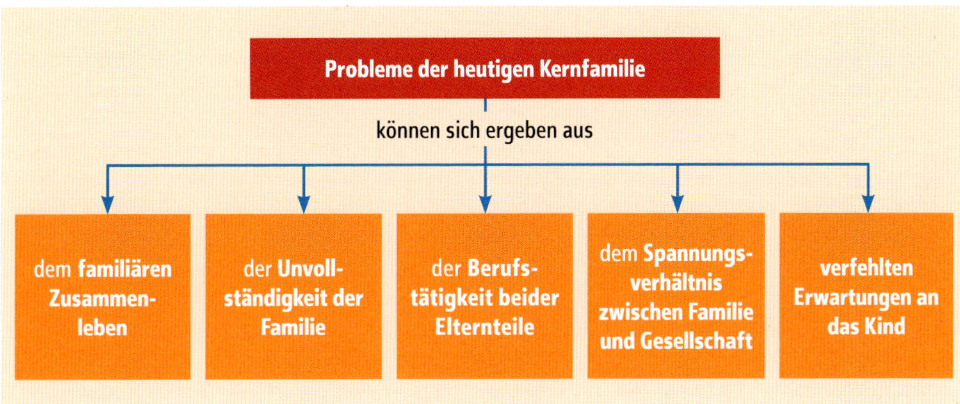

[1] Horst-Eberhard Richter (1923–2011), Professor Dr. med. Dr. phil., Psychoanalytiker, war geschäftsführender Direktor des Zentrums für Psychosomatische Medizin an der Universität Gießen. 1980 erhielt er den Theodor-Heuss-Preis.

[2] Nelson Mandela (1918–2013) war Anti-Apartheitskämpfer und Vorsitzender der African National Congress-Partei (ANC). Er war 27 Jahre als politischer Gefangener in Haft. 1993 erhielt er den Friedensnobelpreis und wurde 1994 erster Präsident von Südafrika mit schwarzer Hautfarbe. Er tätigte diesen Ausspruch bei der Verleihung des Friedensnobelpreises 1993.

Auf den Punkt gebracht

- In den westlichen Ländern versteht man den Zusammenschluss von Erziehungsberechtigten und den dazugehörigen Kindern als Familie. Kennzeichen der Familie ist das Zusammenleben sowie oftmals eine tiefe emotionale Bindung. Funktionen der Familie sind die Sozialisation des Nachwuchses, die Standortfindung, die Haushalts- und Freizeitfunktion sowie der Spannungsausgleich. Probleme der Kernfamilie können sich ergeben aus dem familiären Zusammenleben, der Unvollständigkeit der Familie, der Berufstätigkeit beider Elternteile und aus verfehlten Erwartungen der Eltern an das Kind.

Aufgaben – Wissen & Verstehen, Anwenden, Reflektieren

1. *Bestimmen Sie den Begriff „Familie“.*
2. *Erläutern Sie an Beispielen Funktionen der Familie.*
3. *Stellen Sie anhand von Beispielen Probleme dar, die sich aus dem familiären Zusammenleben ergeben können.*
4. ***„Frau Böhm antwortet Ihnen“***
   Ferdinand K. (42): Der Vater meiner beiden Stieftöchter funkt immer wieder in die Erziehung und verwirrt die Mädchen damit. Außerdem greift er meine Frau ständig wegen angeblicher Erziehungsfehler an. Wie soll ich mich verhalten?
   Frau Böhm antwortet: In vielen Patchwork-Familien gibt es immer wieder Schwierigkeiten bei der Erziehung, die durch Uneinigkeit der leiblichen Eltern hervorgerufen werden. Nicht jeder Ex-Ehemann ist nach der Trennung friedlich und vernünftig. Einmischung und Vorwürfe bezüglich der Erziehung der gemeinsamen Kinder ist ein beliebtes Mittel, um sich bei der Ex-Frau auf jeden Fall Gehör zu verschaffen und für allgemeinen Unfrieden zu sorgen. Welche Mutter lässt sich schon unerwidert angreifen, vor allem, wenn die Vorwürfe nicht berechtigt sind und nur der Provokation und der fortgesetzten Kriegsführung dienen? Opfer sind natürlich die Kinder, die sich bald mit den unterschiedlichen Erziehungsstilen und Belohnungstaktiken nicht mehr auskennen und entsprechend verunsichert wirken. Die neue Familiengemeinschaft muss dies dann ausbaden. Sie als Ehemann oder Partner der Mutter können ihr aber den Rücken stärken und ihr zeigen, dass Sie zu ihr halten und hinter ihrem Erziehungsstil stehen. Alles, was sich jedoch in Ihrem Haushalt abspielt, sollten Sie gemeinsam mit Ihrer Frau von Anfang an mitbestimmen, denn sonst gelingt es Ihnen kaum, ein Gemeinschaftsgefühl aufzubauen und Harmonie in der neuen Konstellation zu erhalten. Vor den Kindern allerdings ist es besser, wenn Sie sich in gewissen Themen raushalten, um nicht noch mehr Verwirrung reinzubringen. Alles, was an Besuchswochenenden beim Vater abläuft, sollte zunächst Ihre Frau beurteilen. Wenn Sie jedoch sehen, dass Ihre Frau sehr unter den Interventionen des Ex-Partners leidet und Ihre Stiefkinder mit deutlichen Verhaltensstörungen reagieren, sollten Sie Konsequenzen ziehen.

Überlegen Sie ruhig mit Ihrer Frau, das Umgangsrecht des leiblichen Vaters vom Jugendamt einzuschränken zu lassen. Das Wohl der Kinder hat Vorrang *(Böhm, 2007, S. 26)*.

→ Diskutieren Sie in Gruppen folgende Fragen:
- *Welche Probleme können in Patchworkfamilien entstehen?*
- *Wie finden Sie den Lösungsvorschlag der Diplom-Psychologin, das Umgangsrecht des leiblichen Vaters einzuschränken? Fassen Sie Pro und Contra-Meinungen zusammen.*
- *Stellen Sie im Kreis Sessel auf, auf denen die Gruppensprecher/-innen Platz nehmen. Ein Sessel bleibt leer.*

→ Der/die Gruppensprecher /-innen stellen das Ergebnis ihrer Gespräche vor. Anschließend diskutieren die Gruppensprecherlinnen über die verschiedenen Ergebnisse der Gruppen.

→ Wer einen Diskussionsbeitrag leisten möchte, setzt sich auf den leeren Sessel, nach dem Beitrag verlässt die Schülerin bzw. der Schüler den Sessel wieder.

12.2 Kinderbildungs- und Kinderbetreuungseinrichtungen

Die Kinderbetreuungseinrichtungen sind die ersten Bildungseinrichtungen, die ein Kind außerhalb der Familie kennenlernt. In Österreich sind Kinderkrippen bzw. Krabbelstuben, Kinderhäuser, Kindergärten mit und ohne Integrationsgruppen, sonder- bzw. heilpädagogische Kindergärten, Tageseltern und Spielgruppen die ersten Bildungs- und Betreuungsangebote für Kinder bis zum 6. Lebensjahr. Die verwendeten Begriffe sind in den einzelnen Beindesländern, da diese dem jeweiligen Landesgesetz unterliegen, unterschiedlich.

„Auf den Anfang kommt es an." *(Wassilios Fthenakis[1])*

12.2.1 Das Kinderbildungs- und -betreuungsgesetz

Das Kinderbildungs- und -betreuungsgesetz ist in Österreich Ländersache. Bundesländerübergreifend gibt es Vereinbarungen zum Thema Kinderbetreuung wie zum Beispiel

- den Ausbau des institutionellen Kinderbetreuungsangebotes für unter Dreijährige,
- die Intensivierung und qualitative Weiterentwicklung der Förderung im Bereich der frühen sprachlichen Förderung,
- die Einführung eines bundesweiten Werte- und Orientierungsleitfadens.

---

[1] *Wassilios Fthenakis (* 1937), studierte Pädagogik und Psychologie und hat als Forschungsschwerpunkt Frühpädagogik, Kindheits- und Familienforschung.*

[2] *Vereinbarung gemäß Art. 15a B-VG (Bundesverfassungsgesetz) zwischen dem Bund und den Ländern über die Elementarpädagogik für die Kindergartenjahre 2018/19 bis 2021/22.*

Durch den *bundesländerübergreifenden BildungsRahmenPlan*[1] *für elementare Bildungseinrichtungen* wird die **ganzheitliche Förderung der Kinder** in den Mittelpunkt von pädagogischen Bemühungen gerückt. Dieser Rahmenplan gibt Grundorientierungen für die pädagogische Praxis in Kinderkrippen, Kindergärten und Horten vor. Die pädagogische Arbeit wird dadurch transparent.[2] **Der BildungsRahmenPlan ist eine Qualitätssicherungsmaßnahme im Elementarbereich.**

In den meisten Bundesländern werden die Kinderbildungs- und Kinderbetreuungseinrichtungen in einem gemeinsamen ***Kinderbildungs- und -betreuungsgesetz*** geregelt, das u.a. die Themen Alter der Kinder, Gruppengröße, Personal-Kind-Schlüssel, Bildungspartnerschaft und Personalqualifikation regelt.

„Im Kindergartenjahr 2017/18 besuchten insgesamt 68.168 Kinder unter drei Jahren eine Kinderbetreuungseinrichtung. Damit wird erneut ein Rekordwert erreicht. Seit im Jahr 2008 die erste Vereinbarung zwischen Bund und Ländern über Förderungen für den Ausbau der Kinderbetreuung abgeschlossen wurde, hat sich die Anzahl der betreuten unter Dreijährigen mehr als verdoppelt (...).
Im Berichtsjahr 2017/18 besuchen 236.779 Kinder im typischen Kindergartenalter von drei bis fünf Jahren ein Kindertagesheim bzw. als vorzeitig Eingeschulte bereits eine Schule – um 29.128 mehr als noch vor zehn Jahren (+ 14,0 %). Damit wurde auch in dieser Altersklasse ein neuer Höchststand erreicht. Die kombinierte Betreuungsquote der Drei- bis Fünfjährigen liegt aktuell österreichweit bei 93,7 % (2007/08: 85,8 %).“

(Statistik Austria, Pressemeldung zur Kindertagesheimstatistik, 2018)

Der **Ganztagskindergarten** und das **Kinderhaus** sind außerschulische Einrichtungen, in denen Kinder von 1½ Jahren bis zum Ende der Schulpflicht halb- oder ganztags betreut und die Familienerziehung ergänzt und unterstützt wird. In diesem Sinne sind sie eine ***familienergänzende Einrichtung***. In der Regel handelt es sich dabei um Kinder, die tagsüber nicht durchgehend von ihren Eltern bzw. von einem Elternteil versorgt werden können. Die Betreuung und Erziehung von Kindern wird von pädagogischem Fachpersonal (Kindergartenpädagoginnen und -pädagogen, Hortpädagoginnen und -pädagogen, Sozialpädagoginnen und -pädagogen) übernommen. Gegenüber einem Heim/Internat bleiben die Kinder nicht über Nacht.
In Österreich gibt es ebenso Eltern-Kind-Zentren, in denen neben Bildung und Betreuung der Kinder auch niederschwellige Beratungsangebote für Eltern und Kinder angeboten werden.

→ Ein ideales Beispiel ist der Kinder- und Familientreff Bifang in Rankweil, Vorarlberg. Im Haus gibt es eine Kleinkindgruppe, vier Kindergartengruppen (davon zwei mit Integration) und eine Schülergruppe (Hort). Betreut wird nach einem offenen Konzept und die Pädagoginnen und Pädagogen arbeiten nach dem Early Excellence Konzept (EEC).[3] Ebenso gibt es im Haus ein Familien Café, Baby-, Kinder- und Familientreffs, Eltern- und Mutter-Kind-Beratung sowie Geburtsvorbereitungskurse.

Die Tendenz, Kinder in einer Ganztageseinrichtung unterzubringen, wird sich in naher Zukunft verstärken, da immer öfter beide Elternteile einem Beruf nachgehen oder Kinder nur von einem Elternteil erzogen werden. Zudem sind nach *Klaus Mollenhauer* (*2001, S.154*) Kindertageseinrichtungen aufgrund gesamtgesellschaftlicher Veränderungen notwendig

[1] *https://bildung.bmbwf.gv.at/schulen/sb/bildungsrahmenplan.html (25.02.2019)*
[2] *Konzipiert wurde der BildungsRahmenPlan von Expertinnen und Experten aus den Bundesländern unter der wissenschaftlichen Leitung des Charlotte Bühler Instituts, Wien.*
[3] *Das Early Excellence Konzept wurde von Margy Whalley in Corby, England entwickelt. Die Kindertagesstätten wandeln sich zu einem Kinder- und Familienzentrum.*

geworden: Die Familie kann dem Kind heute durch die Verinselung nicht mehr den freien und gesicherten Spielraum, die Altersgruppe, die außerfamiliären Sozialerfahrungen oder die vielfältigen Spielmöglichkeiten zur Verfügung stellen, deren es in unserer Gesellschaft bedarf. Der Staat stellt deshalb Gelder bereit, um noch mehr ganztägige Kinderbildungs- und Kinderbetreuungseinrichtungen anzubieten.

Eine wichtige Aufgabe der Kinderbildungs- und -betreuungseinrichtungen ist das Erreichen einer **Chancengleichheit**: Jedes Mitglied der Gesellschaft soll die gleiche Möglichkeit haben, einen hohen Bildungsgrad zu erreichen, unabhängig von seiner sozialen Herkunft.

Heute wird der Begriff **„gleiche Bildungschancen"** bevorzugt, der meint, dass jeder Mensch beim Zugang zu Bildungseinrichtungen und bei deren Durchlaufen entsprechend seiner Begabung und Fähigkeit die gleichen Möglichkeiten haben muss und nicht die soziale Herkunft – wie Schicht oder Rasse oder ökonomische Situation (Besitz, Einkommen) – den Bildungsgrad eines Menschen bestimmen darf. Das Ergreifen pädagogischer Maßnahmen, um Entwicklungsdefizite, die eine Benachteiligung von Kindern in der Schule zur Folge haben, wird als **kompensatorische Erziehung**[1] bezeichnet.

Durch die Unterzeichnung der UN-Konvention über die Rechte von Menschen mit Behinderungen sind Österreich, Deutschland und die Schweiz verpflichtet, den **Inklusionsgedanken** umzusetzen. Das bedeutet gemeinsame Erziehung von behinderten und nicht behinderten Kindern.[2]

Institutionelle Kinderbildungs- und -betreuungseinrichtungen:

[1] *compensare (lat.): ausgleichen*
[2] *Vgl. Kapitel 1.5.2*

12.2.2 Die Kinderkrippe

Die Kinderkrippe – in manchen Bundesländern auch ***Krabbelstube oder Kleinkinderbetreuungseinrichtung*** genannt – sorgt für eine altersgerechte Bildung und Betreuung für Kinder unter drei Jahren. Einrichtungen dieser Art sind auf die Bedürfnisse von Babys und Kleinkindern abgestimmt. In den Gruppen wird nur eine kleine Anzahl von Kindern betreut, wobei eine enge **Zusammenarbeit mit den Eltern** vorausgesetzt wird. In den Bundesländern gibt es sowohl öffentliche als auch private Betreuungseinrichtungen.

Daneben bieten auch Tagesmütter/-väter und Spielgruppen ihre Dienste an. Sie betreuen Kinder bis zum vollendeten 16. Lebensjahr regelmäßig und gegen Entgelt. Für die Ausübung sind eine pädagogische Ausbildung und eine Bewilligung seitens der Behörde (Bezirkshauptmannschaft, Magistrat) vorgeschrieben.

Eine Kinderkrippe/Krabbelstube ist eine außerschulische Einrichtung auf freiwilliger Basis zur Bildung und Betreuung von Kindern von null bis drei Jahren, die dort halb- oder ganztags von pädagogischem Fachpersonal betreut werden; sie will die Familienerziehung ergänzen.

Für die Inanspruchnahme einer Kinderkrippe/Krabbelstube sind in der Regel persönliche und soziale Gründe wie Berufstätigkeit beider Elternteile, Alleinerzieherin und Alleinerzieher oder die Überzeugung der Eltern, dass ihre Kinder dort Erfahrungswelten und damit Entwicklungschancen bekommen, die zu Hause so nicht geboten werden können, ausschlaggebend.

Hat in früheren Zeiten Beaufsichtigung und Pflege im Vordergrund gestanden, so tragen Kinderkrippen heute wesentlich zur **Förderung der Entwicklung** in den Persönlichkeitsbereichen des Kindes bei. Es herrscht weitgehend Einigkeit bei den Wissenschaftlerinnen und Wissenschaftlern, dass eine Fremdbetreuung in der frühen Kindheit nicht schadet. Die Bildung und Erziehung in Krippen bzw. Krabbelstuben wirkt sich eindeutig positiv auf die Entwicklung von Kindern aus bildungsfernen Schichten aus, wenn die Einrichtung Qualitätskriterien erfüllt. Diese betreffen die Konzeption der Einrichtung, den Personal-Kind-Schlüssel, das Vorhandensein einer kontinuierlichen Bezugsperson, die Mitarbeiterqualifikation, die Größe der jeweiligen Gruppe und die Anzahl der Pädagoginnen/Pädagogen in einer Gruppe sowie die materielle Ausstattung.

Aufgrund heutiger Erkenntnisse kann man davon ausgehen, dass eine gute Bindung zur „primären" Bezugsperson wie Mutter oder Vater Voraussetzung zu einer Fremdbetreuung ist. Auf der Grundlage einer sicheren Bindung können (Klein-)Kinder eine gute Beziehung zu weiteren Bezugspersonen aufbauen. Eine Fremdbetreuung ist für die Entwicklung des Kindes nur dann schädlich, wenn die Beziehung schon vorbelastet ist.[1]

„Die Bindungsbereitschaft hängt davon ab, wie viel Geborgenheit und Zuwendung das Kind bis dahin erhalten hat, und wie groß die Bereitschaft der zukünftigen Bezugspersonen ist, sich auf eine Beziehung mit dem Kind einzulassen." *(Largo, 2011[21], S. 123)*

[1] *Vgl. hierzu Kapitel 10.1.3*

Es ist wichtig, dass eine Kindergartenpädagogin bzw. ein Kindergartenpädagoge in der Krippe zu einer **neuen Sicherheitsbasis** wird. Dies erfordert eine Übergangszeit von der Familie zur Kinderkrippe/Krabbelstube, in der eine Kindergartenpädagogin/ein Kindergartenpädagoge eine echte Bindung zum Kind aufbaut. Diese Eingewöhnung muss sich schrittweise über einen längeren Zeitraum hinweg erstrecken (vgl. *Grossmann, 1999, S. 172 f.*). Kleinstkinder, die rasch und ohne Elternbegleitung in eine Kinderkrippe/Krabbelstube eingewöhnt werden, sind in ihrer Bindung verunsichert und einem massiven Trennungsstress ausgesetzt (vgl. *Haug-Schnabel/Bensel, 2010, S. 2*). Hat das Kleinkind im Laufe der Eingewöhnungszeit in einer Kindergartenpädagogin bzw. einem Kindergartenpädagogen eine neue Sicherheitsbasis gefunden, kann nach *Karin Grossmann (1999, S. 173)* davon ausgegangen werden, dass es auch eine längere Trennung von der „primären Bezugsperson" (Eltern) bewältigen kann.

> *„Die Lösung (...) liegt für Eltern darin, dass sie ihr Kind sanft und langsam an die neue Betreuungsperson gewöhnen – und bei diesem Gewöhnungsprozess selbst anwesend sind –, bis diese das Kind auch bei Unwohlsein beruhigen und trösten kann. Dann ist die Betreuungsperson zu einer neuen Sicherheitsbasis geworden und das Kind kann zweitweise auf ‚die alte' Sicherheitsbasis verzichten."*
> *(Grossmann/Grossmann, 2017[17], S. 259)*

Die Eingewöhnungszeit darf nicht zu schnell und hastig vorgenommen werden, da dann die Beziehung Bezugsperson-Kind von einem sicheren zu einem unsicheren Muster kippen kann. Die Bindung bleibt jedoch erhalten, wenn sich die primäre Bezugsperson Zeit für die Eingewöhnung nimmt (vgl. *Ahnert, 2010, S. 192*).

12.3 Der Kindergarten

Der Kindergarten gehört zu den elementaren und bedeutendsten Kinderbildungs- und -betreuungseinrichtungen für Kinder bis zum 6. Lebensjahr.

12.3.1 Der Begriff „Kindergarten"

Der Kindergarten will die Erziehung der Familie **unterstützen und ergänzen**. In Österreich ist das letzte Kindergartenjahr für Fünfjährige seit September 2010 verpflichtend. Ausgenommen sind Kinder,

- deren Betreuung durch Tageseltern erfolgt,
- deren Betreuung durch häusliche Erziehung erfolgt,[1]
- denen aufgrund einer Behinderung aus medizinischen Gründen oder eines besonderen pädagogischen Förderbedarfs der Besuch nicht zugemutet werden kann,
- die vorzeitig eingeschult sind.

[1] *Informationen finden Sie unter http://www.charlotte-buehler-institut.at/wp-content/pdf-files/Leitfaden_fuer_Tageseltern.pdf (25.02.2019) in der Broschüre: Kinder im Jahr vor dem Schuleintritt. Leitfaden für die häusliche Betreuung sowie die Betreuung durch Tageseltern, 2010*

Ziel dieser Einführung ist es, Kindern unabhängig ihrer sozialen Herkunft **bestmögliche Chancen für ihren Bildungsweg** zu bieten. Damit soll die Basis für ein erfolgreiches, lebensbegleitendes Lernen gelegt werden.[1]

Die Kinder müssen mindestens 20 Stunden an vier Tagen den Kindergarten besuchen. Die Kosten für die Vormittagsbetreuung dieser Kinder werden von den Bundesländern übernommen. Damit haben diese Kinder einen ***Rechtsanspruch*** auf einen Kindergartenplatz. Daher wurde aufbauend auf den *Bundesländerübergreifenden BildungsRahmenPlan für elementare Bildungseinrichtungen* ein zusätzliches **Modul für das letzte Jahr in elementaren Bildungseinrichtungen** mit dem Ziel ausgearbeitet, Kinder individuell auf die Herausforderungen der bevorstehenden Lebensphase – die des Schulbesuchs – optimal vorzubereiten.

Eine Ausweitung der Kindergartenpflicht auf zwei Jahre wird vor allem unter dem Gesichtspunkt der Integration der sprachlichen Förderung von Kindern mit anderen Erstsprachen als Deutsch diskutiert.

Kindergärten stehen Kindern in der Regel im Alter zwischen 3 und 6 Jahren offen. Zur besseren Vereinbarkeit von Beruf und Familie bieten viele Kindergärten alterserweiterte Gruppen für Kinder unter 3 Jahren an.

Die Bildungs- und Betreuungsarbeit wird von Kindergartenpädagoginnen und -pädagogen geleistet, die eine fünfjährige Ausbildung mit Diplom- und Reifeprüfung absolvieren. Die Ausbildung kann auch nach der Matura, in Form eines Kollegs, absolviert werden. Es gibt auch die Möglichkeit, eine dreijährige Fachschule für Pädagogische Assistenzberufe zu absolvieren. Diskutiert wird die Ausbildungsmöglichkeiten zur Kindergartenpädagogin/zum Kindergartenpädagogen im tertiären Bereich anzusiedeln.

Der Kindergarten ist eine familienergänzende Einrichtung für Kinder zwischen dem 3. und 6. Lebensjahr. Das letzte Kindergartenjahr ist für 5- bis 6-jährige Kinder in Österreich verpflichtend. Die Bildungs- und Betreuungsarbeit wird von Kindergartenpädagoginnen und -pädagogen und Kindergartenhelferinnen und -helfern bzw. Kinderbetreuerinnen und -betreuern geleistet. Der Kindergarten wird von Gemeinden, Vereinen oder Kirchen getragen und untersteht der Aufsicht der jeweiligen Landesregierung. Die schulische Ausbildung der Kindergartenpädagoginnen und -pädagogen[2] obliegt dem Bund.

12.3.2 Bildungsbereiche des Kindergartens

In der elementaren Bildung herrschen entsprechend des *BildungsRahmenPlanes* folgende Bildungsbereiche vor:

- **Emotionen und Beziehungen**
  Die Entwicklung von sozial-kommunikativen Kompetenzen, wie zum Beispiel Konfliktfähigkeit, die Entwicklung einer positiven Persönlichkeitsstruktur und der Aufbau von stabilen Beziehungen stehen im Vordergrund.
- **Ethik und Gesellschaft**
  Respektvoller Umgang miteinander, Anerkennung der kulturellen Unterschiedlichkeiten, die Berücksichtigung der eigenen und anderer Bedürfnisse stehen im Mittelpunkt der pädagogischen Arbeit.

[1] *vgl. Bundesgesetzblatt I Nr. 99/2009*
[2] *einschließlich der Zusatzausbildung zur Hortpädagogin, zum Hortpädagogen*

- **Sprache und Kommunikation**
  Die Förderung des Spracherwerbs steht im Mittelpunkt, möglichst vielfältige Sprachangebote für Kinder stehen im Vordergrund. Dabei werden die vielfältigen Ausdrucksweisen der Kinder wahrgenommen und begleitet, verbale, nonverbale und paraverbale Aspekte der Kommunikation unterstützt.

  Der Sprachförderung im Kindergarten wird besondere Bedeutung zugemessen. Eine ganzheitliche frühe sprachliche Förderung verbessert die Chancengleichheit der Kinder. Das *Bundesministerium (BMBWF[1])* erarbeitete ein Maßnahmenpaket zur umfangreichen frühen sprachlichen Förderung von Kindern im Alter von 3 bis 6 Jahren in den Kinderbildungs- und -betreuungseinrichtungen.

  > Ein zentraler Baustein in der elementaren Bildung ist zum Beispiel das Sprachstandsfeststellungsverfahren durch ausgebildetes pädagogisches Personal im Kindergarten.

  Diese Maßnahmen werden im Rahmen einer Bund-Länder-Vereinbarung geregelt (vgl. *§ 15a B-VG 2012/206*).

  PUMA[2] ist ein bundesländerübergreifendes Netzwerk von Kindergartenpädagoginnen und Kindergartenpädagogen, Expertinnen und Experten aus Forschung, Aus- und Fortbildung, Kindergartenerhaltung und NGOs[3]. Ziel ist es, Sprachförderung im Elementarbereich, vor allem an der Schnittstelle Kindergarten und Schule, bestmöglich zu unterstützen.

- **Bewegung und Gesundheit**
  Bewegungserfahrungen, vielfältige Sinneseindrücke ermöglichen dem Kind, seinen Handlungs- und Spielraum zu erweitern. Bewegung trägt wesentlich zu einer gesunden physischen und psychosozialen Entwicklung bei.
- **Ästhetik[4] und Gestaltung**
  Durch das kreative Gestalten, welches die bildende und darstellende Kunst sowie die Musik umfasst, setzt sich das Kind mit der inneren und äußeren Welt auseinander, es erlebt Selbstwirksamkeit[5] und kann dadurch seine Identität entwickeln.
- **Natur und Technik**
  Durch die Auseinandersetzung mit naturwissenschaftlich-technischen und mathematischen Themen erprobt das Kind verschiedene Problemlösungsmethoden und gewinnt neue Erkenntnisse.

Diese Bildungsbereiche sind zugleich Erlebnisbereiche für die Kinder.

---

[1] *BMBWF: Bundesministerium für Bildung, Wissenschaft und Forschung (seit Jänner 2018, ist nun auch neu das Kindergarten- und Hortwesen inkludiert)*
[2] *PUMA – Produktiver Umgang mit Mehrsprachigkeit im Kindergarten; vgl. www.oesz.at (25.02.2019)*
[3] *NGO (Non Govermental Organisation): eine private, unabhängige, nicht gewinnorientierte Organisation, die sich zum Beispiel für die Interessen von benachteiligten Menschen einsetzt, Beispiel: Amnesty International.*
[4] *Ästhetik (aisthētikḗ, griech.: Die Wissenschaft vom sinnlich Wahrnehmbaren): das stilvoll Schöne*
[5] *Selbstwirksamkeit: die subjektive Überzeugung, bestimmte Verhaltensweisen ausüben und Situationen bewältigen, etwas bewirken und sein Leben selbst kontrollieren zu können (vgl. Kapitel 7.1.5).*

Zukünftig gibt es auch einen Orientierungsrahmen für die Wertebildung im Kindergarten, den Werte- und Orientierungsleitfaden.

12.3.3 Aufgaben der elementaren Bildung im Kindergarten

Eine Aufgabe des Kindergartens ist seine ***familienergänzende Funktion***: Der Kindergarten soll die Erziehung in der Familie unterstützen.

Den ersten Kontakt mit den Eltern haben die Kindergartenpädagoginnen und -pädagogen meistens bei der Anmeldung des Kindes für den Kindergarten; es findet ein ***Aufnahmegespräch*** statt. Zu weiteren Gesprächen zwischen Eltern und Kindergartenpädagoginnen und -pädagogen kann es kommen, wenn die Kinder täglich von ihren Eltern in den Kindergarten gebracht werden; *Wilma Aden-Grossmann (2002, S. 226)* nennt dies ***„Gespräche zwischen Tür und Angel“***. Ebenso führen Kindergartenpädagoginnen und -pädagogen führen mit den Müttern und Vätern **Entwicklungs- und Beratungsgespräche**. Das sind regelmäßige, vorbereitete Einzelgespräche, in denen die Entwicklung des Kindes in den verschiedenen Lebensräumen im Mittelpunkt steht. Zusätzlich haben alle Eltern die Möglichkeit, sich an ***Elternabenden*** über die Erziehungs- und Bildungsarbeit des Kindergartens zu informieren. Einladungen der Eltern zu gemeinsamen Feiern und Festen sind weitere Angebote, um den Kontakt zu vertiefen.

Pädagoginnen und Pädagogen sind Entwicklungsbegleiter/innen.

Aufgabe des Kindergartengartens ist es, sogenannte Vorläuferkompetenzen zu fördern, damit der Übertritt in die Volksschule (Transition) gut gelingt. Dazu werden unterschiedliche Konzepte zwischen Kindergarten und Schule unter Einbeziehung der Erziehungsberechtigten entwickelt.

Eine weitere Aufgabe ist es auch, Auffälligkeiten bei Kindern in verschiedenen Entwicklungsbereichen zu erkennen, Eltern zu informieren und zu beraten sowie ihnen entsprechende Einrichtungen zu empfehlen. Gezielte Bildungsangebote und Möglichkeiten für das freie Spiel unterstützen die Kinder in ihrer ganzheitlichen Entwicklung. Wichtig ist es, die Balance zwischen diesen beiden Lernformen herzustellen. Das Kind wird als ***Ko-Konstrukteur seiner Entwicklung*** betrachtet.

Das Freispiel stellt für das Kind ein „elementares Lebensbedürfnis“ dar und ist die dem Kind entsprechende Tätigkeit schlechthin. Es legt für alle Lernbereiche die notwendigen Grundlagen und steht auch deshalb im Mittelpunkt pädagogischer Arbeit und ist die wichtigste Lernform. In der dynamischen Umgebung, die die Kindergartenpädagogin bzw. der Kindergartenpädagoge gestaltet, kann das Kind beispielsweise selbst seine Spielkameradinnen bzw. -kameraden und Spielmaterialien aussuchen, es kann seine eigenen Ideen, allein oder gemeinsam mit anderen Kindern verwirklichen. Das Spiel ist eine der wichtigsten kindlichen Aneignungsformen der Welt.

Viele Wissenschaftler/innen lehnen es ab, schulisches Lernen in den Kindergarten vorzuverlegen. Die beste Vorbereitung auf die Schule sei das freie Spiel (im Gegensatz zum „Spiel“ als planvolle, angeleitete Aktivität), das die für alle Bereiche notwendigen Grundlagen für das schulische Lernen legt.[1] Ein Spiel selbst zu gestalten, fordert und fördert nach *Melinda Wenner* (*2009, S. 42*) das sich entwickelnde Gehirn ungleich mehr, als vorgegebene Regeln zu übernehmen.

„Kinder erfassen ‚spielend‘ die Welt.“ *(Haug-Schnabel/Schmid, 2011, S. 183)*

Dem forschenden Lernen wird im Elementarbereich ein großer Stellenwert zugeschrieben. In der Praxis wird dieser Lernprozess beispielsweise durch Naturbeobachtungen oder Experimente angeregt und begleitet.

Das Sparkling-Science-Projekt[2] „Ausbildung gemeinsam weiterdenken: BAKIP[3], Universität und Praxis im Dialog“ (2012–2014) gab dem forschenden Lernen in der Ausbildung und Praxis von Kindergartenpädagoginnen und Kindergartenpädagogen neue, wissenschaftlich fundierte Impulse.

Eine große Rolle spielt die **Bildungspartnerschaft mit den Eltern.** Bildungspartnerschaft meint das aktive Zusammenwirken der Personen, die am Bildungsprozess des Kindes beteiligt sind: Kindergartenpädagogin/-pädagoge, Eltern und das Kind. Familie und Kindergarten bilden die zwei wesentlichen Lebenswelten des Kindes in dieser Zeit.

12.3.4 Die Organisation des Kindergartens

Ziel der pädagogischen Arbeit im Kindergarten ist es, die Kinder in ihrem natürlichen Bildungsdrang und in ihrer Selbsttätigkeit zu eigenverantwortlichen und gemeinschaftsfähigen Persönlichkeiten heranreifen zu lassen. Der Tagesablauf ist größtenteils geplant und organisiert. Er orientiert sich am jeweiligen pädagogischen Konzept. Ein Vormittag im Kindergarten kann in verschiedenen Phasen ablaufen, die wiederum einer natürlichen Regelmäßigkeit unterworfen sind. Der Übergang zwischen den einzelnen Phasen stellt sich als fließend dar, dabei wird individuell auf das Kind eingegangen. Dies kann folgendermaßen ablaufen:

- **Orientierungsphase**: Hier vollzieht sich die Umstellung von der Familiensituation auf die Kindergartenatmosphäre. In dieser sensiblen Phase ist es wichtig, den Kindern genügend Aufmerksamkeit zu schenken.
- Danach folgt eine **Konzentrationsphase**, in der sich die Kinder intensiv einer neuen Lernerfahrung widmen bzw. die Pädagogin/der Pädagoge etwas anbietet.

---

[1] *vgl. Kapitel 9.4.4*
[2] *Sparkling Science ist seit 2007 ein Forschungsprogramm des Bundesministeriums für Wissenschaft, Forschung und Wirtschaft – Infos unter: www.sparklingscience.at (28.02.2019)*
[3] *Ab 2016 umbenannt in BAfEP – Bildungsanstalt für Elementarpädagogik.*

- Nach intensiver Beschäftigung brauchen Kinder eine **Erholungsphase**. Die Kinder können sich zurückziehen, sich entspannen oder spielen, sie können individuell wählen. In dieser Freispielphase findet auch die Jause statt.
- Danach folgt eine zweite **Konzentrationsphase** in der Gruppe, ein Bildungsangebot oder Freispiel. Je nach dem Alter der Kinder dauert diese bis zu ca. 20 Minuten.
- Die **Bewegungsphasen** werden von der Pädagogin/dem Pädagogen variabel gestaltet, es gibt Angebote zur Balance und Ruhe bzw. zur Bewegung und Rhythmik.
- **Mittagessen**
- Am Nachmittag wechseln sich **Ruhe-** und **Erholungs-** sowie **Spielphasen** im Kindergarten ab, die Bildungsangebote orientieren sich immer an den Bedürfnissen der Kinder.
- Die **Abholphase** wird individuell gestaltet.

Dieser Tagesablauf hat nur Modellcharakter, die Pädagogik orientiert sich an den Interessen, Bedürfnissen und Begabungen der Kinder. Die Tagesgestaltung im Kindergarten soll zeitliche Freiräume erhalten, wenngleich das Kind eine gewisse Regelmäßigkeit für seine Orientierung braucht. Als wichtigste Grundregel gilt dabei, dass das konzentrierte Spiel der Kinder nicht unnötig unterbrochen wird. Bei der Planung des Tagesablaufes muss die Kindergartenpädagogin/der Kindergartenpädagoge sehr genau beachten, wann seitens der Kinder eine hohe Aufmerksamkeit zu erwarten ist und wann andere Bedürfnisse, wie zum Beispiel sich zu orientieren, zu toben oder zu entspannen, vorherrschen.

Die Kindergartengruppen sind altersgemischt und bestehen aus Buben und Mädchen. Auf diese Weise können Kinder in der Gruppe wichtige Lernerfahrungen sammeln.

Beispielsweise können kleinere Kinder Hilfe von den Größeren bekommen, ältere Kinder können die kleineren beim Spielen anregen, oft werden ältere Kinder als Leiterinnen/Leiter einer Gruppe akzeptiert, was wiederum deren Selbstbewusstsein stärkt.

In der Kindergartengruppe lernen Kinder, etwas gemeinsam zu machen, sie lernen Spielregeln im Umgang miteinander.

Sie lernen zum Beispiel, andere Ansichten anzuerkennen, sich zu entschuldigen oder die eigene Meinung zu äußern, sie lernen, mit Konflikten umzugehen und sie zu lösen, sich durchzusetzen oder auch, wenn es nötig ist, nachzugeben.

Bildungsprozesse in den Kindergärten werden vor allem durch Spielsituationen und soziale Situationen angeregt; das pädagogische Personal hat dabei die Aufgabe, Voraussetzungen und Möglichkeiten für solche Situationen zu schaffen. Eine Möglichkeit der Planung der pädagogischen Arbeit ist die Orientierung am Jahreskreis.

„Die Aufgabe der Umgebung ist nicht, das Kind zu formen, sondern ihm zu erlauben, sich zu offenbaren.“ *(Maria Montessori)*[1]

[1] *vgl. Kapitel 4.2.3*

Daneben planen viele Kindergärten auch längerfristige Projekte, sog. pädagogische Schwerpunkte. Das Kind soll dadurch in den verschiedenen Bereichen seiner Entwicklung gefördert werden. Durch Rollenspiele, Exkursionen, Gespräche über das Erlebte oder durch das Betrachten von Bilderbüchern werden diese Projekte mit den Kindern vorbereitet, durchgeführt und reflektiert.

Die Architektur eines Kindergartens sollte so gestaltet sein, dass sich Kinder ungestört beschäftigen können, auch wetterunabhängig ein Toben und Rennen möglich ist und das Personal innerhalb einer Gruppe Untergruppen bilden kann. Das Raumkonzept von Kindergärten sieht vor, dass das Kind verschiedene Bereiche vorfindet, zum Beispiel zum Bauen und Konstruieren, Plätze für das Rollenspiel, für hauswirtschaftliche Tätigkeiten, zum Ruhen und Sich-Zurückziehen, Bewegungsräume sowie für das Zeichnen, Malen und Werken. Oft ist ein eigenes Atelier vorhanden.

Die Reggiopädagogik[1] hebt den Einfluss der Raumgestaltung auf die Entwicklung und Förderung von Kindern besonders hervor, hier wird der Raum als dritter Pädagoge bezeichnet.

„Die wichtigste und nützlichste Regel jeder Erziehung lautet nicht, Zeit zu gewinnen, sondern Zeit zu verlieren." *(Jean-Jacques Rousseau[2])*

Andere pädagogische Konzepte sind zum Beispiel der Waldkindergarten, der spielzeugfreie Kindergarten und der offene Kindergarten.

Das Konzept der **Waldkindergärten** beinhaltet Lernen durch wesentliche Erfahrungen und Erlebnisse in der Natur. Die Kinder sind bei jedem Wetter draußen („Kindergarten ohne Dach und Wand") und ihr Spielzeug sind Gegenstände aus der Natur. Die Idee dazu stammt aus Skandinavien in den 1950er-Jahren. Derzeit gibt es in Österreich mehr als 20 Waldkindergärten.

Der **spielzeugfreie Kindergarten**, ursprünglich ein Projekt zur Förderung der kindlichen Lebenskompetenzen – heute eine Methode der Suchtprävention, findet auch in Österreich vermehrt Anhängerinnen/Anhänger. Für drei Monate wird nach einer Vorbereitungsphase das Spielzeug entfernt und durch Alltagsmaterialien ersetzt. Ziel ist das Entdecken neuer Frei- und Spielräume und das verstärkte Erlernen von Problemlösungsstrategien.

Das **Konzept des offenen Kindergartens** beschreibt ein Modell, das sich in Österreich wachsender Beliebtheit erfreut. Angeregt durch Ideen von (Reform-)Pädagoginnen und (Reform-)Pädagogen wie *Jean-Jacques Rousseau, Maria Montessori, Jean Piaget* oder *Alexander Sutherland Neill*[3] ist es das Ziel, den bei Kindern beobachteten Entwicklungsbedürfnissen Rechnung zu tragen. Die vielerorts üblichen Stammgruppen werden aufgelöst und den Kindern die Möglichkeit eingeräumt, sich in freigewählten Spielgruppen mit selbstgewählten Aktivitäten zu befassen. Dabei wurde festgestellt, dass die Spielfreude, das Engagement und die Begeisterung der Kinder merklich gestiegen sind, dass sich Konzentration und Aufmerksamkeit erhöhten und Aggressionen und Langeweile deutlich zurückgingen. Es zeigte sich, dass gut durchdachte Funktionsräume (zum Beispiel Bau- und Bewegungsräume, Kunstwerkstätten) die Wahrnehmung und Ausübung der kindlichen Interessen und Bedürfnisse steigerte und alle Beteiligten sich im Alltag wohler fühlten.

---

[1] *vgl. Kapitel 4.2.2*
[2] *Eine Kurzbiographie von Jean-Jacques Rousseau befindet sich in Kapitel 4.2.2.*
[3] *vgl. Kapitel 4.2.2*

Auf den Punkt gebracht

- Eine Kinderkrippe/Krabbelstube ist eine außerschulische Einrichtung auf freiwilliger Basis zur Betreuung von Kindern unter drei Jahren, die dort halb- oder ganztags von pädagogischem Fachpersonal betreut werden; sie will die Familienerziehung ergänzen. Standen in früheren Zeiten Beaufsichtigung und Pflege im Vordergrund, so tragen Kinderkrippen heute zur Förderung der Entwicklung in den verschiedenen Persönlichkeitsbereichen bei. Aufgrund aktueller Erkenntnisse geht man davon aus, dass eine gute Bindung zur „primären" Bezugsperson (Mutter oder Vater) Voraussetzung zu einer Fremdbetreuung ist und dem Kleinkind unter bestimmten Voraussetzungen die Krippe nicht schadet. Die Einrichtung sollte jedoch optimale Bedingungen und transparente fachliche Qualitätsstandards bieten.
- Alterserweiterte Gruppen sind Einrichtungen für Kinder im Alter von 18 Monaten bis zum Ende der Volksschulzeit.
- Kindergärten sind Einrichtungen ab dem vollendeten 3. Lebensjahr bis zur Erreichung der Schulpflicht. In Ausnahmefällen (zum Beispiel mangelnde Schulfähigkeit) können Kinder auch nach Eintritt der Schulpflicht, längstens jedoch bis zum vollendeten 8. Lebensjahr im Kindergarten verbleibendes Das letzte Kindergartenjahr ist für 5- bis 6-jährige Kinder in Österreich verpflichtend. Kindergärten haben die Aufgabe, auf die Bedürfnisse des einzelnen Kindes unter Berücksichtigung der Familiensituation einzugehen und nach den Erkenntnissen der Elementarpädagogik die Entwicklung der Gesamtpersönlichkeit jedes Kindes zu fördern. Die Bildungs- und Betreuungsarbeit wird von Kindergartenpädagoginnen/-pädagogen und Kindergartenhelferinnen und -helfern bzw. Kinderbetreuerinnen und -betreuern geleistet. Vornehmlich durch zwei Methoden versucht der Kindergarten, diesen Aufgaben gerecht zu werden: durch das Spiel und die Bildungsangebote. Der Kindergarten wird von Gemeinden, Vereinen oder Kirchen getragen und untersteht der Aufsicht der jeweiligen Landesregierung. Die schulische Ausbildung der Kindergartenpädagoginnen und -pädagogen obliegt dem Bund.
- Heilpädagogische Kindergärten sind vorwiegend für Kinder mit besonderen individuellen Erziehungsansprüchen ab dem vollendeten 3. Lebensjahr bis längstens zum Ende des Kindergartenjahres, in welchem das Kind das 8. Lebensjahr vollendet. Das Team besteht aus pädagogischem Fach- und Hilfspersonal und einem interdisziplinären Team, bestehend aus Kindergartenpädagoginnen/-pädagogen mit inklusiver Zusatzausbildung, ärztlichen, psychologischen und therapeutischem Fachpersonal.
- Kinderhäuser sind Einrichtungen mit altersübergreifenden Gruppen für Kinder ab dem vollendeten 18. Lebensmonat und längstens bis zur Beendigung der Schulpflicht.
- Horte sind Einrichtungen für schulpflichtige Kinder außerhalb der Unterrichtszeit und ohne organisatorischen Zusammenhang mit der Schule. Kinder werden hier außerhalb der Schule von Hortpädagoginnen und Hortpädagogen, Sozialpädagoginnen und Sozialpädagogen individuell gefördert, bei ihren schulischen Aufgaben unterstützt und die Freizeit wird gemeinsam gestaltet.

- Heilpädagogische Horte sind für schulpflichtige Kinder mit besonderen, individuellen Erziehungsansprüchen außerhalb der Unterrichtszeit. Sie haben die Aufgabe, nach anerkannten integrativen Grundsätzen die Kinder in ihrer Entwicklung zu fördern. Die Pädagogen/-innen die hier arbeiten, haben eine zusätzliche inklusive Zusatzausbildung.
- Tageseltern sind Personen, die nach einer gesetzlich vorgeschriebenen Ausbildung in ihrem Haushalt regelmäßig und entgeltlich Kinder bis zur Beendigung der Schulpflicht betreuen. Sie haben die Aufgabe, für ein positives, auf das Lebensalter der Kinder abgestimmtes Umfeld zu sorgen[1].

Aufgaben – Wissen & Verstehen, Anwenden, Reflektieren

5. *Bestimmen Sie die Begriffe „Kindergarten“, „Kinderkrippe“ und „Hort“ und stellen Sie die Unterschiede dieser Einrichtungen heraus.*
6. *Beschreiben Sie die Bildungsbereiche des Kindergartens und veranschaulichen Sie diese anhand von Beispielen.*
7. *Verdeutlichen Sie die Funktion des BildungsRahmenPlanes.*
8. *Erläutern Sie die Organisation eines Ihnen bekannten Kindergartens.*
9. *Analysieren Sie die unterschiedliche pädagogischen Ziele und Handlungsansätze für Kindergarten, Kinderkrippe und Hort.*
10. *Erarbeiten Sie im Team einen Überblick über die Kinderbildungs- und -betreuungseinrichtungen in Ihrem Bezirk und stellen Sie diese auf einer Karte dar. Ziehen Sie daraus Rückschlüsse für eine möglichst optimale und ortsnahe Versorgung mit elementaren Kinderbildungs- und betreuungseinrichtungen.*
11. *Wie sollte Ihrer Meinung nach eine Kinderkrippe, ein Kindergarten optimal gestaltet sein?*
    - → *Entwerfen Sie in Gruppen ein Konzept für eine gewählte Einrichtung.*
    - → *Diskutieren Sie in der Klasse die verschiedenen Konzepte.*
    - → *Optimieren Sie Ihr Konzept, indem Sie Ideen von Ihren Mitschülerinnen und Mitschülern mit aufnehmen.*

12.4 Die Schule als Ort des Lernens

Schon in der Antike, bei den Ägyptern, Griechen und Römern gab es Schreibschulen und Privatunterricht von Philosophen. Im Mittelalter waren Schulen in den Klöstern die Zeit der Ruhe von der körperlichen Arbeit, in der die jungen Mönche ihren Unterricht erhielten. Kinder der Adeligen und Besitzenden wurden zu Hause von Privatlehrerinnen und -lehrern unterrichtet. Schulen im heutigen Verständnis entstanden im 16. bis 18. Jahrhundert und ergänzten die familiäre Erziehung (vgl. *Wember, 2007, S. 212*).

---

[1] *vgl. Stmk. Kinderbildungs- und -betreuungsgesetz – das Kindergartengesetz ist Ländersache, je nach Bundesland gibt es unterschiedliche Regelungen*

12.4.1 Der Begriff „Schule“

In Österreich ist im Schulpflichtgesetz eine **Unterrichtspflicht** für alle Kinder festgelegt, die sich dauernd in Österreich aufhalten. Schulpflichtig sind alle Kinder, die bis zum 31. August ihr 6. Lebensjahr vollendet haben. Besuchen Kinder im ersten Jahr ihrer Schulpflicht eine Vorschule, dann wird dieses Jahr auf die Erfüllung der **allgemeinen neunjährigen Schulpflicht** angerechnet.

Im Juli 2017 hat die österreichische Bundesregierung die **Ausbildungspflicht bis 18 Jahren**[1] eingeführt. Alle Jugendlichen müssen nach Erfüllung der allgemeinen Schulpflicht eine weiterführende Schule besuchen, eine Lehre absolvieren oder eine sonstige Ausbildung, zum Beispiel ein Praktikum, machen. Hintergrund dieser Regelung ist, dass ca. 5000 Jugendliche jährlich das Bildungssystem in Österreich verlassen, ohne einen über die Pflichtschule hinausgehenden Abschluss zu haben. Sie sind vom drei- bis vierfachen Risiko, arbeitslos zu werden, betroffen und sind stark armutsgefährdet. Es sind bundes- und landesweite Koordinationsstellen, Meldepflicht der Institutionen (zum Beispiel Schule, Arbeitsamt) und auch Sanktionen für Erziehungsberechtigte vorgesehen.

Es gibt die Möglichkeit, die Unterrichtspflicht des Kindes während der gesamten Schulzeit durch den sog. „häuslichen Unterricht“ zu erfüllen. Die gesetzliche Grundlage dazu liefert das Schulpflichtgesetz. Die Eltern müssen den häuslichen Unterricht der zuständigen Schulaufsicht im Schulbezirk melden. Prüfungen müssen an öffentlichen Schulen abgelegt werden. Auch Privatschulen ohne Öffentlichkeitsrecht fallen in die Kategorie „häuslicher Unterricht“ (vgl. *§ 11 SchPflG*)[2].

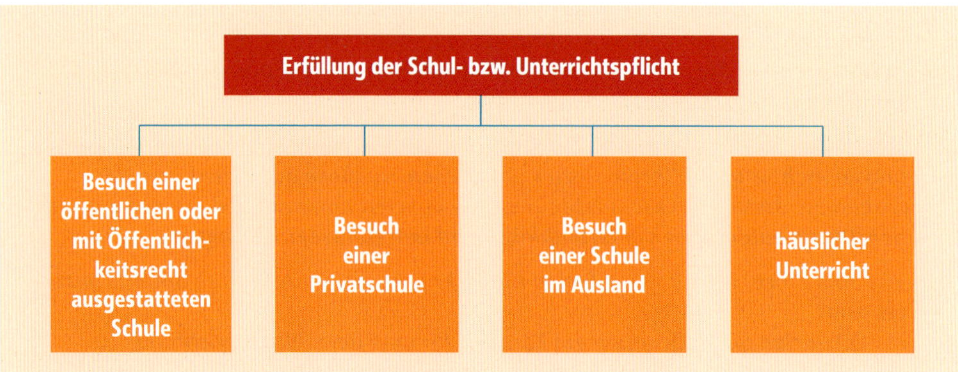

Das **Lernen** steht im Mittelpunkt schulischer Arbeit. Die Schule ist eine Einrichtung, in der ***Lehrer/innen***, die bestimmte Lernprozesse organisieren und auslösen, und ***Schüler/-innen***, die lernen, zum Zwecke der Erziehung und der Durchführung von Lehr- und Lernmaßnahmen zusammenkommen. ***Lehrerin/Lehrer ist eine Berufsbezeichnung für Personen, die Unterricht erteilen***; alle Arten der bewussten, absichtsvollen und planmäßigen Durchführung von Lehr- und Lernmaßprozessen bezeichnen wir als **Unterricht**.

Unterricht ist ein Sammelbegriff für alle Arten der bewussten, absichtsvollen und planmäßigen Durchführung von Lehr- und Lernprozessen nach Richtlinien und Lehrplänen von hierfür ausgebildeten Lehrkräften für Schülerinnen und Schüler.

[1] *Infos unter https://www.ausbildungbis18.at (02.01.2019)*
[2] *SchPflG: Schulpflichtgesetz*

Lehrkräfte orientieren sich an der Entwicklung der individuellen Fähigkeiten und Interessen der Schülerinnen/Schüler, wobei Richtlinien und Lehrpläne des Gesetzgebers eingehalten werden müssen. Schulen haben einen **Bildungs- und Erziehungsauftrag** zu erfüllen. Die Schule bildet ***Jahrgangsklassen*** zur weitgehenden Homogenisierung der Lernvoraussetzungen. Den Schülerinnen und Schülern werden Kenntnisse, Fähigkeiten und Fertigkeiten vermittelt, sie werden vorbereitet, Aufgaben im Leben, im Beruf und in der Gesellschaft übernehmen zu können (vgl. *Knapp, 2003[4], S. 349*).

Die Lehrpläne aller Schulen sind kompetenz- und lernergebnisorientiert verfasst und haben das Ziel, nachvollziehbare und standardisierte Abschlüsse zu erreichen.

Schulen sind öffentliche Bildungsstätten, in denen Erziehung und Unterricht nach Richtlinien und Lehrplänen von hierfür ausgebildeten Lehrkräften für Schüler/innen in Pflichtschulen und weiterführenden Schulen erteilt wird.

Das österreichische Schulwesen ist im Wesentlichen bundeseinheitlich geregelt. Öffentliche Schulen sind grundsätzlich für jede Schülerin und jeden Schüler zugänglich, der Schulbesuch ist kostenfrei, sie werden koedukativ[1] geführt. Die Ausbildung der Pädagoginnen und Pädagogen aller Schulstufen erfolgt in Kooperation mit den Pädagogischen Hochschulen und den Universitäten.

12.4.2 Das Bildungssystem in Österreich

Das Bildungssystem in Österreich gliedert sich in sechs Bereiche, den **Elementarbereich**, die **Primarstufe**, die **Sekundarstufe I und II**, den **Postsekundar-** und **nicht universitären Tertiärbereich** sowie den **tertiären Bereich**.

Bereich	Einrichtung
Elementarbereich	– Krippe bzw. Krabbelstube – Kindergarten mit Möglichkeit einer Integrationsgruppe (siehe *Abschnitt 12.3*) und einer alterserweiterten Gruppe – Heilpädagogischer Kindergarten – Sonderkindergarten – Kinder- bzw. Spielgruppe – Tagesmütter/-väter

[1] *koedukativ (lat.): gemeinsamer Unterricht von Mädchen und Jungen.*

Bereich	Einrichtung
Primarstufe	– Vorschule/Vorschulstufe – Volksschule (integrativer/inklusiver Unterricht) – Sonderschule/Sonderpädagogisches Zentrum
Sekundarstufe I	– Mittelschule (MS) – Angebote der inklusiven Bildung – Unterstufe der allgemeinbildenden höheren Schule (AHS)
Sekundarstufe II	– Polytechnische Schule – Berufsschule und Lehre – Aufbaulehrgang – Berufsvorbereitungsjahr – Integrative Berufsausbildung – Berufsbildende mittlere Schule (BMS) – Ausbildungen für Gesundheitsberufe – Berufsbildende höhere Schule (BHS) – Anstalten der Lehrer/innen- und Erzieher/innenbildung (Bildungsanstalt für Kindergarten- und Sozialpädagogik) – Bundesoberstufenrealgymnasium mit verschiedenen Schwerpunkten – Oberstufe der allgemeinbildenden höheren Schule (AHS)
Postsekundarbereich und nicht-universitärer Tertiärbereich	– Ausbildungen im Gesundheitswesen – Lehrgänge an Bildungseinrichtungen – Werkmeister-, Meister- und Bauhandwerkschule – Kolleg (Ausbildung nach der Matura)
Tertiärer Bereich	– Fachhochschule – Pädagogische Hochschule – Universität[1]

Nach dem Besuch der Primarstufe stehen den Kindern zwei Schulwege offen: der Besuch der **Mittelschule (MS[2])** oder der Besuch der **allgemeinbildenden höheren Schule (AHS)**. Voraussetzung für die Aufnahme in die AHS ist, dass die Schülerin/der Schüler im Jahreszeugnis in Deutsch, Lesen und Mathematik keine schlechtere Note als „Gut" und alle anderen Pflichtgegenstände positiv abgeschlossen hat. Bei „Befriedigend" in einem oder mehreren oben genannten Gegenständen ist eine Aufnahmeprüfung abzulegen.

In Österreich besteht ein starker Zusammenhang zwischen dem Bildungsstand der Eltern und den Leistungen der Schüler/innen sowie deren Schullaufbahn. Das Bildungsniveau wird quasi vererbt. (vgl. *Bruneforth/Lassnigg, 2012, S. 75*).

Die Mittelschule ist vierjährig. Die Absolventinnen und Absolventen der Mittelschule besuchen häufig die einjährige **Polytechnische Schule**, die sie auf eine Lehre (Berufsausbildung) vorbereitet. Je nach Berufswahl ist dafür eine drei- oder vierjährige Lehre in einem Betrieb und der Besuch der **Berufsschule** mit abschließender Lehrabschlussprüfung notwendig. Es gibt auch die Möglichkeit der „Lehre mit Matura".[3] Weitere Qualifizierungsmöglichkeiten sind: Meisterprüfung, der Besuch einer **Fachhochschule**, die Absolvierung der **Berufsreifeprüfung** oder der **Studienberechtigungsprüfung**.

---

[1] vgl. www.bmbwf.gv.at (25.02.2019)
[2] ab Schuljahr 2019/20 wird die NMS in MS umbenannt.
[3] Seit 2008 können sich Lehrlinge durch eine Novelle des Berufsreifeprüfungsgesetzes und ein spezielles Förderprogramm des Bundes österreichweit kostenfrei und parallel zur Lehre auf die Matura vorbereiten. Entsprechende Vorbereitungslehrgänge werden in den Bundesländern (zum Beispiel von BFI und WIFI) angeboten.

Entscheidet sich die Schülerin/der Schüler nach der MS für eine **berufsbildende mittlere Schule**, so kann sie/er nach ein bis vier Jahren sofort in den Beruf einsteigen.

Nach einem Aufbaulehrgang kann auch der Abschluss einer berufsbildenden höheren Schule nachgeholt werden, zum Beispiel an einer Abendschule.

Schülerinnen und Schüler, die nach der MS oder der AHS-Unterstufe eine **berufsbildende höhere Schule (BMHS)**[1] besuchen, absolvieren ihre Diplom- und Reifeprüfung nach fünf Jahren und können entweder in den Beruf einsteigen (Berufsberechtigung) oder haben die Möglichkeit, an allen Universtäten oder Fachhochschulen ein Studium zu beginnen.

Die berufsbildenden mittleren und höheren Schulen sind durch eine große Vielfalt von Fachbereichen gekennzeichnet.

Entschließt sich die Schülerin/der Schüler nach der Volksschule in die **AHS** zu wechseln, so führt diese sie/ihn in 8 Jahren zur Reifeprüfung. Der Zugang zu allen Universitäten, Fachhochschulen und Pädagogischen Hochschulen ist hiermit gegeben.

Vor Beginn eines Studiums müssen jedoch für viele Studienrichtungen Aufnahme- bzw. Eignungsverfahren absolviert werden (zum Beispiel für Medizin, Psychologie, Pharmazie, Sprachen, Jus, Lehramt u. a. m.).

Das System der „Brücken und Übergänge“ ermöglicht größtmögliche Übertritte zwischen den einzelnen Zweigen des Schulsystems, Ziel ist die Implementierung eines lebenslangen Lernprozesses.

Österreichs Schulsystem

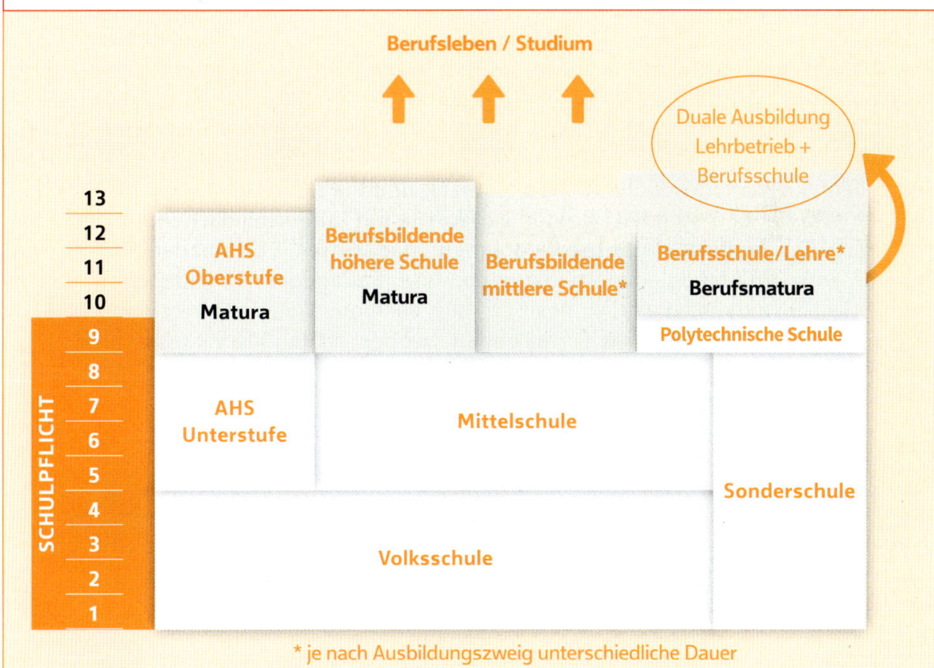

[1] *Aufnahmekriterien BMHS: In den Pflichtgegenständen Deutsch, Mathematik und Englisch muss das Niveau einer vertiefenden Allgemeinbildung erreicht sein.*

12.4.3 Die Ganztagsschule

In der **Ganztagsschule** werden die Schülerinnen und Schüler nicht nur halbtags am Vormittags, sondern in der Woche über den gesamten Tag unterrichtet, betreut und verpflegt. Das im Unterricht Erarbeitete wird dort auch eingeübt und vertieft. Der Unterricht wechselt sich ab mit Erholungs- und Entspannungsphasen. Die Ganztagsschule kommt als Bildungs-, Versorgungs- und Betreuungseinrichtung dem Ruf nach gleichen Bildungschancen sowie der Zunahme der Berufstätigkeit beider Elternteile sehr entgegen[1] (vgl. *Hobmair, 2009, S. 253*). Neben dem Unterricht wird in der Ganztagsschule eine freizeitpädagogische Betreuung am Nachmittag sowie ein gemeinsames Mittagessen angeboten. Pädagogische Fachkräfte betreuen die Kinder, helfen bei der Erledigung von schulischen Hausaufgaben und organisieren mit ihnen die Freizeitgestaltung.[2]

Zu unterscheiden ist dazu die ***verschränkte Ganztagsschule***, in der sich Lernen, Fördern und Freizeit abwechseln und so einen kindgerechten Schulalltag ermöglichen.[3]

Für die Betreuung von Schulkindern gibt es auch **Horte** und verschiedene Formen der **schulischen Nachmittagsbetreuung**. Ein Hort ist eine Tagesstätte für schulpflichtige Kinder außerhalb der Unterrichtszeit bzw. in der Freizeit. Sie werden von pädagogisch ausgebildeten Fachkräften (Hortpädagoginnen/-pädagogen, Sozialpädagoginnen/-pädagogen) betreut, insbesondere bei der Erledigung der schulischen Hausaufgaben und in der Freizeitgestaltung.

Kinderhorte sind wegen der zunehmenden Schaffung von Ganztagsschulen im Abnehmen. Doch es wird meist übersehen, dass durch den Kinderhort eine Ganztagsbetreuung von Schülerinnen und Schülern möglich ist.

Die **schulische Nachmittagsbetreuung** gewinnt immer mehr an Bedeutung und wird an Volksschule, MS und AHS, je nach Bedarf, angeboten. Sie bietet am Nachmittag keinen Unterricht, sondern ausschließlich betreute Lern- und Freizeit, in der Regel mindestens bis 16:00 Uhr. Nur für die gegenstandsbezogene Lernzeit sind (fachbezogene) Lehrer/innen zu bestellen. Für die individuelle (= freie) Lernzeit und die Freizeitphasen (= die betreute Zeit außerhalb der Lernstunden) werden Fachkräfte mit unterschiedlichen Ausbildungen herangezogen, zum Beispiel Hortpädagoginnen/-pädagogen, Sozialpädagoginnen/-pädagogen, Freizeitpädagoginnen/-pädagogen, und Pädagoginnen/Pädagogen für die Lernhilfe. Die Teilnahme ist zeitlich flexibel, kann auch nur tageweise vereinbart werden. Dies erscheint manchen Eltern als Vorteil gegenüber der „echten" Ganztagsschule, wo alle Kinder auch am Nachmittag anwesend sein müssen, da dort die Phasen des Unterrichts, der Freizeit und des Lernens über den ganzen Tag verteilt sind.

In Österreich gibt es eine intensive politische Debatte, ob die generelle Einführung von Ganztagsschulen und Gesamtschulen sinnvoll sei. Das Konzept der Gesamtschule oder „gemeinsamen Schule" sieht vor, dass alle Kinder mindestens bis zum Alter von 14 Jahren die gleiche Schulform besuchen. Dadurch soll die Chancengleichheit erhöht werden. Sinnvoll erscheint jedenfalls, die Lernmethoden zu verändern, da wissenschaftlich belegt ist, dass das freie Spiel und das forschende Lernen das Kind mehr fördern als geplante Aktivitäten.[4]

---

[1] *vgl. Abschnitt 12.1.3*
[2] *siehe auch Abschnitt 12.4.3*
[3] *Vorzeigeprojekte sind die NMS/KLEX-Klusemann in Graz und die Europa Schule Linz, die Praxisschule der Pädagogischen Hochschule Oberösterreich (vgl. Die Ganztagesschule im Praxistest, August 2013, unter: https://bildung.bmbwf.gv.at/ministerium/vp/2013/20130820_25244.pdf?61ecu9 (28.02.2019).*
[4] *vgl. Kapitel 9.4.4*

12.4.4 Funktionen der Schule

Die Bedeutung der Schule für die/den Einzelnen und die Gesellschaft spiegelt sich in ihren Funktionen, die sie zu erfüllen hat, wider.

- **Sozialisationsfunktion**
  Neben der Familie ist die Schule eine bedeutsame Sozialisationsinstanz. In den Schulen lernen Schülerinnen und Schüler soziales Verhalten, um in der Gesellschaft bzw. in einer ihrer Gruppen handlungsfähig und den sozialen Anforderungen eines eigenständigen Erwachsenenlebens gewachsen zu sein.[1]

- **Personalisationsfunktion**
  Die Schülerinnen und Schüler bilden in der Schule ihr „Personsein" aus. Dadurch soll die/der Einzelne befreit werden von der unkritischen und fraglosen Hinnahme sowie Übernahme gewohnter Verhaltensvorschriften und -erwartungen. Sie/Er soll zur kritischen Distanz ihnen gegenüber sowie zur Autonomie, verstanden als Selbstbestimmung ihres/seines Handelns, zur Verantwortung und zur Veränderung von gegebenen gesellschaftlichen Verhältnissen fähig werden.[2]

- **Qualifikationsfunktion**
  Die Schule fördert Kinder und Jugendliche, um sie auf berufliche Anforderungen vorzubereiten. Durch die Vermittlung und den Erwerb von Einsichten, Kenntnissen oder Fähigkeiten, die für einen Beruf relevant sind, werden Schülerinnen und Schüler für bestimmte Berufe befähigt.

- **Selektionsfunktion**
  Die Schule wählt auf der Grundlage eines erbrachten Leistungsbildes – zum Beispiel Noten – gemäß der Leistung und Eignung aus und weist den Schülerinnen und Schülern „passende" Bildungsgänge zu – ob sie den Anforderungen einer weiterführenden Schulart entsprechen, ob sie sich für ein Studium eignen oder ob sie in bestimmten Berufen eine Anstellung nach Abschluss der Schule bekommen.

Die Selektionsfunktion steht in der Kritik, auf die an dieser Stelle nicht eingegangen wird. Doch es darf nicht übersehen werden, dass hinter dieser Funktion ein Interesse der Chancengleichheit steht: Nicht die Herkunft, sondern Eignung und Leistung sollten über Bildungsweg, Beruf und letztlich über gesellschaftliche Positionen entscheiden.

Eng mit der Selektion hängt das Wiederholen einer Schulstufe bzw. das Nichtaufsteigen in die nächsthöhere Schulstufe aufgrund nicht entsprechender Leistungen zusammen. Der Sinn dieser Maßnahme ist nach wie vor, auch aus wirtschaftlichen Gründen, umstritten.

Durch Veränderungen der Lern- und Prüfungskultur im Schulsystem wird der Schülerin/dem Schüler zukünftig mehr Verantwortung für ihren/seinen individuellen Bildungsprozess zugestanden. Individuelle Lernbegleiterinnen und Lernbegleiter unterstützen dabei die Schülerinnen und Schüler. Drop-out-Raten[3] und Wiederholungen von einzelnen Schulstufen sollen dadurch verringert werden.

[1] *Auf Sozialisation wird ausführlich in Kapitel 4.3.2 eingegangen.*
[2] *Auf Personalisation wird in Kapitel 4.3.4 eingegangen.*
[3] *hier: Schulabbrecherquote*

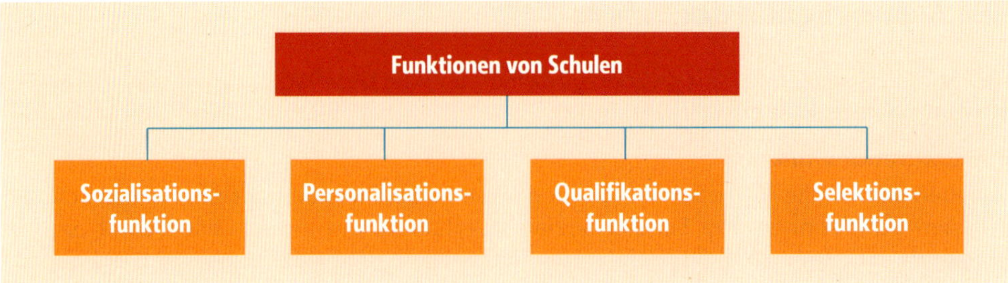

Die Schule bietet auch eine Vielzahl von Unterstützungssystemen für Eltern, Schülerinnen und Schüler an. So gibt es an jeder MS, an den allgemeinbildenden höheren, den berufsbildenden mittleren und höheren Schulen Qualitätsmanagement, Bildungsberatung, schulpsychologische Beratung und an einigen Schulen Schulsozialarbeit.

Bei der **Schulsozialarbeit**[1] erfolgt der Zugang zu den Kindern und Jugendlichen über die Schule. Sie fördert und unterstützt die Integration von Schülerinnen und Schülern und bezieht die Eltern und Lehrerschaft mit ein. Durchgeführt wird Schulsozialarbeit hauptsächlich von Sozialarbeiterinnen und Sozialarbeitern. Derzeit wird ein Diskurs geführt, dieses Berufsfeld auch für Sozialpädagoginnen und Sozialpädagogen zu öffnen. Die Arbeitsweise der Schulsozialarbeit ist präventiv, aktuelle Probleme werden aufgegriffen (zum Beispiel Lernprobleme, Mobbing) und gemeinsam Lösungen erarbeitet. Ziel ist es, die Schülerinnen und die Schüler in ihrer Lebens(welt)gestaltung zu unterstützen.[2]

Schulsozialarbeit umfasst ein niederschwelliges Beratungs-, Unterstützungs-, und Begleitungsangebot für Schülerinnen und Schüler und wirkt auch präventiv.

Erstmals fand Schulsozialarbeit Mitte der 1990er-Jahre in der Steiermark (Verein ISOP) und in Niederösterreich (Verein X-point) statt. *Informationen unter: www.schul-sozialarbeit.at (02.01.2019)*

Auf den Punkt gebracht

- Schulen sind öffentliche Bildungsstätten, in denen Erziehung und Unterricht nach Richtlinien und Lehrplänen von hierfür ausgebildeten Lehrkräften für Schülerinnen und Schüler in Pflichtschulen und weiterführenden Schulen erteilt wird. Unterricht ist ein Sammelbegriff für alle Arten der bewussten, absichtsvollen und planmäßigen Durchführung von Lehr- und Lernmaßnahmen. Das Schulwesen in Österreich ist einheitlich geregelt. Es umfasst den Primarbereich, die Sekundarstufe I und II sowie den tertiären Bereich. Schulen erfüllen eine Sozialisations-, Personalisations- und Qualifikationsfunktion. Derzeit rückt eine Kompetenzanalyse immer mehr in den Vordergrund.

[1] *Die Initiative „Schulsozialarbeit in Österreich" des BMBF wird seit dem Jahr 2010 durch das Ludwig Boltzmann Institut wissenschaftlich begleitet, vgl. www.schul-sozialarbeit.at (25.02.2019)*
[2] *Auf lebensweltorientierte Soziale Arbeit wird in Kapitel 13.2.1 eingegangen.*

Aufgaben – Wissen & Verstehen, Anwenden, Reflektieren

12. *Nennen Sie die Aufgaben und Ziele der Schule.*
13. *Zeigen Sie die Funktionen von Schule an selbst gewählten Beispielen auf.*
14. *Stellen Sie prägnant das Österreichische Bildungssystem dar.*
15. *Erläutern Sie schulischen Möglichkeiten, die eine Schülerin bzw. ein Schüler nach der Volksschule hat*
16. *Vergleichen Sie die Aufgaben der Ganztagesschule, der Nachmittagsbetreuung und der verschränkten Form der Ganztagesschule*
17. Auf die Schule kommen immer mehr erzieherische Aufgaben zu, die früher vom Elternhaus erfüllt wurden. Diese Aufgaben reichen von der Sozialerziehung, Anstands-, Umwelt-, Medienerziehung und wirtschaftlichen Verbraucherbildung, von der Alkohol- und Drogenprävention, Eindämmung sozialer Auffälligkeiten und der Ausländerfeindlichkeit bis hin zur Friedenserziehung. Angesichts dieser Entwicklung fragen sich manche: Und was machen eigentlich noch die Eltern? Haben nicht sie die Verantwortung für ihr Kind?
    Diskutieren und analysieren Sie diese Aussage.

12.5 Erziehung in sozialpädagogischen Einrichtungen

Nicht alle Probleme in Familien mit Kindern können durch Beratungen oder mobile Betreuung aufgefangen werden. Wenn die familiären Ressourcen und Kompetenzen nicht ausreichend gestützt werden können, ist die Möglichkeit einer Fremdunterbringung eines Kindes ein Weg, um seine Entwicklungschancen zu wahren. Dafür bieten sich **sozialpädagogische Wohneinrichtungen** an. Das sind familienähnliche, **familienersetzende Einrichtungen**. Hier spricht man von der **vollen Erziehung**.

In Österreich kam es in der Kinder- und Jugendhilfe aufgrund zahlreicher aufgedeckter Gewaltvorfälle an „Heimkindern" zu einer völligen Umstrukturierung der Heime mit der Reform ***„Heim 2000"*** von 1995 bis 2002. Die Großheime wurden geschlossen und es ist eine Vielzahl von (teil)stationären, ambulanten und mobilen Einrichtungen entstanden, ebenso regionale Krisenzentren. Die Betreuung durch Pflegefamilien wurde aufgewertet. Aus den stationären Einrichtungen haben sich offene Einrichtungen entwickelt, die den lebenswelt-, sozialraum- und alltagsorientierten Ansatz in der Sozialpädagogik[1] im Sinne einer ganzheitlichen Unterstützung der Kinder und Jugendlichen verwirklichen (vgl. *Lauermann, 2001, S. 120–131*).

Die gesetzlichen Grundlagen der Bundesländer weisen heute einheitliche fachliche Standards für sozialpädagogische Einrichtungen auf, wie zum Beispiel ein fachlich fundiertes Konzept, die erforderliche Anzahl an Fach- und Hilfskräften, geeignete Räumlichkeiten. Für die Arbeit in den Einrichtungen dürfen nur ausgebildete Fachkräfte, insbesondere aus den Bereichen Sozialarbeit und Sozialpädagogik, Psychologie und Psychotherapie, herangezogen werden (vgl. *B-KJHG 2013*).

---

[1] *Diese Ansätze sind in Kapitel 13.2 dargestellt.*

In den meisten Bundesländern wurden die Heime als familienersetzende Einrichtungen durch sozialpädagogische Kinder- und Jugend-Wohneinrichtungen mit differenzierten Betreuungszielen ersetzt.

12.5.1 Der Begriff „sozialpädagogische Wohneinrichtungen"

In sozialpädagogischen Wohneinrichtungen leben Kinder und Jugendliche,

- deren Eltern ihren Erziehungsaufgaben nicht hinreichend nachkommen (können),
- die Gewalt und/oder Missbrauch ausgesetzt sind und
- die die Unterstützung zur sozialen und beruflichen Integration brauchen.

Die sozialpädagogischen Wohneinrichtungen sind familienersetzende Einrichtungen im Rahmen der „vollen Erziehung", sowohl stationär als auch teilstationär. Sie werden größtenteils von privaten Trägern betrieben und geführt.

„Volle Erziehung umfasst die Betreuung und Erziehung bei nahen Angehörigen, bei Pflegepersonen und in sozialpädagogischen Einrichtungen." *(§ 26 B-KJHG 2013)*

Pflegepersonen/Pflegeeltern können ein Kind für bestimmte oder unbestimmte Zeit in Pflege nehmen. Es wird zwischen **Krisenpflege** für einen kurzen Zeitraum (zum Beispiel bei familiären oder sozialen Notfällen) und **Langzeitpflege unterschieden**. Die leiblichen Eltern behalten oft weitgehend ihre Rechte und treten nur die Pflege und Erziehung des Kindes an die Behörde (Kinder- und Jugendhilfe) ab. Für die Aufnahme eines Pflegekindes braucht man verpflichtende Vorbereitungskurse bzw. eine Pflegeelternausbildung sowie eine amtliche Pflegeplatzbewilligung. Ziel dieser Fremdunterbringung ist die Rückführung des Kindes in seine Herkunftsfamilie.

Im Rahmen der vollen Erziehung (Fremdunterbringung) nehmen Pflegeeltern ein Kind bzw. eine Jugendliche oder einen Jugendlichen für bestimmte oder unbestimmte Zeit in ihrer Familie auf.

Die Kooperation mit der Herkunftsfamilie ist bei einer Fremdunterbringung in einer Pflegefamilie oder sozialpädagogischen Wohneinrichtung erwünscht. Der Behörde (Kinder- und Jugendhilfe) obliegt die Obsorge[1] der Kinder und Jugendlichen, da die Erziehungsberechtigten dazu aus unterschiedlichsten Gründen nicht in der Lage sind. Die Aufenthaltsdauer richtet sich nach der individuellen Situation, prinzipiell ist aber ein Verbleib bis zum Erreichen der Volljährigkeit, in Ausnahmefällen bis zum 21. Lebensjahr möglich. Die Art der Wohnform richtet sich nach dem Alter.

„Sozialpädagogische Einrichtungen sind Einrichtungen, die zur Ausübung der Pflege und Erziehung von Kindern und Jugendlichen im Rahmen der vollen Erziehung (§ 28) bestimmt sind und die aufgrund ihrer Ausstattung und Führung eine förderliche Pflege und Erziehung der Kinder und Jugendlichen gewährleisten." *(§ 32 B-KJHG 2013)*

„Ist das Kindeswohl[2] gefährdet und ist zu erwarten, dass die Gefährdung nur durch die Betreuung außerhalb der Familie (...) abgewendet werden kann, ist Kindern und Jugendlichen volle Erziehung zu gewähren." *(§ 26 B-KJHG 2013)*

---

[1] *Obsorge: sorgende Aufsicht, gesetzliche Vertretung; Verpflichtung, das Kind zu fördern und es zu erziehen, vgl. § 158 ABGB 2013.*

[2] *Das Kindeswohl wird in § 138 ABGB 2013 definiert. Ziel ist ein Heranwachsen des Kindes unter Förderung seiner Entwicklungsmöglichkeiten, ohne Gewaltanwendung und Zufügung körperlichen oder seelischen Leides.*

In einer sozialpädagogischen Wohneinrichtung werden die Kinder und Jugendlichen von Sozialpädagoginnen und Sozialpädagogen Tag und Nacht versorgt, betreut und erzogen. Es sind familienersetzende Einrichtungen für Kinder und Jugendliche im Rahmen der vollen Erziehung. Das Leben in einer Wohngemeinschaft ist nach dem Familienprinzip organisiert.

Betreuungseinrichtungen für die dauerhafte Betreuung von Kinder und Jugendlichen sind zum Beispiel

- **sozialpädagogische Wohngemeinschaften** für Kinder,
- **betreute Wohngruppen** und **Außenwohnungen** für Jugendliche,
- **therapeutische Wohngemeinschaften** für Jugendliche mit einer psychiatrischen Diagnose.

Fast jedes Bundesland hat eigene bedürfnisspezifische Wohnformen entwickelt.

In **sozialpädagogischen (Kinder-)Wohngruppen** werden Kinder teilweise bereits ab 5 Jahren aufgenommen und Tag und Nacht betreut. **Betreute Wohngruppen** sind für Jugendliche ab 15 Jahren, es ist vorwiegend eine Tagesbetreuung, vor allem am Abend, am Wochenende bei Bedarf mit einer Nachtbereitschaft. In **Außenwohnungen** werden Jugendliche ab 16 Jahren stundenweise mobil in ihrer eigenen Wohnung betreut und in ihrem Selbstständigkeitsprozess beruflich wie persönlich begleitet und unterstützt.

Die Dauer der Betreuung richtet sich nach dem Motto: „So kurz wie möglich und so lang wie nötig!"

Träger von sozialpädagogischen Einrichtungen zur vollen Erziehung sind überwiegend private Vereine, der Staat oder bestimmte Vereinigungen wie zum Beispiel Rettet das Kind, SOS Kinderdorf, Pro Juventute. Die Aufsicht und Bewilligung sozialpädagogischer Einrichtungen obliegt dem jeweiligen Kinder- und Jugendhilfeträger.

(vgl. § 17 B-KJHK 2013)

12.5.2 Aufgaben und Ziele sozialpädagogischer Wohneinrichtungen

Sozialpädagogische Einrichtungen als ***familienersetzende*** Einrichtung haben folgende Ziele zu erfüllen:

- die Rückkehr des Kindes oder der/des Jugendlichen in die Familie zu erreichen (versuchen),
- soziale Wiedereingliederung (= Reintegration),

[1] *Unter nicht „ortsfesten Formen" der Sozialpädagogik werden erlebnispädagogische Aktivitäten verstanden.*

- Aufarbeitung von sozialen und emotionalen Defiziten,
- die Verselbstständigung der/des Jugendlichen zu fördern und zu begleiten.

Sozialpädagogische Wohneinrichtungen haben deshalb unterschiedliche Erziehungsangebote entwickelt, die sich jeweils auf die Notwendigkeit eines mittel- oder längerfristigen Aufenthaltes mit entsprechender Zusammenarbeit mit den Eltern bzw. dem Elternteil oder besondere Formen der Verselbstständigung beziehen (vgl. *Junge/Lendermann, 1993, S. 76*).

SOS-Kinderdorf-„Familie"

Die Aufgaben sind abhängig von den Gründen, aus denen ein Kind bzw. eine Jugendliche oder ein Jugendlicher in eine sozialpädagogische Wohneinrichtung kommt:

- Krankheit oder Tod der Eltern bzw. eines Elternteils
- Erziehungsunfähigkeit der Eltern bzw. eines Elternteils
- Kindesmisshandlungen durch die Eltern oder Straftaten an minderjährigen Kindern
- Vernachlässigung des Kindes
- ungünstige Voraussetzungen im Elternhaus für eine günstige Entwicklung des Kindes; Gefährdung der Entwicklung des Kindes in der Familie
- soziale Auffälligkeiten des Kindes, die auf die Familienerziehung zurückzuführen sind (beispielsweise zu strenge oder vernachlässigende Erziehung)
- Behinderung des Kindes

Aus den Einweisungsgründen lassen sich die Aufgaben von sozialpädagogischen Wohneinrichtungen ableiten:

- **Aufarbeitung der biografischen Besonderheit des Kindes**
- **Wiedereingliederung in die Gesellschaft**, beispielsweise bei delinquenten[1] Jugendlichen
- **Förderung des Sozialverhaltens**, beispielsweise bei erlebens- und verhaltensauffälligen oder „erziehungsschwierigen" Kindern und Jugendlichen
- **Förderung von individuellen Interessen und Fähigkeiten**, beispielsweise durch den Versuch des Ausgleichs beruflicher oder schulischer Defizite
- **Schul- und Berufsausbildung**, beispielsweise Planung der Schullaufbahn verbunden mit einer Berufsausbildung
- **Behandlung von psychosozialen Schwierigkeiten** unter Einbeziehung und Vermittlung entsprechender Unterstützungsangebote, beispielsweise der Abbau von Schulangst, um ständiges Schuleschwänzen zu verhindern
- **Nachholung von Erziehungsversäumnissen**, beispielsweise bei sozial abweichendem Verhalten

---

[1] *delinquent (lat.): straffällig, verbrecherisch*

- **sonderpädagogische Hilfe im Sinne einer inklusiven Pädagogik**[1], die gemeinsame Erziehung und Unterrichtung von **allen** Kindern und Jugendlichen von vorne herein, ungeachtet ihrer individuellen Unterschiede – auch von behinderten und nicht behinderten Menschen

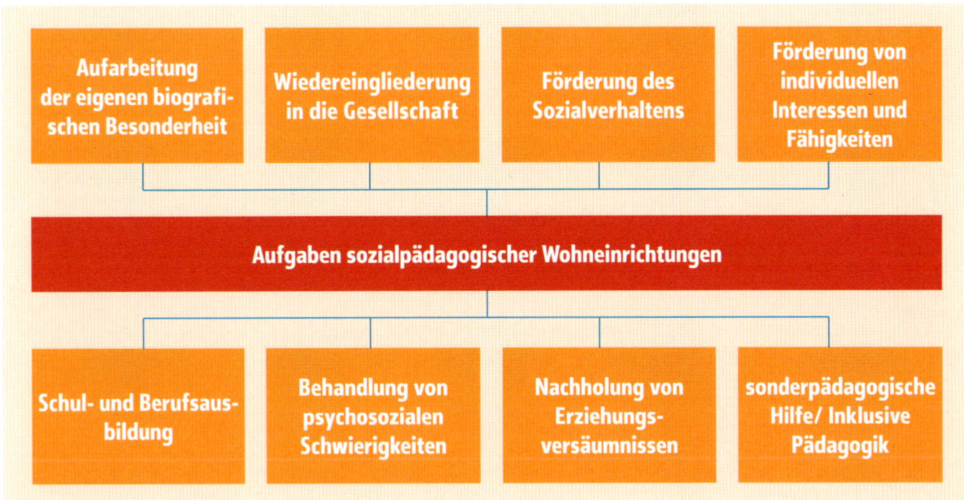

Zu unterscheiden sind dazu jene Einrichtungen, welche die Familienerziehung **ergänzen bzw. unterstützen**. Kinder oder Jugendliche besuchen diese, weil es ihnen zum Beispiel aus beruflichen oder persönlichen Gründen nicht möglich ist, am Heimatort zu bleiben. Diese **Heime**, auch **Internate** genannt, bieten den Kindern erzieherische und schul- oder auch berufsbegleitende Hilfen an.

Beispielsweise besuchen Auszubildende oft Heime/Internate, wenn sich die entsprechende Schule in großer Entfernung vom Wohnort befindet.

In bestimmten Abständen und in der Ferienzeit leben die Kinder in der Regel bei ihren Eltern. Je nach Klientel existieren familienergänzende Heime als ***Wohnheime, Internate bzw. Schüler/innenwohnheime*** oder ***Heime für Auszubildende bzw. Lehrlingsheime***. Einem Internat sind (private) Schulen angegliedert bzw. werden vom diesem aus im Ort aufgesucht.

In einem Schullandheim verbringen Klassen mit ihren Pädagoginnen und Pädagogen mehrere Tage und nützen gemeinsam bestimmte Angebote oder bearbeiten Themen fächerübergreifend, schülerorientiert und/oder projektbezogen (zum Beispiel Kennenlerntage, erlebnispädagogische Tage oder Sportwochen).

[1] *Auf Inklusion wird in Kapitel 1.5 eingegangen.*

Auf den Punkt gebracht

- Sozialpädagogische Einrichtungen sind Einrichtungen, in denen Kinder und Jugendliche von Sozialpädagoginnen/-pädagogen Tag und Nacht versorgt, betreut und erzogen werden. Es gibt Einrichtungen, welche die Familienerziehung ergänzen bzw. unterstützen. Daneben gibt es auch mittel- oder längerfristige, familienersetzende Einrichtungen. Je nach Einweisungsgrund sind nach Absprache mit der Behörde verschiedene Aufgaben zu erfüllen, zum Beispiel Aufarbeiten von sozialen Defiziten, die Reintegration oder die Förderung der Verselbstständigung des Kindes/Jugendlichen. Die Erziehungsarbeit wird individuell auf das Kind bzw. die oder den Jugendlichen mit ihrer/seiner Biografie abgestimmt.

Aufgaben – Wissen & Verstehen, Anwenden, Reflektieren

18. *Beschreiben Sie Ziele und Aufgaben Sozialpädagogischer Wohneinrichtungen.*
19. *Zeigen Sie Aufgaben der familienersetzenden sozialpädagogischen Wohneinrichtungen auf.*
20. *Erarbeiten Sie an typischen Beispielen Bereiche der pädagogischen Arbeit in sozialpädagogischen Einrichtungen.*
21. Interview führen
    → *Entscheiden Sie sich für eine Einrichtung der Kinder- und Jugendhilfe oder der Beratung (Familien-, Erziehungs-, Suchtberatung) oder der Kinder- und Jugendarbeit, über die Sie sich näher informieren möchten.*
    → *Bereiten Sie in Kleingruppen Fragen zu folgenden Themen vor: Ziele und Aufgaben, methodische Schwerpunkte, Chancen, Probleme und Grenzen der pädagogischen Arbeit in dieser Einrichtung.*
    → *Führen Sie das Interview mit einer Vertreterin/einem Vertreter der gewählten Einrichtung durch.*
    → *Überlegen Sie sich geeignete Möglichkeiten der Präsentation des Interviews und stellen Sie die Ergebnisse der Klasse vor.*
22. Folder der sozialen Einrichtungen
    Erstellen Sie in der Klasse eine „Soziale Landkarte“ einen Folder, die/der einen Überblick über alle, derzeit vorhandenen sozialen Einrichtungen in Ihrem Bezirk gibt. Recherchieren Sie die aktuellen Adressen, Telefonnummern, Erreichbarkeit, Zielgruppe, Ansprechpersonen. Stellen Sie das Ergebnis in einer Klassen-/Schulkonferenz, einer SGA-/Klassensprechersitzung vor.

23. Gespräch mit einem/einer Sozialarbeiter/ in einer Behörde (Bezirkshauptmannschaft, Magistrat) und einer Sozialpädagogin/einem Sozialpädagogen der Jugendarbeit.
    → *Erarbeiten Sie in der Klasse entsprechende Fragestellungen.*
    → *Bestimmen Sie eine Gesprächsleiterin oder einen Gesprächsleiter, die/der das Gespräch entsprechend den Fragestellungen moderiert.*
    → *Organisieren Sie einen gemeinsamen Termin, an welchem die beiden – Sozialarbeiter/in und Sozialpädagogin/-pädagoge – Zeit haben zu kommen.*
    → *Laden Sie beide in Ihre Klasse ein.*
    → *Führen Sie ein Gespräch über die Ausbildung, das Aufgabengebiet, die Arbeitsmethoden und dgl.*
    → *Der/Die von der Klasse bestimmte Schüler/in leitet das Gespräch.*
    → *Gestalten Sie im Anschluss darüber ein Plakat, eine Power-Point-Präsentation, ein Kurz-Video oder verfassen Sie einen Fachartikel, einen Zeitungsartikel oder eine Kolumne.*

24. Erkundigung
    Erkundigen Sie sich in Ihrer Umgebung nach Einrichtungen der Jugendhilfe (zum Beispiel Jugendzentrum, Erziehungsberatungsstelle, eine sozialpädagogische Wohneinrichtung). Besuchen Sie diese und bringen Sie dort in Erfahrung,
    → *welche Ziele bzw. Aufgaben diese verfolgt,*
    → *wie sie organisiert ist,*
    → *wie sie arbeitet und*
    → *welche Probleme sich in der erzieherischen Arbeit dieser Einrichtung ergeben.*

25. Wie sollte Ihrer Meinung nach eine sozialpädagogische Wohngruppe optimal gestaltet sein?
    → *Entwerfen Sie in Gruppen ein Konzept für eine Einrichtung in Ihrem Ort.*
    → *Diskutieren Sie in der Klasse die verschiedenen Konzepte.*
    → *Optimieren Sie Ihr Konzept, indem Sie Ideen von Ihren Mitschülerinnen und Mitschülern mit aufnehmen.*

12.6 Die Kinder- und Jugendarbeit

Gegenüber der älteren Literatur wird heute nicht mehr nur von Jugendarbeit, sondern von „Kinder- und Jugendarbeit" gesprochen. Gründe hierfür sind, dass die Angebote der Jugendarbeit auch Kinder ansprechen und sie sich in den letzten beiden Jahrzehnten in Bezug auf die Altersgruppen, an die sie sich wendet, ausgedehnt hat. Nicht mehr nur Jugendliche ab dem 14. Lebensjahr, sondern auch Kinder nehmen die Angebote der Jugendarbeit wahr. Damit hat sie sich – so *Peter Cloos u. a.* (*2009*[2], *S. 11 f.*) – zur Kinder- und Jugendarbeit entwickelt.

Im Folgenden werden die Begriffe „Kinder- und Jugendarbeit" und „Jugendarbeit" gleichbedeutend verwendet.

12.6.1 Der Begriff „Kinder- und Jugendarbeit"

Die Angebote der Kinder- und Jugendarbeit orientieren sich am Interesse der jungen Menschen, die diese Angebote mitgestalten und mitbestimmen, mit dem Ziel der Befähigung zur Selbstbestimmung sowie der Anregung und Hinführung zu gesellschaftlicher Mitverantwortung und sozialem Engagement.

> *„Nicht mehr die einzelnen Jugendorganisationen mit ihren mehr oder minder fest gefügten Organisationsstrukturen stehen im Vordergrund, sondern das Interesse von Kindern, Jugendlichen und jungen Erwachsenen, im Bereich der Jugendarbeit dort aktiv zu werden, wo sie sich am besten selbst verwirklichen können."* (Jensen, 1995[2], S. 62)

Schwerpunkte der Kinder- und Jugendarbeit sind:

- außerschulische Jugendbildung mit allgemeiner, politischer, sozialer, gesundheitlicher, kultureller, naturkundlicher und technischer Bildung
- Jugendarbeit in Sport, Spiel und Geselligkeit
- arbeitswelt-, schul- und familienbezogene Jugendarbeit
- bundesländerübergreifende und internationale Jugendarbeit
- Kinder- und Jugenderholung/-ferien

Kinder- und Jugendarbeit ist im ***Freizeitbereich*** angesiedelt. Das bedeutet, dass die Jugendlichen außerhalb von Familie, Schule und Beruf ***freiwillig*** an den Angeboten teilnehmen. Kinder- und Jugendarbeit ist jedoch nicht nur eine Freizeiteinrichtung, sondern auch eine ***Bildungseinrichtung***. Sie ist ein unverzichtbarer Teil zeitgemäßer regionaler und (inter)nationaler Jugendpolitik.

> *„Kinder ab dem Schulalter und Jugendliche können hier selbstständig, mit Unterstützung oder in Begleitung von ehrenamtlichen und/oder beruflichen Mitarbeiterinnen und Mitarbeitern, individuell oder in Gleichaltrigengruppen, zum Zweck der Freizeit, Bildung und Erholung einmalig, sporadisch, über einen turnusmäßigen Zeitraum oder für längere, zusammenhängende Dauer zusammenkommen und sich engagieren."* (Thole, 2000, S. 23)

Die Angebote der Kinder- und Jugendarbeit werden von ***Trägern der öffentlichen bzw. der freien Jugendhilfe*** wie etwa Verbänden oder Initiativen organisiert. Zum einen umfasst Kinder- und Jugendarbeit Angebote für Mitglieder – beispielsweise von Jugendverbänden –, zum anderen Angebote der offenen Jugendarbeit, die in der Regel jeder wahrnehmen kann.

> **Kinder- und Jugendarbeit bedeutet Freizeit- und Bildungsangebote zur Förderung der Entwicklung von jungen Menschen, die diese außerhalb von Familie, Schule und Beruf freiwillig in Anspruch nehmen können.**

12.6.2 Aufgaben der Kinder- und Jugendarbeit

Kinder- und Jugendarbeit hat folgende **Aufgaben**:

- Die Kinder- und Jugendarbeit ist ein **Ort sinnvoller Freizeitgestaltung**.

  Die/Der Jugendliche wird zu Selbstaktivität und kreativer Freizeitgestaltung angeregt. Dies schließt mit ein, dass Kinder- und Jugendarbeit versucht, Passivität und Konsumorientierung entgegenzuwirken. Angebote an Büchern, Zeitschriften, Filmen und dergleichen ermöglichen individuelle Weiterbildung. Auch Möglichkeiten der Entspannung haben in der Kinder- und Jugendarbeit ihre Berechtigung – zum Beispiel Tanz, Spiel, Sport, Musik, Jugendtourismus, Laientheater, Malen und Sich-Unterhalten.

Theaterworkshop im Jugendzentrum

- Die Kinder- und Jugendarbeit ist ein **Ort sozialen Lernens**.

  Damit ist vor allem die Förderung von Kontakt- und Gemeinschaftsfähigkeit, die Förderung der Persönlichkeitsentwicklung wie beispielsweise die Übernahme von Verantwortung und Entscheidungen durch gemeinsame Erlebnisse und Erfahrungen, Hilfestellung und Beratung bei Problemen der Jugendlichen, Aufarbeitung von innerfamiliären Schwierigkeiten und von Problemen in Schule und Beruf sowie die Auseinandersetzung mit Drogenmissbrauch, Alkoholismus, Jugendkriminalität, Fragen der Sexualität und Partnerschaft gemeint.

- Die Kinder- und Jugendarbeit ist ein **Ort der Schaffung des eigenen Selbst**.

  Im Jugendalter beginnt der Mensch, sich seiner eigenen Person zuzuwenden; die Entdeckung und Schaffung einer eigenen Identität wird zur zentralen Aufgabe. Dabei ist das Jugendalter eine Zeitspanne, in der vieles ausprobiert wird. Der Psychologe *Erik H. Erikson* sieht in diesem Ausprobieren einen entscheidenden Schritt hin zu einer eigenständigen Identität (vgl. *Erikson, 2005[14], S. 256)*. Kinder- und Jugendarbeit muss sich verpflichtet fühlen, die Entfaltung des eigenen Selbst der/des Jugendlichen zu unterstützen sowie Hilfestellung zur Lebensorientierung und Selbstfindung zu geben.

- Die Kinder- und Jugendarbeit ist ein **Ort politischen Lernens**.

  Die Kinder- und Jugendarbeit leistet einen Beitrag zur Erziehung zur Demokratie, Mitentscheidung und Mitverantwortung und fördert Selbstständigkeit, Kritikfähigkeit und Toleranz. Ein großer Aufgabenbereich der Kinder- und Jugendarbeit ist das Hinterfragen des Medieneinflusses wie zum Beispiel von Fernsehen, Computerspielen und Internet.[1]

[1] *vgl. Kapitel 11.4.1*

Der Plan eines Jugendzentrums sieht zum Beispiel so aus:

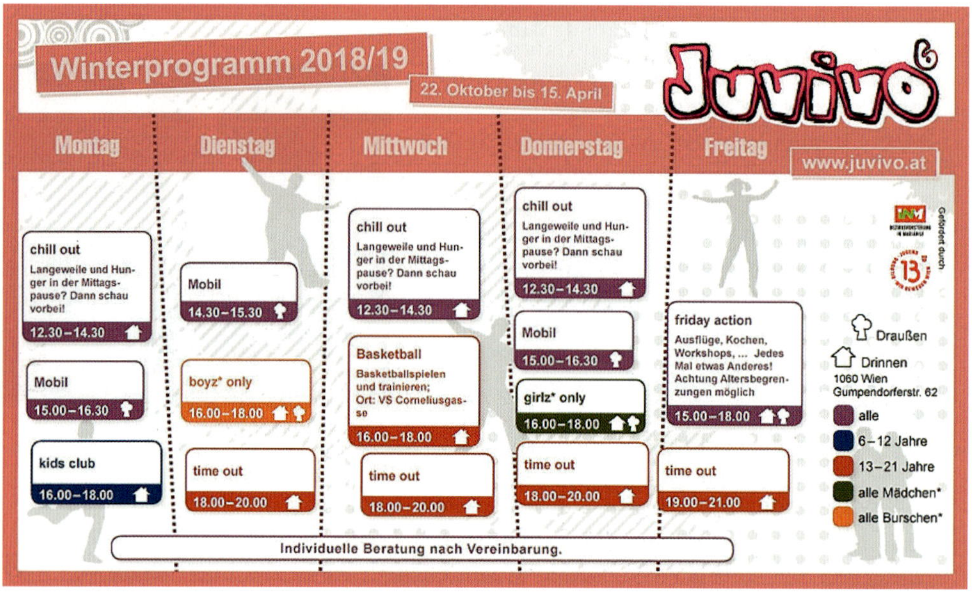

Jugendzentrum Juvivo, Wien; https://juvivo.at/juvivo06/ (04.01.2019)

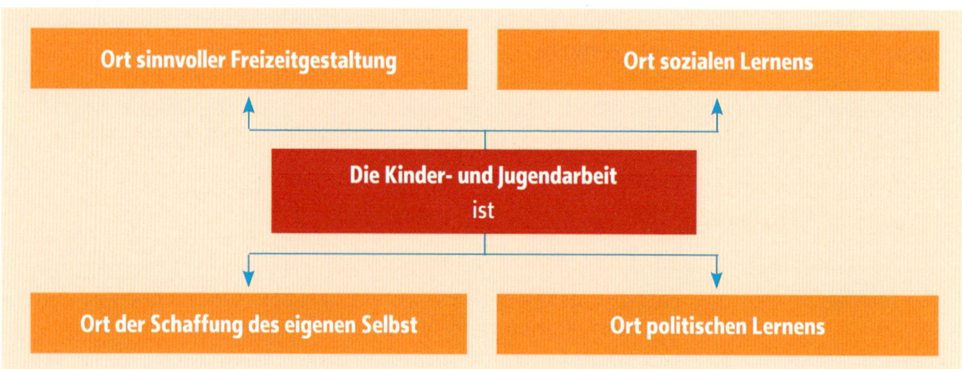

12.6.3 Formen der Kinder- und Jugendarbeit

Um Kinder und Jugendliche zu erreichen, sind unterschiedliche Zugangsformen möglich. Derzeit stehen in den Bundesländern drei Richtungen im Vordergrund: die **Jugendinformation, die verbandliche und** die **offene Jugendarbeit**.

- **Jugendinformation:** Sie bietet den jungen Menschen bei allen Fragen einen ersten Anknüpfungspunkt, in Form eines „one-stop-shops", entweder im Netz oder bei einer der 27 Anlaufstellen in Österreich. Die Kernzielgruppe stellen die 12- bis 26-Jährigen dar.[1]

[1] *Infos unter: www.jugendportal.at und www.europa.eu/youth (beide: 02.01.2019)*

- **Verbandliche Jugendarbeit**: Sie ist die älteste Form der Kinder- und Jugendarbeit. In Vereinen und Verbänden mit meist klar definierten Werten werden die Kinder und Jugendlichen in ihrer Entwicklung unterstützt. Jugendliche treffen sich regelmäßig in homogenen Gruppen. Es gibt in Österreich politische, überparteiliche, kulturelle und religiöse Jugendorganisationen.

  Jugendverbände sind zum Beispiel die Pfadfinder, das Jugendrotkreuz, die roten Falken, die Naturfreunde, Landjugend, katholische studierende Jugend (MKV), Gewerkschaftsjugend, parteipolitisch organisierte Jugend wie die Sozialistische Jugend (SJ) oder die Junge Volkspartei (JVP).

- **Offene Jugendarbeit**: In diesem Bereich werden unterschiedliche pädagogische Ansätze verfolgt, damit Jugendliche auf den gesellschaftlichen Wandel entsprechend reagieren können. Die Zusammensetzung der Gruppen verändert sich, ebenso die Nutzung der Angebote.[1]

  Zur offenen Jugendarbeit zählt auch die ***mobile Jugendarbeit***, in der die Arbeit überwiegend an den Treffpunkten der Jugendlichen in einem Gemeinwesen stattfindet.

  „Boja"[2] ist das bundesweite Kompetenzzentrum für offene Jugendarbeit in Österreich. Es wird durch das Bundesministerium für Familien und Jugend gefördert. Der Verein sieht sich als Vernetzungs- und Servicestelle (national und international) und ist auch Fachstelle für die Qualitätsentwicklung.

Ein aktuelles Thema in der Jugendarbeit sind zum Beispiel Social Media. Darunter werden digitale Netzwerke und Netzgemeinschaften (Plattformen) verstanden, die zum gemeinsamen Austausch von Meinungen dienen. Jugendliche nutzen zum Beispiel Facebook, Twitter, um sich zu informieren, sich in gesellschaftlichen und politischen Fragen zu orientieren, sich zu positionieren, um mit anderen Kontakt zu haben.[3] Ziel in der Arbeit mit der „web 2.0 Generation" ist es, diesen Austausch anzuleiten und zu begleiten.[4]

Entsprechend den Interessen und Bedürfnissen der Kinder und Jugendlichen sowie den verschiedensten Gegebenheiten in der Jugendarbeit können wir drei Formen beobachten, die sich auch überschneiden: **Kinder- und Jugendarbeit findet in Gruppen, in Einrichtungen sowie in Einzelveranstaltungen und -aktivitäten** statt.

Einrichtungen der Kinder- und Jugendarbeit sind zum Beispiel Jugendzentren und -treffs, Jugendclubs, Jugendhäuser, Abenteuerspielplätze, pädagogisch betreute Spielplätze.

Politische, kulturelle und sportliche Kinder- und Jugendarbeit[5] sowie der internationale Jugendaustausch (Erasmus+)[6] werden auf Bundesebene gefördert. Das Bundesministerium für Familie und Jugend bietet allgemeine Informationen, Veranstaltungen zum Thema Jugend, erstellt Studien und erfasst die Meinungen und Einstellungen der Jugendlichen (Jugendmonitor).

---

[1] *vgl. BMWJF: 7. Bericht zur Lage der Jugend in Österreich, 2017, Teil A - Wissen um junge Menschen in Österreich https://www.bmfj.gv.at/dam/jcr:0b15f787-55d2-43c8-8cb6-d815adf44149/7.%20Jugendbericht%20Teil%20A.pdf (28.02.2019)*
[2] *Informationen unter www.boja.at (02.01.2019)*
[3] *vgl. Kapitel 11.2.1*
[4] *Infos unter www.saferinternet.at (02.01.2019)*
[5] *Um Verwechslungen mit dem Begriff „Kinderarbeit" zu vermeiden, wird des Öfteren der Ausdruck „Arbeit mit Kindern" verwendet.*
[6] *Erasmus+: Sämtliche derzeit von der EU finanzierten Programme für die Bereiche Bildung, Jugend und Sport für den Zeitraum 2014–2020.*

Die außerschulische Kinder- und Jugendarbeit agiert in übergreifenden Handlungsfeldern, sie nimmt eine Schnittstellenfunktion zwischen den Erziehungsberechtigten, der Schule, der Kinder- und Jugendhilfe, den Gesundheitseinrichtungen, den Kulturorganisationen usw. ein.

→ So werden zum Beispiel in Kooperation mit dem Arbeitsmarktservice durch Schnuppertage oder Jobmessen Informationen über Weiterbildung und Beruf vermittelt.

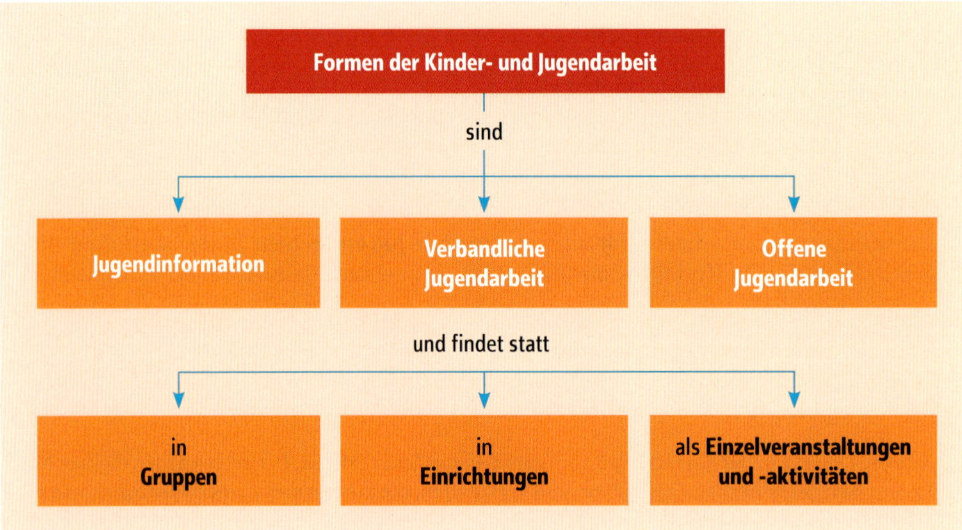

12.6.4 Pädagogische Ansätze der Kinder- und Jugendarbeit

In der Kinder- und Jugendarbeit haben sich im Laufe der Zeit verschiedene **Methodenkonzepte** herausgebildet. Methodenkonzepte sind nach *Karl Helmer (2003[4], S. 336)* gebündelte Verfahren und Entscheidungssysteme, welche die Arbeit strukturieren und ihr besondere Akzente verleihen. Vier Ansätze sind dabei von Bedeutung:

Pädagogik der offenen Situation

Grundgedanke der Pädagogik der offenen Situation ist es, dass es viele Situationen gibt, denen man keine von vornherein festgelegten Ziele zuordnen kann. Kaum planbare Situationen sollen methodisch so begleitet werden, dass junge Menschen Ziele und Aufgaben, die für sie wichtig sind, selbst entdecken und verfolgen können. Sozialpädagoginnen und Sozialpädagogen nehmen die Rolle von Moderatorinnen/Moderatoren, „Lernhelferinnen/Lernhelfern“ und dergleichen ein, denen die pädagogische Verantwortung obliegt.

→ Beispielsweise gehen viele Jugendliche nur deshalb in einen Jugendtreff, um zu schauen, was los ist.

Personales Angebot – Sachangebot – reflektierte Gruppe
Die Mitarbeiterinnen und Mitarbeiter verstehen sich bei diesem Konzept als ***„personales Angebot“***, welches gestützt wird durch die Bereitstellung der Rahmenbedingungen des ***Sachangebots***.

→ Solche Rahmenbedingungen sind zum Beispiel bestimmte Materialien oder Freizeitstätten.

Ausgangspunkt und Zielpunkt ist das Prinzip der ***reflektierten Gruppe***, das sich an den Aussagen der Gruppendynamik orientiert. Die Anforderungen an die Sozialpädagoginnen/-pädagogen sind sehr hoch, denn sie müssen bei diesem Konzept glaubwürdig erscheinen, Vorbilder in privater und beruflicher Hinsicht sein, als Person und nicht als Rolle in Erscheinung treten.

Erfahrungsorientierter Ansatz

Jugendliche sollen echte und lebensbedeutsame Erfahrungen machen, die sie mit anderen gemeinsam zu bewerten und zu verarbeiten lernen. In der Praxis der Jugendarbeit spielen erfahrungsorientierte Ansätze eine wichtige Rolle.

Erlebnisorientierter Ansatz[1]

Im Mittelpunkt steht das Erlebnis des Kindes bzw. der/des Jugendlichen, welches den Mittelpunkt der pädagogischen Arbeit darstellt. Durch unmittelbares, eigenes Erleben von bestimmten Situationen sollen Kinder und Jugendliche Kenntnisse erlangen, sie sollen neue Bereiche erschließen und Erfahrungen sammeln. Dabei handelt es sich um Erlebnisse, die auf den Alltag bzw. andere Situationen übertragen werden können. Erlebnisorientierte Ansätze in der Jugendarbeit unterstützen die Persönlichkeitsentwicklung und stärken die Kinder und Jugendlichen in ihrer sozialen Kompetenz. Dabei ist das Ansprechen der Sinne und emotionaler Kräfte von großer Bedeutung.

> *„Alle Methoden müssen so angelegt sein, dass sie den legitimen Zielsetzungen der Beteiligten entsprechen. Methoden dürfen nicht Selbstzweck werden, sondern haben immer eine dienende Funktion. Sie sollen sowohl zielorientiert wie teilnehmerorientiert sein und müssen so verwandt werden, dass die Jugendlichen selbst mindestens mitbestimmen können, wie sie miteinander arbeiten wollen; sie müssen den Prinzipien der Freiwilligkeit und der Freiheitlichkeit entsprechen; sie müssen dazu beitragen können, Reifung und Entwicklung zu fördern; ‚last but not least': Sie müssen Spaß machen."* (Helmer, 2003[4], S. 341)

Seitens des Ministeriums (BMFJ) wurde 2015 unter dem Titel „Kinder- und Jugendarbeit in Österreich" eine Publikation herausgegeben, mit dem Ziel, einen Gesamtüberblick über die Situation der Kinder- und Jugendarbeit in Österreich zu geben und Begriffsklärungen vorzunehmen, um ein besseres Verständnis der Handlungsfelder und Aufgaben zu haben.

---

[1] *Die Erlebnispädagogik geht auf den Begründer der Internatsschule auf Schloss Salem und Vertreter der Reformpädagogik, Kurt Hahn (1886–1974), zurück (vgl. Kapitel 4.2.2).*

Auf den Punkt gebracht

- Jugendarbeit bedeutet Freizeit- und Bildungsangebote zur Förderung der Entwicklung von jungen Menschen, die diese außerhalb von Familie, Schule und Beruf freiwillig in Anspruch nehmen können. Aufgaben der Jugendarbeit sind sinnvolle Freizeitgestaltung, soziales und politisches Lernen sowie Förderung und Entwicklung personaler und sozialer Kompetenz. Richtungen der Jugendarbeit sind die Jugendverbandsarbeit, die offene Jugendarbeit und die Jugendbildungsarbeit. Jugendarbeit findet in Gruppen, in Einrichtungen sowie als Einzelveranstaltungen und -aktivitäten statt.

Aufgaben – Wissen & Verstehen, Anwenden, Reflektieren

26. *Nennen Sie Einrichtungen der Kinder- und Jugendhilfe.*
27. *Beschreiben Sie anhand konkreter Beispiele die Aufgaben der Kinder- und Jugendarbeit.*
28. *Stellen Sie mit geeigneten Beispielen die Formen der Jugendarbeit dar.*
29. *Erläutern Sie an Beispielen die pädagogische Intention der Kinder- und Jugendarbeit.*
30. Stellen Sie dar, wie Ihrer Meinung nach ein Jugendtreff oder ein Jugendzentrum organisiert sein soll, damit Kinder/Jugendliche dieses Angebot annehmen.
    → *Entscheiden Sie sich für eine Einrichtung der Kinder- und Jugendhilfe oder der Beratung (Familien-, Erziehungs-, Suchtberatung) oder der Kinder- und Jugendarbeit, über die Sie sich näher informieren möchten.*
    → *Bereiten Sie in Kleingruppen Fragen zu folgenden Themen vor: Ziele und Aufgaben, methodische Schwerpunkte, Chancen, Probleme und Grenzen der pädagogischen Arbeit in dieser Einrichtung.*
    → *Führen Sie das Interview mit einer Vertreterin/einem Vertreter der gewählten Einrichtung durch.*
    → *Überlegen Sie sich geeignete Möglichkeiten der Präsentation des Interviews und stellen Sie die Ergebnisse der Klasse vor.*

Aufgabe zum gesamten Kapitel

31. Fragen macht klug (vgl. *Brandhofer-Bryan, 2008, S. 158*)
    → *Die Teilnehmerinnen und Teilnehmer bilden Gruppen von zwei bis vier Personen.*
    → *Jede Gruppe bekommt ein Thema oder eine Seite aus dem Lernstoff „Bildung und Erziehung in pädagogischen Einrichtungen“ zugeteilt und vier bis sechs leere Karten, die nummeriert werden.*
    → *Die Gruppe überlegt sich Fragen, die sich auf ihr Thema oder ihre Seite beziehen. Diese Fragen werden auf je eine Karte geschrieben.*
    → *Wenn alle Gruppen ihre Fragen aufgeschrieben haben, reichen sie die Karten an die nächste Gruppe im Uhrzeigersinn weiter. Diese Gruppe überlegt sich Antworten und schreibt sie zusammen mit den Nummern der entsprechenden Frage auf weitere Karten.*
    → *Dann werden die Antwortkarten zusammen mit den Fragekarten an die ursprüngliche Gruppe zurückgegeben und dort besprochen.*

13 Erziehung außerhalb von Familie und Schule

Auszüge aus dem Bundes-Kinder- und Jugendhilfegesetz (B-KJHG 2013) und dem Bundesverfassungsgesetz der Rechte von Kindern (BVG Kinderrechte 2011) in Österreich:

Der Kinder-und Jugendhilfeträger hat vorzusorgen, dass zur Pflege und Erziehung von Kindern und Jugendlichen im Rahmen der vollen Erziehung sozialpädagogische Einrichtungen zur Verfügung stehen. Dabei ist auf die unterschiedlichen Problemlagen und die altersgemäßen Bedürfnisse von Kindern und Jugendlichen Bedacht zu nehmen.
§ 17 (1) B-KJHG 2013

Die Pflege und Erziehung von Kindern und Jugendlichen ist in erster Linie die Pflicht und das Recht der Eltern oder sonst mit der Pflege betrauter Personen.
§ 1 (2) B-KJHG 2013

Kinder und Jugendliche haben ein Recht auf Förderung ihrer Entwicklung und auf Erziehung zu einer eigenverantwortlichen und gemeinschaftsfähigen Persönlichkeit.
§ 1 (1) B-KJHG 2013

Jedes Kind hat Anspruch auf den Schutz und Fürsorge, die für sein Wohlergehen notwendig sind, auf die bestmögliche Entwicklung und Entfaltung sowie auf die Wahrung seiner Interessen [...]. Bei allen Kinder betreffenden Maßnahmen öffentlicher und privater Einrichtungen muss das Wohl des Kindes eine vorrangige Erwägung sein.
Artikel 1 BVG Kinderrechte 2011

Das *Bundes-Kinder- und Jugendhilfegesetz* (2013) und das *Bundesverfassungsgesetz der Rechte von Kindern* (2011) bilden die Grundlage für die Erziehung außerhalb der Familie, Schule und Berufsausbildung, die Grundlage für die Soziale Arbeit.

Sie können ...

1. ***... die Begriffe „Sozialpädagogik", „Soziale Arbeit" und „Sozialarbeit" darlegen.***
2. ***... Methoden der Sozialpädagogik beschreiben.***
3. ***... Konzepte der Sozialpädagogik charakterisieren.***
4. ***... Situationen aus der Praxis und dem Alltag mit aktuellen Konzepten und Methoden der Sozialen Arbeit analysieren.***

13.1 Grundlagen Sozialer Arbeit

In jeder Gesellschaft – ganz egal, durch welches System sie bestimmt wird – treten individuelle und soziale Nöte verschiedenster Art auf. Es gab und gibt keine Gesellschaft ohne soziale Ungleichheiten, ohne individuelle und soziale Probleme wie zum Beispiel Erziehungsprobleme, Probleme in Ehe und Familie oder Hilflosigkeit in bestimmten Situationen. Soziale Arbeit entstand aus dem Bedürfnis heraus, solche negativen Lebenslagen zu verbessern und abzubauen oder gar nicht erst entstehen zu lassen. Doch sie bedarf einer rechtlichen Grundlage, wie sie im *Bundesverfassungsgesetz der Rechte von Kindern (BVG)* und im *Bundes-Kinder- und Jugendhilfegesetz* (*B-KJHG*) gegeben ist.

13.1.1 Die Gegenwartsaufgabe Sozialer Arbeit

Soziale Arbeit ist eine Begleiterscheinung der modernen industriellen Gesellschaft. Sie versucht individuelle und gesellschaftliche Ursachen sozialer Ungerechtigkeit bereits im Vorfeld ihrer Entstehung zu verhindern.

→ Solche Notsituationen können zum Beispiel Schwierigkeiten wie unzureichendes Einkommen, Vereinsamung, Drogen- oder Alkoholprobleme, Krankheit, Behinderung, Partner- und Ehekonflikte, persönliche Krisen, Arbeitslosigkeit, sozial auffälliges Verhalten, Straffälligkeit oder auch Mangellagen wie unzureichende Spielmöglichkeiten für Kinder, fehlende Treffs für Jugendliche und Ähnliches mehr sein.

Daher nimmt die ***Präventionsarbeit***[1] eine wichtige Funktion ein.

Das gesellschaftliche Verständnis von Sozialer Arbeit unterliegt bis in die Gegenwart hinein einem Entwicklungsprozess. Im deutschsprachigen Raum entwickelte sich Sozialpädagogik historisch betrachtet aus der Jugendfürsorge und dem Waisenwesen, Sozialarbeit aus dem mittelalterlichen-frühneuzeitlichen Armenwesen und der sozialen Bewegung des 19. Jahrhunderts (vgl. *Thiersch 2014⁶*, *Hamburger 2012³*).

Derzeit wird in Österreich noch von **Sozialarbeit und Sozialpädagogik** gesprochen. Unter Sozialarbeit wird eine Vielzahl von Einrichtungen und Maßnahmen zusammengefasst, die Menschen ***helfen sollen, unterschiedliche Notsituationen individueller und sozialer Art zu bewältigen und zu verhindern***. Die Sozialpädagogik bezieht sich vorwiegend auf die ***Erziehungs- und Bildungsangebote*** junger Menschen außerhalb von Familie, Schule und Berufsausbildung. Hier wird stärker der pädagogische Auftrag herausgestellt. Damit ist sie ein Teilbereich der Sozialarbeit.

→ Aufgrund gesellschaftlicher Veränderungen entsteht eine Ausweitung des Adressatinnen-/Adressatenkreises auf Eltern und andere Erwachsene bis hin zur Altenpädagogik (Geragogik).

Die Trennung zwischen Sozialarbeit und Sozialpädagogik wird in der neueren Literatur nicht mehr aufrechterhalten, da sich die beiden Bereiche in ihren Tätigkeiten oftmals überschneiden. *Hans Thiersch (2014⁶, S. 433)* zieht es vor, die Begriffe „Sozialarbeit“ und „Sozialpädagogik“ durch den Terminus **Soziale Arbeit** zu ersetzen, deren Aufgaben aus der Tradition von Sozialarbeit und Sozialpädagogik zusammengewachsen sind. Soziale Arbeit ist – will man die Trennung von Sozialarbeit und Sozialpädagogik aufrechterhalten – der Überbegriff für sozialarbeiterische und sozialpädagogische Angebote (vgl. *Thiersch, 2014⁹, S. 6*).

---

1 Prävention (praeventio, lat.: das Zuvorkommen): Vorbeugung, Verhütung

Die Hilfe in der Sozialen Arbeit geschieht auf der **Grundlage wissenschaftlicher Erkenntnisse**[1] durch berufliches und eigens dazu ausgebildetes Fachpersonal. Damit besteht eine klare Abgrenzung von privater Hilfe. Bei der Sozialen Arbeit handelt es sich um die **berufsmäßige, wissenschaftlich fundierte Hilfeleistung** an Menschen aller Altersgruppen, um individuelle und soziale Notsituationen zu bewältigen bzw. zu verhindern.

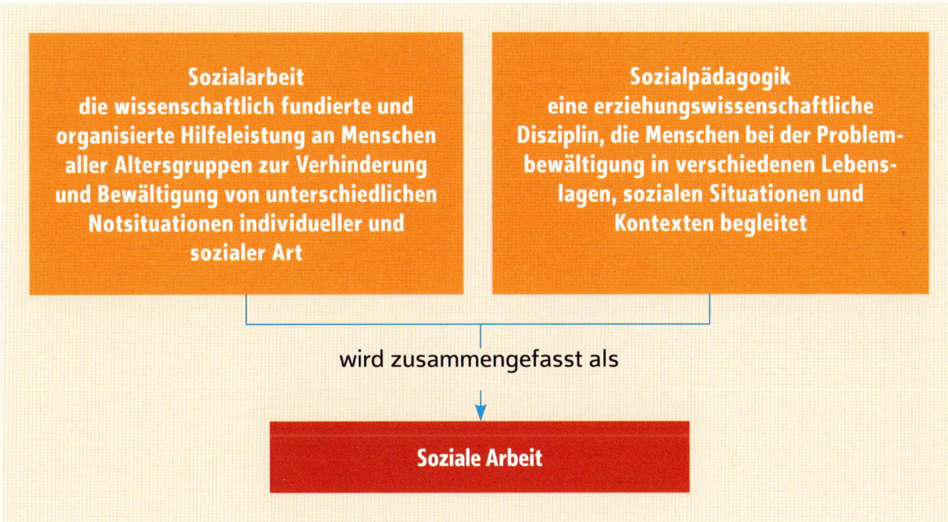

Die International Federation of Social Workers (IFSW) definierte im Jahr 2014 in Melbourne, Australien, Soziale Arbeit wie folgt: „Soziale Arbeit als Beruf fördert den sozialen Wandel und die Lösung von Problemen in zwischenmenschlichen Beziehungen, und sie befähigt die Menschen, in freier Entscheidung ihr Leben besser zu gestalten. Gestützt auf wissenschaftliche Erkenntnisse über menschliches Verhalten und soziale Systeme greift Soziale Arbeit dort ein, wo Menschen mit ihrer Umwelt in Interaktion treten. Grundlagen der Sozialen Arbeit sind die Prinzipien der Menschenrechte und der sozialen Gerechtigkeit" (obds: *Berufsbild der Sozialarbeit, 2017, S. 2*).[2]

Soziale Arbeit fasst die beiden Bereiche der Sozialarbeit und Sozialpädagogik zusammen und umfasst die berufsmäßige, wissenschaftlich fundierte Hilfeleistung an Menschen aller Altersgruppen zur Verhinderung und Bewältigung von unterschiedlichen Notsituationen individueller und sozialer Art. Dazu gehört auch die Erziehung außerhalb und innerhalb von Familie, Schule und Berufsausbildung.

Indem Soziale Arbeit ihre Adressatinnen und Adressaten dabei unterstützt, ihren Alltag zu meistern, leistet sie *„Hilfe zur Selbsthilfe"*. Dabei sollen die Betroffenen eigene Kräfte mobilisieren und die in ihnen steckenden Möglichkeiten nutzen[3].

In Österreich existieren für die Berufsgruppen Sozialarbeiter/innen und Sozialpädagoginnen und -pädagogen aufgrund ihrer unterschiedlichen Ausbildung verschiedene Berufsfelder.

So obliegt die behördliche Soziale Arbeit den Sozialarbeiterinnen und Sozialarbeitern.

---

[1] *In der Literatur wird von **„Sozialarbeitswissenschaft"** gesprochen, um die wissenschaftliche Fundierung der Sozialen Arbeit hervorzuheben.*
[2] *Info unter: www.obds.at (beide: 25.02.2019)*
[3] *vgl. Empowermenttheorie in Abschnitt 13.3.3*

Eine starke Überlappung der Handlungsfelder ist jedoch gegeben. Die Ausbildung von Sozialarbeiterinnen und Sozialarbeitern erfolgt in Österreich an den Fachhochschulen für Soziale Arbeit, Sozialpädagoginnen und -pädagogen werden an Bildungsanstalten für Sozialpädagogik (BASOP[1]), Kollegs, Fachhochschulen und Universitäten ausgebildet. Eine Vernetzung in der Ausbildung an Fachhochschulen und Universitäten zeichnet sich zunehmend ab.[2]

Das **Berufsfeld von Sozialarbeiterinnen und -arbeitern** umfasst sämtliche (teil)stationäre und ambulante Bereiche, Arbeit mit Randgruppen, Minderheiten, Diskriminierten, alten und psychisch kranken Menschen.

Es wird zwischen ***behördlicher Sozialarbeit***[3] und ***Sozialarbeit in sozialpädagogischen Einrichtungen oder bei freien Trägern*** unterschieden.

→ Soziale Arbeit wird von öffentlichen Trägern, beispielsweise Magistrat, Bezirkshauptmannschaft geleistet, die alle behördlichen Aufgaben übernehmen, sowie von privaten Trägern, wie zum Beispiel Caritas, Diakonische Werke, Rotes Kreuz u. a. m.

Die wichtigsten **Praxisbereiche behördlicher Sozialer Arbeit** sind die

- **Sozial- und Behindertenhilfe**[4] mit den Aufgaben der Beratung, finanziellen Unterstützung zur Sicherung des Lebensbedarfs und der Vermittlung in Form sozialer Dienste,
- **Kinder- und Jugendhilfe** mit den Aufgaben der Abklärung von Gefährdung des Kindeswohls, der Beratung und Vermittlung von Unterstützung, der persönlichen Betreuung bei Erziehungs- und Schulproblemen, Verhaltensauffälligkeiten von Kindern und Jugendlichen sowie der Erhebungstätigkeiten, etwa bei Scheidungsangelegenheiten, Obsorge, Besuchsrechtfragen, Adoptions-, Pflege- und Tageselternbewilligungen.

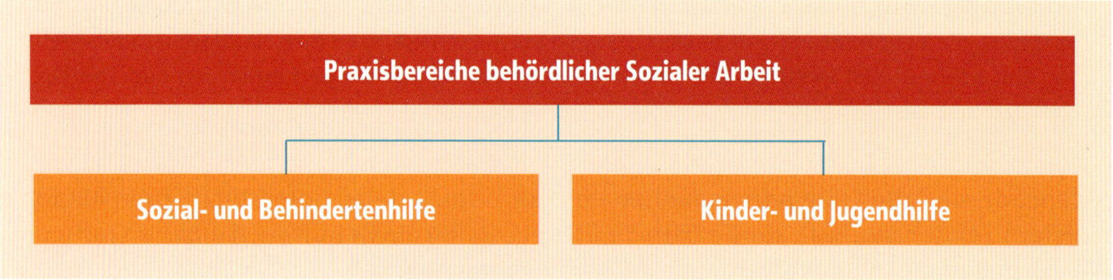

[1] *BASOP: Bildungsanstalt für Sozialpädagogik, eine 5-jährige Ausbildung nach der MS oder AHS-Unterstufe, schließt mit Reife- und Diplomprüfung ab. Für alle anderen Ausbildungen sind die Matura, Berufsreifeprüfung oder Studienberechtigungsprüfung Voraussetzung.*
[2] *Bachelor-Absolventinnen/Absolventen beider Studienrichtungen können nach inhaltlicher Prüfung ein facheinschlägiges Masterstudium an der jeweils anderen Institution absolvieren; ein Doktoratsstudium ist nur an der Universität möglich.*
[3] *Behördliche Sozialarbeiter/innen sind für ein bestimmtes Gebiet/Gemeinden (= Sprengel) zuständig und agieren aufgrund eines behördlichen Auftrages.*
[4] *Sozial- und Behindertenhilfe sowie Kinder- und Jugendhilfe sind in Österreich Ländersache und werden daher von jedem einzelnen Bundesland individuell mit Landesgesetzen geregelt. Anlaufstellen für Fragen sind die jeweiligen Bezirkshauptmannschaften bzw. Magistrate oder die Gemeinden.*

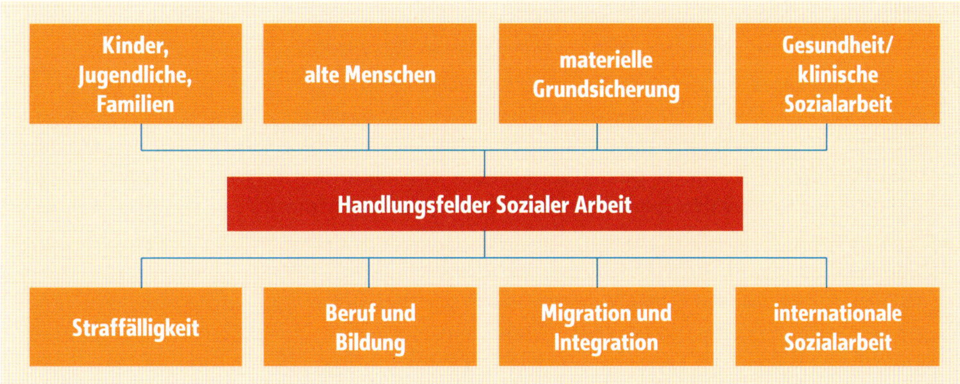

(vgl. obds Österreichischer Berufsverband der Sozialarbeiter/innen, 2004, S. 3–22)

Sozialpädagoginnen und -pädagogen konzentrieren sich vor allem auf ***pädagogische Arbeitsfelder***. Im Gegensatz zu den Sozialarbeiterinnen und -arbeitern übernehmen sie die Erziehung- und Bildungsaufgaben von Kindern und Jugendlichen in Schulen mit ganztägiger Betreuung, Horten, Tagesheimstätten, Internaten, sozialpädagogischen Wohneinrichtungen, in der außerschulischen Jugendarbeit, der mobilen Beratung und Betreuung sowie in der Freizeitpädagogik.

Die Sozialpädagogik ist in sehr viele verschiedene Handlungsfelder involviert und auf die Zusammenarbeit in einem multiprofessionalen Team mit Sozialarbeiterinnen und -arbeitern, Psychologinnen und Psychologen, Lehrerinnen und Lehrern, Heil- und Sonderpädagoginnen und -pädagogen, Kinder- und Jugendpsychiaterinnen und -psychiatern ausgerichtet und auch angewiesen (vgl. *Fischer-Gese, 2011, S. 36 f.*).

Die Zuständigkeiten Sozialer Arbeit haben sich ausgeweitet. Soziale Arbeit wurde zum Dienstleistungsangebot und es wird versucht, gesellschaftlich verursachte Desintegration institutionell abzufedern (vgl. *Füssenhäuser/Thiersch, 2018[6], S. 1741*).

Nach *Thiersch (2014[6], S. 433)* sind Sozialarbeit und Sozialpädagogik untrennbar miteinander verbunden. Ziel ist es, in beiden Fachbereichen Menschen die gesellschaftliche Teilhabe zu ermöglichen und sie zu unterstützen, ihr Leben in Selbstverantwortung zu leben.
In Österreich wurde 2014 seitens des Berufsverbandes der Österreichischen Sozialarbeiterinnen und Sozialarbeiter[1] ein Prozess gestartet, die beiden Berufsgruppen zusammenzuführen und berufs- und sozialpolitisch gemeinsam tätig zu werden. (vgl. *Berufsbild der Österreichischen Sozialarbeiter, 2017, S. 2*)

13.1.2 Die Kinder- und Jugendhilfe

Grundsätzlich obliegt die Pflege und Erziehung von Kindern den leiblichen Eltern bzw. den Erziehungsberechtigten. Die Kinder- und Jugendhilfe – in den Bundesländern bei den Bezirkshauptmannschaften angesiedelt, in Wien beim Magistrat – soll Eltern beraten und unterstützen. Wird gegen das Kind Gewalt ausgeübt oder es vernachlässigt, muss die Kinder- und Jugendhilfe einschreiten und das Kind schützen. Die rechtlichen Grundlagen sind im Bundes-Kinder- und Jugendhilfegesetz (B-KJHG) 2013 festgelegt.

---

[1] *Informationen unter: https://www.obds.at (27.02.2019)*

In der Kinder- und Jugendhilfe in Österreich haben drei Prinzipien Vorrang:

- Die **Erziehung der Kinder als Recht und Pflicht der Eltern** (*§ 1 (2) B-KJHG 2013*).
- Die **Vielfalt der Angebotsstruktur**, wobei stationäre Leistungsangebote, mobile und/oder ambulante Angebote in den Bundesländern vorhanden sein müssen. Bei den stationären Leistungen sind auch therapeutische Wohngemeinschaften und Intensivbetreuungen mit besonderer Beschulung in der Wohneinrichtung genannt. Die Angebote sind auf den Bedarf des jeweiligen Bundeslandes abgestimmt.
- Das **Subsidiaritätsprinzip** regelt das Verhältnis von Staat und Gesellschaft. Es besagt, dass jeweils immer die kleinere Einheit Vorrang gegenüber der größeren hat und die größere Einheit, wie zum Beispiel der Staat, nur eingreifen darf, wenn die kleinere Einheit ihre Aufgabe nicht mehr bewältigen kann.

→ So darf eine staatliche Behörde, wie zum Beispiel die Kinder- und Jugendhilfe, in die Erziehung in der Familie erst eingreifen, wenn diese ihrem Erziehungsauftrag nicht (mehr) gerecht wird.

Folgende gesetzliche Grundlagen und sozialpädagogische Angebote haben das Ziel, die **Erziehung in der Familie zu unterstützen, zu ergänzen oder gegebenenfalls zu ersetzen**:

- Die **Kinder- und Jugendarbeit**, die den Kindern, Jugendlichen und jungen Erwachsenen entsprechende Angebote zur Verfügung stellt, um deren Entwicklung durch freiwillige Erziehungs-, Bildungs- und Freizeitangebote außerhalb von Familie, Schule und Beruf zu fördern. Sie geschieht durch öffentliche und freie Träger.[1]
- Die **Kinder- und Jugendschutzgesetze** sollen Kinder und Jugendliche vor Gefährdungen bewahren. Sie sind Ländersache; ab 2019 gibt es eine bundesweite Einigung bezüglich hochprozentigem Alkohol- und Tabakkonsums. Nur bei den Ausgehzeiten hat Oberösterreich als einziges Bundesland eine eigene Regelung.
- Die **Förderung der Erziehung in der Familie**, die Eltern bei ihren Erziehungsaufgaben unterstützen und damit die Erziehungssituation von zu Erziehenden verbessern will. Hierzu gehören insbesondere die Unterstützung der Erziehung in der Familie durch geeignete Angebote und die Hilfe für Familien in besonderen Lebenssituationen, wie zum Beispiel alleinerziehende Elternteile.
- Die **Förderung von Kindern und Jugendlichen in Tageseinrichtungen** und bei Tageseltern, die der gesellschaftlichen Entwicklung der zunehmenden Bedeutung von Tageseinrichtungen wie Kinderkrippen, Kindergärten und Kinderhorten für die Entwicklung der Kinder und Jugendlichen Rechnung trägt.[2]
- Die **Unterstützung zur Erziehung**, die gewährleistet, dass Obsorgeberechtigte[3] Anspruch auf Hilfe bei der Erziehung haben, „wenn davon auszugehen ist, dass eine Gefährdung des Kindes oder der/des Jugendlichen trotz eines Verbleibes in der Familie abgewendet werden kann" *(§ 25 (1) B-KJHG 2013)*.

→ Erziehungshilfen können zum Beispiel Erziehungsberatung, sozialpädagogische Familienhilfe, Erziehung in einer Tagesgruppe, Vollzeitpflege, Heimerziehung und sonstige betreute Wohnformen sowie intensive sozialpädagogische Einzelbetreuung sein.

Die ***familienergänzende Hilfe*** will die Erziehung der Eltern unterstützen und ergänzen. Die Bezeichnung ***familienersetzende Hilfe*** bezieht sich auf die „Inobhutnahme" Minderjähriger als eine Möglichkeit der Krisenintervention (vgl. *Bock, 2010³, S. 439–467*). Familienersetzende Maßnahmen sind die verschiedenen Formen der Unterbringung von Kindern

---

[1] *vgl. Abschnitt 13.1.1*
[2] *vgl. Kapitel 12.2*
[3] *Obsorge ist ein Begriff in der Amtssprache und bedeutet „sorgende Aufsicht".*

und Jugendlichen außerhalb der Familie, wie beispielsweise in Pflege- und Adoptionsfamilien oder sozialpädagogischen Einrichtungen. Ziel aller Maßnahmen der familienersetzenden Hilfe ist die Reintegration des Kindes bzw. der/des Jugendlichen in die Familie.

Entsprechend diesen Aufgaben können wir von **familienergänzenden und -ersetzenden Einrichtungen** sprechen. Daneben bietet die Soziale Arbeit in weiteren Arbeitsfeldern die **Beratung** sowie **Freizeit- und Bildungsangebote** an.

familienergänzende Einrichtungen	familienersetzende Einrichtungen	Freizeit- und Bildungsangebote	Beratung
Kinderkrippe, Krabbelstube, Kindertagesstätte, Kindergarten, Kinderhaus, Ganztagsschule, Hort, Internat bzw. Schüler- und Lehrlingsheim	sozialpädagogische Wohneinrichtungen für Kinder und Jugendliche auch im Behindertenbereich, Pflegefamilien, Adoptionsfamilien Kinder- und Jugendheim, Kinderdorf	Jugendzentrum, Jugendtreff, betreute Spielplätze, Abenteuerspielplatz, offene Jugendarbeit, landes-, bundesweite und internationale Jugendarbeit, Kinder- und Jugendferienaktionen	Schwangerschaftskonfliktberatung, Erziehungsberatung, Jugendberatung, Schulberatung, schulpsychologische Beratung, Schulsozialarbeit, Berufsberatung, Drogen- und Suchtberatung, Ehe- und Familienberatung, Schuldnerberatung, Telefonseelsorge

Da Soziale Arbeit eingebunden in staatliche Kontrollaufgaben ist, finden viele sozialpädagogische Interventionen im Spannungsfeld von Hilfe und Kontrolle statt. Diese unlösbare Diskrepanz verschiedener Erwartungen – Hilfe einerseits und Kontrolle andererseits – wird als „***Doppeltes Mandat***" bezeichnet (vgl. *Bock, 2010*[3], *S. 439–467*).

> *„Eine Gesellschaft, die ihre Kinder verkommen lässt, riskiert ihre humane Zukunft. Missachtung und Vernachlässigung der Heranwachsenden sind Ausdruck der Unfähigkeit und des praktizierten Unwillens zur eigenen gesellschaftlichen Zukunft. (...) Politik und Pädagogik braucht es nebeneinander; es gilt aber (...) der Gefahr zu wehren, dass die Pädagogik als Alibi für verfehlte, versagende, zynische Politik missbraucht wird, sich missbrauchen lässt."*
>
> *(Thiersch, 2014*[9]*, S. 53, 58).*

Auf den Punkt gebracht

- Soziale Arbeit bezeichnet eine professionelle, wissenschaftlich fundierte Hilfeleistung an Menschen aller Altersgruppen zur Bewältigung ihrer sozialen und psychischen Probleme. In Österreich existieren für die Berufsgruppen Sozialarbeiterin/Sozialarbeiter und Sozialpädagogin/Sozialpädagoge aufgrund ihrer unterschiedlichen Ausbildung verschiedene Berufsfelder.
- Sozialpädagoginnen und Sozialpädagogen sowie Sozialarbeiterinnen und Sozialarbeiter konzentrieren sich vor allem auf pädagogische Arbeitsfelder: Erziehungs- und Bildungsaufgaben von Kindern und Jugendlichen in Schulen mit ganztägiger Betreuung, in Horten, Tagesheimstätten, Internaten, sozialpädagogischen Wohneinrichtungen, in der außerschulischen Jugendarbeit, in der mobilen Beratung und Betreuung sowie in der Eltern-, Erwachsenen- und Altenarbeit.

Aufgaben – Wissen & Verstehen, Anwenden, Reflektieren

1. *Bestimmen Sie die Begriffe „Sozialarbeit", „Sozialpädagogik" und „Soziale Arbeit".*
2. *Beschreiben Sie die Sozialpädagogik als „Kinder- und Jugendhilfe".*
3. *Zeigen Sie anhand von Beispielen die Arbeitsfelder von Sozialpädagogen/-innen und Sozialarbeiter/-innen auf.*
4. *Erläutern Sie die Gegenwartsaufgaben der Sozialen Arbeit.*
5. *Klaus Mollenhauer (2001, S. 21)* meint, dass sich die Gesellschaft in der Sozialpädagogin/im Sozialpädagogen eine/n ihrer heftigsten Kritiker/innen produziert, und sein Kollege *C. Wolfgang Müller* schreibt im gleichen Buch: „Sozialpädagogik hat die Strukturen der Gesellschaft zu vergegenwärtigen, die sie notwendig macht" *(2001, S. 180).*
   - → *Bilden Sie Gruppen und nehmen Sie zu diesen beiden Aussagen Stellung.*
   - → *Stellen Sie in Ihrer Klasse in einem Kreis einen Sessel mehr auf, als es Gruppen gibt.*
   - → *Die Gruppensprecherinnen/Gruppensprecher setzen sich auf den Sessel (einer bleibt leer), die Klasse sitzt außerhalb dieses Kreises.*
   - → *Die Gruppensprecherinnen/Gruppensprecher stellen das Diskussionsergebnis ihrer Gruppe vor, die anderen im Kreis können zurückfragen.*
   - → *Wer eine Frage hat oder einen Diskussionsbeitrag leisten möchte, setzt sich auf den leeren Sessel. Nach dem Beitrag verlässt sie/er den Sessel wieder.*
6. In der Sozialarbeit sind sogenannte „Codes of ethics", berufsethische Prinzipien, vorgebeben. So formulierte *Herbert Lattke bereits 1961* zehn Gebote der Sozialen Arbeit *(Galuske, 2013[10], S. 83):*

„Du sollst ...
1. jeden Klienten als ganzen Menschen behandeln, das heißt als Leib-Seele- und Geist-Einheit;
2. seine Selbsthilfekräfte entdecken und fördern;
3. ihn zum Partner am Hilfsvorhang werden lassen;
4. jeden Klienten so akzeptieren, wie er ist, und ihm Grenzen setzen, die er braucht;
5. nicht voreingenommen urteilen;
6. mit jedem Klienten dort anfangen, wo er steht;
7. mit seinen Stärken arbeiten;
8. es jedem Klienten ermöglichen, sich frei zu äußern;
9. ihm helfen, sein Recht auf Selbstbestimmung und seine Pflicht auf Selbstverantwortung zu verwirklichen;
10. ihm helfen, sich selbst und seine Lage besser zu verstehen."

- → *Reflektieren Sie mit Ihrer Nachbarin/Ihrem Nachbarn, inwiefern diese 10 Gebote heute noch aktuell sind.*
- → *Ergänzen Sie aus Ihrer Sicht oder entwickeln Sie Ihre eigenen Vorstellungen eines ethischen Kodex für Ihre zukünftige Arbeit.*

7. Recherchearbeit:
   a) Bilden Sie Kleingruppen.
   b) Ermitteln Sie welche Ausbildung folgender Beruf haben muss, um die genannte Berufsbezeichnung führen zu dürfen:
   Gruppe 1: Sozialpädagogin/-pädagoge bzw. Sozialarbeiterin/-arbeiter
   Gruppe 2: Psychologin/Psychologe
   Gruppe 3: Psychotherapeutin/-therapeut und Kinder- und Jugendpsychiaterin/-psychiater
   Gruppe 4: Mediatorin/Mediator, Lebens- und Sozialberaterin/-berater und Coachin/Coach
   c) Beschreiben Sie die jeweiligen Aufgabenfelder und stellen Sie diese auf einem Plakat der Klasse vor.

13.2 Theorien der Sozialen Arbeit

Die Hilfe in der Sozialen Arbeit geschieht auf der Grundlage wissenschaftlicher Erkenntnisse. Dabei hat sich keine einheitsstiftende Theorie etabliert, es stehen verschiedene Theorien nebeneinander, von denen folgende dargestellt werden: Die **lebensweltorientierte Soziale Arbeit** von *Hans Thiersch*, der **Lebensbewältigungsansatz** von *Lothar Böhnisch*, der **Capability Approach** von *Amartya Sen* und *Martha Nussbaum*, das **Lebensvollzugsmodell** von *Carel B. Germain* und *Alex Gitterman* und die **ökologische Theorie** nach *Uri Bronfenbrenner*.

13.2.1 Lebensweltorientierte Soziale Arbeit

Sozialpädagogik als Theorie und Praxis der Kinder- und Jugendhilfe, wie sie von *Klaus Mollenhauer (2001)* vertreten wird, wurde von *Hans Thiersch* als „lebensweltorientierte Soziale Arbeit" weiterentwickelt.

Hans Thiersch *(* 1935) ist emeritierter Professor für Erziehungswissenschaft und Sozialpädagogik an der Universität Tübingen. In den frühen 1980er-Jahren war er Mitglied des Vorstandes und Vorsitzender der deutschen Gesellschaft für Erziehungswissenschaft. Thiersch ist Mitherausgeber der Zeitschrift „Neue Praxis". Bekannt wurde er durch sein Konzept der Lebensweltorientierung (LWO).*

Intention der lebensweltorientierten Sozialen Arbeit ist es, ***sich an den Problemen und Ressourcen in der Lebenswelt der Betroffenen zu orientieren***. Lebenswelt bezeichnet dabei denjenigen Ort, an welchem das Individuum handelt und an dem ihm gesellschaftliche Verhältnisse widerfahren. Bei dem Versuch der Lebensbewältigung entstehen Probleme. Dabei versteht sich Lebensweltorientierung als praxisorientiertes Konzept, das Aussagen über die allgemeinen Strukturen der Lebenswelt und deren Bewältigungsmuster liefert sowie Gestaltungsmöglichkeiten der Sozialen Arbeit aufzeigt.

Lebenswelt ist derjenige Ort, an dem das Individuum handelt und ihm gesellschaftliche Verhältnisse widerfahren.

Bei der Bewältigung von Problemen und bestimmten Situationen spielen Kräfte, die einem Individuum dabei zur Bewältigung einer bestimmten Situation zur Verfügung stehen, eine wichtige Rolle. Die Psychologie spricht in diesem Zusammenhang von **Ressourcen**.[1]

Ressource ist eine allgemeine Bezeichnung für Hilfsquellen oder Kräfte eines Individuums, die zur Bewältigung einer bestimmten Situation zur Verfügung stehen.

Es ist jedoch entscheidend, ob und inwieweit ein Individuum selbst davon ***überzeugt*** ist, dass es über Kräfte zur Bewältigung einer Situation verfügt. Aus diesem Grund werden in der Fachliteratur mit Ressourcen gelegentlich Kräfte eines Individuums bezeichnet, über die es zur Bewältigung einer bestimmten Situation zu verfügen ***glaubt***.

Dabei unterscheidet man zwischen **personalen** und **sozialen Ressourcen.** Damit sind Bewältigungskräfte gemeint, die zum einen bei der Person selbst, zum anderen in ihrem sozialen Umfeld zu suchen sind.

→ Personale Ressourcen sind zum Beispiel bestimmte Bewältigungsstrategien, die sich eine Person angeeignet hat, individuelle Fähigkeiten, Stärken oder Talente; soziale Ressourcen können beispielsweise Ehepartnerinnen/Ehepartner, Freundinnen/Freunde, Sozialarbeiter/innen oder bestimmte Einrichtungen bzw. Dienste sein.

Der wachsende Bedarf an Hilfe bei der alltäglichen Bewältigung von Normalität erfordert eine Erweiterung der Hilfe im Sinne von „lebensweltorientierten Hilfen zur Lebensbewältigung“ *(Thiersch, 2014⁹, S. 239)*.

→ Menschen in der heutigen Gesellschaft sind mit einer Vielfalt an Lebens-, Wohn- und Beziehungsformen konfrontiert und müssen sich bewusst entscheiden. Sie sind deshalb gefordert, Lebenspläne zu entwerfen und diese gegebenenfalls im Laufe ihres Lebens mehrmals zu verändern.

Lebensweltorientierte Soziale Arbeit spielt sich grundsätzlich auf zwei Ebenen ab: Auf der individuellen Ebene geht es um die **Aufarbeitung sozialer Probleme**. Hier hat Soziale Arbeit die Aufgabe, im Dialog mit den Individuen deren Alltag zu verstehen und Möglichkeiten der Alltagsbewältigung mit ihnen zu erarbeiten. Auf sozialpolitischer und sozialstruktureller Ebene stehen im Vordergrund das **Erkennen der Ursachen** dieser Probleme und das Aufdecken gesellschaftlicher Bedingungen, welche zu sozialer Ungleichheit, beispielsweise in Bezug auf Bildung, materielle Ausstattung, gesunde Lebens- und Arbeitsbedingungen, führen. Soziale Arbeit muss sich folglich in politische Arbeit und öffentliche Auseinandersetzungen einmischen, Prävention als sozialpolitische Aufgabe fordern und die Interessen von Kindern, Jugendlichen und ihren Familien vertreten sowie sozialpädagogisches Handeln reflektieren (vgl. *Lambers, 2015², S. 106*).

---

[1] *resurgere (lat.): wieder erstehen*

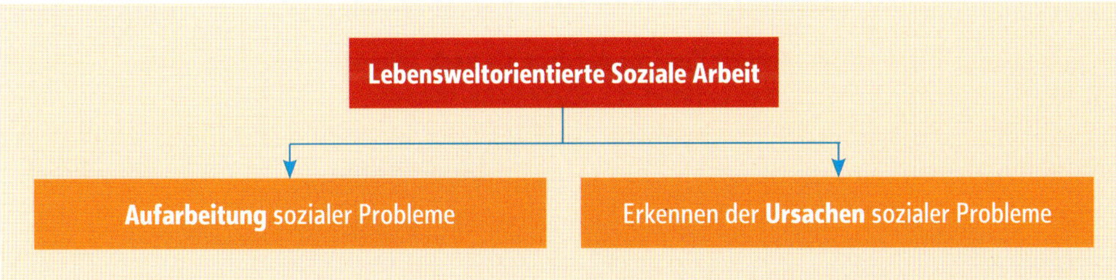

Klaus Grunwald und *Hans Thiersch* (*2008[2], S. 13–39*) liefern sowohl einen Beitrag zur Theoriebildung Sozialer Arbeit als auch eine Orientierung für die Praxis Sozialer Arbeit. Die lebensweltorientierte Soziale Arbeit umfasst folgende Elemente (vgl. *Buchka, 2003[4], S. 201 f.)*:

- **Lebenswelt der Adressatinnen und Adressaten**: Im Vordergrund der Betrachtung stehen der Mensch und der normale Alltag. Darüber hinaus wird nach den Lebensverhältnissen und -defiziten der Adressatinnen und Adressaten gefragt. Soziale Arbeit muss die Lebenserfahrungen und -welten jener Menschen kennen, mit denen sie zu tun hat.
- **Gesellschaftliche Funktion**: Soziale Arbeit hat die Funktion, Menschen in kritischen Entwicklungen und bei Lebensproblemen zu helfen. Einerseits bietet sie Hilfen bei der Lösung von Konflikten an, andererseits macht sie auf gesellschaftliche Missstände aufmerksam. Soziale Arbeit soll sich in soziale und politische Angelegenheiten einmischen, die von öffentlichem Interesse sind.
- **Sozialpädagogische Institutionen**: Aufgabe der Sozialen Arbeit ist neben der Erforschung der Entstehungsursachen auch eine kritische Analyse der disziplinierenden, unterdrückenden und stigmatisierenden Mechanismen von sozialpädagogischen Institutionen und ihren spezifischen Leistungen.
- **Sozialpädagogisches Handeln**: Auch die handlungspraktischen Methoden sind einer kritischen Analyse zu unterziehen. Zu überprüfen ist dabei nicht nur die Effizienz bestimmter Methoden, sondern auch die Frage, ob professionelle Hilfe in jedem Fall einzuschalten ist bzw. ob Adressatinnen/Adressaten ihre Probleme nicht sinnvoller in eigener Kompetenz lösen können.
- **Wissenschaftskonzept der Sozialpädagogik**: Sozialpädagogik ist ein Teil der Erziehungs- und Bildungswissenschaft[1], die sich als sozialwissenschaftliche und kritische Handlungswissenschaft versteht. Die lebensweltorientierte Sozialpädagogik nutzt ihre Möglichkeiten, Menschen in ihrer Lebenswelt zur Selbsthilfe, das heißt, ihnen in ihren Verhältnissen zur Selbstständigkeit zu verhelfen.

Thiersch brachte seine Theorie auf einer Tagung in Salzburg 2012 sehr prägnant und kurz auf den Punkt: „Respekt vor der Eigensinnigkeit der Lebensverhältnisse!" und „Die unbedingte Anerkennung der anderen als Personen, so wie sie sind, ohne Wenn und Aber!"

> *„Das Konzept Lebensweltorientierung ist so gesehen ein Zugang, soziale Gerechtigkeit in den neuen sozialpolitischen Aufgaben der Hilfe und Unterstützung in den heutigen lebensweltlichen Bedingungen zu realisieren."*
>
> *(Grunwald/Thiersch, 2008[2], S. 16).*

[1] *vgl. Kapitel 1.1.3*

(vgl. Schilling/Klus, 2018[7], S. 145)

Die Lebensverhältnisse der Adressatinnen und Adressaten sind nach *Thiersch (2014[9], S. 18 f.)* bestimmt durch Pluralisierung von Lebenslagen. Mit Lebenslagen meint man die Gesamtheit der Lebensbedingungen in der Lebenswelt eines Menschen wie die Familien-, Arbeits-, Einkommens- und Vermögenssituation, Wohnverhältnisse, Bildung oder Gesundheitszustand.

Lebenslage meint die Gesamtheit der Lebensbedingungen und äußeren Umstände eines Menschen in seiner Lebenswelt, die sein Erleben und Verhalten beeinflussen und seinen Handlungsspielraum in der Lebensgestaltung bestimmen.

Pluralisierung von Lebenslagen bedeutet die ***Unterschiedlichkeit der Lebensbedingungen in der Lebenswelt*** eines Menschen (vgl. *Thiersch, 2014[9], S. 18*).

Andererseits werden die Lebensverhältnisse durch **Individualisierung der Lebensführung** festgelegt. Damit ist gemeint, dass sich aufgrund des Brüchigwerdens von bisherigen Lebensformen ***neue Möglichkeiten für Einzelne bzw. Gruppen*** ergeben (vgl. *Thiersch, 2014[9], S. 19*). Pluralisierung und Individualisierung gehören zusammen und sind nicht trennbar.

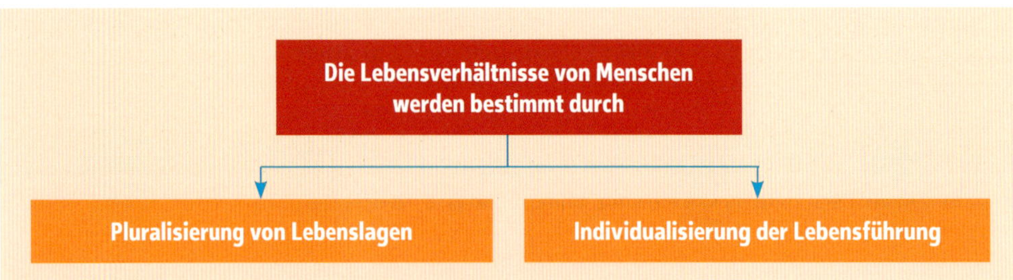

„Lebensweltorientierte Soziale Arbeit zielt auf Hilfe zur Selbsthilfe, (...) sieht Menschen in ihren Stärken, die aus der Zumutung von Bewältigungsaufgaben resultieren, und darin vor allem auch in ihrer Aversion gegen Zwänge und Zumutungen, sich auf Lebensentwürfe einzulassen, die nur äußerlich sind und keine Bedeutung für die eigene Lebensgestaltung haben."

(Grunwald/Thiersch, 2008[2], S. 34 f.)

13.2.2 Der Ansatz der Lebensbewältigung

Der Ansatz der Lebensbewältigung geht auf Lothar Böhnisch zurück.

***Lothar Böhnisch** (* 1944), Studium der Geschichte, Soziologie und Ökonomie. Er ist emeritierter Professor für Sozialpädagogik und Sozialisation der Lebensalter an der Technischen Universität Dresden sowie an der Freien Universität Bozen.*

Im Mittelpunkt dieses Ansatzes steht die **Bewältigung des Lebens**, worunter *Böhnisch* das ***Streben nach subjektiver Handlungsfähigkeit*** meint. Diese Handlungsfähigkeit eines Menschen versteht er als Zusammenspiel von

- **Selbstwert** – genauer Selbstwertgefühl oder Selbstwerteinschätzung – hier die positive Einschätzung des eigenen Ichs, sich selbst für wertvoll zu erachten[1].
- **sozialer Anerkennung** und
- **Selbstwirksamkeit** – die eigene subjektive Überzeugung, bestimmte Verhaltensweisen ausüben und Situationen bewältigen, etwas bewirken und sein Leben selbst kontrollieren zu können.[2]

Sind diese ausgewogen vorhanden, können kritische Lebensereignisse überwunden werden, das Selbst ist handlungsfähig.

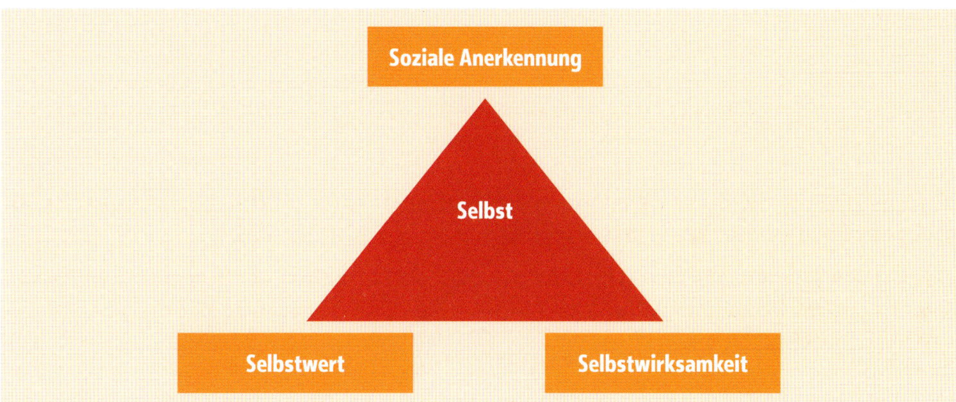

Ist dies nicht möglich, tritt ein Gefühl der Hilflosigkeit auf, welches sich im Verhalten des Menschen, auch im körperlichen Bereich, äußert.

> **Lebensbewältigung meint das Streben nach subjektiver Handlungsfähigkeit im Zusammenspiel von Selbstwert, sozialer Anerkennung und Selbstwirksamkeit.**
>
> (vgl. *Böhnisch, 2012[6], S. 46 ff.*).

---

[1] *Selbstwertgefühl meint in der Psychologie die Einschätzung des eigenen Ich – ob positiv oder negativ. Eine negative Selbstwerteinschätzung wird des Öfteren als **Minderwertigkeitsgefühl** bezeichnet.*

[2] *vgl. Kapitel 7.1.5*

Viele Probleme in der menschlichen Entwicklung entstehen nach *Böhnisch* aufgrund massiver Selbstwert- und Anerkennungsstörungen sowie mangelnder Selbstwirksamkeit und den damit verbundenen antisozialen oder autoaggressiven Verhaltensversuchen der Menschen, wieder in ein psychosoziales Gleichgewicht zu kommen.

Je früher und stärker die Bedürfnisse nach Selbstwert und Anerkennung verwehrt oder abgewertet werden, desto eher werden diese unterdrückt und Störungen entwickelt. Es kann zu einer **äußeren** oder **inneren Abspaltung** des Selbst kommen.

→ Ein Mann verliert aufgrund der Betriebsumsiedelung den Arbeitsplatz und wird arbeitslos. Er ist mit dieser Situation überfordert, er bricht die sozialen Kontakte zu seinen Freunden ab, es fehlen Selbstwert und soziale Anerkennung, er erlebt sich als hilflos in dieser Situation. Das Gefühl der Hilflosigkeit wird nicht thematisiert, er lässt seine Frustration zum Beispiel an seiner Frau aus, wird gewalttätig, flüchtet sich in Alkohol (= äußere Abspaltung) oder wendet Gewalt gegen sich selbst an, Selbsthass (= innere Abspaltung).

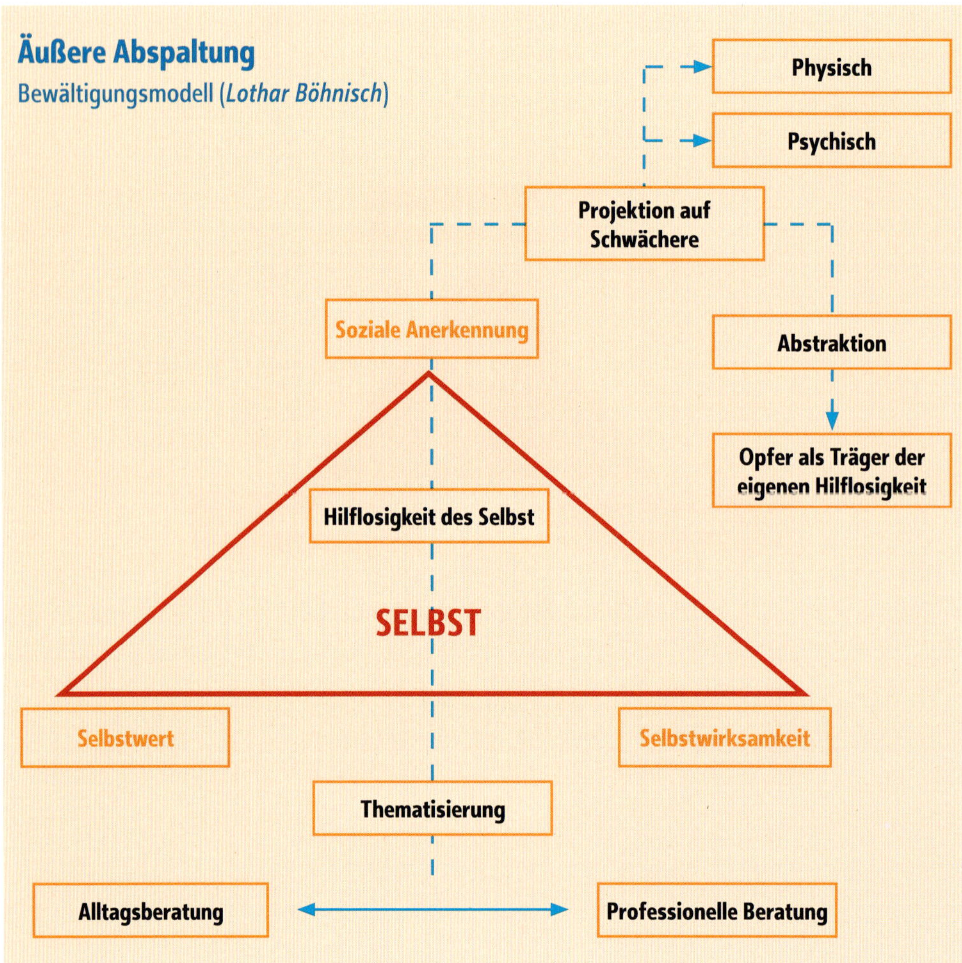

(Böhnisch, 2019[2], S. 3)

Innere Abspaltung

Bewältigungsmodell (*Lothar Böhnisch*)

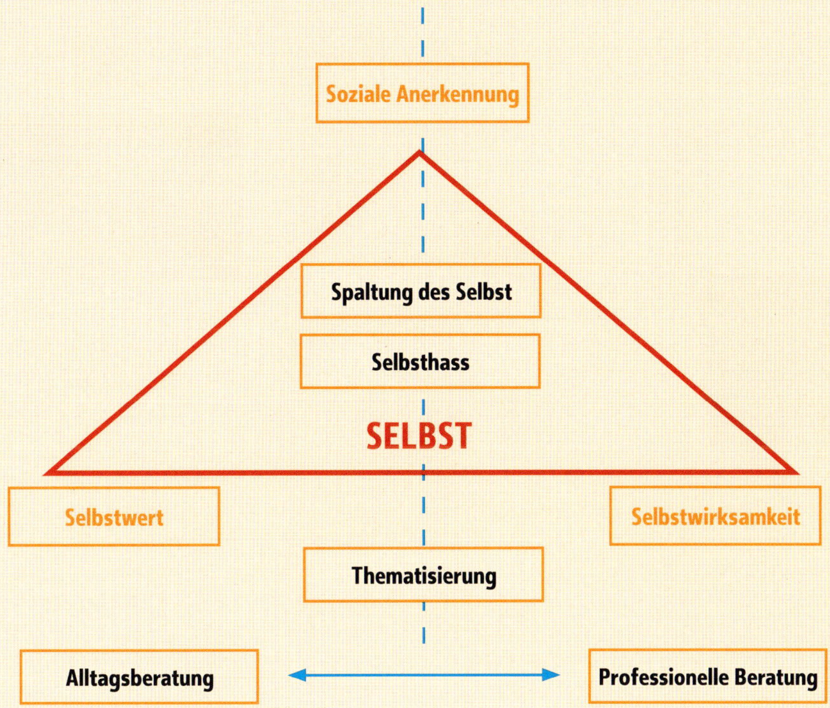

(Böhnisch, 2019[2], S. 4)

Der Bewältigungsansatz kann auch geschlechtsdifferenziert gesehen werden. Es zeigt sich nach *Böhnisch (2019[2], S. 15 f.)* die Tendenz, dass Frauen ihr Bewältigungsverhalten eher nach innen richten, zum Beispiel in Form von „Schuld übernehmen", sich selbst verletzen. Frauen zeigen eher ein Beziehungverhalten, Männer dagegen eher ein nach außen gerichtetes Bewältigungsverhalten, Gewalt und Aggression – ein sogenanntes Aktionsverhalten.

Ziel ist es, die soziale Hilflosigkeit des Menschen zu verstehen, ihm dabei zu helfen, sie zu thematisieren, zu bewältigen und damit seine soziale Handlungsfähigkeit wieder herzustellen. Ausgangspunkt für die Arbeit mit Menschen ist daher die Frage, wie auf Bedürfnisse von Kindern, Jugendlichen und Erwachsenen eingegangen wird, wie das ihre Biographie[1] prägt.

Dieses Konzept ist ein handlungs- und praxisorientiertes Konzept und eng mit dem Ansatz der Lebensweltorientierung nach *Thiersch*[2] verknüpft.

---

[1] *Biographie (griech.): Lebensbeschreibung einer Person*
[2] *vgl. Kap. 13.2.1*

13.2.3 Der Ansatz der Persönlichen Befähigungen (Capability Approach)

Menschen zu befähigen, ihr Leben in einem guten Sinne zu führen, war seit jeher Ziel der Sozialen Arbeit. Dieser Ansatz der individuellen und gesellschaftlichen Wohlfahrt wird als **Capability Approach (CA)**[1], oft auch als ***Fähigkeiten- oder Befähigungsansatz*** bezeichnet und wurde in den 1980er-Jahren von dem indischen Sozialökonom *Amartya Sen* entwickelt und von der US-amerikanischen Philosophin *Martha Nussbaum* weiter ausgearbeitet.

Amartya Sen *(* 1933 in Indien) studierte Wirtschaftswissenschaften und Philosophie. Seine Forschungsschwerpunkte sind die soziale Ungleichheit und die Verteilungsgerechtigkeit. 1989 erhielt er den Nobelpreis für Wirtschaftswissenschaften.*

Martha Nussbaum *(* 1947 in New York City) absolvierte eine Schauspielausbildung, studierte Theaterwissenschaften und Klassische Philologie. Sie formulierte zehn Grundfähigkeiten, die zum Führen eines guten Lebens notwendig sind, sogenannte Minimalbedingungen sozialer Gerechtigkeit. Dieser Ansatz wurde zur Grundlage des „Human Development Index".*[2]

Der von *Sen* und *Nussbaum* entwickelte Capability Approach ist ein **Ansatz zur Analyse individuellen Wohlergehens**. Soziale Gerechtigkeit steht im Vordergrund des Capability Approachs. Dabei geht es zum einen um die **Erhellung des individuellen und gesellschaftlichen Gemeinwohls**, wie Ungleichheit und Armut in einer Gesellschaft auf mehreren Ebenen zu beschreiben. Zum anderen werden **Zielsetzungen zur Erreichung von sozialer Gerechtigkeit** aufgezeigt. Demzufolge ist es eine öffentliche Aufgabe, soziale Bedingungen zu schaffen und aufrechtzuerhalten, welche dem Menschen Zugang zu einem guten Leben eröffnen und ihn befähigen, in freier Entscheidung ein gelingendes Leben zu führen.

Der Capability Approach setzt bei den Befähigungen und Verwirklichungschancen (capabilities) – den ***Ressourcen*** des Individuums – an, über die ein Individuum verfügen muss, um sein Leben erfolgreich gestalten zu können. Wegen fehlender Ressourcen können die Chancen zur Verwirklichung eines guten Lebens vermindert sein.

→ So führt zum Beispiel ein eingeschränkter Zugang zur Bildung auch bei hoher Intelligenz zu geringeren Schulleistungen und Schulabschlüssen benachteiligter Bevölkerungsschichten, die den gesellschaftlichen Aufstieg beeinträchtigen. Adäquater Wohnraum ist die Voraussetzung für ein gesundes Aufwachen von Kindern. Zugang zur Arbeit ist ein wesentlicher Bestandteil der gesellschaftlichen Teilhabe. Die unterschiedliche Verfügbarkeit von Gesundheitsleistungen führt zu großen Unterschieden in der Gesundheit und Lebenserwartung.

Der Begriff Befähigung („capabilities") bezieht sich auf die Freiheit der Person, selbst zu entscheiden, was sie tun könnte, was auch als „Handlungsspielräume" bezeichnet wird.

Der Begriff Fähigkeiten wird für all das verwendet, was eine Person sein oder tun könnte, was auch als „Handlungsspielräume" oder „Wirkungsmöglichkeiten" bezeichnet wird. Sie sind für das gelingende Leben eines Menschen wichtig. Fähigkeiten können wegen fehlender Ressourcen vermindert sein.

---

[1] *Capability (engl.) steht für Handlungsspielräume im sozialen Raum; approach (engl.): hier Ansatz.*
[2] *Human Development Index (HDI): Maß für die menschliche Entwicklung*

Das **persönliche Wohlergehen** (well-being) hängt somit davon ab, was ein Mensch aktuell in seinem Leben tut oder was er ist – seine erreichten Funktionen (functionings). Mit Funktionsweisen sind die Aktivitäten und erreichten Eigenschaften einer Person gemeint, die ein gutes Leben gewährleisten. Ein Mensch muss also in der Lage sein – die Befähigung haben –, Funktionen auszuüben, also Aktivitäten auszuführen, und Eigenschaften haben, um ein gutes Leben zu realisieren. Aus der Menge an Verwirklichungsmöglichkeiten sucht eine Person die Funktionen aus, die sie ausführen möchte. Realisierte Funktionen bezeichnet *Sen* als **Zielerreichung** (**achievement**).

Funktionen (functionings) bezeichnen die Aktivitäten und Eigenschaften einer Person, um ein erfülltes Leben zu verwirklichen.

Sen (2010, S. 272) sieht Armut nicht als Mangel an Einkommen, sondern als Mangel an Chancen. Dies hat Auswirkungen auf das persönliche Wohlergehen und Glück wie auch auf Freiheit und Gerechtigkeit (**functioning** bzw. **Lebensqualität**).

← So sind zum Beispiel die Fähigkeiten, Beziehungen einzugehen, kritisch über die eigene Lebensführung zu urteilen, sich gesund zu ernähren, Eigenschaften und Funktionen, um ein gutes Leben zu verwirklichen. Ein Mensch mit Gehbehinderung hat eine eingeschränkte Freiheit, Orte aufzusuchen. Durch materielle Zuwendung kann er seinen Aktivitätsspielraum erhöhen, indem er mithilfe eines speziell angepassten Autos, eines Rollstuhls seine eingeschränkte Mobilität kompensieren kann.

Im Sinne sozialer Gerechtigkeit sollen alle Mitglieder einer Gesellschaft als Basis für ein gutes Leben Zugang zu einem Minimum an grundlegenden Fähigkeiten und Verwirklichungschancen („capabilities") haben, die in unterschiedlichen Kombinationen der Person ermöglichen, sich für bestimmte Funktionen bzw. Lebensführungsweisen zu entscheiden, um ein erfülltes Leben zu realisieren (vgl. *Knecht, 2010, S. 44 ff.*).

Der Capability Approach will das Wohlergehen eines Individuums, wozu es bestimmte Befähigungen benötigt, wenn ihm sein Leben erfolgreich gelingen sollte.

Für *Nussbaum* ist die zentrale Frage des Fähigkeiten-Ansatzes, welche Handlungsmöglichkeiten ein Mensch tatsächlich hat und was er individuell daraus machen kann. Die individuelle Handlungsfähigkeit wird zwangsläufig durch wirtschaftliche, politische und soziale Möglichkeiten beschränkt. Befähigung steht also im Vordergrund des Capability Approach, auch mit Blick darauf, dass Befähigung ihre Grenzen hat.

← Ein Mensch mit schwerer geistiger Behinderung beispielsweise hat nicht die kognitiven Möglichkeiten, eine sinnvolle Wahl zu treffen. Seine individuelle Handlungsfähigkeit ist aufgrund dessen zwangsläufig stark beschränkt. Hier braucht es Institutionen und Betreuungspersonen, die Schutz und Rechtssicherheit für ein menschenwürdiges Leben gewährleisten.

Im Mittelpunkt des Menschenbildes von Sen steht die Annahme der gegebenen ***Handlungsfreiheit (agency) des Menschen*** („tätiges Subjekt"). Die Chancen zur Verwirklichung eigener Lebensentwürfe und persönlicher Zielsetzungen werden durch den Zugang zu Gesundheit, Bildung, Arbeit und Wohnraum bestimmt. Alle vier Lebensbereiche sind Voraussetzungen für ein gelingendes Leben.

Für die Qualität der Lebenssituation eines Menschen ist neben Gesundheit auch die Lebenserwartung ein wichtiger Aspekt. Gesundheit beispielsweise ist als eine Ressource zu sehen, welche einen enormen Einfluss auf die individuelle Handlungsfähigkeit hat und mit der Verfügbarkeit anderer, persönlicher und sozialer Ressourcen zusammenhängt. So wird die Lern- und Arbeitsfähigkeit durch eine fehlende Gesundheit eingeschränkt, was wiederum zu einer geringeren Bildung, weniger qualifizierten Arbeit und dadurch zu einem niedrigeren Einkommen führen kann.

„(...) die umfassende Fähigkeit von Menschen, ein Leben führen zu können, für das sie sich mit guten Gründen entscheiden konnten, das die Grundlage der Selbstachtung nicht in Frage stellt."
(Sen, 2000, S. 29)

Von Bedeutung ist dabei eine Politik der sozialen Gerechtigkeit, welche die Möglichkeiten von Grundfähigkeiten (materiell, institutionell, pädagogisch) bereitstellt und absichert. Sie trägt dafür Sorge, dass die Menschen in der Lage sind, ihre Lebensweise selbst zu wählen. **Befähigung und Gerechtigkeit stehen also im Vordergrund des Capability Approach.**

Ein gelingendes Leben besteht nach dem Capability Approach darin, dass der Mensch dazu in der Lage ist, eigenständige Entscheidungen über sein Leben zu treffen. Er erkennt seine Talente, kann diese entfalten und sie so einsetzen, dass er mit seinem Leben zufrieden ist. Er ist wirtschaftlich und finanziell abgesichert, kann für seine Familie sorgen, ist gesund und in das soziale und politische Leben integriert. Die Aufgabe Sozialer Arbeit ist es, Klientinnen und Klienten[1] zu einem guten Leben zu Selbstbestimmung zu befähigen und ihre Verwirklichungschancen zu erhöhen. Sie sind dabei zu unterstützen, Zugang zu notwendigen gesellschaftlichen Ressourcen zu erhalten, ihre Kompetenzen zu entwickeln, um ihre Wahlmöglichkeiten für eine gelingende Lebensführung selbstbestimmt zu nutzen. Der Blick ist jedoch nicht nur auf individuelle Entfaltungsmöglichkeiten, sondern auch auf die ***gesellschaftlichen Bedingungen*** gerichtet, welche zu sozialer Ungleichheit führen, den Handlungsspielraum und soziale Teilhabechancen von Personen begrenzen. Somit tritt Soziale Arbeit für soziale Gerechtigkeit – sowohl für Verteilungs- und Zugangsgerechtigkeit – ein (vgl. *Röh, 2011, S. 103–121*).

In einer gerechten Gesellschaft müssen alle Menschen gesellschaftliche Bedingungen vorfinden, die ihnen ein gutes Leben ermöglichen, beispielsweise ihre Grundbedürfnisse angemessen zu befriedigen, durch Bildung Kompetenzen zu erwerben, eine gesunde Arbeit auszuüben usw. Dies gilt auch für diejenigen, die aufgrund von Krankheit, Behinderung, Alter alleine nicht in der Lage sind, ihr Leben menschenwürdig abzusichern. Die Voraussetzungen hierfür zu schaffen, ist Aufgabe der öffentlichen Institutionen.

„Eine tatsächliche Möglichkeit ist etwas, das wirklich erreicht wurde, wohingegen eine Fähigkeit das Vermögen ist, etwas zu erreichen. Fähigkeiten sind dagegen im positiven Sinn mit Freiheit verbunden: Welche realen Chancen hat ein Mensch, das Leben zu führen, das er möchte."
(Sen, 2000, S. 63).

[1] *cliens (lat.): der Hilfesuchende, der Schützling*

Um zum Beispiel mobil sein zu können, muss ein Individuum sowohl ein Fahrrad (Ressource) zur Verfügung haben, als auch fähig sein, dieses Gut zu nutzen, also Radfahren können. Durch das Radfahren wird es dem Individuum möglich, eine Schule, Lehre oder eine Stelle an einem anderen Ort anzunehmen und so seine Lebenschancen (Functioning, Lebensqualität) zu erweitern.

Viele Disziplinen beschäftigen sich mit dem menschlichen Wohlergehen. Lange Zeit konzentrierte sich die Forschung auf wohlfahrtsökonomische oder utilitaristische[1] Ansätze. Erst dem Capability-Ansatz ist es gelungen, die Frage nach dem menschlichen Wohlergehen auf eine multidimensionale Ebene zu stellen.

Themen, mit denen sich der Capability Approach beschäftigt, sind u. a. Analyse und Messung von Armut, Studien zur Gesundheitspolitik, Gerechtigkeit in der Bildung, Partizipation, Bewertung von Entwicklungshilfeprojekten und Erfassung und Vergleich des Lebensstandards.

Der Capability Approach findet in unterschiedlichen Disziplinen Anwendung:

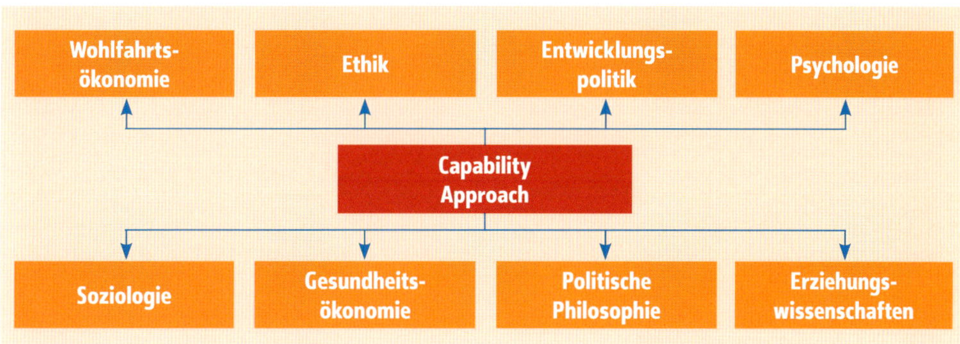

Der Capability-Ansatz ist aufgrund neuer sozialer Ungleichheit und Ungerechtigkeit sehr aktuell; die Gruppe der gesellschaftlich benachteiligten Menschen wird immer größer. Diese soziale Ungleichheit bezieht sich in erster Linie auf die Bildung, den Beruf und die Beschäftigung bzw. Erwerbstätigkeit, auf das Einkommen und Vermögen wie Besitz und Reichtum (vgl. *Hobmair, 2014*[3]*, S. 297*).

[1] *Der Utilitarismus (utilitas, lat.: Nutzen, Vorteil) geht davon aus, dass jeder Mensch ein Höchstmaß an Lustgewinn anstrebt und Leid vermeiden will. Der Mensch orientiert sich an dem, was ihm am meisten nützt und Vorteile bringt.*

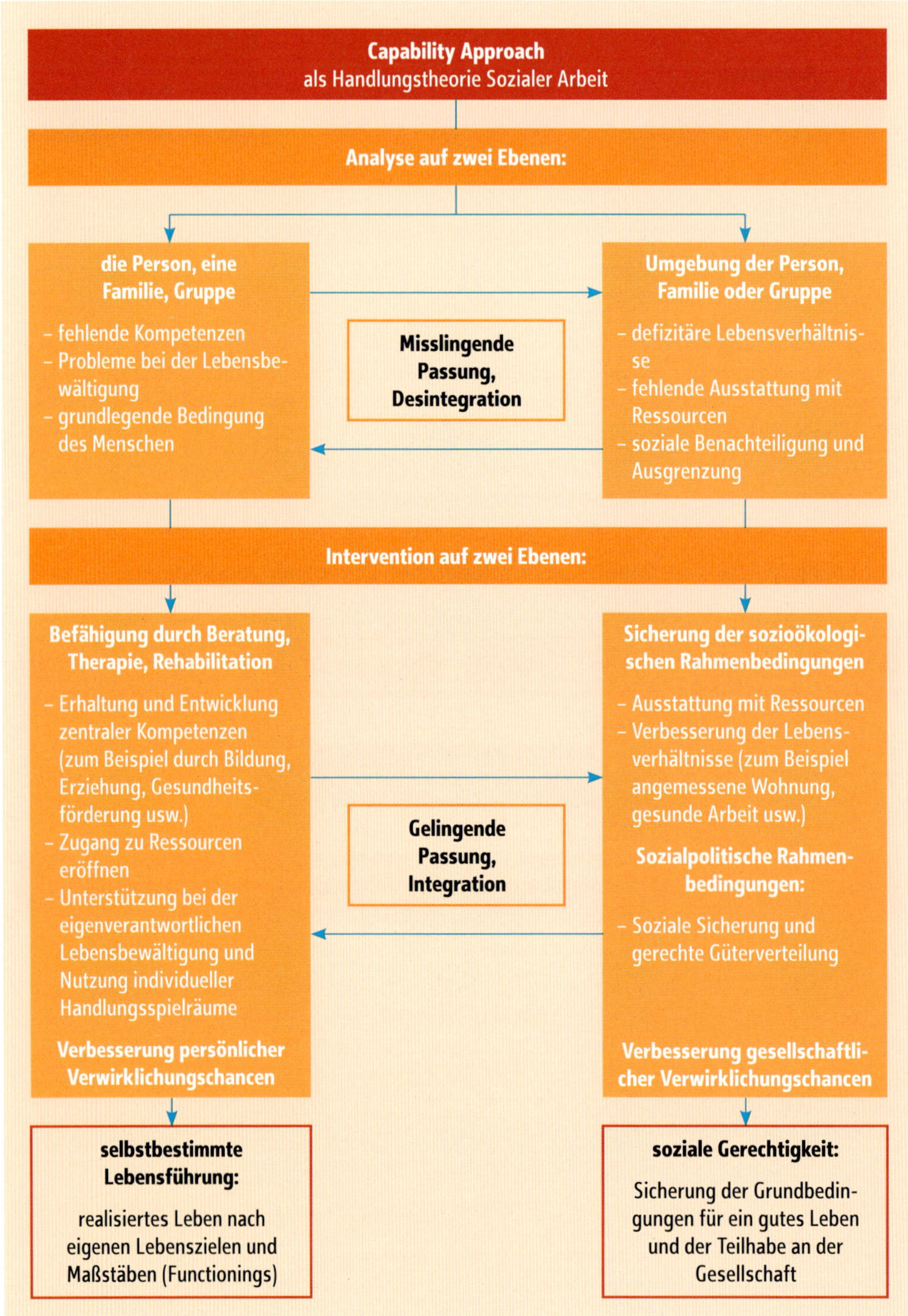
Capability Approach
als Handlungstheorie Sozialer Arbeit
Analyse auf zwei Ebenen:
die Person, eine Familie, Gruppe
- fehlende Kompetenzen
- Probleme bei der Lebensbewältigung
- grundlegende Bedingung des Menschen
Misslingende Passung, Desintegration
Umgebung der Person, Familie oder Gruppe
- defizitäre Lebensverhältnisse
- fehlende Ausstattung mit Ressourcen
- soziale Benachteiligung und Ausgrenzung
Intervention auf zwei Ebenen:
Befähigung durch Beratung, Therapie, Rehabilitation
- Erhaltung und Entwicklung zentraler Kompetenzen (zum Beispiel durch Bildung, Erziehung, Gesundheitsförderung usw.)
- Zugang zu Ressourcen eröffnen
- Unterstützung bei der eigenverantwortlichen Lebensbewältigung und Nutzung individueller Handlungsspielräume
Verbesserung persönlicher Verwirklichungschancen
Gelingende Passung, Integration
Sicherung der sozioökologischen Rahmenbedingungen
- Ausstattung mit Ressourcen
- Verbesserung der Lebensverhältnisse (zum Beispiel angemessene Wohnung, gesunde Arbeit usw.)
Sozialpolitische Rahmenbedingungen:
- Soziale Sicherung und gerechte Güterverteilung
Verbesserung gesellschaftlicher Verwirklichungschancen
selbstbestimmte Lebensführung:
realisiertes Leben nach eigenen Lebenszielen und Maßstäben (Functionings)
soziale Gerechtigkeit:
Sicherung der Grundbedingungen für ein gutes Leben und der Teilhabe an der Gesellschaft

13.2.4 Die ökologische Theorie nach Urie Bronfenbrenner

Die Ökologie[1] ist bestrebt, das wechselseitige Beziehungsverhältnis zwischen Lebewesen und ihrer Umwelt zu verstehen. Ihr zentrales Anliegen ist die Frage nach dem **Grad der Anpassung**, den die Arten von Lebewesen im Laufe ihrer Evolution und Individuen im Laufe ihrer Lebensspanne erreicht haben.

Die Menschen erhalten sich durch eine sinnvolle, ihren Bedürfnissen entsprechende Nutzung ihrer Umwelt; umgekehrt steigert diese Anpassung an die Umwelt ihre Vielfalt und lebenserhaltenden Eigenschaften.

Ökologie ist die Wissenschaft von den wechselseitigen Beziehungen zwischen Organismen und Umwelten.

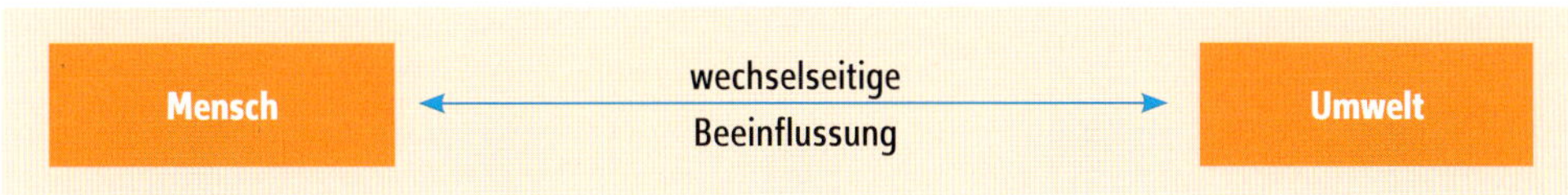

Urie Bronfenbrenner hat ein ökologisches Konzept entworfen, in welchem er die Entwicklung als Austausch- und Veränderungsprozesse des Menschen mit seiner räumlichen Umwelt sieht. Er spricht deshalb auch bei der **menschlichen Entwicklung vom sich verändernden Individuum in einer sich wandelnden Umwelt.** *Bronfenbrenner* versteht Ökologie als Lehre vom „Lebensraum", der in einer wechselseitigen Beziehung mit den darin existierenden Individuen steht.

Urie Bronfenbrenner *(1917–2005) arbeitete zunächst als praktischer Psychologe, danach als Professor für Psychologie an der Universität Michigan. Zuletzt arbeitete er als Professor für menschliche Entwicklung und Familienstudien an der Cornell University in New York. Bronfenbrenner hat großen Einfluss auf Frühförderprogramme für Vorschulkinder.*

Der Mensch ist in verschiedene **Systeme** eingebunden, beeinflusst diese und wird seinerseits von ihnen in seinem Verhalten gelenkt. In den einzelnen Systemen zeigt sich seine soziale Eingebundenheit, insbesondere dort, wo es durch Tätigkeiten, zwischenmenschliche Beziehungen und Rollen gekennzeichnet ist.

So bewirkt zum Beispiel die Geburt eines Kindes in einer Familie (= System) oft eine Veränderung des gesamten Systems.

Unter Systemen wird eine dynamische Ganzheit verstanden, die aus einzelnen Elementen mit gewissen Eigenschaften besteht, welche untereinander in einer wechselseitigen Beziehung stehen und sich gegenseitig beeinflussen (vgl. *Miller, 2001[2], S. 37*).

Nach *Bronfenbrenner* gibt es mehrere Systeme, die der Mensch beeinflusst und von denen er beeinflusst wird.

Aufgabe der Sozialarbeiterin/des Sozialarbeiters oder der Sozialpädagogin/des Sozialpädagogen ist es, die Wechselbeziehungen in und zwischen den einzelnen Systemen zu untersuchen. Auf diese Weise lassen sich entwicklungsschädliche Gegebenheiten besser kontrollieren, indem die Sozialarbeiterin/der Sozialarbeiter oder die Sozialpädagogin/der Sozialpädagoge auf den Menschen selbst und die ihn beeinflussende Umgebung ein-

---

[1] *oĩkos (griech.): Haus, Haushaltung; lógos (griech.): die Lehre, die Wissenschaft*

wirkt. Die Unterstützung Sozialer Arbeit bezieht sich dabei auf die Erschließung und Umsetzung verschiedener Ressourcen.

Besucht ein Kind den Kindergarten, so entstehen vielfältige Kontakte zwischen den beiden Systemen Familie und Kindergarten, die gegenseitige Beeinflussung nach sich ziehen.

Entwicklung ist die „dauerhafte Veränderung der Art und Weise, wie die Person die Umwelt wahrnimmt und sich mit ihr auseinandersetzt". *(Bronfenbrenner, 1996[2], S. 19).*

13.2.5 Die sozialökologische Theorie (Life Model)

Das Life Model, auch **Lebensvollzugsmodell** genannt, wurde 1980 in den USA von *Carel B. Germain* und *Alex Gitterman* entwickelt. Es war von den Autoren als ein ökologisches Denkmodell für die Soziale Arbeit gedacht.

Alex Gitterman *(* 1938) ist Professor für Sozialarbeit an der School of Social Work der Columbia University in New York. Seine Kollegin Carel Bailey Germain (1916–1995) war Professorin für Sozialarbeit an der School of Social Work der University of Connecticut in West Hartford.*

Menschen stehen immer in Beziehung zu ihrer Umwelt, in der sie leben; **Individuum und Umwelt beeinflussen sich wechselseitig und verändern sich gegenseitig**. Menschen beeinflussen ihre Lebensverhältnisse, indem sie sich an ihre Umwelt anpassen und Umweltbedingungen verändern; diese wirken ihrerseits wieder verändernd auf die menschlichen Lebensverhältnisse ein. Zudem erlebt jede Person ihre Lebensverhältnisse individuell und nimmt kognitiv eine Beurteilung vor, welche von der subjektiven Wahrnehmung abhängig ist.

Menschen passen sich ihrer Umwelt an, indem sie ihre Häuser entsprechend den klimatischen Bedingungen und der Bevölkerungsentwicklung bauen. Damit verändern sie ihre Umwelt, indem sie eine massive Bauweise bevorzugen, Hochhäuser bauen und gute Verkehrsverbindungen schaffen. Diese Anpassungen und Veränderungen wirken dann in umgekehrter Weise wieder auf die Lebensverhältnisse der Menschen ein in Form von schlechten Wohnbedingungen, Verkehrslärm, schlechter Luft usw. Diese Bedingungen veranlassen die Menschen wiederum dazu, auf ihre Umwelt einzuwirken, was wiederum den Menschen in seinen Lebensverhältnissen beeinflusst.

(Mogel, 1996[2], S. 267, verändert)

Dieser Prozess ständiger wechselseitiger Beeinflussung wird als **Transaktion**[1] bezeichnet. In diesen Austauschprozessen verändern sich Person und Umwelt, sie bewirken sowohl eine mögliche Veränderung der Person als auch der Umwelt.

Die immer schlechter werdenden Lebensverhältnisse in den Großstädten führen dazu, dass mehr und mehr Städter in ihrer Freizeit aufs Land fahren, um dort Natur und Ruhe zu erleben oder sogar anstreben, langfristig in einen Vorort der Großstadt umzusiedeln. Die Folge davon sind überfüllte Autobahnen, Menschenmassen in Naherholungsgebieten, Zerstörung der Natur und das allmähliche Zusammenwachsen von Vororten mit der Großstadt.

---

[1] *transactio (lat.): die Vollendung, der Abschluss, die Übereinkunft*

„Ökologisches Denken ist auf reziproke[1] Wechselwirkungen von Mensch und Umwelt gerichtet, bei denen sich beide über die Zeit hinweg formen und beeinflussen."
(Germain/Gitterman, 1999³, S. 7)

Ein Paar hat einen Streit. In diesem Streit wirken beide Beteiligte ständig aufeinander ein, was sowohl die beiden als auch die Sache, um die gestritten wird, verändert. Der Mann sieht nach Erklärungen seiner Frau die Sache etwas anders und nimmt eine andere Einstellung ein als vorher. Das beruhigt die Frau und sie betrachtet die Angelegenheit als nicht mehr so bedrohlich.

Transaktion ist der Prozess der Veränderung von Person und Umwelt aufgrund gegenseitiger Beeinflussung im Sinne von Wirkung und Rückwirkung (Austauschprozesse), wobei die Person aktive Gestalterin der Umwelt ist.

Germain/Gitterman (*1986, S. 61 f.*) treffen eine nicht ganz nachvollziehbare Unterscheidung der Begriffe „Transaktion" und „Interaktion": Der Begriff „Transaktion" bezieht sich auf die wechselseitige Beeinflussung von Individuum und Umwelt, er charakterisiert damit Mensch-Umwelt-Beziehungen. Der Begriff „Interaktion" dagegen bezieht sich auf die wechselseitige Beeinflussung von Individuum und Individuum; er wird zur Charakterisierung zwischenmenschlicher Beziehungen des Individuums verwendet. Der Terminus „Transaktion" ist jedoch nicht glücklich gewählt, da er einen wirtschaftlichen Tatbestand charakterisiert und deshalb zu Missverständnissen führen kann.

Aus der Perspektive dieser ökologischen Sichtweise geht es in erster Linie um ein **optimales Person-Umwelt-Verhältnis**, welches bei einer ***größtmöglichen Übereinstimmung des Individuums mit seiner Umwelt*** gegeben ist. Den Prozess der Herstellung einer Übereinstimmung zwischen dem Individuum und seiner Umwelt bezeichnet das Life Model als **Anpassung**.

Anpassung bezeichnet den Prozess, durch den eine Übereinstimmung zwischen dem Individuum (mit seinen Bedürfnissen, Rechten und Zielen) und den Anforderungen bzw. Möglichkeiten seiner Umwelt hergestellt wird.

Anpassung meint hier nicht Einordnung in bestehende Verhältnisse, sondern den Prozess der Übereinstimmung zwischen Individuum und Umwelt als aktiven Prozess. Gemeint ist das aktive Streben nach persönlicher Veränderung entsprechend den Umweltanforderungen, aber auch aktives Herbeiführen von Veränderungen in der Umwelt. „Anpassung ist somit ein nie endender Prozess." (*Germain/Gitterman, 1999³, S. 10*)

Diese Anpassung kann geschehen durch (vgl. *Germain/Gitterman, 1999³, S. 10*)

- eine ***Veränderung der eigenen Person*** gemäß den Umweltanforderungen,
- ***Veränderungen (in) der Umwelt***, damit diese den Bedürfnissen der Menschen besser entspricht, und
- die ***Veränderung der Beziehung zwischen Person und Umwelt.***

[1] *reciprocus (lat.): auf demselben Wege zurückkehrend*

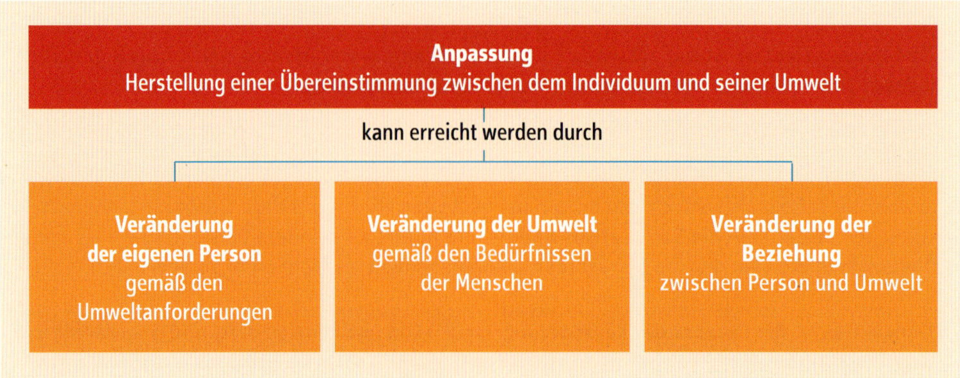

Transaktionen können **anpassungsfördernd und anpassungsfeindlich** sein. Anpassungsfördernde sind solche Prozesse, die zu einer Übereinstimmung zwischen Person und Umwelt führen. Das Ergebnis dieses Wechselwirkungsprozesses ist ein positives Person-Umwelt-Verhältnis. Anpassungsfördernde Austauschbeziehungen begünstigen die Entwicklung des Menschen, sein physisches und emotionales Wohlbefinden. Unterstützend tragen hierzu zum Beispiel soziale Organisationen sowie politische und ökonomische Maßnahmen bei.

→ Melissa muss spätestens um 23:00 Uhr zu Hause sein. Doch sie würde gern länger bleiben. So hat es sich ergeben, dass die Freundin von Melissa mitgeht und mit ihr auch gemeinsam die Disco verlässt. Beide fahren miteinander nach Hause. Mit dieser neuen Regelung ist die Mutter einverstanden und zufrieden. Auch Melissa ist glücklich und fühlt sich nicht mehr so eingeengt.

Anpassungsfeindliche Transaktionen haben ein Missverhältnis zwischen Person und Umwelt zur Folge. Das Ergebnis dieses Wechselwirkungsprozesses ist ein negatives Person-Umwelt-Verhältnis. Anpassungsfeindliche Austauschbeziehungen wirken beeinträchtigend auf die biologische, kognitive, emotionale und soziale Entwicklung des Menschen. Umwelten können durch sie zerstört werden. Solche ungünstigen Bedingungen erfordern von Menschen wiederum eine erhöhte Anpassungsleistung.

→ Melissas Freundin ist berufstätig und kann sich deshalb viel mehr leisten als sie. So hat Melissa den Wunsch, das Gymnasium zu verlassen und eine Berufsausbildung zu beginnen. Aber damit sind ihre Eltern nicht einverstanden. Sie erleben es als Zumutung, dass die Tochter ihre bisherige Unterstützung und die ihr gewährten Freiheiten nicht würdigt, stattdessen Geld verdienen und eine eigene Wohnung suchen will. Sowohl die Mutter als auch der Vater sehen das Verhalten der Tochter als persönliche Brüskierung. Die Tochter ist deprimiert, weil sie keiner versteht.

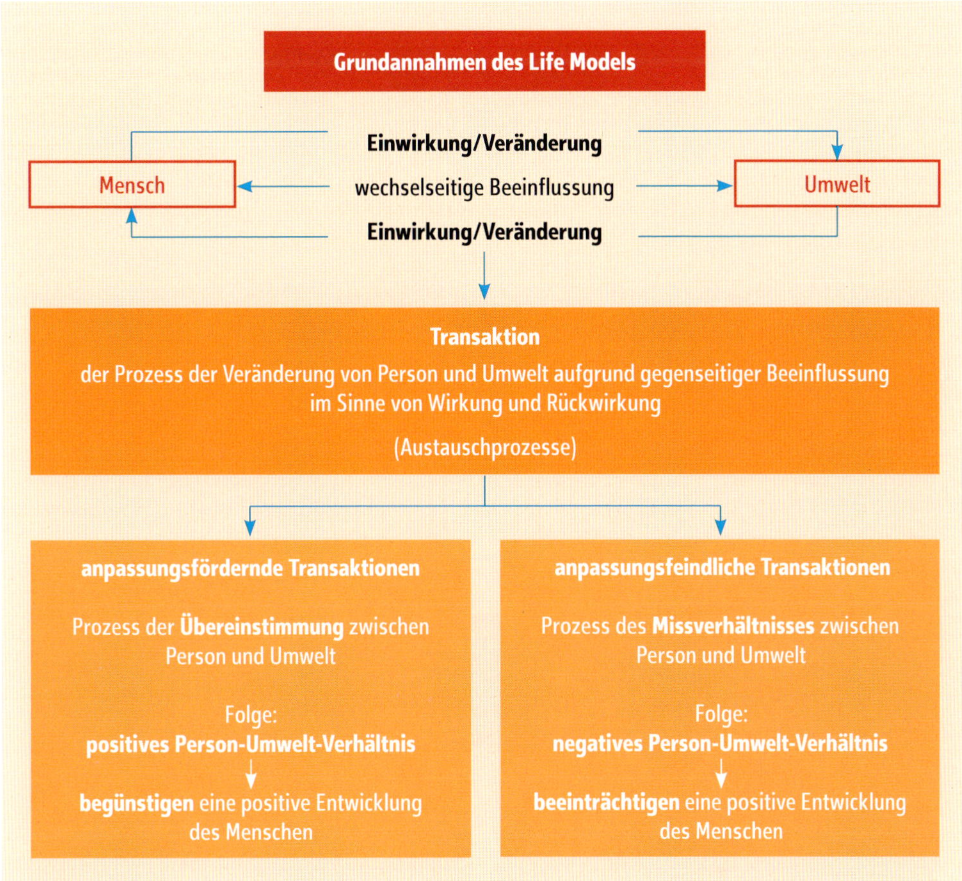

Mensch und Umwelt sind in ihrer Beziehung keine statischen Einheiten, durch lebensverändernde Ereignisse unterliegen sie einer Dynamik. Auf diese Weise gerät der Mensch immer wieder in ein Missverhältnis zwischen Person und Umwelt, das er durch entsprechende Anpassungsprozesse bewältigen muss.

Jede Beziehung wird beispielsweise durch Spannungen, Konflikte oder Probleme in Bewegung gehalten, die immer wieder gelöst werden müssen.

Zur Beschreibung dieser Gegebenheit führen *Germain/Gitterman* den Begriff „Lebens-Stress" als Ausdruck für eine Störung der Abgestimmtheit von Person und Umwelt ein, die im Leben immer wieder auftritt. Das Eintreten einer solchen Störung ist der life stressor bzw. der Lebensbelastungsfaktor. Lebens-Stress bedeutet entsprechend den Belastungs- bzw. Spannungszustand, der durch dieses Missverhältnis zwischen Person und Umwelt ausgelöst wird (vgl. *Germain/Gitterman, 1999[3], S. 19*). Dieser übersteigt die für eine Bewältigung wahrgenommenen Ressourcen der Person und der Umwelt.

Lebens-Stress ist ein Belastungs- und Spannungszustand, der durch eine Störung der Abgestimmtheit von Person und Umwelt ausgelöst wird.

> *„Äußere Lebensbelastungen und interner Stress sind Ausdruck von negativen Beziehungen zwischen Person und Umwelt."* (Germain/Gitterman, 1999[3], S. 13)

Der Mensch kann sich nun der Anforderung, das Missverhältnis zwischen Person und Umwelt aufzulösen, stellen oder nicht. Entsprechend wird unterschieden zwischen einem positiven und einem negativen Lebens-Stress. Ein positiver Lebens-Stress liegt vor, wenn das Individuum eine Umweltanforderung als persönliche Herausforderung betrachtet und sich dieser stellt, weil es über die entsprechenden Ressourcen verfügt.

Negativer Lebens-Stress liegt vor, wenn sich die oder der Einzelne den Umweltanforderungen nicht stellt, weil reale oder vermutete Anforderungen die tatsächlichen oder vermuteten Fähigkeiten zur Bewältigung übersteigen oder weil sie oder er die Erwartung hat, diese nicht bewältigen zu können.

→ Eine Klasse hat enorme Schwierigkeiten mit einer Lehrerin bzw. einem Lehrer. Ein Teil der Klasse meint, man müsse etwas dagegen unternehmen und mit ihr bzw. ihm reden, sich gegebenenfalls beschweren (= positiver Lebens-Stress). Ein anderer Teil der Klasse meint, dies habe alles keinen Sinn, man könne hier nichts machen (= negativer Lebens-Stress).

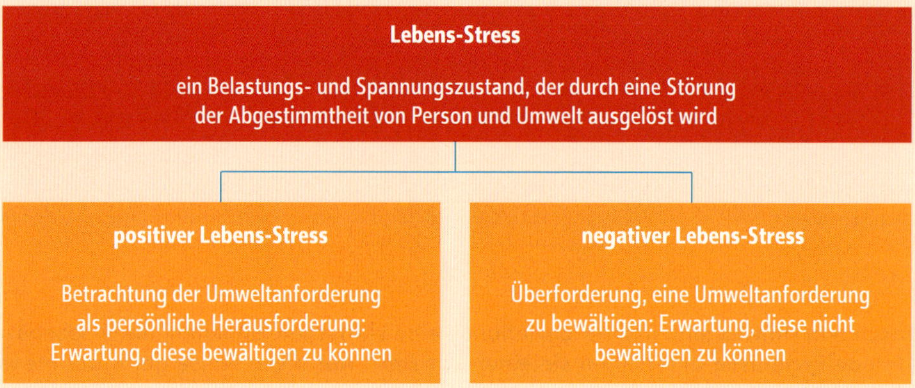

Positiver oder negativer Lebens-Stress hängt davon ab, was die oder der Einzelne sich zutraut. Denn die persönliche Meinung darüber, in gewissem Ausmaß Kontrolle über das eigene Leben zu haben und zu glauben, für die eigenen Entscheidungen und Handlungen auch die Verantwortung übernehmen zu können, ist dafür entscheidend, ob sich die Person den Herausforderungen des Lebens stellt oder nicht. *Germain/Gitterman (1999[3], S. 24 ff.)* sprechen hier von Selbststeuerung.

Selbststeuerung im Life Model bedeutet, in gewissem Ausmaß Kontrolle über das eigene Leben zu haben und imstande zu sein, für die eigenen Entscheidungen und Handlungen Verantwortung zu tragen unter gleichzeitiger Berücksichtigung der Rechte und Bedürfnisse anderer.

Alle Versuche, mit stressreichen Situationen fertig zu werden, bezeichnen die Psychologen als Bewältigung oder **Coping**.[1]

[1] *to cope (engl.): gewachsen sein, fertig werden (mit), bewältigen, meistern*

Coping ist jeder Versuch, stressreiche Situationen zu bewältigen.

Gelingt es einer Person, die Umweltanforderungen zu beseitigen, zu mindern oder die Situation zu meistern, so spricht man von einem positiven Coping. Bleiben aber die Bewältigungsversuche erfolglos, sodass der Lebens-Stress weiter besteht oder sich sogar verstärkt, so spricht man von einem negativen Coping. Somit beeinflussen sich Stress und Bewältigung wechselseitig.

Die Klasse, die versucht, Schwierigkeiten mit ihrer Lehrerin bzw. ihrem Lehrer zu lösen, kann nun mit ihren Lösungsversuchen Erfolg haben (=positives Coping) oder erfolglos bleiben (= negatives Coping).

Bei negativem Coping können zwei Gründe für die erfolglose Bewältigung ausschlaggebend sein: Die Person selbst, die Anstrengungen unternimmt, hat die „falschen" Methoden gewählt oder das Individuum hat keine Einflussmöglichkeit.

Die Schüler/innen, die versuchen, Schwierigkeiten mit einer Lehrerkraft zu lösen, und mit ihren Lösungsversuchen erfolglos sind, können einmal das falsche Vorgehen gewählt haben – sie haben zum Beispiel die Lehrerin bzw. den Lehrer in der Klasse bloßgestellt oder sie bzw. ihn übergangen und sind gleich zur Direktorin/zum Direktor gelaufen. Es kann aber auch sein, dass sie keinen Einfluss auf die Lehrkraft mit ihren Lösungsversuchen haben, da man mit ihr „nicht reden kann", sie alles abwehrt und stur bleibt.
Konflikte beispielsweise bleiben deshalb oft ungelöst, weil die Konfliktpartner/innen falsche Konfliktlösungsmöglichkeiten anwenden. Schüler/innen schreiben oft deshalb schlechte Noten, obwohl sie fleißig gelernt haben, weil sie die falschen Lernstrategien haben.

Der Unterschied zwischen negativem Lebens-Stress und negativem Coping liegt darin, dass beim negativen Lebens-Stress keine Bewältigungsversuche unternommen werden, weil man sich überfordert fühlt oder die Erwartung hat, diese nicht bewältigen zu können. Beim negativen Coping unternimmt man Bewältigungsversuche, kommt aber damit nicht ans Ziel.

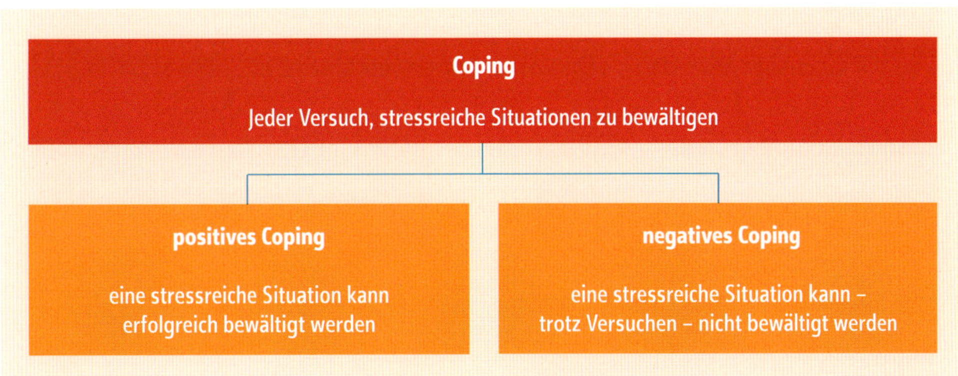

Aufgabe der Sozialen Arbeit ist es, die Person bei der Wiederherstellung der Person-Umwelt-Passung zu unterstützen oder die zur Bewältigung von Lebensereignissen relevanten Eigenschaften zu stärken: Erwerb nötiger Kompetenzen, Stärkung des Selbstwertgefühls und der Selbststeuerungs- sowie Beziehungsfähigkeit. Meist übernimmt Soziale Arbeit eine zentrale Rolle beim Finden von Bewältigungsstrategien und Handlungsalternativen (vgl. *Lambers, 2015², S. 160*).

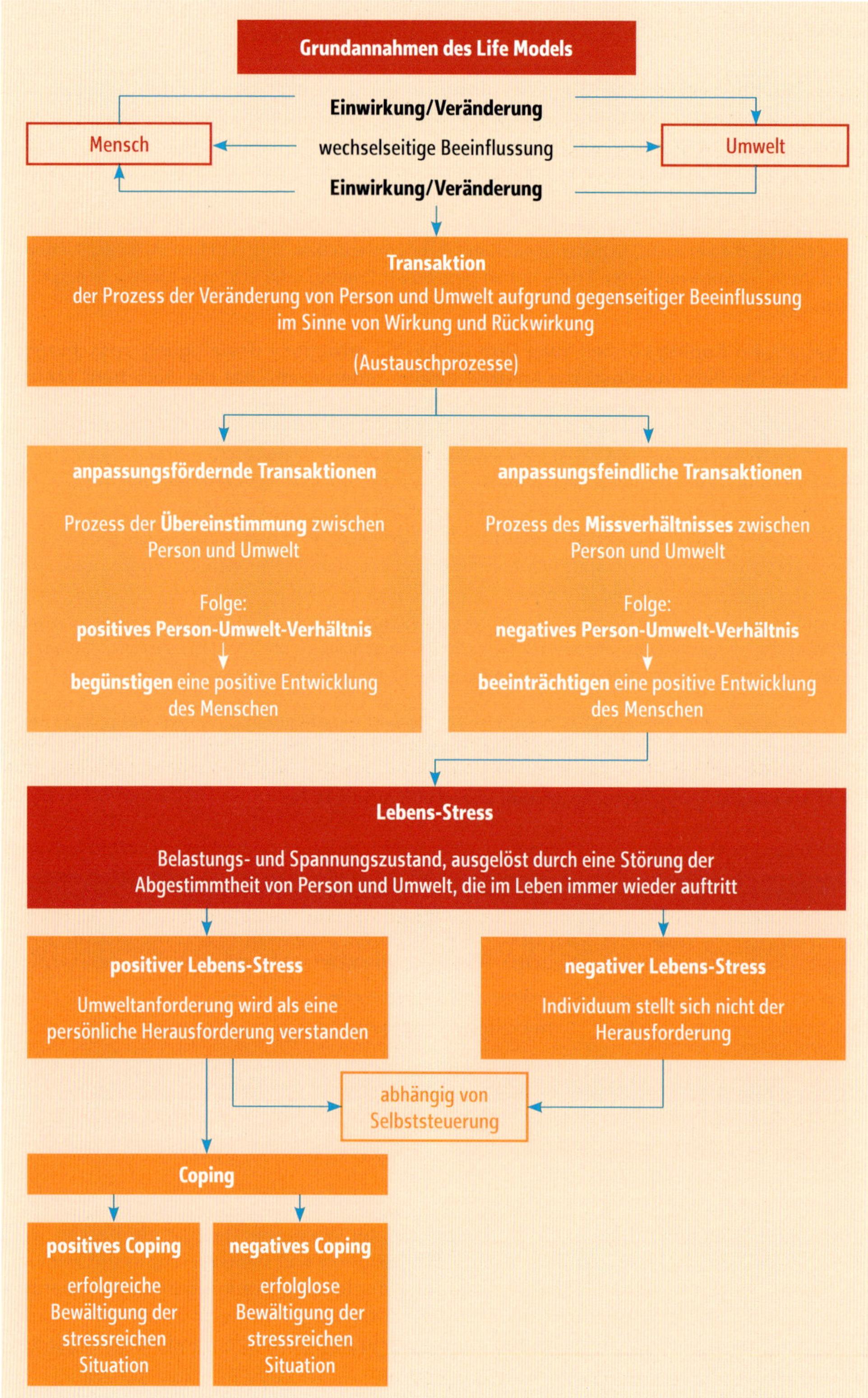
Grundannahmen des Life Models
Einwirkung/Veränderung
Mensch
wechselseitige Beeinflussung
Umwelt
Einwirkung/Veränderung
Transaktion
der Prozess der Veränderung von Person und Umwelt aufgrund gegenseitiger Beeinflussung im Sinne von Wirkung und Rückwirkung
(Austauschprozesse)
anpassungsfördernde Transaktionen
Prozess der Übereinstimmung zwischen Person und Umwelt
Folge:
positives Person-Umwelt-Verhältnis
begünstigen eine positive Entwicklung des Menschen
anpassungsfeindliche Transaktionen
Prozess des Missverhältnisses zwischen Person und Umwelt
Folge:
negatives Person-Umwelt-Verhältnis
beeinträchtigen eine positive Entwicklung des Menschen
Lebens-Stress
Belastungs- und Spannungszustand, ausgelöst durch eine Störung der Abgestimmtheit von Person und Umwelt, die im Leben immer wieder auftritt
positiver Lebens-Stress
Umweltanforderung wird als eine persönliche Herausforderung verstanden
negativer Lebens-Stress
Individuum stellt sich nicht der Herausforderung
abhängig von Selbststeuerung
Coping
positives Coping
erfolgreiche Bewältigung der stressreichen Situation
negatives Coping
erfolglose Bewältigung der stressreichen Situation

Zwei weitere Theorieansätze haben auf die Soziale Arbeit einen großen Einfluss, das **Zürcher Modell** und das Modell des **sozialpädagogischen Ortes**.

Die Zürcher Schule

Als Begründerin der Zürcher Schule arbeiteten *Staub-Bernasconi* und ein Team von Wissenschaftlerinnen und Wissenschaftlern (in den 1970er- und 1980er-Jahren) daran, Soziale Arbeit wissenschaftlich zu fundieren. Es entstand die **Sozialarbeitswissenschaft** mit systemisch[1] orientierten Theorieansätzen und Praxismethoden – man spricht auch vom **systemtheoretischen Paradigma in der Sozialen Arbeit** (vgl. *Staub-Bernasconi, 2007[5], S. 16*).

Silvia Staub-Bernasconi *(* 1936) lehrte Soziale Arbeit an der Hochschule in Zürich und an der Technischen Universität Berlin. Heute ist sie Leiterin des Master-Studiengangs „Soziale Arbeit als Menschenrechtsprofession" am Zentrum für Postgraduale Studien Sozialer Arbeit in Berlin.*

Menschen sind zentrale Elemente sozialer Systeme[2]. Sie haben sowohl Bedürfnisse als auch Ressourcen. Da sie nicht alle Bedürfnisse allein befriedigen können, sind sie auf andere Menschen angewiesen. Ihre Probleme entstehen durch mangelnde Ressourcen, die zu dauerhaft mangelnder Bedürfnisbefriedigung führen können. Men-schen werden nicht nur als Einzelne gesehen, sondern auch in ihren Verhältnissen, mit ihrem sozialen Umfeld und im allgemein gesellschaftlichen Kontext.

> *„Soziale Probleme im systemischen Paradigma sind Probleme von Individuen im Zusammenhang mit sozialen Interaktionsprozessen sowie als Mitglieder von sozialen Systemen mit ihrer Sozialstruktur und Kultur."* *(Staub-Bernasconi, 2010, S. 271 f.)*

Aus Sicht der **Zürcher Schule** besteht die Funktion der Sozialen Arbeit zum einen darin, den einzelnen Menschen zu unterstützen, seine Bedürfnisse mit eigenen Mitteln und Kräften zu erfüllen und seine Ressourcen zu mobilisieren. Zum anderen soll die Soziale Arbeit auf der (sozial)politischen Ebene mitwirken, um menschengerechte Lebensbedingungen und entsprechende gesellschaftliche Veränderungen durchzusetzen (vgl. *Staub-Bernasconi 2002, S. 254*).

Staub-Bernasconi spricht dabei von einem **Trippelmandat** der Sozialen Arbeit. Dieses berücksichtigt die individuellen Bedürfnisse der Menschen, die Werte der eigenen Profession sowie die Bedingungen der Sozialpolitik. Soziale Arbeit hat dementsprechend sowohl einen individuums- wie auch einen gesellschaftsbezogenen Auftrag zu erfüllen. Hier wird eine große Nähe zur Sichtweise des lebensweltorientierten Konzepts deutlich.

Wenn ein Kind in der Familie vernachlässigt wird, kann es dadurch in seiner biologischen, psychischen und sozialen Entwicklung beeinträchtigt sein. Findet jemand aufgrund seiner mangelhaften Schulbildung und/oder aufgrund seiner ethnischen Zugehörigkeit keine Arbeit, dann leidet er unter dem sozialen Problem, dass er seine Existenz nicht absichern kann. Betrifft dies eine große Gruppe von Menschen, dann wird das persönliche Problem zu einem gesellschaftlichen sozialen Problem: Arbeitslosigkeit. Die Betroffenen sind aus dem sozialen System Arbeitsmarkt ausgrenzt.

---

[1] *Ein systemischer Ansatz zeichnet sich dadurch aus, dass man sich nicht auf den/die Problemträger/in konzentriert, sondern ein ganzes System (zum Beispiel die Familie) in den Blick nimmt.*

[2] *Auf soziale Systeme wird in Kapitel 1.2.2 eingegangen.*

Um ein soziales Problem zu analysieren, zu bewerten, zu erklären, zu bearbeiten, muss eine multidisziplinäre Analyse unter Einbeziehung möglichst vieler Wissenschaftsdisziplinen erfolgen. Unterstützend dabei sind die W-Fragen als Analyseinstrument: Was? Wer? Warum? Woraufhin? Wie? Womit?

Staub-Bernasconi zählt zu den prominentesten Vertreterinnen, die Menschenrechte als relevante Bezugsgröße für Soziale Arbeit betrachten. Ihr zufolge stellen die Menschenrechte eine Möglichkeit für Soziale Arbeit dar, Antworten auf gesellschaftliche Ungerechtigkeiten und auf Situationen der Machtlosigkeit zu geben (vgl. *Staub-Bernasconi 2009, S. 10 ff.*).

- **Der sozialpädagogische Ort**

Die Bedeutung des **sozialpädagogischen Ortes** hat *Michael Winkler* in den Mittelpunkt seines Ansatzes gestellt.

Michael Winkler *(* 1953), Studium der Pädagogik, Germanistik, Geschichte und Philosophie in Erlangen. Er ist Inhaber des Lehrstuhls für Allgemeine Pädagogik und Theorie der Sozialpädagogik an der Friedrich Schiller Universität Jena.*

Nach Winkler zeichnet sich ein **sozialpädagogischer Ort** dadurch aus, dass er geeignet ist, dem Menschen aktives Lernverhalten zu ermöglichen. Die sozialpädagogische Aufgabe besteht darin, „sich selbst entfremdeten oder sich behindernden Individuen zu helfen, wieder selbstbestimmt zu leben" (*Mührel/Birgmeier, 2009, S. 139*). Diese Orte (zum Beispiel ein Jugendzentrum, eine Wohngemeinschaft) sollen so einen geschützten Raum zur Entwicklung darstellen und einen Beitrag zur Demokratie- und Moralentwicklung leisten.

In Österreich liegen in der sozialpädagogischen Forschung verschiedene Berichte (Jugend-, Familien-, Gesundheits- und Armutsbericht) vor, Trendstudien zur Entwicklung von Jugendszenen durch das Institut für Jugendkulturforschung, Surveys zur gesundheitlichen Lage verschiedener Bevölkerungsgruppen oder zur Situation des Substanzkonsums durch das Anton-Proksch-Institut.
Drei publizistische Medien sind in diesem Fachbereich zu nennen: „Sozialpädagogische Impulse", „Sozialarbeit in Österreich" und „Soziales Kapital".
Die universitäre sozialpädagogische Forschung ist an der Karl-Franzens-Universität Graz und an der Alpen-Adria-Universität in Klagenfurt etabliert.

Auf den Punkt gebracht

- Lebensweltorientierte Soziale Arbeit sieht den Menschen nicht als isoliertes Individuum, sondern als eingebunden in seine Lebenswelt. Sie zielt ab auf Hilfe zur Selbsthilfe und Stärkung der Kompetenz zur Lebensbewältigung.
- Der Capability Approach stellt den Zusammenhang zwischen individuellen Möglichkeiten und den politischen, gesellschaftlichen und ökonomischen Rahmen- und Lebensbedingungen her. Ziel ist es, Ungleichheiten im Rahmen der Politik zu vermeiden und den Menschen eine Freiheit zur Auswahl von Verwirklichungsmöglichkeiten (Capabilities) zur Verfügung zu stellen.

- Die Ökologie ist bestrebt, das wechselseitige Beziehungsverhältnis zwischen Lebewesen und ihrer Umwelt zu verstehen. Ihr zentrales Anliegen ist die Frage nach dem Grad der Anpassung, den die Arten von Lebewesen im Laufe ihrer Evolution und Individuen im Laufe ihrer Lebensspanne erreicht haben.
- Aus ökologischer Sichtweise entstehen Probleme als Folge fehlangepasster Austauschprozesse zwischen Person und Umwelt. Ziel sozialpädagogischer Unterstützung ist deshalb die Stärkung der Anpassungsfähigkeit der Person und die Verbesserung der Umweltbedingungen. *Urie Bronfenbrenner* hat ein ökologisches Konzept entworfen, in welchem er die Entwicklung als Wechselwirkungs- und Veränderungsprozesse des Menschen und seiner Umwelt sieht.
- Im „Life Model" geht es in erster Linie um ein optimales Person-Umwelt-Verhältnis, welches bei einer größtmöglichen Übereinstimmung des Individuums mit seiner Umwelt gegeben ist. Den Prozess der Herstellung einer Übereinstimmung zwischen dem Individuum und seiner Umwelt bezeichnet das Life Model als Anpassung. Diese kann durch eine Veränderung der eigenen Person gemäß den Umweltanforderungen, durch Veränderungen (in) der Umwelt, damit diese den Bedürfnissen der Menschen besser entspricht, sowie durch die Veränderung der Beziehung zwischen Person und Umwelt geschehen.
- Anpassungsfördernde Austauschbeziehungen sind solche Prozesse, die zu einer Übereinstimmung zwischen Person und Umwelt führen, anpassungsfeindliche haben ein Missverhältnis zwischen Person und Umwelt zur Folge. Das Ergebnis dieses Wechselwirkungsprozesses ist ein positives oder negatives Person-Umwelt-Verhältnis. Anpassungsfördernde Austauschbeziehungen begünstigen die Entwicklung des Menschen, sein physisches und emotionales Wohlbefinden, während anpassungsfeindliche beeinträchtigend auf die biologische, kognitive, emotionale und soziale Entwicklung des Menschen wirken. Dementsprechend lässt sich menschliches Erleben und Verhalten aus dem Grad der Übereinstimmung zwischen den Bedürfnissen des Menschen und den Umweltgegebenheiten erklären.
- Das Konzept der Lebensbewältigung bezieht sich auf Bewältigungsprobleme in kritischen Lebenssituationen. Zentrale Komponenten dabei sind Selbstwert, Selbstwirksamkeit, soziale Anerkennung und das Streben nach Handlungsfähigkeit. Kritische Lebensereignisse sind jene, in denen der Mensch sich als hilflos erlebt und seine Handlungsfähigkeiten nicht ausreichen, um die Situation zu bewältigen. Folge kann eine innere bzw. äußere Abspaltung des Selbst sein.
- Menschen sind zentrale Elemente sozialer Systeme. Sie werden nicht nur als Einzelne gesehen, sondern auch in ihren Verhältnissen mit ihrem sozialen Umfeld und im allgemein gesellschaftlichen Kontext.

Aufgaben – Wissen & Verstehen, Anwenden, Reflektieren

8. Biografie und Internetsuche
   → *Suchen Sie im Internet nach Informationen über das Leben und Werk von:*
   - *Gruppe 1:* Hans Thiersch
   - *Gruppe 2:* Lothar Böhnisch
   - *Gruppe 3:* Amartya Sen und Martha Nussbaum
   - *Gruppe 4:* Urie Bronfenbrenner
   - *Gruppe 5:* Carel B. Germain und Alex Gitterman
   - *Gruppe 6:* Silvia Staub-Bernasconi und Michael Winkler

   → *Fertigen Sie in Kleingruppen eine Übersicht zur Biografie dieser Fachexpertin bzw. Fachexperten an.*
   → *Erarbeiten Sie jeweils wichtige Abschnitte ihres/seines Lebens.*
   → *Suchen Sie eine treffende Aussage, ein treffendes Zitat dieser Fachexpertin/dieses Fachexperten und diskutieren Sie es in der Gruppe/Klasse.*

9. Stellen Sie die Grundannahmen
   a) der lebensweltorientierten Sozialen Arbeit
   b) des Konzeptes der Lebensbewältigung
   c) des Capability Approach-Ansatzes
   d) der ökologischen Theorie nach Bronfenbrenner
   e) des Life Models
   anhand einer Lebenssituation (zum Beispiel einer alleinerziehenden Mutter/eines alleinerziehenden Vaters, einer/eines Jugendlichen, einer obdachlosen Person) dar.

10. *Das Stadtviertel St. Leo*
    Das Stadtviertel St. Leo ist vor ca. 40 bis 50 Jahren infolge des großen Zuzuges von Arbeitskräften in erster Linie für eine große Autofirma entstanden; es hat in den letzten zwei Jahrzehnten an Bewohnerinnen und Bewohnern erheblich zugenommen. In den letzten Jahren kamen noch viele Aussiedler und Flüchtlinge hinzu. Gemeinnützige Vereine, aber auch die Stadt selbst haben hier für sozial schwächer gestellte Menschen Wohnblocks errichtet. Der Stadtteil hat einen sehr hohen Anteil von Menschen mit Migrationshintergrund, es wohnen hier vor allem sehr viele türkische Familien. Für die Jugendlichen gibt es dort so gut wie keine Möglichkeiten, sich zu treffen oder miteinander etwas zu unternehmen. Viele Jugendliche wollen in die Stadt fahren, weil dort „etwas los ist", doch die Busverbindungen zur Stadtmitte sind vor allem abends nicht optimal.
    Verdeutlichen Sie anhand dieser Situation die Grundannahmen
    a) lebensweltorientierter Sozialer Arbeit.
    b) des Capability Approach-Ansatzes.
    c) der ökologischen Theorie nach Bronfenbrenner.
    d) des Life Models.

11. Zeitungsartikel:
Schreiben Sie für die Fachzeitschrift „SoziBlatt" jeweils einen Artikel zum Thema:
a) „Ökologie – ein neues Denken in der Sozialen Arbeit".
b) „Der lebensweltorientierte Ansatz – Steigerung der Kompetenzen zur Bewältigung des Alltagslebens durch die Adressatinnen/Adressaten Sozialer Arbeit".
c) „Der Capability Approach-Ansatz – ein Ansatz Sozialer Arbeit mit Blick auf das individuelle Wohlergehen und soziale Gerechtigkeit"

12. Auch in Ihrer Wohnsiedlung gibt es möglicherweise Defizite, welche bei den Bürgerinnen und Bürgern Unzufriedenheit auslösen. Um Veränderungswünsche festzustellen, könnten Sie mit anderen Mitschülerinnen und Mitschüler eine Bewohnerbefragung durchführen.
Das Interview konnte nach folgenden Fragen ablaufen:
- *Wie lange wohnen Sie schon im Bezirk?*
- *Welche Kontakte pflegen Sie innerhalb und außerhalb des Wohngebietes?*
- *Womit im Bezirk sind Sie zufrieden, womit unzufrieden?*
- *Was müsste Ihrer Meinung nach verändert werden?*
- *Inwieweit können Sie selbst an diesen Veränderungen mitwirken?*

13. Fachtagung „Praxis und Wissenschaft Sozialer Arbeit".
Namhafte Gäste wie beispielsweise Herr Dr. Thiersch, Herr Ziegler, Frau Dr. Carel B. Germain, Herr Dr. Bronfenbrenner u. a. sind geladen.
a) Bereiten Sie in Gruppen Interviewfragen vor, um die Vertreter/innen verschiedener Theorieansätze in der Sozialen Arbeit zu ihrer Sichtweise zu befragen:
   - Lebensweltorientierte Soziale Arbeit (Dr. Hans Thiersch)
   - Lebensbewältigung (Lothar Böhnisch)
   - Capability Approach (Holger Ziegler)
   - Ökosoziale Theorie (Frau Dr. Carel B. Germain und Herr Dr. Urie Bronfenbrenner)

b) Senden Sie aus jeder Gruppe eine Vertreterin/einen Vertreter in die Diskussionsrunde im Rahmen der Fachtagung. Folgende Rollen sind zu besetzen:
   - *Moderatorin/Moderator (stellt die Interviewfragen)*
   - *Vertreterin/Vertreter der lebensweltorientierten Sozialen Arbeit*
   - *Vertreterin/Vertreter des Capability Approach*
   - *Vertreterin/Vertreter der ökosozialen Theorie*
   - *Vertreterin/Vertreter des Konzepts der Lebensbewältigung*

14. Zeichnen Sie auf ein Plakat eine Tabelle mit drei Spalten:
a) Formulieren Sie in der ersten Spalte Ihre Lebensziele.
b) Beschreiben Sie in der zweiten Spalte mindestens fünf Grundfähigkeiten (Capabilities), die Sie benötigen, um diese Lebensziele zu verwirklichen.
c) Beurteilen Sie sich selbstkritisch, und tragen Sie in der dritten Spalte ein, was Sie tatsächlich tun, um diese Ziele zu erreichen.
d) Tauschen Sie sich in Gruppen über Ihre Ergebnisse aus.

13.3 Methoden der Sozialen Arbeit

Eine Methode ist **ein planmäßiges, reflektiertes Vorgehen zur Erreichung eines Zieles**. In der Sozialen Arbeit haben sich eine Reihe von Methoden etabliert, die in der Regel von Sozialpädagoginnen und -pädagogen eine zusätzliche berufliche Qualifikation verlangen.

13.3.1 Die klassischen Methoden der Sozialen Arbeit

Im Laufe der Praxis haben sich in der Sozialen Arbeit drei klassische Methoden entwickelt, die **soziale Einzelhilfe**, die **soziale Gruppenarbeit** und die **soziale Gemeinwesenarbeit**.

Die soziale Einzelhilfe

Die soziale Einzelhilfe bzw. Einzelfallhilfe, auch **Casework** oder soziale Fallarbeit bezeichnet, wird von Fachpersonal angewandt, um Menschen mit psychischen und sozialen Schwierigkeiten zu helfen. Hier steht das Individuum, so wie es ist, und die persönliche Hilfe, im Vordergrund. Es handelt sich dabei um eine **Betreuung, Beratung oder Therapie, in der das Individuum mit seinem Problem und seiner außergewöhnlichen Belastung im Mittelpunkt steht**. Dabei werden auf der Grundlage wissenschaftlicher Erkenntnisse und mithilfe einer effektiven Gestaltung der Beziehung zwischen dem Fachpersonal und der Klientin bzw. dem Klienten[1] Unterstützungsmöglichkeiten durch bestimmte Personen wie zum Beispiel Verwandte, Freunde oder Nachbarn mobilisiert und die in der Klientin bzw. im Klienten vorhandenen Fähigkeiten geweckt, um eine „Hilfe zur Selbsthilfe" zu ermöglichen.

Aufgrund der Tatsache, dass eine Klientin bzw. ein Klient und ihr/sein Familiensystem häufig von mehreren Problemen betroffen sind und diese/r in ihrer/seiner Lebenswelt gesehen werden muss, fand in den 1980er Jahren eine Weiterentwicklung vom Case-Work zum Case-Management statt (vgl. *Belardi, 2017², S. 64*).

Die soziale Gruppenarbeit

In der Sozialen Arbeit stellt Gruppenarbeit eine Methode dar, wodurch Gruppen von Menschen mit persönlichen und sozialen Problemen durch geregelte Gruppenerlebnisse geholfen wird. Dabei geht man davon aus, dass die gemachten Gruppenerfahrungen auch auf Situationen und Probleme außerhalb der Gruppe übertragen werden können.

Der Begriff „soziale Gruppenarbeit" wird heute als Oberbegriff verstanden, dem die Gruppenpädagogik im Sinne erzieherischer Arbeit mit und in Gruppen untergeordnet ist (vgl. *Stimmer, 2006², S. 205*). Zu unterscheiden ist zudem von der sozialen Gruppenarbeit die therapeutische Gruppenarbeit bzw. Gruppentherapie, welche Sozialpädagoginnen und -pädagogen , Sozialarbeiterinnen und Sozialarbeiter mit Zusatzqualifikation durchführen.

Erziehung wird durch entsprechende Gruppenerlebnisse bei individuellen Lern- und Reifungsprozessen sowie der Eingliederung und dem Erlernen sozialer Normen ihrer Mitglieder unterstützt.

→ Solche Gruppenerlebnisse können zum Beispiel das Gespräch mit den Gruppenmitgliedern sein, die Tatsache, sich einem Konflikt zu stellen und mit der Gruppe zu lösen, oder die Erfahrung, in der Gruppe anerkannt zu sein.

---

[1] *Klient (cliens, lat.): der Hilfesuchende, der Schützling*

Von sozialer Gruppenarbeit spricht man, wenn eine geschulte Leiterin oder ein geschulter Leiter die Gruppenprozesse im Interesse der Mitglieder auf ein übergreifendes Ziel hin beeinflusst.

„Ganz recht, hier ist heute Gruppenarbeit für Geschiedene."

Gruppendynamische und gruppenpädagogische Ansätze wurden in vielen Bereichen übernommen und weiterentwickelt. So zum Beispiel in der Erwachsenenbildung oder in wirtschaftlichen Unternehmen als methodisches Vorgehen zur innerbetrieblichen Organisationsentwicklung. Die Soziale Arbeit wendet sich neben Jugendlichen auch zunehmend der frühen Förderung von Kindern in Kinderkrippen und Kindergärten zu. Aufgaben sind hier die Steuerung von Gruppenprozessen und Begleitung des interaktiven Geschehens der Gruppenmitglieder sowie gruppentherapeutische Interventionen beispielsweise bei aggressiven, ängstlichen oder traumatisierten Kindern. Die Gruppenmitglieder sollen gesellschaftsfähig werden, ohne dabei ihre eigene Identität zu verlieren (vgl. *Müller, 2017*[2]*, S. 69 f.*).

Die Gruppe als Lerngemeinschaft wird bei erlebnispädagogischen Angeboten genutzt. Durch das Arrangement von Lernsituationen können individuelle, soziale und fachliche Kompetenzen wie beispielsweise Selbstständigkeit, Entscheidungsfähigkeit, Kooperationsfähigkeit, Rollenverhalten, Wahrnehmung und Ausdruck von Gefühlen erworben werden (vgl. *Galuske, 2013*[10]*, S. 244 ff.*).

Die soziale Gemeinwesenarbeit

Die dritte klassische Methode der Sozialen Arbeit entstand aus der Erkenntnis heraus, dass Probleme von einzelnen Menschen häufig gesellschaftlichen Ursprungs sind und dass deshalb Hilfe für die Einzelne/den Einzelnen auch **Veränderung von gesellschaftlichen Bedingungen** bedeuten muss. Dazu gehört, dass die Bevölkerung eines Gemeinwesens wie einer Straße, einer Wohnsiedlung, eines Dorfes, eines Stadtteils oder einer ganzen Stadt gemeinsame Probleme erkennt und eigene Kräfte entwickelt, um an der Beseitigung von sozialen Missständen und deren Ursachen gemeinsam zu arbeiten.

Gemeinwesen bezeichnet eine bestimmte räumliche Einheit, zum Beispiel einen Stadtteil, eine Wohnsiedlung, eine Gemeinde oder eine ganze Stadt. Gemeinwesenarbeit zielt auf eine **grundsätzliche Herangehensweise an soziale Probleme und will eine Verbesserung für die Menschen und ihre Probleme in dieser räumlichen Einheit**. Die Verbesserung wird durch eine Vielzahl von Handlungen, Tätigkeiten und Maßnahmen erreicht und schließt in der Regel die Aktivierung der betroffenen Menschen mit ein.

Solche Handlungen, Tätigkeiten und Maßnahmen können beispielsweise die Schaffung von Grünflächen, die Errichtung eines Spielplatzes, einer Freizeiteinrichtung oder eines Treffs, Freizeitangebote für die Bewohner, die Schaffung eines Jugendtreffs, die Gründung einer Initiative gegen den Fluglärm und dergleichen sein.

„Gemeinwesenarbeit ist eine sozialräumliche Strategie, die sich ganzheitlich auf den Stadtteil und nicht pädagogisch auf einzelne Individuen richtet. Sie arbeitet mit den Ressourcen des Stadtteils und seiner BewohnerInnen, um seine Defizite aufzuheben. Damit verändert sie dann allerdings auch die Lebensverhältnisse seiner BewohnerInnen." *(Oelschlägel, 2018[6], S. 653)*

Daneben gibt es auch öffentliche Einrichtungen, die die Situation von betroffenen Menschen in einer Stadt, einem Stadtteil, einer Gemeinde verbessern helfen.

Solche Einrichtungen sind zum Beispiel Sozialdienste, die Schaffung von Entlastungsmöglichkeiten für Familien und die Vermittlung von Berufsförderungsmaßnahmen.

Die heutige Sichtweise von Gemeinwesenarbeit hat sich etwas geändert: Heute wird Gemeinwesenarbeit nicht mehr als „dritte Methode" neben der sozialen Einzelhilfe und der sozialen Gruppenarbeit verstanden, sondern als ***übergreifendes Arbeitsprinzip***, ***welches soziale Einzelhilfe und soziale Gruppenarbeit mit einschließt***. Arbeitsprinzip bedeutet dabei eine grundsätzliche professionelle Herangehensweise an soziale Probleme in der Sozialen Arbeit (vgl. *Oelschägel, 2018[6], S. 654*).
Das Arbeitsprinzip Gemeinwesenarbeit wurde weiterentwickelt zur Stadtteil- und schließlich zur Sozialraumorientierung. Aufgaben Sozialer Arbeit sind neben der Aktivierung Betroffener, die Nutzung personaler und sozialer Ressourcen sowie die Vernetzung und Integration verschiedener Dienste (vgl. *Hinte, 2017[2], S. 83 ff.*).

Übergeordnetes Ziel der sozialen Gemeinwesenarbeit ist eine **qualitative Verbesserung der menschlichen Lebensräume**. Damit dieses Ziel erreicht werden kann, sind ***vorhandene Ressourcen zu bündeln und Einzelmaßnahmen zu vernetzen*** (vgl. *Krebs, 2004, S. 64*).

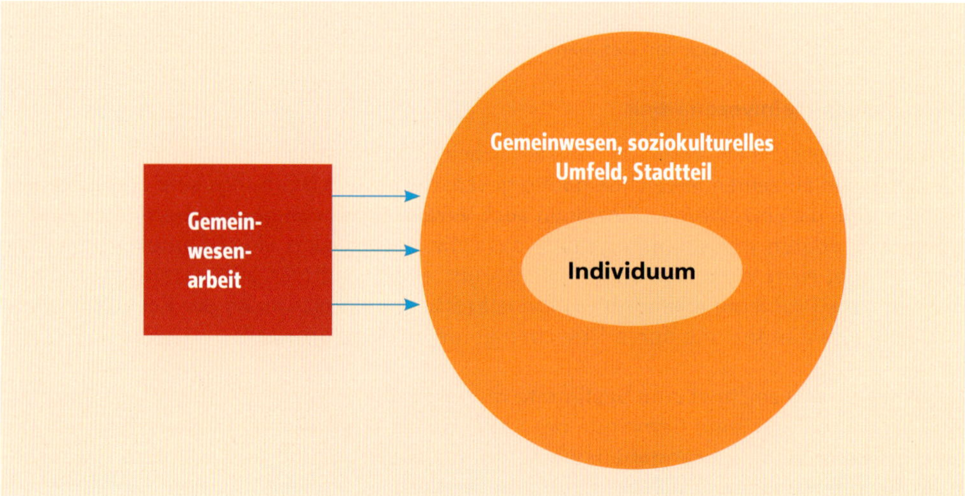

(vgl. Galuske, 2013[10], S.104)

Nach *Oelschlägel* (*2018[6], S. 653*) orientiert sich Gemeinwesenarbeit an den Problemen und Konflikten eines Stadtteils, der Nachbarschaft, ist trägerübergreifend, arbeitet methodenübergreifend und hat das Ziel, die Bevölkerung zu aktivieren, die Probleme selbst zu lösen. Dabei werden Unterstützung, Beratung und Koordination angeboten.

Gemeinwesenarbeit hat „einen politischen Charakter, der auf gesellschaftliche Veränderungen zielt; gleichzeitig auch einen pädagogischen Charakter, denn gesellschaftliche Veränderungen sind an Bewusstsein und Lernprozesse jedes einzelnen Menschen gebunden; schließlich hat sie einen therapeutischen Charakter, da es ja auch um das Aufbrechen von krankhaften und krankmachenden Strukturen geht. Die Postulate (...) sind (...) allesamt aufgehoben in dem strategischen Ansatz, den wir ‚Arbeitsprinzip Gemeinwesenarbeit' genannt haben." *(Oelschlägel, 1985, S. 15)*

Das Arbeitsprinzip Gemeinwesenarbeit wurde zur Stadtteil- und schließlich zur **Sozialraumorientierung** weiterentwickelt, welche an die lebensweltorientierte Soziale Arbeit von Hans Thiersch anknüpft und die Lebenswelt von Menschen verbessern will.[1]

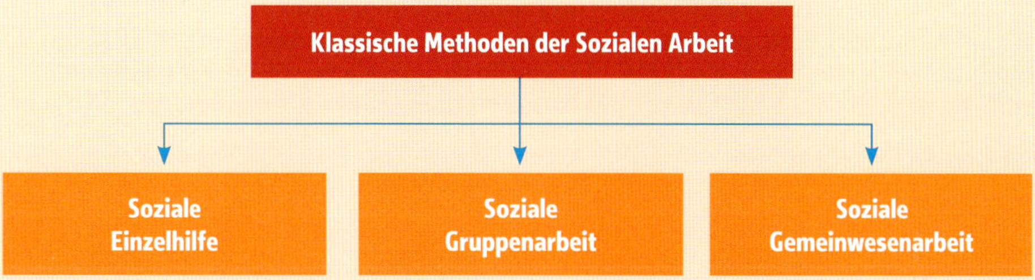

In der aktuellen Fachliteratur werden heute unterschiedliche Differenzierungen vorgenommen, so werden die klassischen Methoden der Sozialen Arbeit auch als Arbeitsformen bezeichnet. Innerhalb der Arbeitsformen werden dann konkrete Methoden bzw. methodische Vorgehensweisen angewendet, zum Beispiel ein individuelles Beratungskonzept. Der begriffliche Konsens darüber steht jedoch noch aus (vgl. *Schilling/Klus, 2018[7], S. 184 ff.*).

13.3.2 Einzel- und gruppenorientierte Methoden

Heute kennt die Soziale Arbeit eine Vielfalt von Methoden, sodass die Aufteilung in die drei klassischen Methoden – Einzelhilfe, Gruppenarbeit, Gemeinwesenarbeit – nicht mehr ausreicht. Oft wird auch die *methodenintegrative Sozialarbeit* angewandt. Sie verknüpft je nach Handlungsfeld und Problemlage unterschiedliche disziplinäre Ansätze miteinander.

In Anlehnung an *Michael Galuske* (*2013[10], S. 164*) unterscheiden wir heute zwischen **einzel-** und **gruppenorientierten Methoden** sowie **sozialraumorientierten Methoden**. Einzel- und gruppenorientierte Methoden beziehen sich auf das Individuum als Einzelperson oder auf Gruppen und lassen sich voneinander nicht trennen, während sich sozialraumorientierte Methoden auf ein Gemeinwesen – einen Stadtteil, eine Wohnsiedlung, eine Gemeinde – richten. In diese Einteilung lassen sich die vielfältigen Methoden der Sozialen Arbeit einordnen, wobei eine scharfe Trennung nicht möglich ist.

Sozialarbeiterinnen/Sozialarbeiter und Sozialpädagoginnen/Sozialpädagogen, die in einem Gemeinwesen arbeiten, beschäftigen sich beispielsweise auch mit der/dem Einzelnen und mit Gruppen in dieser räumlichen Einheit.

---

[1] *vgl. Abschnitt 13.3.3*

Methoden der Sozialen Arbeit

lassen sich einteilen in

einzel- und gruppenorientierte Methoden	**sozialraumorientierte Methoden**
beziehen sich auf das einzelne **Individuum** oder auf die **Gruppe**	beziehen sich auf ein **Gemeinwesen** (zum Beispiel Stadtteil)

Vorgehensweisen, die sich den einzel- und gruppenorientierten Methoden zuordnen lassen, sind neben der **Gruppenarbeit**[1] die **Beratung**, die **Supervision**, die **Mediation**, **Sozialpädagogische Familienhilfe (SFH)/Sozialpädagogische Familienbetreuung (SFB)**, die **soziale Netzwerkarbeit**, das **Unterstützungsmanagement** und **Streetwork**.

- **Beratung** bedeutet in der Sozialen Arbeit ein wissenschaftlich fundiertes Vorgehen, das als Ziel die Beseitigung von persönlichen und/oder sozialen Problemen bzw. den effektiven Umgang mit diesen hat.

  Das Beratungsproblem kann sehr unterschiedliche Bereiche betreffen. Dementsprechend gibt es unterschiedliche Beratungsstellen.

  Hauptanwendungsbereiche in der Sozialen Arbeit sind Telefonseelsorge, Schwangerschaftskonflikt-, Paar-, Familien-, Erziehungs-, Schulberatung, Drogen- und Suchtberatung sowie Schuldnerberatung.

  Wenn Sozialarbeiterinnen/Sozialarbeiter und Sozialpädagoginnen/Sozialpädagogen eine Therapieausbildung haben, können sie auch ***psychotherapeutisch***[2] tätig sein.

- **Supervision** ist eine Methode der Beratung von einzelnen Personen, Gruppen und Teams mit dem Ziel der Sicherung und Verbesserung der Qualität beruflicher Arbeit zum Beispiel in einem Jugendzentrum oder einer sozialpädagogischen Einrichtung. Dabei geht es um die Fortentwicklung der beruflichen Kompetenz durch eine systematische Reflexion der Tätigkeit. Dies geschieht in der Regel unter der Leitung einer ausgebildeten ***Supervisorin*** oder eines ausgebildeten ***Supervisors.*** Dabei werden Probleme des Arbeitslebens, das Verhalten der Betroffenen sowie die Beziehungen aller Beteiligten erörtert, Alternativen dargelegt und diskutiert sowie gangbare Wege für die Weiterentwicklung von beruflichen Strategien aufgezeigt. In erster Linie geht es um das Aufdecken sogenannter blinder Flecken, von Arbeitsblockaden oder ungenutzten Potenzialen von Mitarbeiterinnen und Mitarbeitern. Damit ist Supervision ein gemeinsamer Prozess von Supervisorin/Supervisor und Supervisantin/Supervisanten mit dem Ziel, Ergebnisse zu finden und die Stärken einzelner Personen bzw. des Teams zur Geltung zu bringen.

  Supervision ist in vielen psychosozialen Einrichtungen selbstverständlich. Daneben wird Supervision oft angefordert, wenn Schwierigkeiten in einer Organisation auftreten, die Arbeitszufriedenheit sinkt oder Teams zerstritten sind und nicht mehr oder nur sehr schwer miteinander arbeiten können. Supervision strebt dabei in erster Linie emotionale Entlastung und Verbesserung der Kooperations- und Konfliktfähigkeit an.

---

[1] siehe Abschnitt 13.3.1

[2] Unter Psychotherapie versteht man die psychologischen, wissenschaftlich fundierten Techniken und Verfahrensweisen, mit denen versucht wird, psychische Störungen, psychische Aspekte körperlicher Erkrankungen und psychische Krisen zu heilen (vgl. Hobmair, 2017^6, S. 550).

- **Mediation** bedeutet Konfliktbearbeitung unter Anleitung einer Vermittlerin/eines Vermittlers, der ***Mediatorin***/des ***Mediators***. Dabei steht die Suche nach einer Lösung des aufgetretenen Konfliktes im Mittelpunkt. Die Mediation hat als Verfahren der Konfliktsteuerung in jüngster Zeit deshalb sehr an Bedeutung gewonnen, da man erkannt hat, dass unbearbeitete Konflikte mit ihren Folgen viel Geld kosten und von der eigentlichen Arbeit viel Kraft und Energie abziehen. Mediation ist also eine Methode, um mithilfe einer/eines oder mehrerer Vermittlerinnen/Vermittler festgefahrene Konflikte einer Lösung zuzuführen. Sie wird erfolgreich bei vielen Gerichtsverfahren wie beispielsweise Scheidungen oder Nachbarschaftskonflikten angewandt.
- **Sozialpädagogische Familienhilfe (SFH)**, in manchen Bundesländern auch Sozialpädagogische Familienbetreuung (SFB) genannt, unterstützt und begleitet Familien, deren Lebenssituation durch besondere Krisen und Konfliktsituationen geprägt ist, zum Beispiel Verhaltens- auffälligkeit von Minderjährigen, Überforderung bei der Organisation des Alltags, finanzielle Schwierigkeiten, Gewalterfahrungen. Sozialpädagogische Familienhilfe arbeitet individuell, praxisnah und alltagsstrukturiert, die Methoden sind ziel- und lösungsorientiert. Sie dient also der intensiven, zeitlich begrenzten Intervention, mit dem Ziel, gemeinsam mit der Familie Wege zu finden, wie die Familienstruktur und das Zusammenleben stabilisiert werden können. Diese Hilfe kann auch ein Angebot der Kinder- und Jugendhilfe sein. Sozialpädagogische Familienhilfe wird in Österreich von verschiedenen Trägern angeboten, zum Beispiel von Rettet-das-Kind, Caritas, Volkshilfe.
- **Soziale Netzwerkarbeit** zielt darauf ab, nicht hinreichende oder brüchig gewordene Netzwerke von Klientinnen und Klienten zu stabilisieren und auszubauen. Das Gefüge von sozialen Beziehungen, in das eine Person einbezogen ist und das sich aus dem Gesamt der Kontakte, die eine Person zu anderen Menschen hat, bildet, wird als „soziales Netzwerk" bezeichnet (vgl. *Hurrelmann, 1999[3], S. 113)*.

  Doch nicht alle sozialen Beziehungen sind hilfreich, im Gegenteil, sie können dazu beitragen, dass ein bestimmtes Ereignis belastender wird. Eine nicht eheliche Schwangerschaft einer Minderjährigen zum Beispiel kann für diese eine noch größere Belastung werden, wenn ihr ihr Freund Vorwürfe macht, sie zu etwas drängt, was sie gar nicht will, und die Eltern sie mit Missachtung und Ignoranz „bestrafen". Diejenigen Beziehungen, die eine Person pflegt und in einer belastenden Situation helfend wirken, werden als ***soziale Unterstützung*** bezeichnet.

  Der Blick richtet sich auf solche Beziehungen, welche in einer Problemsituation auch tatsächlich unterstützend wirken. Dabei geht es je nach Situation um den Erhalt, eine Erweiterung bzw. Vertiefung, um eine „Sanierung" oder Stärkung des Netzwerkes bzw. seines Umfeldes (vgl. *Galuske, 2013[10], S. 310 f.*).
- **Unterstützungsmanagement (Case Management)** versteht sich als planmäßige und organisierte Erschließung und Koordination aller möglichen Hilfsquellen zur Unterstützung einzelner Menschen und/oder Gruppen mit Problemen.
- **Streetwork** ist eine Methode, deren Hilfeprozess in der Lebenswelt der Klientinnen und Klienten, „vor Ort", angesiedelt ist. Streetworkerinnen und Streetworker arbeiten kaum in pädagogischen Einrichtungen, sondern begeben sich in das unmittelbare Lebensumfeld ihrer Zielgruppe, indem sie deren Treffpunkte aufsuchen: Straßenecken, Fußgängerzonen, Szenetreffs, Parks, Passagen, Spiel- und Bolzplätze, Discos, Spielcenter und dergleichen (vgl. *Galuske, 2013[10], S. 268)*. Man spricht deshalb von ***aufsuchender Sozialer Arbeit.*** Zielgruppen sind vorwiegend Rand- und Risikogruppen, die von herkömmlichen sozialen Hilfeeinrichtungen nicht (mehr) erreicht werden („Geh-Struktur") und auf diese Weise Unterstützungsangebote erhalten.

Zur typischen Zielgruppe von Streetworkerinnen und Streetworkern zählen Jugendliche und junge Erwachsene mit selbst- oder fremdgefährdenden Verhaltensweisen, wie beispielsweise Wohnungs- oder Arbeitslose, Drogengefährdete und -abhängige, Mitglieder jugendlicher Subkulturen.

Dabei geht es in erster Linie darum, einen Zugang zu diesen Zielgruppen herzustellen. Grundlegend sind somit Kontaktaufbau und Beziehungsarbeit, damit Hilfsangebote überhaupt angenommen werden können.

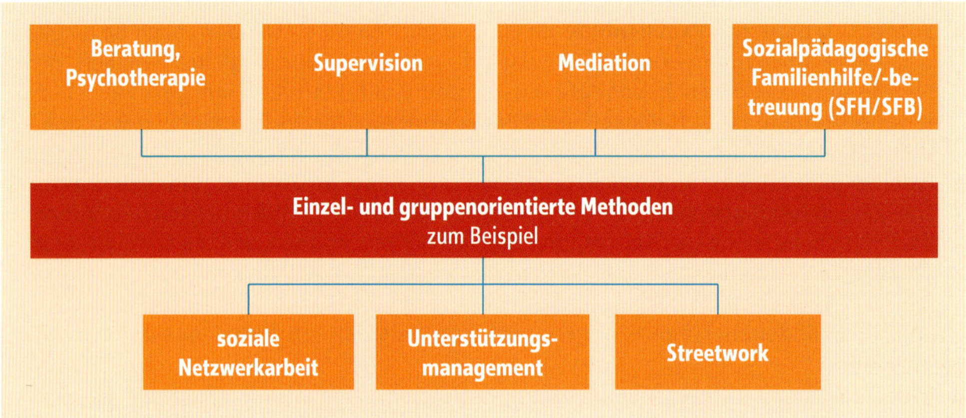

13.3.3 Sozialraumorientierte Methoden

Sozialraumorientierte Methoden zielen nicht direkt auf die „Besserung" von Individuen oder Gruppen, sondern indirekt durch die konkrete Verbesserung der Lebensbedingungen in einem Gemeinwesen – einer Straße, Straßenzügen, einem Stadtteil, einer Wohnsiedlung, einer Gemeinde, einer ganzen Stadt – unter aktiver Beteiligung der Betroffenen (vgl. *Hinte/Kreft, 2013[7], S. 879 ff.*). Soziale Arbeit kann auf diese Weise dazu beitragen, bauliche, strukturelle, soziale und andere Hilfen bzw. Unterstützungssysteme in einem sozialen Raum gemeinsam mit der Wohnbevölkerung aufzubauen, zu unterstützen oder auch zu erweitern. Sozialraumorientierung hat zum Ziel, schnelle, individuelle, genau auf die Lebenslage zugeschnittene, „passgenaue Hilfen" für die Betroffenen zu entwickeln.

Sozialraumorientierung will die Lebenswelt von Menschen gestalten, um sozialen Problemen vorzubeugen und ihre Lebensverhältnisse positiv zu beeinflussen. Ziel ist, dass die Bewohnerinnen und Bewohner in schwierigen Lebenslagen besser zurechtkommen.

Nach *Wolfgang Hinte* und *Dieter Kreft* (*2013[7], S. 879 ff.*) sind sozialraumorientierte Ansätze durch folgende Prinzipien näher gekennzeichnet:

- Orientierung an den Interessen der Wohnbevölkerung des betroffenen Gemeinwesens – es geht nicht darum, was diese „braucht", sondern was sie vor dem Hintergrund ihrer Lebenslage „will"
- Unterstützung der Selbsthilfekräfte der betroffenen Wohnbevölkerung
- Unterstützung der Eigeninitiative, die die betroffenen Menschen ermutigt, sich aktiv zu beteiligen

- Nutzung der Ressourcen der räumlichen Einheit wie Wohnräume, Nachbarschaften, spezielle Fähigkeiten einzelner Bewohnerinnen und Bewohner und dergleichen
- Bezug auf den sozialen Raum und nicht auf eine dort lebende Zielgruppe
- Koordination und Kooperation der verschiedenen Hilfsquellen

Die Regionalisierung, der Aufbau von Netzwerken und Kooperationsmodellen, die Qualitätssicherung, Flexibilisierung und die Prävention sind wesentliche Aspekte der Sozialraumorientierung.

Dabei müssen die Betroffenen oft erst ermutigt werden, ihre eigenen Angelegenheiten selbst in die Hand zu nehmen, ihre Fähigkeiten zu entdecken und den Wert selbst erarbeiteter Lösungen schätzen zu lernen. Diesen Prozess des Ermutigens bezeichnet man als **Empowerment**.[1] Dieses bezieht sich vor allem auf die Kooperation von Menschen mit gleichen oder ähnlichen Problemen, die dadurch einer Lösung nahegebracht werden (vgl. *Keupp, 2013[7], S. 244 f.*).

Empowerment meint den Prozess der Hilfe zur Überwindung von Macht-, Hilf-, und Einflusslosigkeit und die Befähigung von Menschen, ihre Interessen selbst wahrzunehmen und eigenständig vertreten zu können.

Ein Beispiel für sozialraumorientierte Soziale Arbeit ist das **Stadtteilmanagement**, welches seit den 1990er-Jahren ein verstärktes Interesse verzeichnet.

Das Stadtteilmanagement hat zum einen als Aufgabe die Zusammenführung der Akteurinnen und Akteure aus den verschiedenen Bereichen der Verwaltung, der lokalen Politik, der privaten Wirtschaft, der lokalen Vereine und der nicht organisierten Anwohnerinnen und Anwohner. Zum anderen sollen die Bewohnerinnen und Bewohner an dem Verbesserungsprozess ihres Stadtteils aktiv teilnehmen. Die Abstimmung und Steuerung erfolgt durch eine ***Stadtteilsmanagerin***/ einen ***Stadtteilsmanager***, welche/r für die Umsetzung der Fördermittel sorgt. In der Regel hat das Stadtteilmanagement ein ***Stadtteilsbüro***, welches Anlauf- und Versammlungspunkt für Bürgerorganisationen sein kann.

[1] *empowerment (engl.): die Ermächtigung, die Bevollmächtigung*

Ein Beispiel für sozialraumorientierte Soziale Arbeit ist das Grazer Modell

Graz hat sich 2004 als erste Bezirksverwaltungsbehörde in Österreich entschlossen, Sozialraumorientierung in der Kinder- und Jugendhilfe umzusetzen. Dabei wurden die Erfahrungen von Modellen der Städte Stuttgart, Zürich und Berlin in das Grazer Konzept eingearbeitet. Die wissenschaftliche Begleitung erfolgt durch *Wolfgang Hinte*[1]. Graz wurde in vier Sozialräume eingeteilt, die ein eigenes „Sozialraumbudget" verwalten. Die Idee dahinter ist es, passgenaue Hilfen für Kinder und Jugendliche statt wie früher Einheitsleistungen „von der Stange" bereitzustellen. Die Soziale Arbeit setzt an den Stärken und Ressourcen der jungen Menschen an und bindet ihr gesamtes Lebens- und Wohnumfeld ein. Öffentliche und freie Träger arbeiten sozialräumlich in unterschiedlichen Kooperationen zusammen. In jedem Sozialraum gibt es eine Koordinatorin bzw. einen Koordinator und einen Sozialraumleiter bzw. eine Sozialraumleiterin. Dienstleistungen der Kinder- und Jugendhilfe werden verstärkt regional – also Vorort in den Lebensräumen der Menschen – angeboten. Mehrfachvorsprachen, lange Wege und oftmaliges Vorlegen von Dokumenten können so für Bürgerinnen und Bürger vermieden werden.

Sozialräume sind nicht nur festgelegte Territorien, sondern bilden komplexe Zusammenhänge historischer, kultureller und sozialer Aspekte ab.

Auf den Punkt gebracht

- Die klassischen Methoden Sozialer Arbeit sind die soziale Einzelhilfe, die soziale Gruppenarbeit und die soziale Gemeinwesenarbeit. Die Soziale Arbeit kennt heute eine Vielfalt von Methoden, die sich in einzel- und gruppenorientierte sowie sozialraumorientierte Methoden einteilen lassen. Einzel- und gruppenorientierte Methoden sind beispielsweise die Beratung, die Supervision, die Mediation, sozialpädagogische Familienhilfe/Betreuung (SFH/SFB), die soziale Netzwerkarbeit, das Unterstützungsmanagement und Streetwork. Ein Beispiel für sozialraumorientierte Soziale Arbeit ist das Stadtteilmanagement.

Aufgaben – Wissen & Verstehen, Anwenden, Reflektieren

15. *Beschreiben Sie eine bestimmte Hilfesituation und stellen Sie anhand dieser*
    a) die soziale Einzelhilfe
    b) die soziale Gruppenarbeit
    c) die soziale Gemeinwesenarbeit
    dar.

[1] *Wolfgang Hinte (* 1952) leitet das Institut für Stadtteilentwicklung, Sozialraumorientierte Soziale Arbeit & Beratung (ISSAB) an der Universität Duisburg Essen.*

16. *a) Zeigen Sie, was mit „einzel- und gruppenorientierten Methoden" gemeint ist.*
    b) Erläutern Sie eine solche Methode anhand einer sozialen Hilfesituation.

17. **Fallbeispiel „Lisa"**
    Lisa, zwölf Jahre, macht sich über viele Dinge Sorgen. Jeden Abend kontrolliert sie, ob sie alles eingepackt hat, was sie am nächsten Schultag braucht. Sie hat Mühe einzuschlafen, weil sie noch lange darüber nachgrübelt, ob sie auch nichts vergessen und alles erledigt hat. Vor allem hat Lisa Angst, in der Schule einen Fehler zu machen, eine Aufgabe nicht rechtzeitig zu Ende zu bringen und nicht gut genug zu sein. Sie möchte immer perfekt sein. Häufig fragt sie ihre Lehrerin, um zu hören, dass sie die Aufgabe richtig gelöst hat. Auch zu Hause bei den Hausaufgaben braucht sie immer wieder die Rückmeldung ihrer Mutter. Schon wenn Lisa daran denkt, dass sie vielleicht in einer Klassenarbeit einen Fehler gemacht hat, wird sie ganz unruhig, fängt an zu schwitzen und ihr Herz schlägt schneller und lauter. Am schlimmsten ist es für sie, wenn sie vor der ganzen Klasse etwas an die Tafel schreiben oder erzählen muss. Ihre Hände zittern dann immer sehr stark und sie errötet.
    Lisa befürchtet in dieser Situation, dass sie etwas Dummes oder Peinliches sagen könnte und die anderen Schülerinnen/Schüler sie auslachen werden. Nachts träumt sie häufig von Ungeheuern, von denen sie verfolgt wird.
    a) Beschreiben Sie das problematische Verhalten von Lisa.
    b) Erläutern Sie fallbezogen das Vorgehen mithilfe einer einzel- und gruppenorientierten Methode.
    c) Versetzen Sie sich in die Lage der Pädagogin/des Pädagogen von Lisa und entwickeln Sie Möglichkeiten, Lisa zu unterstützen. Begründen Sie Ihre Aussagen.

18. *Stellen Sie ein Problem in einem Gemeinwesen dar und beschreiben Sie an diesem eine sozialraumorientierte Methode.*

19. *Zeigen Sie anhand einer sozialen Hilfesituation das Handlungsprinzip „Empowerment" auf.*

20. **Rollenspiel: „Wir wollen in St. Leo einen Jugendtreff."**
    → *Lesen Sie die Fallbeschreibung „Das Stadtviertel St. Leo" in Aufgabe 11.*
    Es ist eine Initiativgruppe entstanden, die im Leoviertel einen Jugendtreff errichten will.
    → *Führen Sie nach der Besprechung in der Klasse und in den Gruppen ein Rollenspiel durch: „Wir wollen in St. Leo einen Jugendtreff."*
    Gruppe 1: Initiativgruppe, die sich vornehmlich aus Jugendlichen, aber auch aus einigen Erwachsenen aus dem Leoviertel zusammensetzt
    Gruppe 2: Vertreter des Stadtrates (Äußerungen zu gemachten Wahlversprechen; sonstige Planungen)
    Gruppe 3: Vertreter des Stadtjugendringes sowie des Jugend- und des Sozialamtes
    Gruppe 4: Einige Jugendliche vom Leoviertel, die nicht der Initiativgruppe angehören; darunter befinden sich auch viele ausländische Jugendliche
    → *Werten Sie die Ergebnisse des Rollenspiels gemeinsam aus.*

21. a) *Erarbeiten Sie ein Konzept für ein Jugendzentrum nach den Richtlinien der offenen Jugendarbeit.*
    b) *Entwerfen Sie für die Zielgruppe ab 10 Jahren einen Monatsplan und begründen Sie Ihre Themenauswahl.*

22. Bereiten Sie eine Wandzeitung vor zu dem Thema: „Einschätzung der Umwelt, in der ich lebe".
    → *In der ersten Spalte steht „Mir gefällt ...", in der zweiten „Mich stört ..." und in der dritten „Ich wünsche mir ...".*
    → *Jede Schülerin und jeder Schüler erhält drei verschiedenfarbige Blätter („Mich stört ...": rot, „Mir gefällt ...": gelb, „Ich wünsche mir ...": grün).*
    → *Jede Schülerin und jeder Schüler beschriftet die Blätter und diskutiert in Dreiergruppen die verschiedenen Angaben.*
    → *Die Schülerinnen und Schüler ordnen anschließend ihre Blätter der richtigen Spalte auf der Wandzeitung zu, bevor sie der Klasse vorgestellt werden.*

23. Aktuelle Veranstaltungen
    → *Informieren Sie sich auf www.kinderhabenrechte.at oder www.kija.at (beide 25.02.2019) über aktuelle Veranstaltungen oder Studien.*
    → *Wählen Sie ein Thema mit einer Klassenkollegin/einem Klassenkollegen aus.*
    → *Schreiben Sie darüber einen Artikel für die Zeitschrift „Wir für Kinder".*

24. Wählen eines interessanten Themas
    → *Recherchieren Sie in der Zeitschrift „Sozialpädagogische Impulse" ein für Sie interessantes Thema.*
    → *Fassen Sie das Thema zusammen und stellen Sie einen aktuellen Bezug zur Gegenwart her.*
    → *Visualisieren Sie Ihre Aussagen durch ein Plakat.*
    → *Halten Sie zum Thema in Ihrer Klasse ein Kurzreferat (ca. 5 Minuten).*

25. „Lebensqualität in einem Stadtteil liegt dann vor, wenn es die Menschen in ihm nicht nur aushalten (...)." *(Ries, 1997, S. 45)*
    → *Analysieren Sie diese Aussage.*
    → *Bilden Sie Kleingruppen und tauschen Sie Ihre Vorstellungen von einem Stadtteil mit Lebensqualität aus.*
    → *Stellen Sie Ihre Vorstellungen mit Bauklötzchen auf einem Tisch dar.*
    → *Die Klasse geht von Tisch zu Tisch, schaut das Ergebnis an und lässt es sich von der jeweiligen Gruppe erläutern.*

Aufgabe zum gesamten Kapitel

26. Psychomaler/in
    → *Es werden Dreiergruppen gebildet.*
    → *Jede Gruppe zieht eine Karte, auf der eine Zahl steht.*
    → *Die Gruppe mit Nummer 1 erhält auf einem Blatt Papier von der Lehrkraft einen Begriff aus dem Thema „Erziehung außerhalb Familie und Schule", den die Gruppe zeichnen (zum Beispiel auf Tafel, Whiteboard, Folie mit wasserlöslichem Stift) oder pantomimisch darstellen muss. Die anderen Schüler/innen raten so lange, bis der richtige Begriff genannt wird.*
    → *Dann kommt die nächste Gruppe mit der Nummer 2 dran – so lange, bis alle Gruppen durch sind.*

Literaturverzeichnis

Abé, Nicola: Der entsorgte Vater; in: Der Spiegel, 34/2014, S. 32 ff.

Abele, Andrea E.: Geschlechtsunterschiede in Emotionen; in: Brandstätter, Veronika/Otto, Jürgen H. (Hrsg.): Handbuch der Allgemeinen Psychologie – Motivation und Emotion, Göttingen u.a., Hogrefe Verlag, 2009, S. 697–705.

Aden-Grossmann, Wilma: Kindergarten. Eine Einführung in seine Entwicklung und Pädagogik, Weinheim/Basel, Beltz, 2002.

Adler Alfred: Der Sinn des Lebens, 24. Auflage, Frankfurt a. M., Fischer Taschenbuch Verlag, 2010.

Adorno, Theodor W./Horkheimer, Max: Dialektik der Aufklärung: Philosophische Fragmente, 16. Auflage, Frankfurt a. M., Fischer Taschenbuch Verlag, 2006.

Ämter der Landesregierungen der österreichischen Bundesländer, Magistrat der Stadt Wien, Bundesministerium für Unterricht, Kunst und Kultur (Hrsg.): Bundesländerübergreifender BildungsRahmenPlan für elementare Bildungseinrichtungen in Österreich, 08/2009.

Ahnert, Lieselotte (Hrsg.): Theorien in der Entwicklungspsychologie, Berlin/Heidelberg, Springer Verlag, 2014.

Ahnert, Lieselotte: Wieviel Mutter braucht ein Kind? Bindung – Bildung – Betreuung: öffentlich und privat, Heidelberg, Spektrum Akademischer Verlag, 2010.

Allert-Wybranietz, Kristiane: Trotz alledem, 39. Auflage, Fellbach, Lucy Körner Verlag, 1997.

Amelang, Manfred/Bartussek, Dieter/Stemmler, Gerhard/Hagemann, Dirk: Differentielle Psychologie und Persönlichkeitsforschung, 6. Auflage, Stuttgart, Verlag W. Kohlhammer, 2006.

Anderson, John R.: Kognitive Psychologie, hrsg. von Joachim Funke, übersetzt von Guido Plata, 7. Auflage, Berlin/Heidelberg, Springer Verlag, 2013.

Ansari, Salman: Rettet die Neugier – Gegen die Akademisierung der Kindheit, 2. Auflage, Frankfurt a.M., Fischer-Krüger, 2013.

Antor, Georg/Bleidick, Ulrich (Hrsg.): Handlexikon der Behindertenpädagogik – Schlüsselbegriffe aus Theorie und Praxis, 2. Auflage, Stuttgart, Verlag W. Kohlhammer, 2006.

AP: „Geile Fahrt" mit der Polizei, in: Donaukurier Nr. 71, 26.03.2010, S. 6.

Aronson, Elliot/Wilson, Timothy/Akert, Robin: Sozialpsychologie, übersetzt und bearbeitet von Matthias Reis, 8. Auflage, Hallbergmoos, Pearson Deutschland GmbH, 2014.

Ayan, Steve: Das Handwerk des Denkens; in: Gehirn & Geist, 03/2014, S. 34 -41.

Badry, Elisabeth/Buchka, Maximilian/Knapp, Rudolf (Hrsg.): Pädagogik. Grundlagen und Arbeitsfelder, 4. Auflage, Neuwied, Hermann Luchterhand Verlag, 2003.

Badry, Elisabeth: Anthropologie und Erziehung; in: Pädagogik. Grundlagen und Arbeitsfelder, hrsg. v. Elisabeth Badry, Maximilian Buchka, Rudolf Knapp, 4. Auflage, Neuwied, Hermann Luchterhand Verlag, 2003, S. 159–168.

Bandura, Albert: Sozial-kognitive Lerntheorie, übers. v. Hainer Kober, hrsg. v. Rolf Verres, Stuttgart, Klett-Cotta Verlag, 1991.

Barth, Peter: Didaktische Ansätze multimedialen Lernens in der Schule, in: Richter, Karin/Trautmann, Thomas (Hrsg.): Kindsein in der Mediengesellschaft. Interdiszipli-näre Annäherungen, Weinheim und Basel, Beltz Verlag, 2002, S. 210–214.

Bauer, Joachim: Unser flexibles Erbe, in: Gehirn & Geist, Nr. 09/2007, S. 58–65.

Becker, Nicole: Hirngespinste der Pädagogik; in: Psychologie Heute, 11/2009, S. 72–77.

Becker, Uwe: Die Inklusionslüge - Behinderung im flexiblen Kapitalismus, Bielefeld, transcript Verlag, 2015.

Belardi, Nando: Von der Einzelhilfe zum Case-Management; in: Methodenlehre in der sozialen Arbeit, hrsg. v. Dieter Kreft und C. Wolfgang Müller, 2. Auflage, München, Basel, UTB Reinhardt Verlag, 2017, S. 59–68.

Bernard, Elena: Auf der Bühne ist jeder wichtig; in: Gehirn & Geist, 07/2016, S. 27–32.

Berndt, Christina: Resilienz - Das Geheimnis der psychischen Widerstandskraft, 10. Auflage, München, Deutscher Taschenbuch Verlag, 2014.

Bertram, Hans: Reiche, kluge und glückliche Kinder – Der UNICEF-Bericht zur Lage der Kinder in Deutschland, Weinheim/Basel, Beltz-Juventa, 2013

Biene-Deißler, Elke: Spielen, in: Kompendium der Heilpädagogik, Band 2, hrsg. v. Heinrich Greving, Troisdorf, Bildungsverlag EINS, 2007, S. 237–248.

Biermann, Benno/Bock-Rosenthal, Erika/Doehlemann, Martin/Grohall, Karl-Heinz/Kühn, Dietrich: Soziologie: Studienbuch für soziale Berufe, 6. Auflage, München/Basel, Ernst Reinhardt Verlag, 2013.

Biermann, Benno: Sozialisation und Familie, in: Soziologie: Studienbuch für soziale Berufe, Benno Biermann, Erika Bock-Rosenthal, Martin Doehlemann, Karl-Heinz Grohall, Dietrich Kühn, 6. Auflage, München/Basel, Ernst Reinhardt Verlag, 2013, S. 47–104.

Bischof-Köhler, Doris: Soziale Entwicklung in Kindheit und Jugend – Bindung, Empathie, Theory of Mind, Stuttgart, Kohlhammer, 2011.

Bock, Karin: Die Kinder- und Jugendhilfe, in: Thole, Werner (Hrsg.): Grundriss Soziale Arbeit – Ein einführendes Handbuch, 3. Auflage, Wiesbaden, Vs Verlag, 2010, S. 439–459.

Böhm, Dorothea: Frau Böhm antwortet Ihnen, in: Abendzeitung, 23.03.2007, S. 26.

Böhnisch, Lothar: Lebensbewältigung. Ein Konzept für die Soziale Arbeit, 2. Auflage, Weinheim und Basel 2019.

Böhnisch, Lothar: Lebensbewältigung, Fachtagung „Lebensbewältigung"; https://www.erlenhof-jugendheim.ch/fileadmin/Erlenhof/dokumente/Publikationen/ PPP_Fachtagung_Referat_Boehnisch_2015-06-12pb.pdf

Böhnisch, Lothar: Sozialpädagogik der Lebensalter: Eine Einführung, 7. Auflage, Weinheim und Basel, Beltz-Juventa, 2017.

Bowlby, John: Bindung als sichere Basis - Grundlagen und Anwendung der Bindungstheorie, übersetzt von Axel Hillig und Helene Hanf, 3. Auflage, München/Basel, Ernst Reinhardt Verlag, 2014.

Brandhofer-Bryan, Kathleen: Lernen mit allen Sinnen: 72 sinn-volle Lernspiele, Offenbach, Gabal Verlag, 2008.

Brandstätter, Veronika/Otto, Jürgen H. (Hrsg.): Handbuch der Allgemeinen Psychologie – Motivation und Emotion, Göttingen u.a., Hogrefe Verlag, 2009.

Braun, Walter: Droht uns die ethische Abstumpfung?, in: Psychologie Heute, Nr. 02/2010, S. 16.

Braun, Walter: Sozial isolierte Netzgeneration, in: Psychologie Heute, Nr. 01/2002, S. 10.

Bredow, Rafaela von /Hackenbroch, Veronika/Olbrisch, Miriam: „Du Seuche!"; in: Der Spiegel, 19/2017, S. 100–105.

Brezinka, Wolfgang: Erziehungsziele, Erziehungsmittel, Erziehungserfolg – Beiträge zu einem System der Erziehungswissenschaft, 3. Auflage, München/Basel, Ernst Reinhardt Verlag, 1999.

Brezinka, Wolfgang: Grundbegriffe der Erziehungswissenschaft – Analyse, Kritik, Vorschläge, 5. Auflage, München/Basel, Ernst Reinhardt Verlag, 1990.

Brinkbäumer, Klaus: „Die Luft ging raus aus ihr", in: DER SPIEGEL, Nr. 04/2003, S. 46–49.

Brisch, Karl Heinz: Die Wiege der Sicherheit; in: Gehirn & Geist, 09/2011, S. 48–55.

Britton, Ronald: Terror und Todestrieb, in: Psychologie Heute, Nr. 04/2007, S. 31 ff.

Brocher, Tobias/Friedeburg, Ludwig von (Hrsg..): Lexikon der Sexualerziehung für Eltern, Lehrer, Schüler, Stuttgart/Berlin, Kreuz Verlag, 1985.

Brocher, Tobias: Liebesfähigkeit; in: Lexikon der Sexualerziehung für Eltern, Lehrer, Schüler, hrsg. v. Tobias Brocher, Ludwig von Friedeburg, Stuttgart/Berlin, Kreuz Verlag, 1985, S. 382–390.

Brockschnieder, Franz-Josef: Reggio-Pädagogik, in: kindergarten heute spezial. Pädagogische Handlungskonzepte von Fröbel bis zum Situationsansatz, 4. Auflage, Freiburg, Verlag Herder, 2007, S. 41–49.

Bronfenbrenner, Urie: Ökologische Sozialisationsforschung; in: Kruse, Lenelis/Graumann, Carl-Friedrich/Lantermann, Ernst-Dieter (Hrsg.): Ökologische Psychologie – Ein Handbuch in Schlüsselbegriffen, 2. Auflage, Beltz – Psychologie Verlags Union, München, 1996, S. 76–79.

Brumlik, Micha: Interaktionismus: in: Antor, Georg/Bleidick, Ulrich (Hrsg.): Handlexikon der Behindertenpädagogik – Schlüsselbegriffe aus Theorie und Praxis, 2. Auflage, Stuttgart, Verlag W. Kohlhammer, 2006, S. 224 ff.

Bruneforth, Michael/Lassnigg, Lorenz (Hrsg.): Nationaler Bildungsbericht Österreich 2012, Band 1: Das Schulsystem im Spiegel von Daten und Indikatoren, Graz, Leykam, 2012.

Buchheim, Anna/Bertram, Wulf: Wie Bindung das Gehirn verändert; in: Katja Gaschler/Anna Buchheim (Hrsg.); Kinder brauchen Nähe – Sichere Bindungen aufbauen und erhalten, Stuttgart, Schattauer und Spektrum der Wissenschaft, 2012, S. 25–35.

Buchka, Maximilian/Knapp, Rudolf: Praxisfeld Heimerziehung, in: Pädagogik. Grundlagen und Arbeitsfelder, hrsg. v. Elisabeth Badry, Maximilian Buchka, Rudolf Knapp, 4. Auflage, Neuwied, Hermann Luchterhand Verlag, 2003, S. 349–384.

Bundesanstalt Statistik Österreich (Hrsg.): Kindertagesheimstatistik 2017. Bmfj Wien 2017.

Bundesanstalt Statistik Österreich: Vereinbarkeit von Beruf und Familie. Modul der Arbeitskräfteerhebung 2010. Wien 2011.

Bundesministerium für Familien und Jugend, Sektion I, Abteilung 9: Evaluationsbericht zur Charta Vereinbarkeit von Familie und Beruf. Wien 2017.

Burgess, E. W./Locke, H. J.: The family. From Institution to Companionship, New York, American Book Company, 1945.

Buse, Uwe/Schröter, Friederike/Stock, Jonathan: Du sollst spielen! In: Der Spiegel 03/2014, S. 60–67.

Carroll, Lewis: Alice im Wunderland, übers. v. Christian Enzensberger, mit Illustrationen von John Tenniel, Frankfurt a. M., Insel Verlag, 2001.

Cloos, Peter/Köngeter, Stefan/Müller, Burkhard/Thole, Werner: Die Pädagogik der Kinder- und Jugendarbeit, 2. Auflage, Wiesbaden, VS Verlag für Sozialwissenschaften, 2009.

Courbet, Didier/Fourquet-Courbet/Intartaglia: Spuren im Unbewussten; in: Gehirn & Geist, 03/2015, S. 44–48.

Czaja, Sandra: Gute Vorbilder, schlechte Vorbilder, in: Gehirn & Geist, Nr. 01-02/2011, S. 44–47.

Dahlkamp, Jürgen: Stoned vor dem Bildschirm, in: DER SPIEGEL, Nr. 12/2009, S. 48–55.

de Beauvoir, Simone: Das andere Geschlecht – Sitte und Sexus der Frau, übersetzt von Uli Aumüller und Grete Osterwald, 17. Auflage, Reinbek, Rowohlt Taschenbuch Verlag, 2000.

Dederich, Markus/Greving, Heinrich/Mürner, Christian/Rödler, Peter (Hrsg.): Inklusion statt Integration? Heilpädagogik als Kulturtechnik, 2. Auflage, Gießen, Psychosozial Verlag, 2010.

Deutsche UNESCO-Kommission: Inklusion – Leitlinien für die Bildungspolitik, 3. Auflage, Bonn 2014 https://www.unesco.de/fileadmin/medien/Dokumente/Bildung/2014_Leitlinien_inklusive_Bildung.pdf (01.02.2018).

Deutscher Ausschuss für das Erziehungs- und Bildungswesen (Hrsg.): Zur Situation und Aufgabe der deutschen Erwachsenenbildung, Empfehlungen und Gutachten, Folge 4, Stuttgart, Ernst Klett Verlag, 1964.

Deutscher Familienverband (Hrsg.): Handbuch Elternbildung, Band 2: Wissenswertes im zweiten bis vierten Lebensjahr des Kindes, Opladen, Leske + Budrich, 1999.

Diekmeyer, Ulrich: Das Elternbuch 2 - Unser Kind im zweiten Lebensjahr, 5. Auflage, Reinbek, Rowohlt Taschenbuch Verlag, 2000.

Dijksterhuis, Ap: Das kluge Unbewusste – Denken mit Gefühl und Intuition, übersetzt von Hildegard Höhr, Stuttgart, Klett-Cotta, 2014.

Dörner, Dietrich/Selg, Herbert (Hrsg.): Psychologie – Eine Einführung in ihre Grundlagen und Anwendungsfelder, 2. Auflage, Stuttgart, Verlag W. Kohlhammer, 1996.

dpa: Dieb bittet um Festnahme, in: Donaukurier Nr. 46, 25.02.2009, S. 11.

dpa: Smartphone ist ein Risiko am Steuer, in: Fränkischer Tag, 29. Januar 2015, S. 1.

dpa: TV-Szene nachgespielt – Schüler schwer verletzt, in: Donaukurier Nr. 136, 11.06.2002, S. 7.

dpa: Zwischen Isolation und Ohnmacht, in: Donaukurier Nr. 223, 24.09.2008, S. 3.

Dreikurs, Rudolf: Psychologie im Klassenzimmer, übers. v. Erik Blumenthal, 3. Auflage, Stuttgart, Ernst Klett Verlag, 2009.

Dreikurs, Rudolf/Soltz, Vicki: Kinder fordern uns heraus: Wie erziehen wir sie zeitgemäß?, übers. v. Erik A. Blumenthal, 18. Auflage, Stuttgart, Klett-Cotta Verlag, 2012.

Edding, Cornelia/Schattenhofer, Karl (Hrsg.): Handbuch Alles über Gruppen – Theorie, Anwendung, Praxis, Weinheim/Basel, Beltz, 2009.

Edding, Cornelia: Kleingruppenforschung – Geschichte, aktueller Stand, Bedeutung für die Praxis, in: Handbuch Alles über Gruppen – Theorie, Anwendung, Praxis, hrsg. v. Cornelia Edding, Karl Schattenhofer, Weinheim/Basel, Beltz, 2009, S. 47–83.

Edelmann, Walter/Wittmann, Simone: Lernpsychologie, 7. Auflage, Weinheim, Beltz Psychologie Verlags Union, 2012.

Edelstein, Wolfgang (Hrsg.): Entwicklungskrisen kompetent meistern. Der Beitrag der Selbstwirksamkeitstheorie von Albert Bandura zum pädagogischen Handeln, Heidelberg, Roland Asanger Verlag, 1995.

Eichenberg, Christiane/Auersperg, Felicitas: Sexuelle Belästigung im Internet; in: Porsch, Torsten/Pieschl, Stephanie (Hrsg.): Neue Medien und deren Schatten, Göttingen, Hogrefe Verlag, 2014, S. 159–190.

Elger, Katrin: Big Brother Barbie – Ein Kommentar; in: Der Spiegel, 13/2015, S. 113.

Engelke, Ernst/Borrmann, Stefan/Spatschek, Christian: Theorien der Sozialen Arbeit – Eine Einführung, 6. Auflage, Freiburg i. B., Lambertus-Verlag, 2014.

Erikson, Erik H.: Kindheit und Gesellschaft, übers. v. Marianne von Eckhardt-Jaffe, 14. Auflage, Stuttgart, Klett-Cotta Verlag, 2005.

Ernst Heiko: Der emotionale Wetterbericht; in: Psychologie Heute, 02/2013, S. 3.

Ernst, Heiko: „Gene sind Kommunikatoren". Ein Gespräch mit Joachim Bauer, in: Psychologie Heute, Nr. 10/2008, S. 75.

Europäische Kommission: Gleichstellung der Geschlechter in der Europäischen Union, Europäische Union, 2011; http://ec.europa.eu/justice/gender-equality/files/brochure_equality_de.pdf (20.02.2018)

Feibel, Thomas: Killerspiele im Kinderzimmer, München, mvgVerlag, 2008.

Finkenzeller, Anita/Kuhn-Schmelz, Gabriele/Wehfritz, Rita: Praxis- und Methodenlehre Sozialpädagogik und Medienerziehung für die sozialpädagogische Erstausbildung, 3. Auflage, Troisdorf, Bildungsverlag EINS, 2009.

Fischer-Gese, Torben: Soziale Arbeit, Einheit von Vielheit – Identitätskriterien als Existenzbedingung; in: Thiersch, Hans/Treptow, Rainer (Hrsg.): Zur Identität der Sozialen Arbeit – Positionen und Differenzen in Theorie und Praxis, Neue Praxis – Zeitschrift für Sozialarbeit, Sozialpädagogik und Sozialpolitik, Verlag Neue Praxis, Sonderheft 10/2011, S. 35 ff.

Flammer, August: Entwicklungstheorien. Psychologische Theorien der menschlichen Entwicklung, 4. Auflage, Bern, Verlag Hans Huber, 2009.

Fleischhauer, Jan/Friedmann, Jan: „Am Rande zu stehen ist schrecklich" – Ein Gespräch mit Bernd Ahrbeck; in: Der Spiegel, 34/2014, S. 38 ff.

Flieger, Petra/Schönwiese, Volker (Hrsg.): Menschenrechte, Integration, Inklusion – Aktuelle Perspektiven aus der Forschung, Bad Heilbrunn, Verlag Julius Klinkhardt, 2011.

Flieger, Petra/Schönwiese, Volker: Die UN-Konvention über die Rechte von Menschen mit Behinderungen – Eine Herausforderung für die Integrations- und Inklusionsforschung; in: Flieger, Petra/Schönwiese, Volker (Hrsg.): Menschenrechte, Integration, Inklusion – Aktuelle Perspektiven aus der Forschung, Bad Heilbrunn, Verlag Julius Klinkhardt, 2011, S. 27–35.

Flitner, Andreas: Konrad, sprach die Mama ... Über Erziehung und Nicht-Erziehung, 2. Auflage, Weinheim/Basel, Beltz, 2009.

Förster, Heinz von/Pörksen, Bernhard: Wahrheit ist die Erfindung eines Lügners – Gespräche für Skeptiker, 8. Auflage, Heidelberg, Carl-Auer-Systeme Verlag, 2008.

Freud, Sigmund: Abriss der Psychoanalyse. Das Unbehagen in der Kultur, Stuttgart, Reclam Verlag, 2012.

Freud, Sigmund: Gesammelte Werke. Studienausgabe, Band 1: Vorlesungen, Frankfurt a. M., Fischer Taschenbuch Verlag, 2000.

Freud, Sigmund: Gesammelte Werke. Studienausgabe, Band 3: Psychologie des Unbewussten, Frankfurt a. M., Fischer Taschenbuch Verlag, 2000.

Frölich, Jan/Lehmkuhl, Gerd: Computer und Internet erobern die Kindheit, Stuttgart, Schattauer GmbH, 2012.

Fromm, Erich: Vorwort, in: Theorie und Praxis der antiautoritären Erziehung. Das Beispiel Summerhill, Alexander S. Neill, 50. Auflage, Reinbek, Rowohlt Taschenbuch Verlag, 2012, S. 11–18.

Fromm, Erich: Sozialistischer Humanismus und Humanistische Ethik, Stuttgart, Deutsche Verlags-Anstalt, 1981.

Fthenakis, Wassilios E./Textor, Martin R. (Hrsg.): Das Online – Familienhandbuch, 2006, www.familienhandbuch.de (19.03.2018).

Fthenakis, Wassilios E./Textor, Martin R. (Hrsg.): Pädagogische Ansätze im Kindergarten, Weinheim/Basel, Beltz, 2000.

Füssenhäuser, Cornelia/Thiersch, Hans: Theorie und Theoriegeschichte Sozialer Arbeit; in: Otto, Hans-Uwe/Thiersch, Hans (Hrsg.): Handbuch Soziale Arbeit – Grundlagen der Sozialarbeit und Sozialpädagogik, 6. Auflage, München/Basel, Ernst Reinhardt Verlag, 2018, S. 1741–1753.

Galuske, Michael: Methoden der Sozialen Arbeit – Eine Einführung, 10. Auflage, Weinheim/München, Juventa Verlag, 2013.

Gaschler, Katja /Buchheim, Anna (Hrsg.): Kinder brauchen Nähe – Sichere Bindun-gen aufbauen und erhalten, Stuttgart, Schattauer und Spektrum der Wissenschaft, 2012.

Gehlen, Arnold: Anthropologische Forschung: Zur Selbstbegegnung und Selbstentdeckung des Menschen, Reinbek, Rowohlt Taschenbuch Verlag, 1984.

Gehlen, Arnold: Der Mensch. Seine Natur und seine Stellung in der Welt, 16. Auflage, Wiebelsheim, AULA-Verlag, 2013.

Germain, Carel B./Gitterman, Alex: Ökologische Sozialarbeitsforschung in den USA; in: Brennpunkte sozialer Arbeit: Ökologische Konzepte für Sozialarbeit; hrsg. v. Claus Mühlfeld, Hubert Oppl, Hartmut Weber-Falkensammer und Wolf Rainer Wendt; Frankfurt a. M., Verlag M. Diesterweg, 1986, S. 60–76.

Germain, Carel B./Gitterman, Alex: Praktische Sozialarbeit. Das „Life Model" der sozialen Arbeit, Fortschritte in Theorie und Praxis, 3. Auflage, übers. v. Beatrix Vogel, Stuttgart, Ferdinand Enke, 1999.

Gernert, Wolfgang: Jugendhilfe. Einführung in die sozialpädagogische Praxis, 4. Auflage, München/Basel, Ernst Reinhardt Verlag, 1993.

Giesecke, Hermann: Einführung in die Pädagogik, 7. Auflage, Weinheim/München, Juventa Verlag, 2004.

Glomp, Ingrid: Unsere Spuren im Netz; in: Psychologie Heute, 02/2018, S. 28–33.

Göppel, Rolf: Bildung als Chance; in: Opp, Günther/Fingerle, Michael (Hrsg.): Was Kinder stärkt – Erziehung zwischen Risiko und Resilienz, 3. Auflage, München/Basel, Ernst Reinhardt Verlag, 2008, S. 245–264.

Greve, Jeanette/Roos, Werner: Der Untergang des Ödipuskomplexes – Argumente gegen einen Mythos, Göttingen, Verlag Hogrefe, 1996

Greve, Werner/Leipold, Bernhard: Problembewältigung und intentionale Selbstentwicklung; in: Schneider, Wolfgang, Lindenberger, Ulman (Hrsg.): Entwicklungspsychologie. 7. Auflage, Beltz Verlag, Weinheim, Basel, 2012, S. 563–578.

Greving, Heinrich (Hrsg.): Kompendium der Heilpädagogik, Band 2, Troisdorf, Bildungsverlag EINS, 2007.

Grewe, Isabel: Neue Medien – Gefahren und Chancen. Die Bedeutsamkeit von Medi-enkompetenz, Hamburg, Diplomica Verlag GmbH, 2012.

Grob, Alexander/Jaschinski, Uta: Erwachsenwerden - Entwicklungspsychologie des Jugendalters, Weinheim/Basel, Beltz Verlag, 2003.

Gross, Werner: Die Entstehung unserer Identität, in: Was kann Psychologie?: Wer wir sind und wie wir sein könnten, Funkkolleg Psychologie, hrsg. v. Regina Oehler, Volker Bernius, Karl-Heinz Wellmann, Weinheim/Basel, Beltz, 2009, S. 96–106.

Grossmann, Karin/Grossmann, Klaus E.: Bindungen – das Gefüge psychischer Sicherheit, 7. Auflage, Stuttgart, Klett-Cotta Verlag, 2017.

Grossmann, Karin: Merkmale einer guten Gruppenbetreuung für Kinder unter drei Jahren im Sinne der Bindungstheorie und ihre Anwendung auf berufsbegleitende Supervision, in: Handbuch Elternbildung, Band 2: Wissenswertes im zweiten bis vierten Lebensjahr des Kindes, hrsg. v. Deutscher Familienverband, Opladen, Leske + Budrich, 1999, S. 165–184.

Grossmann, Klaus E./Grossmann, Karin (Hrsg.): Bindung und menschliche Entwicklung – John Bowlby, Mary Ainsworth und die Grundlagen der Bindungstheorie, aus dem Englischen von Karin Grossmann, Klaus E. Grossmann, Rosi Mimler, Christine Sontag und Sabine Tschernik, 5. Auflage, Stuttgart, Klett-Cotta, 2015.

Grunwald, Klaus/Thiersch, Hans (Hrsg.): Praxis Lebensweltorientierter sozialer Arbeit: Handlungszugänge und Methoden in unterschiedlichen Arbeitsfeldern, 2. Auflage, Weinheim/München, Juventa Verlag, 2008.

Gudjons, Herbert: Pädagogisches Grundwissen. Überblick – Kompendium – Studienbuch, 10. Auflage, Bad Heilbrunn, Verlag Julius Klinkhardt, 2008.

Gudjons, Herbert/Teske, Rita/Winkel, Rainer (Hrsg.): Unterrichtsmethoden – Grundlegung und Beispiele, 3. Auflage, Hamburg, Bergmann + Helbig Verlag, 1991.

Hamburger, Franz: Einführung in die Sozialpädagogik, 3. Auflage, Stuttgart, Kohlhammer, 2012, S. 17–21.

Happ, Christian/Melzer, Andre/Steffgen, Georges: Gewalthaltige Videospiel, in: Porsch, Torsten/Pieschl, Stephanie (Hrsg.): Neue Medien und deren Schatten, Göttingen, Hogrefe Verlag, 2014, S. 191–218.

Hassenstein, Bernhard: Verhaltensbiologie des Kindes, in Zusammenarbeit mit Helma Hassenstein, Münster, MV Wissenschaft, 2007.

Haug-Schnabel, Gabriele/Bensel, Joachim: Grundlagen der Entwicklungspsychologie – Die ersten 10 Lebensjahre, 7. Auflage, Freiburg i. B., Verlag Herder, 2009.

Haug-Schnabel, Gabriele/Bensel, Joachim: Kinder unter drei – ihre Entwicklung verstehen und begleiten, kindergarten heute kompakt, Freiburg i. B., Verlag Herder, 2010.

Haug-Schnabel, Gabriele/Schmid, Barbara: ABC des Kindergartenalltags. Der Kindergarten von innen und außen gesehen, 7. Auflage, Freiburg i.B., Verlag Herder, 2010.

Hautzinger, Martin/Thies, Elisabeth: Klinische Psychologie. Psychische Störungen kompakt, Weinheim, Beltz, 2009.

Heitger, Martin: Beiträge zu einer Pädagogik des Dialogs. Eine Einführung, Wien, ÖBV & HPT Verlag, 1983.

Helmer, Karl: Praxisfeld Jugendarbeit, in: Pädagogik. Grundlagen und sozialpädagogische Arbeitsfelder, hrsg. v. Elisabeth Badry, Maximilian Buchka, Rudolf Knapp, 4. Auflage, Neuwied, Hermann Luchterhand Verlag, 2003, S. 325–348.

Helwig, Paul: Charakterologie, Freiburg i. B., Herder Verlag, 1967.

Hierdeis, Helmwart (Hrsg.): Taschenbuch der Pädagogik, 5. Auflage, Baltmannsweiler, Pädagogischer Verlag Burgbücherei Schneider, 1997.

Hierdeis, Helmwart/Rudolph, Heide: Erziehungsinstitutionen, 5. Auflage, Donauwörth, Auer Verlag, 1983.

Hilberg, Katharina: Aufwachsen in der Mediengesellschaft für Jugendliche: Medien als Sozialisationsin-stanzen, München, Grin Verlag, 2011.

Hinte, Wolfgang/Kreft, Dieter: Sozialraumorientierung; in: Wörterbuch Soziale Arbeit – Aufgaben, Praxisfelder, Begriffe und Methoden der Sozialarbeit und Sozialpädagogik, hrsg. v. Dieter Kreft und Ingrid Mielenz, 7. Auflage, Weinheim/München, Juventa Verlag, 2013, S. 879–882.

Hinte, Wolfgang: Von der Gemeinwesenarbeit zum sozialräumlichen Handeln; in: Methodenlehre in der sozialen Arbeit, hrsg. v. Dieter Kreft und C. Wolfgang Müller, 2. Auflage, München, Ernst Reinhardt Verlag, 2017, S. 77–88.

Hinz, Andreas: Inklusion; in: Antor, Georg/Bleidick, Ulrich (Hrsg.): Handlexikon der Behindertenpädagogik – Schlüsselbegriffe aus Theorie und Praxis, 2. Auflage, Stuttgart, Verlag W. Kohlhammer, 2006, S. 97 ff.

Hobmair, Hermann (Hrsg.): Kompendium der Pädagogik, Troisdorf, Bildungsverlag EINS, 2009.

Hobmair, Hermann (Hrsg.): Psychologie, 6. Auflage, Köln, Bildungsverlag Eins, 2017.

Hobmair, Hermann (Hrsg.): Soziologie, 3. Auflage, Köln, Bildungsverlag Eins, 2014.

Hobmair, Hermann/Treffer, Gerd: Individualpsychologie, Erziehung und Gesellschaft, München/Basel, Ernst Reinhardt Verlag, 1979.

Hoffrage, Ulrich/Vitouch, Oliver: Evolutionäre Psychologie des Denkens und Problemlösens, in: Allgemeine Psychologie, hrsg. v. Jochen Müsseler, 2. Auflage, Berlin/Heidelberg, Springer-Verlag, 2008, S. 631–679.

Hörmann, Bernadette/Hopmann, Stefan T.: Marginalisierungsprozesse von Menschen mit Behinderungen im Rahmen von „Scholl-Accountability"-Maßnahmen; in: Flieger, Petra/Schönwiese, Volker (Hrsg.): Menschenrechte, Integration, Inklusion – Aktuelle Perspektiven aus der Forschung, Bad Heilbrunn, Verlag Julius Klinkhardt, 2011, S. 105–110.

Horton, Peter: Die andere Saite. Aphorismen, Satire, Poesie, Meditationen, 9. Auflage, Würzburg, Echter Verlag, 1999.

Hugenschmidt, Bettina/Technau, Anne: Methoden schnell zur Hand – 66 schüler- und handlungs-orientierte Unterrichtsmethoden, Leipzig, Ernst Klett Schulbuchverlag, 2009.

Hurrelmann, Klaus: Einführung in die Sozialisationstheorie, 9. Auflage, Weinheim/Basel, Beltz, 2006.

Hurrelmann, Klaus: Sozialisation und Gesundheit, 3. Auflage, Weinheim/München, Juventa Verlag, 1999.

Hüther, Jürgen/Schorb, Bernd (Hrsg.): Grundbegriffe Medienpädagogik, 5. Auflage, München, kopaed verlagsgmbh, 2010.

Hüther, Jürgen/Schorb, Bernd: Medienpädagogik, in: Grundbegriffe Medienpädagogik, hrsg. v. Jürgen Hüther, Bernd Schorb, 5. Auflage, München, kopaed verlagsgmbh, 2010, S. 265–276.

Jaeggi, Eva: Zu heilen die zerstossnen Herzen – Die Hauptrichtungen der Psychotherapie und ihre Menschenbilder, Reinbek, Rowohlt Verlag, 2011

Janert, Josefine: Mein Feierabend gehört mir! Oder?, in: Psychologie Heute, Nr. 07/2007, S. 68–72.

Jensen, J. Peter: Jugendarbeit, in: Praxis der Kinder- und Jugendhilfe, hrsg. v. Martin R. Textor, 2. Auflage, Weinheim/Basel, Beltz, 1995, S. 61–65.

Joas, Hans (Hrsg.): Lehrbuch der Soziologie, übersetzt von Ekkehard Schöller, 3. Auflage, Frankfurt/New York, Campus Verlag, 2007.

Jungbauer, Johannes: Familienpsychologie kompakt, 2. Auflage, Weinheim/Basel, Beltz Psychologie Verlags Union, 2014.

Junge, Hubertus/Lendermann, Heiner B.: Das Kinder- und Jugendhilfegesetz (KJHG) – Einführende Erläuterungen, Freiburg i. B., Lambertus Verlag, 1993.

Juul, Jesper: Wem gehören unsere Kinder? Dem Staat, den Eltern oder sich selbst?, übersetzt von Kerstin Schöps, 2. Auflage, Weinheim/Basel, Beltz Verlag, 2012.

Kaindl, Markus/Schipfer, Rudolf K.: Familie in Zahlen (FIZ) 2013 – Statistische Informationen zu Familien in Österreich, Wien, Österreichisches Institut für Familienforschung an der Universität Wien, 2017.

Kaiser, Simone: „So eine Wut, so ein Hass", in: DER SPIEGEL, Nr. 38/2009, S. 34 ff.

Kant, Immanuel: Schriften zur Anthropologie, Geschichtsphilosophie, Politik und Pädagogik, Kant Werke, Band 10, 2. Teil, hrsg. v. Wilhelm Weischedel, Darmstadt, Wissenschaftliche Buchgesellschaft, 1983.

Kast, Bas: Wanderer zwischen den Wortwelten; in: Gehirn & Geist, 06/2013, S. 34–39.

Kästner, Erich: Ein Dichter gibt Auskunft, München, Deutscher Taschenbuch Verlag, 2006.

Kasten, Erich: Einführung Neuropsychologie, München/Basel, Erst Reinhardt Verlag, 2007.

Kentler, Helmut (Hrsg.): Taschenlexikon Sexualität, Düsseldorf, Schwann Verlag, 1994.

Kerber, Bärbel: Männer sind vom Mars – Frauen auch, in: Psychologie Heute, Nr. 06/2011, S. 21–24.

Kernberg, Otto F. (Hrsg.): Narzisstische Persönlichkeitsstörungen, übers. u. bearb. v. Bernhard Strauß, Stuttgart, F. K. Schattauer Verlagsgesellschaft, 1996.

Keupp, Heiner: Capability – Verwirklichungschancen zur positiven Jugendentwicklung, Freiburg, Centaurus Verlag & Media, 2012

Keupp, Heiner: Empowerment; in: Wörterbuch Soziale Arbeit – Aufgaben, Praxisfelder, Begriffe und Methoden der Sozialarbeit und Sozialpädagogik, hrsg. v Dieter Kreft und Ingrid Mielenz, 7. Auflage, Weinheim/München, Juventa Verlag, 2013, S. 244–246.

Key, Ellen: Das Jahrhundert des Kindes – Studien, aus dem Schwedischen von Francis Maro, neu herausgegeben von Ulrich Herrmann, 2. Auflage, Weinheim/Basel, Beltz Verlag, 2000.

Kiesling, Barbara: Liebe, die nicht gut ausgeht; in: Psychologie Heute, 01/2011, S. 72–75.

Klafki, Wolfgang/Rückriem, Georg M./Wolf, Willi/Freudenstein, Reinhold/Beckmann, Hans-Karl/Lingelbach, Karl-Christoph/Iben, Gerd/Diederich, Jürgen u. a.: Funk-Kolleg Erziehungswissenschaft. Eine Einführung, Band 2 und Band 3, Frankfurt a. M., Fischer Taschenbuch Verlag, 1989.

Klafki, Wolfgang: Studien zur Bildungstheorie und Didaktik, Weinheim/Basel, Beltz, 2010.

Klein, Ferdinand/Meinertz Friedrich/Kausen Rudolf: Heilpädagogik. Ein pädagogisches Lehr- und Studienbuch, 10. Auflage, Bad Heilbrunn, Verlag Julius Klinkhardt, 1999.

Klein, Lothar: Célestin Freinet, in: kindergarten heute spezial. Pädagogische Handlungskonzepte von Fröbel bis zum Situationsansatz, 4. Auflage, Freiburg, Verlag Herder, 2007, S. 32–40.

Kleinhubbert, Guido: Kriminelle Doktorspiele, in: DER SPIEGEL, Nr. 22/2006, S. 49.

KNA: Viel Computer, wenig Sport, in: Donaukurier Nr. 90, 20.04.2010, S. 1.

Knapp, Gerald/Scheipl, Josef (Hrsg.): Jugendwohlfahrt in Bewegung – Reformansätze in Österreich, Wien, Hermagoras/Mohorjeva, 2001.

Knapp, Gerald/Lauermann, Karin (Hrsg.): Jugend, Gesellschaft und Soziale Arbeit – Lebenslagen und soziale Ungleichheiten von Jugendlichen in Österreich, Hermagoras/Mohorjeva, Wien, 2012.

Knapp, Rudolf: Praxisfeld Schulsozialpädagogik, in: Pädagogik. Grundlagen und sozialpädagogische Arbeitsfelder, hrsg. v. Elisabeth Badry, Maximilian Buchka, Rudolf Knapp, 4. Auflage, Neuwied, Hermann Luchterhand Verlag, 2003, S. 349–364.

Knecht, Alban: Lebensqualität Produzieren – Ressourcentheorie und Machtanalyse des Wohlfahrtsstaats, Wiesbaden, Verlag für Sozialwissenschaften, 2010.

Kneip, Ansbert: „Es muss bluten, ist doch klar", in: DER SPIEGEL, Nr. 32/2006, S. 66–70.

Kobi, Emil E.: Inklusion – ein pädagogischer Mythos? In: Dederich, Markus/Greving, Heinrich/Mürner, Christian/Rödler, Peter (Hrsg.): Inklusion statt Integration? Heilpädagogik als Kulturtechnik, 2. Auflage, Gießen, Psychosozial Verlag, 2010, S. 28–44.

Koller, Hans-Christoph: Grundbegriffe, Theorien und Methoden der Erziehungswissenschaft. Eine Einführung, 7. Auflage, Stuttgart, Verlag W. Kohlhammer, 2014.

König, Anke: Interaktion als didaktisches Prinzip: Bildungsprozesse bewusst begleiten und gestalten, Troisdorf, Bildungsverlag EINS, 2010.

König, Eckard/Zedler, Peter: Theorien der Erziehungswissenschaft, 3. Auflage, Weinheim/Basel, Beltz, 2007.

König, Eckard: Erziehungswissenschaft, in: Taschenbuch der Pädagogik, Band 2, hrsg. v. Helmwart Hierdeis, Theo Hug, 5. Auflage, Baltmannsweiler, Schneider Verlag Hohengehren, 1997, S. 323–332.

König, René: Familiensoziologie, hrsg. v. Rosemarie Nave-Herz, Opladen, Leske + Budrich, 2002.

Korte, Hermann: Soziologie, 2. Auflage, Konstanz, UVK Verlagsgesellschaft, 2011.

Krapp, Andreas: Entwicklung, Erziehung und Lernen, in: Telekolleg für Erzieher: Pädagogik II, hrsg. v. Hans Schiefele, Walter Tröger, 5. Auflage, München, TR-Verlagsunion, 1997, S. 81–93.

Krebs, Wolfgang: Die fünf Wellen; in: Gemeinwesenarbeit, Entwicklungslinien und Handlungsfelder. Gemeinwesenarbeit Jahrbuch 7, hrsg. v. Simone Odierna und Ulrike Berendt, Neu-Ulm, AG SPAK Bücher, 2004, S. 57–65.

Kreft, Dieter/Mielenz, Ingrid: Wörterbuch Soziale Arbeit – Aufgaben, Praxisfelder, Begriffe und Methoden der Sozialarbeit und Sozialpädagogik, 7. Auflage, Weinheim/München, Juventa Verlag, 2013.

Kreft, Dieter/Müller, C. Wolfgang (Hrsg.): Methodenlehre in der Sozialen Arbeit, 2. Auflage, München, Ernst Reinhardt Verlag, 2017.

Krenz, Armin: Das Spiel ist der Beruf jedes Kindes! Das kindliche Spiel als Selbsterfahrungsfeld und Bildungsmittelpunkt für Kinder, in: Kindergartenpädagogik Online-Handbuch, hrsg. von Martin R. Textor, www.kindergartenpaedagogik.de/2100.html (13.03.2018).

Krenz, Armin: Ist mein Kind schulfähig? Ein Orientierungsbuch, 9. Auflage, München, Kösel Verlag, 2014.

Krettenauer, Tobias: Der Entwicklungsbegriff in der Psychologie; in: Ahnert, Lieselotte (Hrsg.): Theorien in der Entwicklungspsychologie, Berlin/Heidelberg, Springer Verlag, 2014, S. 2–25.

Krüger, Heinz-Hermann/Helsper, Werner (Hrsg.): Einführung in Grundbegriffe und Grundfragen der Erziehungswissenschaft, 9. Auflage, Leverkusen-Opladen, Verlag Barbara Budrich, 2009.

Kruse, Lenelis/Graumann, Carl-Friedrich/Lantermann, Ernst-Dieter (Hrsg.): Ökologische Psychologie – Ein Handbuch in Schlüsselbegriffen, 2. Auflage, Beltz – Psychologie Verlags Union, München, 1996.

Kühne, Norbert/Wagner, Yvonne: Basiswissen Erziehung für die sozialpädagogische Erstausbildung, Troisdorf, Bildungsverlag EINS, 2009.

Kunczik, Michael/Zipfel, Astrid: Gewalt und Medien, 5. Auflage, Köln, Böhlau Verlag, 2006.

Kutner, Lawrence: Die Bedeutung der Selbstwirksamkeit für die Anpassung Jugendlicher an den gesellschaftlichen Wandel, in: Entwicklungskrisen kompetent meistern. Der Beitrag der Selbstwirksamkeitstheorie von Albert Bandura zum pädagogischen Handeln, hrsg. v. Wolfgang Edelstein, Heidelberg, Roland Asanger Verlag, 1995, S. 74–84.

Küttner, Michael/Lenk, Hans: Erklärung, in: Handlexikon zur Wissenschaftstheorie, hrsg. v. Helmut Seiffert, Gerard Radnitzky, München, Deutscher Taschenbuch Verlag, 2000, S. 68–73.

Lagache, Daniel: Psychoanalyse, München, Humboldt-Taschenbuchverlag, 1992.

Lakotta, Beate: Die Natur der Seele, in: DER SPIEGEL, Nr. 16/2005, S. 176–189.

Lambers, Helmut: Theorien der Sozialen Arbeit – Ein Kompendium und Vergleich, 2. Auflage, Opladen/Toronto, Verlag Barbara Budrich, 2015.

Lampert, Claudia: Kinder und Internet; in: Tillmann, Angela/Fleischer, Sandra/Hugger, Kai-Uwe (Hrsg.): Handbuch Kinder und Medien, Wiesbaden, Springer VS, 2014, S. 429–440.

Largo, Remo H./Czernin, Monika: Jugendjahre – Kinder durch die Pubertät begleiten, München/Zürich, Piper Verlag, 2011.

Largo, Remo H.: Babyjahre – Entwicklung und Erziehung in den ersten vier Jahren, 12. Auflage, München/Zürich, Piper Verlag, 2013.

Largo, Remo H.: Kinderjahre – Die Individualität des Kindes als erzieherische Herausforderung, 21. Auflage, München, Piper Verlag, 2011.

Lassahn, Rudolf: Grundriss einer allgemeinen Pädagogik, 3. Auflage, Wiesbaden, Quelle & Meyer Verlag, 1997.

Lauermann, Karin: Heimreform in Österreich; in: Knapp, Gerald/Scheipl, Josef (Hrsg.): Jugendwohlfahrt in Bewegung, Reformansätze in Österreich, Wien, Hermagoras/Mohorjeva, 2001, S. 120–131.

Lengning, Anke/Lüpschen, Nadine: Bindung, München/Basel, Ernst Reinhardt Verlag, 2012.

Linderkamp, Friedrich/Grünke, Matthias (Hrsg): Lern- und Verhaltensstörungen: Genese – Diagnostik – Intervention, Weinheim/Basel, Beltz, 2007.

Markowitsch, Joachim/Staniloiu, Angelica: Das (anti-)soziale Netzwerk; in: Gehirn & Geist, 03/2014, S. 76–81.

Martin, Beate: Körper- und Sexualaufklärung; in: Schmidt, Renate-Berenike/Sielert, Uwe (Hrsg.): Handbuch Sexualpädagogik und sexuelle Bildung, 2. Auflage, Weinheim/Basel, Beltz Juventa, 2013, S. 670–686.

Maslow, Abraham H.: Motivation und Persönlichkeit, übers. v. Paul Kruntorad, Reinbek, Rowohlt Taschenbuch Verlag, 1989.

McLuhan, Marshall; Agel, Jerome; Fiore, Quentin; Jones, Glyn: The medium is the massage [sic!]: an inventory of effects, New York, Bantan Books, 1967.

Mertens, Dieter: Schlüsselqualifikationen, in: Begründung gegenwärtiger Erwachsenenbildung, hrsg. v. Horst Siebert, Braunschweig, Georg Westermann Verlag, 1977, S. 99–121.

Metzger, Wolfgang: Psychologie für Erzieher I: Psychologie in der Erziehung, 3. Auflage, Bochum, Verlag Ferdinand Kamp, 1976.

Mietzel, Gerd: Wege in die Entwicklungspsychologie. Band 1: Kindheit und Jugend, 4. Auflage, Weinheim, Beltz Psychologie Verlags Union, 2002.

Mietzel, Gerd: Wege in die Psychologie, 14. Auflage, Stuttgart, Klett-Cotta Verlag, 2009.

Miller, Tilly.: Systemtheorie und Soziale Arbeit – Entwurf einer Handlungstheorie, 2. Auflage, Stuttgart, Lucius und Lucius, 2001.

Mittelstraß, Jürgen: Was ist der Mensch?, in: Spektrum der Wissenschaft, Nr. 03/2008, S. 80–83.

Möbius, Nicole: Medien im Jugendalltag – Medienpädagogik als Vermittler von Schlüsselqualifikationen, München, GRIN Verlag, 2003.

Mogel, Hans: Ökopsychologie; in: Psychologie – Eine Einführung in ihre Grundlagen und Anwendungsfelder, hrsg. v. Dietrich Dörner und Herbert Selg, 2. Auflage, Stuttgart, Verlag W. Kohlhammer, 1996, S. 264–281 Kap.

Mollenhauer, Klaus: Einführung in die Sozialpädagogik: Probleme und Begriffe der Jugendhilfe, Weinheim/Basel, Beltz, 2001.

Mollenhauer, Klaus: Theorien zum Erziehungsprozess. Zur Einführung in erziehungswissenschaftliche Fragestellungen, 4. Auflage, München, Juventa Verlag, 1995.

Möller, Christoph (Hrsg.): Internet- und Computersucht, Stuttgart, W. Kohlhammer, 2012.

Montada, Leo: Fragen, Konzepte, Perspektiven, in: Entwicklungspsychologie, hrsg. v. Rolf Oerter, Leo Montada, 6. Auflage, Weinheim, Beltz, 2008, S. 3–48.

Montessori, Maria: Einige Grundbegriffe, in: Maria Montessori – Texte und Gegenwartsdiskussion, hrsg. v. Winfried Böhm, 5. Auflage, Bad Heilbrunn, Verlag Julius Klinkhardt, 1996, S. 34–62.

Montessori, Maria: Grundlagen meiner Pädagogik, in: Maria Montessori – Grundlagen meiner Pädagogik und weitere Aufsätze zur Anthropologie und Didaktik, besorgt u. eingel. v. Berthold Michael, 10. Auflage, Wiesbaden, Quelle & Meyer Verlag, 2008, S. 7–31.

Moser, Heinz: Einführung in die Medienpädagogik. Aufwachsen im Medienzeitalter, 5. Auflage, Wiesbaden, VS Verlag für Sozialwissenschaften, 2010.

Mößle, Thomas/Bleckmann, Paula/Rehbein, Florian/Pfeiffer, Christian: Der Einfluss der Medien auf die Schulleistung: in: Möller, Christoph (Hrsg.): Internet- und Computersucht, Stuttgart, W. Kohlhammer, 2012, S. 68–76.

Mühlfeld, Claus/Oppl, Hubert/Weber-Falkensammer, Hartmut/Wendt, Wolf Rainer (Hrsg.): Brennpunkte Sozialer Arbeit: Ökologische Konzepte für Sozialarbeit, Frankfurt a. M., Verlag Moritz Diesterweg, 1986.

Mühlfeld, Claus/Oppl, Hubert/Weber-Falkensammer, Hartmut/Wendt, Wolf Rainer (Hrsg.): Brennpunkte sozialer Arbeit: Gemeinwesenarbeit. Frankfurt a. M., Verlag Moritz Diesterweg, 1985.

Mührel, Eric/Birgmeier, Bernd (Hrsg.): Theoriebildung in der Sozialen Arbeit – Entwicklungen in der Sozialpädagogik und der Sozialwissenschaft, Wiesbaden, Verlag für Sozialwissenschaften, 2011.

Mührel, Eric/Birgmeier, Bernd: Theorien der Sozialpädagogik – ein Theorie-Dilemma? Wiesbaden, VS Fachverlag für Sozialwissenschaften, 2009

Müller, C. Wolfgang: Gruppenpädagogik (Social Group Work) und die Folgen, in: Methodenlehre in der sozialen Arbeit, hrsg. v. Dieter Kreft, C. Wolfgang Müller, 2. Auflage, München/Basel, Ernst Reinhardt Verlag, 2017, S. 68–77.

Münchener Innovationsgruppe (Hrsg.): Neue Wege wagen – Innovation in Bildung, Wirtschaft und Gesellschaft, Stuttgart, Lucius und Lucius Verlagsgesellschaft, 2010.

Müsseler, Jochen (Hrsg.): Allgemeine Psychologie, 2. Auflage, Berlin/Heidelberg, Springer-Verlag, 2008.

Myers, David G.: Psychologie; deutsche Bearbeitung von Christiane Grosser/Svenja Wahl, mit Beiträgen von Siegfried Hoppe-Graf/Barbara Keller; übersetzt von ÜTT – Übersetzungsteam Tübingen Sabine Mehl/Katrin Beckmann/Birgit Pfitzer, 3. Auflage, Heidelberg, Springer Medizin Verlag, 2014

Myrtek, Michael/Scharff, Christian: Fernsehen, Schule und Verhalten. Untersuchungen zur emotionalen Beanspruchung von Schülern, Bern, Verlag Hans Huber, 2000.

Myrtek, Michael: Folgen des Fernsehens bei Kindern und Jugendlichen; in: Fthenakis, Wassilios E./Textor, Martin R. (Hrsg.): Das Online – Familienhandbuch, 2006, www.familienhandbuch.de (19.03.2018).

Nagl-Cupal, Martin/Daniel, Maria/Hauprich, Julia: Kinder und Jugendliche als pflegende Angehörige – Einblick in die Situation Betroffener und Möglichkeiten der Unterstützung, Teil 2: Konzeptentwicklung und Planung von familienorientierten Unterstützungsmaßnahmen für Kinder und Jugendliche als pflegende Angehörige (Sozialpolitische Studienreihe, 19), hrsg. vom Bundesministerium für Arbeit, Soziales und Konsumentenschutz, Wien, ÖGB-Verlag, 2015

Nauroth, Peter/Bender, Jens/Rothmund, Tobias/Gollwitzer, Mario: Die „Killerspiele“-Diskussion: Wie die Forschung zur Wirklichkeit gewalthaltiger Bildschirmspiele in der Öffentlichkeit wahrgenommen wird, in: Porsch, Torsten/Pieschl, Stephanie (Hrsg.): Neue Medien und deren Schatten, Göttingen, Hogrefe Verlag, 2014, S. 81–100.

Nave-Herz, Rosemarie/Onnen-Isemann, Corinna: Familie; in: Joas, Hans (Hrsg.): Lehrbuch der Soziologie, 3. Auflage, Frankfurt a. M./New York, Campus Verlag, 2007, S. 313–336.

Nave-Herz, Rosemarie: Ehe- und Familiensoziologie, 2. Auflage, Weinheim/München, Juventa Verlag, 2006.

Neill, Alexander S.: Theorie und Praxis der antiautoritären Erziehung – Das Beispiel Summerhill, übersetzt von Hermann Schröder und Paul Horstrup, 50. Auflage, Reinbek, Rowohlt Taschenbuch Verlag, 2012.

Nuber, Ursula: Narzissmus - Warum es immer mehr schwierige Menschen gibt und wie man mit ihnen umgeht; in: Psychologie Heute, 09/2010, S. 20–26.

Nuber, Ursula: Öfter mal nein sagen! in: Psychologie Heute, 11/2011, S. 20–24.

Nussbaum, Martha: Der aristotelische Sozialdemokratismus; in: Nussbaum, Martha C.: Gerechtigkeit oder das gute Leben, Frankfurt/Main, Suhrkamp, 1999, S. 58–67.

Nussbaum, Martha: Gerechtigkeit oder das gute Leben, Frankfurt/Main, Suhrkamp, 1999.

o. A.: Epigenetik – Traumafolgen fürs Gedächtnis; in: Gehirn & Geist, 7-8/2013, S. 79.

obds: Österreichischer Berufsverband der Sozialarbeiter/innen, 2004, S. 3–22. Online unter: http://www.sozialarbeit.at/files/handlungsfelder.pdf (18.3.2018).

Odierna, Simone/Berendt, Ulrike (Hrsg.): Gemeinwesenarbeit. Entwicklungslinien und Handlungsfelder. Gemeinwesenarbeit Jahrbuch 7, Neu-Ulm, AG SPAK Bücher, 2004.

Oehler, Regina/Bernius, Volker/Wellmann, Karl-Heinz (Hrsg.): Was kann Psychologie? Wer wir sind und wie wir sein könnten, Funkkolleg Psychologie, Weinheim/Basel, Beltz, 2009, S. 96–106.

Oelschlägel, Dieter: Gemeinwesenarbeit, in: Handbuch Sozialarbeit/Sozialpädagogik, hrsg. v. Hans-Uwe Otto, Hans Thiersch, unter Mitarbeit von Karin Böllert, Gaby Flösser, Cornelia Füssenhäuser und Klaus Grunwald, 6. Auflage, München/Basel, Ernst Reinhardt Verlag, 2018, S. 653–659.

Oelschlägel, Dieter: Strategiediskussion in der Sozialen Arbeit und das Arbeitsprinzip Gemeinwesenarbeit, in: Brennpunkte Sozialer Arbeit: Gemeinwesenarbeit, hrsg. v. Claus Mühlfeld u. a., Frankfurt a. M., Verlag Moritz Diesterweg, 1985, S. 7–22.

Oerter, Rolf/Montada, Leo (Hrsg.): Entwicklungspsychologie, 6. Auflage, Weinheim/Basel, Beltz, 2008.

Opp, Günther/Fingerle, Michael (Hrsg.): Was Kinder stärkt – Erziehung zwischen Risiko und Resilienz, 3. Auflage, München/Basel, Ernst Reinhardt Verlag, 2008.

Opp, Günther: Spiel, Spielpädagogik; in: Antor, Georg/Bleidick, Ulrich (Hrsg.): Handlexikon der Behindertenpädagogik – Schlüsselbegriffe aus Theorie und Praxis, 2. Auflage, Stuttgart, Verlag W. Kohlhammer, 2006, S. 431 ff.

Oswald, Paul/Schulz-Benesch, Günter (Hrsg.): Maria Montessori – Frieden und Erziehung, Freiburg, Verlag Herder, 1973.

Otto, Hans-Uwe/Thiersch, Hans (Hrsg.): Handbuch Sozialarbeit/Sozialpädagogik, 6. Auflage, München/Basel, Ernst Reinhardt Verlag, 2018.

Paulus, Jochen: Amoklauf: Mediengewalt ist ein wichtiger Faktor, Interview mit Craig Anderson, in: Psychologie Heute, Nr. 06/2009, S. 32–35.

Pausewang, Freya: Für die Zukunft stärken – Stabile Basisbildung in der frühen Kindheit, www.kindergartenpaedagogik.de/2161.html (13.03.2018).

Pausewang, Freya: Dem Spiel Raum geben: Grundlagen und Orientierungshilfen zur Spiel- und Freizeitgestaltung in sozialpädagogischen Einrichtungen, Berlin, Cornelsen Verlag, 1997.

Pervin, Lawrence, A./Cervone, Daniel/John, Oliver P.: Persönlichkeitstheorien, übers. v. Anni Pott, 5. Auflage, München/Basel, Ernst Reinhardt Verlag, 2005.

Peuckert, Rüdiger: Familienformen im sozialen Wandel, 8. Auflage, Wiesbaden, VS Verlag für Sozialwissenschaften, 2012.

Pfister, René/Windmann, Antje: „Okay, so bin ich“ – Ein Gespräch mit Klaus Michael Beier; in: Der Spiegel, 09/2014, S. 24 ff.

Pieschl, Stephanie/Porsch, Torsten: Cybermobbing – mehr als „Ärgern im Internet“, in: Porsch, Torsten/Pieschl, Stephanie (Hrsg.): Neue Medien und deren Schatten, Göttingen, Hogrefe Verlag, 2014, S.133-158.

Pörksen, Bernhard/Schulz von Thun, Friedemann: Kommunikation als Lebenskunst – Philosophie und Praxis des Miteinander-Redens, Heidelberg, Carl Auer Verlag, 2014.

Porsch, Torsten/Pieschl, Stephanie (Hrsg.): Neue Medien und deren Schatten, Göttingen, Hogrefe Verlag, 2014.

Portmann, Adolf: Zoologie und das neue Bild vom Menschen, 2. Aufl, Hamburg, Rowohlt, 1956.

Precht, Richard David: Soziale Kriege. Vom Unbehagen der bürgerlichen Mittelschicht, in: DER SPIEGEL, Nr. 39/2010, S. 176f.

Raithel, Jürgen/Dollinger, Bernd/Hörmann, Georg: Einführung Pädagogik: Begriffe – Strömungen – Klassiker – Fachrichtungen, 3. Auflage, Wiesbaden, VS Verlag für Sozialwissenschaften, 2009.

Reich, Kersten: Systemisch-konstruktivistische Pädagogik: Einführung in die Grundlagen einer interaktionistisch-konstruktivistischen Pädagogik, 6. Auflage, Weinheim/Basel, Beltz, 2010.

Reinberger, Stefanie: Trost für Trotzköpfe; in: Gehirn & Geist, 05/2008, S. 22–26.

Reinecker, Hans: Grundlagen der Verhaltentherapie, 3. Auflage, Weinheim, Beltz Psychologie Verlags Union, 2005.

Reinhardt, Susi: Lob kann Schülerleistungen mindern, in: Psychologie Heute, Nr. 11/2008, S. 12.

Richter, Horst-Eberhard: Eltern, Kind und Neurose: Psychoanalyse der kindlichen Rolle, 33. Auflage, Reinbek, Rowohlt Verlag, 2010.

Richter, Karin/Trautmann, Thomas (Hrsg.): Kindsein in der Mediengesellschaft. Interdisziplinäre Annäherungen, Weinheim und Basel, Beltz Verlag, 2002.

Ries, Heinz A./Elsen, Susanne/Steinmetz, Bernd (Hrsg.): Hoffnung Gemeinwesen, Neuwied/Kriftel/Berlin, Luchterhand Verlag, 1997.

Ries, Heinz A.: Verwirklichung von Visionen als konkreatives Tun; in: Hoffnung Gemeinwesen; hrsg. v. Heinz Ries, Susanne Elsen und Bernd Steinmetz; Neuwied/Kriftel/Berlin, Luchterhand Verlag, 1997, S. 27–79.

Rogers, R. Carl: Eine Theorie der Psychotherapie, der Persönlichkeit und der zwischenmenschlichen Beziehungen, bearb. v. d. Gesellschaft für wissenschaftliche Gesprächspsychotherapie e. V., übers. v. Gerd Höhner und Rolf Brüseke, München, Ernst Reinhardt Verlag, 2009.

Röh, Dieter: „... was Menschen zu tun und zu sein in der Lage sind" – Befähigung und Gerechtigkeit in der Sozialen Arbeit: Der Capability Approach als integrativer Theorierahmen; in: Theoriebildung in der Sozialen Arbeit – Entwicklungen in der Sozialpädagogik und der Sozialwissenschaft, hrsg. v. Eric Mührel, Bernd Birgmeier, Wiesbaden, Verlag für Sozialwissenschaften, 2011, S. 103–121.

Ross Alan D./Petermann Franz: Verhaltenstherapie mit Kindern und Jugendlichen – Methoden und Anwendungsgebiete, übersetzt von Meinolf Noeker, Stuttgart, Hippokrates Verlag, 1987.

Roth, Eugen: Sämtliche Menschen. 7. Auflage, München/Wien, Carl Hanser Verlag, 2015.

Roth, Gerhard: Bildung braucht Persönlichkeit – Wie Lernen gelingt, 2. Auflage, Stuttgart, Klett-Cotta, 2011.

Roth, Heinrich: Pädagogische Anthropologie, Band 1: Bildsamkeit und Bestimmung, 5. Auflage, Hannover, Schroedel Verlag, 1991.

Roth, Heinrich: Pädagogische Anthropologie, Band 2: Entwicklung und Erziehung, 2. Auflage, Hannover, Schroedel Verlag, 1986.

Rousseau, Jean-Jacques: Èmile oder Über die Erziehung, übers. v. Hermann Denhardt, Köln, Anaconda Verlag, 2010.

Salewski, Christel/Renner, Britta: Differentielle und Persönlichkeitspsychologie, München, Ernst Reinhardt Verlag, 2009.

Schäfer, Gerd E.: Vielfältige Erfahrungen sind der Schatz der Kindheit; in kindergarten heute 11-12/2011, S. 8–13.

Scheunpflug, Annette: Biologische Grundlagen des Lernens, Berlin, Cornelsen Scriptor, 2001.

Schiefele, Hans/Tröger, Walter: Telekolleg für Erzieher: Pädagogik II, 5. Auflage, München, TR-Verlagsunion, 1997.

Schilling, Johannes/Klus, Sebastian: Soziale Arbeit. Geschichte. Theorie. Profession, 7. Auflage, München, Ernst Reinhard Verlag, 2018.

Schleiermacher, Friedrich/Winkler, Michael (Hrsg.)/Brachmann, Jens (Hrsg.): Texte zur Pädagogik. Kommentierte Studienausgabe, Band 1 und 2, Frankfurt a. M., Suhrkamp Verlag, 2000.

Schmalt, Heinz-Dieter/Langens, Thomas A.: Motivation, 4. Auflage, Stuttgart, Verlag W. Kohlhammer, 2009.

Schmickler, Barbara: Asylbewerber, Flüchtlinge, Migranten - was sind die Unterschiede? https://www.tagesschau.de/inland/fluechtlinge-531.html vom 07.08.2015 (01.02.2017).

Schmidt, Gunter: Motivationale Grundlagen sexuellen Verhaltens, in: Enzyklopädie der Psychologie, Serie IV, Band 2: Psychologie der Motive, hrsg. v. Hans Thomae, Göttingen, Hogrefe Verlag, 1983, S. 70–109.

Schmidt, Renate-Berenike/Sielert, Uwe (Hrsg.): Handbuch Sexualpädagogik und sexuelle Bildung, 2. Auflage, Weinheim/Basel, Beltz Juventa, 2013.

Schmitt, Manfred/Altstötter-Gleich, Christine: Differentielle Psychologie und Persönlichkeitspsychologie kompakt, u. Mitarbeit v. Christine Platzer, Weinheim/Basel, Beltz Verlag, 2010.

Schneewind, Klaus A.: Familie und Innovation – Ansatzpunkte zur Stärkung der Familie als primärem Bildungssystem; in: Münchener Innovationsgruppe (Hrsg.): Neue Wege wagen – Innovation in Bildung, Wirtschaft und Gesellschaft, Stuttgart, Lucius und Lucius Verlagsgesellschaft, 2010, S. 29–46.

Schneider, Wolfgang, Lindenberger, Ulman (Hrsg.): Entwicklungspsychologie. 7. Auflage, Beltz Verlag, Weinheim, Basel, 2012.

Schütz, Astrid/Rüdiger, Martin/Rentsch, Katrin: Lehrbuch Persönlichkeitspsychologie, Bern, Hogrefe Verlag, 2016

Schütze, Yvonne: Familie, in: Einführung in Grundbegriffe und Grundfragen der Erziehungswissenschaft, hrsg. v. Heinz-Hermann Krüger, Helsper Werner, 9. Auflage, Verlag Barbara Budrich, Leverkusen-Opladen, 2009, S. 171–180.

Schwarzer, Ralf: Entwicklungskrisen durch Selbstregulation meistern, in: Entwicklungskrisen kompetent meistern. Der Beitrag der Selbstwirksamkeitstheorie von Albert Bandura zum pädagogischen Handeln, hrsg. v. Wolfgang Edelstein, Heidelberg, Roland Asanger Verlag, 1995, S. 25–34.

Seiffert, Helmut/Radnitzky, Gerard (Hrsg.): Handlexikon zur Wissenschaftstheorie, München, Deutscher Taschenbuch Verlag, 2000.

Selg, Herbert: Fördern Medien die Gewaltbereitschaft? Was die Wirkungsforschung über die Folgen des Konsums von Gewaltdarstellungen sagt, in: Aggression und Gewalt, Stuttgart, hrsg. v. Hans-Georg Wehling, Stuttgart, Verlag W. Kohlhammer, 1994, S. 74–84.

Sen, Amartya: Die Idee der Gerechtigkeit, München, C.H. Beck, 2010

Sen, Amartya: Ökonomie für den Menschen – Wege zu Gerechtigkeit und Solidarität in der Marktwirtschaft, München, dtv, 2000.

Seung, Sebastian: Kein Neuron ist eine Insel; in: Gehirn & Geist, 05/2013, S. 44–50.

Siebert, Horst (Hrsg.): Begründung gegenwärtiger Erwachsenenbildung, Braunschweig, Georg Westermann Verlag, 1977.

Singh, Joseph A.L./Flitner, Sonja/Kasper, Hildegard: Die „Wolfskinder" von Midnapore, übers. v. Robert M. Zingg, Heidelberg, Quelle & Meyer Verlag, 1964.

Spada, Hans (Hrsg.): Lehrbuch Allgemeine Psychologie, 3. Auflage, Bern, Verlag Hans Huber, 2006.

Spada, Hans/Rummel Nikol/Ernst Andreas: Lernen, in: Lehrbuch Allgemeine Psychologie, hrsg. v. Hans Spada, 3. Auflage, Bern, Verlag Hans Huber, 2006, S. 343–434.

Speck, Otto: Schulische Inklusion aus heilpädagogischer Sicht – Rhetorik und Realität, 2. Auflage, München/Basel, Ernst Reinhard Verlag, 2011.

Speck, Otto: System Heilpädagogik. Eine ökologisch reflexive Grundlegung, 6. Auflage, München/Basel, Ernst Reinhardt Verlag, 2008.

Spitzer, Manfred: Vorsicht Bildschirm! Elektronische Medien, Gehirnentwicklung, Gesundheit und Gesellschaft, München, Deutscher Taschenbuch Verlag, 2006.

Spork, Peter: Der zweite Code: Epigenetik – oder wie wir unser Erbgut steuern können, 4. Auflage, Reinbek, Rowohlt Verlag, 2010.

Stapf, Kurt H./Herrmann, Theo/Stapf, Aiga: Psychologie des elterlichen Erziehungsstils. Komponenten der Bekräftigung in der Erziehung, 2. Auflage, Stuttgart, Klett-Cotta Verlag, 1988.

Statistik Austria: Über 40.000 mehr unter Dreijährige in Kinderbetreuungseinrichtungen als noch vor zehn Jahren. Pressemitteilung: 11.816-127/18 vom 02.07.2018.

Staub-Bernasconi, Silvia: Den Menschen vor dem Würgegriff des Menschen schützen. Menschenrechte und ihre Relevanz für Mandat, Theorie und Praxis der Sozialen Arbeit. In: SozialAktuell, Nr. 7/8 2009

Staub-Bernasconi, Silvia: Soziale Arbeit als Handlungswissenschaft. Systemische Grundlagen und professionelle Praxis – ein Lehrbuch, 5. Auflage, Bern, UTB/Haupt, 2007.

Staub-Bernasconi, Silvia: Soziale Arbeit und soziale Probleme. Eine disziplin- und professionsgezogene Bestimmung. In: Thole, Werner (Hrsg.): Grundriss Soziale Arbeit. Ein einführendes Handbuch, Opladen, Leske + Budrich, 2002, S. 245

Staub-Bernasconi, Silvia: Soziale Arbeit und Soziale Probleme. In: Thole, W. (Hrsg.) (2010): Grundriss Soziale Arbeit. Opladen: Leske + Budrich, S.267-282.

Steffen, Nicola: Porn Chic – Die Pornifizierung des Alltags, München, Deutscher Taschenbuch Verlag, 2014.

Steiner, Rudolf: Die Erziehung des Kindes vom Gesichtspunkte der Geisteswissenschaft, in: Die Erziehung des Kindes, Rudolf Steiner, Dornach, Rudolf Steiner Verlag, 2003, S.11–55.

Steiner, Rudolf: Die Erziehung des Kindes, Dornach, Rudolf Steiner Verlag, 2003.

Stemmler, Gerhard/Hagemann, Dirk/Amelang, Manfred/Bartussek, Dieter: Differenzielle Psychologie und Persönlichkeitsforschung, 7. Auflage, Stuttgart, Verlag W. Kohlhammer, 2010.

Stern, Elsbeth/Grabner, Roland H.: Die Erforschung der Intelligenz; in: Ahnert, Lieselotte (Hrsg.): Theorien in der Entwicklungspsychologie, Berlin/Heidelberg, Springer Verlag, 2014, S. 174–201.

Stimmer, Franz: Grundlagen des Methodischen Handelns in der sozialen Arbeit, 2. Auflage, Stuttgart, Kohlhammer Verlag, 2006.

Strobl, Ingrid: Respekt, der vom Herzen kommt, in: Psychologie Heute, Nr. 09/2008, S. 21–25.

Sulzer, Annika: Inklusion als Werterahmen für Bildungsgerechtigkeit; in: Wagner, Petra (Hrsg.): Handbuch Inklusion, Freiburg, Herder Verlag, 2013, S. 12–21.

Tausch, Reinhard/Tausch Anne-Marie: Erziehungspsychologie: Begegnung von Person zu Person, 11. Auflage, Göttingen, Hogrefe Verlag, 1998.

Tenzer, Eva: „Unsere Kinder bleiben psychisch unreif". Ein Gespräch mit Michael Winterhoff, in: Psychologie Heute, Nr. 07/2008, S. 61 ff.

Textor, Martin R: Praxis der Kinder- und Jugendhilfe, 2. Auflage, Weinheim/Basel, Beltz, 1995.

Theunert, Helga/Pescher, Renate/Best, Petra (Hrsg.): Zwischen Vergnügen und Angst. Fernsehen im Alltag von Kindern, 2. Auflage, Berlin, Vistas Verlag, 1997.

Theunert, Helga: Gewalt in den Medien – Gewalt in der Realität. Gesellschaftliche Zusammenhänge und pädagogisches Handeln, 3. Auflage, München, kopaed verlagsgmbh, 2000.

Thiersch, Hans: Einen gelingenden Alltag ermöglichen, in: Theorien der sozialen Arbeit – Eine Einführung; hrsg. v. Ernst Engelke, Stefan Borrmann und Christian Spatschek; 6. Auflage, Freiburg i. B., Lambertus-Verlag, 2014, S. 425–443.

Thiersch, Hans: Lebensweltorientierte Soziale Arbeit – Aufgaben der Praxis im sozialen Wandel, 9. Auflage, Weinheim/München, Juventa Verlag, 2014.

Thiersch, Hans/Treptow, Rainer (Hrsg.): Zur Identität der Sozialen Arbeit – Positonen und Differenzen in Theorie und Praxis, Neue Praxis – Zeitschrift für Sozialarbeit, Sozialpädagogik und Sozialpolitik. Verlag Neue Praxis, Sonderheft 10/2011.

Thole, Werner (Hrsg.): Grundriss Soziale Arbeit – Ein einführendes Handbuch, 3. Auflage, Wiesbaden, Verlag für Sozialwissenschaften, 2010.

Thole, Werner: Kinder- und Jugendarbeit, Weinheim/München, Juventa Verlag, 2000.

Thomae, Hans (Hrsg.): Enzyklopädie der Psychologie, Serie IV, Band 2: Psychologie der Motive, Göttingen, Hogrefe Verlag, 1983.

Tillmann, Angela/Fleischer, Sandra/Hugger, Kai-Uwe (Hrsg.): Handbuch Kinder und Medien, Wiesbaden, Springer VS, 2014.

Timmermanns, Stefan: Sexuelle Orientierung; in: Schmidt, Renate-Berenike/Sielert, Uwe (Hrsg.): Handbuch Sexualpädagogik und sexuelle Bildung, 2. Auflage, Wein-heim/Basel, Betz Juventa, 2013, S. 255–264.

Tögel, Christfried: Freud für Eilige, 3. Auflage, Berlin, Aufbau Taschenbuch Verlag, 2006.

Träbert, Detlev: Disziplin, Respekt und gute Noten – Erfolgreiche Schüler brauchen klare Erwachsene, Weinheim/Basel, Beltz Verlag, 2012.

Treml, Alfred K.: Einführung in die Allgemeine Pädagogik, Stuttgart, Verlag W. Kohlhammer, 1987.

Tschamler, Herbert: Wissenschaftstheorie. Eine Einführung für Pädagogen, 3. Auflage, Bad Heilbrunn, Verlag Julius Klinkhardt, 1996.

Tuider, Elisabeth: Diversität von Begehren, sexuellen Lebensstilen und Lebensformen; in: Handbuch Sexualpädagogik und sexuelle Bildung, hrsg. v. Renate-Berenike Schmidt; Uwe Sielert, 2. Auflage, Weinheim/Basel, Beltz Juventa, 2013, S. 245–254.

Ulrich, Andreas/Verbeet, Markus: Sperrfeuer aus der Glotze, in: DER SPIEGEL, Nr. 50/2006, S. 58 f.

Unverzagt, Gerlinde: Geborgenheit an zwei Orten; in: Psychologie Heute 12/2012, S. 12.

Ustorf, Anne-Ev: „Bindung ist emotionale Nahrung, die uns am Leben hält" – Ein Gespräch mit Karl Heinz Brisch; in: Psychologie Heute 05/2014, S. 22–25.

Ustorf, Anne-Ev: „Traumatische Beziehungserfahrungen brennen sich direkt in das kindliche Gehirn ein" – Ein Gespräch mit Allan Schore; in: Psychologie Heute, 10/2009, S. 26–29.

Ustorf, Anne-Ev: Allererste Liebe – Wie Babys Glück und Gesundheit lernen, 2. Auflage, Stuttgart, Klett-Cotta, 2015.

Vollbrecht, Ralf: Einführung in die Medienpädagogik, Weinheim/Basel, Beltz, 2001.

Wagner, Petra (Hrsg.): Handbuch Inklusion – Grundlagen vorurteilsbewusster Bildung und Erziehung, Freiburg i. B., Verlag Herder, 2013.

Wagner, Petra: Vielfalt und Diskriminierung im Erleben von Kindern; in: Wagner, Petra (Hrsg.): Handbuch Inklusion, Freiburg, Verlag Herder, 2013, S. 87–221.

Weber, Erich: Erziehungsstile, 8. Auflage, Donauwörth, Auer Verlag, 1986.

Weber Erich: Pädagogik, Band 1, Teil 1: Pädagogische Anthropologie, 9. Auflage, Donauwörth, Auer Verlag, 1996.

Weber Erich: Pädagogik, Band 1, Teil 3: Pädagogische Grundvorgänge und Zielvorstellungen, 8. Auflage, Donauwörth, Auer Verlag, 1999.

Wehling, Hans-Georg (Hrsg.): Aggression und Gewalt, Stuttgart, Verlag W. Kohlhammer, 1994.

Wehrle, Martin: Die 10 größten Karriere-Irrtümer, in: Psychologie Heute, Nr. 08/2009, S. 76–79.

Weigmann, Katrin: Die Intelligenz des Körpers; in: Gehirn & Geist, 1-2/2013, S. 26–31.

Weingarten, Susanne: Von null auf 100 Billionen; in: Der Spiegel Wissen, 03/2011, S. 70–73.

Wember, Franz B.: Schule/Schulpädagogik, in: Kompendium der Heilpädagogik, Band 2, hrsg. v. Heinrich Greving, Troisdorf, Bildungsverlag EINS, 2007, S. 212–221.

Wenner, Melinda: Der Unernst des Lebens, in: Gehirn& Geist, Nr. 07–08/2009, S. 40–47.

Wiater, Werner: Erziehen und Bilden, Prüfungswissen – Basiswissen Schulpädagogik, Donauwörth, Auer Verlag 2013.

Wieczorek, Thomas: Die verblödete Republik – Wie uns Medien, Wirtschaft und Politik für dumm verkaufen, München, Knaur Taschenbuch Verlag, 2009.

Wildt, Bert te: Kinder ohne Medien? In: Psychologie Heute, 11/2012, S. 67–71.

Wimmer, Heinz/Perner, Josef: Kognitionspsychologie, Stuttgart, Verlag W. Kohlhammer, 1994.

Winkler, Michael: Erziehung, in: Einführung in Grundbegriffe und Grundfragen der Erziehungswissenschaft, hrsg. v. Heinz-Hermann Krüger, Werner Helsper, 9. Auflage, Leverkusen-Opladen, Verlag Barbara Budrich, 2009, S. 57–78.

Winterhoff-Spuk, Peter: Kalte Herzen. Wie das Fernsehen unseren Charakter formt, Stuttgart, Klett-Cotta Verlag, 2005.

Wiswede, Günter: Soziologie: Grundlagen und Perspektiven für den wirtschafts- und sozialwissenschaftlichen Bereich, 3. Auflage, Landsberg a. L., verlag moderne industrie, 1998.

Wobbe, Theresa/Nunner-Winkler, Gertrud: Geschlecht und Gesellschaft; in: Joas, Hans (Hrsg.): Lehrbuch der Soziologie, übersetzt von Ekkehard Schöller, 3. Auflage, Frankfurt/New York, Campus Verlag, 2007, S. 287–312.

Wocken, Hans: Integration & Inklusion. Ein Versuch, die Integration vor der Abwertung und die Inklusion vor Träumereien zu bewahren. In: http://www.inklusion20.de/material/inklusion/Inklusion%20vs%20Integration_Wocken.pdf, Frankfurt a. M. 2009 [20.02.2019].

Wocken, Hans: Integration; in: Antor, Georg/Bleidick, Ulrich (Hrsg.): Handlexikon der Behindertenpädagogik – Schlüsselbegriffe aus Theorie und Praxis, 2. Auflage, Stuttgart, Verlag W. Kohlhammer, 2006, S. 99–102.

Wolf, Christian: Ein unsinniger Streit; in: Gehirn & Geist, 04/2013, S. 32–40.

Wolf, Christian: Zwischen Erbe und Erfahrung, in: Gehirn & Geist, Nr. 11/2009, S. 28–32.

Wössner, Jakobus: Soziologie: Einführung und Grundlegung, 9. Auflage, Wien/Köln/Weimar, Böhlau Verlag, 1986.

Zierer, Klaus/Speck, Karsten/Moschner, Barbara: Methoden erziehungswissenschaftlicher Forschung, München/Basel, Ernst Reinhardt Verlag, 2013.

Zimbardo Philip G./Gerrig Richard J.: Psychologie, übersetzt von Rald Graf/Dagmar Mallett/Markus Nagler/Brigitte Ricker, dutsche Bearbeitung von Ralf Graf, 7. Auf-lage, München u.a., Pearson Studium, 1999

Zimmerli, Walther Ch.: Geisteswissenschaften, in: Handlexikon zur Wissenschaftstheorie, hrsg. v. Helmut Seiffert, Gerard Radnitzky, München, Deutscher Taschenbuch Verlag, 2000, S. 88–99.

Zulliger, Hans: Heilende Kräfte im kindlichen Spiel, 8. Auflage, Eschborn/Frankfurt a. M./Magdeburg, Verlag Dietmar Klotz, 2007.

Bildquellenverzeichnis

|akg-images GmbH, Berlin: 29, 51, 62, 75, 147; Heritage Images/Fine Art Images 152.|alamy images, Abingdon/Oxfordshire: Pontino 368; Shironosov, Dmitriy 91.|APA-PictureDesk GmbH, Wien: APA-Grafik 342; EPA/Mukherjee, Aninidito 428; Interfoto/Friedrich 255; SZ-Photo/Poklekowski, Doris 428; Top-Foto/Personalities 106.|BilderBox Bildagentur GmbH, Breitbrunn/Hörsching: 60.|Brauner, Angelika, Hohenpeißenberg: 184.|Depositphotos, Fort Lauderdale: halfpoint 54.|dreamstime.com, Brentwood: Kaufmann, Frenk and Danielle 241.|Fabian, Michael, Hannover: 328.|Fotofinder GmbH, Berlin: Kulka, Matthias 127.|fotolia.com, New York: Ammentorp 204 1; athomass 297; Bähren, Sven 316; beauregard, mario 183; bramgino 352; Brunet, Oscar 299; contrastwerkstatt 276, 340; Dan Race 373; drubig-photo 303; eugenesergeev 305; famveldman 48; Gladskih, Tatyana 373; grafikplusfoto 376; Joelle, M.53; Kneschke, Robert 388, 416; Kraftstudio 263; Kuzmina, Oksana 205; Losevsky, Pavel 316; Louro, Luis 257; Lurye, Anna 114; Monkey Business 374; nenetus 75; Netwalker 155; P, Andreas 258; Petair 63; Picture-Factory 341; Popov, A.364; strauchburg.de 291; Sunny studio 261; VadimGuzhva 83; velazquez 306; william87 59; Wustmann, Susanne 40; XtravaganT 375.|Getty Images, München: Kontributor/Brenneis, Jon 204.|Grossmann, Gerald, Regensburg: 298.|iStockphoto.com, Calgary: _jure 369; Arcurs, Yuri 354; Debenport, Steve 83, 222; deucee 304; Karlsson, Stígur Már/Heimsmyndir 66; mediaphotos 368; ostinbids 87; P_Wei 157; skodonnell 292; SolStock 280; Weekend Images Inc.273; xavierarnau 346.|Kracke, Burkhard, Hannover: 152, 152.|Kurtz, Cornelia, Boppard: 10, 13, 14, 68, 69, 112, 117, 125, 132, 139, 149, 150, 161, 172, 174, 174, 174, 174, 174, 179, 187, 188, 188, 190, 192, 203, 207, 220, 221, 230, 230, 235, 246, 251, 257, 281, 282, 284, 336, 341, 353, 393, 436, 447.|mauritius images GmbH, Mittenwald: Image-BROKER/bilwissedition 269; Velten, Heidi 325.|Mester, Gerhard, Wiesbaden: 344.|Minkus Images Fotodesignagentur, Isernhagen: 345.|Nienhuis Montessori International B.V., BL Zelhem: 104, 104, 104, 104.|Picture-Alliance GmbH, Frankfurt/M.: Chromorange/Ohde, Christian 365; dpa/Gentsch, Friso 453; dpa/Hörhager, Felix 393; dpa/Rose, Klaus 407; Mächler, Frank 30; prismaarchivo 97, 120; rtn - radio tele nord/Ahe, Gary von der 100; Süddeutsche Zeitung Photo/Haas, R.368; Süddeutsche Zeitung Photo/Schellnegger, Alessandra 402; United Archives/TopFoto 45; ZB/Reichel, Michael 382.|Reithner, Michael Ing., Pöggstall (Melk): 249.|Schlüter-Fotografie, Essen: 383.|Shutterstock.com, New York: Billion Photos 47; Daisy Daisy 273; Evgeniya, Balaguta 295 1; fasphotographic 164; mattomedia Werbeagentur 214; Monkey Business Images 83, 411; REDPIXEL.PL 225; ViDi Studio 217.|SPIEGEL-Verlag Rudolf Augstein GmbH & Co.KG, Hamburg: DER SPIEGEL 43/2003, Seite 200 47.|stock.adobe.com, Dublin: 3d_generator 337; Africa Studio 231; alexshutter95 140; Brocreative 354; Fedoseeva, Svetlana 296; Flamingo Images 114; Fotofreundin 295 4; gaukharyerk 295 2; Halfpoint 84; Kneschke, Robert 288; mariesacha 338; michaeljung 114; Monkey Business 105, 368; mooshny 343; Moroz, Oleksandr 292; mvcaspel 372; pixelheadphoto 262; Schwier, Christian 83, 310; Sinuswelle 291; Syda Productions 114; Tennert, Manuel 50.|Studio Wukovits, Wien: 454.|ullstein bild, Berlin: 173; akg-images 29; Granger, NYC 184, 187, 229, 229; IBERFOTO 126; Müller, Knut 63; TopFoto 229; Viollet, Roger/Harlingue, Albert 102.|Verein JUVIVO, Wien: 408.|wikimedia.commons: Obfusco, Fubar 150.

Wir arbeiten sehr sorgfältig daran, für alle verwendeten Abbildungen die Rechteinhaberinnen und Rechteinhaber zu ermitteln. Sollte uns dies im Einzelfall nicht vollständig gelungen sein, werden berechtigte Ansprüche selbstverständlich im Rahmen der üblichen Vereinbarungen abgegolten.

Stichwortverzeichnis

Kopieren verboten

Kopierverbot
Wir weisen darauf hin, dass das Kopieren auch zum Schulgebrauch aus diesem Buch verboten ist (§ 42 Absatz 6 des Urheberrechtsgesetzes).

Der Verlag Jugend & Volk verweist auf Seiten im Internet. Da der Verlag keinerlei Einfluss auf die Gestaltung und die Inhalte dieser Seiten hat, kann er weder direkt noch indirekt für Schäden oder Probleme verantwortlich gemacht werden, die infolge des Gebrauchs oder Missbrauchs von Informationen aus diesen Seiten entstehen können. Der Verlag weist ausdrücklich darauf hin, dass im Text enthaltene Links vom Verlag nur bis zum Zeitpunkt der Buchveröffentlichung eingesehen werden konnten. Auf spätere Veränderungen hat der Verlag keinerlei Einfluss. Eine Haftung des Verlags ist daher ausgeschlossen.

Alle Rechte vorbehalten. Jede Art der Vervielfältigung – auch auszugsweise – gesetzlich verboten.
[2019 – 01001]

Pädagogik – Aktualisierung

ISBN 978-3-7100-**4199**-0

© 2019 Verlag Jugend & Volk GmbH
Hainburger Straße 33, 1030 Wien
Tel.: 01 533 56 36-0, Fax: 01 533 56 36-15
E-Mail: service@westermanngruppe.at
www.westermanngruppe.at